Un inmigrante astrólogo en Nueva York

Un Inmigrante Astrólogo en NUEVA YORK
Un relato real de la vida en Estados Unidos

Carlos Anaya Mantilla

Mesa, Arizona | 2023

FIRST EDITION

Un inmigrante astrólogo en Nueva York
Un relato real de la vida en Estados Unidos

Copyright © 2023 Carlos Anaya Mantilla

Cover and book design by Yolie Hernandez

Published by Latino Book Publisher,
an Imprint of the Hispanic Institute of Social Issues (HISI)
PO Box 50553
Mesa, Arizona 85208-0028
(480) 939-9689 | HISI.org | info@hisi.org

ISBN 13: 978-1-936885-48-0
Library of Congress Control Number: 2022945849

Printed in the United States of America.

No part of this book may be used, saved, scanned, or reproduced in any manner whatsoever without the written permission of the author and/or publisher. All Rights Reserved.

ÍNDICE

Dedicatoria ix

Agradecimientos xi

Prefacio xv

Introducción xvii

Adiós a Perú 1

Jersey City, mi nueva ciudad 5

El inmigrante y la dignidad del trabajo 9

El valor del trabajo humilde 14

Experiencia desfavorable 21

Mi futuro, escrito en un libro para aprender inglés 27

Un peruano muy mexicano en la Copa Mundial de Fútbol 36

Choque cultural 52

Cara a cara con la muerte 62

Volver de nuevo a la vida 85

Romance, acoso sexual y discriminación en el trabajo 96

Loterías de visas y estafas contra inmigrantes 108

Casos y cosas de la nueva cultura	118
Corre Carlos, Corre	130
Pelea Carlos, Pelea	143
La astrología y un gran amor llegan a mi vida	151
Como el fantasma	167
Cultura, deportes y escándalos políticos	175
El fin del mundo que no llegó	193
Libros y librerías	209
El peor ataque terrorista en la historia de Estados Unidos	213
Hechos inexplicables del 9/11	223
Secuelas del 9/11 y la Ley Patriota	236
Somos gente trabajadora	250
Sin papeles y sin miedo	265
Recuerdos de mi padre	278
Arleen	290
La muerte de mi padre	304
La primera década	314
Logros y fracasos del inmigrante en Estados Unidos	323
Triste Navidad y desempleo	332
Reencuentro con mi hermano	342
Marchando por una reforma migratoria	356
Comenzar de nuevo	367
Mi gran despertar espiritual	377
Sexto sentido canino	389
En busca de un mejor trabajo	399

ÍNDICE

Asimilando la cultura de Estados Unidos 409

El amor y la compra de una casa 425

Debut astrológico 437

Showtime 444

Richard Kimble hispano 453

El último beso...464

Manteniéndome a flote 482

Desempleo y escritura 496

Zizou, el mejor chef francés 509

La noche de *Ollantay* 516

El caso de la periodista peruana Vicky Peláez 527

Don Agustín, el espiritista, y reflexiones astrológicas.........539

Los olvidados de Dios 549

El inmigrante y la superación personal 560

Dios se lo pague...569

La obra Inti Raymi y mi debut en la actuación 581

Historias de inmigrantes en Estados Unidos 587

El encuentro de mi destino 599

Debut teatral 612

Éxito y despedida del teatro 620

Si he pasado las que he pasado…...........................632

La pandemia del COVID-19 y "Todas las vidas importan" 640

Dedicatoria

"A todos los amigos
que no pueden volver.
A todos los amigos
que fantasean con irse.
A todos".

—De la película *Made in Argentina*, de Juan José Jusid.

A Carlos Arévalo, un cocinero salvadoreño, que en 15 años de trabajar en Estados Unidos, nunca ha tomado un solo día de vacaciones.

A Anthony Bourdain, el gran chef neoyorkino, quien con su trágico y lamentable suicidio el 8 de junio del 2018, me volvió a dar fuerzas y determinación para no renunciar a mi sueño de concluir este libro. Bourdain fue un cocinero que cayó vencido por sus demonios, pero otros recogemos y levantamos la bandera para continuar en la lucha. ¡Gracias Chef!

Al gran periodista y polígrafo peruano, Don Marco Aurelio Denegri, quien falleció lamentablemente cuando me encontraba en la transcripción de este libro del borrador a mi laptop. Sentí mucho su partida. Era un anhelo de mi corazón que él hubiera podido leer este humilde libro, aun así lo despedazará después con su implacable crítica, corrección y pulcritud en el idioma español. Con seguridad no hubiera pasado sus altos estándares de escritura, pero de todas maneras no puedo evitar acordarme de él y dedicarle también este libro. Alguna vez él mencionó que cuando se inventó el *best seller* en la literatura, ésta se comenzó a prostituir, y creo yo, que no le faltaba razón. ¡Salve Emperador! (Marco Aurelio es nombre de emperador romano), los que vamos a morir te saludamos! Y como usted decía maestro: "Que la falta de acogida no sea excusa para no publicar, para no escribir, para no producir...ustedes al final siempre podrán decir...bueno pues, no tuve éxito, pero cumplí", como el Félix árbol, el árbol feliz, que usted siempre mencionaba cuando le preguntaban si la vida tenía algún sentido —de la etimología de la palabra feliz— si había sido feliz en esta vida... ¡produje, di fruto...lo hice!

A Gustavo Del Río, un compatriota y amigo, que no quiso esperarse a que yo terminara este libro y se fue a la eternidad del firmamento. ¡Buen viaje, Gustavo! Y gracias por siempre creer y confiar en mí, hermano.

Agradecimientos

CUANDO SE TOMA LA DECISIÓN DE ESCRIBIR UN LIBRO, UNO LO HACE DE manera personal, se entiende, pero el resultado final nunca será un trabajo solitario. Toda la obra acabada será la colaboración de un grupo de personas que confiaron en uno, que dieron su apoyo de una u otra manera, de forma desinteresada, muchas veces sin esperar nada a cambio. Este es mi segundo libro, y como hice en el primero, la primera gratitud mía será para con nuestro Padre celestial, el Creador de todo, lo visible y lo invisible, el Dios de Abraham, de Isaac y de Jacob, ese mismo Dios que me ha sabido mantener a flote en mis horas más aciagas, cuando no veía la luz y mi vida no tenía una razón de ser. Sí, cómo no agradecerle a Él en primer lugar, eso es algo de justicia indudablemente.

Gracias a mis queridos padres, Don Esquilino Anaya León y Doña Fabiola Mantilla Castro, ambos ya fallecidos, pero que nunca se han alejado de mi mente ni de mi corazón; ellos siempre serán el motor de mi vida hasta que esta se consuma. Gracias también a (y aquí no importa el orden en que los nombres figuren, todos son igual de importantes): Marisol Carrere, una gran amiga y un gran apoyo en mi vida y en todo lo que me he dedicado; ¡infinitas gracias, Mari, por tus sabios y valiosos consejos! Gracias a mi maestra de la ciencia astrológica, la señora Melva Ortiz, de Aibonito, Puerto Rico, quien cambió mi vida al enseñarme esa maravillosa ciencia-arte, como yo llamo a la Astrología, algo que transformó mi vida por completo y que se volvió una filosofía de vida para mí. Gracias a David Escobar por ayudarme en la parte de la computación, de la que no sé ni papa, neófito total en el tema, ¡gracias, amigo!

Agradezco asimismo a Linda Morales Caballero, con quien un día mi camino se cruzó y acabamos finalmente conociéndonos (¡quién será esa sobrada!). Gracias por tu enorme apoyo y tus brillantes consejos querida Linda. Gracias a mi estimada amiga Aracely, la Chiqui, como yo la llamó, gracias por ser la mejor *roommate* que yo podía tener (así llaman en inglés a quien comparte una casa o habitación con uno en este país). Gracias mi hermano mayor José Anaya Mantilla, Pepe. Sin su ayuda valiosa, esto tampoco sería posible; solo imagínense, por él yo llegué a esta gran nación, ¡gracias Pepito!

Gracias también a Michael y Sohiela Sobsey, ¡ustedes dos han sido dos ángeles guardianes para mí! ¡Dios los bendiga siempre a ambos! Gracias a Israel Pérez, ¡un barranquillero de pura cepa!, y a toda su linda familia. A mi estimado amigo Yu Fhei, de la República Popular China, un amigo incondicional y gran fotógrafo, ¡gracias por toda tu ayuda amigo! A Ivana Yamila Irrazabal, de San Luis, Argentina, porque desde lejos pude recibir tu fuerza y toda la buena vibra que siempre me has sabido enviar mi buena amiga, ¡abrazos y besos para ti!,

Gracias a William J. Crawford, héroe de guerra estadounidense, quien me enseñó con su ejemplo de vida que en cualquier labor, por muy humilde que sea, así esta sea limpiando baños, hay dignidad. ¡Amén!

Hasta aquí están todos los que son. Ah, y lógico, a todos los que de una u otra manera me han permitido contar aquí en este libro sus historias, sus vidas, invisibles quizás para el mundo, pero muy presentes para mí; gracias a todos ustedes mis amigos, que conocí y conozco. Lo que escribí aquí, siempre fue hecho con la mejor intención, sin afán de humillarlos ni denigrarlos, y con el solo fin de que ustedes nunca sean olvidados, de que así como la vida de cada uno de ustedes me tocó, también toquen la vida de todos aquellos que lean este libro, y que sepan lo que ustedes vivieron, rieron, sufrieron, lloraron y amaron, todo por perseguir un sueño. En una palabra: todo lo que vivieron los inmigrantes, indocumentados, muchos de ellos, la gran mayoría de los que hablo aquí y que yo conocí dentro de Estados Unidos.

A mis lectores, gracias a todos ustedes por atreverse a leer esto, que está escrito por un "don nadie", alguien que no "triunfó" en Estados Unidos, porque yo, ni mi vida, son ejemplo de nada; he cometido muchos errores, pero traté de aprender de ellos. Esto lo escribe alguien que no se hizo millonario aquí, que ni papeles tiene, y que no sabe siquiera donde dejará sus huesos, pero que hizo todo esto con el corazón, como un homenaje a todos los inmigrantes ilegales que conocí, mis hermanos, que compartieron mi viaje aquí, esta travesía mía dentro de Estados Unidos. ¡Gracias!

Prefacio

Cuando se decide a escribir un libro sobre uno mismo, es decir de una manera autobiográfica, pero sin serlo completamente, se asumen muchos retos y desafíos, y que a la vez este relato sea una crónica, una narración descarnada, real, de lo que uno ha vivido, de lo que vive el ser humano cuando se cruza esa línea que separa lo que el mundo entero llama el Tercer Mundo del Primer Mundo, me lleva a preguntar: ¿Cuál es el Segundo Mundo? Pregunto, porque nunca me enteré cuál es. ¿Quién hizo estas divisiones o categorías? Diríamos que todo es un transcurrir sin fin de momentos, un laberinto de recuerdos, que se confunden a veces.

Este libro es un trabajo en donde yo estoy apelando básicamente a mi memoria (¡de elefante para muchos!). No fue fácil, bueno, nada en la vida lo es ciertamente. Escribo con una idea. Todos somos uno solo, todos nosotros somos una sola conciencia. Debemos tener eso en claro, ¿de acuerdo? Solo quiero estar seguro de que lo estoy usando bien, me refiero a mi poder, a mi propio poder.

> "Mira que te mando que te esfuerces y seas valiente; no temas ni desmayes, porque Jehová tu Dios será contigo en donde quiera que fueres".
>
> (Josué 1:9 RVA)

Introducción

"Este milagro es la demostración irrefutable de que hay una cantidad enorme de personas dispuestas a leer historias en lengua castellana...hambrientos de este alimento... Quiero apenas mostrar que hay una gigantesca cantidad de personas que han demostrado con su hábito de lectura que tienen un alma abierta para ser llenada con mensajes en castellano. El desafío es para todos los escritores, poetas, narradores, para alimentar esa sed y multiplicar esa muchedumbre razón de ser de nosotros mismos".

—Gabriel García Márquez

Este libro lo comencé a escribir una semana después de haber lanzado oficialmente mi primer libro, *Mi opinión (Actualidad mundial en los ojos de un inmigrante)*, publicado por URPI Editores. Aquello fue el 23 de octubre del 2013, así que este mi nuevo proyecto literario lo inicié a fines de ese mes.

Así comenzó esta historia, esta misión, sí, porque es una misión; de no hacerlo no tendría paz conmigo mismo en lo que me quede de vida, que no sé cuánto será. No es tarea fácil escribir un libro, por tanto, espero que las mismas energías y entidades que me ayudaron a escribir el primero me vuelvan a ayudar. Es necesario, casi un deber, y solo así podré hacerlo y cumplir con mi misión en esta vida.

La idea de escribirlo estuvo dando vueltas en mi mente por no sé cuánto tiempo, ya que no soy necesariamente un escritor; yo solo soy un obrero, un simple cocinero, un trabajador de cocina, uno más, tan simple como eso, que, sin embargo, se dio a la inmensa tarea de escribir un libro autobiográfico que, como dije alguna vez a un amigo, me hubiera gustado leer antes de venir desde Perú a este gran país, Estados Unidos.

A través de este libro haré un recuento que abarca 26 años de mi vida (1993-2019), el tiempo que tengo viviendo en Estados Unidos. Incluye mis experiencias personales, pero también y muy fundamentalmente —diría hasta básicamente— las historias de muchos otros inmigrantes con los que he compartido este viaje, este camino que me tocó vivir, que yo elegí vivir, este sueño americano —o pesadilla americana para otros. Estoy consciente que yo puedo articular algunas frases con sentido, ya que quizás muchas de estas personas no pueden o no pudieron expresar en unas líneas lo que yo voy a escribir en una palabra. Si tengo el don de poder escribir, de redactar bien, ¿por qué no hacer entonces lo que para ellos quizás no es tan fácil? ¿Por qué no contar las historias de ellos?

Como buen astrólogo, comencé este libro, o debería decir lo recomencé, en el momento en que el planeta Mercurio retornaba a su posición natal en mi carta natal; buen momento para recomenzar, sin duda. Asimismo, el Sol hacía una conjunción por tránsito a mi Saturno natal, que está en mi casa 2 (casa del dinero), rige la 12 (el inconsciente colectivo) y que, además, es mi antiguo regente (Saturno regía a Acuario en la antigüedad).

Antes de comenzar a escribir, pensé mucho sobre a quiénes mencionar, a quiénes no, qué obviar, qué no, pero mi recuento no sería auténtico si hiciera eso. Aunque es imposible nombrar a todos y contar todas las historias, traté al menos de cambiar nombres y nacionalidades, así que me acojo a la sabia indulgencia del público lector, que sabrá entender que mencionar tal o cual país de procedencia de algún personaje narrado aquí, será solo referencial, y no debe tomárselo personal. Espero tener esa aceptación por parte de los lectores.

He tratado de ser lo más claro y transparente posible, por tanto, muchas personas se van a sentir identificadas cuando lean algunas historias, algunas inmediatamente, otras se darán cuenta poco a poco, y quizás otras ni se enteren. Se contarán cosas y revelarán sucesos que solamente aquellos que los vivieron dirán: "Esa es mi historia, ese(a) soy yo…"

He buscado transmitir y trascender todas estas experiencias personales y las de mucha gente que tocó mi vida de una u otra forma en esta gran nación, llevarlas al papel, a la palabra impresa, y lo he hecho con todo el respeto e integridad que esta noble tarea merece. Que Santo Toribio Romo González, santo mártir y patrono de los inmigrantes indocumentados, los siga cuidando a todos ellos.

Un inmigrante astrólogo en Nueva York

1

Adiós a Perú

"La persona que no aprende a ser humilde en la vida...es el principio de su fin".
— Emilio "El Indio" Fernández

Todo empezó en el taxi que me llevaba en silencio al aeropuerto. Le pedí al taxista que pusiera la radio.
—¿Puede poner algo de música, mi amigo? Gracias.
—Seguro, claro que sí, venía pensando en mis cosas...
«Buscando visa para un sueño, buscando visa para un sueño... Buscando visa la razón de ser, buscando visa para no volver...»
Así sonaba en el radio la canción *Visa para un sueño*, del cantante dominicano Juan Luis Guerra, quien sin querer ni proponérselo, me daba la despedida de Perú, mi país natal. "¡Cómo es la vida, carajo, esto es mensaje o aviso!", pensé.
La memoria de aquella madrugada lejana en el aeropuerto de Lima permanece en mi mente. La despedida fue rápida, solo con algunos seres queridos y amistades cercanas a mi corazón. ¡Sobran los dedos de la mano! Sí, fueron pocos los que me acompañaron aquella madrugada al terminal aéreo, pero antes, ¡la última borrachera!, interrumpida en el Perú por el adiós inevitable, la última, la del estribo, como dicen en tierras aztecas, ¡la última y nos vamos!
Después de cruzar la zona de embarque, fui el último pasajero en subir la escalinata del avión (¡a propósito!) y así, al llegar a lo más alto de la misma, voltee sobre mí mismo para contemplar, quizás por

vez postrera, mi ciudad natal, ¿la volvería a ver algún día? Quién sabe, como dicen por ahí, solo Dios sabe. Así partí de mi ciudad, de mi Lima, "la Horrible", como la llamaba el periodista y filósofo peruano Augusto César Salazar Bondy. ¡No!, mi Lima, con todos sus defectos, crímenes, violencia y basura, triste y húmeda, siempre será mía, solo mía, como cuando uno posee algo que ama con ardor, con pasión. Mi ciudad amada donde viví la primera parte de mi vida, que algún día contaré en otro libro, ¡eso espero!

Subí el último escalón, giré y observé a Lima por vez final. La ciudad dormía. Eran las tres de la mañana, más o menos, y se me hacía un nudo en la garganta. Mi mente se llenaba de preguntas: ¿Volveré algún día? ¿Me sorprenderá la muerte, tan traicionera y sorpresiva, en tierras extrañas? ¿O en todo caso, cuándo volveré? Porque soy yo quien se fue, no es ella; ella se quedó, sola, como novia abandonada en el altar de mis sueños truncos, de mis anhelos incumplidos. Sí, se quedó la ciudad sola, dejada a su suerte, quizás llorando, quizás riendo, pero ¿por qué? ¿Fue por mí? Solo ella lo sabe, ella sabe más que yo, definitivamente, ella lo intuyó, lo presintió, sabía que nos irá bien, pero que sufriríamos y padeceríamos, pero al final llegaríamos a triunfar. Sí, Carlos, tu ciudad, tu Lima, no estaba triste como tú creías aquel día de tu partida, eras tú. ¿Qué no te fijaste que una lágrima furtiva empañaba tu visión y traicioneramente recorría tu mejilla? Te limpiaste rápido y con disimulo, para que la aeromoza no te viera; ya sabes, ¡los hombres no deben llorar!

Así fue aquella madrugada de marzo de 1993 que amenaza borrarse de mi mente si no la escribo para eternizarla en el papel. Lima estaba feliz y contenta, es más, reía cual mujer amante y coqueta, y si te hubieras quedado más tiempo Carlos, habrías visto que luego aquel día salió un sol espectacular sobre el cielo limeño, no te olvides que era verano ahí. Tú te ibas al invierno norteamericano, claro, no lo sabías aún, como no sabías muchas de las cosas, personas y sorpresas que ibas a encontrar allá. Recordé la letra de *El provinciano*, el vals peruano escrito por el compositor limeño Laureano Martínez Smart: «Las locas ilusiones me sacaron de mi pueblo, abandoné mi casa para ver la capital...»

El salir de mi país fue una decisión mía y solo mía. Mi hermano mayor, Pepe, ya se encontraba en Estados Unidos desde hacía un par de años, y claro, la idea original era que él, una vez establecido, nos ayudara a todos nosotros, su familia, sus hermanos, a poder emigrar paulatinamente, o en todo caso, ayudarnos para poder acceder a más oportunidades de educación, de trabajo y en general, que dada economía familiar y la del país se nos era negada en nuestra propia tierra. Sí, esa fue la intención original, o en todo caso lo que ideó mi recordada madre Fabiola, pero la vida, como siempre tan ingrata y veleidosa, tenía otros planes. Mi madre falleció en 1990, y mi otro hermano, Pablo (fuimos tres), falleció al año siguiente de la partida de ella. Fueron tiempos muy duros, difíciles, y ahora viéndolos a la distancia, no sé en verdad cómo yo hice para seguir adelante; no sé explicar eso. Debe sin duda haber sido Dios, el Padre supremo, no hay otra explicación posible. Esa etapa tan turbulenta donde en un período de dos años y medio a tres años murieron alrededor de 15 a 20 personas que yo conocía, de mi entorno personal. Entonces apareció, o en todo caso, se hizo más imperativa la idea de irme del país. No tenía necesidad urgente es cierto, puesto que mi madre al morir me había heredado la casa en que vivimos, y yo la puse a mi nombre y agregué a mi hermano José, porque uno nunca sabe lo que puede surgir, y era mejor en caso de que él tuviera un lugar a donde llegar si algo le pasaba en Estados Unidos, es decir, algo relacionado a su condición migratoria. En realidad yo no necesitaba viajar, venir a este país, pero en una conversación que tuve con un psicoanalista, este me recomendó, una vez enterado de mi situación familiar, que viajara, que no me quedara en el Perú.

—Tienes a tu hermano en Estados Unidos, ¿por qué no te vas con él? —preguntó.

—Pero ¿por qué tendría que hacerlo?

—Aquí no tienes ya a nadie, tu madre a muerto al igual que tu hermano, además no es bueno que te quedes en esa casa, yo sé que la casa es tuya, tu madre te la dejó, pero no sería lo más recomendable, estarías tú solo ahí y cualquier cosa te podría pasar.

—¿Algo como qué? —pregunté.

—Algo, cualquier cosa, son muchos recuerdos y tú solo ahí, ¿tú me entiendes, verdad?

—Sí, creo que sí.

Me imagino que él se refería a que quizás era muy probable que mi mente me traicionara y viera yo fantasmas o algo así, o me fuera a desquiciar al estar solo viviendo en aquella casa, a suicidar o en fin, vaya a saber qué diablos. El consejo era ese, irme si podía del país. He pensado ahora, y antes también muchas veces, acerca de todo esto, y en definitiva todo cambia cuando uno elige irse de su país. Si me hubiera quedado, lo más lógico es que me hubiera casado con una de mis novias, tenía dos, no es presunción. Vengo de un país machista, así nos crían o así es la tradición para los varones en toda Latinoamérica ¿o me equivoco? Me imagino viviendo en Perú con mujer, hijos y un trabajo con un horario tradicional de ocho horas, pero no, ese no era mi destino. Tenía que partir, salir del Perú, llegar a los "Yunaites", como decía el gran escritor y periodista "Sofocleto" (Luis Felipe Angell de Lama). Había que tratar de hacer realidad el sueño americano o al menos intentarlo, tratar con todas mis fuerzas y energías. Además, Mamá Fabiola siempre me repetía aquello de:

—Tú debiste haber nacido allá (Estados Unidos), sí yo me hubiera quedado un poco más de tiempo hubieras nacido allá y serías un ciudadano norteamericano.

—Ya lo sé mamá…

¿Cómo explicarle que a mí eso nunca me importó? ¿Cómo decirle que hubiera preferido mil veces tenerla a ella viva y que nunca se hubiera ido al norte…Estados Unidos? ¿Y qué hay con Estados Unidos de América? Yo no soy ciudadano estadounidense y nunca me importó serlo, pero ella quería, admiraba el país que había conocido y quería una mujer anglosajona rubia y de ojos azules para esposa de su Carlos. Sí, así es el amor de madre incondicional. Ella solo lo decía de cariño, jugando conmigo, lo de casarme con una estadounidense y todo lo demás, ella no era racista ni discriminadora.

Por tanto, emigrar a Estados Unidos fue mi elección, yo me decidí y lo llevé a cabo. Como siempre he dicho, si algo le heredé a mi querida vieja fue su gran determinación; si ella se proponía algo, lo perseguía hasta el fin, hasta hacerlo realidad, y así soy yo también, amén.

Por consiguiente, mi destino comenzó a cambiar aquella madrugada de marzo de 1993, en un vuelo de *American Airlines*. El avión tuvo un par de turbulencias cuando levantó vuelo, pero ya era tarde para arrepentirme. Me dije, nada malo va a pasar, ¿qué carajo, qué de malo podría pasar? Nunca había volado en avión, mi mente no quiso responder a esa incómoda pregunta que todo mi ser se preguntaba. Fue un vuelo directo a Florida, y aterrizamos en el Aeropuerto Internacional de Miami como a las ocho o nueve de la mañana aproximadamente. Ingresar al país fue sencillo, ya que yo tenía visa de turista. Como sea que fuera, al parecer la Divina Providencia se confabuló para que yo llegara a mi destino sin problemas. Dios me trajo con bien hasta Estados Unidos. Sí, corrí con suerte, la suerte que no tienen otros muchos, y que después conocería por sus propios testimonios, de primera mano.

2

JERSEY CITY, MI NUEVA CIUDAD

AL LLEGAR A MIAMI, FLORIDA, EL AZAR QUISO QUE AL PONERME EN LA FILA de llegada al mostrador en donde iba a presentar mi pasaporte, estuviera delante de mí una señora estadounidense, ya mayor, quien llevaba varias maletas, más su equipaje de mano. A mí se me ocurrió la idea de ofrecerle mi ayuda de manera cortés, y ella me entregó entonces un bolso que cargaba, a la vez que pronunciaba un *"Thank you, very much"*, el primero que alguien me diría en Estados Unidos. Así fue como pasé sin que se me hiciera casi ninguna pregunta por el personal de aduana del aeropuerto. Me imagino que pensaron que venía junto con esta señora.

En la fecha de mi llegada, habían transcurrido solo unos días del primer atentado que sufrieron las Torres Gemelas de la ciudad de New York, el *World Trade Center*. El ataque terrorista del 26 de febrero de 1993 se había perpetrado con un camión bomba en el sótano de la Torre Norte, en donde se encontraba el parqueadero de autos de ese edificio, y en donde, por coincidencias de la vida, había perdido la vida un compatriota, Wilfredo Mercado. Ese era el ambiente en Estados Unidos cuando llegué, aunque las autoridades se preocupaban más de quién salía del país, de quién entraba, creo yo; esa es la impresión que a mí me dio. Recuerdo que al recibir de vuelta mi pasaporte por uno de los agentes de inmigración, me recibió con la frase *Welcome to America*. Las cosas no lucían tan mal después de haber salido de mi tierra.

Ya con el pasaporte en mi poder, las personas con las que vine de Lima —unas se quedaron en Florida y otras seguimos viaje hacia el norte (Nueva York, Nueva Jersey)— y yo, disponíamos como de tres a cuatro horas para tomar el siguiente vuelo que nos llevaría a nuestro destino final. ¿Qué hacer durante ese tiempo? Quedarnos en la terminal aérea era una opción, pero aburrida, por cierto, así que decidimos con mi amigo de viaje, otro compatriota, salir a pasear un poco para tratar de conocer lo que pudiéramos de Miami. Así que tomamos uno de esos buses gratuitos te llevan al *downtown* (centro de la ciudad), a manera de turismo. También teníamos hambre, así que nos bajamos en el primer McDonald's que tuvimos a la vista ¡Fue mi primer desayuno en Estados Unidos, un tremendo acontecimiento! Estábamos muertos de hambre y la verdad, en esas condiciones, hubiéramos comido lo que fuera. Se veía todo bien, muy bonito en la bandeja: *pancakes*, jugo de naranja, café, huevos revueltos, etcétera, sin embargo se veía todo tan ¿artificial? En fin, ya estábamos ahí; a llorar al río, eso se piensa antes.

De ahí proseguimos nuestro camino por la conocida Avenida Collins y vimos de lejos las mansiones de los ricos y famosos, pensando para adentro, "Algún día, algún día", pero la realidad nos trajo a tierra, nos despertó de golpe. ¡Corre, Carlos corre! Pero oh, ¿qué pasa? ¡A correr, carajo, que nos deja el avión! En nuestro recorrido habíamos olvidado el siguiente vuelo, y estábamos sobre la hora para regresar al terminal aéreo a tiempo. Tomamos el mismo bus de vuelta al aeropuerto y una vez dentro, a correr, tremenda carrera en el aeropuerto, ¡misma película! Pero todo no quedó ahí, sucedió lo previsible al ponernos en la fila, confundimos las puertas de embarque, y entonces a correr de nuevo, a encontrar la correcta. Esta vez sí acertamos y detuvimos a la empleada de la aerolínea justo cuando iba ya a cerrar la portezuela del avión. Nos disculpamos como pudimos y ¡de la que nos salvamos! Perder el vuelo hubiera sido fatal, no había más plata, bueno, sí, algo, pero se suponía que esa plata no se tenía que tocar. En fin, enseñamos los boletos, buscamos los asientos, y nos dispusimos a tres horas más de vuelo (¡pobres nalgas!) rumbo al norte, hacia Nueva Jersey y Nueva York. Nuestro destino era el Aeropuerto Internacional Liberty de Newark. Esta vez escogí el lado de la ventana para ver a donde llegaría, pero fue inútil, me quedé dormido más tarde. No sé cuánto duró eso, solo sé que de pronto me desperté e instintivamente sabía que me aproximaba a mi destino, dónde sin yo saberlo, viviría la segunda parte de mi existencia. El capitán de vuelo anunció de pronto que ya estábamos cerca de Newark, entonces me estiré y quise mirar por la ventana, pero no se apreciaba nada;

había caído una nevada un día antes, y todo estaba blanco. Había visto nieve perpetua en los andes peruanos, pero esto era diferente: ¡era toda una ciudad enterrada en nieve!

El avión se posó en tierra entre las cinco o seis de la tarde. Yo llevaba puesta una chaqueta de cuero y lentes oscuros y, por supuesto, ya había crecido desde la última vez que vi a mi hermano Pepe. El tiempo, como siempre, había pasado sin misericordia, llevándose recuerdos, risas e imágenes. ¿Cómo nos íbamos a reconocer al encontrarnos? Mi estatura ahora era de cinco pies nueve pulgadas (un metro 75 centímetros). En fin, nadie cambia tanto, ¿verdad? Bajé las escaleras del avión, pasé por el corredor de llegada, llevaba las gafas de sol oscuras puestas y de lejos divisé a mi hermano, sí, ¡era él! No había cambiado mucho, solo tenía ahora bigote y yo igual, me estaba comenzando a dejar el bigote, ya lo tenía desde Perú, pero esta vez decidí dejármelo crecer, me dije: ¡país nuevo, apariencia nueva!

Pasé por el lado donde se encontraba mi hermano que no se percató de mi presencia; no, no me reconoció, entonces volví a pasar por su lado, pero esta vez le pregunté:

—Perdón, ¿espera a alguien?

—Sí, a mi hermano.

—¿Ya no me reconoces, entonces? —le dije, y el abrazo no se hizo esperar.

Su rostro era de sorpresa, sin duda, mezclada con una alegría indescifrable, intensa. Fue un abrazo que duró solo unos segundos. Se volvieron a encontrar dos corazones que se extrañaban, ciertamente. En momentos así, el tiempo debería detenerse, sinceramente. Salimos del aeropuerto y conversamos en el camino de todo lo que se puede conversar después de no vernos en seis a siete años. Al salir nos dirigimos al parqueadero en donde nos esperaba su mujer, la esposa de mi hermano, quien manejó el auto para llevarnos a casa, la que sería mi casa por casi un año más o menos, no por mucho tiempo, aunque claro, yo eso aún no lo sabía.

En el camino a casa nos detuvimos en un supermercado *Pathmark*, en donde pude apreciar por primera vez la gran diferencia entre la constitución física de la gente de la raza negra del Perú y la de Estados Unidos. Encima, yo había recientemente vivido en Ica, una ciudad al sur de Lima, al sur del Perú, capital del departamento del mismo nombre, donde vive mucha gente morena. El moreno peruano comparado con el norteamericano parece un enclenque, un alfeñique en talla. Los de Estados Unidos, o los que yo primero vi en aquel supermercado, eran mucho más desarrollados corporalmente. Fue algo muy notorio ver esa diferencia, algo que me impresionó en verdad, y que yo creo que se puede apreciar ahora a través de la magia de YouTube, cuando uno ve el video de la pelea de box entre el boxeador estadounidense Michael Spinks y el púgil peruano Oscar Rivadeneyra, llevada a cabo en 1983 por el título de los pesos medianos. ¡Descomunal la diferencia! Lo mismo podría llevarnos a entender por qué los estadounidenses han podido destacar tanto en los deportes olímpicos.

Tras acabar de hacer las compras en *Pathmark*, partimos al hogar de mi hermano, un pequeño y acogedor apartamento en el *downtown* de Jersey City. Quién me iba a decir que Jersey City se convertiría con el paso de los años, en mi *hometown* (mi barrio, mi ciudad de residencia), y que sin saberlo yo, ha sido mi ciudad de residencia por más de 25 años, 25 años que pasaron volando. Aquí he vivido la segunda mitad de mi vida, en esta maravillosa ciudad que me acogió un día con los brazos abiertos.

Lo primero que hice al día siguiente de mi llegada fue ir a una tienda cercana por mí mismo —un tipo de bodega o mini-supermercado— a comprar una gaseosa (en Estados Unidos les llaman *soda*), y así empezar a utilizar y comenzar a familiarizarme con las monedas y el dinero de esta nación, en sus diferentes denominaciones (*penny, nickel, dime, quarter*, etcétera).

La celebración de mi llegada aquella noche fue corta pero emotiva, en la que nos acompañaba un amigo con quien hice el vuelo desde Perú. Sus familiares se demoraron en ir a buscarlo, así que mi hermano decidió que nos acompañara y desde casa, él volviera a llamar a sus familiares en Paterson, Nueva Jersey. En la reunión se bebió, se contaron historias del viaje, anécdotas, tantas cosas, ¡cómo si uno pudiera recuperar el tiempo perdido! Era parte de la reunión también, lógicamente, mi cuñada (de quien más adelante me explayaré un poco más, ya que ella merece una mención especial). Bebimos cerveza *Budweiser* (sería una de las pocas veces en que bebido esa cerveza, que para mí no tiene el mejor sabor de cerveza, y eso que yo trabajé en una cervecería en el Perú, ¡la Cristal del Perú! (¡Salud Cristal!). No, la *Budweiser* nunca fue de mi gusto definitivamente, y ¡picamos con Doritos!

3

El inmigrante y la dignidad del trabajo

Estados Unidos nunca resultó ser lo que yo me imaginé. Mi desencanto con este país fue casi inmediato. Decir esto quizás suene exagerado pero, en todo caso, no me decepcioné del país sino de algunas de las primeras personas que conocí al llegar, salvo mi hermano. Es muy difícil confiar en cualquier extraño; yo encontré falsedad e hipocresía en todo lado, ¡ojo! Soy yo y es mi experiencia, no a todos les va igual, cada uno tiene una historia diferente, distinta. Fue triste y dolorosa esa realidad pero ya estábamos aquí y ya no tenía sentido quejarse, solo quedaba echar para adelante. Cuando tú lo que dejas atrás es solo muerte y gran tristeza, sobre todo experiencias recientes, es mejor no voltear a mirar lo que quedó atrás, aunque la nostalgia sea inevitable.

Los primeros días, los primeros meses, sacaba cuentas de lo que uno ganaba en este país para luego ver a cuánto equivalía en la moneda peruana. ¿Qué tontería no? Si es en Estados Unidos donde estamos viviendo ahora. Imagino que no habré sido el primero ni el último que haga esa burrada. Encontrar trabajo pronto no fue ningún problema; de eso se encargó mi querida cuñadita.

Un aspecto de la vida en Estados Unidos que sí me impresionó, como ya lo mencioné antes, es la constitución física de los estadounidenses de raza negra. También debo mencionar la belleza de las primeras mujeres que vi al llegar a este país. La primera raza que pude admirar, me gustó y pude apreciar su belleza, fue la mujer puertorriqueña. ¡Qué rostros tan bellos y qué nalgas tan grandes! *Wow!* La actriz, cantante y bailarina de origen puertorriqueño Jennifer López sería un buen ejemplo de esto que menciono en aquellos, mis primeros años en Estados Unidos. Recuerdo que fijaba la mirada en ellas, contemplándolas en la calle. Me fascinaba ese tipo de mujer, ¡nunca visto por mí antes! Me acuerdo bien de que alguien que conocí por aquel tiempo, no sin alguna mala voluntad mal escondida, me comentó:

—Si ese es el tipo de mujer que te gusta, ¡ya te jodiste!

¿Quién dijo ese comentario? ¡Exacto! Acertaron; ¡esa personita!

Comentario mal intencionado que el tiempo se encargó de borrar definitivamente. Yo puedo decir ahora que con la mujer del Caribe en general me he llevado muy bien, preferentemente con las puertorriqueñas, cubanas y alguna que otra dominicana. La mujer caribeña, y no lo descubro yo, es ardiente, apasionada, fogosa, muy buena amante, buenas hembras para el amor, la cama siempre es buena con ellas. Eso siempre lo pueden o lo van a apreciar bien hombres como yo, que venimos de sociedades tradicionales y reprimidas sexualmente como en mi caso (Perú), o en todo caso la gente de mi generación. Conocer este tipo de mujer es toda una experiencia, muy grata y placentera por cierto.

Pasando al tema del trabajo en EE.UU., puesto que éramos nuevos aquí, y ya se imponía conseguir "papeles", los famosos documentos chuecos, bambas, *fakes*, en fin, como quieran llamarles. Eran necesarios para trabajar, y con el tiempo aprendería que no hay otro lugar mejor para eso que Jackson Heights, un barrio en Queens, Nueva York, pero yo no llegué a ir allá, aún pasaría tiempo. Los primeros documentos fueron a través de un amigo centroamericano. Me tocó usar los de él, que también para variar eran falsos, aunque solo se necesitaban para presentarlos y llenar una solicitud de trabajo. "Antonio Aguilar" fue el primero de todos los nombres falsos que he utilizado en estos 27 años y en este país. Parece broma que ese fue el nombre. En este país para poder trabajar, subsistir, sobrevivir y ganarse el pan honradamente, sin delinquir, pobre y humildemente, con decencia, de manera cabal, hay que comprar estos papeles, así es, no queda de otra. Antes no era delito, ofensa federal, ahora lo es.

Entonces, mi nombre fue Antonio Aguilar por un corto tiempo, muy breve. Fui "mexicano" por un corto tiempo, así lo quiso el destino. Ya que hablo de los mexicanos, tengo que hacer honor a la verdad: si algún grupo étnico o nacionalidad me han tratado con aprecio y amistad sincera, esa ha sido la gente azteca. Nunca podré entender del todo por qué me han apreciado tanto y he sido objeto de tantas muestras de afecto y de cariño por parte de esa maravillosa gente. Debe ser quizás que yo en otra vida fui mexicano. Aparte, su cultura y comida me encantan. Durante mi infancia, en mi hogar hubo de toda la vida un culto a toda esa maravillosa cultura: su incomparable música de mariachi que deleitó de pequeño mis oídos, sus intérpretes legendarios (Negrete, Infante, Solís, en fin ¡la lista es larga!), inolvidables recuerdos para mí. Decía yo que la gente mexicana, me ha dado muchas satisfacciones por la clase de amigos que encontré en ella; pueblo noble, laborioso y humilde, que también tiene sus manzanas podridas como en todos lados, pero como bien dice el dicho: "Como México no hay dos".

Un aspecto fundamental en la vida de un inmigrante —por lo general el latinoamericano— en Estados Unidos, es el empleo. Yo empecé como muchos inmigrantes en Estados Unidos, trabajando en limpieza con una compañía de mantenimiento de edificios que contaba con muchos trabajadores hispanos entre su personal, por no decir todos. Así comencé a trabajar en este país, limpiando mierda, la misma mierda que embarra nuestros pañales cuando nacemos. Sí, era un renacimiento, pero en otro país, y la mierda que limpiábamos no nos dejaba olvidar que así era, la misma mierda que ya de mayores al no poder controlarla por la vejez nos ensucia encima. Algunos inmigrantes que yo he conocido en este país sacan pecho y dicen, de manera burlona y despectiva:

—Yo nunca he hecho ese tipo de trabajitos…

Yo sí, y lo digo con fuerza y en voz alta y con orgullo, si, con orgullo, porque yo no tuve que robar o traficar con droga para mantenerme en este país. El trabajo, cualquiera que sea —y escúchenlo por enésima vez gente— no es un pecado o una ofensa; el trabajo, por muy humilde y mal pagado que sea— dignifica al hombre, no hay vergüenza en ello. No se dejen menospreciar o hacer de menos por personas que tienen mucho ego o el orgullo inflado; trabajar siempre será una bendición de Dios, agradezcamos entonces por ello hermanos latinoamericanos. Cuando era una posibilidad remota, pero posibilidad al fin, de poder abandonar mi patria para emigrar a EE.UU., me decía yo mismo allá en el Perú:

—Si algún día tengo que limpiar un *toilet*, será en el extranjero y ganando en dólares, porque en este país lleno de corruptos e inmorales no lo haré, y así fue. Palabras proféticas.

Y así fue, limpié letrinas, baños, urinarios, etcétera. ¿Y cuántos no empezaron así? ¡Claro, ahora no lo dirán, les da vergüenza! Pero también fue una clarinada del destino, un aviso de la vida, de que esa sería la única opción o tipo de trabajo que el estadounidense promedio me dejaría hacer aquí, en su país, aunque no todos; mucha de la gente en este país piensa que eso es lo único que es capaz de hacer y desempeñar el inmigrante latinoamericano.

Dos o tres días después de empezar en aquel primer trabajo de noche y *part-time* (trabajo de tiempo parcial), ocurrió un suceso inesperado. Regresaba a casa a pie y entonces fui testigo de un asalto a un hombre blanco indefenso, el cual estaba rodeado por cinco afroamericanos que lo estaban golpeando. Uno de ellos le estrelló una botella en la cabeza. No sé si la persona murió, y aunque la calle era transitada, nadie se detenía para auxiliarlo, ya era de noche alrededor de las ocho y media o nueve de la noche. Al parecer, estos tipos estaban drogados y borrachos, y agredieron a la persona de raza blanca para robarle sus pertenencias y su dinero. Este fue un hecho que me impactó tanto, que a partir de ahí me prometí a mí mismo que iba a comenzar a entrenar, a cuidar y ejercitar mi cuerpo (levantar pesas), y también a comenzar a portar armas (cuchillos de resorte). Yo no iba a permitir que nadie me atacara y golpeara de manera cobarde e impune como lo habían hecho esos hombres de la raza negra con aquel indefenso hombre blanco. Reconozco que yo no pude intervenir, me separaba una calle de doble sentido y el miedo me paralizó, eran muchos además. Después, con el tiempo, descubriría lo que era o significaba el número 911 (llamada de emergencia). A partir de ese momento comencé a entrenar mi cuerpo y a ir armado adonde fuera, los cuchillos serían mi protección, en especial si quería ir a Manhattan, Nueva York o a salir de noche (a bares, centros nocturnos, etcétera), y vaya que sí me sirvieron, me salvarían la vida en más de una ocasión.

Por aquel tiempo también comencé a trabajar en algo que se convertiría en pieza fundamental para mi subsistencia en este país: la cocina. Ahora, con el paso del tiempo y convertido también en todo un astrólogo, lo puedo ya entender: tengo al planeta Júpiter en la casa 6 de mi carta astrológica natal (la casa del trabajo, entre otros de sus esotéricos significados) ¡y encima en el signo de Cáncer!, que está regido por la luna, y la luna a su vez rige el estómago, pero retrocedamos en el tiempo, cuando no entendía ni sabía ni papa de todo esto. Para ubicarnos en el tiempo, es así como —sin todavía conocer esa maravillosa ciencia— el propio destino, la Divina Providencia, la vida misma me llevó por estos caminos. Primero sin querer, solo por cumplir, porque, en fin, ¡tenía que hacer algo! No iba a estar de brazos cruzados, no, eso no. Primero fui mesero, y no me veía ni me imaginaba siquiera cocinando, ni para mí ni menos para nadie. Sin embargo, luego con el paso del tiempo, como dicen por ahí, le llegué de lleno al trabajo de cocina. Además, era el hijo de Doña Fabiola Mantilla Castro, una gran cocinera, una excelente Chef, entonces solamente era reconectar con ese talento, con esa energía que yo traía ya de nacimiento, que yo ya poseía por herencia materna.

4

El valor del trabajo humilde

En los primeros días después de mi llegada a este país caminaba mucho por las calles, recorriendo al principio distancias cortas y así comenzar a conocer el barrio y familiarizarme con la zona y el área. Iba a lugares básicos, se entiende: *laundry* (lavandería), *grocery store* (tienda de comestibles), *liquor store* (tienda de licores), *drugstore* (que no es donde se venden drogas como la marihuana o cocaína, sino la palabra en inglés para una farmacia o botica donde se venden medicinas).

Asimismo, iba a restaurantes en donde sirven la infaltable *chinese food* (comida china), que es la más barata que hay en Estados Unidos, y en donde tantas veces aún mitigo mi estómago hambriento y mi cuerpo cansado. Por supuesto, no podían faltar las famosas "barras" (cantinas y bares) en donde uno podía tomarse unas frías todos los días después del trabajo o los fines de semana. A esos lugares no va mucha gente, ¡sino muchísima gente! que deja ahí su dinerito ganado tan duramente durante toda la semana laboral. Todos estos lugares se mostraban delante de mis ojos, como si se tratara de un ejemplo de lo que podría llegar a convertirse mi estadía y mi futuro inmediato en este mi nuevo país, pero el universo tendría unos planes inmediatos un poco diferentes para mí.

En una ocasión, durante una mañana cualquiera, caminaba y caminaba sin dirección, sin destino, muy cerca de la orilla del río Hudson, del lado de Nueva Jersey, cuando a lo lejos pude distinguir a la siempre hospitalaria Estatua de la Libertad, que con su brazo en alto parecía saludarme a lo lejos, diciendo: *"Hi, Carlos! How are you?"* Yo, como siempre, muy cortésmente le contesté: "Gracias por recibirme en tus costas, en mi nueva casa. *I'm okay!"*

Otro día, mis caminatas sin dirección y sin rumbo me llevaron a *Exchange Place*, un distrito del centro de Jersey City. Desde esta orilla contemplaba a las que siempre me parecieron intimidantes Torres Gemelas de New York (WTC), que se levantaban desde la otra orilla imponentemente. Me acerqué desde este otro lado del río, hacia el barandal de protección, y me recosté en él, y así estuve mirando la ciudad por un buen rato. De pronto, más allá de donde yo me encontraba, vi a una joven señora también recostada contra la baranda, divisando Manhattan. Tenía la mirada ida, como si estuviera en otro lugar, muy lejos de ahí, cerca de la ciudad, pero muy lejos, ¿dónde? Solo ella lo sabía. Miraba la ciudad como si hubiera perdido algo, olvidado alguna cosa o dejado atrás algo muy valioso y quizás irrecuperable. Me dijo, sin que yo le preguntara, pero consciente de mi cercanía, y sin mirarme siquiera:

—Yo nunca he estado en el otro lado (Nueva York) en todos estos años. Mi marido nunca me ha hecho conocer Manhattan, nunca he cruzado al otro lado, y ya el lunes (era viernes), ¡nos regresamos a Ecuador del todo!

Comenzaba entonces a preguntarme, ¿a qué viene toda la gente aquí, a Nueva York? Solamente a trabajar, a dejar la vida laborando, a fajarse como locos por ganar un dinerito, a romperse la espalda como burros de carga, de sol a sombra, a estar mal comidos y mal dormidos. Sí, esa es la única realidad para muchos, por no decir para todos los inmigrantes en este país. Ese es el único presente que tiene mucha gente en esta nación: dejar la vida aquí trabajando, para que los que se quedaron en sus lugares de origen puedan vivir un poco mejor, comer, estudiar, ser alguien en la vida algún día (¡frase hecha!). Resumiendo, la gran mayoría viene a Estados Unidos a sacrificarse por los que se quedaron en la tierra de uno. "Tierra de uno" es un decir, se entiende; allá uno no es dueño de nada. ¿Dónde queda la vida, las fuerzas, la juventud? Emigrar a Estados Unidos por necesidad significa venir a trabajar, joderse, morir por otro. ¿Eso es vida? ¿Para que otros lo disfruten? ¿Es eso justo?

Como mencioné antes, no pasó ni una semana después de mi llegada cuando comencé a trabajar. Eso sí ya es tener mucha suerte, ¿verdad? Recién llegado y con trabajo en la primera semana. *Wow!* ¡Y también con novia incluida! ¡Esa sí es mucha más suerte todavía! En los primeros días por estas extrañas e inhóspitas tierras (hace tiempo quería escribir esa frase), conocí a una muchacha colombiana, hermana de una amistad de mis parientes en Nueva Jersey. Yo ya había visitado un par de veces a la familia de esta chica, así que ya me conocían, y ya sabían, además, que yo recién había desembarcado en el país. Ya había compartido con ellos varias veces, en ese primer mes en Estados Unidos, y fue ahí donde yo me comencé a fijar en esta atractiva joven de piel blanca. La atracción fue mutua, la pasión fuerte y evidente, y ¡pronto estaríamos amándonos en la cama ardientemente! Todo fue tan rápido, tan intenso. Es muy excitante y sensual encontrarse con alguien, y en mi caso, en otro país, con quien uno pueda amarse libremente, y con quien tú, luego de conocerla y tratarla un poco, quieras poseerla y amarla. Eso es algo que todos nosotros los varones hemos experimentado, no una vez, sino muchas veces a lo largo de nuestra existencia cuando conocemos a una mujer por primera vez. En mi caso, por ejemplo, cuando nos conocimos y conversábamos, esta chica me sorprendió un par de veces mirándole con inocultable deseo y lujuria las nalgas, redondas y bien levantadas. Lógico, entonces, no le fue difícil a ella imaginarse que yo me sentía atraído sexualmente por ella, que ella me gustaba mucho. No obstante, el romance no prosperó ni duró mucho, entre otras cosas, por la intromisión de terceros, y por ciertos comentarios hechos por gente que no tenía otra cosa en que ocuparse, ni nada que ver en el asunto. Vamos, la relación no duró por causa de ¡gente chismosa y metiche de mierda!, para que se entienda. Pero bueno, quién no ha pasado por una cosa así antes. La gente siempre tiene que hablar de algo o de alguien. Solo de los muertos no se habla mal, todos quienes han muerto fueron buenas personas, no olvidarse de eso. En Estados Unidos de América, como en cualquier otro país de los nuestros, también existe gente chismosa, mala, juzga-vidas y entrometida, que tiene siempre que meter la nariz y la lengua donde no debe. Hay que tener en cuenta que cuando llegué a este país, yo seguía siendo aún aquel joven tímido, callado e inseguro que había salido de Perú, y era fácilmente influenciable por los demás.

    Retomando el tema del trabajo, obtener uno nunca fue un problema real para mí, (aunque esto no siempre fue así), esa es la pura verdad. Conseguir y comprar documentos falsos para poder solicitar empleo, tampoco fue problema ni algo complicado. Son necesarios, uno los precisa para poder ser contratado en este país. Los empleadores, por su parte, saben muy bien que los documentos son falsos, pero no les impide darte el trabajo, trabajo que, por cierto, no le "robamos" a los anglosajones. En realidad, son ocupaciones que no quieren hacer por ser trabajo sucio y mal pagado. Ese es el tipo de trabajo que hacemos los inmigrantes aquí, que se sepa bien eso. Los políticos que se oponen a la inmigración acusan a los inmigrantes de quedarse con los "puestos de trabajo" de los ciudadanos, como si se tuviera que estar calificado o tener un título para ¡limpiarles la mierda!

Decía yo que se precisa conseguir los papeles, en muchos casos y entendiblemente falsos, ya que los piden a la hora de solicitar trabajo, salvo claro está, de que tú le digas directamente a tu empleador que quieres trabajar por fuera de los libros, es decir, sin que se reporten tus ingresos en sus libros de contabilidad. O sea, trabajas "por fuera" y te pagan con *cash* (dinero en efectivo). Esto se hace por necesidad, no porque los inmigrantes seamos terroristas. Estoy cansado de oír, aquí como en cualquier otro rincón del mundo, cómo se ataca al que no se puede defender. En Estados Unidos los que no se pueden defender son los inmigrantes indocumentados o "ilegales", como les llamaba el ex Sheriff Joe Arpaio, quien durante varios años persiguió a inmigrantes en el estado de Arizona. La gente de Latinoamérica viene a trabajar honradamente, no a cometer atentados terroristas. Nosotros no somos espías de alguna nación extranjera o enemiga, simplemente queremos trabajar, poder ganarnos la vida de manera honrada. Quién me iba a decir de todas de estas experiencias que iba a vivir aquí: abuso, discriminación, acoso y racismo. Y pensar que muchos por tratar de llegar aquí dejan todo atrás: mujer, hijos, amigos, padres, casa, en fin, sus seres queridos, la vida que nunca volverá ser la misma, para venir aquí a pasar maltratos. Ese es el camino que nosotros mismos elegimos como inmigrantes, del que ya no nos es permitido volver ni regresar en el tiempo. Cuando uno llega a un país nuevo, y como en mi caso, era la primera vez que salía de mi país, la primera vez que subía y volaba en un avión —¡la primera vez de tantas cosas!, es casi como saltar al vacío sin paracaídas, sin saber lo que te espera. Esa experiencia es única, siempre será imborrable. Es confiar en que quizás haya algo más grande que uno, que el universo mismo, que te haga continuar, sobrevivir, seguir adelante, seguir respirando, comenzar a trabajar en esta nación en algo sucio, asqueroso y nauseabundo. Lo menciono porque no me imagino nada más impropio hablando que hacer todas esas labores. No sé, no me imagino muchos escritores que hayan empezado trabajando por ahí (¡limpiando baños!), y luego se convirtieran en literatos. En otras palabras, la mayoría de nosotros los inmigrantes ilegales nos encargamos de hacer todo el trabajo sucio. Sí, sé que esto suena a sicario de la mafia, pero nada más lejos de la realidad sin duda alguna, ¡así piense lo contrario Donald Trump!, quien dice que los mexicanos —porque para él todos los de piel trigueña y de Latinoamérica somos mexicanos— son narcotraficantes y *"bad* hombres". ¡Qué inteligencia, por Dios!

Ya alguna vez había pensado allá en mi lejana tierra natal, con cierto aire de rebeldía y desenfado juvenil, que si alguna vez yo le iba a limpiar la mierda a alguien, tendría que ser en el extranjero y en dólares, ¡premonitorias palabras! Hacer eso en Perú, para algún pituco de clase alta y adinerada, era algo imposible de integrar para mi mente juvenil. Y no se equivoquen; yo comencé a trabajar desde los 11 años, pero eso será historia de otro libro.

En fin, aquí permanezco, 27 años después, en los Estados Unidos, y sí, ¡me tocó limpiar mierda! Cepillo en mano, desinfectando inodoros, tirando la cadena, enjuagarlos, y de nuevo, no olvidar de jalar la cadena, y adiós a la mierda. De la misma manera, en la que a otra clase de mierda, hay que dejar ir de nuestra vida en este país, para poder seguir viviendo. Sí, así fue como comencé mi experiencia laboral en este país. Después de todo comenzar así, de esa manera, no es tan malo. Quizás mucha gente no lo sepa, pero hace mucho tiempo hubo un gran héroe estadounidense que peleó en la Segunda Guerra Mundial. Aquel humilde soldado de Pueblo, Colorado, peleando en Italia contra los nazis, hizo una gran hazaña ¡y la hizo dos veces! Él solo, por iniciativa propia, sin recibir órdenes superiores, atacó las líneas enemigas, acercándose tanto como pudo para poder lanzar sus granadas de mano y volar las trincheras de ametralladoras enemigas, y así apoyar y rescatar a sus compañeros que eran víctimas del fuego enemigo. Después de esto, nunca se supo de él, se le declaró perdido en combate. Incluso, se le otorgó —supuestamente de manera póstuma— la Medalla de Honor por su desempeño, la cual recibieron sus padres, pues se le creía muerto. Acabó la guerra, no consiguió trabajo y entonces se enlistó en el *Army* (Ejército) una vez más y ahí estuvo varios años. Cuando ya era algo mayor se empleó en la *United States Air Force Academy* como *janitor*, o sea, el mismo oficio que yo comencé a hacer cuando llegué a esta gran nación: un limpiador, un simple portero, el hombre encargado de limpieza, ni más ni menos. Mucho tiempo después, alguien descubrió quién era él. Un oficial de la academia lo confrontó, y Mr. William J. Crawford afirmó que era cierto, que él era esa persona, que había realizado aquel acto militar heroico en Italia peleando contra los nazis. Grande fue el asombro de todos aquellos oficiales. Muchos de quienes lo habían tratado mal, de manera despectiva, sin saber que aquel a quien humillaban era un gran héroe estadounidense. Hasta el propio presidente de Estados Unidos, Ronald Reagan, asistió en persona a una ceremonia que se realizó en aquella academia en 1984, donde Mr. Crawford trabajaba, para imponerle su condecoración en persona. Después de conocer esta historia, pensé: ¿Por qué yo me voy a sentir humillado? ¿Por qué me voy a sentir mal realizando este trabajo, esta labor? ¿Por qué va a ser indigno limpiar un inodoro y barrer el piso, si un gran héroe de guerra estadounidense fue capaz de hacer esto sin quejarse? No hay indignidad en un trabajo modesto, sencillo y humilde; lo indigno es no trabajar para sostenernos pudiendo hacerlo y ser una carga financiera para tu país, tu familia y tu sociedad, ¡eso sí es una vergüenza! Desempeñar un trabajo, por muy humilde que este sea, nunca será un deshonor, y si no nos gusta de momento, lo desempeñaremos de la mejor manera, del mejor modo. Porque en todo lo que intentemos hacer en esta vida siempre se debe de tratar de ser el mejor, la excelencia debe ser la meta, ser el mejor en lo que hacemos, y si de momento no nos gusta nuestro trabajo, entonces hay que prepararnos y estudiar algo que sí en verdad nos guste y perseguir nuestro sueño. Que nadie nos robe la ilusión de ser quienes nosotros queremos ser, ni dejar que nadie nos diga que no podemos hacer eso que queremos ser.

Mi nueva vida como inmigrante en este país comenzó sin carrera, ni profesión, ni oficio, sin amigos, sin dinero, sin novia, sin conocidos, sin hablar el inglés, pero gracias a Dios, tuve el apoyo de mi único hermano vivo, Pepe. Dios te bendiga siempre hermano. Así fue que emprendí esta nueva aventura en mi vida a los 26 años, recién cumplidos, en la que Dios nos puso adelante. Poco tiempo después comencé a trabajar en un restaurante como mesero, entonces ya tenía dos trabajos, y en solo un par de semanas de haber llegado. En ese tiempo todo era tan nuevo para mí. En mi corazón había un sentimiento difícil de describir con palabras, y que quizás nunca se pueda expresar a plenitud y con satisfacción con estas palabras que escribo. Es como ser una planta, un árbol trasplantado a otro lugar, a otra tierra, a otro país, y eso nada ni nadie lo puede expresar. Esa emoción, ese sentimiento, nunca te abandona. En esos primeros meses, repito, todo era tan nuevo, tan extraño para mí. Estaba y no estaba aquí al mismo tiempo. La mente te traiciona, y el corazón igual.

Habían ya transcurrido ya los primeros cinco o seis meses en Estados Unidos, y yo aún recordaba mi tierra, mi barrio, mis amigos, mi novia; nada de eso fue fácil de superar. Para eso no hay aquí psicólogo o psiquiatra que te atienda, no te olvides, soy un "ilegal". Aún pensaba y, creo ahora, que hasta sentía como si todavía estuviera en Perú, y encima de todo, se me ocurría sacar cuentas del dinero que ganaba acá en dólares y ¡convertirlo en soles peruanos! ¿Pará qué? Calculaba el tipo de cambio de lo que ganaba semanalmente en Estados Unidos con ¡el de la moneda peruana! ¿Qué ingenuidad, verdad? ¡En qué estaría pensando! ¿Qué ganaba en dólares para gastar en soles? Si ganaba aquí 200 o 300 dólares a la semana, eran como 600 a 900 soles. Sí, pero allá ¡no en este país! Aterriza Carlos, despierta ¡por favor! Se me olvidaba un pequeño detalle: aquí se gana y se gasta en dólares, no en soles, además, así como viene el dinero, también se va.

5

Experiencia desfavorable

En aquel primer año de las más de dos décadas y media que tengo de residir en Estados Unidos de Norteamérica, hay algo que, entre otras cosas, recuerdo, y que con probabilidad les haya sucedido a otros muchos inmigrantes también. Me refiero a situaciones difíciles con miembros de la familia que llegaron, o ya se encontraban en Estados Unidos., antes de nuestra llegada. Esto es muy común, es parte de la experiencia inmigrante, y por tanto es importante mencionarlo.

Desde mi llegada a este país yo vivía con mi hermano y su esposa. Yo siempre trataba de llegar tarde al apartamento, además porque tenía dos trabajos para pagar la deuda de mi viaje a este país, como muchos, deuda económica que nosotros, los inmigrantes contraemos para llegar a este país, y entonces hacía todo lo posible para no encontrarme ni verme con mi cuñadita, quien me di cuenta de que era una persona sumamente molesta, antipática e irritante. Me imagino que esta situación era mutua. Me he dado cuenta de que cuando no he querido permanecer en algún lugar o no me he hallado a gusto en un sitio, siempre trato de llegar lo más tarde posible.

Al relatar esto trataré de ser sincero, honesto e imparcial. Desde que puse un pie acá, siempre quise y traté de llevarme bien con mi cuñada. Todo el tiempo procuré hacer las cosas bien y de manera correcta, pero eso nunca le complació a ella, y es inútil tratar de hacer feliz a alguien cuando tú mismo eres infeliz; eso así no funciona, la vida en si no funciona de esa manera. Durante mi estancia con mi hermano y su esposa lo aprendí y lo comprendí, y de ¡qué manera! Cuando aún estaba en mi país tenía mucha ilusión, cuando supe que iba a viajar a Estados Unidos, de conocer a mi cuñada, la esposa de mi único hermano. Para ese entonces ya había fallecido mi hermano Pablo, el segundo de tres hermanos. Para mí, a su esposa no la consideraría una cuñada, sino más bien como una hermana, la hermana que yo nunca tuve, la hermana que la vida no me quiso regalar. Sin embargo, la vida es cruel, y me presentó una realidad muy desagradable y distinta a mis expectativas respecto a mi cuñada. En este libro no sería posible nombrar, contar y describir con detalle todo lo que esta mujer hizo contra mí cuando estuve viviendo en la casa de ella y de mi hermano. Después, al conocer un poco más de su vida, pude comprender lo infeliz y desdichada que fue esta mujer en su niñez en su país de origen. No la odio, no le guardo rencor, pero como dice la letra de la canción *Latinoamérica*, del rapero puertorriqueño René Pérez, de Calle 13, «Perdono, pero nunca olvido». Sobre todo porque yo nunca hice nada para merecer un maltrato así de su parte. Esto lo pude entender y comprender muchos años atrás, cuando yo me convertí en astrólogo, que uno no puede vivir la vida de esa manera, es decir, tratando de complacer a los demás, a otras personas y siendo uno infeliz. La vida es así, no como uno quisiera que fuera, la vida es como es. Ahora también lo puedo aceptar, antes no. Sé ahora que en toda familia, por más que uno trate de cambiarlas, hay situaciones que no se pueden superar, resolver ni cambiar, y que escapan a nuestro control. Contra eso, no se puede hacer nada.

Para el inmigrante, el primer año en Estados Unidos se aprende a vivir de nuevo, si se quiere llamarle así. Te disciplinas o te jodes o te vas a la mierda, así de fácil. Te pones serio o si no, los vicios que tengas —y todos tenemos uno, así no queramos aceptarlo— te van a dominar, poner fuera de control y acabarás en el fondo de un abismo. Esto es verdad, yo lo he visto suceder, y no es nada agradable; solo los fuertes sobreviven y a veces, no sé si muchas o pocas, los que no tienen corazón.

Cambiando de tema y hablando de mujeres y canciones —parafraseando el título de la canción interpretada por el cantante mexicano Vicente Fernández— como escribí antes, cuando llegué a Estados Unidos, la que más me impresionó por su belleza, fue la mujer puertorriqueña (después el espectro se haría más amplio), pero al comienzo fue así. La imagen de la mujer boricua era, o en todo caso fue, la que después vendría a representar tan bien la gran artista de ascendencia puertorriqueña Jennifer López. Puertorriqueñas, mujeres de sangre caribeña y temperamento caliente, apasionadas, piel blanca (¡mi debilidad!), ojos embrujadores, cuerpo divino, nalgas grandes, cara de niña, de muñeca, y ya la mesa está servida. Para muchos quizás esto será una frivolidad, y puede que lo sea, una vulgaridad, pero eso fue lo que yo sentí y experimenté cuando llegué a la también llamada Unión Americana, en cuanto a las hijas de Eva se refiere. Y aquí se podría mencionar que el llegar a este país, también en ese asunto mi experiencia fue algo traumática, ya que los países de Latinoamérica, por no decir en todos los del mundo, existen las casas de citas, los prostíbulos, que es de por sí algo tan viejo como la humanidad misma. No obstante, en Estados Unidos da la casualidad de que la prostitución y los prostíbulos están prohibidos por la ley, es un delito, sí, que se enteren los que están allá, al sur de esta nación. La excepción a esta regla es el estado de Nevada, en donde en ocho condados se permite cierta medida de prostitución legal. Irónicamente, la ciudad de Las Vegas no está en ninguno de esos condados. En Estados Unidos el hombre que tiene un temperamento sexual fuerte y un apetito insaciable, o tiene que ser muy seductor y galán o ya se jodió, o se va a hacer aficionado a la paja o si pierde la cabeza, puede llegar a cometer hasta un delito sexual, sino puede controlar sus pasiones. Más adelante estoy seguro de que tocaré este tema a profundidad, pero es bueno que los hombres que quieran aventurarse a venir a este país, lo sepan bien: aquí no hay chongo, trocadero, bulín, casas de lenocinio o como les quieran llamar. Lo curioso es que con el tiempo comprendí y supe que los ricos y también los políticos influyentes pueden tener y gozar de los encantos de ¡las prostitutas! Poderoso caballero es Don Dinero, sin duda.

Durante ese primer año yo trataba de ubicarme en todo sentido. La situación fue más difícil con esa joya de cuñada. Ya es suficientemente duro llegar a una tierra extraña, a un país que no es el nuestro. Uno lo que menos quiere es llegar al lugar donde se vive, donde se descansa supuestamente, para descubrir que alguien no te quiere, que te odia, que te rechaza sin motivo aparente y sin una razón. En ese ambiente fueron transcurriendo mis primeros días, semanas y meses, por tanto, siempre trataba de llegar tarde a la casa, ya que no quería verme con esta mujer; le tenía miedo, pero el miedo era por no poder quedar bien con ella, por hacer las cosas mal en un país que era nuevo para mí. Siempre me habló con desdén, con rechazo, solo que ante mi hermano era otro el trato, produciendo una situación que parecía más una telenovela. Pero la vida, la realidad, no sé si muchas o pocas veces, supera a la ficción largamente. Yo trataba de demorarme en llegar a casa y para esto ¿qué era lo que yo hacía? Pues me sentaba en los parques, miraba las vidrieras de los negocios, y también comencé, sin querer, a aficionarme a entrar a los bares, a beber una cerveza y después venía otra y luego otra. La "barra" no es otra cosa que una cantina, un bar donde se vende licor, cerveza, donde hay vicio, drogas, prostitución, mujeres fáciles que te sacarán todo tu dinero que tanto te esforzaste en ganar trabajando toda la semana. Al abrir la puerta de una barra, si no tienes fortuna, puedes bien estar abriendo la puerta hasta del mismo infierno. Ese es un mundo que seduce mucho a nosotros los inmigrantes que dejamos tantas y tantas cosas detrás de nosotros, en nuestra tierra, en nuestro país lejano. Alguien como yo, que no tenía nada ni nadie, que estaba solo, sin mujer, ni hijos, sin ningún afecto cercano aparte de mi hermano, pero un hermano que yo no había visto en varios años, que yo sabía que me quería, pero que ahora que lo volvía a encontrar, era como volver a conocernos de nuevo. El tiempo había pasado sin detenerse y ahora él tenía sus compromisos, su mujer. El tiempo no vuelve ni regresa, solo existe el presente nada más, y hay que aprovecharlo.

Decía yo que nunca he dudado del cariño, del afecto de mi hermano. Si no hubiera sido por él quizás yo ya estaría muerto, como me dijo aquel médico al principio de este libro, ni tampoco hubiera escrito este libro ni el anterior. Es importante reconocer que mi hermano hizo su parte porque cuando yo llegué él me dio la mano, me ayudó, y eso siempre se lo agradeceré. Mi agradecimiento es eterno hacia él. Que él tenga la mujer que haya tenido es su decisión y su gusto, y yo ahí no tengo nada que decir, solo que al provenir de una familia pequeña, yo siempre anhelé en el fondo de mi ser tener una hermana, porque para mí, eso significa una cuñada. Sin duda, la vida tenía una sorpresa muy diferente para mí en ese tema en particular. En fin la vida, como en cualquier otra parte, es como es, y no como uno quisiera que fuera. Siempre hice todo de mi parte para tratar de llevarme bien con mi cuñada, pero nada trabajó ni funcionó, pero ahora entiendo que en este mundo hay gente con la que te encuentras y nunca vas a llegar a congeniar, jamás, y sin causa, ni motivo aparente. Es como el amor, también se necesita química. Y está bien, ahora lo entiendo.

Muchas de las cosas que mi cuñada hizo para mortificarme, molestarme o aburrirme nunca las ha sabido mi hermano, ni las sabrá tampoco. Por supuesto, ahora con este libro se enterará de algunas, pero es algo, como decimos en Perú, de pasadita, o sea de manera rápida. Si yo en realidad hubiera sido un cuñado conflictivo, hubiera hecho todo lo posible para enfrentarlos, para que pelearan o causar que se separaran. Quizás alguien por ahí pudiera decir que razón no me haya faltado, ni motivo, pero yo no vine a este mundo a dividir a la gente, ni hacerla que se peleé una con otra, sino a tratar de forjarme un porvenir y vivir bien, decentemente. A mí nunca me interesó o me llamó la atención enfocarme en este desencuentro familiar para hacer que se separaran ellos dos. Como dice el dicho, yo siempre he pensado que cada uno se hace cargo de su gallina, o sea, que cada uno ve por su mujer, su pareja o lo que más le guste.

Cuando llegué a este país dormía en la sala de un departamento pequeño, en un sofá que se convertía en cama, no lo digo como crítica, es así, y así lo han pasado muchos otros inmigrantes. Ahora, visto todo esto a la distancia, todo eso parece un lujo, ya que muchos no tienen, ni han tenido la suerte que yo tuve, pues al menos tenía a mi hermano en este país, un lugar a donde llegar, un techo, y eso ya es decir mucho aquí.

Al tiempo de mi llegada, mi hermano y su mujer ya tenían el sueño de ser dueños de una casa (el sueño americano para muchos). Yo me di cuenta de eso rápidamente y los apoyé, trabajando duro para ayudarlos y colaborar con su sueño, al menos con mi trabajo y en lo que ellos me necesitaran. Cuando al año siguiente, 1994, ese sueño se hizo realidad para ellos, y yo vi la oportunidad de irme a vivir por mi cuenta, a rodar yo solo por el mundo, como dicen por ahí, y así lo hice. En 1993, cuando vi ese anhelo de mi hermano de tener su casa propia, yo me hice a mí mismo la promesa de que lo iba a ayudar en todo lo que yo pudiera para que la comprara. Después de eso, yo me alejaría calladamente, sin que él supiera nada del conflicto que yo viví con su esposa desde el día mismo en que puse un pie en este país.

Cuando uno tiene una ilusión, o sea cuando uno cree antes de llegar a este país, de que en otras tierras te espera tu hermano, aquel hermano querido que dejaste de ver hace ya mucho tiempo y que se fue de nuestro país para buscar un mejor porvenir para toda su familia, pero llegas aquí y te das cuenta que está casado y su mujer que tiene no te quiere, ni te aprecia, entonces eso es una situación muy triste y desagradable; nadie merece eso sinceramente. Sí, duele mucho en el corazón, en especial para alguien como yo que venía de vivir el divorcio de mis padres, de dejar de estudiar la carrera de medicina que tanto me entusiasmaba, de sufrir la muerte de mi madre, y después la muerte de mi muy querido hermano Pablo. La muerte fue una constante en mi vida en aquel tiempo, una antipática visitante que se me había apegado y no se quería alejar de mi vida desde los años 1987 hasta el 1993, que es el año en el que yo emigré del país.

En suma, la experiencia desfavorable con mi cuñada sirve para ilustrar de alguna manera lo que muchos inmigrantes vivimos en el proceso de ajustarnos al gran reto de una nueva vida en un país nuevo.

6

MI FUTURO, ESCRITO EN UN LIBRO PARA APRENDER INGLÉS

ENFRASCARSE EN ESCRIBIR UN LIBRO COMO ESTE NO ES UNA TAREA FÁCIL ni sencilla (nada lo es en la vida). Demás está decir que demanda mucho de uno, en varios sentidos, pero es algo que debe de hacerse, y sobre esto, el universo me ha mandado las pruebas, señales y dificultades, que no han sido otra cosa que enseñanzas y aprendizajes para seguir adelante. Sin rendirme, puedo, como un boxeador agotado en la ardua pelea, poner una rodilla en tierra, pero tengo, debo, levantarme de nuevo, que esto aún no termina. Como lo expresaba el gran cantante argentino Facundo Cabral: "Está permitido que te caigas, pero no que te quedes en el suelo". Continúo, entonces, construyendo este libro con base en mis recuerdos, en mi mente y en mi ¡memoria de elefante!, como dicen algunos que me conocen bien.

El año de mi llegada, 1993, fue un año extraño, difícil e incierto, en el que viví sin saber si "soy de aquí o soy de allá" (Cabral, de nuevo), conociendo gente nueva, que hablaba mi mismo idioma, pero con un acento diferente, algunos de manera graciosa, pero que también vienen como yo de algún lugar de nuestra América Latina. Unos hablan como cantando y otros se comen la pronunciación de algunas letras. ¿Este es mi nuevo país? ¿Estos son mis nuevos amigos? ¿Mis nuevas amistades? ¿Mis nuevas amantes? Dice el dicho que "Donde fueres, haz lo que vieres", pero yo no soy así, yo no sigo la huella de nadie. Sigo, siempre he seguido, mi propio camino, con mis errores y aciertos, pero mi camino al fin y al cabo. Eso siempre lo he tenido claro yo, como venga la mano, en las buenas y en las no tan buenas, y si en ese camino se puede ayudar a otro o a otros, ¿por qué no hacerlo? Hacer el bien sin mirar a quién, como decía mi viejita, es decir, sin interés, sin condiciones, sin esperar siquiera oír un "¡gracias, amigo!" No, lo que se hace o se deja de hacer en esta vida, tiene siempre que venir del corazón, no hay otra manera.

En 1993, fue el año en que traté, una vez que ya se iba pasando la nostalgia (nunca se fue), de aprender el idioma inglés. No tuve tiempo de poder estudiarlo en algún lugar ni bien llegué para hacerlo, porque primero hay que ponerse a trabajar para pagar las deudas en las que uno se envuelve para venir a este país. Para aprender el idioma me valí de un libro no tan pequeño que perteneció a mi padre. Sí, el viejo emigró a Estados Unidos en la década de 1960, y al regresar a Perú conservó ese libro que había comprado aquí para que le ayudara a aprender el idioma rápidamente de manera básica. El libro hacía mucha referencia a ciertos verbos más usados en el inglés, y así fue como cada noche, después del trabajo, yo me daba a la tarea de leerlo y releerlo. En un cuaderno en blanco también comencé a escribir notas. No sé cuánto me ha ayudado este libro, pero creo que al menos puedo mantener una conversación decente con un estadounidense promedio. Cuando hacía mi equipaje para venir a Estados Unidos, tomé este libro de la biblioteca de la casa, y lo acomodé dentro de mi maleta, es decir, el libro hizo el viaje de retorno conmigo, después de estar ¡30 años en Perú! ¿Simbólico, verdad? ¿Coincidencia? Quién sabe. ¿Quizás ese libro sería una señal de lo que me depararía el futuro? Sí, quizás era una manera de cerrar un círculo ¿o tal vez de comenzarlo de nuevo? Esto me lleva a recordar de nuevo lo que mi recordada madre Fabiola me dijo: "Tú tenías que haber nacido allá, tú tenías que haber sido norteamericano", con cierto dejo de culpa en su voz. Ya mencioné antes también que nunca me atrajo la idea de venir a Estados Unidos. Después, todo lo que sucedió fue tan casual y fortuito, y se me presentó esa opción. Mi madre ya no estaba con nosotros pero un par de veces me había contado la historia de la venida de mi padre y de ella a esta gran nación.

Ambos vinieron a Estados Unidos en los años 60s. Fue en los comienzos de esa década, tan cambiante para toda la humanidad, que ellos dos llegaron a este país. Vinieron por contrato de trabajo, pero no se pudieron quedar ni realizar su sueño americano. Ella, mi madre, no podía soportar los rigores del clima, en especial del invierno, además por problemas con la presión arterial y las vicisitudes del trabajo mismo. En esas condiciones, quedar embarazada y un posterior parto mientras vivía aquí sin duda hubieran puesto en peligro su salud. Cuando finalmente ella me alumbró a mí, casi pierde la vida en el parto, y eso que fue ¡en Perú! Además ella ya no era muy joven, ya tenía 35 años (edad en la que empieza el embarazo de alto riesgo). Es probable que si el embarazo de mi madre hubiera acontecido aquí, le habría podido costar la vida. Durante el tiempo que residió en Estados Unidos, sufrió de hemorragias nasales frecuentes, sobre todo en el crudísimo invierno norteamericano de antaño. De hecho, fue ella quien volvió primero a Perú, mientras que mi padre se quedaría aún un poco más de tiempo. Él insistió, trató de hacerle la lucha en este país, pero no pudo, le ganó, pudo más su corazón, sí, ese corazón de león que siempre lo acompañó y que no lo abandonaría sino hasta el día de su muerte. Mi querido viejo, era puro león, León de apellido materno. Y encima, de ese signo zodiacal (1 de agosto). Para no creerlo, ¿verdad? Mi padre aquí aprendió relativamente fácil y rápidamente el idioma, ya que para él no fue problema el inglés. Muchos años después, él me confesaría en el Perú, cuando yo ya era un adolescente, que se le había hecho muy fácil aprender el inglés ya que él, ancashino de nacimiento (o sea, natural de Áncash, un departamento del Perú), era quechua hablante (el cuarto dialecto más hablado en América, el cual fue utilizado durante el imperio Inca), y que estos factores le habían sido de gran ayuda. Él decía que la fonética entre el quechua y el inglés era parecida. Yo siempre lamenté que no pude aprender la lengua sagrada de los incas. Él me decía: "Yo puedo jugar con los sonidos, y ayudarme en la pronunciación inglesa". Esto lo he comentado con amigos quechua hablantes, y me han confirmado este hecho: la fonética entre ambas lenguas es parecida, de manera que la pronunciación del inglés se facilita bastante para quien sabe el quechua.

 Viene también a mi mente que allá por los años 80 —años de mi rebeldía juvenil en el Perú— esa muy rockera década, una anécdota muy celebrada siempre por mí. Resulta que mi padre era músico y por esos años yo me había vuelto todo un seguidor y fanático del Rock and Roll. Un buen día con cierto aire burlón y sobre todo, como mencioné anteriormente, por ser un músico, un folklorista para más señas, al enterarse de la pasión y gusto de su hijo menor por este extranjerizante ritmo me comentó:

—Esa música que te gusta no es nada, es puro ruido, eso no es música. Yo no soy aficionado ni seguidor de ese ritmo musical, ni mucho menos, pero sí te diré algo Charles, (así me llamaba de cariño a veces, no siempre), yo estuve en Estados Unidos cuando allá llegó lo máximo, lo mejor que ha podido existir en ese género musical, y fue desde Liverpool, Inglaterra, se llamaban Los Beatles. Esos fueron los mejores, y yo lo viví, a mí no me lo contaron, yo estuve allá, yo lo presencié".

¿Qué se podría decir después de eso en defensa del Rock de los 80s, no mucho, verdad? Y eso que los 80s también tuvieron lo suyo.

Viajemos de regreso por el túnel del tiempo a 1993, el año en que terroristas islámicos quisieron derribar las Torres Gemelas de New York, sin lograrlo. Detonaron explosivos en el sótano de la Torre Norte, en el parqueadero. Fue un atentado con casi 600 kilos de explosivos que causó más de mil heridos y seis fallecidos, entre ellos un ciudadano peruano. Esto sucedió el 26 de febrero de 1993, unos días antes de que yo viajara a este país. Yo pude apreciar el nerviosismo y la conmoción en los agentes migratorios al llegar a Estados Unidos, en los dos aeropuertos por los que pasé, el Internacional de Miami y el de Newark. Tuve suerte de pasar, creo yo, o en todo caso así lo veo desde una mirada retrospectiva. Las autoridades estaban más preocupadas en ver quiénes eran los que salían, los que dejaban el país, que los que estaban tratando de entrar, y creo que se enfocaban más en tratar de capturar a los culpables del atentado, ya que para esas fechas seguían las investigaciones. Sí, tuve suerte, al fin y al cabo uno viene aquí a trabajar, no a robar, matar o vender droga, siempre pensé eso y siempre esperé lo mejor. Aunque, desde luego, incluso después de este ataque terrorista, se ha comprobado que otro tipo de viajeros sí vienen, y han venido, con los más siniestros planes terroristas en contra de este país.

Hablando del tema del terrorismo, al final del capítulo anterior me referí a la muerte como una constante en mi vida por un lapso de varios años. Parte de ese período funesto tuvo que ver también con una organización terrorista originada en el Perú, Sendero Luminoso. La muerte estuvo presente en mi vida también a causa del maldito fanático asesino Abimael Guzmán, líder de esa organización terrorista y subversiva. Con su Sendero Luminoso de mierda, Guzmán, trataba de matar la esperanza y la vida en el Perú. Sí fue un sendero, pero no luminoso, sino uno que causó dolor, angustia y muerte en todo el país desde 1980 hasta 1993, en su primera etapa. Como bien dijo una vez el destacado periodista peruano César Hildebrandt: "Cuán podrido debe de haber estado el Perú, que dio a luz una revolución, un movimiento insurreccional tan criminal, tan vil, tan sanguinario, tan enfermo como Sendero Luminoso".

Qué de luminoso podía traer al Perú una organización terrorista que causó dolor, sufrimiento y lágrimas a los hogares nacionales. La violencia perpetrada por este grupo iba a convertir al Perú en una Camboya, la del otro asesino comunista, el dictador camboyano Saloth Sar, mejor conocido como Pol Pot.

En el Perú, la década de 1980 fue una época muy convulsa con un bisoño y demagógico presidente Alan García Pérez, quien por su estupidez gigantesca y su populismo barato generó uno de los primeros éxodos masivos de peruanos al extranjero. El otro sería después, en los 90s, con el presidente Alberto Fujimori y a Japón. Esa primera inmigración se fue a Venezuela, España, Italia y Estados Unidos, que como siempre, ha sido el gran imán económico del mundo. Perú estuvo mal gobernado durante esos años y a la deriva, con un estado en jaque por una horda de asesinos fanáticos que tenían a la nación andina como un paciente en la sala de cuidados intensivos, convulsionada, esperando la llegada de la parca, más que temiéndola, deseándola para por fin descansar en paz, de tanto hijo ingrato y ratero que le ha robado al país a lo largo de su trágica historia. En lo personal, como mencioné antes, fueron tantos los muertos que se sucedieron en mi familia, que es algo imposible de olvidarse, y también fue impresionante, sobre todo, haber sobrevivido yo mismo esa etapa de violencia en mi país. Hasta ahora no sé cómo fui capaz de hacer eso. Sin duda fue Dios, no hay otra explicación posible.

El terrorismo en Perú me afectó de varias maneras, y de algún modo, el inicio de una era de terrorismo, antes inimaginable, en Estados Unidos me recibió al llegar a este país por coincidencia. Aunque llegué con ciertas ilusiones, la realidad —como siempre— se encarga de hacernos aterrizar, de hacernos despertar o de estrellarnos contra el piso, según sea el caso. A pesar de eso, comencé a trabajar en ese 1993 en un restaurante de comida americana, sin pensarlo e imaginarlo, y gracias a mi querida cuñadita (algo bueno tenía que haber hecho, ¿verdad?). En aquel tiempo pataleaba con el idioma, porque no sabía inglés. Ahora, eso sí, debo siempre agradecer que desde mi país me encantaba el Rock and Roll, la música del cantante y actor estadounidense Elvis Presley y el grupo inglés *The Beatles*, básicamente, ya que al escuchar a ambos me familiaricé mucho con las letras de sus canciones, la traducción, el significado, solo un poquito, pero era de cierta forma una introducción musical al inglés, que me sirvió, sin duda, en el momento de llegar aquí. ¡Gracias a los íconos del Rock and Roll también!

En Nueva Jersey trataba de aprender el inglés en mis ratos libres, sobre todo en las noches cuando llegaba de mis dos trabajos, el de limpieza y el del restaurante, aunque no directamente trabajando en la cocina. Ahora, pensándolo bien, si en aquel tiempo hubiera tomado clases o pensado en serio aprender la industria gastronómica, tal vez fuera ya hoy todo un brillante chef. Pero no comencé así, yo empecé de ayudante de mesero, mesero y además con el trabajo de limpieza de medio turno. Tenía primero que apurarme y darme prisa a ganar dinero, ya que había llegado recién aquí y tenía que pagar una deuda en Perú, y gracias a Dios lo pude lograr.

Haber seguido viviendo con mi hermano y su mujer no hubiera sido bueno para nadie, no era lo más recomendable, ni mental ni psicológicamente. Ahora lo veo y no me arrepiento de haberme independizado, ya que en 1994 opté por irme a vivir por mi cuenta a donde me llevará el destino, como siempre, ese mismo destino que me ha salvado la vida varias veces ya, y que aún me mantiene con vida, porque sin duda quiere que yo escriba este libro por alguna razón que desconozco.

Así fueron mis inicios en esta gran nación. Todavía en 1993, estar viviendo aquella situación con mi cuñada en casa me mortificaba mucho, por lo que prefería estar en cualquier sitio menos en el apartamento que compartía con ella y mi hermano. Seguro recién se va a enterar mi hermano de esa situación al leer esto. En fin ya no hay problema, ya pasaron más de dos décadas y media, "ya llovió" bastante desde esa fecha. Aquella resolución de llegar tarde al apartamento no sería una de las mejores, porque el permanecer fuera del hogar por largo tiempo para evitar un encuentro incómodo, me llevó a aficionarme a frecuentar las cantinas y experimentar todo ese ambiente. Por tanto, ¡el remedio fue peor que la enfermedad! En aquellos antros de antes en Jersey City se bebía, se apostaba, se vendía droga, llegaba de todo, incluyendo prostitutas, caficios (proxenetas), gays, chulos, bugarrones y otros. Era una jungla ese ambiente, ¡y yo trataría de ser Tarzán! "¡A ver si salgo vivo!", decía yo entonces! En ese tipo de lugares me detenía a hacer hora antes de llegar a casa y evitarle disgustos a mi querida cuñadita. Fueron noches de beber, de pasar tiempo con amigos que no son amigos, de jugar billar (¡soy zurdo, por si acaso *brother!*). Si uno tenía suerte, no solo podía ganar en el juego, pero si le añadías labia, dinero, pegue o gancho, o como carajo se llame eso que atrae a las mujeres, eso que te hace atractivo e irresistible ante el sexo opuesto, pues entonces te levantabas alguna hembrita que estuviera bien buena para pasar una noche de pasión. Lo mismo, si la hembra te resultaba buena, ese era tu paquete, tú te hacías cargo y lo resolvías por ti mismo ¡Que no digan que los sudamericanos somos flojos en la cama! Así eran esos días de suerte y de perdición, como jugar a la ruleta o a los dados, pura suerte.

En una ocasión entré a un bar a tomarme una cerveza después de trabajar como un perro, y pude de pronto escuchar a la gente decir que esa noche había una pelea de box.

—¿Quién pelea? —pregunté.

—¿Cómo, no sabes amigo? —me contestó un gringo que hablaba muy bien el español. —¡Hoy pelea Chaveeezzz!

—Ah, es Chávez, gringo, no "Chaveeez".

Ellos se hacen bola con la pronunciación de nuestros apellidos. En el caso de mi apellido materno, para ellos es *Mantila*, no Mantilla, ya que no pronuncian la doble "L".

Así que esa noche peleaba el gran campeón mexicano de boxeo, Julio César Chávez, aquel gladiador azteca que se cansó de noquear boxeadores negros estadounidenses. Ese sí era campeón. Ahora cualquier payaso es campeón de boxeo. El púgil mexicano era el terror de los boxeadores afroamericanos. En aquella cantina en donde hablaban de él ya con un aire de derrota adelantada vaticinada por los gringos, miré la pantalla pequeña que había en una esquina alta, y de pronto la voz del siempre recordado Jorge Negrete retumbó en aquel coliseo: «Voz de la guitarra mía, al despertar la mañana, quiere cantar su alegría...a mi tierra mexicana...»

Sí, salía Chávez del vestidor rumbo al cuadrilátero, no había duda de ello. Aquella canción inmortal del inolvidable Charro Cantor, que es como un himno nacional para todo mexicano, es inconfundible, y siempre anunciaba la salida del ¡ídolo de Culiacán, Sinaloa! ¡Chávez! ¡Chávez!

La energía de los bares es muy densa. En estos establecimientos se reúnen y congregan, por lo general, personalidades afines, que resuenan igual y se atraen entre sí, tratando de buscar la luz en unos y otros. Solo que hay un problema, ¿cómo se va a encontrar la luz buscándola en la oscuridad de una cantina? Difícil tarea, por no decir imposible. Quienes son asiduos de los bares se parecen a los murciélagos, son como Batman, ya que cada uno y cada uno se siente en su "baticueva" en la barra. Ahí encuentran la gloria y la euforia etílica, el paraíso. ¡Lástima que dure tan poco! Los clientes son por lo general gente triste, solitaria, que presumen lo que no son, lo que no tienen, son seres nocturnos, viven de noche y de lo que esta les puede traer.

Llegó el fin de 1993 y el año nuevo, y ni siquiera recuerdo en dónde estaba. Quizás me encontraba borracho en alguna barra, embruteciendo los sentidos y conviviendo con gente que no conocía, para quienes creía yo era importante y eran mis amigos en verdad. Cuando uno está en un país extraño y, como en mi caso, sin estatus migratorio legal, sin familia, sin hijos, sin esposa, sin nada de nada, entonces no había razón por la cual celebrar. En aquel instante y tiempo de mi vida, después de haber dejado mi país y haberme convertido en uno de los millones de inmigrantes que viven en Estados Unidos, nada tenía sentido. Vivía perdido, sin luz, brújula, ni camino. Solamente vivía porque respiraba y caminaba, y porque cada día amanecía de nuevo, pero mi existencia carecía de rumbo, de ilusiones y metas. Para mí todo era un chamullo. Viviendo aquí comprendí cuales eran mis limitaciones, que era lo que podía y no podía hacer, y eso me frustró mucho, por tanto comencé a beber más. Me di cuenta de que había venido a este país ni siquiera a ser un esclavo laboral, que ya era malo de por sí, sino un fantasma. Por mucho tiempo, para mí no existió celebración de cumpleaños, Navidad, Año Nuevo, ni menos Cuatro de Julio (fecha de la Independencia de Estados Unidos). No, todo fue trabajar, si no ¿cómo se sobrevive? ¿Cómo puede uno vivir, mantenerse, pagar la renta? Aún con todo ese malestar y frustración enormes —característica de la vida de un recién llegado a Estados Unidos— siempre he tenido un agradecimiento sincero hacia esta gran nación, a esta patria norteamericana que me acogió. Pudo haber sido quizás otro país, Italia, España, Argentina, o cualquier otro, pero no, fue este país, y después de todo, fue bueno venir.

El año de 1993 viví la sencillez, la humildad y la ingenuidad de ser un don nadie en tierra extranjera, y no que yo haya sido alguien en mi país, pero vivir la experiencia inmigrante en Estados Unidos es algo único e incomparable, esto es, vivir rodeado de gente que no te conoce ni sabe quién eres. Andar, pasear, caminar por donde yo quería, y con la apariencia aun de un desamparado, pero sin importarme un rábano nada, porque aquí nadie me conoce, y no tenía que fingir o aparentar ser quien era o quien no era, aunque nunca he tenido ese problema. No obstante, esa era la sensación que todo eso nuevo me producía. Creo que hacer eso es una especie de lujo que uno se puede permitir pocas veces en la vida, claro si la vives a plenitud. Me ayudó mucho ser de mente abierta y de espíritu libre y aventurero. Un factor que contribuyó mucho a hacerme sentir de esa manera fue que también trabajé como repartidor de periódicos a domicilio en las madrugadas. Ni siquiera tenía la preocupación de que me asaltaran. ¿Qué me iban a quitar? Solo la vida, ya que yo ¡no tenía ni un miserable dólar en los bolsillos! Trabajaba en esta ocupación junto con un señor argentino, que siempre que me veía me decía, "¿Qué haces Gardel?", en referencia al nombre del cantante, compositor y actor de cine argentino Carlos Gardel. Me tomó tiempo entender el significado de aquella expresión, aunque sabía quién había sido el Zorzal Criollo, pero desconocía el contexto en que mi compañero de trabajo usaba tal expresión. Después lo supe. Mario, aquel amigo argentino, me estaba dando a entender que era el mejor, lo máximo en aquel lugar humilde donde empacábamos periódicos para repartirlos. ¡Gracias, Che!

Así transcurrió mi primer año como nuevo inmigrante en Estados Unidos, añorando mi vida en Perú, evitando encuentros desagradables con mi cuñada, trabajando en varios empleos —limpieza, cocina y entrega de periódicos—, esforzándome por aprender inglés y envolviéndome en el ambiente nocturno de Jersey City entre copas, mujeres y juegos.

1

Un peruano muy mexicano en la Copa Mundial de Fútbol de 1994

Así fueron mis inicios en esta tierra del Tío Sam, ni tan bien ni tan mal como a otra gente o como mucha otra gente. Las experiencias para los recién llegados a este país son diferentes para todos. Aquí le cambia la suerte a uno y eso es un hecho innegable. Lo que dejaste de vivir, lo que pudiste haber hecho, ya quedó atrás, y hay que olvidarse de eso si no quiere uno vivir como un infeliz el resto de la vida. Además, este país no es para todo el mundo. Se dice que aquí viene mucha gente de todas partes del mundo, y es cierto, pero lo que también es verdad es que muchos no aguantan vivir aquí y se regresan. En algunas zonas, Estados Unidos es un país muy frío, y no todos lo soportan. Muchos nunca acaban de adaptarse, y siempre están extrañando, añorando o imaginando su tierra natal, su cónyuge, sus hijos, sus padres, sus hermanos y sus amigos. Es mucho, ¿se dan cuenta?

Corría el verano de 1994. Un día cualquiera de una semana laboral en el mes de julio, yo estaba almorzando durante un descanso en aquel primer restaurante donde comencé a trabajar en este país. Daniel, un compañero de trabajo llegó —con otros trabajadores— a la mesa donde yo estaba mostrando una cara de felicidad. Daniel era fanático de fútbol soccer, como yo, y jugador aficionado en sus ratos libres. En esos días ya se celebraba en la tierra del Tío Sam la Copa Mundial de la FIFA 1994, el campeonato mundial de equipos nacionales de fútbol masculino, la cual había sido organizada por Estados Unidos. Que el torneo se jugara en este país era un hecho inédito, algo impensado solo algunos años atrás, esto debido a falta de tradición futbolística de este país anfitrión. Pero así era, los estadounidenses habían organizado su primera Copa del Mundo, y con una pasión tan desapercibida y evidente, ¡que daba vergüenza ajena! Era como si un elefante pasara por la sala de tu casa y nadie lo viera ni se enterara. La ciudad de East Rutherford, Nueva Jersey, fue seleccionada como una de las sedes de este evento, y el Estadio de los Gigantes, que años después sería demolido, como escenario para algunos partidos. Daniel tenía una proposición emocionante para nosotros.

—Muchachos, ¿qué les parece si vamos después del trabajo a ver el partido?

—¿Qué partido? —dijo Wilson.

—¿Quién juega? —preguntó Miguel.

—¿Cómo, no saben? Hoy juegan en Rutherford, en el estadio de los Gigantes, México contra Bulgaria, sí, el México de Jorge "Brodi" Campos contra Hristo Stoichkov, la estrella del FC Barcelona. "Qué partidazo se venía", pensé yo.

—Pero ¿y las entradas? ¿No es muy tarde ya para comprarlas? —pregunté

—Se las consigue allá mismo, eso no es problema —nos aseguró Daniel.

—¿Seguro?

—¡Claro que sí!

Aquí el punto era lograr que Billy, el chef italiano a cargo del negocio donde trabajábamos, nos dejara salir aunque sea una hora más temprano para poder ir al partido.

—¡Si lo logramos estamos bien! —añadió Daniel.

No se dijo más, acabamos de comer, por no decir que nos tragamos la comida, de hecho, no deberíamos haber almorzado para ganar tiempo y trabajar de frente y luego irnos, pero Daniel vino con la novedad sobre la hora y en fin, ya no había nada qué hacer.

—¡Coman rápido muchachos que se viene el partido!

Se levantó la mesa y cada uno siguió trabajando en su área de trabajo, pero ya nos imaginábamos lo que íbamos a presenciar y a ser testigos. Daniel, entretanto, se encargaría de sacarle el permiso a Billy, con quien se llevaba bien, y él, además, era el único de este grupo que hablaba inglés correctamente, algunos todavía solo lo chapurreábamos.

La fecha era 5 de julio, y la verdad, el mundial —que había comenzado desde el 17 de junio— se celebraba sin pena ni gloria en estas tierras, aunque con una audiencia televisiva y asistencia del público que sentaron récords. Muchos de nosotros, futboleros de siempre, lo habíamos tratado de seguir desde nuestro hogar, en mi caso, junto a mi hermano, y en los ratos que podíamos verlo, ya que uno aquí no para de trabajar, ya se los había advertido. Esta entonces era una oportunidad única, irrepetible en la vida, y más en nuestra situación, a saber si algún día consiguiéramos poder viajar y salir del país. Era ahora o nunca.

A este mundial se le recuerda, entre otras cosas, por aquella Selección de Argentina de Diego Armando Maradona y su infame suspensión del mundial. Uno nunca sabrá qué fue lo que realmente pasó cuando aquella enfermera entró al campo de juego y se llevó al astro argentino del brazo. Exclamaría luego Maradona: "¡Me cortaron las piernas!" Bueno, no solo a ti Diego, ¡a todo un país! Se había dicho que Maradona, la superestrella argentina, había sido retirado abruptamente del juego por supuestamente haber dado positivo por un estimulante prohibido por la FIFA. Otro factor que hizo memorable a este mundial fue la impresionante participación de la Selección de Colombia, que ya había mostrado su calidad futbolística cuatro años antes en Italia, sí, la Colombia de Carlos "el Pibe" Valderrama, Leonel Álvarez, Freddy Rincón y Andrés Escobar, trágicamente asesinado el dos de julio, tras su regreso a Colombia, y cuando aún se disputaba el mundial aquí. Colombia llegó a este país con la venia y bendición del legendario futbolista brasileño Edson Arantes, el Rey Pelé, quien los había dado como candidatos al título (de ahí nacería la leyenda de que él es un "salado", un ave de mal agüero para dar pronósticos. ¡Ahí comenzaría todo!). Ya el año anterior, cuando se jugaban las eliminatorias en Sudamérica para el mundial en Estados Unidos, y yo estaba recién llegado a este país, en todos lados se podía apreciar la efusividad de los colombianos para con su selección de fútbol, esa alegría tan característica de ellos. Yo, en mi modesto empleo de limpieza de medio tiempo, y en donde una gran mayoría eran procedentes del país de la cumbia, no podía sustraerme a todo ese ambiente y efervescencia futbolera, y sobre todo apreciar el favoritismo y esa gran confianza que se tenían de lograr el título. "Si lo dijo Pelé..." decían algunos, es una buena señal. En fin, es curioso recordar aquello. Aún tengo el recuerdo de un supervisor caleño en aquel empleo, que antes del partido de clasificación con Argentina en Buenos Aires, se conformaba él con un empate, ya que Colombia necesitaba como mínimo no perder para ir al mundial; con el empate clasificaba. Entonces nadie, absolutamente nadie, creía en lo que iba a suceder después: El 5 de septiembre de 1993, ¡Colombia goleó a Argentina 5-0 en su propia casa! Entonces fui testigo de algo que sucede mucho cuando un equipo juega bien y está en buena racha, los ánimos se van por las nubes, se pierde la perspectiva y también la humildad. Al día siguiente de aquel partido en Buenos Aires, aquel supervisor caleño, ya andaba caminando en las nubes. "Mala señal", pensé, y el tiempo me daría la razón. Su participación en el mundial fue un terrible despertar para Colombia, un baño de agua fría. Irónicamente, pasaron de ser candidatos al título a ser de los primeros en irse del mundial, algo que incluso le costó la vida a un gran jugador, su capitán Andrés Escobar, quien sería injustamente asesinado a su retorno al país. Fue un trágico crimen, y todo porque por error él anotó un autogol que eliminaría a su país en el juego contra Estados Unidos Este fatídico partido se celebró el 22 de junio de 1994 en el Estadio Rose Bowl de Los Ángeles ante más de 93 mil espectadores. ¿Vale una vida un gol en contra? Siempre me he preguntado eso. Alguien como Escobar, que era un gran jugador y que solo cometió un error. ¿Cómo es posible que esa circunstancia sea motivo para quitarte la vida a un ser humano? Ilógico sin duda. Aquí la gente no lo entendía, pero el balón, como la vida misma, seguía en movimiento, no se detenía.

—¿Ya estás listo? —gritó Daniel ni bien entró al *locker room* donde nos cambiábamos en el trabajo. Teníamos que salir a las 3:00 p.m. máximo. Aquel chef gordo, cachetón y bigotón, como buen italiano amante del fútbol, nos había permitido salir temprano. ¡Bravo! ¡Forza Italia! Billy había dicho:

—Si terminan temprano su trabajo, se pueden ir, pero los quiero aquí mañana temprano, y no me vengan borrachos, *okay?* Marcamos el tiempo de salida en nuestras tarjetas a empujones, y salimos a la carrera del restaurante. Daniel ya se había adelantado para ir calentando el motor de su viejo carro, cruzamos a toda prisa el inmenso parqueadero para llegar a donde él se encontraba; sí, cruzamos a toda carrera esa inmensa calle cerca al río Hudson, en Exchange Place, con vista perfecta a Manhattan y a aquellos edificios hermanos gemelos que no llegaron a viejos.

—¡Arranca loco! —Daniel no se hizo repetir la orden.

Íbamos en ese auto destartalado, como quien sabe y presiente que nunca más quizás tendrá la posibilidad de ver un partido de un mundial. ¡Un mundial en vivo y en directo! ¡Qué experiencia, qué recuerdo, carajo! Y así fue el partido, no nos defraudó. El auto de Daniel iba por las calles tratando de llegar a tiempo a una cita con la historia deportiva de esta nación. Todo quedaba atrás, familia, amigos, el mundo, ¡la vida misma! Era un partido del mundial en un estadio, y no nos lo podíamos perder por nada del mundo. Solo por una vez en la vida el mundo iba dejar de girar, para en 90 minutos sacarnos de la realidad monótona de nuestra vida, olvidarnos que éramos ilegales en Estados Unidos, que no teníamos papeles, que no existíamos aquí y que éramos invisibles para el resto del país. ¡Qué migra, ni que ocho cuartos! Al diablo con ellos aunque sea por un solo día. Y vaya que fue excitante la experiencia. Llegar al estadio fue toda una odisea, multitud de coches, luego, buscar parqueo, salir del auto a la carrera, mientras Daniel acababa de parquear y dirigirnos a toda velocidad donde se ubicaba ese gigante deportivo para tratar de conseguir entradas. ¿Cómo? De que había boletos disponibles había, pero ahora ¿a qué precio? Eso ya era diferente, teníamos que vérnosla con los revendedores y con el sobreprecio. No se puede, está jodido, bueno, tratemos por este otro lado del estadio. Era un partido de fútbol importante, de descarte, un encuentro de octavos de final, pero no, no se podían conseguir entradas a un precio accesible, pedían mucho dinero, demasiado para cuatro modestos trabajadores de restaurante. ¿Solución? Hay que esperar a que comience el partido, así estos cabrones de la reventa tienen que bajar el precio, no les quedaba de otra, si no iban a perder dinero, y eso no es negocio para ellos. Dicho y hecho, así fue.

—Hay que esperar, no queda de otra muchachos.

El tiempo pasaba y nada, no aflojaban estos pendejos. Calculábamos la hora y por el reloj ya había dado inicio al partido, de pronto, a los pocos minutos, se escuchó un grito de ¡gooooolll!, y el estadio rugió, ¡mierda! ¿De qué equipo? Nadie sabía nada, ni a quien preguntar, ni radio había, ¡qué mal cobertura a un mundial de fútbol! Ese torneo solo se hizo en Estados Unidos por la plata que había invertida y no por otra cosa. Pasaron unos minutos y, por fin, un revendedor aceptó vendernos sus últimos boletos, ya se quería ir a casa, estaba cansado y ya había hecho su dinero, ¡justo eran cuatro entradas! Entonces, pagamos ¿y ahora? ¡A correr cabrones! Teníamos que entrar como quiera, ya había habido un gol, y no sabíamos de quien, ¡teníamos que entrar! Ah, por si acaso, para el récord, el revendedor fue un estadounidense, no un hispano, como se puede suponer erróneamente.

Ochenta mil personas estaban ahí adentro presenciando este juego, y yo me atrevería a decir que todos mexicanos en su inmensa mayoría, ya que podía ver las banderolas que decían que procedían de Boston, Los Ángeles, Dallas, Chicago, entre otras ciudades. El chiste fue que no nos fijamos, y los *tickets* eran para asientos en lo más alto del estadio, sí, en el palomar casi. Antes de llegar ahí, justo cuando comenzamos a asomarnos al túnel que nos daba a las graderías, se alcanzó a distinguir de pronto una jugada. Se trataba de un jugador mexicano que se disponía a patear un penal. ¿Penal? ¿Quién lo va a patear? No hubo tiempo de nada, de pronto se escuchó el grito de ¡gooooolllll! Una multitud de gente me cayó encima para abrazarse conmigo. Yo no me di cuenta, pero aquel día yo había ido al trabajo vistiendo una camiseta verde (color del equipo de México), sin saber, sin presentir lo que iba a suceder después.

—¡Gol de García Aspe, cabrón! —me gritó un aficionado mexicano.

—Sí, de Aspe, cabrón —contesté yo, en ese entrevero que se había formado a la salida del túnel para llegar a la tribuna. Sí, en aquel momento yo también era un mexicano más, con esa camiseta verde, bigote, nuevo aspecto y en un nuevo país. Lo mejor era no hablar para no hacer más notorio que yo no era mexicano, pero cosa curiosa, hablé después en la tribuna popular con muchos de ellos. Aquella fue una de las primeras veces que compartí con esta maravillosa raza azteca, gran pueblo, gente sencilla, trabajadora y en donde por primera vez fui confundido (y orgullosamente lo digo) como uno más de ellos. Ahí fue donde por primera vez fui, me sentí "mexicano" en este país.

Haber vestido esa camiseta verde fue un extraño presentimiento que después muchas veces se repetiría a lo largo de mi vida, y que cambiaría mi vida eventualmente. Sí, fue casual, pero de alguna manera también me señaló la buena amistad que siempre iba yo a tener con la gente azteca. ¿Qué si grité el gol? Pues claro que sí, manito. ¡Viva México, cabrones! ¿Coincidencia? ¿Casualidad? ¿Cómo yo iba a saber en el trabajo quién jugaría más tarde? Claro, sabía que el mundial se estaba desarrollando en este país y que nadie le paraba bola, ¿extraño? No, claro que no, a los estadounidenses nunca les había importado el fútbol, que es como se llama esto, no soccer, como le dicen en Estados Unidos. No, a esta gente no le interesa saber lo que nos gusta a nosotros, solo le interesa que nos jodamos trabajando para ellos. Hay que reconocer que en mundiales más recientes, gracias a algunas buenas participaciones de la Selección de Estados Unidos, el interés en este país ha crecido enormemente por este deporte, a lo cual desde luego también contribuyó la creación de la *Major League Soccer* (MLS) en 1993. Esta liga fue formada como condición de la FIFA a Estados Unidos en 1988, cuando este país fue elegido para organizar el mundial de fútbol, el torneo más prestigioso del mundo, y a fin de que de esta manera aumentara aquí el interés por este deporte. Y hablando de mundiales, el equipo de fútbol representativo de mi país, Perú, llevaba 12 años sin asistir a uno. El último había sido en España 1982, hasta que en 2018 volvió a participar en una Copa Mundial de Fútbol. La selección de fútbol de Perú fue uno de los 32 equipos participantes de la Copa Mundial de Fútbol de 2018, que se llevó a cabo en Rusia del 14 de junio al 15 de julio. Para el seleccionado peruano fue su quinta Copa Mundial, quedando en tercer lugar de su grupo. Pero volvamos a aquel partido en el estadio. Ya para ese entonces Perú volvía después de una espera de 36 años a una Copa del Mundo.

Daniel, Miguel y Wilson también llegaron a sus asientos como pudieron, estaban todos en la misma fila, y ya me estaban esperando. Lo que no sabíamos, cómo dije antes, es que estaban ubicados en lo más alto del estadio, en donde había 80 mil personas con toda seguridad. Sin duda, nunca más he estado rodeado de tanta gente. Mi espaldar era la pared que rodeaba todo el estadio. El grito generalizado era a favor de la selección mexicana. ¡¡¡México, México, México!!!

—Bueno, qué carajo, ya estamos aquí —dije, sentándome al lado de mis nuevos amigos. Se podría pensar que era un lugar malísimo para presenciar un partido de fútbol, pero no, al contrario, teníamos una vista panorámica de toda la cancha, de la cantidad de gente, en fin, jamás he vuelto a ver tantos mexicanos juntos en Estados Unidos de nuevo, salvo en algún concierto del "Chente" Fernández, pero ochenta mil personas, nunca más.

Miguel soltó una de sus bromas inoportunas.

—Mierda, si viniera ahora mismo inmigración se iba a hacer tremenda redada, ¡ja, ja, ja!

—Cállate hijo de puta, ¿quieres que nos maten aquí? No vamos a salir vivos si te oyen —exclamó Daniel.

—Tienes razón en una parte, tremenda redada que iban a hacer, pero ¿saben qué? No les iban a alcanzar los autobuses para llevarse a todos. ¡ja, ja, ja! —agregó Wilson,

—¡Qué hijos de puta son ustedes dos! Vamos a ver el juego y dejen de hablar tanta mierda! —grité yo.

El partido fue como se esperaba: ¡un partidazo! No defraudó a nadie, fue de ida y vuelta, emocionante de principio a fin. Claro, Bulgaria y México se jugaban su pase a la siguiente ronda (cuartos de final). En esa etapa del mundial, solo seguían compitiendo dos equipos del Continente Americano: Brasil y México, todos los demás ya se habían ido al Ca...ribe Hilton (léase ¡al carajo!). Entonces, no quedaba de otra, había que hacer fuerza por los dos representantes de nuestro continente. ¡¡¡México, México, ra, ra, ra!!!! Las llegadas a ambos arcos se sucedían de un lado y del otro, pero definitivamente los ataques de México eran más espectaculares. Del lado azteca, el portero Jorge "El Brodi" Campos, ¡era todo un *showman*! Desde su estrafalaria vestimenta (parecía un papagayo por lo multicolor de su uniforme), hasta su calidad de arquero, a despecho de su baja estatura para la posición que jugaba. De él ya perdí la cuenta de cuántos mano-a-mano salvó a aquel día de los pies de los jugadores búlgaros, pero sí me acuerdo de uno en particular, en donde en un contraataque y en una habilitación larga para Hristo Stoichkov, la estrella búlgara que jugaba para el FC Barcelona de España, se fue solo por la punta izquierda en veloz carrera, y ya sobre el vértice del área grande y ante la salida de Campos, sacó un tremendo remate de zurda, ¡un cañonazo!, pero no fue gol. El Brodi hizo un achique sensacional de ángulo. Hasta ahora no sé con qué parte del cuerpo detuvo aquel remate del búlgaro. ¡Qué paradón! Eso que detuvo Campos no fue un remate, fue un misil. El partido crecía en intensidad, en llegadas de peligro pero el empate persistía, el marcador no se quería mover, amenazaba irse esto a penales. Claro, nosotros nos perdimos el primer gol de Bulgaria cuando aún esperamos afuera para entrar a ver el juego, donde no se oyó mucho o casi nada. ¿Quién iba a gritar ese gol, si casi todos en este recinto deportivo le iban a México? ¿Quién iba a gritar un gol búlgaro? ¡Si había 80 mil mexicanos ese día en el estadio! La igualdad prosiguió. El delantero mexicano, Luis Roberto Alves Zague "Zaguinho", se cansó ese día de desbordar por su punta y de enviar centros que nadie conectaba. Era dramático ver cómo esa bola se paseaba por el área búlgara sin que apareciera un jugador mexicano para solo empujarla al fondo de la red. ¡Qué frustración! ¿Qué no hay delanteros? Para esto, ya se había ido expulsado el temperamental jugador mexicano Luis García (el mismo que se casaría en 2001 con la actriz mexicana Kate del Castillo, para luego golpearla). Esa estupidez de parte de él le costó el partido a su selección, que aún así no dejó de atacar. El partido se fue al alargue, las emociones se sucedían y es ahí cuando ocurrió algo que debe ser anecdótico en los mundiales, en todo caso lo es para mí. La gente en el estadio comenzó a corear el nombre de Hugo Sánchez, el gran delantero azteca que brilló mucho tiempo en el linajudo Real Madrid de España. Él llevaba buen rato en la banca de suplentes. Al parecer había sido llevado al mundial por presión, por compromiso. El estadio rugía pidiendo su entrada al partido. "¡¡¡Hugol, Hugol, Hugol!!!!" Sí, efectivamente el pueblo azteca reclamaba a su goleador, a su máxima estrella futbolística internacional, Hugo Sánchez, aquel de la "Quinta del Buitre" —el núcleo del equipo que dominó el fútbol español en la década de 1980. Inexplicablemente, Miguel Mejía Barón, el entrenador mexicano, tenía otros planes en mente. Él no lo iba a poner a jugar aquel día, hizo oídos sordos y no se daba por aludido. "¡¡¡Hugol, Hugol, Hugol!!!!", seguía el canto, incluso al final de los 90 minutos de juego reglamentarios. ¿Quién lo comenzó? Nadie nunca lo sabrá. Son esas cosas inexplicables que tiene el fútbol, porque nacen del corazón del hincha, de la tribuna popular. Ahora me he preguntado si habrá podido dormir el técnico de México, Mejía Barón, aquella noche después de aquel histórico juego. Escuchar a 80 mil compatriotas que te puteen y te mienten la madre al unísono, debe ser algo muy difícil de olvidar para cualquier persona. ¡Qué trabajito nada envidiable el de ser técnico de fútbol! Me acuerdo de que Hugo Sánchez se llegó a parar del banco de suplentes y comenzar a calentar por su propia cuenta, y cada vez era más evidente cómo Mejía Barón lo ignoraba, se giraba simulando ver el juego para darle la espalda al atacante azteca.

Al final perdió México en la serie de tiros penales. El Brodi Campos tapó ese día como nunca, e incluso detuvo un penal búlgaro. ¡Qué lujo ver a un arquero como él, y sobre todo en una Copa del Mundo! Además, yo tenía una vista privilegiada, ya que estaba en todo lo alto, pero detrás del arco de él, en especial durante los tiros penales. El Brodi hizo su parte, el resto del equipo no, sus compañeros lo defraudaron, y era un gran equipo, muy luchador, muy compacto, quizás una de las mejores selecciones mexicanas de su historia, ¿Qué pasó? ¿Nervios? ¿Presión? ¿Quién sabe? Lo que sí se sabe es que Bulgaria continuaría en carrera y quedaría en cuarto lugar a nivel mundial. Ahora, ¿qué hubiera pasado si Mejía Barón se hubiera animado a hacer ingresar a Hugo Sánchez al campo de juego? Eso nunca lo sabremos con toda seguridad. ¿Qué pienso yo? Que México hubiera ganado aquel partido, pero eso ya no tiene importancia. ¡Siempre quedará grabado en mi memoria este partido de fútbol!

Al final del partido, afuera del estadio, sucedió un hecho anecdótico y que tendría algún sentido con todo lo que se desenvolvería en mi vida tiempo después. Ahí se encontraban los distintos medios de prensa, noticieros deportivos de todas partes del país y del planeta (al fin y al cabo era ¡un mundial!). Estaban entrevistando a la gente acerca de sus impresiones del partido jugado, entonces yo reconocí las cámaras de Univisión, la cadena televisiva hispana más grande del país, y a su entrevistador Salvador Cruz, preguntándole a los aficionados su opinión, sus impresiones del partido. Yo hice algo que nunca hago: pasé por detrás de Cruz, quien lógico no me veía, me detuve y saludé a la cámara. Como dije, no sé por qué hice eso, aquel fue mi primer saludo televisivo y ¡a nivel nacional! Salí en todo el país por solo segundos. En aquel momento no me di cuenta, lo que hice era un juego para mí, nunca fui un amante de la TV, ni de las cámaras, ni de tomarme fotos, que fue algo que se manifestó más en Estados Unidos. Simplemente lo hice y lo olvidé, hasta que al otro día mi amiga Giovanna, una bella cajera centroamericana de mi trabajo, me dijo al verme llegar al trabajo: "¡Hola, estrella! Buenos días! Te vi ayer en televisión, te ves muy bien en la pantalla chica. Y supongo que cerca de ti estaba este trío, ¿verdad?", dijo mirando al lugar donde se encontraban mis amigos con los que había ido al estadio el día anterior. Todos movimos afirmativamente la cabeza. De pronto una voz que venía de la cocina nos despabiló a todos.

—¡A trabajar muchachos!

—¿Salí? ¿Me viste? —le pregunté.

—Pues, claro que te vi Carlitos —agregó Giovanna. Caray, eres nuevo en el país, pero ya saliste en TV mi amor, ¡qué futuro te esperará! Por lo pronto ya el público te vio de costa a costa en este país.

— *Wow*! —se oyó en toda la mesa, ya nos habíamos sentado para desayunar con todos los muchachos.

—¿Alguien más lo vio?

—¡Pues claro! ¿Qué crees que aquí la gente es como en tu tierra, que no tienen ni para comprar un televisor? dijo Wilson —como siempre rompiéndome las bolas.

—Cállate pendejo —repliqué

Qué locura, fue algo que no pensé en hacer, algo totalmente espontáneo, y qué bien, uno podría decir que fue una liberación, una expresión de una emoción intensa, la de haber sido testigo de un partido de fútbol mundial, es algo que se hace y no se piensa definitivamente. Y quién sabe, quizás fue como decirle ya al mundo de alguna manera, "aquí estoy mi gente, mis amigos en Perú, estoy, existo". Sí, por unos segundos dejé de ser un ilegal, un ser un ser invisible.

Todo iba relativamente bien, pero ahora hacía falta una mujer, el sexo es algo tan necesario y fuerte que hay que liberarlo, si no, te consume. Y así fue como con Miguel y un par de cajeras amigas que trabajaban con nosotros tuvimos nuestras primeras aventuras amorosas. Siempre que podíamos salíamos con ellas. La primera fue vez para ir a ver una película. Todo iba bien, fuimos por ellas a la salida del trabajo en el auto de Miguel. Aquello iba tan bien, pero acabó tan mal, sí, mal, malísimo. Primera lección: nunca tener un compañero de aventuras tacaño. Miguel lo era, y además era casado. Aquella primera salida con las chicas acabaría en un desastre. De pronto, ¿se acabó el trago? ¿Y ahora? A comprar más, sí, pero yo no tenía dinero y Miguel no podía gastar más de su cuenta; no compró suficiente licor. Conclusión: todo el mundo ese día se quedó como tetera hirviendo, es decir, ¡caliente! Moraleja: no salgas a joder con un amigo tacaño, ¡te va a dejar colgado! Al final todos nos fuimos solos, Miguel y yo. Yo no dejaba de insultarlo, y así que casi nos caímos a golpes. Luego pasó la bronca y seguimos como amigos. La vida, como en el fútbol, nos da la oportunidad de tener revancha, y la nuestra la tuvimos una semana después.

El tiempo continuó su rumbo y todo en la vida cambia, así, aunque uno no lo quiera. La gente se muda, cambia de trabajo, en fin, todo se mueve, y de nuevo la arrechura, la urgencia por estar con una mujer, eso no se iba a ir tan rápido de mí. Cuando dos cabezas piensan al mismo tiempo, ¡una de ellas se va a terminar por imponer! Una siempre va a ganar. Y más si eres joven y tus hormonas ¡te corren a una velocidad intensa! Aquí entraría también a tallar el destino, ese algo inexplicable que interviene siempre, así uno no quiera o lo busque. La vida es así, gira, y a aquel restaurante —que ahora ya no existe— llegó gente nueva, entre ellos nuevos amigos que nos traería la vida, nuevas caras, nuevos rostros, y de entre esos rostros, el de Rolando, un ecuatoriano con antepasados peruanos, un abuelo creo yo. En fin, nos hicimos amigos enseguida, quién sabe, quizás por sus antepasados. Así fue como un día al final de la jornada laboral, un día cualquiera de viernes, al finalizar la chamba, nos fuimos a beber unas cervezas en unos de esos bares pitucos cerca del trabajo; no estábamos solos, vinieron también otros compañeros.

—Puta madre, aquí con tantas gringas lindas, con tantas nalgas bonitas y nosotros ¿no vamos a culear? —preguntó Rolando.

Todos nos miramos las caras como sorprendidos,

—¿Qué sugieres weón? —le contestó uno de los muchachos.

—Pues esta es un área financiera, es como si fuera Wall Street, nadie aquí nos va a parar pelota. Quién carajo de estas gringas riquísimas se va a fijar en nosotros, unos jodidos hispanos, trigueños, pobres y cocineros, que se joden toda la semana por un sueldo mínimo y que seguro se pajean pensando en las gringas que van a comer como clientela en el restaurante. Ellas nunca se van a encamar con uno de nosotros, ¡eso es imposible! Eso nunca va a pasar, así ellas quisieran y tuvieran muchas ganas de que eso ocurriera.

—Y sí, estas gringas están bien buenas, se ven bien ricas —mencionó Miguel.

—Sí, ¡son tremendos culos! —agregó alguien más.

—¿Qué estás pensando, *brother*? —así llamaba yo a Rolando.

Él me miró e inclinándose ligeramente sobre la mesa, como con intención que nadie más lo oyera, nos dijo, como quien no quiere la cosa.

—¿Alguien conoce Queens? ¿Han estado alguna vez por allá?

Nadie contestó, asumí entonces que yo era el único que no conocía esa parte de New York, en realidad no conocía nada, pensé para mí. Era verdad, yo no había salido de Jersey, salvo una vez que fui con mi hermano a la ciudad. Así se le dice cuando tomas un tren o bus hacia la Gran Manzana, la ciudad de Nueva York. En fin, no tenía experiencia, salvo ese pequeño viaje turístico con Pepito, pero no podía decir que no conocía, había que aparentar algo que no sabíamos, que no conocíamos. Así es en esta jungla de cemento y hierro, aquí todos o casi todos mienten, todos fingen, ¡aprendamos también!

—¿Qué les parece la idea? —volvió a la carga Rolando. ¿Quieren ir? ¿Se animan?

Rolando inmediatamente lo adivinó, instintivamente se dio cuenta que nadie de los que estábamos en aquella jodida mesa conocíamos ni por casualidad New York, y mucho menos Queens.

—No se preocupen, manga de arrechos pajeros. Yo, su amigo, ¡los va a llevar!

—¿Llevar a dónde?

—¿Cómo que a dónde? A culear, a un lugar donde van a poder descargar toda esa leche que llevan ahí adentro, que ya debe parecer a yogurt o a ¡una pasta de dientes!

—¡Ja, ja, ja, qué hijo de puta eres, *brother*! —respondí.
—¿Qué pasó? ¿No quieren ir a culear? ¿O es que acaso estaba yo chupando con maricones? ¡Puta madre! Yo los voy a llevar a un lugar en donde ustedes nunca han estado, un lugar que ustedes ni se imaginan, y en donde van a hallar tremendas nalgas, listas para culear, hembras bellísimas y en donde las cambian todas las semanas.

¿Cambian todas las semanas? Umm, era cierta mi sospecha entonces, íbamos a ir a una casa de citas, a un prostíbulo en Nueva York.

—Bueno, no me han contestado. ¿Van o no van? ¿Quieren o no?

Nos miramos todos incrédulos entre nosotros, y decidimos ir ¡por votación popular! Claro, en el país de la democracia, no podía ser de otra manera,

Pedimos la cuenta y luego fuimos fuga, yo no sin antes echar una mirada a una gringa muy linda, rubia y de ojos azules, que acababa de ingresar al bar. "¡Qué lástima!", pensé, "qué carajo, pero si no sé inglés, de qué le iba a hablar". ¡Vámonos a Queens, gente!

Tomamos aquel tren que le devora las entrañas al río Hudson y salimos a la otra orilla, en Manhattan. Ya estábamos en el famoso *World Trade Center*, el corazón de Wall Street, y de allí a tomar el otro tren que nos llevaría a nuestro pueril destino de jóvenes inmigrantes arrechos y encima sin papeles. Tomamos allá abajo el Tren E, y de allí derecho a Queens, a la Avenida Roosevelt ¡Próxima parada! Así llegamos a la Calle 74 en Jackson Heights, Queens. Las chicas del honor perdido aguardaban por nosotros.

—¡Llegamos mi gente! —exclamó Rolando.

Caminamos por toda la Avenida Roosevelt, y a cada lado de esta, había por lo menos un lugar en donde encontrábamos un burdel, y ¡miren que caminamos hasta la Calle 104 en Corona Plaza! Ya cuando llegamos ahí ya nos habíamos detenido varias veces en varios lugares, pero regresemos cuando entrabamos a algunos de esos lugares. Encontrábamos chicas de todas las nacionalidades, todas en camisón, en traje de baño, todas muy bellas, bueno, había de todo, pero como dijo alguien en el grupo:

—Aquí solo hay bonitas, porque en este negocio si son feas, se mueren de hambre, ¡ja, ja, ja!

—Qué hijo de puta, eres —le contesté.

—Es la verdad, weón. ¿O me vas a decir que no?

—Hay para todos los gustos, la que me guste a mí no te tiene que gustar a ti, ¿o sí?

—Pues yo barro con todo, déjame decirte, ¡ja, ja, ja!

—¡Ándate a la mierda, pendejo!

Caminábamos entre las mujeres del lugar y se escuchaba de fondo a la orquesta del músico salsero de ascendencia puertorriqueña Edgar Joel, interpretando su canción *Hechizo de Luna*:

«Y a los cuerpos que amé, que me devuelvan
algo de lo que yo me dejé quitar,
Como ponerme frío y saber de verdad,
Que los sueños son sueños, y lo nuestro es real».

Tomé de la mano a una chica que me parecía de las más bonitas y fuimos a su cuarto. Era muy atractiva, de facciones finas, alta de estatura, y una mirada indescifrable. Todas las mujeres que uno encuentra en esta vida dedicándose a esto, se parecen mucho en esto; su mirada no la puedes interpretar, no la puedes leer, es una incógnita total. Es como si al tener el cuerpo casi desnudo para mostrarlo al mejor postor, debe haber de todas maneras algo que nos sea inalcanzable de ellas, como que pudiéramos solo poseerlas físicamente, pero nunca tocar su esencia, penetrar su cuerpo, pero nunca su alma, ¡un enigma total! Así son las hembras que se dedican a esto, como un misterio. Nos desnudamos y aún con todo eso, es decir sin conocernos, ella tenía una mirada de simpatía conmigo. "Quizás le caigo bien", pensé. No hubo nada de besos, nada de cosas raras. Teníamos solo 15 minutos, y después lo redujeron a 10 me cuentan por ahí. Las hormonas corren fuerte y más la mente, y uno puede imaginarse miles de cosas en ese momento —¿parece contradictorio?— íntimo. ¿Y el gentío de afuera? Pero lo era, ya que en ese pequeño cuarto estás tú solo con la mujer que escogiste, nadie más, y te puedes imaginar que es tu novia, tu mujer, la que dejaste en tu tierra, alguna mujer que amaste mucho. No tienes que pensar en nada en particular, solo sentir, dejarte llevar por el momento, y recrear que estás con quien quieres estar. Está todo en la mente, le harás el amor a la mujer que tú desees con tu imaginación: Demi Moore, Julia Roberts... ¡Ah!, latinas mejor: Talía, Lucero. ¿Qué tal así? En el fondo todo es rápido y sin sentimiento, es un trueque comercial, no una agencia matrimonial para parejas. Lo mismo sucedió cuando fuimos a la famosa Calle 42 en Manhattan, Nueva York: la misma perdición y ¿la misma o quizás diferente mafia que domina todo ese lucrativo negocio? Todo eso, lo de Nueva York y lo de Queens, se acabó con la llegada de Rudolph Giuliani, elegido a la alcaldía de Nueva York en 1994. Él fue el "Terror de los Prostíbulos", el terror de las mujeres del honor perdido, y de nosotros los angustiados clientes también, para ser exactos con la verdad. Fue el mismo Giuliani que en la era del presidente Donald Trump se vio envuelto en un escándalo político de grandes proporciones relacionado al juicio político hecho contra el mandatario en diciembre de 2019.

Recuerdo una de mis primeras navidades lejos de mi Perú, cuando fui a beber con algunos compañeros de mi chamba. Ahí estábamos todos reunidos en un restaurante que ya no existe más, bebíamos y conversábamos de todo un poco. Ahora que lo pienso creo que todos éramos de la misma generación y habíamos llegado casi por las mismas fechas a esta nación. Los tragos iban y venían, y aunque el frío invernal ya se comenzaba a dejarse sentir —¡y aquí sí se siente el invierno de verdad!— cuando de pronto se acerca hacia el lado de la mesa que yo ocupaba un señor de aspecto caribeño, y dirigiéndose a mí, me dijo.

—Usted es peruano, ¿verdad amigo?

Yo voltee para ver quién era el impertinente que interrumpía mi conversación, ya que todos o casi todos éramos nuevos aquí.

—Sí, ¿perdón?

—Que lo he oído hablar, y yo creo que usted es peruano.

—Sí señor, así es, soy peruano.

Al no agregar él nada y yo sin conocerlo, me voltee a seguir mi charla. Pasaron algunos minutos cuando de pronto volví a oír la misma voz, que esta vez dijo.

—Usted no me cree, ¿verdad?

—Sí, sí le creo señor, por qué habría de no creerle.

—No, no me cree.

Pasó a tomar una silla de otra mesa, se sentó y comenzó a pulsar las cuerdas de una guitarra que había ido a traer cuando se alejó la primera vez.

—Yo conocí a un paisano suyo hace muchos años, él fue a mi tierra y cantaba algo así:

«Riendo voy por la vida, tratando de ocultar mi pobre pena...»

Se trataba del inmortal vals *Payaso*, que es casi como la propia firma del inolvidable Cholo Berrocal, un artista peruano cuyo verdadero nombre era Isidoro Berrocal Coronado, que vino hace muchos años a Estados Unidos a operarse de la vista, ya que era ciego, y requería de cirugía para que recuperar su visión. En Perú se organizó un evento para enviarlo a este país, y ya aquí se casó con la primera mujer que vio, una enfermera que estaba presente cuando le quitaron la venda de los ojos. En Perú sus dizque "amigos" nunca le perdonaron que lo enviaron al extranjero a curarse de su mal. Eso nos dice mucho de los celos artísticos; no fue por lo de la recuperación de su vista, lo que les dolió fue que él saliera de su tierra y triunfara fuera de ella, ya que Cholo Berrocal fue uno de los primeros artistas peruanos que grabaron un disco LP en Estados Unidos. Su éxito en el extranjero no lo podían reconocer esos idiotas que lo criticaron, ni tampoco pudieron darse cuenta del significado de eso, ya que él estaba difundiendo la música de nuestra amada tierra peruana. La pequeñez de sus almas no les permitió apreciar eso.

Volviendo a aquella noche bohemia en aquella mesa de un restaurante en Jersey City, en donde más de un inmigrante ilegal estaba por recibir la Navidad en tierras lejanas a su terruño, está por demás decir que los amigos a lo menos los que eran de Ecuador se conmovieron con la música, puesto que Berrocal fue muy famoso en aquella hermana república. Algunos se limpiaban de manera disimulada la "suciedad" de sus ojos, que eran en realidad lágrimas. Quién no se emocionaría igual con esa música, que fue algo improvisado, y aunado al consumo de alcohol, el sentimiento estaba a flor de piel. Cuando acabó de cantar, aquel señor ya mayor, me comentó.

—Yo lo conocí a él, era un gran artista, siempre pensaba en su tierra, en su amado Perú. Nunca se olvidó de su tierra, ni de donde vino. Yo soy puertorriqueño y este es mi restaurante.

—Mucho gusto señor, y perdone que quizás no le presté mucha atención a lo que usted me decía primero —le dije. Ya sabe usted, uno es nuevo en estas tierras y no conocemos a mucha gente, me sabrá disculpar.

—No hay nada que disculpar muchacho, lo que pasa es que ese acento, esa entonación para hablar el español que tienen ustedes nunca se me olvida, y no pude evitar presentarme.

—¡Nena! Cerveza para todos, ¡puñeta! ¡Que la casa invita esta noche!

Aquella Navidad no pude ir a Perú. ¿Cómo podía viajar sin papeles? Sin embargo ¡Perú vino a mí!

—Salud mi amigo, salud amigos, y que ¡viva Puerto Rico!

Cuando pienses que estás solo, en realidad nunca lo estás. Solo mira el cielo, míralo, no importa si es de día o de noche, y habla con Dios. Ábrele tu corazón, ¡Él siempre te escucha!

8

Choque cultural

DEBERÍA SER YA EL AÑO DE 1995 Y CASI NADA HABÍA CAMBIADO EN MI VIDA. Seguía en las mismas circunstancias, trabajando sin documentos legales, bebiendo casi de manera crónica y, como mencioné antes, viviendo ya solo como decidí después de darme cuenta de que si el destino no me envió una hermana fue porque no quiso y así tenía que ser. Ninguna mujer iba a jugar ese papel, mucho menos una cuñada inventada por el destino o por vaya a saber quién carajos. Lo cierto era que había que seguir adelante, no me quedaba otro camino después de tomar mis pertenencias, partir de sorpresa y sin avisar, muy a la acuariana. Me ayudaron a mudarme dos amigos del trabajo que se dieron cuenta de lo que yo pasaba en mi miserable existencia de inmigrante ilegal en este país. Uno de ellos era residente legal, el otro era asilado político, y a mí ¿quién me daba asilo o refugio? ¡Nadie! Siempre es bueno recordar a los amigos que nos ayudan en algún momento de nuestra vida a volar con nuestras propias alas, en nuestro propio proceso de libertad, en la etapa de independencia. Eso no se olvida nunca. Eventualmente me comunicaría con mi hermano para dejarle saber que yo estaba bien, que no se preocupara por mí y que tenía que tomar mi propio camino.

Para este tiempo ya era evidente que yo experimentaba lo que se denomina choque cultural, un fenómeno típico que experimentamos la gran mayoría de los inmigrantes al comenzar a vivir en el nuevo entorno y cultura. Este consiste en un estado natural de desorientación psicológica y física que se deriva de la pérdida de las redes nativas de apoyo social con las que uno contaba en su país de origen. El sentido de independencia se pierde por uno de dependencia, así como la capacidad de comunicarse como uno lo hiciera en su patria, son factores innegables que contribuyen a que se experimente este choque cultural. Las diferencias entre Perú y Estados Unidos, así como los desafíos de ingresar a la nueva y ajena cultura, continuamente me hicieron chocar con algunas de las normas de la sociedad estadounidense.

Mis aventuras con el grupo de amigos en Queens continuaron. Yo activé mi sentido de ubicación que siempre he tenido. Solo necesito ver un lugar una vez con total enfoque para no olvidarme de este jamás. Tengo una mente fotográfica creo yo. Ciertamente me encaminaba a un vecindario en Nueva York en donde yo iba a llegar a estar muy familiarizado con su gente, sus costumbres y sus vicios. Esa primera etapa fue así. Todos, o la gran mayoría de aquel grupo de jóvenes amigos, éramos casi iguales: recién llegados a EE.UU., obreros, cocineros, con uno o dos trabajos, confundidos, sin miras ni metas, solo pensando en beber y emborracharnos cada fin de semana. ¿Qué hacía yo entonces aquí, para qué había venido a este país? Me preguntaba si en realidad yo pertenecía a todo esto. La realidad es que yo ya vivía en esta tierra, no en Perú, donde yo tenía mis dos novias. En cuestiones de sexo, las leyes estadounidenses lo complican todo, y aún así dicen que es una nación desarrollada. ¿Acaso en Estados Unidos los varones adultos no debemos tener acceso a una casa de citas, de prostitutas? Debo decir que la prostitución en el Perú es legal para mujeres y hombres mayores de 18 años, si se ejerce con licencia y un certificado de salud. Los prostíbulos también son legales si tienen licencia.

Por otra parte, se dice que la prostitución es la profesión más antigua del mundo. Dicha frase fue acuñada en 1888 por Rudyard Kipling, un periodista y escritor inglés. Si la prostitución se prohíbe, ¿en dónde se supone entonces que todo varón en Estados Unidos va a tener que desfogar sus urgencias sexuales? ¿No es eso también acaso un trato comercial? Esto es algo muy cínico en este país, en donde solo los ricos, los políticos y los acomodados pueden acceder a los sitios de "acompañantes femeninas". El que tiene plata puede pagar los servicios de estos lugares, mientras, que los pobres se jodan, pues en su opinión son unos muertos de hambre, sucios, infelices, que no tienen derecho a nada de esto, y encima sin papeles, peor para ellos, ¡que se jodan, pues! Así es aquí, las leyes son muy moralistas y cucufatas. Los legisladores deciden qué es inmoral, qué es pecado y qué es delito. ¿Es que no piensan que reprimir a la gente en algo como esto puede causar que potencialmente se conviertan en ofensores y asaltantes sexuales? ¿Será que no se dan cuenta de eso? ¿Son tan estúpidos para no pensar en esto? Es posible que, como ellos dicen, la prostitución sea operada por las mafias, que es trata de blancas, pero acaso en nuestros países no se practica esto con una legislación, es decir, como si fuera un trabajo más, con sus respectivos controles sanitarios y en áreas determinadas, como se hace en Perú y en muchos otros países. El sexo y la prostitución es algo que nunca va a cambiar. En fin, dejo abierto este debate, porque como siempre o casi siempre, la gente prefiere voltear la cabeza hacia otra parte y no encarar los problemas de una manera frontal, sincera y abiertamente.

En lo personal, este tema en particular siempre me ha parecido una gran hipocresía de Estados Unidos. Nunca he podido entender como un simple obrero de construcción, un cocinero humilde, que se jode y trabaja duro toda la semana, no puede acaso aventarse un simple polvo. Un polvo para aliviarse, para quitarse la tensión de encima, para relajarse. Nunca lo he entendido y quizás nunca lo haga. Sin embargo, los políticos y congresistas de Washington ¡sí pueden! Me olvidé, ellos son los descendientes de los padres de la patria, ¡cínicos! El que tiene los recursos, la capacidad, el poder o como se llame eso, ¡sí puede tener acceso a la prostitución! ¿O es que acaso el estadounidense promedio solo tiene sexo con su novia o su mujer? ¿Nos quieren vender esa idea? Por favor, ¡no mojen que no hay quien planche!

Me quedé a la puerta de aquel prostíbulo clandestino, lugar de reunión obligada de tanto arrecho y de tanto pajero, pero sobre todo de gente trabajadora que solo buscaban desfogar de algún modo sus urgencias sexuales. Si nos llevamos por lo que uno puede oír conversar a todas las chicas que trabajan en estos lugares, mucha de la gente que concurre aquí ya está borracha y no duran mucho, están cansados y muchos están hasta preocupados de la policía, que pueden entrar en cualquier momento al lugar y ¡hacer una redada! En todos estos lugares es más de lo mismo, explotación, lógico, porque al ser todo esto una actividad prohibida y oculta, hay un precio por pagar. Es como la droga, y no es necesario trabajar en la DEA para saberlo. Si la droga se legaliza se les acaba el negocio a todos esos corruptos que lucran con esta lacra social que es el narcotráfico, así de sencillo. Sigan entonces generando más Al Capones, porque el sistema necesita comer también. Sin delito no hay jueces, no hay policías, no hay cárceles, pero sobre todo, no solo no hay presos, no hay abogados, y este es un país regido por los abogados o ¿me van a decir que no acaso? Seamos serios por favor.

Los del grupo de amigos estuvimos sorprendidos en aquel lugar del sexo ofrecido por dinero, y que no era diferente en el fondo a otro lugar que conociéramos desde nuestro país. El mismo escenario: chicas sentadas en sofás, en ropa de dormir, en camisones, en ropa interior, de todos los países invariablemente, de todas las razas y colores. El sexo es el mismo aquí que en la China, es solo eso, sexo. Todos los muchachos nos atendimos con las chicas, no hubo uno solo que no lo hiciera, yo repetí tres veces, y luego a regresar. Me acordaría del camino, aunque era ya de noche, sí claro que sí, tanto que seguí volviendo por mucho tiempo y por mi propia cuenta. Así fue como conocí Queens.

En 1995 vivía por mi cuenta con una humilde, sencilla y trabajadora familia salvadoreña, que me recibió como a uno más. Siempre les estaré agradecido por el gran afecto que me dispensaron, y siempre estarán en mi corazón. La señora cocinaba y vendía pupusas, mientras que su esposo era obrero de una fábrica. Eran gente sencilla, de un gran corazón. Con ellos aprendí a comer comida que no era de mi país, tiempo lindo el que compartí con ellos. Ahora que lo pienso, pude haber seguido viviendo ahí indefinidamente, ya que aquella familia tenía una bella hija salvadoreña que vivía por su cuenta y siempre los visitaba. Era muy linda la niña, en realidad era toda una mujer, tenía 21 años, pero en fin, el destino se interpuso de nuevo y aquello no pudo ser. La vida giró de nuevo y no pude comer aquella pupusa que hubiera cambiado de seguro toda mi existencia.

En aquel entonces sucedió un hecho que siempre me sorprendió, y que después pondría en observación. Un día en aquel restaurante que yo trabajaba sucedió algo que me llamó mucho la atención. El chef a cargo del lugar, aquel italiano gordo y bigotón que nos dejó salir un poco más temprano para poder asistir al juego de la Copa Mundial en Rutherford, se puso a discutir conmigo por todo desde que comenzó el día, y como al mediodía, me acabó por decir: *"Carlos, go home, you are fired"*, (vete a casa, estás despedido).

Yo ya entendía algo de inglés, así que me di media vuelta y me fui a cambiar. Yo nunca le he rogado trabajo a ningún hijo de puta. Lo curioso vendría después. Cuando estaba en el cuarto en donde uno se cambia de ropa, de momento el lugar se comenzó a llenar de gente, es decir, de todos los cocineros que trabajaban ahí en aquel lugar. Yo me seguía cambiando cuando aquel lugar se llenó casi por completo. Yo me preguntaba "¿qué carajos pasa aquí?" Ya era hora casi de comenzar a atender al público y los trabajadores estaban ahí, ¿se van a ir también o qué? Lo que había pasado era que como en toda cocina, la noticia de que aquel chef gordo y bigotón me había echado del lugar, todos se habían pasado la voz y habían venido a ver si aquello era cierto, y claro que lo era. De pronto ocurrió algo que nunca le he podido encontrar explicación lógica: uno de los que estaban ahí presentes comenzó a hablar al tiempo que también entraba el chef que me había despedido.

—Si Carlos se va, yo también me voy.
—Y yo... —diría otra voz.
—Y yo también... —dijo alguien más atrás que no distinguí a ver.
—Y yo...
—Y yo...

Los "Y yo..." se multiplicaron por todo el vestidor. Nunca he comprendido del todo qué pasó aquel día, qué extraño evento tomó lugar. Uno de los trabajadores tomó la palabra, diciendo.

—Él no se puede ir, eso sería una gran injusticia, él trabaja fuerte y es un buen amigo, gran compañero; si él se va nos vamos todos.

Nunca olvidaré esas palabras. Y yo ni era cocinero todavía. No sé aún qué pasó aquella mañana de un día de miércoles. No sé en realidad si todos se hubieran ido, pero Billy, el chef gordo, al ver todo ese relajo, se retractó, se acercó donde mí y tomándome por el hombro, me dijo:

—*It was a joke, Carlitos, don't go.*

Miré al grupo y pregunté.

—¿Qué dijo este weón?
—Que te quedes, que estaba bromeando.
—Ah bueno, está bien...

Procedí a cambiarme de nuevo. No sé qué fue aquello ni qué generó aquella reacción, aquella respuesta espontánea de gente de tantos diversos países y diferentes razas; no sé qué fue. Y ni siquiera estoy seguro si se hubieran ido todos junto conmigo, pero obviamente el gordo Billy sí lo creyó posible. Está de más decir que nunca más me jodió aquel gordo pendejo.

Fue a partir de ahí que poco a poco comencé a interesarme seriamente en aprender el oficio de cocinar, primero como preparador de alimentos. Esto fue quizás como un agradecimiento y reconocimiento a todos aquellos hermanos cocineros que hicieron causa común conmigo, por tanto, de ahí en adelante, trataría de ser uno más de ellos. Eran mis amigos y así me consideraban ellos, nunca supe cómo nació eso ni por qué. ¿Acaso la amistad es como el amor, se pueden explicar, se pueden definir? Yo, un inmigrante peruano ilegal, sin papeles, que ni hablaba inglés —solo lo chapurreaba— había logrado sin proponérmelo la simpatía, el afecto, la amistad de mis compañeros, algo que nunca olvidaría en los años, y que me demostraría la fuerza que nace de la unidad en la lucha por un ideal en contra de una injusticia. Aprendí de primera mano que si la gente se une bajo una sola bandera, puede pelear por un objetivo común. Aquel suceso nunca se fue de mi memoria, y me daba fuerza los días en que buscaba trabajo en este país y no lo conseguía. Esa fue mi fuerza para seguir adelante por mucho tiempo, haber apreciado la solidaridad humana, ver que sí existía aquello que yo solo vi alguna vez en algún libro.

Durante una noche fría de marzo entré a un bar en el Boulevard Marin en el *Downtown* de Jersey City. Estaba cansado después de haber trabajado todo el día. Solo quería relajarme y tomarme una cerveza nada más. Jodido país, me están exprimiendo las fuerzas; si me descuido me exprimen como un limón y luego ¡me tiran a la basura! *One more beer, please!* Salud conmigo mismo, país nuevo, gente extraña y sin amigos, bueno, déjame ver qué están viendo estos gringos en la televisión.

—*Hey my friend, who is playing?* —pregunté.
—*Chicago Bulls.*
—*Chicago, what?*
—*Chicago Bulls versus New York! Where are you from? Don't you know basketball?*
—*Oh, holy shit! Michael Jordan, is that Michael Jordan?*
—*Yes!!!*

Tenía suerte esa noche después de todo, estaba cansado pero iba a ver jugar a uno de los más grandes jugadores de baloncesto de todos los tiempos. Jordan había sido campeón olímpico con Estados Unidos en Barcelona, España en 1992, como parte del llamado *Dream Team*, un equipo imbatible. Tenía la barra para mí solo prácticamente. Lo que hizo Jordan aquella noche fue inolvidable, legendario. Mucha gente decía que como deportista ya estaba acabado, que se retirara. Él se había ido del basquetbol un año antes, y ahora recién volvía. Se decía también que estaba fuera de forma, que ya estaba viejo, pero "Air" Jordan volvía a volar en el Garden de New York, y qué pelea le dio a los Knicks de Nueva York, ¡él solo anotó casi 60 puntos! ¡Qué bárbaro! Nunca me olvidaré esa paliza en la que los Toros de Chicago consiguieron un fanático más aquella noche legendaria. Aquella noche Jordan destrozó a Nueva York. Fue algo parecido en mis recuerdos, como cuando estando en mi lejano Perú, se disputaba el Mundial de Fútbol de 1986 en México. Los fanáticos de este deporte vimos a Diego Armando Maradona hacer el famoso "gol del siglo". Mamá nos servía el almuerzo en aquel preciso momento cuando de pronto el jugador Héctor Enrique le da la pelota al Diego, y este enfila hacia el arco del equipo de Inglaterra. Mi recordada Fabiola ya me había servido la sopa y volvía al comedor trayendo su plato para sentarse conmigo y acompañarme a comer. Me había quedado sin trabajo y estaba en casa, era la época del Perú de aquella terrible primera presidencia del inexperto Alan García Pérez, que no solo no pudo arreglar económicamente al país, sino que permitió que la organización guerrillera Sendero Luminoso creciera en las sombras. Entonces, comía yo mi sopa de vegetales que mi madre, haciendo esfuerzos grandes, había cocinado, cuando Maradona descuenta a un jugador, a dos, a tres, y yo dejé caer la cuchara.

—Se va contra el arco —dije a mi madre.

—¿Qué? ¿Quién se va contra el arco? —contestó mamá, que solo sabía que jugaban los gauchos ese día.

—Diego, se va solo él, solo contra el arco...

Hasta ahora no sé cuánto demoré en contestarle a mamá, no sé si antes de acabar la frase ya Maradona había pateado al gol, ya cayéndose, no sé, no me acuerdo, quizás fue así, todo al mismo tiempo, como una sinfonía futbolera eterna, que no se detiene o en todo caso que se detiene, que se congela por unos instantes, minutos, segundos, no sé. Lo que sí sabe uno en estos casos es lo que uno hacía cuando Maradona se mandó ese golazo. Si no lo sabes, ¡pregúntate si estás vivo! Y sí, yo estaba al lado de mi recordada madre, ¡de mi querida Fabiola! ¡Cómo olvidarlo! Los dos gritamos aquel gol, fundidos en un abrazo que ha de perdurar por toda la eternidad,

Aquella noche del 28 de marzo de 1995 en ese bar de Jersey City, fue casi lo mismo. Desde luego, el fútbol siempre va a ganar, es nuestra pasión de nacimiento, pero esa noche en aquella cantina semivacía, vi a Jordan hacer con un balón en la mano lo que Maradona hizo con los pies en México en 1986. Dirán que exagero, yo no creo. Además eso siempre te va a suceder cuando tengas la inmensa suerte de ver jugar a los mejores deportistas. Con los demás no pasa eso, por eso es tan especial y nunca se olvida.

En aquel año en particular también ocurrieron hechos resaltantes, acontecimientos de gran interés nacional. Presidía la nación Bill Clinton y el país estaba bien económicamente hablando, su esposa, Hillary, era la Primera Dama, una mujer que siempre me pareció guapísima, sobre todo en su juventud. En 1994, cuando en Estados Unidos se disputaba la Copa Mundial y el mundo se preocupaba solo de una pelotita que rodaba en un campo de juego, en otra parte del mundo, en Ruanda, África Central, algo diferente corría, rodaba por el suelo. ¿Qué era? La sangre de cientos de miles de personas que eran masacradas de manera salvaje por un grupo étnico. Los Hutus asesinaban a los Tutsis. Ocurría un genocidio en el mundo y nadie decía nada, y lo peor, casi nadie informaba acerca de eso. A pocos se nos comenzaba a abrir la conciencia y percibíamos este mundo enfermo de una manera más global, más general, y no solo desde nuestra mirada estrecha.

Retomando 1995, un hecho trágico ocurrió a una familia de músicos de Texas el 31 de marzo, el cual tuvo un gran impacto en la población latina de Estados Unidos y de otros países del mundo. En la ciudad de Corpus Christi, Texas, Selena Quintanilla, aquella joven cantante mexicoamericana que algún día vi cantar en la pantalla de televisión de aquella familia salvadoreña con quien viví en Jersey, era abatida a tiros en un motel. Este hecho ocurrió mientras se reunía en aquel lugar con su tesorera y presidenta de su club de fans, Yolanda Saldívar, quien después fue condenada por el crimen. Selena ya se había presentado en México, aunque era obvio que tenía problemas para comunicarse, ya que nació en Estados Unidos y su lengua materna era el inglés. El español lo hablaba con poca dificultad y con acento. Selena era muy bella, talentosa y súper carismática. Se presentó en la Gran Manzana, en Brooklyn, en un escenario pequeño y sin mucha promoción. Recién estaba naciendo como estrella. La gente no comprendía su trágica muerte, y se imaginaba lo que la joven pudiera haber llegado a ser y logrado de haber continuado con su carrera. Tenía un enorme talento, pero el destino tenía otros planes para ella. A pesar de su muerte a los 23 años, la Reina de la Música Texana alcanzó a ser una estrella de manera póstuma, y su nombre ahora es una leyenda. A esto, desde luego, contribuyeron los medios de comunicación y la prensa, que siempre van a idealizar a las estrellas que mueren jóvenes, y no es porque ella no haya tenido talento ni calidad, nada de eso; Selena era súper talentosa, pero siempre se especula eso, lo que pudo ser, lo que podría haber sido, nos gusta pensar así, ¿verdad? Otro ejemplo de una muerte trágica de una celebridad joven es el del icónico actor estadounidense James Dean, muerto a los 24 años en 1955 en un accidente automovilístico. Así es la vida, como dice la letra de la canción del cantautor estadounidense Billy Joel: «Solo los buenos de verdad mueren jóvenes.» Además, si debo hacer honor a la verdad, Selena dejó su impacto en muchos hogares hispanos, entre ellos el humilde hogar salvadoreño en donde me acogieron en mi primera experiencia de libertad en este país. Recuerdo aún muy claramente cuando regresé del trabajo aquel día en que ella fue asesinada. Había sido un día largo de trabajo para mí. Atravesé la sala y a la vez que saludaba, recibí una contestación envuelta en llanto, en lágrimas. Imposible continuar caminando hacia mi cuarto que quedaba justo al fondo de aquel pasillo largo que atravesaba la casa en dos.

—¿Qué pasó? ¿Qué ha pasado? —pregunté, pensando que se trataba de alguna tragedia familiar, de esas que nos sorprenden cuando menos esperamos.

—¡La mataron!

—¿A quién? —pregunté sorprendido por la noticia y por la efusividad del llanto en esa familia.

—A Selena, ¡le dispararon!

—¿A quién? ¿Selena? Pero su hija acaso no se llama...

De pronto me detuve y mi mente regresó en el tiempo, ya que algunos días antes, al regresar a casa después del trabajo y de haber bebido en algún bar de Nueva York tratando de ahogar mis penas, mi confusión, mi soledad y mi depresión, atravesaba igual que ahora la sala de esta casa salvadoreña, cuando oí la hermosa voz de una bellísima hembra que cantaba en un programa de la cadena Telemundo, que conducía otra belleza, una hermosa mexicana, que era amiga de la estrella tejana.

«Yo tenía una esperanza, en el fondo de mi alma, que un día te quedaras, tú conmigo...» Era la canción *No me queda más*, que aquella bella mujer cantaba cuando yo me detuve a verla en aquel momento. Así conocí a Selena.

—¿Quién canta? —pregunté aquella vez.

—Selena, respondió Doña María, la esposa de Don Chente, el jefe de la casa.

—Canta bien, ¿y de dónde es?

—Es Chicana— contestó Don Chente. Está linda la cipota, ¿verdad?

—Sí, esta bella, bellísima —respondí, asumiendo que me estaba hablando de una mujer ¿Cipota? Sí, así se les dice a las jóvenes o muchachas en ciertos países de Centroamérica. En esta nación de todas maneras vamos a aprender mucho del modo de hablar de nuestros hermanos de Latinoamérica, sin duda.

No pasarían muchos días y Selena perdería la vida trágicamente. Ese día, en aquella casa de Jersey City, esta familia salvadoreña lloraba como quien ha perdido a uno de los suyos. ¿Hay explicación lógica en eso? No, seguro que no la hay. Porque así es el amor del pueblo, el cariño sincero y desinteresado que sale del corazón de la gente humilde y trabajadora, que vienen a este país a trabajar duro, a forjarse un futuro, a ayudar a los suyos que se quedaron allá, con la esperanza de un futuro mejor. Ese cariño y amor que hace nacer en el corazón de la gente un ídolo popular nunca tendrá una explicación coherente. Se le ama o no se le ama.

Algo que también me llamó la atención de esta familia, y a lo que quizás no presté mucha atención en su momento, fue el hecho de que en este hogar centroamericano se consumía, esto es, se veía toda la programación de Univisión y Telemundo. Estas cadenas bombardean a nuestra gente con telenovelas que solo enseñan cómo mentir, hacer maldades y pegarle cuernos al marido, aparte de otras "joyas" de esparcimiento. Por otra parte, las transmisiones de partidos de fútbol estaban monopolizadas por la liga mexicana, algo que se puede entender, pues los mexicanos son mayoría en el país, o sea que ese factor define la programación de estas grandes cadenas de televisión. Así es y aún continúa siendo, lo asumo porque hace mucho tiempo dejé de ver televisión, al darme cuenta de lo que estoy explicando. Aquello era un bombardeo de embrutecimiento público sin descanso y sin tregua. Esta gentil familia, muy a su pesar, como tantas otras a nivel nacional, andaban pendientes de los Premios Billboard, los Premios Lo Nuestro, Grammy Latino, Premios Furia Musical, Premios Juventud, y cuanta pendejada se le ocurre a esta gente que está en control de esto. Así es en este país si te quedas viendo la televisión, y sobre todo los canales en español. Siendo sinceros, la televisión en inglés tampoco se salva por mucho, entonces todos van a estar como sedados y drogados, y la adicción tiene nombre: televisión. ¿Acaso no se puede tratar de educar a la población, o no es rentable? Me olvidaba que alguna vez, el gran magnate de las comunicaciones mexicanas Emilio Azcárraga, había mencionado cuando le preguntaron algo al respecto, que si la gente quería cultura en la televisión, que tenían que ir a la universidad. Sabias palabras, ¿verdad? Lo único malo es que él las dijo en un tono despectivo a la reportera que lo entrevistaba: "Si quieren cultura, ¡que vayan a la universidad!"

9

Cara a cara con la muerte

No era fácil llegar hasta el apartamento donde yo vivía de noche. Era algo riesgoso, ya que tenía que pasar unos proyectos de vivienda, lugares como las unidades vecinales de nuestros países en Latinoamérica construidos para gente de bajos recursos. Estos desarrollos de viviendas son subsidiados por el gobierno con alquileres relativamente bajos, en este caso para familias puertorriqueñas y afroamericanas. Estadísticamente, este tipo de vivienda pública tiene una tasa de criminalidad más alta que el promedio de la ciudad. Llegar a mi domicilio caminando por ahí, es decir, atravesar esos barrios de noche y en especial los fines de semana, era peligroso. Sobre todo a sabiendas que los miembros de las pandillas callejeras que viven y operan en estos vecindarios saben que los trabajadores hispanos, por lo general indocumentados, traen consigo el dinero de su sueldo en los días de pago, es decir, lo llevan en sus bolsillos. La tentación de robarlos es muy difícil de resistir para todos estos delincuentes. Un alto número indeterminado de trabajadores latinoamericanos sin papeles han de haber sido asaltados alguna vez en su vida en este país a todo lo largo y ancho de esta nación, eso es un hecho irrefutable e innegable. Claro, quién va a denunciar un robo y quién les va a hacer caso a los indocumentados si oficialmente no existen, no tienen papeles, y quién va a hacer una encuesta al respecto si a nadie le importa un carajo los ilegales dentro de Estados Unidos. Esa es una verdad monumental. Cruzar por estos vecindarios de noche, por tanto, es jugarse la vida, más los fines de semana, y mucho más aún, si lo haces con algunas copas encima, es decir, borracho. Si llegas vivo a tu destino es porque o peleas muy bien o tienes unas protecciones de algún tipo que cuidan por ti. Yo lo hice, y como mencioné antes, durante un buen tiempo lo tuve que hacer armado con un par de cuchillos. El recuerdo de aquel hombre blanco que vi siendo golpeado sin misericordia a pocos días de haber llegado a este país me marcó. No podía alejar de mi mente aquella escena, donde atestigüé aquella gran cobardía. ¿Moriría aquel tipo? Quién sabe, pero después supe que no valía la pena, o en todo caso, era riesgoso declarar o denunciar un incidente así, ya que te podrían hasta involucrar en los hechos. ¿Cuántos casos se pudieran resolver si no se persiguiera ni se intimidara a los testigos potenciales de un delito?

Tuve suerte durante algún tiempo y no me sucedió nada. El área de esos proyectos de vivienda era mi camino diario; todo bien de mañana y a jugarse la vida cada noche. Ahora quizás entiendo que todo aquello sucedía para que yo lo escribiera, lo diera a conocer al mundo, y sí, aquello que tenía que suceder, sucedió finalmente y en febrero de 1995, antes del asesinato de la cantante Selena, sobre la que escribí en el capítulo anterior. Era para la fecha de mi cumpleaños, y daba la casualidad de que coincidía con el de Miguel, mi compañero de trabajo de esos años primerizos, así que decidimos celebrarlo juntos, un cumpleaños que pudo haberse convertido en una fecha de defunción. "Hay que recordar que tenemos que morir todos los días, para así renacer de nuevo, otra vez al día siguiente", como alguna vez oí decir a un amigo. Ya han sido varias las veces en que he estado a punto de partir de este mundo, de fallecer, de verme cara con la muerte. Aquel 9 de febrero fue uno de esos días en el que la fatalidad rondó la alegría de una celebración. Habíamos acordado celebrar en casa de Miguel, ya que la esposa de él lo jodía que sus amigos lo inquietaban para salir, pero nadie lo inquietaba, ¡él solo salía! Todavía quería seguir jodiendo en esta vida. ¡Consejo! Si estás casado ya estás jodido, en todo caso, respeta tu relación o aprende a llevarla bien, porque si no la vas a perder. Todas esas situaciones hay que pensarlas cuando uno inicia una relación, porque después aparecen los celos de la pareja, las peleas, las discusiones, los "en qué gastaste esto o aquello", y se jodió el matrimonio, la relación. Muchas parejas discuten y terminan sus relaciones por el tema del dinero, y no que sea lo más importante, pero es así, y es una verdad más clara que el sol. El festejo pues se hizo en la casa de Miguel para lo cual él pasó a recogerme. Yo nunca me visto con pantalón de color claro y aquel día lo hice, ¿cábala? Lo cierto es que nunca más he vuelto a vestir uno; aquel se manchó por completo de sangre. Llegamos a su casa, en donde esperaba su mujer junto a su mamá y demás familiares. Hubo baile, risas, música, en fin, todo transcurría normal en la fiesta, y por último el pastel, ¡siempre el pastel! Le habían incluido mi nombre, algo que me sorprendió, hicimos deseos y ¡apagamos las velas! Había cumplido otro año más, un año más viejo y fuera del terruño. Quién lo hubiera dicho, ¡aún estaba a tiempo de regresar a Perú! Ahora quién sabe, lo pienso, aquella vez no. Seguía la fiesta mientras que la desgracia aguardaba buscando una posibilidad para golpear, y así fue.

—¿Por qué no vamos a ver al gordo Calígula —el apodo con el que llamábamos a un compañero hondureño que trabajaba con nosotros también en la cocina. —¿Vamos? —insistió Miguel. Yo no quería, pero, lo que va a pasar siempre ha de pasar.

—Vamos, pues.

No le avisó nada Miguel, pero aquel pesado ya sabía que era el cumpleaños de nosotros dos, y había quedado en ir a visitar a Miguel esa noche. Eso estaba bien difícil, ya que la mujer de Miguel no lo pasaba, así que ¿cómo le iba a hacer? Era todo pura palabrería, nada que iba a ir, por eso Miguel aprovechó que yo estaba con él en su casa para tener un buen pretexto para salir, y así fue. Llegamos a donde estaba Calígula, quien bebía en la sala de su casa.

—¿Quieren Jack Daniels o Johnnie Walker? —preguntó con ese aire de comemierda que tenía, y que yo sobrellevaba.

—No, gracias ¿no tienes cerveza?, eso estábamos tomando en casa de este —contesté, señalando con la cabeza a Miguel.

—¿Qué? ¿Pero están pendejos o qué? ¿Cerveza? Esa huevada es para pobres, o ¿es que no trabajan y ganan dinero, carajo?

Miré a Miguel, como diciendo y qué le pasa a este weón.

—Dame cerveza, gordo, yo también quiero cerveza —agregó Miguel.

—¡Puta madre! Bueno, está bien.

Volvió con las cervezas, aunque no dejó de hablar mierda desde su cocina con su característica voz fuerte. El cabrón había sido parte de las fuerzas armadas de su país creo yo, o algo así, como dije, era un comemierda. Recordar todo la sarta de pendejadas que aquel tipo dijo aquel día sería una hazaña fenomenal y de resistencia heroica. Habló de esto, de aquello, de puras grandezas, como hacen muchos aquí, y que para ir de visita a su país piden dinero prestado a medio mundo, y a la vuelta tienen que trabajar más duro, para reponer la pantomima que representaron. Llegó el momento en que ya aburría la conversación, y entonces yo también cometí la burrada de entrar en aquel debate pendejo.

—¿Y tú qué piensas hacer o lograr aquí? —me disparó la pregunta Calígula.

—Bueno, no sé aún, quizás quedarme del todo, y quién sabe más adelante, de momento ya compré una casa.

—¿Qué? —exclamaron los dos al mismo tiempo, parecía que les había mentado la madre a ambos.

—Sí, he comprado hace poco una casa, me ayudó mi hermano, claro, yo aún no entiendo nada, pero me dice que eso eventualmente me va a ayudar para regularizar mi situación aquí en este país.

—Así que eres dueño de casa —exclamó Calígula, eso hay que celebrarlo ¿o no? —dijo mirando a Miguel.

—Sí, seguro, claro que sí —respondió aquel medio borracho.

—¡Vamos a celebrar entonces carajo! Vamos a un lugar que yo conozco —y levantándose de su asiento Calígula fue por su saco. Miguel me miró y dijo, —¡Vamos!

El encuentro con el peligro de muerte se acercaba, no podíamos advertirlo ni evitarlo, había una cita y había que acudir. Muchas enseñanzas vendrían de aquella experiencia, y también varios golpes, hematomas y moretones, sin mencionar la sangre derramada. Uno debe en esta vida prestar atención a sus presentimientos e intuiciones, así uno no las pueda entender ni comprender de momento. También entiendo que lo que debe pasar para un aprendizaje siempre será necesario. Yo había presentido algo, como cuando en el auto de Miguel yo le había preguntado:

—¿Para qué vamos a ver a ese weón?

—Para hacer más ambiente, para vacilarnos más weón, ¿o no crees?

—Bueno, vamos pues total, ¡es tu cumpleaños!

—Y el tuyo también —replicó Miguel.

Llegamos al lugar donde nos llevó el gordo Calígula, que no era nada del otro mundo, y hasta se podría decir que era un sitio de mala muerte. Había puro hispano, pero ese no era el punto el ambiente; el humo de cigarrillo, el olor a tabaco y hasta de yerba diría yo. Al fondo del local había una mesa con dos palos de billar, dos hombres con caras de delincuentes jugando entre ellos, y un par de hembritas maquilladas de manera chistosa recorriendo el lugar.

—Polilla —me dijo Miguel.

—A fumigar entonces.

—¡Gracioso eres weón!

Había algo de gente en el lugar, pero se veía que conocían al gordo, se percibía que tenía fama de borrachón o de cliente fijo, eso se nota enseguida en el trato que le dan a uno en estos negocios. Ya era tarde, nos acercamos a la barra y el gordo, volteando, preguntó:

—¿Qué van a beber, par de cipotes?

—¡Cerveza! —respondimos al mismo tiempo.

—¿Pero qué es esa mierda? ¡De nuevo con la jodida cerveza! Eso es para cualquier pendejo. Hoy estamos de cumpleaños, de celebración, ¡carajo! No, no me jodan, como si hoy fuera un día común y corriente, no, no, déjense de joder, pidan otra cosa yo invito.

Tenía razón este gordo comemierda, aquel no era un día cualquiera.

—¿Qué dices? —me miró Miguel.

—No sé ¿y tú? Yo creo que este weón se ha propuesto emborracharnos, ¿no le dijiste que ya habíamos estado bebiendo en tu casa?

—Sí, él lo sabe.

—¿Y entonces? ¿Qué mierda se trae este weón? Se está haciendo el cojudo.

—Ya déjate de huevadas, aceptemos, total, el perucho, perucho desconfiado, eres más desconfiado que la mierda, ¡ja, ja, ja!

—Bueno, pues qué carajo, ¡a beber algo diferente!

El gordo Calígula, veterano del ejército de su país y alumno de la tristemente famosa Escuela de las Américas —eso decía, quizás era otra mierda más inventada por él— pidió tres whiskies, pero antes hizo un brindis.

—¡A la salud de estos dos cipotes!

Toda la barra contestó el brindis, y pensé para mí, "a este cabrón todos lo conocen aquí. Ummm, bueno saber en caso de bronca".

Difícil recordar cuántos whiskies siguieron al primero o tratar de recordar la mierda que contaba el gordo, lo que sí es un hecho concreto es que desperté en medio de la calle, peleando, tirando trompadas por todos lados. La pelea no era contra uno solo sino varios, y se me hacía difícil distinguirlos, era de noche, estaba muy oscuro y yo borracho, definitivamente muy borracho. ¿Era yo solo peleando contra dos? ¿O tres? ¿O quizás cuatro? Quizás sí eran cuatro; mi cara al siguiente día vista al espejo me recordaría a Rocky Balboa en la primera película de la exitosa saga cinematográfica, aún de pie, vaya a saber por qué obra del destino, pero todo reventado sin duda. No importa, más duro pega la vida. Sí weón, ¡date ánimo!

Aquella pelea y aquella cantidad de alcohol en mi cuerpo sin duda, y de alguna manera, evitó que yo estuviera muerto. Es difícil imaginarlo pero cuando uno pelea borracho, suceden dos cosas: o te matan o resistes, sin saber cómo chucha lo haces. Solo peleas por reflejo, por supervivencia, si caes o te dejas caer, eres hombre muerto. Recuérdalo siempre, Carlos, no lo olvides, solo la rodilla en tierra y después arriba, a pelear de nuevo y tirar trompadas una vez más. Así fue, en aquella pelea callejera hubo un momento en que tuve que caer, sí caí, puse la rodilla en el piso, y de pronto se hizo la luz, de pronto un resplandor, eran las luces de un auto que se detuvo bruscamente, frenó en seco. Salió de él un tipo gritando, "¡Déjenlo mierdas!", fue todo lo que oí. Era un hispano, que pasaba con su auto por aquella calle a esas horas de la madrugada, y de pronto se encontró con aquella escena violenta.

—¿Estás bien amigo? —me ayudó a reincorporarme, mientras aquellas figuras que me atacaron se perdían a toda carrera en la oscuridad de un túnel cercano.

—Sí, creo que sí, gracias.

—¿Te llevo a un hospital?

—No, hospital no, no quiero problemas en este país.

—No son problemas amigo, tienes que reportar a esos hijos de puta que te han asaltado, te podían haber matado, ¿y si yo no llegaba?

—Todavía no me ha llegado la hora, amigo, gracias ¿Conoces la Avenida Montgomery? Déjame ahí por favor.

—Bien, tú sabes lo que haces, pero te pudieron haber matado hombre, ¡estás vivo de milagro!

—Sí, de milagro, yo lo sé, de milagro.

El día siguiente comenzaba una nueva jornada laboral, un nuevo día, al que casi no llego por este par de hijos de putas, el gordo y Miguel. Entré al restaurante donde trabajaba y los encontré cambiándose.

—¡Mierda! ¿Qué te pasó?

—¿Y todavía preguntan par de hijos de puta?

—¡Hey, cuidado cómo hablas!

—¡Ándate a la mierda, maricón! Me tuve que pelear porque me quisieron asaltar, estoy vivo de milagro. ¿Por qué me dejaron solo?

—Nosotros no te dejamos, te pusiste pesado, no te querías ir, eres pesado cuando estás borracho, ¿sabes?

—¿Pesado, pendejo? Y si fuera así no era motivo para dejarme solo, fuimos juntos debimos irnos juntos ¿o no?

—Sí, pero tú pusiste majadero weón.
—Buen par de amigos, que son, ¡mierda es lo que son!
—Tú estabas borracho y no te querías ir, ¿qué querías que hiciéramos? —contestó el gordo Calígula, ya enojado.
—Sí, ¡seré tu pendejo para creerte!
—¡Ya párale chamaco!
—¿Y tú qué vas a decir? —pregunté mirando a Miguel.
—Es verdad lo que él dice, fue así.
—¿Fue así, pendejo? Si hubiera sido uno de ustedes yo nunca los hubiera dejado solos.

Fue ahí que Miguel se tuvo que interponer entre Calígula y yo, ya que las cosas se ponían de otro color.

—Ya, ya murió chamaco —soltó el gordo.
—Sí, ya murió, y váyanse a la mierda ustedes dos. ¡Amigos así para qué carajo sirven!

De ahí en adelante supe que si yo no me cuidaba por mí mismo, nadie lo iba a hacer por mí. La diferencia entre la vida y la muerte, si eres ilegal en Estados Unidos, está entre saber a dónde te metes y cómo haces para salir de ahí con vida. Sobre todo si eres como yo, te gusta joder, emborracharte y putear. Atento siempre, ya te traicionaron una vez, ¡que no se te olvide nunca Carlos!

Transcurría aún 1995 y todavía faltaba lo mejor ¡o lo peor en todo caso! Fue un año sangriento sin ninguna duda el 1995. Transcurrían los primeros meses de ese año y yo aún extrañando pendejamente mi país. Así es uno cuando es muy sentimental y tiene mucho corazón, y lo que pasa es que la gente se confunde con eso y creen que uno es cojudo, no, eso es otra cosa, muy diferente. Ya había dejado de trabajar en el restaurante, ¿para qué seguir con esos amigos? Aparte me había salido otra nueva opción de trabajo o quizás la vida me quería enseñar una lección fuerte aquel año. Ah, pero hay que contar cómo me fui del restaurante. Un día falté porque estuve enfermo y no me pude reportar para avisarles, había extraviado el número del lugar, así que al llegar al otro día, el judío americano, que ya de por sí no me pasaba —como decimos nosotros— me dijo que ya no había trabajo para mí.

—¿Pero por qué? Estaba enfermo.
—*My friend, you gotta call, you gotta make a phone call.*
—*Phone call?* ¡Ándate a la mierda judío comemierda! Te estoy diciendo que perdí el número, ¡pero no me entiendes!

Así es aquí en Estados Unidos, si no te reportas o no avisas que no te vas a presentar, olvídate, te van a echar del trabajo. ¡Ya parezco también!, pero es así, es la verdad. Tampoco vayas enfermo porque si la cagas o te accidentas, te van a preguntar que por qué fuiste a trabajar enfermo, que no es culpa de ellos, que si tú no te sientes bien, no debiste haber ido a trabajar. Así son esta gente, no pierden nunca, son como Jalisco, si no ganan ¡empatan!

Llegó el nuevo año y todo lo mismo, bebiendo a lo pendejo, sin miras, ni metas, tratando de vivir por vivir, salir de vez en cuando, ir a Nueva York ¡Me encanta, siempre me encantó! Ir de vez en cuando donde las chicas malas de Queens, pero la fatalidad tenía otros planes para mí. Me levanté temprano aquella mañana y me fui a trabajar como siempre. Ya era yo el portero de un edificio al cual accedí a trabajar por presentar papeles falsos, era un edificio nuevo. Parece un karma, ya que esa era la chamba de mi padre en el Perú por mucho tiempo. Sí, definitivamente tenemos toda la familia un karma con los edificios. Llegué al edificio aquel día y comencé mi labor diaria. Se ubicaba en el área Exchange Place, el Wall Street de Jersey City, frente al *World Trade Center*. Yo estuve o he estado casi todo este tiempo girando alrededor de esta área, como un satélite, en toda mi estancia en estas tierras. Comenzaba a trabajar desde las 7:00 de la mañana y terminaba hasta las 4:30 de la tarde. Después de ahí me iba a un trabajo de *part-time*, de 5 de la tarde a 10 de la noche, en los mismos edificios del área. Había dejado la cocina tranquila solo por un tiempo. Trabajaba ahí en una compañía de mantenimiento haciendo la limpieza en las noches, pero pronto comprendí que la envidia y el celo que hay entre una y otra compañía es más fuerte que cualquier cosa, y más aún con nuestra propia gente hispana. El hispano en este país, en vez de ayudarse, se traiciona, entre ellos mismos se hunden el cuchillo y no por la espalda, muchas veces de frente y mirándote a la cara. Así de traidores somos aquí entre nosotros, razón por lo que es fácil para la gente que está en el poder en este país explotarnos como quieren, a su antojo, ya que aquí nosotros no tenemos unidad; somos nosotros mismos nuestro peor enemigo sin duda alguna. Llegué al trabajo, marqué el tiempo de entrada en mi tarjeta y lo primero es lo primero, a sacar la basura que se les quedó la noche anterior, y a asear la oficina de mi jefe y la de los guardias de seguridad, los que cuidaban la entrada posterior al edificio, y de allí a limpiar el área de carga, donde los diferentes camiones descargaban sus entregas. El día fue especial desde temprano, yo me encontraba barriendo en esa área de carga del edificio, que es una plataforma elevada si uno la compara con el nivel de la calle. Estaba parado ahí, barriendo en el mismo filo de ese elevado cuando de pronto se oyó un estruendo: *Crushhhh!!!!!!!!* Aquella parte donde yo me encontraba de pronto cedió y colapsó, se desmoronó debajo de mis pies, pero lo más curioso es que caí de pie, parado. Sería más o menos una distancia de un metro y medio de alto. Caí bien, no me pasó nada, pero algo andaba mal, no sabía qué, pero se sentía, se presentía en el aire. Vinieron enseguida mis amigos de la oficina de vigilancia, todos ellos a la carrera, ellos habían visto el desplome desde la oficina y vieron la polvareda levantarse. Sí, de pronto desaparecí a la vista de ellos, y vinieron a ver qué había ocurrido conmigo. Cuando llegaron al extremo de la plataforma y miraron hacia abajo, me vieron.

—*Are you okay, brother?*

—*Carlito, are you all right?*

Eran dos afroamericanos, dos veladores que eran buenos amigos míos. Ellos trabajan con frecuencia en estas labores, no todos, pero muchos de ellos.

—*I'm okay, no problem, don't worry* —les contesté.

La verdad es que no tuve sinceramente tiempo de reaccionar, de nada, ni supe lo que pasó. Todo lo que sabía era que por algún motivo particular yo seguía ileso y eso algo que me inquietaba, sí, el saberme sano no me tranquilizó para nada. Llegó la hora del almuerzo y de nuevo nos encontramos con todos los compañeros en el comedor, se decían bromas, chismes, pendejadas, lo mismo de siempre, lo usual en estos casos, de todo se decía y comentaba en esa hora de descanso. David, un compañero de trabajo, dijo:

—¿Por qué no hacemos algo después, a la salida?

—Algo, ¿como qué? —pregunté.

—No sé, tal vez ir a Manhattan, al nuevo lugar que abrieron, al que te conté —me decía mientras hacía con las manos la silueta de una guitarra, excepto que este weón no era músico ni nada parecido.

—Oh, el que me contaste, es en la Calle 38, ¿verdad?

—Sí, ¡ese mismo! ¿Te acuerdas, weón? ¿Vamos después de la chamba? ¿Qué dices?

—Está bien mi socio, deja acabar la chamba entonces.

—¡Eso! ¡Así me gusta! La vamos a pasar bien por allá.

Salimos de trabajar y no hacíamos nada en particular, solo parábamos paseando, huevoneando, matando el tiempo y finalmente enrumbamos a Nueva York. La urgencia era evidente, uno le daba gusto al cuerpo continuamente. Tener cierta frecuencia sexual con aquellas chicas siempre te va a generar una dependencia de algún modo, con el sexo es así como con todo, más lo haces, más quieres, eso es algo natural creo yo. Como el preso que está a "dieta" forzada, o sea, que mientras no comas de aquello, tú puedes evitar el antojo, o en todo caso, es más fácil controlar ese deseo, pero una vez que comienzas a probar eso, a comer eso de nuevo, eso tan rico, aquello tan delicioso que tienen las bellas hijas de Eva, ahí todo cambia y ya nada es igual. Se despierta el león dormido y no es fácil volver a llevar su anterior estado de abstinencia, no, definitivamente no es fácil. Entonces, como decía antes, ya estaba atraído por eso que probábamos con regular frecuencia en los últimos tiempos. Uno es joven y ¡las hormonas corren fuertes y veloces! Se hacía necesario ir a ver a estas lindas chicas, y ese fue curiosamente el día indicado para esa semana, fue casual, la lección, no se pensó simplemente lo elegimos al azar, pero el destino también tenía otros planes que nosotros desconocíamos. Llegamos al lugar, a la ciudad que nunca duerme, por la Calle 38 y la Octava. David se parqueó justo afuera, casi en la puerta de entrada del edificio, había lugar, nos bajamos, entramos al edificio, y ya dentro de él, le pregunté:

—¿Cómo conociste este sitio?

—Por un amigo venezolano.

—¡A esos manes no se les pasa nada! ¡Todo lo averiguan, todo lo saben!

Seguíamos hablando y entramos al elevador, el lugar estaba en el quinto piso, pero no se abría la puerta. Había que tocar un timbre que te daba directo con todo el piso, es decir, no había pasillo, todo el piso era el lugar. ¡Era una gran casa de citas clandestina en pleno corazón de Nueva York! ¡Babilonia o Roma en los tiempos modernos! Entramos al lugar, era enorme, todo oscuro, no entraba la luz del sol, era difícil saber qué hora era, si es que te quedabas varias horas. En el ambiente se respiraba perfume y piel de mujer, lo que envolvía todo. Sofás por todo el piso, mujeres hermosas por todo el piso en ropa de baño y en camisones de dormir, una más bella que la otra, todas eran unas modelos, ¡pura belleza sin igual! Eran como 15 mujeres, y siempre cambiarían como después pude constatar, ya que me volví cliente asiduo a este lugar. Sí, así fue, por qué voy a negarlo. El sexo se puede convertir en algo compulsivo, sin control, frenético, y así se volvió para mí. Todas esas mujeres eran puras reinas de belleza de toda Latinoamérica: Brasil, Colombia, Venezuela, Panamá, todo el continente estaba representado ahí. Era una suerte de OEA del placer y el sexo. Algo que tengo que mencionar es que no a cualquiera se le permitía la entrada, había una clave al tocar, y si te contestaban, tenían que referir a quien te envió; no era fácil entrar como se pudiera suponer. Tenías que sortear varios escollos, y eso era lo que les había mantenido ya buen tiempo en funciones sin ser descubiertos. Aquel lugar se caracterizó siempre por tener monumentales mujeres, eran todas esculturas de carne y hueso, tamaño, curvas, rostros, ¡eran todas perfecciones! Sé que muchos hicieron en ese lugar realidad sus ilusiones, lógico, era algo irreal, una ilusión, aunque no faltó alguno por ahí que se sintiera enamorado de alguna de estas bellas mujeres. Sí, eso también sucedía, porque el amor es así, inexplicable. Aquel palacio de la lujuria, del placer, era un lugar de encuentro sexual seguro. Todas las chicas estaban sanas, esa era una regla de aquel negocio. Mencioné que algunos se enamoraban y ese también era otro problema para estos amigos, y ¿cómo hacían después para encontrarlas? Si a ellas las cambiaban de prostíbulo cada semana. Tu única opción era, si le caías bien a la chica o si se lo hiciste bien rico y le gustó, preguntarle dónde iba a trabajar la próxima semana, esa era tu única esperanza de verla de nuevo, no había otra forma. Sé por ahí que alguno que otro coronó y la pudo sacar de aquella vida, sí, aquellos soñadores románticos pudieron volver realidad sus sueños. En este negocio del sexo, de eso se trata, de que todas, o la mayoría de las mujeres, tengan que poseer una gran belleza física, ese es el gancho, el atractivo para el negocio. Los hombres somos animales visuales por excelencia, y eso nunca va a cambiar, somos así.

 Aquel día en particular, cuando entré a aquel piso, me atrajo la atención una mujer latina alta, de piel blanca, cabello castaño; era una reina de belleza. Todo fue muy instintivo, el deseo sexual debe ser así creo yo, compulsivo. Sin esperar nada ni a nadie la tomé de la mano y caminamos rumbo al cuarto. Este era amplio, cómodo, y aquella mujer era una diosa del sexo, una sacerdotisa del placer. Tener sexo con ella no solo fue experiencia muy placentera, sino también una terapia acerca de todo tipo de sensaciones corporales. Tú naturaleza sexual se ve en cierta manera retada, para convencerte a ti mismo de que tú eres capaz de poder penetrar, poseer a una mujer enormemente bella. Claro, esto sonará para muchos como simple machismo, pero es real para muchos de nosotros. Sí, la experiencia fue sexualmente maravillosa, pero una vez concluida y yo vistiéndome, intenté besarla para despedirme, algo que ella rechazó. Empujándome, me dijo:

—No me beses, no me gusta que lo hagan, solo me besa el hombre que yo amo.

—Está bien.

Abandoné el cuarto, pero me quedé algo pensativo, ¿por qué? No lo sé, pero había algo en el ambiente, seguía aún en el aire aquella sensación de que algo iba a suceder, algo extraño, diferente ese día. Al salir me encontré con David sentado en uno de los sofás.

—¿Ya?

—Sí weón, todo bien.

—Bien, ¿nada más?

—¿Y qué más quieres que te diga, weón? No vez que es una tremenda hembra, un mujerón. ¿Qué clase de pregunta cojuda es esa?

—Ya Carlos, ¡cálmate carajo! ¡Qué carácter de mierda tienes hoy día, *bro*!

Nos dirigimos rumbo al elevador.

El auto estaba afuera del edificio, daba la impresión de que habíamos venido a visitar a un familiar o algo así por estilo, en fin, todo el mundo estaba feliz, o en todo caso así parecía.

—¿Y ahora qué? —pregunté.

—A Nueva Jersey, ¡carajo!

—¡En marcha entonces!

El auto todavía dio un par de vueltas por la ciudad. ¡Si vienes a Manhattan no te vas a regresar pronto por favor! ¡Eso sería un pecado! No recorrer la ciudad si tienes la oportunidad es imperdonable, y si estás en auto mucho mejor, lo único, no frenes, sigue de largo, no busques parqueo, porque no hay, eso no existe aquí, ¿Qué esperabas? ¡Hay millones de personas viviendo en esta isla! Cruzamos cerca de la medianoche el Túnel Lincoln con dirección a Jersey, ¡y ya!, hogar, dulce hogar, estábamos de regreso en casa, en nuestro estado, ¡Nueva Jersey! Pero la noche estaba todavía lejos de acabar.

—Tengo hambre —exclamó David.

—Yo también —respondí, frotándome el estómago con una mano.

—¿Qué hacemos entonces?

—¿Qué hay abierto a esta hora socio?

—Vamos a Union City, allá yo conozco varios lugares en donde hay comida hispana —agregó David con aire de conocedor.

—Vamos para allá entonces. ¡Chofer, a Union City!
—¡Vete a la mierda!
Llegamos a Union City, y como siempre, ¡Nueva York despierto y Nueva Jersey durmiendo! Ya casi está todo está cerrado en esta parte del río Hudson.
—¡Allá hay un lugar abierto! —advirtió David, levantando la voz y señalando hacia un lado de la calle. Sonaba desfalleciente, como un tipo que hubiera cruzado el desierto y por fin hubiera divisado un oasis o algo así.
—¿Dónde? —pregunté,
—Allá ciego —contestó él, y rápidamente parqueó el auto, bajamos y nos dirigimos al lugar señalado. Al abrir la puerta del restaurante, la música que inundaba el lugar se dejó escapar hacia la calle: «Desde que me dejaste, la ventanita de amor se me cerró». No tenía mucho tiempo en este país, pero yo ya sabía quién cantaba, era Sergio Vargas, el intérprete dominicano de merengue y bolero. Era un restaurante dominicano. Escuchamos después canciones interpretadas por los también cantantes dominicanos Luis Segura y Kinito Méndez (*El loco soy yo*), lo cual nos disiparía las dudas de que ahí servían comida de esa isla caribeña. Nos dirigimos a una mesa y, de inmediato una bella mulata de piel canela, cabellera larga y grandes nalgas se acercó.
—Hola, ¿qué tal? ¿Qué van a ordenar amigos? —preguntó coqueta.
—Tenemos hambre, mucha hambre, ¿qué hay de comer? —contesté cuando ella ya nos entregaba el menú.
—¿Van a querer algo de beber, primero? —giró la cabeza y dirigió su atención a David.
—Dos coronas —respondió él, despertando del encantamiento al que lo habían tenido sometido las nalgas de nuestra bella anfitriona caribeña, ya que al haber estado conversando yo con ella inicialmente, David había tenido tiempo suficiente para deleitarse contemplando el inmenso trasero de nuestra atractiva mesera.
Comimos, bebimos, no mucho en realidad, había que trabajar al día siguiente y ¡por la mañana! Entonces uno no se podía malograr mucho. Sí, ya sé, hay que trabajar al día siguiente, la letanía de siempre, letanía que aquí se repite hasta el cansancio, pero el día que eso no suceda, ¡pellízcate! En una de esas estás muerto ¡y no te has dado cuenta! ¡O no estás más en Estados Unidos! Una de dos, ¡de eso no hay pierde! Pedimos la cuenta, no sin que antes David tratará de con-

seguir, fallidamente, el número de teléfono de nuestra bella mesera. En parte fue apropiado irse en ese momento, porque ya no solo iban a comenzar a cerrar el lugar, sino porque también a cierta gente, por machismo o nacionalismo, no les agrada mucho que venga alguien de otra comunidad a querer levantarse a sus mujeres.

—Vamos weón —le ordené a David, mientras dejaba la cuenta en la mesa y viendo que la mesera se trataba de soltar de David, quien con la excusa de despedirse de mano, no la dejaba irse con la cuenta. ¡No tenía para cuando acabar este weón!

—Ya voy —me gritó él, y se me unió en el camino a la puerta del negocio. Está por demás decir la cara de pocos amigos que tenían todos estos tipos que aún seguían en el local, algunos, apoyados contra la barra nos seguían atentamente con la mirada.

—¿Qué miran estos hijos de puta? —soltó David el insulto a quemarropa.

—A nosotros weón, a quién más, no ves que somos los únicos de otra nacionalidad, y no solo eso, la hembrita, por el motivo que sea, nos trató súper bien, y aquí estos weones se han puesto celosos. Imagínate weón, ella con esa cara bella, ese pelo, esas caderas, ¡esas nalgas! ¿No se te ocurre pensar que ellos también se la quieren levantar después que salga de trabajar?

—Sí, puta madre, es verdad, tienes razón loco, pero también como que nos dio bastante entrada la hembrita, ¿no crees?

—Claro que tengo razón weón, apúrate —contesté yo, sacando mentalmente la cuenta que en caso de una eventual pelea, el que se iba a sacar la mierda con todos estos weones básicamente iba a ser yo. David era todavía un chamaco, y encima, ¡flaquísimo! Iba tocar sacarse la mierda con todos estos cabrones uno solo: ¡Yo!

—Claro, y la verdad, que no está nada mal la hembrita, sería bueno volver, pero en otro momento que no estén tantos weones, a ver si te la cachas tú o me la cacho yo.

—¡Ahora hablaste matador! —sonrió David.

Estábamos ya afuera tratando de que se encendiera el motor del auto y nada.

—Avanza, ¿qué mierda pasa? No sé qué chucha le pasa a esta mierda –renegó David.

—Será mejor que encienda pronto esta chatarra, ya comenzaron a salir del restaurante esos weones, y al menos que yo esté equivocado, nos va a tocar partirnos la cara con ellos (bueno, a mí solo, ¡lo más seguro!)

—¿Cuál chatarra, pendejo?

—Ya, está bien, tu Ferrari weón, ¡no te enojes y apúrate! Haz que prenda esta webada ¡y arranca por tu vida!

¡¡¡Vroom!!!, rugió el motor del auto de David, como mandándonos a callar a ambos. ¡Al fin! El muy cabrón salió disparado haciendo sonar las ruedas.

—Ya carajo, que vas a llamar la atención de la gente —grité.

—Ya, ya está, bien —contestó desacelerando el auto.

—Y encima, con el trago que llevamos encima, vamos los dos presos si nos detienen.

David solo escuchaba en silencio.

No teníamos ni cinco minutos de haber salido de aquel negocio cuando aquel presentimiento que me había acompañado todo el día desde que amanecí en mi cama se hizo realidad. De pronto todo se unió, todo se juntó en cuestión de minutos, segundos, fracciones de segundos. David, sin darme yo cuenta, había comenzado a acelerar, sí, ¡aceleró de nuevo! ¡El muy weón, fanático de la Fórmula Uno! Una curva cerrada, y de pronto lo veo a él como cabeceando y le sacudo del brazo.

—¿Estás bien weón?

La respuesta nunca llegó, lo que sí llegó y alcancé a ver fue otro auto que pasó velozmente por nuestro lado a más velocidad y se nos cerró bruscamente, solo vi la acción, ya que todo ocurrió sobre mi lado derecho. Yo estaba en el lado del copiloto y luego vino la explosión, el tremendo estruendo que produce el metal cuando se retuerce y, sobre todo, cuando un auto se impacta con la que después supe que fue la pared de una casa. Solo recuerdo haber visto una gran luz blanca, y yo volar hacia adelante. Esa es otra de las cosas que nunca he comprendido. No sé hasta ahora por qué yo me abroché el cinturón de seguridad al subir, ya que yo nunca en mi vida lo había hecho, simplemente no me gustaba, pero esa sencilla acción fue ¡la que me salvó la vida! Cuando el auto se estrelló fui lanzado hacia adelante, tendría que haber salido despedido a través del parabrisas roto, pero no sucedió eso; el cinturón sí cedió un poco, pero antes de impactar el vidrio me detuve. Hasta aquí llegué, pensé en esa fracción de segundo. ¡Mierda! Sonido de explosión, fogonazo, destello brillante, tantas cosas en tan poco tiempo. ¡Carajo, me morí! Imposible saber qué hace que uno sobreviva a esa experiencia y caiga en cuenta que, como dije antes, era la primera vez en mi vida en que me abrochaba el cinturón de seguridad al subir al auto. No, no fue al subir al auto, ahora lo recuerdo bien: fue un par de minutos antes del impacto ¿Minutos? ¿Quizás segundos? ¿Por qué lo hice? ¡No sé! ¿Presentimiento, intuición o intervención divina? No sé, pero lo que haya sido me salvó la vida, y en fracción de segundos supe que si no dejaba de ser irresponsable y seguía con el alcohol, las putas y la jodedera ¡me iba a ir directamente a la mierda! ¡Sí, y encima rápidamente en un futuro muy cercano!

Todo ese análisis, toda esa reflexión pasaba por mi cabeza cuando yo ya me encontraba desangrándome en mi asiento delantero, o lo que quedaba de él, ya que todo el lado derecho del auto se había replegado contra el lado opuesto, dando la imagen de ser un acordeón en vez de un auto. Tenía toda la puerta del auto desgarrando mi brazo derecho, rompiéndolo. Así, desangrándome, volteé mi cabeza hacia el lado del piloto y pude distinguir a David doblado sobre el timón, desmayado, y vi que gracias a Dios, él también se había puesto el cinturón de seguridad. El cristal delantero estaba completamente destrozado, el auto lleno de vidrios rotos y estrujado por todos lados. Sacudí la cabeza varias veces intentando reaccionar, comprender qué había pasado, pero seguía aturdido. De pronto miré hacia afuera, hacia la calle y distinguí a gente recogiendo todo lo que había salido volando del auto; eran muchas cosas las que este loco tenía en su auto, en su maletera, ya que él planeaba viajar por esos días. Todo eso salió disparado, volando por los aires. Fue entonces que pude apreciar a todos estos malandrines, fumones y viciosos asomarse a mirar qué había para robar y ver si quedaba alguien vivo dentro del auto. Alguien recogió mi reloj que estaba en la vereda, se lo puso en la oreja y se lo llevó puesto. Hijo de puta, no sé si lo pude decir o solo lo pensé, ya no me acuerdo. Todos estos malvivientes parecían sombras, cuervos, gallinazos rodeando el auto. Hacían un festín, un carnaval. Se alejaba ese hijo de puta con mi reloj puesto ¡pues me había dado por muerto! Aquello me hizo reaccionar y como pude reuní fuerzas, me desabroché el cinturón e hice lo propio con David. La única forma de salir del auto era por el espacio del cristal grande de atrás, que se encontraba destrozado completamente; era la única salida disponible. Comencé a dirigirme hacia esa salida y de paso comencé a jalar de las axilas a David, que continuaba desmayado. Tenía que sacarlo del auto, quién sabe qué podría pasar, podría prenderse en fuego. Uno no piensa en nada en ese momento, solo actúa, así que hice lo que tenía que hacer, no iba a dejarlo morir ahí. Sentía como algo caliente, muy caliente que corría por mi brazo, por mi cuerpo;

era sangre, mi sangre. Salí yo primero del auto deslizándome hacia afuera a través de la ventana trasera mientras seguía arrastrando por los brazos a David, al final di el último jalón y lo pude sacar del auto. Ya comenzaba él a reaccionar. Los hijos de puta que rodeaban el auto a esa hora se abrieron, se separaron, no se dispersaron; cual buitres se arremolinaron alrededor del auto para ver qué quedaba tirado por ahí, quién se moría primero, ¡ve tú a saber!

—¿Qué miran hijos de puta! —grité. ¡Tecatos de mierda, fumones!

Vi que alguien hizo el ademán de acercarse a nosotros, pero otro lo detuvo diciéndole, "déjalos", y luego de eso se dispersaron. Ya de pie y al lado del auto, pude ver, gracias a las luces de los postes de luz de aquella madrugada, mi brazo roto, partido en dos partes. Eso que brillaba a través de mi piel era un pedazo de hueso que sobresalía, atravesándola, desgarrando mi carne. Ni modo, si no hacía lo que hice, quizás en estos momentos no escribiera esto, no estaríamos en esto que alguna vez llamó el gran poeta Jorge Luis Borges, no valle de lágrimas, sino río de lágrimas. Después me enteraría que si hubiera seguido utilizando mi brazo en el estado en que se encontraba, moviéndolo como lo hice al sacar del auto a David, este hubiera quedado inutilizado de por vida, ya que una de las lesiones presentadas en el brazo solo quedó a milímetros de no dañar permanentemente la articulación. Pero, quién lo podía saber, aquella fue una situación de vida o muerte, había que pensar rápido, actuar rápido, y yo lo hice. No me arrepiento, yo soy así, esa es mi naturaleza. Ya antes he visto de cerca a la muerte, y ahora no me le iba a correr. Después lo que vino fue todo una confusión, llamadas telefónicas de ambos a las familias, discusiones de aquí, de allá, gritos, recriminaciones, echarse la culpa ¡como si uno se quisiera estrellar contra una casa a propósito! De nuevo, todo de cabeza, una vez más, como siempre, cuando parece que todo va normal, que todo va a transcurrir en tranquilidad, la vida trae algo que lo altera todo, lo cambia todo. Así siempre ha sido la vida, en todo caso la mía.

Más tarde me encontré tirado en una camilla de una sala de emergencias de un hospital en Jersey City, desangrándome y esperando turno en la madrugada de un día cualquiera del verano de 1995. Me veían desangrar y pasaban de largo, pero de pronto alguien se detuvo, algún enfermero o paramédico y gritó, dándole a alguien una orden, alguien que se veía muy nervioso o inexperto.

—¡Cósale esa herida! Por ahora hay que evitar que se siga desangrando este paciente.

Después de decir esto, se dirigió a atender a la demás gente que llenaba a esa hora de la madrugada la sala de emergencia del hospital. Madrugada violenta sin duda, mucha gente había muerto ese día. La gente llegaba con heridas de arma blanca, de bala, en fin, y yo ahí todavía consciente de todo aquel desastre, mudo testigo de todo aquello, como una silla de ruedas vacía que sola en el pasillo parecía mirar y dar la bienvenida a la gente que llegaba al hospital. Estaba ya a punto de desmayarme, había perdido casi tres litros de sangre, después me enteraría, y vi venir a mi encuentro a aquel joven inexperto que recibió la orden de coserme el brazo. Pude aún apreciar cómo él hacía esfuerzos supremos para poder ensartar la aguja y el hilo, y al acercarse pude ver que me iba a coser así nomás, sin anestesia, ni nada. Aquel médico le había dicho que aquello iba a ser momentáneo, ya que tenían que tomarme radiografías para saber el estado real del brazo y checar otras posibles lesiones, y según ello proceder a operarme. Todavía consciente pude ver a aquel novel enfermero introducir la aguja en mi brazo, sin calmantes, sin anestesia, así, de una, parecía que cosía un saco de papas. Semejaba un trabajador de campo zurciendo sus sacos luego de cosechar sus productos. Intenté decir algo, preguntarle, detenerle, fue imposible; tres litros son mucha sangre pérdida y al final quedé inconsciente. Debía todavía seguir siendo de madrugada aquel largo día, entre las cuatro o cinco de la madrugada, cuando desperté de pronto, y cuando traté de reincorporarme, no pude; tenía el brazo vendado, no me respondía. Ya me habían llevado a tomar las radiografías según vagamente recordaba. Al despertarme fue cuando comencé realmente a sentir el dolor del brazo roto, estaba muy débil. El cuarto estaba con las luces apagadas, menos las del pasillo, como se acostumbra en todos los hospitales y con las puertas abiertas. Trataba de levantarme, de querer al menos sentarme, y en eso me encontraba cuando de pronto sucedió algo que me sorprendió mucho. Se hallaba una persona parada justo en el umbral de la puerta de la habitación, pero no acababa de ingresar, solo se quedaba reclinada contra el marco de la puerta. Desde donde yo me encontraba no se le distinguía quién o cómo era. Solo divisaba su silueta recortada contra la luz del pasillo a su espalda, no podía ver su rostro. Cuando trataba de ver quién era, de pronto algo en mi cerebro se activó, un recuerdo del pasado, una persona del ayer, volvió al presente. Sí, ¡era él! ¡Mi hermano Pablo!, el Negrito, así le decíamos de cariño, ¡era él! Había venido a verme. Él había fallecido hacía cuatro años antes en circunstancias similares, muy parecidas. Efectivamente, era mi hermano Pablo, no había duda, ese era su modo de pararse contra las puertas, contra los umbrales de las puertas.

—¿Eres tú? ¿Pablito?

No, no me contestó, no hacía falta, era él. Ese modo de pararse tan particular era inolvidable para mi memoria afectiva, era un estilo único, una mezcla entre James Dean, Marlon Brando y Jean-Paul Belmondo, ¡todos juntos! Para decirlo mejor, así se recostaba alguien que había nacido para ser un rebelde toda su vida, y mi hermano ciertamente lo fue. Ya habían pasado cuatro años de su partida y cinco de la de nuestra madre Fabiola. Sin duda sí es como yo creo, que los espíritus siguen en contacto con nosotros. Él volvió a dos cosas: a protegerme, a ver cómo quedé, o para acompañarme en el viaje de ida, así lo tomé yo. En vida fuimos inseparables los dos, íbamos a todos lados, caminábamos mucho juntos, conversando, planeando tantas cosas, tantas ideas, tantas locuras, qué sé yo. Él no me iba a dejar solo, y menos ahora. Siempre había presentido su presencia a mi lado después de su partida física, pero ahora era evidente, él seguía, estaba aún pendiente de mí. ¡No me he olvidado de nada de lo que hablábamos Negrito! Sí era él, porque cuando parpadee de nuevo, ya no estaba él ahí, en la habitación, ya se había ido. Así como vino, de improviso, de golpe, solo quería saber cómo yo estaba, cómo seguía, y desapareció de mi vista. Pero yo entiendo, si hubiera sido al revés, yo hubiera hecho lo mismo por él, es el cariño, el amor de hermanos que aún después de la muerte no nos puede separar. Ahí entendí que nadie muere, que nadie se va por completo, que *Ghost* no es solo una película clásica de Hollywood, que es real, y si crees en los milagros, pues verás que existen. Pablo vino aquella noche a verme, a visitarme y por la señal que hizo, que apenas pude percibir antes de desvanecerme de nuevo, era un mensaje. Aún no, tú todavía tienes que quedarte Carlos. Caí dormido de nuevo y luego desperté como a las ocho o quizás a las nueve de la mañana, cuando entraron al cuarto las enfermeras y me hicieron la pregunta de rigor.

—¿Estás listo para la operación?

¡Qué pregunta! ¡Como si tuviera otra opción!

—Quédese listo y relajado que ya lo vamos a llevar al quirófano —dijo una enfermera que me pareció filipina.

—Está bien —contesté.

Vi asomarse luego por aquella puerta al que seguramente era el doctor que me iba a operar, un doctor algo joven que parecía como italiano. Yo ya había trabajado con gente de esa nacionalidad, y se me daba muy bien identificar las nacionalidades, las procedencias de la gente de país, ¡manía que uno tiene! Así es, puedo identificar si algún estadounidense tiene raíces italianas, polacas o irlandesas. Claro, me equivoco a veces, nadie es infalible, pero las más de las veces los puedo identificar. Lo mismo me pasa con la gente latinoamericana. Es interesante reconocer por la fisonomía, por la pronunciación, los acentos al hablar o las entonaciones la procedencia de las personas. Volvamos a la operación, y sí, el doctor era italiano. Me llevaron al quirófano y todo el camino iba contemplando el techo del hospital, parecía la toma de una serie de TV de médicos y yo filmando ¡con una cámara desde la camilla! Entré a la sala de operaciones, y ya todos parecían listos para una emboscada, todos con el rostro cubierto y con guantes, ¡no había escapatoria! Y lógico, ¡la víctima era yo! Vi a las enfermeras alrededor de mi cabeza y cuando iba a ensayar una pregunta, una máscara de anestesia me lo impidió. "Inhale", fue la orden, y ahí me fui de mí. Volvería horas después, seis para ser exactos, según me contaron las enfermeras. De nada de eso me acuerdo ni estoy seguro, yo ya no estaba aquí, andaba en otro lugar ¿Dónde? No sé, muerto quizás. Lo que sí recuerdo es cuando volví, cuando regresé. A alguien se le olvidó preguntar o averiguar primero si yo era alérgico a la anestesia, pero descubrí que no lo soy, si no, no estaría escribiendo esto. Me habían puesto anestesia general, pues ¿a quién tenían para preguntarle? Exacto, a nadie. Cuando regresé en mí, solo recuerdo mis dientes castañeteando, mis mandíbulas una contra la otra, fuertemente, sin control, y un enorme sacudón en todo mi cuerpo, una gran convulsión. Mi cuerpo se elevó de la camilla y al abrir los ojos pude distinguir cómo dos enfermeras se me tiraban encima, cada una de manera atravesada para hacerme descender, aterrizar. Vamos, que eso fue, pero de película de misterio, de hecho paranormal. Regresaba al mundo, a la tierra, volvía de la muerte. Aún no me querían por allá, había que hacer muchas cosas todavía por acá. Tenía la sensación de que había estado en otra dimensión, en otro lugar, un lugar donde por algún motivo no se me permitía ir, pero yo había querido quedarme ahí. En mi mente se desenvolvía un monólogo imaginario en aquella dimensión:

«No, aún no es tu tiempo».

«¿Por qué?»

«Porque aún hay cosas que tienes que hacer, gente a la que debes de ayudar, cosas que debes realizar, y las tienes que hacer tú, no te puedes saltar esa parte de tu vida».

«Pero yo quiero quedarme aquí».

Un grito me devolvió a la realidad.

—¡Sujétalo fuerte! —gritó la enfermera filipina a su compañera que se encontraba al otro extremo de mi cama.

—*Wow*, casi y se nos cae, por poco.

Sí, yo me había levantado de la camilla en el aire prácticamente a raíz de esas convulsiones que me dieron al despertar de la anestesia. El peso de ellas dos hizo que me quedara de nuevo en la camilla.

—Ya pasó, ya pasó, tranquilo amigo —dijo la filipina.

—¡Qué fuerza tiene! —dijo su compañera, una rubia estadounidense.

—Es la anestesia, aún no sabe lo que ha pasado. Hay que explicarle.

Me instalaron en alguna habitación de la que nunca supe el número, ya que nadie sabía, a excepción de mi hermano Pepe, lo que me había pasado, y a decir verdad, quién iba a venir a verme. Mi familia vive lejos, es decir, era mejor no preocupar a nadie y más sin motivo aparente.

Tenía todo mi brazo vendado, de la muñeca hasta el hombro. Nunca, que yo recuerde, me había accidentado gravemente en mi vida. Sí sufrí accidentes, pero nada serio. En fin ahí me encontraba tirado en la cama de un hospital en un país que no era el mío, extraño, frío. ¡Qué mierda! ¡Venir de tan lejos para casi matarme! Y todo por mí mismo, por mi estúpida cabeza, por irresponsable, por borracho y por inmaduro (¡cómo llegaría yo a odiar esa palabrita!). Estuve como un par de días más internado en el hospital. Pepe, como siempre, estaba muy preocupado por mí, aunque también enojado, y yo lo entendía, le estaba dando problemas, y la verdad yo no había venido para eso. Quizás no sabía para qué había emigrado, pero con seguridad no era para joderle la vida al único hermano que me quedaba. Mi hermano tiene un corazón de oro, así era conmigo de pequeño y así ha seguido siendo conmigo de grande.

En una de esas pocas mañanas de las que permanecí en el hospital, llegó a verme muy temprano un joven doctor. Su rostro me parecía familiar, pero ¿de dónde? Era el doctor que me operó.

—*How do you feel this morning?*

—*I'm feeling better, doctor, thank you.*

—*I'm going to show you something,* —traía algo en las manos, eran las radiografías de mi brazo y me las quería mostrar. —*Now you are going to see your arm, okay? This is your arm before and this one is now.*

Mi brazo se veía igual en las dos placas, pero no, espera un poco, hay algo diferente.

—*What is that?* —le señalé con mi otro brazo, el que podía utilizar. Fue ahí que intervino la enfermera, bilingüe al fin, y quien al traducirnos hizo toda la explicación más fácil.

—Ese es tu brazo actualmente.

—¿Cómo que actualmente?

—Tuvimos que ponerte metales en tu brazo, alambres, tornillos, ya que tu brazo se partió, te lo partiste en el accidente.

—¿Qué? ¿O sea que todas esas líneas y cosas raras que se ven ahí en las placas es eso?

—Ajá —contestó el doctor, quien atendía la conversación como si fuera a tratar de aprender español de un día para otro, de la noche a la mañana.

—Pero, yo no siento nada, a ver sí, ahora que me fijo, sí hay algo como extraño, además del vendaje como que se siente, algo más, algo diferente.

—Es eso, pero eso es nada, eventualmente te comenzará a doler y cuando eso suceda, es necesario que tomes estos calmantes por un tiempo —me extendió la mano con una receta médica.

¡Mierda! Otra molestia para mi hermano. ¡Qué carajo! Antes de abandonar la habitación, el doctor le dijo algo a la enfermera para que me lo tradujera, pero no hizo falta que lo hiciera, yo le entendí todo.

—Dile a él que todos esos metales se le van a quedar en el brazo, si acaso en un futuro es necesario retirarlos, yo lo haré.

—Está bien doctor, yo se lo diré.

Esa era mi realidad a solo dos años en este país, relativamente nuevo en Estados Unidos, y ya casi me había matado. Me había salvado de milagro de la muerte, una vez más, estaba vivo, y ahora como el actor estadounidense Lee Majors, quien dio vida al personaje de la serie *El Hombre Nuclear*, con un brazo "biónico". No estuve mucho tiempo en el hospital porque los enfermos, como los muertos y como las visitas, después de tres días apestan, incomodan, estorban, en una palabra, joden.

Mi hermano llegó una mañana y me dijo:
—Te vienes conmigo.
—Sí, está bien.

Pensé luego para mí, ¿a dónde carajos me iba ir? ¡Menos mal que te tengo loco! ¡Gracias Dios! Yo ya había vuelto a vivir con ellos, me lo habían propuesto antes, y de paso que estábamos todos juntos de nuevo, les iba a colaborar con un dinerito extra por la renta del cuarto. Así fue como abandoné aquel hospital en donde volví a ver a mi querido y difunto hermano Pablo, sí, había vuelto a ver a Pablito, al Negrito. ¿Pero a quién se lo iba yo a contar? Claro, todos me iban a mirar y decir para adentro: "Sí, seguro, ¡loco de mierda! ¿Qué se estará metiendo? ¿Droga? ¡Delirante! No, fue por la pérdida de sangre que le hace hablar tonterías y ver fantasmas. Estabas alucinando, estabas débil", en fin, todas esas pendejadas que la gente te dice y se las inventa para no creer algo, y hacerte dudar de lo que tú sabes con certeza que de verdad sucedió. No, yo vi a mi hermano, vi a Pablito, él me vino a cuidar, a ver cómo seguía. ¡Gracias Negrito! ¡Ya sé que tengo contigo un ángel más en el cielo!

10

Volver de nuevo a la vida

Volver a instalarme de nuevo en el apartamento de mi hermano no me hacía mucha gracia, pero qué podía hacer, yo estaba deshabilitado, sin poder trabajar, y menos mal que tenía algo de dinero ahorrado, como mil 200 o mil 500 dólares, que después me fueron muy necesarios de verdad.

Caminar por la calle con un brazo vendado y con un cabestrillo hace que puedas apreciar la condición humana, el trato de la gente en la calle, la interacción con el público y en los lugares públicos. Era la primera vez en mi vida en que yo podía apreciar y notar los rostros de la gente, que a veces o nunca me detenía a mirar en la calle cuando yo caminaba. Antes yo no tenía tiempo para mirar a nadie, no me detenía a hacer eso, a abrir bien los ojos y ¡mirar a la gente! Ahora mi invalidez física me obligaba a ir despacio, a caminar con cuidado, a usar solo un brazo y usarlo además para todo. Hay un pequeño detalle: yo me fracturé el brazo derecho y yo soy un zurdo natural, de nacimiento, siempre lo fui. De niño mi padre me corregía continuamente y me regañaba si me veía escribir con la mano izquierda, entonces me hacía volver a escribir pero con la mano derecha. Aquí me vinieron a nombrar ambidiestro. ¡Qué ambidiestro ni qué carajos! Yo soy zurdo, lo único que hago con la mano derecha es escribir, luego todo lo demás lo hago con la izquierda, pero en Estados Unidos me consideran ambidiestro. Decía yo que es interesante cómo te trata la gente en la calle cuando estás en una situación así, es decir, como yo me encontraba, con un brazo roto y teniéndolo completamente vendado. Algunos te ven con simpatía, otros con fastidio, algunos con molestia, y hay que sumar el racismo que se les sale no solo por los poros sino también por los ojos a algunos otros, ya que no lo pueden ocultar. Parece mentira, pero estas situaciones y experiencias de la vida te permiten apreciar la verdadera cara de la gente, la verdad de la condición humana. Algunos te sostienen la puerta a tu paso, otros te la sueltan en la cara, algunos te ceden el asiento mientras que otros pasan por tu lado atropellándote, y les importa un carajo que tú estés convaleciente y vendado. Siempre odié esa sensación, ese sentimiento de estar desvalido, ya que toda la vida he sido una persona muy independiente, muy libre, y nunca vi con buen ánimo esa —a veces falsa— demostración de simpatía de la gente, esa hipocresía diplomática, y menos aguantarles ese tipo de cosas a los racistas de raza blanca que existen en este país, porque de que los hay, los hay. Sí existen esos hijos de su madre en este país, aquí en Estados Unidos, y aquel que lo niegue es un gran cínico y mentiroso.

    Comencé a ir a algunas de las primeras sesiones de terapia, pero antes tenía que volver al hospital para que me retiraran el vendaje de mi brazo herido. Ya habían transcurrido varios días desde que yo lo tenía puesto, me tocó ir solo. Aquí todo el mundo, excepto un montón de vagos que viven del gobierno (¡salvo algunos enfermos y excepciones honrosas!) tiene que trabajar. Ya que estoy tocando este tema lo voy a explicar un poquito más para que se sepa cómo es la verdad aquí. En Estados Unidos, la mayoría de la gente trabaja honradamente y se gana la vida honestamente, pero también hay otro gran grupo de gente que vive mantenido por el gobierno federal mediante los programas de bienestar social, llamados en inglés *Welfare*, que consisten en un apoyo financiero. Esos sí que están bien, son esos mendigos que yo llamo ¡mendigos de zapatillas Nike! O sea, una marca más cara de las que me pongo yo para ir a trabajar. Son esos mendigos y borrachos que vestidos con buen calzado y ropa de marca te piden dinero por las calles de este gran país. Son los mendigos, a quienes en inglés les llaman *bums*, mendigos del primer mundo. Lógico, también existen los otros, de los que nadie se acuerda ni les importa un rábano, los verdaderos indigentes, los que se las tienen que rebuscar solos, pero de esos hablaré más adelante.

    Iba camino al hospital cuando me crucé con un excompañero de trabajo de un restaurante donde yo acostumbraba a trabajar. Al verme me saludó, íbamos en el tren cuando nos encontramos. Se sentó en los asientos al frente de mí, y mirándome el brazo, me dijo:

—¿Qué te pasó? ¿Cómo fue que te rompiste el brazo?

—Un accidente —le contesté sin muchas ganas de hablar ni dar explicaciones a nadie. ¡Yo no me vendo así el brazo para salir a la calle!

Nunca había tenido amistad con este tipo, pero las cosas suceden por alguna razón. Lo que este hombre me dijo al final de una conversación la cual ahora no recuerdo casi nada, me sirvió de mucho.

—Yo hace tiempo, de joven en mi país, sufrí un accidente parecido —me comentó.

—¿De verdad?

—Sí, y una cosa te voy a decir amigo —agregó. Cuando te retiren las vendas no te vayas a espantar, que no te impresione lo que vas a ver.

—¿Por qué?

—Es que tu brazo va a estar como si estuviera seco, reseco, va a parecer el de un tullido, súper flaco, ¿entiendes? O sea, comparado con el otro brazo, con lo que era antes, ¿comprendes?

—Sí, creo que sí —contesté sin aún estar seguro de que entendía lo que me estaba diciendo este tipo.

—Es por el tiempo que ha estado inmovilizado, pero no te preocupes, una vez removidos los vendajes, ese brazo comenzará a sanar rápidamente. ¡Suerte!

Después salió del tren en esa parada, alejándose rápidamente, como si solo lo hubiera yo encontrado para que únicamente me dijera eso. Alcancé a responder un "gracias", que no sé si me alcanzó a oír o se lo llevó el viento. Aquello que me dijo fue de mucha importancia y valor, me preparó mentalmente para lo que iba a venir y todo lo que yo iba ver con mis propios ojos.

Llegué al hospital y a esperar en la cola. Así es aquí, en la china y en la cochinchina, la rutina de todo hospital en cualquier lugar del mundo no cambia. Llegó mi turno y pasé a un cuarto donde había dos enfermeras con caras de haber tenido muchas navidades, pero pocas noches buenas. Una de ellas se me acercó con unos papeles que traía en la mano.

—¿Carlos Anaya?

—Sí, señorita.

—*Come with me, please.*

La seguí hacia una mesa que tenía medidas, me ordenó que me sentara y que extendiera mi brazo. Abrió un cajón del cual extrajo unas tijeras y también un maletín que parecía como de primeros auxilios. La enfermera tomó las tijeras y con un rápido movimiento las hizo entrar por la parte en donde comienza la palma de mi mano, y de ahí de un solo impulso se fue hacia arriba. Francamente hasta ahora no sé cómo ella lo hizo sin cortarme. Lo digo por la velocidad de la acción, por la rapidez de todo el acto. Se detuvo justo antes de llegar al hombro y entonces ahí, como quien abre una cáscara de plátano, guineo o una alverja, manualmente separó de un solo golpe los dos filos que había hecho con las tijeras ¡Increíble!

—*Done!* —dijo, acabando de tirar hacia atrás las vendas y dejando mi brazo al descubierto.

Tenía razón, mucha razón, aquel amigo; mi brazo derecho estaba irreconocible y con muchas cicatrices frescas, a flor de piel, coloradas todas, casi rojas. Parecía como si alguien me hubiera atacado con un machete, pero ahí no acababa todo. Enseguida la enfermera sacó del maletín de primeros auxilios que había dejado sobre la mesa una pieza de su instrumental que parecía un sacagrapas, sí eso era, como los que se usan en las oficinas. Antes de que yo pudiera hacer o decir algo, tomó mi brazo inerme y lo giró velozmente, mi brazo que no lo sentía, que no me pertenecía en ese momento, y comenzó de pronto a sonar algo metálico. Tac, tac, tac. ¿Qué carajo es eso?

—*What is that?* —pregunté.

La enfermera, con una mueca que para ella debería parecer sonrisa, me contestó enseñándome el sacagrapas. Se veía diría yo cierta mirada sádica en ella, pero en fin, a estas alturas quién sabe.

—¿Rompegrapas? —eso fue lo que contestó la mujer de blanco.

Esa palabra no existe, la palabra correcta es sacagrapas quirúrgico. Ahí comprendí que como era necesario reconstruir el brazo, y además por las lesiones, y algunas eran por el codo derecho, ellos tuvieron que hacer un gran corte por ahí para ponerme todos los metales que ya me había dicho aquella vez en mi cama de convaleciente aquel doctor italiano. Por tratarse de una articulación en el área donde se hizo la operación, ellos no podían coser, así es que utilizaron grapas de metal. La enfermera continuaba haciendo su labor mientras mi mente caía en cuenta de todo esto. Ella no se detenía ni un solo instante pero yo me distraía mirando ver caer al piso toda esa gran cantidad de piezas metálicas, perdí la cuenta cuando ya habían caído como 50. Eran muchas para seguir contando, tal vez más de 80 grapas las que me removieron del brazo. La enfermera se detuvo y soltó de improviso mi brazo, que al estar yo de pie fue a dar contra mi cuerpo, como un apéndice sin función, ni vida alguna. Estaba en verdad irreconocible, pero ese era mi brazo o lo que quedaba de él, y yo estaba vivo para dar pelea. La vida no se acaba hasta que se acaba.

—*Finished my friend!* —exclamó la mujer con cara de satisfacción, y al recordarla veo su sonrisa imborrable.

Me acomodé la camisa como bien pude y esta vez el brazo derecho de la camisa no iba desocupado, sino con mi brazo ya por dentro. Salí como pude de aquel hospital.

Mientras caminaba practicaba lo que en inglés llaman *positive self-talk*, o sea, una conversación positiva consigo mismo. Me decía, "Estaré bien, carajo, no tengo papeles en este país, pero aún tengo este brazo conmigo, mi brazo, lleno de cicatrices ahora, pero que aún está conmigo, y me voy a levantar de esto de nuevo, como siempre lo he hecho, como ya antes lo he hecho, sí, me voy a levantar de nuevo. Miraba el cielo de aquel soleado día en aquella parada solitaria de bus donde me detuve a esperar el transporte que me llevaría a casa de regreso.

Aquella primera caída sería solo una de las muchas que he tenido en este país, una de las muchas subidas y bajadas que iba yo a vivir en este frío e indiferente país, en donde no le importas a nadie a no ser que tengas dinero. En ningún otro lugar aprecias más eso que acá, cuánto tienes, tanto vales, y también se aprende por experiencia propia el dicho de que en la cárcel y en el hospital conoces a tus verdaderos amigos, y saben que sí tuve un solo amigo que apareció, solo uno, o sea que era de algún modo un afortunado después de todo.

Regresé al apartamento de mi hermano, no con muy buen ánimo. Algo dentro de mí decía, "No, no regreses, no te conviene, va a ser peor..." pero en fin, no había elección, yo estaba jodido y no había por ahora otra alternativa. El volver ahí fue una mala señal, una mala movida, yo estaba ahí pero había una energía negativa muy grande, muy cabrona, en esa casa no había paz, no se sentía eso. La suerte estaba echada y no había nada más qué hacer al respecto. Sabido era que yo no era el santo de la devoción de mi cuñadita querida, sí no lo fui sano y bueno, menos lo iba a ser con un brazo roto, y así fue, el tiempo solo confirmaría mis sospechas.

De esa corta estadía ahí una de las cosas que recuerdo es haber visto por televisión la final de la Copa Libertadores 1995, en la que Gremio de Brasil derrotó al Atlético Nacional de Colombia cuatro goles a dos (marcador global), en un partido celebrado el 23 de agosto. Colombia tenía entre sus filas a Víctor Hugo Aristizábal, un ¡gran delantero! Tuve la fortuna y también la precaución de tener algo de dinero ahorrado, vamos, guardado pues ¿dónde lo iba a depositarlo sin tener papeles? En lo personal debo decir que nunca fui una persona de ahorrar, y aquella cantidad de dinero había sido un esfuerzo. En este país es necesario que lo hagas. Lo que muchas veces sucede y que casi nunca nadie se entera, es que casi siempre, el dinero que uno ahorra en este país se le va a uno gastando en comprar medicinas. Si de un día para otro te enfermas, tienes que gastar en médicos y medicinas. O si alguien fallece aquí o en tu país de origen, entonces se jodió todo de nuevo, y por una de esas casualidades del destino, tú eres el único que puede ayudar y colaborar con dinero. Así pasa aquí, me pasó a mí. Yo nunca he renegado de eso, pero es cierto, bueno, a todos les va distinto. Conmigo muchas veces se aplicó ese dicho de que nadie sabe para quién trabaja. Decía yo que fui afortunado de tener algún dinero extra guardado, ya que al final de la primera semana de haber vuelto del hospital y estar en el apartamento de mi hermano, mi querida cuñada me tocó la puerta un viernes por la tarde. Me levanté con dificultad de mi cama y al abrir la puerta estaba ella ahí parada.

—¿Cómo estás? —si ya de por sí la pregunta es estúpida, lo que vino después fue más interesante. —¿Me haces un favor y me das el dinero de la renta?

—¿Cómo? —respondí aún atontado por el sueño en que aún me encontraba.

—La renta del cuarto —contestó ella, estirando el brazo y abriendo la mano. —Lo siento Carlitos pero estamos en América y aquí todo cuesta, ¡nada es gratis!

—Bueno, espera un momento —junté la puerta de nuevo y fui al lugar donde sabía que había dejado mi dinero, tomé lo que me pidió, unos cuantos billetes de 100 dólares, y fui de nuevo a su encuentro.

—Aquí está, gracias.

—Gracias a ti Carlitos, sin resentimientos, ¿verdad? Ya sabes, estamos en América.

Este simple hecho te enseña cómo tienen el alma y la conciencia algunas personas. Si fuera ella la que necesitara un favor me lo pediría diciendo que es por tratarse de la familia, pero si es para mí, hay que pagar porque esto es Estados Unidos, ¡exacto! ¡La ley del embudo versión gringa! ¡Todo para mí, nada para ti! Haberlo sabido antes, ¡qué estúpido! Bienvenido a Estados Unidos, *brother*. Como dije, las posibilidades de ahorrar en este país son pocas, no imposibles, pero es difícil poder abrir una cuenta de ahorros en un banco sin tener una identificación, tarjeta de *Social Security*, o un estatus legal de residencia. Si acaso se puede conseguir un Número de Identificación Fiscal (TIN), una clave de seguimiento expedida por el Servicio de Impuestos Internos (IRS) de Estados Unidos para poder presentar declaraciones de impuestos cuando un trabajador no tiene un número del seguro social.

Pronto comenzarían las sesiones de terapia para rehabilitar mi brazo y tenía que hacerlo sin miedo, si no el brazo permanecería inútil, sin función, y yo no estaba dispuesto a ser una carga familiar de nadie, un deshabilitado, con el respeto que me merecen estas personas. Así que comencé a ir a Newark, Nueva Jersey, una ciudad de población mayoritariamente negra. Es un lugar histórico, ya que Newark es una ciudad emblemática en el contexto de la lucha por los derechos civiles en Estados Unidos. En 1967, ocurrió un motín racial en Newark que duró cuatro días, en el que hubo disturbios, saqueos, destrucción de propiedades, decenas de muertos y cientos de heridos. En esa ciudad estaba el edificio donde yo iba a recibir la terapia para recuperar la movilidad de mi brazo lastimado. Fue allí donde les dije a las enfermeras, y más directamente al terapista encargado —un brasileño— que me dieran el alta médica lo más temprano posible.

—¿Está usted loco? —me contestó en español.

—No, no estoy loco, pero quería saber si era posible apurar la rehabilitación. Yo sé que esto toma tiempo, pero eso es lo que yo menos tengo ahora. Mire doctor, la verdad necesito trabajar cuanto antes. Donde vivo no me van a aguantar ni un solo día más si no les pago la renta. Menos mal que tuve algunos ahorros que me han ayudado algo, sino quién sabe.

—No, no se puede, las cosas no son así, no se hacen de esa manera. ¿Y si se te rompe el brazo de nuevo por apurar tu tratamiento? ¿Qué haremos entonces? No se puede apurar tu tratamiento, pero si te fuerzas al máximo, empujas tu brazo al límite y lo haces antes de tiempo, te puedes lastimar.

—No tengo otra opción doctor, usted me entiende, ¿verdad?

—Bueno, está bien, te voy a ayudar en todo lo que pueda. Además veo que tu físico está en forma, tienes buena condición física. ¿Practicas algún deporte?

—Sí, hago ejercicio en casa y levanto pesas también.

—Ya decía yo.

Y así fue entonces como una terapia que debía durar más o menos seis meses, yo la apuré tanto que la llevé a cabo en solo dos meses, así fue, ¡en dos meses ya estaba de nuevo en mi trabajo! ¡Lo que es la necesidad, carajo! Toda la terapia fue una experiencia única, mucho dolor, muchas lágrimas, trauma y complejo de mi apariencia al ver mi brazo lleno de cicatrices, cortes por aquí y por allá. El día que traté de realizar la primera plancha o lagartija, no pude y me caí de cara al piso. Mi brazo no me respondía, no se quería estirar, me dolía mucho al tratar de hacerlo, me caía una y varias veces y así pasaban los días. Me coloqué con mis manos extendidas y de vuelta caía al suelo, mi brazo no quería doblarse ¿O quizás era mi mente que no quería hacerlo porque tenía miedo a que se me rompiera de nuevo? Así fue como un día a mediados del segundo mes de terapia, y tratando de hacer la plancha, me decidí a lograrlo, diciéndome a mí mismo: "¡Ahora o nunca! O sigo así hasta Dios sabe cuándo o estiro el brazo de una vez, es de una bajar con todo y subir de una, es ahora o nunca, me sano el brazo o se rompe de nuevo, carajo, vamos pues, ¡a la mierda con todo!" Ahí voy abajo y ahora sube, sube, sube carajo, sube mierda, qué estás esperando! *Crack!*, sonó como una madera o una rama que se quiebra. Logré estirar por completo mi brazo pero cuando lo hice, algo tronó, no sé qué fue, pero volví a bajar y a subir, volví a bajar y a subir, a bajar y a subir, y de nuevo me caí, pero esta vez de cansado, estaba agotado, habían sido tres planchas de corrido, había sido demasiado esfuerzo para un solo día.

De regreso a casa, caminaba a la estación del tren que me devolvería a Jersey City, mi ciudad, miré al cielo y dije: "Gracias Padre, gracias", porque estaba jodido, estaba inútil y ya volví a la vida, a la normalidad. Me había demorado dos meses en llegar a tocarme la cara con mi mano derecha. Llegaba el tren y me sequé una lágrima, ahora todo iba ser diferente, todo iba a comenzar de nuevo, una vez más. El nuevo comienzo sería duro, acostumbrarme a la sensación de tener algo extraño en mi cuerpo, dentro de mí, de mi brazo, era una sensación rara. Quieres rascarte pero no hay nada que rascar, los metales están dentro de tu piel, pero los puedes sentir por fuera. Es solo cuestión de tiempo, de costumbre, nada más que eso, como todo en la vida. Así fui superando la primera de las muchas pruebas que se me fueron apareciendo en el camino, de las muchas que viviría aquí en Estados Unidos, sí, esto solo sería el comienzo.

Cuando pude me reincorporé al trabajo, tuve suerte. El supervisor mío, un gran señor, ya mayor, afroamericano, se compadeció de mi accidente y me hizo volver al trabajo a realizar solo labores simples al principio, nada pesado. Todos sabían en el edificio donde laboraba lo que me había pasado, así fue como al menos al comienzo tuve suerte. Pronto cambiaría todo eso, pero al menos las primeras dos semanas tuve un respiro. Esas primeras dos semanas me sirvieron de mucho para agarrar confianza. Después, por las circunstancias de todo trabajo, todo eso cambió rápidamente y me vi obligado a utilizar mi brazo más frecuentemente y a levantar peso con él. Me ayudó mucho que no dejé de hacer mi terapia, esta vez desde casa, ya que la otra yo ya la había terminado y muy pronto, más pronto de lo que me sugería la ciencia médica.

Uno de esos días en que me encontraba realizando mis labores diarias, llegaría el día en que se transmitiría por televisión en vivo el veredicto de uno de los casos judiciales que más conmocionaron a la opinión pública de esta nación, el juicio del famoso exjugador de fútbol americano O.J. Simpson. Aquel juicio y sus incidencias habían mantenido a la prensa y a la sociedad estadounidense en vilo para saber cuál sería el desenlace. Lo culpaban a él del asesinato de su exesposa Nicole Brown y de un amigo de ella, ambos encontrados muertos en la casa de Simpson. El famoso deportista tenía la coartada perfecta de haber sido visto salir de su casa rumbo al aeropuerto, es decir, un hecho que indicaba que él no había estado en la escena del crimen ni en sus alrededores. No obstante, por una serie de factores, todo apuntaba a que él era el asesino, el culpable del brutal doble homicidio perpetrado el 12 de junio de 1994 en Los Ángeles, California. Sin embargo, como dice el dicho, poderoso caballero es don dinero. Simpson había contratado los servicios de los mejores abogados criminalistas de este país, claro, tenía los recursos, los medios económicos para hacerlo. Si hubiera sido alguien cualquiera como uno, ¿qué habría pasado? Así es, uno, como cualquier pobre diablo, hubiera sido sentenciado culpable y acabado preso para cumplir una larga condena. Nunca olvidaré esa escena del juicio que se transmitía el 3 de octubre de 1995. Parecía una definición de campeonato mundial de algún deporte. Dejé de barrer momentáneamente el piso de la oficina de los vigilantes encargados de la seguridad del edificio, y me dispuse a ver la televisión. No había problema, mi jefe, aquel señor afroamericano, también aguardaba el esperado veredicto. Las opiniones sobre la inocencia o culpabilidad del famoso exfutbolista de quienes trabajamos ahí estaban divididas. Entre los mismos guardias de seguridad —la mitad eran blancos y la otra mitad negros— se veía la misma división que existía en todo el país sobre este horrendo crimen, sí, así igual de polarizado estaba todo en torno a este caso. De pronto el juez Lance Ito, un hombre de ascendencia japonesa pidió a la secretaria del juzgado leer el veredicto:

—*We the jury... find the defendant Orenthal James Simpson, not guilty of the crime of murder...*

—¿Qué dijo? Espera ¿qué fue lo que dijo? ¿Qué significa eso?

Era inútil ya que alguien me explicara, todos los vigilantes de la raza negra saltaban y festejaban ¡como si su equipo favorito hubiera ganado el *Super Bowl*, la final del fútbol americano!

—*Not guilty?* No culpable, pero "no culpable" no es lo mismo que inocente, ¿o me equivoco? —trataba aún yo de entender el significado del veredicto. *"Not guilty"*, eso era todo lo que repetía toda la gente como disco rayado. En español, el significado del veredicto era: "El jurado... encuentra al acusado Orenthal James Simpson no culpable (inocente)..." de los cargos de ambos asesinatos.

Para los negros de Estados Unidos, O.J. Simpson era su héroe deportivo, y ellos lo querían libre, absuelto, eso era todo lo que ellos querían oír y nada más. Ahí fue que pude ver que los fantasmas de la segregación racial en este país no eran tales, y que seguían más vivos que nunca. En cambio, en un sensacional caso de brutalidad policiaca ocurrido el 3 de marzo de 1991, también en Los Ángeles, Rodney King, un trabajador de construcción afroamericano, había sido golpeado violentamente por cuatro oficiales de policía de raza blanca. El incidente fue filmado por un ciudadano desde su balcón, quien envió la grabación a un canal de noticias. La golpiza desató después un juicio en contra de los cuatro oficiales, quienes después fueron absueltos, hecho que causó mortales disturbios en Los Ángeles. El contraste entre los veredictos del caso Simpson y el de los oficiales comprueba que las disparidades raciales siguen vigentes, que este país sigue igual o más racista y discriminador con respecto a la raza de sus habitantes. Esa es la peor lacra social que sufre Estados Unidos, el racismo. De eso nunca más me quedó duda.

Las buenas noticias para mí en ese tiempo eran la mejoría de mi brazo, lo cual me señalaba, de nuevo, que era hora de poner distancia con mi hermano, no tanto por él, sino por mi querida cuñada. Sí, vivir bajo el mismo techo con gente que te maltrata o quieren abusar de tu forma de ser, no es la manera mía de vivir la vida, así que con todo el dolor del alma, me tocó irme. Además, ya mi hermano estaba bien establecido, y ellos ya habían comprado su casa, entonces estaban bien. Ya era hora de irme de casa de nuevo, yo no sirvo para vivir en guerra, y menos con gente que no lo quiere a uno. En el entretiempo tuve varios contratiempos, y por algunos días tuve que resolver los problemas yo solo como podía. Lógico trabajaba, pero a veces de momento suceden cosas, hechos que te alteran toda tu rutina. Durante un lapso no tuve dónde quedarme, y a veces tuve que dejar mis cosas en algún lugar y quedarme durmiendo en los trenes que van corriendo toda la noche entre Nueva York y Nueva Jersey, o los de Nueva York que viajan toda la noche y sirven de dormitorio a tanta gente que uno ni se imagina. Algunas otras veces me tocó dormir en algunos parques públicos. Uno va de noche y se hace de algún lugar en alguna banca desocupada. Me cobijaba con cartones o periódicos. Esto sucede en la vida a veces cuando de nuevo se recae en el extravío y se pierde de nuevo en el alcohol. Cuesta mucho vencer un vicio cuando este se hace fuerte, pero estaba solo, y no podía dejar que me venciera mi propia tristeza y mi depresión. Tenía que trascender, superar todo esto de nuevo. Comprendí que podía seguir así por siempre y perderme completamente en las calles y ser un holgazán, un borrachón abandonado, o volver de nuevo a la vida, a pelear y luchar. Debía encontrar una motivación a mi vida y de momento se me hacía difícil hallarla, no, no era fácil, enfocarme y seguir adelante. Así es a veces, en esta vida nos toca rodar, y a mí me tocó hacerlo también, gracias a Dios por solo poco tiempo.

11

ROMANCE, ACOSO SEXUAL Y DISCRIMINACIÓN EN EL TRABAJO

E NTRE TANTO MOVIMIENTO Y DIFERENTES SUCESOS LLEGABA EL FIN DE AÑO y con él, el invierno de 1996, que sería muy fuerte y traería cantidades récord de nieve. Era el momento de la verdad, ahora se iba a ver si mi brazo estaba sano y había quedado bien. Aquel invierno ocurrió una memorable tormenta de nieve del 6 al 9 de enero. Durante esta fuerte tormenta invernal se superaron las 30 pulgadas de nieve, alcanzando 35 pulgadas en el centro oeste de Nueva Jersey. En esas condiciones climáticas me tocó salir a remover la nieve que se acumulaba en las calles por el severo temporal. No había otra opción más que forrarme bien, remover la nieve a pala limpia y hacerlo sin parar, en parte para calentar el cuerpo, ya que si uno se detiene se enfría, y no te puedes permitir ese lujo. Éramos pocos los que aguantábamos estar en la intemperie paleando nieve y a altas horas de la noche, cuando la temperatura desciende más, al punto de congelación. ¿Pero qué iba yo a decir y hacer? Para eso había venido a Estados Unidos, ¡a trabajar! Entonces no me podía quejar, y menos sin tener papeles legales para trabajar. Y así lo hice.

Guardo gratos recuerdos de todas esas personas hispanas humildes y sencillas que trabajaron junto conmigo removiendo tanta nieve en aquella época. Los anglosajones no querían palear la nieve, no, ellos no hacen esto, ese no es trabajo para ellos. ¿Y aun así dicen que les quitamos sus trabajos? Sí, es verdad, se atreven a decir eso, ¡qué sinvergüenzas! ¡Qué descaro! Entre aquellos compañeros se encontraba José, mi estimado amigo puertorriqueño, un boricua noble que en aquellas frías jornadas de temperaturas bajo cero compartía su botellita de ron conmigo mientras seguíamos paleando la nieve. ¡Wepa boricua! ¡Gracias Cheo!

Por fin recalé en un lugar en donde pude de nuevo tratar de comenzar a establecerme en un empleo fijo. Estaba otra vez trabajando y con el brazo aún curándose, lidiando con el alcohol y con lo que parecía venir en camino, que era un eventual cambio de compañía en el trabajo. La empresa en la que trabajábamos se iba del edificio porque se les acababa el contrato y vendría una nueva. Esto causaba una incertidumbre total al no saber si nos retendrían o no, ya que lo más seguro era que la nueva compañía traería su propio personal, o en todo caso lo cambiarían todo. Era cuestión de tiempo solamente y sabríamos el desenlace.

Sucedió lo que temíamos. Se fue nuestro empleador y llegó el nuevo con su propia gerencia, incluyendo una nueva jefa. Los empleados permanecimos, es decir muchos mantuvimos nuestros puestos, solo algunos se marcharon. Yo nunca he tenido problemas en recibir órdenes de mujeres, y además siempre lo asumía como algo laboral, de trabajo, nada personal. Así es como debe ser, o como debería de ser, pero cuando te envuelves románticamente con tu jefa todo eso cambia radicalmente, y así fue. Lo que comenzó como una muy buena relación de trabajo y de mucha cordialidad y simpatía, terminó en la cama, o debería decir que comenzó a ser mucho más intensa con gran despliegue laboral, físico y sexual. Estábamos bien de energías, felizmente, pero no todo dura para siempre, ni todo es color de rosa; sexo y pasión solamente no mantienen una relación. Cuantimás cuando la pareja tiene problemas emocionales muy intensos. Decir que uno se aprovechó del otro, o viceversa, sería injusto y falso. Se vivió lo que se tenía que vivir, en su momento, y como se presentó, con mucho fuego y pasión, y ya sabemos que una pasión de 40 grados no hay nadie que la resista por mucho tiempo. Aquella mujer era sumamente atractiva y yo era joven e impetuoso, rebelde, sin control. Crucé la línea laboral de empleado-jefe, y después ya no hubo vuelta atrás, no hubo camino de retorno.

Antes de continuar, algo que debo mencionar, sin duda, y que aplica a todos los que recién llegan, llegaron o van a llegar a trabajar a Estados Unidos, es el tema de la comida. Sepan que según al lugar al que llegan, dependerá lo que coman. Si es un sitio alejado de gran concentración hispana pues anda acostumbrándote a comer *pizza*, que junto con la comida china es lo más barato para comer en este país. La rebanada de *pizza* la podrás encontrar hasta a un dólar, y la comida china más barata un poquito más, y si es *egg roll*, más barato aún. En mi caso no me gustó nunca la *pizza*, así que ya comprenderán que me jodí, pero —siempre hay un pero— a veces la tuve que comer porque, como dice el dicho, la necesidad tiene cara de perro, y no queda de otra. Aunque en los sitios de gran concentración hispana hay supermercados que venden tortillas y cosas de nuestros países, y ya han conseguido entrar muchos productos, antes era improbable pensar que lo hicieran. Así que ya saben, están advertidos, aprendan a cocinar antes de emigrar, no estaría demás.

En el capítulo anterior escribí acerca de los mendigos en este país. Hay de todos los casos y todos los colores, si lo quieres llamar así. Tenemos a los anglosajones que por diversos motivos se vuelven *homeless*, o sea, vagabundos. Muchos son veteranos de guerra, algo más para agradecerle a los republicanos, ya que siempre que uno de ellos está en el gobierno, en la presidencia, Estados Unidos comienza una guerra. Así es, no hay pierde. Otros son indigentes porque tienen problemas con el alcohol, las drogas o algún otro tipo de adicción en general. Otros tienen trastornos mentales. Pero hay otros que viven en las calles que son simplemente vagos, y no sé si son muchos o pocos en esta categoría, pero como dice el poeta, "Son...", y esa plaga se ve mucho también en este país. Yo sé que cuesta mucho trabajo ver gente que es joven y sana relativamente pidiendo dinero en la calle. Gente anciana o minusválidos, uno lo pudiera entender, pero gente que uno sin temor a equivocarse sabe que no trabajan simplemente por ser vagos, mantenidos del gobierno, eso, creo yo, que a cualquier persona de bien y decente le calienta la sangre y con justa razón. En fin, ya lo saben, eso también se ve por acá.

Otro tema social característico en Estados Unidos es el del racismo, y también lo van a encontrar. Esto se manifiesta, entre otras cosas, en palabras despectivas que se usan para llamarnos a los inmigrantes de Latinoamérica: *beaner* (frijolero, en español), *spic* (utilizada también como un término insultante y despectivo para una persona hispanoamericana), *wetback* (espalda mojada o mojado, aplicada a quienes cruzan a Estados Unidos nadando o cruzando el río, y mojándose en el proceso), así como otros términos étnicos derogatorios según sea el grado de racismo de la persona que lo dice. Es opción personal contestar con otros insultos como *white trash* (gente blanca pobre) o *nigger** (insulto étnico dirigido a personas negras).

Hay que tener en cuenta que de usar estas palabras es para defenderse, y que probablemente degenerarán en una pelea.

Ya que hablo de peleas, hay que tener cuidado por dónde caminas de noche, sobre todo cuando sales de un lugar de diversión, bar o discoteca, y en fin de semana con mayor razón. Muchos asaltantes son miembros de pandillas juveniles que saben muy bien que los inmigrantes sin papeles no tienen cuenta bancaria, y por tanto cargan todo su efectivo con ellos, sobre todo en los días de pago. Estos criminales se dedican a golpearlos y asaltarlos impunemente, ya que casi no se les denuncia, y por la falta de estatus legal, las víctimas tienen miedo de hacerlo y no quieren problemas. Hay pandillas juveniles de todos los colores y razas: afroamericanas, centroamericanas, boricuas, italianas, dominicanas, por solo nombrar algunas. Si pelean, cuídense mucho que por aquí siempre culpan al que comenzó la pelea, al que lanzó el primer golpe. La verdad es que eso poco importa cuando tu vida está de por medio y te tienes que defender como sea de estos miserables. Ya lo saben raza, están advertidos, guerra avisada no mata soldado.

Volviendo al tema laboral, aquel cambio de compañía trajo muchas cosas nuevas, relaciones sexuales al paso, como dicen por acá, de ¡choque y fuga! Mucha de la dinámica en el trabajo de la limpieza de edificios se desarrolla dentro de los límites del trabajo, pero créanme, hay mucho más que eso. Hay acoso sexual, a veces descarado, y a veces de manera asolapada, pero existe. Si tienes una mujer bonita, pues ya sabes, vas a tener preocupaciones al respecto, muchos te la van a desear, a querer tenerla también y verán la manera de quitártela. Ahí se probará el poder y la fuerza que exista en ese amor. Alguna vez pude llegar a ser supervisor, y cuando uno de los supervisores me enseñaba las labores a las que me iba a involucrar, me dijo mostrándome uno de los pisos y señalando las nalgas de una empleada de limpieza, que entregada a su labor no nos veía.

—Escoge el culo que te guste para ti, ¿okay? Ahora, eso sí, no vayas a chocar con los culos míos.

Esa simple frase ya te dejaba saber que entre los pocos supervisores que existían en ese edificio, se podría decir que se repartían quién tenía sexo con cuál mujer y con cuál no. No digo que todas las empleadas accedieran a esa situación, eso sería no solo una enorme mentira, sino también una infamia, pero de que existía eso, existía. Los que lo quieran creer, bien, y los que no, en nada les va a afectar. Por tanto, cuiden a sus mujeres, uno nunca sabe la clase de gente que existe en tantos centros laborales, compañías de limpieza, restaurantes, panaderías y hasta en las tiendas de mercancía de 99 centavos. ¡Nadie está a salvo de esta plaga!

Mencioné que el racismo existe Estados Unidos, y uno no se debe escandalizar de esto, no porque no debiera —no me malinterpreten— sino porque en esta gran nación fue hasta 1964 que se firmó la Ley de los Derechos Civiles por parte del presidente Lyndon Johnson, y ratificada por el Congreso. La legislación había sido originalmente propuesta por el presidente John F. Kennedy 1963. Un hecho anecdótico de la firma de esta ley es que el presidente obsequió el lapicero que utilizó para firmar al líder de los Derechos Civiles, el Reverendo Martín Luther King, Jr. Desde aquel 2 de julio de 1964, en aquel histórico documento, se prohibió todo tipo de discriminación en los locales públicos (restaurantes, hoteles, tiendas de propiedad privada, escuelas, lugares de trabajo y otros. Esta ley, junto con la ley de Derecho al Voto de 1965, encaminaron definitivamente a este país a dejar atrás esa lacra social de la discriminación y el racismo, que es su más grande defecto. Claro, aún en 2020, falta mucho trabajo por hacer, pero gracias a tanta gente brillante y valiente que derramó su sangre para obtener esos derechos, es que hoy día se goza aquí de mayor igualdad entre las personas de diferente procedencia, religión, sexo y raza.

Retomando el tema del romance con mi jefa, la relación tuvo su final en algún momento, pero yo seguí trabajando en la compañía, ya que era supervisor. Sí, lo era, aunque algunos no lo quieran creer. Vivía y dormía con mi jefa, o sea, que aparte de ser su trabajador, era también su marido. Las vueltas que da la vida. A decir verdad, el ser supervisor me lo gané a pulso, ya que había sido buen trabajador con la anterior compañía, y eso creo que pesó a la hora de mi nombramiento. Mi puesto era lo que en inglés se llama *utlility cleaner*, un trabajador de limpieza en edificios, así que mis tareas incluían encerar pisos, lavar alfombras, pulir pisos de madera, vamos, un maquinista completo. Siempre traté de hacer bien mi trabajo y ser eficiente. De todos mis jefes y supervisores siempre aprendí algo, porque hasta de los errores de la gente se aprende. Sí, sé que hubo gente que pensó que todo lo logré en aquel momento porque era la pareja sexual de mi jefa, pero no fue así, trabajé como el que más, no me regalaron nada, y cuando me tocó partir, nada les reclamé. En materia laboral, desde que estoy en esta nación, siempre he dado lo mejor de mí, salvo cuando mi cuerpo se ha visto afectado por alguna enfermedad. Cuando mi salud se ha visto comprometida he ido al médico y he descansado uno o dos días a lo más, más no se puede. Soy pobre y nadie me mantiene, no tengo papeles, tengo que pagar renta, mi comida y no me puedo dar el lujo de enfermarme mucho tiempo, eso no es para mí, como tampoco las vacaciones.

Una gran lección me enseñó la vida en ese momento: que no es conveniente involucrarse sentimentalmente con nadie en tu trabajo. Hablo de manera personal, de otra gente no sé, pero en lo que a mí respecta, no resultó positivo, ya que todo se revuelve y se mezcla, se pierde el respeto (no debería ser así) y el sentido de las cosas, se desubica uno totalmente y entonces se cometen errores y torpezas. Por ejemplo, uno toma actitudes hacia su jefa (que en ese momento es tu jefa, no tu mujer), reaccionas no con la cabeza fría, sino con la cabeza caliente —tenemos cabezas— la que está sobre tus hombros y la de tu miembro viril. Para todos los empleados ella es la jefa, pero para ti, que la desnudas todas las noches, es más que eso, definitivamente más que eso. Tú la tienes todas las noches desnuda entre tus brazos gimiendo de placer, entonces ¿cómo puedes tú ser igual a todos los trabajadores? ¡Imposible! ¿Dónde queda el sentido de respeto y de autoridad? O quizás ahí estaban y yo no los quería ver, por mi juventud, mi inexperiencia, mi impulsividad, y luego había que seguir sus órdenes. ¿Qué seguir órdenes de una mujer? Sí, porque así como muchos, yo también vengo de una sociedad machista y discriminadora contra la mujer. A ellas no se les ve igual, no pueden o no deben ganar lo mismo que nosotros, así es la mentalidad atrasada de nuestros países de origen. Yo no me formé así en mi hogar familiar, gracias a Dios, pero la sociedad donde crecí, sí, y esa cultura influye indudablemente, lo quieras o no. Por tanto, me tuve que comenzar a reprogramar, a cambiar mi microchip cerebral, a renovar mi conciencia, poquito a poco, era toda mi vida, funcionando en modo de macho latinoamericano, entonces el cambio con seguridad iba todavía tomar un tiempo. Pero aunque yo no lo quisiera, volvía aflorar el comportamiento y la reacción tradicional, machista y discriminadora, cuando Elena (así se llamaba mi jefa), me daba alguna orden laboral, y mucho más si lo hacía delante de otros trabajadores. Se activaba dentro de mí ese complejo ancestral y me decía a mí mismo: "¿Quién se cree esta? ¿Por qué me habla así? Ah no, ya va a ver cuando lleguemos al apartamento esta noche, la fajada que le voy a dar en la cama". Y ahora que lo pienso mejor, eso no era ningún castigo. Incluso, a veces, no me podía contener y en los pasillos del edificio cuando nadie nos veía le daba una buena nalgada, que creo que nunca se la dieron en su hogar de niña, y Elena seguía caminando, y disimuladamente se sobaba las nalgas. No era tanto por castigarla, era que yo estaba loco por sus nalgas, tenía un muy bien delineado y lindo trasero, y además ¿a qué hombre no le vuelve loco el trasero de su mujer? Si he de ser justo, o en todo caso equilibrado en el relato, también debo mencionar que las cosas se salieron de control por parte de ella. No ayudó en nada que me celara con cuanta empleada nueva entraba a trabajar a la compañía de limpieza. Inseguridad imagino yo, ya que yo era mucho más joven que ella, y eso a veces traiciona la mente de una mujer o, en todo caso, despierta sus propios demonios internos.

Una buena amiga con la que trabajaba en aquel tiempo en ese mismo edificio, un día me dijo:

—Si no te vas ahora de este trabajo, vas a tener problemas, esto va a tener mal final para ti, Carlos.

—¿Por qué?

—¿Cómo que por qué, no te das cuenta? Bueno, tú no te das cuenta de nada por lo que veo. Esa mujer te cela de todas las mujeres que se te acercan, y ahora que me cuentas que ya te dejaste de ella, mucho peor. ¿Crees acaso que ella te va a querer tener y, sobre todo, pagarte tu sueldo, y saber que te lo gastas con otra mujer que no sea ella? Pues estás loco si crees lo contrario, ya todo el mundo sabe en este edificio que ella es tu mujer, que vives con ella, que tienen sexo.

—¿De quién?

—Ay, no te hagas el pendejo, Carlos, que no te queda, *okay?* Por favor, y tú sabes bien a qué me refiero.

Cuando esta amiga me dijo aquellas palabras ya habían transcurrido varios meses de mi relación con mi jefa, pero no fue hasta este instante en que yo pude finalmente caer en cuenta de todo esto, que toda la gente en el trabajo lo sabía, solo que yo no prestaba atención a los chismes ni murmuraciones. Nunca lo he hecho, pero en fin, este diálogo fue como un despertar, una cachetada de alerta, un aviso de tiempos difíciles por venir. Así las cosas en esa relación sentimental.

Yo sí me había encariñado como quiera de Elena, y los problemas laborales, la presión, el estrés, derivó en el fin de la relación, como dice la canción del cantante puertorriqueño Héctor Lavoe, *«Todo tiene su final, nada dura para siempre...»* De pronto, sin poder intuirlo, ni presentirlo, vino una orden nueva de la compañía de limpieza, pero que realmente venía de la gerencia del edificio; había que recortar personal sí o sí, no había opción, había que dejar ir a algunos empleados, pero ¿a quiénes? Entonces, la pregunta de siempre o, en todo caso, la realidad de todos los días: estoy afuera, en la calle, sin trabajo, con nueva compañía llegando al edificio, y con esta una nueva revisión de papeles, de documentos de trabajo a todo el mundo. Sonamos, no tenemos más chance de seguir quedándonos aquí, no importa cuán duro trabajes, cuán duro te esfuerces y des lo mejor de ti, sin papeles en este país no existes, no eres nadie, eres un fantasma.

Vale mencionar algo, si es que acaso vale la pena. En los dos años en que estuvo de recién llegada la nueva compañía de limpieza que trajo a Elena al edificio, ella enfermó de improviso, de golpe, y entonces eso significó un problema para la nueva empresa. Tuvieron que intervenirla a ella quirúrgicamente, y ¿quién se iba a hacer cargo del edificio entonces? La pregunta... ¿no adivinan? Yo mucho menos. En aquel entonces, al día siguiente que ella se fue al hospital, vinieron al edificio administradores de la compañía, gente de traje y corbata, ejecutivos que tenían su oficina central en Nueva York, a ofrecerme directamente el cargo de mánager de limpieza en el turno de la noche, de todo el edificio. *Wow*, no me esperaba nada así, ni lo deseé, pero así fue. El acuerdo o la idea era que si ella no podía regresar, yo me hiciera cargo del edificio. Ella, y además mucha otra gente, habían dado muy buenas referencias de mi trabajo. Fue una total sorpresa, pero no acepté, no me lancé a tomar a cargo el edificio para mí. ¿Por qué? Por amor, sí, estaba enamorado de Elena después de todo, y no iba a permitir que perdiera su trabajo. Ella tenía dos hijos de su anterior relación, y esa era la única fuente de ingresos para ellos. No, yo no le podía hacer eso a ella, no podía fallarle así, no podía traicionarla, y menos si la amaba como yo la amaba. Me dije a mí mismo, "Qué importa, algún día tendré mi revancha! Sí, algún día seré mánager y no necesitaré quitarle el trabajo a nadie".

Volvieron otra vez a contactarme, esta vez para ofrecerme estar a cargo de otro edificio que ellos consiguieron en Jersey City, pero yo no podía por no tener papeles, y de vuelta les dije que no. Qué duro y difícil resulta decir que no a algo que tú sabes que involucra tu superación, tu bienestar económico; qué frustración tan grande se siente. No hay ni habrá nunca palabras exactas que puedan describir tanta impotencia y frustración. Saber que eres bueno en lo que haces, pero que te es imposible conseguir más, ascender en tu trabajo porque tu situación migratoria, tu condición de ilegal, no te deja, no te lo permite. Eso es algo que duele, que te marca y que al ser la primera vez que me sucedía en este país, nunca se olvida. Pasaron otras más, pero como esa sensación de la primera vez, no. Yo ya sabía que mi vida, mientras fuera ilegal en este país, siempre iba a tener un límite, un techo, una pared que yo no iba a poder romper. ¡Qué bronca, carajo!

Traté ingenuamente de seguir trabajando en aquel lugar, creyendo o engañándome a mí mismo de que se podía continuar trabajando, como si nada hubiera pasado, pero no, habían pasado muchas cosas, y quedarme no fue la mejor decisión, el tiempo lo vendría a comprobar. Aun así trabajara mucho más fuerte que antes, pero eso no serviría de nada en absoluto; Elena no lo iba a permitir.

De pronto, una vez más todo se movió, el trabajo y después a mudarme de nuevo porque me subieron la renta y tuve que buscar otra vez un lugar donde vivir. Lo curioso fue que la persona donde yo rentaba un cuarto resultó ser gay, y entonces, a la hora de reclamarle la devolución de mi dinero de depósito por un mes que había quedado guardado como garantía, fue cuando comenzaron las dificultades. Esta persona sabía, ya que yo se lo había comentado, que no tenía papeles (¡gran error!), y entonces, valiéndose de esa situación, no quiso de primer momento devolverme el dinero. ¿Resultado final de todo esto? Ya que él tenía esa orientación sexual, me presionó para que lo dejara practicarme sexo oral a cambio de devolverme mi depósito. ¿Qué? ¡Sal de aquí, maricón! Sin embargo, la necesidad aprieta y tiene cara de perro, dicen por ahí, así que tuve que acceder a lo que me pedía. Conseguí mi dinero de vuelta y le hice la promesa que volveríamos a hacerlo de nuevo. Aquel tipo se perdió en el tiempo; me imagino que se cansó de esperar.

Menciono esta situación porque es muy común oírlo de parte de una mujer, en especial en estos tiempos del movimiento *Me Too* (Yo también), la lucha de mujeres en contra del acoso sexual de los hombres, pero también nos sucede también a nosotros los hombres, no sé en qué proporción, pero es así, sucede. El chantaje sexual se ve en todo, en lo laboral, en lo doméstico, en muchos lugares. El mundo está lleno de estos hechos, de gente que quiere sacar ventaja de las circunstancias que se presentan; así es la vida, eso es innegable. Y lo digo también por lo mismo, porque el acoso y chantaje sexual existen, en el trabajo y en un montón de situaciones, y sobre todo —digamos las verdades como son— las mujeres son, las más de veces, las víctimas de este acoso y atropello a su dignidad humana. Que las personas lo digan o manifiesten ya es otro rollo, y muchos no lo harán por vergüenza, por el qué dirán, por la familia, pero no, hay que decir lo que le pasa a mucha gente, que quizás no se atreva o no pueda decirlo. Aquí se vive la ley de la selva, el más fuerte trata de imponerse sobre el más débil. Así ha sido a lo largo de la historia de la humanidad, y seguramente seguirá hasta que el mundo deje de existir, esperemos que no. Como decía el periodista y escritor uruguayo Eduardo Galeano: "Yo no creo en los optimistas *full-time*. Además, la esperanza es una cosa que se me cae del bolsillo, y muchas veces tengo que recogerla hecha pedacitos".

Esto que cuento aquí sobre el chantaje, acoso o presión sexual de algún tipo, sucede aquí en Estados Unidos como en cualquier lugar del mundo, por trabajo, vivienda y posición entre personas heterosexuales, homosexuales o de identidad transgénero. Lógico que es opción de la gente aceptarlo o no, permitirlo o no; a veces hay elección, a veces no. El sexo es solo eso sexo, y en lo personal me gustan y prefiero las mujeres, pero en este país como en muchos lugares del mundo, abundan los gays y las lesbianas, y no hay nada de malo con eso, mientras dos personas se amen y sean felices y no le hagan daño a nadie, por qué no dejarlos que se quieran. Ahora, eso sí, este tipo de relaciones siempre tendrán los mismos problemas que enfrentan las parejas heterosexuales, eso es innegable, desde violencia verbal, física y psicológica; es lo mismo. Como decía antes, para mí no hay nada como el cuerpo de una mujer, y agregaría también, que a veces tener este tipo de relación sexual con alguien de tu propio sexo te ayuda a identificar mejor qué es lo que te gusta y qué no, te libera de miedos y tabúes, y te reafirma en tu propia sexualidad, te hace seguro de lo que te gusta y de lo que no te gusta también. Conocerse al cien por ciento siempre será no solo importante sino también fundamental para saber quién eres.

En estas peripecias que sucedían al tratar de encontrar nuevo hogar, nuevo trabajo, algunas veces me tocó compartir apartamento con amigos, lo cual hice, pero debo ser sincero que no por mucho tiempo. Yo soy muy maniático (¡pienso yo!), y no me gusta vivir con otra gente. Ah, pero ese chiste también tiene su precio: nada es gratis y menos acá. ¿Entonces qué, quieres vivir solo? Prepara tu bolsillo para pagar más dinero por tu vivienda, ya que entonces no estarás solo rentando un cuarto, sino mínimo un estudio (un lugar pequeño con baño y cocina para ti solo), o un apartamento pequeño, y eso cuesta más que un cuarto en un departamento compartido. Entonces, adelante, pero recuerda algo, que te quedará menos dinero para ti cada fin de mes. Sí, así es cuando tú eres maniático, raro o como te llame la gente (la gente adora poner etiquetas), pero es la verdad. Todos tenemos fobias, miedos, traumas, complejos, y entonces, ¿por qué asustar con ellas a los demás? Todos tenemos algo de eso, creo yo, en fin.

Dejé de trabajar en aquel edificio y de nuevo tuve que comenzar una vez más de cero (¡una más de tantas veces!), sin papeles, sin plata, ni qué decir. Al mencionar el tema de la inmigración ilegal, mucha gente en este país juzga y opina libremente, y lógicamente están en su derecho de hacerlo. Se fijan y protestan que la gente consigue documentos falsos, fraudulentos para trabajar, pero si no se hace así, ¿qué otra opción hay? La gente lo hace para trabajar, no para otra cosa. ¿Cómo se supone que te van a dar empleo en algún lugar si no muestras algún tipo de identificación? Y para esto se prestan, y se favorecen, muchas personas y empleadores estadounidenses, y no solo se benefician, es más, abusan de ello y nos explotan, y ¿con quién vamos a quejarnos? ¿A dónde? A ninguna parte, naturalmente, porque de hacerlo nos botan de este país; ya de por sí uno está violando la ley al estar en el país sin estatus legal. Uno no tiene derechos sin papeles, no existes. ¿Qué, vas a recitar la constitución de Estados Unidos? No, esa es solo para los ciudadanos de este país, no para nosotros. Nosotros no existimos, no se olviden de eso, así viene la mano de la baraja, y hasta que no cambie algo todo seguirá igual para los indocumentados, entiéndalo.

Ahora que también mencionó lo de obtener los papeles legales en este país, lo que llaman la residencia permanente (*Green Card* o tarjeta de residencia legal), a mí en lo personal nunca me sedujo la idea de enamorar, conquistar y casarme con una anglosajona o con una ciudadana norteamericana para obtener ese estatus legal. Muchos siguen ese proceso legal para ajustar su estatus, aunque también es ilegal casarse solamente con ese fin. Una tarjeta de residencia por matrimonio le permite al cónyuge de un ciudadano estadounidense vivir y trabajar en cualquier lugar del país. Llámenme como quieran pero yo nunca transé en eso, yo no hago eso, y respeto a los que lo hacen, ya que quizás dejaron atrás mujer e hijos, y es la única manera de traerlos o de ayudarlos de una mejor forma. Yo no, y aunque suene ridículo, cursi, o estúpido, yo siempre he creído que uno se casa con una mujer por amor, y solo por amor, no por interés. Y vaya, carajo, que la vida sí que ha sido irónica conmigo, ya que casi todas las mujeres que he amado en este país, o que han sido mis intereses románticos, han sido ciudadanas. Aun así, con eso y todo, no les he pedido matrimonio para obtener mi residencia, aunque una que otra me quiso ayudar a través de eso, y se los agradecí, pero no quise. Quizás debí haberlo hecho, tal vez fui un idiota en rechazar sus ofrecimientos, pero si uno no siente amor, ¿para qué fingirlo?, si al fin y al cabo la gente se va a dar de cuenta.

---

* N. del E. Los términos despectivos mencionados por el autor en este párrafo (o en cualquier parte del libro), no se emplean como insulto dirigido a miembros de ninguna raza o etnia; su uso obedece a un comentario de apoyo con fin ilustrativo que el autor hace acerca del tema del racismo en el ámbito social EE.UU., y las nociones étnico-raciales que llevan a diversos individuos o grupos a emplear palabras o frases despreciativas entre ellos.

12

LOTERÍAS DE VISAS Y ESTAFAS CONTRA INMIGRANTES

Y A QUE ACABO DE REVELAR OTRA PARTE MÍA, LA DE SER SOÑADOR, ROMÁNtico e idealista en las cosas del corazón, también debo de aclarar, o en todo caso manifestar para que la gente tenga conocimiento y no sean severos al juzgarme —aunque en realidad me importa un carajo si lo hacen—, el hecho de que en todos esos primeros años en Estados Unidos yo siempre participé en las famosas loterías de visas del gobierno. Naturalmente, si estoy escribiendo todo esto, es porque me fue del orto, es decir, me fue como el culo, cagamos; no se consiguió nunca nada por ahí, pero al menos me queda la conciencia tranquila de que, ya que fui reacio a considerar la idea del matrimonio como medio para legalizarme, al menos traté esta otra opción.

Debo mencionar casos de personas que sí ganaron una visa, pero que después no pudieron obtenerla por varios motivos. Se las negaban por algún antecedente, alguna falla al momento de la solicitud o por otras razones. No todo fue color de rosa para aquellos que ganaron una de esas visas en esa época. También es necesario decir que muchos recién llegados, de paquete (nuevos en este país), recién desembarcados, sí consiguieron sus documentos por esta vía. En verdad es una lotería, por tanto, nunca vas a saber quién la va a ganar. Eso es cuestión de Dios y de nadie más que Él, Él sabe a quién le da lo que le da. En otras palabras, a quien Dios se la dio, San Pedro se la bendiga.

Con el tiempo todo eso cambiaría, ya que mi país, Perú, dejaría de ser elegible para la famosa lotería, y de nuevo todo se iba a la mierda, otra puerta se cerraba y yo no podía hacer nada para impedirlo ¡Qué frustración de nuevo, carajo! ¿Para eso viene uno aquí, para padecer todo esto? ¿Para vivir como subhumano, como si uno fuera una subclase de persona? Te emplean y te dan trabajo clandestinamente, te explotan, pero no te dan opciones para que te quedes a vivir legalmente. Te avientan y te orillan de alguna manera a que hagas trampa, a que te burles de la ley, a que la violes. Es decir, todos se benefician de los jodidos y abandonados ilegales, sí, somos la última rueda del coche en este jodido automóvil que se llama *United States of America* (¿será Ford la marca?).

El cambio del gobierno de Estados Unidos significó que Perú se volvía inelegible para participar este en programa de visas, que ya no calificaba para que se recibiera más gente de allá, es decir, que según el gobierno ya había demasiados peruanos en este país. ¿Estamos todos locos o qué? En fin, eso dicen ellos, yo no les creo, pero qué puede valer mi palabra, la de un pobre y triste ilegal contra la del Departamento de Estado y el Servicio de Inmigración y Aduanas de Estados Unidos. Cumplo con dejar constancia, en este caso escrita —y qué mejor que en un libro— de que a lo menos traté, y no una sino varias veces, de obtener mi residencia, no por matrimonio comprado y fraudulento, sino por la famosa (no puedo evitar llamarla así) lotería de visas. Traté a la legal, así que no me condenen a muerte ni al vituperio y escarnio social por no lograrlo. Lo digo porque algunas personas me han tildado de dejado, inmaduro, irresponsable, soñador, loco e iluso, en fin, todo lo que te dicen cuando tú no encajas en la descripción que ellos tienen de cómo debe ser uno. Claro, como si todos estos comemierda tuvieran una vida maravillosa, perfecta. La gente siempre, pero siempre, va a hablar, y ¿por qué? Porque tienen boca y lengua, y si no lo hacen revientan. Así es la gente, le gusta el chisme, el bla-bla-bla. Ya que Perú era inelegible, yo seguía siendo ilegal, para hablar claro, y era, como decía antes, diferente en muchas formas al resto de las personas, es decir, con un criterio independiente. No me quedó otra que seguir enterrando la cabeza como el avestruz por el momento, y volver a sacarla cuando apareciera otra oportunidad de legalización.

Doce años después, en 2019, el Departamento de Estado, anunció que Perú volvía a ser uno de los países elegibles para participar en el Programa de Visas de Diversidad de Inmigrantes para el año 2021, en el cual no participé.

En esos años tuve la oportunidad de acudir a las oficinas del ecuatoriano Eduardo Juárez, un individuo que se promocionaba muy bien como alguien que te podía ayudar a obtener la ciudadanía de Estados Unidos. Se hacía pasar como abogado con su infame Fundación Internacional del Inmigrante. Él también escribía una columna para el periódico *El Diario/La Prensa*, de Nueva York, y desde allí estafaba a muchos inmigrantes. No tengo miedo en decirlo públicamente, ya que él enfrentó un caso federal por este motivo en 2013, y tuvo que negociar y llegar a un acuerdo con la fiscalía de Manhattan para evitar los cargos y devolver entre dos a tres millones de dólares a toda la gente que estafó. Eduardo Juárez, si llegas a leer esto, todavía conservo el carnet con foto que nos hacías tomar a todos nosotros, pobres incautos, para mostrárselo a las autoridades en caso de que fuéramos detenidos, a ver si te lo puedes meter por donde tú ya sabes, ¡sinvergüenza!

Lo que más me llamó la atención, y lo digo porque en aquel tiempo escribí y envié una carta a *La voz del pueblo*, o algo así se llamaba, una sección de *El Diario/La Prensa* para publicar cartas de los lectores. Escribí para decirles que por qué nunca publicaron algo para deslindarse de los actos de este Juárez, puesto que escribía para su publicación. ¡Ellos nunca contestaron, nunca dijeron nada! Y eso que su lema editorial es *El Campeón de los Hispanos*. No jodan pues, ese señor se valió de las páginas de ese diario para engatusar a la gente, a nuestros hermanos y hermanas indocumentados. Este periódico nunca publicó nada para aclarar su relación (comercial o editorial) con Juárez, solo publicó la noticia del caso jurídico contra Juárez ("Inmigrantes estafados en NYC recibirán millones", por Juan Matossian, 30 de mayo 2013), pero no escribieron algo en la página editorial. Una gran tristeza y decepción sin duda. Al poco tiempo apareció otra persona, una mujer, esta vez, escribiendo sobre inmigración en *El Diario/La Prensa*, y colorín colorado ¡aquí no ha pasado nada!

Si mencioné a Eduardo Juárez, también debo mencionar a otra estafadora que salía todos los domingos en un programa pagado llamado *Inmigración Ahora*, transmitido en la televisión hispana de Nueva York. Se trata de Estela Figueredo, quien no solo nos enseñaba sus lindas y bien torneadas piernas (siempre vestía una falda corta), sino también cómo nos podía ayudar a conseguir nuestros documentos legales en este país. Ella operaba también mediante una organización que llevaba el nombre de Federación Americana del Inmigrante (¡otra fundación!), que también le tumbaba y le bajaba el dinero de manera miserable a todos nuestros hermanos ilegales que trataban de arreglar su situación migratoria en este país. Hablo de gente humilde que yo vi, que yo aprecié, haciendo fila para entrar a una entrevista con este par de malnacidos —Juárez y Figueredo—, porque no merece otro nombre aquella gente que, sin reparo ni parpadear, le pueden robar su dinero a trabajadores decentes que se sacrifican y se matan trabajando, muchas veces siendo mal pagados en sus trabajos, explotados, privados de tantas cosas por hacer realidad sus sueños de legalización, y que luego llevaban su dinero a las "fundaciones" de estos dos delincuentes que estuvieron prófugos de la justicia. Esto que escribo se puede verificar haciendo una búsqueda al respecto en internet, en donde hay abundante información de las denuncias por estafa de estos miserables ladrones. Encima, y lo peor de todo, es que tenían sangre latinoamericana (Juárez es ecuatoriano y Figueredo paraguaya), ¡qué miserables! A mucha gente no le devolvieron nada, perdieron todos los ahorros de toda su vida, ¿pero saben algo, desgraciados? Todas las maldiciones de esa gente hacia ustedes dos no se quitan con nada, ¡ténganlo por seguro miserables! Las cantidades por las que estos dos delincuentes estafaron a mucha gente son millonarias, no fue de un día o dos, venían trabajando años dedicados a este tipo de estafa. Hay que denunciar esto o dejar constancia escrita a lo menos, porque ya mencioné que a mucha gente le incomodó cubrir la noticia ya que estos dos personajes salían en sus propios medios de comunicación, llámese televisión, radio o periódico. Como se dice por ahí, estos medios tenían rabo de paja.

Este problema del fraude contra inmigrantes indocumentados por parte de estafadores profesionales latinos y sus organizaciones fraudulentas es más común de lo que se pudiera pensar. Seguramente, algunos lectores saben, o incluso han sido víctimas, de casos similares en sus propias ciudades. Solo habría que cambiar el nombre del estafador y el lugar, pero el engaño, la estafa y la desfachatez serían las mismas.

Algo parecido también ocurre con esa gente que cree y concurre a centros llamados Botánicas, que no son otra cosa que fraude y engaño. Sus servicios incluyen regresar al ser amado que te abandonó dentro de 24 horas (tiempo récord), eliminar a la competencia de tu trabajo, alivio y recuperación de tu salud milagrosamente, y otros en todos los aspectos y facetas de la vida, como si esta se pudiera controlar a nuestro antojo. Estas botánicas también venden productos como medicinas populares, velas religiosas, aguas espirituales y amuletos mágicos. Las botánicas no escasean en ciudades como Nueva York, Miami y Los Ángeles, y en cualquier otra ciudad donde hay grandes poblaciones de inmigrantes latinoamericanos.

En toda esa vorágine de haber salido de nuestro país, uno pierde poco a poco contacto con sus familiares y seres queridos que quedaron atrás, allá en el terruño añorado. Claro, no todos los casos y circunstancias son iguales, pero sí sucede, y es triste, como decía el cantante español Joan Manuel Serrat: "Siempre es una desgracia emigrar y dejar la tierra que lo ha parido a uno, para encontrar un lugar dónde meter la vida". En Estados Unidos la dinámica es muy diferente, aquí la vida se te va en un segundo, y más si no estás consciente de ello. Cuando caes en cuenta, despiertas de tu letargo, de tu marasmo, de tu sueño, y te das cuenta de que la vida te dejó atrás, que no pide permiso, que no se detiene, ni por ti ni por nadie. Es ahí cuando reflexionas y te preguntas, ¿qué hice con mi vida? ¿Valió la pena venir a este país? ¿Mereció el esfuerzo sacrificar tanto?

En materia de pasiones personales, el equipo de fútbol peruano Sporting Cristal, mi equipo de toda la vida, volvía a librar otra gran campaña en Copa Libertadores. El desempeño del club por esos años iba *in crescendo*, levantando. Cada temporada era mejor que la anterior, y como en la vida misma cuando perseveras en algo y trabajas duro por ello, siempre por lo general logras tus objetivos. Sporting Cristal fue el equipo de la década de los 90s, imbatible y primer tricampeón nacional (¡Fuerza Cristal!). Aquel maravilloso equipo llegó a la final de la Libertadores del año 1997, haciendo realidad su sueño de disputarla, pero lamentablemente para nuestros intereses celestes, perdimos en la final contra el Cruzeiro de Brasil. Llegamos a ser el club de fútbol número 12 del mundo en aquel tiempo. Aquel partido de la final, jugado un 13 de agosto (¡qué fecha!), fue un día triste para todos los "cerveceros" del Perú (así se les dice a los hinchas del Sporting Cristal). Sí, caímos derrotados por un gol a cero. La vida es irónica y a veces te hace comer tus palabras, como me sucedió a mí. Yo siempre dije que el día en que mi Sporting Cristal jugase una final de Libertadores, yo estaría en el Estadio Nacional del Perú, en Lima, presenciando el encuentro, pero la vida, muchas veces, se burla de uno. No pude ir por vivir aquí en Estados Unidos sin papeles. ¿Cómo volver? ¿Para qué? ¿Por un juego de fútbol? Sí, soy hincha, carajo, y ese será mi pecado mayor hasta el día en que muera, no haber ido a ver aquel juego. Quizás debía haber ido, y conmigo, en la cancha ellos hubieran ganado, sí, faltaba yo. No me hagan caso, es el delirio de un hincha que busca redención para su alma y expiación de su culpa. Mientras tanto seguiré esperando que no solo lleguemos a otra final de Libertadores, sino también ganarla, y esta vez estar presentes para gritar ¡Vamos Cerveceros!

Decía yo que la vida es irónica y voy a decirles por qué. Yo estuve casi sin trabajo toda esa campaña triunfal del Sporting Cristal en 1997, y justo para la final de la Libertadores de aquella edición, logré conseguir empleo, así que comencé a trabajar esa misma noche, era ahora o nunca. Un empleado argentino que trabajaba ahí como *bouncer* (portero de discoteca) sabía que yo era peruano y que mi equipo se jugaba la vida aquella noche inolvidable. Comencé a trabajar en la cocina de ese establecimiento, y como en muchas cocinas, sino eres Chef o Sous-Chef (el segundo al mando en una cocina), tienes que comenzar como preparador de comida, ayudante de cocina o, por último, de lavaplatos, y así fue, comencé de lavaplatos en aquel lugar. El che de cuando en cuando bajaba a la cocina, de paso que picaba algo para comer, y me dejaba saber cómo iba el partido, cuando en una de esas, ya al promediar las nueve, diez, quizás once de la noche, y yo con una pila de platos por lavar, se acercó y me dijo: "Che perucho, sonamos, ganaron los brazucas, lo siento hermano". La impotencia una vez más se apoderó de mí, de estar tan lejos, pero con mi mente y mi corazón tan cerca de mi equipo. Lo miré y solo le dije: "Gracias che", y una lágrima se escapó de mis ojos, la cual cayó en el agua jabonosa donde yo restregaba mis penas y la suciedad de los platos. Lloré como hacía tiempo no lloraba. La cocina estaba tan ocupada que nadie reparó ni se fijaba en la desgracia de aquel infeliz, de aquel pobre *dishwasher* que lloraba la derrota de su equipo, del club de sus amores. ¡Treinta años y no poder estar cuando tú más me necesitabas mi Sporting querido! Pero ya llegará el día de mi revancha, ¡por Dios que sí! Nadie reparó en mi llanto, la cocina estaba llena, el lugar estaba repleto y todos ensimismados y dedicados a lo suyo; aquel a cocinar, el otro a llevar la comida, el otro a cortar las carnes y los vegetales, pero nadie miraba al lavaplatos. Así es siempre, nadie lo mira a uno, somos lo último de la cocina. ¿Para qué mirarte y perder mi tiempo contigo, verdad? Solo el che, de quien ya olvidé el nombre, pero nunca su nacionalidad, y mucho menos sus palabras cuando me vio llorar. Fue el único que se dio cuenta: "Puta madre, yo te comprendo hermano, yo soy hincha de Boca, y sé lo que es llorar por un club de fútbol. ¿Sabés algo? A la salida me esperas, *okay?* Vamos a ir a beber, a tomar algo, iremos a Manhattan, y no te preocupes, las cervezas las invito yo". Y así fue, fuimos a Nueva York y tremenda borrachera que nos dimos. Nunca olvidaré esa acción de un amigo latinoamericano que vio llorar a otro hermano del fútbol y se conmovió por ello. Gracias por las palabras de aquella noche, che, donde quiera que te encuentres, y gracias también por las cervezas, sí, en algo mitigaron el dolor. ¡Salud! ¡Aguante Argentina!

En aquella época conocí a un muchacho ecuatoriano que era especialista en reparación de computadoras, solo lo traté una vez, por un amigo en común, pero aquel joven tuvo un triste final. Él estaba casado con una joven puertorriqueña y de pronto se dejaron. Aquella mujer se llevó al niño recién nacido de esa relación, y aquel amigo ecuatoriano se ahorcó en la escalera de incendios de su apartamento, con los propios cables con los que reparaba sus computadoras. No soportó el dolor, la inmensa pérdida de no ver más a su hijo. Aquella mujer se fue a su isla natal, y eso lo llevó a este joven a quitarse la vida. Él no sabía de dónde era ella con exactitud, y mucho menos podía salir del país, ya que él también, al igual que yo, no tenía papeles. Fue una tragedia, una de tantas que he presenciado en esta nación, pero también un aviso, un mensaje, de que fuera precavido y que no me fuera a pasar lo mismo. Lo cuento porque es necesario que se sepa cómo se sufre en este país, y que no es tan lindo como lo pintan muchos. Descansa en paz, amigo, Dios haya perdonado a tu alma por lo que hiciste.

Entre 1996 y 1997 mi mundo se seguía moviendo, todo giraba y cambiaba de un día para otro. Trabajo nuevo, nueva gente, nuevos compañeros de trabajo, nuevas mujeres con la que dormir y tener sexo. Hoboken, Jersey City, Union City, West New York, Manhattan se sucedían, una tras otra, y de pronto aterricé, me detuve en ese sitio de trabajo impensado. El nuevo empleo en aquella cocina fue para resolver de momento mi situación laboral, por tanto solo puede entrar como lavaplatos. *No problem*. Después esperaba que todo cambiara, no obstante, las cosas no fueron tan fáciles, pero ¿qué lo es aquí? Hubiera podido aspirar a más en esta cocina, pero un accidente fortuito me lo impidió cuando un mal día que estaba cambiando los jabones para la máquina de lavar platos (jabón líquido), no había con qué abrirlo, pues se necesita una especie de llave especial, y no había, o en todo caso, se perdió. Así que traté de abrirla golpeando el recipiente, pero era difícil hacerlo sin dañarlo, entonces tuve que abrirla con puro cuchillo. La mala suerte o mala fortuna hizo que una gota de aquel producto me salpicara justo en uno de mis ojos, y quedé ciego de ese ojo por unos segundos, fue solo una fracción de segundo, milésimas de segundo. A Dios gracias yo estaba al lado de la poza de agua, del lavadero, y más gracias a Dios porque por algún motivo extraño, o quizás tratando de llenar la poza, había dejado corriendo el agua fría, es decir, con la llave del agua fría abierta. Eso me salvó, esa fue mi salvación, ¡bendito Dios! Solo por instinto me zambullí en el agua dentro de la poza, del lavadero, metí toda la cabeza y comencé a tirarme agua a los ojos; en un par de segundos recuperé mi visión. Si no hubiera sido así, no sé qué me hubiera pasado, o si hubiera sido en un lugar lejano a una toma de agua, qué me habría sucedido. Dios me cuidó, una vez más, y se lo agradeceré siempre. La vista se me tornó roja, y el dueño del lugar, como en todos estos casos de trabajadores ilegales, ni me llevó al hospital ni nada. Así como aquel tipo hay muchos cobardes y explotadores que solo necesitan a la gente para utilizarla como animales, para explotarla, para abusar de ella, ya que uno no puede reclamar por sus derechos. ¿Que uno tiene derechos? Sí, seguro, anda a reclamar ¡para que veas qué te pasa!

Me fui solo al *Jersey City Medical Center*, llamé a mi hermano y con él me encontré en el hospital. Demoró un poco, y después me enteré de que fue por mi querida cuñadita que él se demoró, claro era ella, ¿quién más, verdad? Gracias a Dios ya lo peor había pasado, y solo fue un susto. Pasé por emergencia, me atendieron y salí unas horas después de que me hicieran un lavado ocular. Primero me tiraron unas gotas de algún producto que le quitó sensibilidad a mi ojo, no que dejé de ver, sino que era como si mi ojo se pudiera quedar abierto y nada lo alteraba, como si fuera un pedazo de vidrio por el cual yo podía ver cómo me lavaban el ojo. Poder seguir viendo todo el proceso fue una experiencia muy curiosa. Siempre me apasionó la medicina, pero el destino, la vida, no quiso que yo fuera médico. Ahora curo gente de otra manera. Salí del hospital en unas horas con mi querido Pepe, siempre pendiente de mí, y con un gran parche en el ojo. Eso era lo de menos, que me mirara la gente como bicho raro, eso no me importaba, lo importante era que seguía viendo, que podía ver con mi ojo. El personal del hospital, cuando les conté que fue lo único que había podido hacer, es decir tirarme de cabeza al lavadero a lavarme, me dijo: "Ahí salvaste tu ojo, si no lo hubieras hecho así o te hubieras demorado más tiempo, tu ojo se hubiera dañado y hubieras perdido tu visión; ese producto es corrosivo. Mira, cuando vuelvas a ese trabajo, en el lado de ese balde de jabón líquido, vas a ver una figura de una mano con unas líneas de arriba abajo; eso significa que eso es corrosivo, peligro para la piel, para los ojos, para todo el cuerpo humano y de ¡eso te has salvado muchacho!"

Demoré un par de días, o solo uno creo yo, y alguien me dijo que no podía o no debía tenerlo tapado mucho tiempo, que no era bueno para el ojo (ya saben, ¡los doctores abundan por todos lados!) y que era mejor que el ojo respirará, que tuviera movilidad. Así hice, en un día más me quité el parche y pude ver normalmente, pero tenía esa sensación de cansancio, como que mi ojo estaba cansado, como que podía ver pero que necesitaba cerrarlo de vez en cuando. En fin, podía ver de nuevo y eso era lo realmente importante, ¿y ahora qué? ¿Cómo que ahora qué? ¡A trabajar, carajo!, que hay que pagar la renta del cuarto, comprar comida, medicinas, y eso no es gratis, aquí nadie te regala nada. Claro, yo tenía a mi hermano al menos, que siempre me ha dado una ayuda, aun sin pedírsela, y eso lo agradeceré por siempre, pero hubo mucho tiempo, años, en que no nos vimos ni nos comunicamos. Claro, ese distanciamiento fue por su mujer, pero porque además yo tenía que demostrarme a mí mismo que yo podía vivir solo y tomar responsabilidad de mi propia vida, así es que lo debe hacer alguien que se considere un hombre, al menos así lo considero yo.

Lo mejor vendría después, me fui a trabajar, pero lo lindo fue al regresar de noche, como lo hacemos los que tenemos dos trabajos, o trabajamos muchas horas, al volver del trabajo. Ya en la noche y tratar de caminar, ahí fue lo bravo: ¡un dolor a ese ojo de la puta madre! Era como si la luz de los faros delanteros de los autos podía impactarme hasta el cerebro mismo. Me había quedado una sensibilidad en el ojo que nadie me había advertido que pasaría, o ¿quizás nadie en el hospital lo sabía? No sé, en fin nadie me lo dijo, y entonces trataba de caminar mirando el piso o con una gorra puesta. Parecía un vampiro, no podía mirar a la luz, no debía verla. Pasaron de a poco los días, uno tras otro, y de a poco de nuevo el ojo se fue fortificando. Un doctor amigo, que era mi doctor personal, y que con el tiempo trataría de ser el primer gobernador latino de New Jersey, sin conseguirlo, me advirtió una vez:

—Tu ojo va a demorar en curarse un tiempo, la vista es delicada. Lo que te pasó es como cuando rayas un cristal, un vidrio, entonces ese rayón, esa ralladura, demora un poco en irse, en curarse, pero con el tiempo se curará, quédate tranquilo Anaya.

—Gracias doctor Héctor Castillo.

Volvimos al ruedo, al trabajo, y qué se hace, no hay de otra. Al menos estamos vivos, y como decía mi madre linda, mi Fabiola del alma y mi corazón: "Solo se descansa cuando se muere, mi hijo". ¡Dios te tenga en la gloria mamá!

Salía un día del trabajo y pase a visitar a Horacio, un amigo ecuatoriano y compañero de un trabajo anterior. Toqué y salió su compañero de cuarto, quien ya se iba a trabajar y me dejó con Horacio. Mi amigo estaba enfermo y sin trabajo, tenía fiebre, estaba agripado y era invierno.

—¿Cómo estás Caliche? —me preguntó.

—Bien, pero tú, ¿qué te ha pasado? ¿Cómo has estado todo este tiempo?

—Jodido, Calín, ya ves, enfermo, sin trabajo, sin plata, ¡ni pa' las medicinas tengo, carajo! Eso no es lo peor hermano, no tengo qué enviarle a mi mujer y mis hijos en Ecuador. Tú sabes, aquí uno sin trabajo no es nada Calín, ¡no es nada!

—No llores amigo...

Solo pude decir el primer "no llores", el otro se quedó atravesado en mi garganta. Cuando uno ve llorar a una mujer, decía alguien una vez, el corazón se te rompe, pero cuando llora un hombre, la tierra, el mundo se te estruja ¡como un papel en tus manos! Se te parte el alma. Salí un momento y le dije a él que pusiera agua a calentar. Fui a la tienda de la esquina, compré comestibles para unos días y algunos antigripales que había en las cajitas pequeñas que estaban detrás del dependiente del negocio, del cajero. Compré también un jarabe para la tos. Volví al apartamento y ya el agua hervía.

—Ponle esto Horacio —dije, y le alcancé el té, la miel y el limón. Toma eso y después te acuestas. Ya me voy, vengo otro día, cuídate.

—Gracias Caliche, tú sí eres un amigo, y yo que peleé y maté a tu gente en la guerra del '81, y ahora un peruano me ayuda a recuperar mi salud, ¡cómo es la vida, carajo!

Mi amigo se refería al Conflicto del Falso Paquisha entre Perú y Ecuador, una serie de enfrentamientos armados que tuvieron lugar por la Cordillera del Cóndor.

—No digas nada más, como decía mi viejita, "hoy por ti, mañana por mí", ¡Cuídate ñano (era costeño), yo vendré otro día!

13

Casos y cosas de la nueva cultura

En 2015, al reflexionar mientras escribía esta crónica de mi experiencia como inmigrante peruano sin documentos en Estados Unidos, y las cosas que me han sucedido, llegué a pensar que no podía seguir adelante. Por tanto, este es un libro que fue escrito con un supremo esfuerzo, y que logró ver la luz del día porque así lo quiso Dios, no hay otra explicación. Todo estuvo en mi contra, no tenía el tiempo, no había plata, algunas veces no hubo ni trabajo, solo estuve sobreviviendo con un trabajo de medio turno gracias a un buen amigo. ¡Gracias por siempre Mike, *my good friend!*

Hubo momentos en que solo cobré tres días de trabajo, ya que no me daban más días. No tenía papeles y me veía precisado a agarrar lo que cayera y apareciera. Estos empleadores, concha su madre, siempre abusan cuando saben que no tienes tus papeles en regla, así son, no todos, pero hay muchos así. ¿Pero saben qué cosa jode más? Que hay muchos que son hasta de tu mismo país, ya no digamos raza, porque hispanos hijos de puta hay un montón, aunque también muchos, muchos que son buena gente, y eso siempre me dará esperanza de que algún día las cosas cambiarán para bien.

Esta situación de ganar poco dinero no me atemorizaba, más bien me empujaba a comenzar de nuevo, de cero. ¡Comencemos de nuevo, entonces! Sin embargo, mi salud ya no era la misma. Sentía un dolor en mi rodilla derecha que me molestaba mucho, quizás debido a un golpe que me di en el pasado y ahora me comenzaba a pasar factura, quizás era la edad. Si no hubiera sido por esta dolencia, yo hubiera podido desempeñarme como siempre lo he hecho, con agilidad y rapidez, pero en ese momento no podía. Sentía que mi cuerpo me traicionaba y que no me respondía como antes. Esta situación me ponía muy triste, ya que no sabía qué sucedería mañana, en el futuro, cuando ya no me pudiera valer por mí mismo. No quería dar lástima ni incomodar a nadie, ni menos convertirme en una carga. Siempre he trabajado desde niño, incluso lo hice para comprarme mis propios juguetes. En aquel momento no podía ni caminar bien, y eso me deprimía mucho. Mi buena salud era lo único que tenía para seguir avanzando, y si Dios me la quitara, no valdría la pena vivir.

Estaba en un nuevo trabajo en donde nadie sabía de esta dolencia. Solo habían pasado unas semanas de estar trabajando allí, cuando alguien me comentó que quizás se debía a que yo ya estaba viejo. Ese comentario no lo tomé a mal, quien lo dijo lo dijo medio en broma, medio en serio. En el ambiente de la cocina así es, todo el mundo jode con todo el mundo, y hay que tener correa. Después tú te desquitas cuando puedas o tengas oportunidad. Me quedé pensando, ¿será que tiene razón? No, pero ¿quién carajos es viejo con 48 años? Lo cierto es que era duro y difícil tener una dolencia de este tipo y no poder aliviarme rápido. Tomé antiinflamatorios pero nada, el dolor no me dejaba. En fin, acabar de escribir este libro fue para mí una hazaña. Una vez alguien dijo que en la pobreza hay heroísmo, quizás estuvo en lo cierto. Por tanto seguí adelante, no valía renunciar a esta altura del partido. Por otro lado, mucha gente me impulsaba y me daba mucho ánimo, ya que muchísimos inmigrantes la pasaron mucho peor que yo y no se quejaron, o en todo caso, no renunciaron a sus sueños.

Retomando la crónica de mi vida en los primeros años en Estados Unidos vuelvo al pasado entonces, de nuevo a 1996 y 1997. Ya he cubierto de alguna manera los años anteriores a estos, pero no podría seguir adelante si no recreara ciertos eventos, sucesos y recuerdos, pedazos de su existencia, cabos sueltos en toda esta historia de un inmigrante ilegal. En todos esos primeros tres o cuatro años en este país, he de mencionar, por ejemplo, mis sensaciones con la visión y la contemplación de las famosas Torres Gemelas de Nueva York, el orgullo de Wall Street, de las finanzas y el poder económico no solo de Nueva York, sino de todo el país. Estas sensaciones más tarde tendrían mucho sentido con mi adentramiento en el mundo de la astrología.

Ya que este libro no tiene el fin de cambiar ideas, filosofías ni mentalidades, espero una apertura total de mente en mis lectores respecto de lo que aquí comenzaré a narrar. Lo que voy a contar a continuación es mi visión, mi percepción extrasensorial —que en aquel tiempo yo no entendía—, es decir, mis intuiciones básicamente, que siempre fueron muy fuertes y evidentes en toda mi vida, desde pequeño, desde que tengo uso de razón. Todo este conocimiento que no tiene explicación lógica y que solo se puede entender como psiquismo, se volvió a manifestar con más fuerza ya en este país, lo cual con el tiempo me llevaría a tener cierto protagonismo como consecuencia de ello.

Desde la primera vez pude apreciar las Torres Gemelas, lo cual era inevitable, ya que al tener mi hermano su apartamento en el centro de Jersey City, no había modo de que no pudiera verlas. Quienes conocen esa parte de Nueva Jersey, saben que esta zona del estado te permite una vista excelente de todo Manhattan, de toda la isla en su totalidad, ya que eso es al fin y al cabo Manhattan, una isla. Era entonces para mí inevitable no verlas, sobre todo cuando yo ya comencé a trabajar en Exchange Place, la parte de Jersey City que queda cerca al río Hudson, que es la que divide a Nueva York de Nueva Jersey. Exchange Place está a la orilla, en la ribera del Hudson, visto desde este lado, desde Jersey, y digo que era imposible no ver las torres porque cada día, cada mañana que me iba hacia el trabajo en aquel lugar, caminaba con dirección a esa zona, y a medida que caminaba cada día, tarde o noche, me iba acercando lógicamente hacia el río Hudson, y entonces podía apreciar esas dos estructuras de acero que se levantaban imponentemente al lado de mi ciudad de residencia. Siempre sentí mucho recelo al verlas, desde el primer instante, desde la primera vez, una aprensión ilógica, sin sentido, sin explicación. Era como una señal de algún tipo, un tipo de energía que yo no podía interpretar o entender completamente. Todo era a nivel visceral, algo que de alguna manera estaba presente en esas dos moles de metal, algo que yo podía percibir pero que por algún motivo no era bueno. En todo caso era perturbador, en algún sentido, muy perturbador. Con el tiempo, y específicamente a partir del 11 de Septiembre de 2001, todo esto tendría sentido, tristemente, fatalmente. Me refiero desde luego al ataque terrorista contra las torres por parte de secuestradores de aviones, que incluso vivieron un tiempo en Estados Unidos, pero que habían venido de Oriente Medio. Como es sabido, estos terroristas lanzaron un ataque coordinado también con otros aviones secuestrados contra el Pentágono (el corazón del poder militar de esta nación), y otro con destino al Capitolio, que fue frustrado por los heroicos pasajeros de aquel fatal Vuelo 93 de *United Airlines*.

Es a raíz de esa sensación, de ese sentir inexplicable para mí, que yo decidí no mirar las torres más, o en todo caso verlas, pero no con un enfoque directo. No era bueno lo que me transmitían, era una intranquilidad que con el tiempo sería un aviso de muerte latente, de peligro mortal. Es algo difícil de explicar, de poner en palabras, porque es solo una sensación, algo que recorre tu energía, tu cuerpo, y que activa una alerta dentro de ti, de algún tipo. Un llamado a estar atento, despierto, presente, vivo, con los ojos bien abiertos, a lo que pudiera ocurrir, pero aquí no acaba todo. Es que además de sentir lo que sentía al mirarlas, cuando yo fijaba mi atención completamente ellas, y esto me sucedió como tres veces en total, con un enfoque al cien por ciento, de pronto comencé a escuchar una voz que provenía de alguna parte, de algún lugar, de dentro de mi cabeza, que me decía: "Obsérvalas bien, porque un día no las verás más, obsérvalas bien, porque un día no las verás más..." Así como suena, así como lo he escrito aquí, créanme o no, así ocurrió, y aquellos valientes y osados lectores apasionados que han llegado hasta este capítulo, que han seguido hasta este punto, créanme, así pasó. Repito, es difícil de explicar esto, pero aquellos que han oído o vivido alguna experiencia extrasensorial lo podrán relacionar, entender, comprender, si es que acaso esto se puede entender lógicamente, racionalmente. Cuando esto sucedió, y como dije anteriormente, fueron tres veces por lo menos, yo me asusté sobremanera, no tanto por aquella comunicación, que de alguna manera no me era extraña. Ya lo mencioné antes, en toda mi vida esto me había pasado, en mayor o menor medida, pero era algo que no era desconocido para mí, es decir, escuchar voces, premoniciones, mensajes en sueños, etcétera, pero esto ya era más, mucho más profundo, más directo, más exacto.

Hablaba de no mirar o, en todo caso, de mirarlas bien porque no las vería más, pero ¿cuándo? ¿Por qué? ¿Cuándo iba a pasar, y por qué no las iba yo a poder mirar más? ¿Iba yo a morir pronto quizás? O peor aún, para mi óptica, ya que la muerte nunca me ha asustado, ¿sería yo acaso deportado de este país? Eso sí me asustaba, que me fueran a lanzar de aquí de regreso a mi país, no tanto por la acción en sí, sino porque yo siempre consideré que venir aquí era cumplir con algo que le prometí a mi fallecida madre, Fabiola, y a mi hermano Pablo, también ya muerto hace varios años. Regresar a Perú era para mí como fallarles, y yo no quería fallarles a ellos dos, de ninguna manera. Yo trataría de quedarme aquí por todos los medios y de destacar de alguna manera, para que ellos dos se sintieran orgullosos de mí, sí, eso era lo que yo quería y he querido siempre, que ellos dos, desde la eternidad, al igual que mi querido viejo, estén orgullosos de mí.

Aquella comunicación que recibí de manera intuitiva, telepática o como le quieran llamar, hizo que yo tomara una decisión: yo no miraría más directamente a esas torres de Nueva York, y si lo hacía, sería muy rápidamente, sin fijar mi vista, casi ignorándolas, sí, sería mejor así. "No quiero que me deporten, no me quiero ir aún de aquí, tengo mucho por hacer aún en este país..." me decía a mí mismo, creyendo que se trataba de algo personal. No me imaginé nunca que el mensaje tendría otro significado, y que este sería muy trágico para Estados Unidos.

Aquella sensación de intranquilidad y de nerviosismo se haría realidad y tendría sentido cuatro años después. El 9 de septiembre del 2001, en una mañana soleada, un martes inolvidable por lo triste, caerían para siempre las dos Torres Gemelas de Nueva York, cobrando la vida de más de tres mil personas en aquel trágico atentado terrorista. Por supuesto, estos actos tienen muchas inconsistencias y cabos sueltos que son difíciles de entender para muchos, incluido yo. Para alguien como yo, que tuvo el triste privilegio de ver caer las torres, solo haré una observación final y que siempre será materia de debate: ¿Cómo pueden desplomarse dos edificios y hacerlo de la manera en que cayeron los de Nueva York? Es decir, hacia abajo, no hacia los costados, o como cuando se corta con un hacha un árbol de lado. No, estos se desplomaron hacia abajo, como dinamitados por una implosión. Quienes vimos aquel trágico evento lo sabemos bien, creo yo, un edificio no cae de esa manera, pero algo muy raro e inexplicable pasó aquel funesto día, que para muchos en Nueva York fue el último de sus vidas. Quizás algún día lo sabremos, como también se sabrá la verdad sobre la llamada "bala mágica" que mató al presidente norteamericano John F. Kennedy el 22 de noviembre de 1963 en Dallas, Texas. Jamás imaginé esta tragedia, solo pude recibir aquel mensaje, desconocido, que provenía de algún lugar, de alguna manera hacia mí. Dada mi condición legal a partir de esos presentimientos comencé a ser más cuidadoso en todo lo que hacía y en dónde y cómo me desplazaba. Ya el idioma no era un impedimento porque lo empezaba a dominar.

Aquellos primeros años uno observa tantas cosas, tantas historias, y continuaré contando algunas o muchas, con otros nombres y otras sin ellos. Lo verdaderamente importante son las historias, no la gente en sí. La gente sí, creo yo, que se va a identificar con muchas de las historias. Por ejemplo, podría yo empezar con la facilidad con que uno se podía encontrar con gente gay o lesbiana en los bares. Eso, para alguien recién llegado al país y procedente de un país machista, es sumamente fuerte. Ver a dos personas de un mismo sexo, sean hombres o mujeres, besándose públicamente y dándose esa demostración tan abierta y franca de afecto, es chocante, por decirlo menos. Es en esta nación en donde uno empieza a cuestionarse, primero, todas estas reacciones que le asaltan a uno mismo y, luego, a reprogramarse cual computadora. Sin embargo, antes uno debe primero hacer un largo proceso de aceptación y de limpieza personal, sobre todo en el plano personal y de patrón mental, de que las cosas deben ser de una forma, de una manera y no de otra. Es un comenzar de nuevo que te demanda este nuevo país, esta nueva cultura, siempre que tú la quieres asumir, si no seguiremos igual, como siempre. La nueva conciencia se debe manifestar para que puedas fluir con todo lo que significa la energía de Nueva York y de Estados Unidos, por extensión. Es así la sorpresa que te causan las diferentes preferencias sexuales en este país. Como decía antes, uno entra a un bar y lo que esperas encontrar son mujeres y clientela heterosexual. Qué pensamiento tan primitivo y arcaico, ¿verdad? Ya aquí dejé o, en todo caso, traté de dejar atrás ese tipo de mentalidad y conducta, de compartir, que ese tipo de cosas no me influyeran más de lo que lo habían hecho en el pasado, en mi tierra natal, en mi Perú. Era necesario cortar con ese pasado arcaico, me refiero a las situaciones acomplejadas, homofóbicas, de sorpresa, de ruborizarse por algo que es tan común y que existe desde que el mundo es mundo, desde que la tierra gira, ¿o no es así?

Otra aspecto de la cultura estadounidense que también me sorprendería mucho sería la facilidad para conseguir droga dentro de las discotecas y bares (sobre todo los fines de semana), y la sorpresa mucho mayor era saber quiénes la consumían. Historias de envidia, traición y racismo abundaban desde aquel entonces: hombres anónimos que se iban temprano a trabajar, de madrugada, y que llegaban tarde a su casa por tener dos trabajos (dos de turno completo o uno de turno completo y otro de turno parcial), y que ya con los niños en la escuela, si los había, la esposa recibía al amante para tener sexo un par de horas diarias, o si no, también el hombre que engañaba a su fiel esposa levantándose cuanta compañera de trabajo podía, es decir, como si fuera una batalla campal, ¡todos contra todos! ¡Aquí se vale todo!, como en la lucha libre, a darle cintura a todo lo que se mueva. Esa es la norma, esa es ¡la ley de la selva! No todo el mundo se involucraba en esto, lógicamente, pero sí es algo que pude apreciar, y que me pareció algo tan lamentable como normal, porque también eso existe desde que el mundo es mundo, desde que la tierra gira y gira; el cuerno, los cachos, la sacada de vuelta, y tantas cosas, o como se dice en inglés, los *cheaters*, es decir, los que son infieles a sus parejas. Así es, son cosas que han sucedido, suceden y seguirán sucediendo con toda seguridad en esta vida. De ahí se inspiró alguien para crear ese famoso refrán "Ojos que no ven corazón que no siente". Ha habido hombres que solo pudieron conseguir una posición de trabajo en el turno de la noche y ahí, oh desgracia, como decía el cómico peruano Tulio Loza, "Oh, oh, tres veces oh", después que se largaban a trabajar, no era extraño ver que llegara otro hombre a calentar su cama y gozar a su mujer toda la noche, o sea, ¡tenía suplente!

Mencioné antes también los matrimonios fraudulentos que se realizan solo para conseguir papeles, los benditos papeles. No, yo no juzgo ese tipo de acuerdos, solo narro los hechos, no estoy descubriendo nada que no se haya dicho antes, que no se sepa. Y seguro, a veces hay que hacerlo, casarse de esa manera, es la única opción que tiene mucha gente para arreglar su situación migratoria y, ¿qué se va a hacer entonces? Muchas de estas personas lo hacen porque casualmente han quedado detrás de ellos, en sus países de origen, sus verdaderas parejas, y entonces es la única manera de poder reunirse con ellas y con sus hijos, si los hay. Por tanto, la única opción para ayudar, y si es posible traer a este país a todos sus seres queridos que quedaron detrás o de ayudarlos de una manera más eficaz, es ese proceso. Sí, eso sucede y se ve mucho o poco, no sé, pero sucede y ¿quién puede juzgar eso? No es acaso eso algo que tenga mucho sentido, todos extrañamos y queremos siempre estar reunidos con los seres que más amamos, pero también valdría la pena decir que varios de estos matrimonios por papeles, de nuevo no sé si pocos o muchos, se llegan a entender y vivir juntos; se tratan un tiempo, se conocen, salen y, sobre todo, se comunican, algo básico en toda relación. Y bueno, el matrimonio "pagado" se vuelve por obra y gracia de Dios, ¡en uno real! ¡Alabado sea Dios! Sí, así sucede muchas veces, será también cuestión de suerte, pues no pasa con todo el mundo, a todos les va diferente, como en la feria. Cuando la gente se casa así, de esta manera, el resultado por lo general será la obtención de los papeles de residencia legal por parte del interesado, y de ahí lo demás es extra, es ganancia o bendición, como lo quieran llamar, es todo una rueda de la fortuna. Las veces que yo lo intenté, no me resultó, no digo el matrimonio por papeles, porque a mí, aun a costa de necesitarlos, nunca me interesó conseguirlos de esa manera. Creo que las mujeres que compartieron mi vida y mi cama el tiempo que fuera, lo pueden decir mejor que yo. Me pueden juzgar, llamar iluso, tonto soñador, romántico, pero siempre creí, y hasta el día de hoy lo hago, que uno se casa por amor, es decir, con la mujer o la pareja que uno ama. Si no, para mí, no vale la pena hacerlo. Así pienso yo, son cosas mías, como el título de la canción de la banda argentina de rock *Los Abuelos de la Nada*.

No diré que los matrimonios durarán por toda la vida, porque la vida ya nos ha enseñado muchas veces que las cosas no son así, eso solo Dios lo sabe. Además creo que uno comparte su vida con una pareja para ayudarla a crecer, desarrollarse y superarse. Se anda un camino juntos por determinado tiempo y después, si las circunstancias de la vida cambian por equis motivos, a veces ese camino se separa, pero lo, lindo es tratar siempre de ser un buen recuerdo, de haber servido de algo útil para tu pareja. Nadie es dueño de nadie, ni de nada, todo pasa y todo perece, entonces por qué ser tan absorbentes, tan demandantes con alguien, con algo que no nos pertenece, sino que de buen gusto, de corazón, ha querido compartir su tiempo o una parte importante de su vida con uno, ¿no les parece? ¿Por qué? ¿Por qué llegar entonces hasta la estupidez enorme de asesinarlas, como sucede con frecuencia? ¿Cómo uno va a matar algo que se ama?

Aquella época de mi vida era pesada y sombría, consumía mucho alcohol, frecuentaba mucho los prostíbulos y trabajaba con papeles falsos. Trabajar en estas circunstancias era como hacerlo en la época de la Colonia, del Virreinato, en las minas, en el socavón minero, desde que sale el sol hasta que se pone. A muchos nos toca así, sobre todo si no tenemos estatus legal, y la necesidad aprieta, solo hasta que la situación mejore, y eso a veces puede demorar bastante. De pronto, un día en que te detienes de golpe, te miras al espejo y te preguntas: "¿Qué pasó conmigo?" Y muchas veces la pregunta llega cuando ya es muy tarde para muchas cosas. El espejo y tu reflejo te muestran una persona diferente, un hombre desconocido, alguien mayor, alguien viejo. De pronto te das cuenta de que ya no eres más un joven y entonces sientes miedo, sí, miedo, porque tu cara, tu cuerpo ya no es igual, ya no es el mismo, has cambiado, y te cuestionas ¿dónde carajo estuve que no me di cuenta de nada, en qué estaba pensando?

Miedo es una palabra importante en la vida, en el vocabulario de un inmigrante ilegal en Estados Unidos y en cualquier país, creo yo, es una palabra clave, el punto es saber cómo la utilizas y te relacionas con ella. Atrás de ti ya no hay nada, no existe nada, así que no mires atrás o te volverás estatua de sal como aquella mujer en la Biblia. ¡No mires! Sigue adelante, no importa cuántos caigan a tu alrededor, cuántos mueran, tú tienes que seguir, por el motivo que sea. Si no lo sabes aún, llegará el día en que lo sepas.

Para un inmigrante sin documentos, sin prestaciones laborales —seguro médico, días pagados por enfermedad, periodos vacacionales pagados, plan de jubilación—enfermarse sería un lujo. Sin ganar dinero no existimos, estamos muertos, y confió en Dios que algún día llegará mi "resurrección" (mi residencia legal permanente) y la de todos mis hermanos inmigrantes que están en la misma situación legal que yo. Alabado sea Dios por ese día que espero. Puedo aplicar aquí una famosa frase del líder por la lucha de los derechos civiles en los años 60s, el Reverendo Martin Luther King Jr.: "He visto la tierra prometida...No temo a ningún hombre. ¡Mis ojos han visto la gloria de la venida del Señor!"

Por tanto, no vale enfermarse aquí, todo es caro, las medicinas, la consulta médica, y otros gastos. Existe la ayuda de la asistencia social en algunos hospitales, pero viendo cómo se quejan en este país de nosotros, no vale la pena ni molestarlos. ¿Para qué? ¿Para que se pongan a hablar más mierda de uno? ¿De los inmigrantes? Para un gran sector de la población y el gobierno de Estados Unidos, nosotros somos la causa de todos los males de este país; por nosotros el país está jodido, por nosotros hay crisis, por nosotros se comienzan las guerras en Afganistán e Irak, por nosotros los hijos de puta de Wall Street ven descender la Bolsa de Valores y luego necesitan que el gobierno los rescate.

Se acusa al trabajador indocumentado, incluso al migrante que tiene estatus legal, de venir a quitarle el trabajo a los ciudadanos, pero ¿dónde carajos se ve a un anglosajón o afroamericano remover alegremente la mierda de los inodoros o recoger cosechas de sol a sol en este país? Es ese el trabajo que reclaman, porque si quieren muchos se los pueden devolver y con ¡toda la mierda incluida! Desagradecidos hijos de puta, qué creen que a la gente le gusta hacer esto, agarrar la mierda, los papeles con mierda y en muchos casos hasta con la propia mano. No pendejos, aquí todos los inmigrantes, o casi todos, la gran mayoría del centro y sur del continente americano ha venido a trabajar, y muy duro, a sacrificarse, a no pedir nada regalado, a ganarse la vida honradamente, con su propio sudor. ¿Que por qué no nos quedamos en nuestros países? Nos encantaría, pero lamentablemente la corrupción política reina en ellos, y muchos de esos presidentes, gobiernos y oligarcas en nuestros países, también sirven a los intereses extranjeros, y que si investigamos bien tienen mucho que ver con el gobierno de Estados Unidos, es decir, desde aquí se fomenta y se genera toda la corrupción de esos hijos de puta y rateros que nos infestan en nuestros países, así que todo está conectado. No se sorprendan de por qué vinimos porque desde aquí desestabiliza y genera toda la mierda de crisis que se vive en nuestros países, así que no nos crean tan pendejos.

Nosotros no venimos a los Estados Unidos a quitarle el trabajo a nadie, venimos a trabajar duro para sobrevivir y ayudar a nuestros seres queridos que están en nuestros países. ¿O creen que a nosotros nos gusta abandonar nuestro país para venir a jodernos acá? ¿Qué nos gusta venir a jodernos la vida por puro gusto? El derecho del hombre a buscar su felicidad donde quiera que este considere que se encuentra es algo que figura en muchas constituciones del mundo, es un derecho inalienable del ser humano, y a nadie se le puede privar de él, por eso somos seres libres e independientes y no esclavos, aunque algunos lo parezcan y se sientan así. Si en tu propia patria te cierran las puertas, no tienes opciones, si no ves otra alternativa que irte de tu país, pues hazlo, pero nunca piensen los que se quedan atrás que esto es fácil, el precio que se paga es alto, y ¿saben algo? Muchas veces no vale la pena, así es que si no te dejan alternativa, lárgate, vete de tu país y eso sí, que nadie te señale con el dedo que te fuiste porque querías o porque no amas a tu tierra, no, tú tienes que vivir o, en cualquier caso, sobrevivir de alguna manera. Si incluso los animales del campo hacen hasta lo imposible para darle de comer a sus crías, a sus cachorros, a ellos mismos, ¿cuánto más no haremos nosotros? Entiendo que siempre habrá gente que nos señalará con el dedo cuando algún día (eso espero) tengamos que volver al terruño amado, eso es innegable. Nunca faltan chismosos y juzga-vidas que se dediquen a eso, son chismosos de profesión. Ustedes juzgan, pero ¿quién los juzga a ustedes pendejos, a ustedes que señalan a todos los que emigran? Nadie sabe lo de nadie, aquí cada gente por humilde que sea o parezca, tiene una historia que contar y con toda seguridad será única. Así es, si en tu tierra no te dejan vivir, ya sea por la crisis económica, los guerrilleros, los terroristas, la familia, tu pareja, tus ideas políticas, tu religión, tu preferencia sexual, entonces hay que irse a donde uno considere que se encuentra su felicidad (¡frase prestada de mi amigo Papalote!)

Te vas porque tienes que sobrevivir de alguna manera, por instinto de supervivencia, no es culpa, es más, si en aquella época todos hubieran podido viajar fuera del país, lo habrían hecho, el país se hubiera quedado vacío seguramente, esa es la verdad. Ese Perú se murió, no, —corrección— no se murió, lo tienen secuestrado todos esos hijos de puta que cada cinco años asumen la presidencia, se la turnan entre ellos, cada cinco años cambia de mano, pero es la misma mano, la de las grandes corporaciones, la mano de la Confederación Nacional de Empresarios del Perú (CONFIEP), la oligarquía peruana y, lógico, el capital extranjero. El Perú está vendido a intereses foráneos desde hace ya muy buen tiempo. Los presidentes que entran a tomar el poder son solo figuras decorativas, no gobiernan nada, son solo administradores de una propiedad ajena. Por eso es por lo que mucha gente optó por irse del país, porque ya no creyeron más en cuentos chinos (¡sin alusiones personales!) —o japoneses debería decir mejor— por eso nos fuimos, en mi caso como consecuencia de la mierda de gobierno de Alan García Pérez (primer gobierno, bueno hay que llamar a aquello de alguna manera).

Mucha de la gente que llega a Estados Unidos ha dejado detrás de ellos familia, mujer e hijos, y entonces, una vez acá, tienen que abrirse paso a como dé lugar. Muchos caen en el camino equivocado, se van por el delito, mientras que algunas mujeres pueden fácilmente caer en la prostitución (no faltan las "buenas amigas" que se lo aconsejan), y otros caen en el vicio de las drogas, ya sea como traficantes o consumidores. Lo importante aquí es mantenerte siendo como tú eres, te puedes asimilar, pero no caerte, ni rendirte, no claudicar en tus sueños; eso es básico y fundamental. Hazles creer a los que te subestiman que te vencieron, y una vez que se den la vuelta para dejarte solo, les sacas el dedo medio de la mano, para mostrárselos. De eso se trata aquí, de hacerles creer que te tienen dominado, vencido, derrotado y después ruges cual fiero león. Demuestra con tu esfuerzo y tu trabajo quien tú eres.

También vale mencionar otro punto igual de importante, pero al que casi nunca se le para bola: el hecho de criticar o simplemente opinar de algo que a uno le parece equivocado por parte del gobierno de este país, en política interna o exterior, eso es algo innegable. No faltan por ahí aquellos que se creen "más gringos que los propios gringos", o sea, tú no puedes opinar de ninguna cagada que se mande este país, porque inmediatamente surge algún huevón a decirte: "¿Por qué usted no se va de aquí? ¡Váyase ya! ¡Está aquí y encima viene a criticar!" ¿Qué es esto? Intolerancia. El hecho de que uno viva en este país no significa que le vas a apañar a este gobierno todas sus mierdas. ¿Qué hacíamos entonces cuando en nuestra tierra natal alguien de la familia nuestra se metía en problemas, se descarriaba, como se dice por allá. ¿Qué hacemos? ¿No le hablamos acaso? ¿No tratamos de saber a qué se debe su comportamiento? ¿No tratamos acaso de decir algo para arreglar las cosas? ¿Es que acaso en nuestra casa o familia, si vemos que alguien está haciendo algo mal, no decimos nada? ¿No lo aconsejamos? ¿No expresamos nuestra opinión? ¿O sea que ahora hasta eso nos quieren prohibir? ¿Qué no podemos exteriorizar nuestros sentimientos y emociones con relación a este país? Uno no es un agachado, aunque haya mucha o poca gente que lo sea, uno tiene derecho a expresarse, a decir su opinión libremente. ¿No tienes papeles? Igual, opina, abre tu boca, di algo, da tu parecer, sin miedo ni complejos, cuestiona, protesta, indígnate, di lo que está mal o lo que tú consideres que no es justo o correcto. Que no te intimide ningún hijo de puta racista *redneck* (pueblerino racista blanco), o peor aún, que no te intimide tampoco alguno de esos renegados hijos de latino nacidos en este país, que son primera generación de estadounidense, que reniegan de la sangre de sus padres y antepasados. Esos son escoria, parias, malnacidos que no merecen tener historia, ni antepasados, y que ya se vendieron hace rato, por dinero, por querer ser lo que no son ni nunca serán, blancos, gente de raza blanca, caucásicos. Ellos desean fervientemente adaptarse a esta nación, y si pudieran eliminarían cualquier rastro de sangre latina de sus venas, así de malnacidos son. Señalan con el dedo a sus hermanos de raza, pero que nadie hable mal de ellos. Aquí les cae a todos los que nacieron de unos padres que vinieron de algún país de América Latina, y después que se metieron quieren cerrar la puerta para que no entre nadie más. Son unos enormes comemierdas que no rajan ni prestan el hacha, que creen que lo que hay aquí es solo para ellos. Estos ya están muertos desde hace mucho tiempo atrás, aún no se han enterado, pero ya se murieron, porque están muertos del alma.

14

Corre Carlos, Corre

AQUELLOS AÑOS TURBULENTOS DE MI VIDA DE 1993 A 1997 FUERON AÑOS locos, de buscar chuchas, sexo, mujeres y de borracheras sin fin, o como los llame cada uno de ustedes de tantos diferentes países, para luego ir a trabajar, trasnochado y sin haber descansado, ni comido. Yo y algunos amigos aún llegamos a gozar de aquel Times Square en donde se veían prostitutas, *go-go girls* y caficnos parados en las calles y en las veredas de Manhattan ofreciendo su mercancía al mejor postor, es decir, a las mujeres que trabajaban para estos proxenetas. Eso era Manhattan, o esa parte de New York, un gran burdel en donde por un par de monedas podías ver a una mujer bailar desnuda a través de un cristal. Entrabas y te sentabas en una especie de cabina telefónica (sin teléfono, se entiende), y ahí aparecía la chica, que por unos minutos nos iba a satisfacer y hacer volar nuestros deseos sexuales. Muchos lógicamente se masturbaban dentro de aquellas cabinas, le enseñaban el miembro viril a la chica que le tocaba bailar, terminando con las obvias consecuencias. Después tocaba tu turno y entonces al entrar a la caseta veías lo que había dejado el pajero anterior. Así era esa Sodoma y Gomorra que llegué a conocer, el paraíso de los arrechos. Todo eso cambiaría con Rudolph Giuliani, un fiscal general que en 1993 se postuló para alcalde de Nueva York, y que por aquellos años ganó mucha notoriedad y también la elección ciudadana. Giuliani fungió como alcalde de 1994 a 2001.

Aparte de Times Square, otro de los lugares preferidos de los hispanos que viven en el área tri-estatal, formada por Nueva York, Nueva Jersey y Connecticut, eran los parques (¡mentira!, bueno, a no ser que fuera domingo y estuvieras jugando un campeonato de fulbito relámpago). Ese sitio predilecto de los arrechos latinoamericanos en Nueva York era en realidad Jackson Heights, en Queens, un lugar clave, porque a diferencia de la Calle 42, ahí no necesitabas saber hablar ni un carajo de inglés, ya que todos, absolutamente todos, eran hispanos o latinoamericanos, como prefieran ustedes. ¿El lugar? ¿La calle? Era la famosa Avenida Roosevelt, en donde la rumba comenzaba desde la Calle 73 o 74, hasta por lo menos la Calle 111, así era, ¡casi 40 calles de putería y perdición!, y por supuesto que también había casas y gente decente, pero esa era la realidad, y ¿qué íbamos a hacer al respecto? Nada, solo gozar el momento, eso era todo. Aquel lugar en Queens era el sitio perfecto para que la gente mitigará sus urgencias sexuales, su arrechura, su bellaquera o como la llamen en otros lugares de nuestro bello y jodido continente. Para saber dónde quedaban todos estos lugares no había que hacer nada del otro mundo; solo bastaba con ser bien observador y estar atento. Si estabas "pilas", ibas a ver aparecer gente de casas que solo eran tranquilas y decentes de apariencia, pero que en realidad eran puteros, chongos, casas de citas, casas de lenocinio, o sea, prostíbulos. La gente entraba y salía de estos lugares como en su casa, con toda comodidad y sin apuro. Así era ese ambiente clandestino en aquellos días, ni más ni menos, pero recuerden que «*Todo tiene su final, nada dura para siempre, debemos de recordar, que no existe eternidad*», como dice la letra de la canción *Todo tiene su final*, escrita por el músico Willie Colón e interpretada por el salsero Héctor Lavoe.

El alcalde Rudy Giuliani vino a acabar con todo eso. Él, con todos sus secuaces, se encargó de traer tranquilidad a esos vecindarios neoyorkinos. Giuliani, aun siendo él mismo de raíces italianas, combatió con todo lo que estaba en su poder a las mafias, muchas de ellas italianas, que se dedicaban a toda esta trata de blancas, prostitución y tráfico de drogas, entre otras actividades criminales. Las medidas enérgicas del alcalde llevaron al escrutinio de los clubes nocturnos y de otros lugares que operaban como tales, pero que no tenían licencia de cabaret. Después vinieron las multas y las redadas policiales. Entonces, para mí, fueron muchos los casos de escapes "milagrosos" que protagonicé en aquellos tiempos. Había llegado la hora de correr, escapar, saltar muros y rejas, y correr, siempre correr y seguir corriendo, sin mirar si atrás de uno venía la policía o no. Me decía a mí mismo, "Solo sigue corriendo Carlos, y no voltees a mirar atrás". Era lo mejor y más seguro de hacer, más aún luego de que cambiaran las leyes y que quedaran más de uno preocupados por lo que se vendría después. Con Giuliani, ya no solo serían procesados legalmente los caficbos y gente que regenteaba las casas de citas, sino también los clientes. Antes de eso, la gente que se le atrapaba en un prostíbulo quedaba libre, se le soltaba, se le decía que se fuera. Con los nuevos cambios no, ahora todos tenían que ir a las cortes a pagar una multa y comparecer ante el juez. Eso generó descontento en aquel entonces, y en la actualidad a muchos les ha venido a fastidiar la vida, porque ahora por tu arrechura vas a tener que pagar los platos rotos de toda esta gente. Sí, porque por las nuevas leyes, el cliente pasa a formar parte de un negocio ilícito, en donde con su arrechura fomenta el tráfico de blancas y la prostitución, o sea, según la legislación actual, el cliente de un prostíbulo ahora es cómplice de un crimen, ni más ni menos.

La prostitución a gran escala o, en todo caso, la que se realizaba de manera descarada en la ciudad de Nueva York, se practicaba de forma escondida y disimulada, pero al entrar Giuliani a tomar las riendas de la alcaldía cambió todo esto. Él ya conocía todo esto muy bien, había sido como fiscal un enemigo declarado de las mafias de Nueva York, aun siendo él mismo italiano combatió al crimen organizado, que eran en gran número administradas por sus paisanos italianos. De esta manera, comenzaron a arreciar las redadas sorpresivas a los prostíbulos, lo que puso fin en gran medida al ejercicio abierto de esta antigua profesión.

Una cosa que aprendí de estas aventuras puteriles fue que la persona encargada de cobrar el dinero por la atención de las chicas (de hecho podía ser hombre o mujer), y quien a fin de cuentas tenía todo el dinero del día, se convertía en la persona más buscada a la hora de las redadas policiales. Su cabeza tenía un precio alto y, sobre todo, era la que cargaba con toda o gran parte de la responsabilidad en esta acción. Eso lo aprendí bien rápido y me sirvió mucho para poder escapar en varias ocasiones de las redadas policiales. Era sencillo, todo lo que tenías que hacer, después de atenderte con las chicas, léase darte un polvo, era fijarte bien en dónde se ubicaba la persona que cobraba el dinero. Esta persona, por lo general, depositaba el dinero en un sobre en algún lugar con todo el dinero recaudado, y quien sin lugar a ningún tipo de duda, iba a tener una ruta de escape predeterminada, diferente a la de los demás, para que en caso de una intervención policial saliera de una corriendo y darse a la fuga con el dinero. Eso era siempre así, él o ella, nunca se escapaban por donde corría todo el mundo; ellos tenían una salida diferente puesto que no podían caer en manos de "la chota". Saber y tener conciencia de eso me ayudó siempre a librarme de que me atraparan en aquellos lugares; eso nunca me falló. Las autoridades entraban o trataban de romper la puerta desde afuera, gritando: *"Police! Police!"* Inmediatamente, al oír esto, la persona encargada del dinero arrancaba de una y yo detrás de ella. Nadie se metía, ni el que cuidaba la puerta, nadie; lo que importaba era escapar, fugarse, y en eso, cada uno cuidaba su pellejo, libraba como podía. Eso me lo grabé pronto en la mente: *"Police!"* Y a correr detrás del que tiene la plata. Sí, ese era tu boleto a la libertad.

Una vez sucedió una de las más peligrosas escapatorias. En realidad, ahora que lo pienso, quizás no debía de haber corrido, pero ¿cómo podía evitarlo? Yo no quería arriesgarme a que me ficharan en este país, ni que me arrestaran por ningún motivo o razón, no si podía evitarlo, pero por otro lado, no podía evitar visitar estos lugares. ¿Cómo se puede evitar tener una excitación sexual? ¿Acaso todo el mundo es *sex simbol* para tener sexo con muchas chicas? Me imagino que por eso muchas personas aquí se relacionaban de alguna manera muy rápido, porque a ver, seamos francos, les gustaba una mujer, la cortejaban, la enamoraban y a la primera que podían se encamaban con ella. ¿Pero es eso acaso amor? ¿No estaremos confundiendo el amor con el deseo sexual? Decía que una de las veces más riesgosas fue una vez en que en lugar de correr y escapar, nos tuvimos que quedar dentro del lugar, escondidos, y digo escondidos porque no estaba solo. Después uno piensa y dice, para qué corro ¿y si estos huevones me disparan? Sí, porque Estados Unidos es la sociedad del gatillo alegre, ¿o estoy descubriendo la pólvora acaso? Me puse a pensar, ¿no sería acaso posible que yo recibiera un balazo en la espalda por estar corriendo al escapar de estos lugares clandestinos? Espérate, yo no iba a morir por solo conseguir una chucha, por un simple polvo. En fin, aquella ¡fue una correría!, una de las últimas en una casa de citas. Corrí, pude esconderme dentro del lugar y ayudé a esconderse también a un compañero de correrías sexuales, un ecuatoriano creo yo, a quien no conocía pero quien también estaba en aquel lugar sosegando sus urgencias sexuales. Lo jalé de un brazo y lo escondí donde yo me encontraba; creo que me conmovió su rostro lleno de angustia.

—Gracias hermano —me dijo. Tú no eres quien para saberlo pero hoy día recibí mi tarjeta de residencia de este país, y solo vine a celebrar un rato.

Lo miré y solo se me ocurrió decirle:

—No te iba a durar ni mierda el gusto, hay que ser bien huevón para arriesgarse de esa manera amigo.

Fue a partir de ahí cuando todo comenzó a cambiar de alguna manera para mí. Comencé a serenarme, a tranquilizarme y a pensar en conseguir o tratar, en todo caso, de tener una novia ¿Yo, formal? Pensé, ya estuvo bueno de tanta mierda, además una mujer siempre hace falta en la vida de un hombre, en la mía es así. Para qué nos hacemos los huevones nosotros los hombres, si es la verdad ¿o no?

Cambiando de tema, el fútbol, sobre todo seguir a mi selección peruana y en especial al Sporting Cristal, mi equipo de toda la vida, siempre fue algo que traté de mantener. Siempre que podía iba a observar los partidos de la Celeste (así le dicen al Sporting por el color de su camiseta). Hacer esto era toda una odisea, ya que para verlos había que ir a sitios que contaran con circuito cerrado, *Pay-per-view* (Pago por visión) y ¡toda esa huevonada! Es decir, había que gastar y a veces hasta jugarse la vida por solo darse un gusto de hora y media. Lo de jugarme la vida lo digo porque, en mi caso, tenía que ir hasta Newark, una de las ciudades más peligrosas de esta nación. Estadísticamente, está cerca de la cima en cuanto a las tasas más altas de asesinatos, violaciones, robos, asaltos, robos y robos de automóviles en Estados Unidos. Newark es una ciudad con un gran número de afroamericanos, y no es que todos ellos sean violentos o malos, pero las estadísticas de delitos que se cometen ahí no mienten. De modo que ir a esa ciudad a ver tus partidos de fútbol, significa que tienes que cuidarte como puedas, porque podían ser los últimos juegos de fútbol que verías en toda tu vida. Suena dramático, pero así era todo aquello, y encima salías de esos lugares prendido, ya que no ibas a ver el juego en silencio y sin beber nada, como pendejo. Al peruano, como a mucho latinoamericano, le gusta darse su cerveza para disfrutar del juego, y así es y tiene que ser. Llegar a Newark no era problema, el verdadero problema era al salir. Había que "salir en mancha", como decimos en Perú, es decir, en grupo. Si te quedabas rezagado, ¡qué Dios te coja confesado! Eso sí era bravo si salías vivo de ahí, es que eras Rambo o algo así. Y no solo era el robo, aquello venía acompañado de una reverenda y santísima verguiza, ¡como dicen los amigos aztecas! Es decir, en buen peruano, los "grones" de Newark ¡te sacaban tu mierda! Y bien sacada ¡por si acaso! Si veías transmisiones de juegos de fútbol en una zona que no fuera eminentemente latina, hispana, es que te estabas jugando la vida, había que ser muy valiente, muy fanático de tu equipo, loco o de plano era ¡que te querías morir! Así de bravo era todo aquello. En Newark, cuando cae la noche, la policía deja de patrullar la ciudad por su propia seguridad. Cómo será de bravo allí que la propia policía de la ciudad les dice a los dueños de negocios que tengan cuidado cuando es tarde en la noche, y que pongan seguridad y rejas, porque ellos no se dan abasto para proteger a toda la ciudad, y encima con el recorte de personal policial, mucho menos. En mi caso, nada de eso me importaba por darle aliento y fuerza a mi Celeste de toda la vida; siempre lo hice y lo seguiré haciendo mientras viva, Dios mediante claro. Uno es como es, y ese club es mi pasión, y una pasión ¡es una pasión!, como dice el personaje de Guillermo Francella en la galardonada película argentina *El secreto de sus ojos*, ganadora del premio Oscar en la categoría a mejor película extranjera en 2009.

Alguna vez me tocó boxear sin previo aviso, ya que había que defenderme de algún ataque, y lo hice ya sea por ver el fútbol o el box. Sí, de pronto el box se salía de la pantalla gigante, se volvía real, y te encontrabas boxeando ¡sin nadie haberte anunciado a ti en la cartelera y sin previo aviso! ¡Ya! ¡De una huevón, pelea, o te rompen el alma! Alguna vez cuando la Celeste jugó contra el Emelec del Ecuador, me tocó llegar a la salida a sillazo limpio, no había otra manera. Uno no la empieza, pero no había otro modo, era todos contra todos, ¡ve tú a saber cómo comenzó todo! Solo defiéndete y, sobre todo, ¡arranca! ¡Fuga! En aquella década de los 90, solo el Cristal sacaba cara por el Perú, la selección nacional era una desgracia, una lágrima, ya que nunca se trabajó en serio, a largo plazo, como lo hacen en otros países. En Perú todo siempre se dejaba a la improvisación, a la suerte; no trabajo, no seriedad, no responsabilidad, no disciplina, y así ¿cómo carajos pensamos que vamos a clasificar a un mundial de fútbol?

Dejando el tema del deporte, decía yo en el capítulo anterior que la droga era fácil de encontrarse y de consumir, porque no tenías que ir a hasta Nueva York. En cualquier bar o discoteca de Nueva Jersey se podía encontrar. En uno de esos bares conocí a un hombre que apodaban "Panamá". Él era buena onda, amigable, buen conversador, lo mismo te hablaba de fútbol que de boxeo, de basquetbol que béisbol, en fin, era una enciclopedia. Bailarín como él solo, de unos 50 años o quizás más, pero con un recorrido inmenso en la vida, y sobre todo en estos lugares de vida nocturna. Panamá me presentó a "el Indio", un causita que movía una parte importante del tráfico de drogas, de la venta y de toda la movida de aquella época, ese era él.

Con algo de dinero te podía conseguir lo que tú quisieras, de merca se entiende, y de la buena. Indio tenía una hembrita bien rica, linda cara y bien culoncita. Nunca compré de lo que el Indio vendía, nunca consumí la droga, pero a veces ser bocón y presumir ayuda un poco, y más si eres del Perú. *"Peruvian cocaine, my friend, the best of the planet"*, sería una frase en inglés que repetiría varias veces, pero más que todo para ser aceptado por la mancha, por todo el grupo con que *hangeaba* (pasaba el tiempo) en Jersey City.

El Indio era una especie de Al Pacino latino, alguien así como el personaje *Caracortada*, no tenía más de 30 años, conducía tremendo carro de doble tracción (lo cambiaba cada semana por razones obvias), bonita mujer e hijos, joyas por doquier, alrededor del cuello y en los brazos, y un diente de diamante (lo dije, ¡un personaje!). El día que nos presentó Panamá, dijo:

—Yo siempre lo he visto aquí, bebiendo, jugando billar, pero él no habla, no dice nada este *man*, ¡vaya qué es callado, coño! Ah, solo lo veo hablar con la flaca. Me imagino que ellos dos se gustan porque solo habla con ella, espero que ya le esté dando —agregó el Indio, soltando una carcajada que sobrepasó la música del lugar.

La "flaca" era Wanda, una chica boricua que era cantinera y que me traía loco. Al verlo reír pensé para mí, "risa de pirata tiene este huevón".

—No me sabía esa —respondió Panamá sonriendo. O sea que te estás conquistando a mi flaquita, ¡a mi sobrina! (no lo era, lo decía de cariño Panamá).

—Puta madre, este ¡sí qué es peligroso! No parece, es callado, pero ¡ya se está raspando a la más bonita del lugar! —dijo el Indio.

—¿Ya terminaron de hablar mierda? —dije, yo solo sonreía.

—Toma, un regalito —me dijo el Indio extendiendo la mano.

—Tómalo mi pana —agregó Panamá.

—Es de la buena, Perú, disfrútala —añadió el Indio y se alejó.

—¿Qué es Panamá? —pregunté.

—¿Qué crees que es, carajo? Coño sobrino, despabílate, eres bueno para zingarte a las hembritas pero todavía te falta, tienes que soltarte más. Le caíste bien a mi panita Indio y te invitó un poco de su merca, es buena por si acaso. Ahora vete al baño.

—¿Para qué?

—¿Cómo que para qué? Para que la pruebes, pues para qué va a ser? Puta madre, que no pareces peruano, ¡carajo! ¿No que decías que sabías cantidad de la merca?

"Ah, ya me acordé", pensé para mí. Yo y mi bocota de nuevo, quién me mandaría a hablar tanta mentira, en fin, había que seguir con la farsa.

—Ok, ya regreso viejo —me alejé con dirección al baño llevando el pequeño sobre que me había dado el Indio. Al cruzar el bar miré de casualidad, y el Indio seguía en el lugar, no se había ido aún. El lugar comenzaba a llenarse y el aire se llenaba con la música de los cantantes Marc Anthony y La India, cantando la canción *Vivir lo nuestro*. De reojo vi a Wanda que ya había llegado y estaba en el mostrador, me sonrió y le guiñé el ojo. "Hoy día es", creo yo me dije. Entré al baño, la cosa no era más que darse un tiro, y bien rápido, nada del otro mundo, nada que no se hiciera todos los días o, en todo caso, todos los fines de semana en aquel lugar. Rápido, no había tiempo que perder, uno nunca sabe quién puede entrar a los servicios y entonces sí, es preferible evitar a los sapos, sí señor. Pues ahí vamos ¡no hay que pensarlo dos veces! Abrir la pequeña bolsa, entonces luego doblar un billete, tomarlo por la esquina y darse un buen tiro. ¡Yaaaaa!

Ya una vez había experimentado con algo así, había sido en mi país y cuando recién perdí a mi viejita. Cuando ella había acabado de fallecer, sí, aquello fue un dolor muy grande, y la experiencia fue con mariguana. Está demás decir que nadie debe intentar usar drogas, estas son solo un escape, no sirven de nada y solo te destruyen. Por favor sigan ese consejo, nunca caigan en ellas, y si ya les pasó y lo hicieron, busquen ayuda, nunca es tarde ni está demás.

Salí del baño y volví donde se encontraba Panamá, que también quería algo.

—¿Quedó un poco o se fue todo?

—Quedó un poco ahí —le dije mientras le entregaba el billete bien doblado.

—Ya vengo mi pana.

Me quedé solo en el bar, como dice una canción. Entonces un minuto, dos minutos, tres minutos, y nada, nada de nada, sí, es verdad, no me pasaba nada, no me iba de este plano terrenal, no me iba volando, no emprendía ningún viaje. Fue exactamente igual como aquella vez en que mi querida madre falleció, aquella vez fue con mariguana, pero igual nada pasó, no me hizo efecto, por el motivo que sea no me hizo efecto, hasta me sentía más consciente. Por la razón que sea, la droga no hacía efecto en mi cuerpo, en mi organismo, en mi cerebro. Era un adicto en ciernes, pero ya de ¡arranque frustrado! El colmo, más mala suerte no se puede tener, ¿verdad? No hay una explicación lógica, o quizás la haya, pero yo aún no la sé, la desconozco.

En fin, gracias a Dios, todo aquello me importó un carajo. Yo no era, ni nunca he sido, un drogadicto, esa es la única verdad. Yo solo lo hice aquella primera vez como diversión, escape, por experimentar, por todo mi dolor tan grande en mi primera experiencia en Perú, pues fue al morir mi madre. Acá, fue por solo pura paja, por querer pertenecer a un grupo, a los amigos, bueno, dizque amigos, aquí no hay amigos. Si tienes suerte por ahí unos dos o tres, y considérate afortunado, así que no creas en cuentos chinos.

Después de ese cantazo en el bar no sentí nada. Además no podía desairar al Indio, al nuevo "amigo", pero como, repito, gracias a Dios, no me hizo ningún efecto, fui afortunado, debo admitirlo. Si hubiera hecho efecto en mí quizás no hubiera llegado a escribir este libro. Nunca he sido adicto a nada, no he tenido ningún vicio, quizás ser putañero si me quieren señalar aquellos que le gustan señalar. Pero en sí, adicciones de algo nunca, no sé, soy así, de esta manera, no desarrollo adicción, y es mejor. Tengo fuerza de voluntad para romper cualquier situación que me quiera encadenar o esclavizar, es bueno ser así. A mí eventualmente no me costó mucho esfuerzo dejar el ambiente nocturno de los bares, ni las drogas (ya expliqué que aquella única vez fue debut y despedida, ¡gracias a Dios!). Así fue, no necesité de años para darme cuenta de que eso solo le iba a afectar a mi salud. Tengo una anécdota acerca de eso, y para esto viajo de nuevo al tiempo presente. Un buen día que estaba muy caluroso en Jersey City entré a un bar al que solía entrar muchas veces para darme una fría, y de pronto, ya adentro de aquel lugar, como si estuviera en un túnel del tiempo, comencé a ver a todos los clientes, sentados en el mismo lugar en que ocupaban antes, pero esta vez todos más viejos, más cansados, canosos, más viejos. Era como si el tiempo hubiera y no hubiera pasado. Vi a todos los mismos clientes de aquel lugar tal y como los había dejado años atrás, en sus mismos asientos y lugares, y ahora de pronto, en este presente, los veía de nuevo, pero esta vez a todos ya más acabados. Fue una especie de déjà vu a lo "Briagoberto", es decir, ¡Déjà vu entre borrachos! ¡Qué experiencia, carajo! Fue como entrar en un museo, pero museo de los condenados, y condenados al vicio de beber, suerte de museo del terror.

Años más tarde, alguien me dijo que aquel Indio que yo conocí recorría las calles de Jersey City cual fantasma, como si fuera alma en pena. Lo hacía tarde de noche, de madrugada, algunos lo veían pidiendo un trago, otros buscando que comer en los basureros. Triste final para alguien que pareció alguna vez como un personaje de telenovela o de película policial, pero película al fin de cuentas, tuvo un triste final. Quién lo diría, el hombre de las cadenas de oro, de los coches lujosos, de las buenas hembras. Al parecer, algún hijo de puta, algún competidor, le dio a probar una droga adulterada, y al Indio, a quien le gustaba probar toda la merca que vendía, esta vez la suerte lo abandonó; se le fue la mente y nunca más volvió o, en todo caso, nunca más fue el mismo. Triste final. No lo creí, y unos años después en un bar de Jersey City, cuando yo ya había bebido bastante, lo vi entrar. No me reconoció, me pasó por el lado, fue al baño y luego salió. Traté de hablarle pero no pude. Me quedé mudo por unos minutos, qué carajos le iba a decir. Sí, el pobre estaba todo jodido. ¿Qué le hubiera dicho? ¿Qué le habría podido decir? Nada, de seguro que ni me iba a reconocer. Solo miré alrededor buscando una cara de entre toda la clientela que me indicara que él era el Indio, hasta que un rostro de mujer pasó delante mío y me dijo:

—Sí era él. Lo llevaron a Puerto Rico, pero no funcionó, él ya se fue de este mundo, solo quedó su cuerpo.

Entre muchos de los casos de inmigrantes que he conocido en Estados Unidos, está el de Casimiro, quien trabajó conmigo en una de tantas cocinas en las que yo he laborado. Recuerdo una ocasión en la que Casimiro estaba crudo después de haberse emborrachado, pero ¿y qué? Eso no le hace daño a nadie, lo hacía con su dinero, con su plata, eso sí, él nunca había dejado de trabajar en todos esos años que ha estado aquí en los *Yunaites*, pero ahora había un motivo, una idea, un pensamiento por el cual sacrificarse y luchar. Alguien quería venir al norte y se contactaron con él, era alguien de su pasado y cercano a sus afectos, entonces era imposible decir que no, había que ayudar al hermano de esa persona a llegar aquí, pero ¿a ese chamaco? Sí, solo tenía 18. No importaba, al fin y al cabo aquí viene gente de todos los países y de todas las edades. Entonces, ahora sí se tenía que poner a chambear en serio, carajo. ¡Aunque solo fuera por esta única vez! El costo era de siete mil 500 dólares por la traída del chamaco, sí, todo cuesta en la vida, pero más en Estados Jodidos, perdón, ¡Unidos! La verdad, después de la elección de Donald Trump como presidente de esta nación, decir eso es una broma cruel o una burla, sin duda alguna. No llegué a saber si Casimiro logró traer a este joven pero si así fue, ahí de nuevo habrá comenzado un nuevo ciclo, una joven vida que trataría de abrirse paso en este país o quizás sucumbiría en él y con ello sus sueños de ¡superación, triunfo y éxito en la vida! ¡Dale, amigo sin rostro, sin nombre, a quien no conocí, pero que sin importarme eso en lo más mínimo, te deseé que triunfaras o, en todo caso, que buscaras lo que te hiciera feliz, lo que te saliera de las bolas y que realizaras tus sueños! ¡Fuerza inmigrante!

Como conté antes, aquí es duro cuando no se tienen papeles, obligado tienes que conseguir papeles falsos, pero cuando no hay chamba, ni dinero, ¿cómo comprarlos? Y si no hay dinero no comes ni tienes techo. Mi vida aquí en este país no es ejemplo de nada, yo solo he visto por mí, a nadie le importa tu vida, la gente te pasa por el lado y siguen como si nada, tú no eres nadie, y sin papeles menos, eres invisible, no te olvides de eso. Yo podré ser considerado un inconsciente e inmaduro, y seguramente estarán en lo correcto, pero si hay algo en claro, es decir sí lo había, era que en todos esos y estos años yo nunca quise ni me dediqué a joderle la vida a nadie, ni a perjudicar a nadie. Eso es algo que yo sí puedo decir. En aquel tiempo hubo gente que habían dejado atrás hijos, familia, casa, padres, y que habían llegado acá con hambre de todo, de triunfar, de salir adelante, algunos con integridad y decencia, otros pasando por encima de todo el mundo. Muchos cambiaron su presente trabajando, casándose por papeles o de verdad, pagándole a ciudadanos(as) sin pensarlo dos veces para un matrimonio arreglado, no como yo, que como todo soñador, soy un loco e iluso, que aún cree que la gente se casa solo por amor. Quizás otros me hayan sacado una enorme ventaja en esta vida por lograr muchas más cosas que yo, y encima en tener como yo el mismo tiempo en esta gran nación, pero me pregunto yo, ¿es que acaso estamos en alguna competencia? ¿En alguna carrera y yo no me he enterado? ¿Alguna maratón quizás? ¿De quién tiene más que el otro? Y el otro pueden ser tus amigos, vecinos y hasta tu propia familia. No, no lo creo, yo en todo caso no la entiendo así. Para mí la vida no es una guerra o competencia deportiva como la viven y asumen otras personas en este país. Que si tú tienes un carro, ellos tratan de tener dos, que si tú compras una casa, ellos también se la compran, que si tú te vas de vacaciones, ellos también se van de vacaciones, no una semana como tú, sino dos, ah, sí, porque nada puede ser igual a lo que tú logras, sino superior, esa es la huevada, tienen que superarte, nada puede ser igual. ¡Qué carajo! Uno no se cansa de ver ni de sorprenderse de ver esto tan a menudo, no sé si solo en la comunidad latinoamericana, o en las otras comunidades también, ¡es una jodienda coño!, para ponerle un poco el toque caribeño a esto. ¿De dónde viene todo este comportamiento? ¿De dónde procede? Sería bueno saber cuál es la raíz de todo esto. Aquí se vive mucho de la apariencia, de la ilusión, de la mentira, del engaño, de la hipocresía, de la falsedad, de la doble cara, de la traición, y así podíamos seguir per *saecula saeculorum*, léase por los siglos de los siglos, amén. Todo es fingimiento, pura ostentación, nada es lo que parece, no te vayas a confundir.

Muchos inmigrantes con documentos viajan de vuelta a su país, por primera vez o de visita, eso no importa, es lo de menos, y esto no tendría nada de malo, si no fuera porque muchos comemierdas van a sus países de origen presumiendo lo que no son y lo que no tienen, y entonces para volver a sus países se endeudan, van y presumen ese dinero prestado, que les toca pagar aquí cuando regresan, ¡sarta de hijos de putas! Y los llamó así ¿saben por qué? Porque por culpa de estos comemierdas mucha de nuestra gente se animó a venir a este país, dejando una comodidad para venir a pasar penurias en Estados Unidos Sí, muchos dejaron todo porque se creyeron toda esa mierda que les contaron esta partida de malnacidos. ¿Creen que no los debería tratar así? No, no me importa si lo hago, porque yo sí vi las consecuencias de todas esas mentiras. Algunos se emocionaron tanto de poder volver por primera vez, que cometieron error tras error, y yo me pregunto ¿por qué? ¿Es que acaso es tan difícil de manejar el retorno? ¿Qué sería entonces si estos pendejos ganaran la lotería, se mueren o qué? Nada justifica para mí mentir, y como digo, mucha gente tiene la culpa de todo el sufrimiento que provocaron, pero cada uno es el juez de su propia conciencia. Sé muy bien que los que se sientan aludidos al leer esto se harán los pendejos, y algunos no se harán, ¡ya lo son! Sí, van de regreso a nuestros países y viven una mentira, se endeudan, gastan, compran, dilapidan, etcétera, y lo único que logran es confundir a las personas humildes y decentes que allá en Latinoamérica solo tratan de sobresalir y echar para adelante. Por eso es por lo que allá toda la gente, o la mayoría de ella, creen que aquí la plata está tirada en el piso, que solo hay que recogerla. A todos estos que han propagado esta mentira se les debería meter a la cárcel sin contemplación. No saben cuánto daño han hecho, ¡grandísimos pendejos! Ustedes han sido los culpables que gran número de gentes, de que familias enteras hayan vendido lo poquito que tenían por venir a meterse a esta mierda, a joderse en este país, o ¿qué creen acaso que aquí es el paraíso? ¿Creen que acaso alguien abandona su tierra porque de verdad quiere venir a joderse acá? Y muchos a costa de endeudarse, de venderlo todo, y si les va mal ¿qué hacen ellos mismos? ¿Se matan, se suicidan o qué? Dense cuenta de todo el mal que causaron a otra gente, que les creyó toda la mentira que ustedes dijeron. Mucha gente se comió ese cuento, vinieron aquí a trabajar como burros y se dieron cuenta que todo aquí no es como se los contaron y ¿ahora qué? Pues ya estás aquí, ya te jodiste. Sigue adelante nomás. Muchos vinieron con la ilusión de ayudar a los que se quedaron atrás, porque creyeron lo que estos que viajan cada rato a sus países les dicen. No faltó un comemierda que siendo pariente mío, le dijo a mi hermano mayor ya estando aquí en Estados Unidos: "Disculpa sobrino, pero no te puedo ayudar, pídeme cualquier cosa menos plata, porque eso yo no tengo por el momento. Te ayudo en todo lo demás". Sí, esta es la dura y triste verdad que casi nadie menciona, por el motivo que sea, vergüenza, etcétera, Viene mucha gente aquí y a los años vuelven y les venden un sueño a toda esa gente que encuentra allá, les venden una ilusión, pero ya la pagarán, porque ser hijo de puta en este mundo se paga. No se puede jugar con la fe, con las ilusiones de la gente, con sus esperanzas, y sobre todo de los más pobres, de los más necesitados, de los más jodidos. Ustedes grandísimos mentirosos algún día la pagarán. Pero ¿saben qué es lo mejor de todo esto que estoy escribiendo? Que algunos o muchos de ustedes han de estar leyendo todo esto y ¡ustedes saben quiénes son!

En mi caso, la venida a Estados Unidos fue diferente. Yo no tuve que venir por la frontera México-Estados Unidos, y esa será tarea de otro paisa, de narrar esa odisea (¡Dios le bendiga y le de fuerza!). Yo narro la que me corresponde, mi experiencia, en todo caso, y con eso me conformo por ahora. En el cruce del río Bravo ya se sabe todo lo que ocurre, desde violaciones, robos, atropellos, abusos, hasta asesinatos si te resistes. De eso me pude salvar, o en todo caso evitar, pero sí vivo y comparto la otra historia, la de joderse aquí adentro como un inmigrante ilegal más, con todo en contra nuestra, sufriendo los traumas, y miedos que encierra el hecho de estar en un lugar y no saber cuándo te pueden lanzar fuera de este país, que aun sin que uno lo quiera ya es, de cierta manera, y aunque suene para algunos algo ridículo, nuestro país.

15

Pelea Carlos, Pelea

LEGAR A ESTE PAÍS Y TRATAR DE REALIZAR TU SUEÑO AMERICANO, NO ES fácil, es imposible. ¡Mentira!, pero tampoco es como te lo quieren contar. Si crees en ti y puedes y, sobre todo, tienes suerte, pues entonces ya veremos cómo te va. Hay una gran posibilidad de que te vaya bien, pero también necesitarás de eso inexplicable que rodea la vida de las personas y que muchos ignoran. De momento nos queda trabajar fuerte, ya veremos luego qué sucede.

Este es un país en donde mucha gente vive o ha vivido de alguna manera como prófuga de la justicia, pero han seguido adelante. Por un tiempo, los inmigrantes nuevos en Estados Unidos caminarán por la calle o en las estaciones de bus, tren u otro transporte público, mirando para todos lados, fijándose que no haya nadie sospechoso (o sea un agente de inmigración), temiendo que una voz en algún momento te ordene detenerte, quedarte quieto y mostrarle tus papeles (¿cuáles papeles, si no tienes?). Se siente miedo al andar por calles y lugares solitarios, pero de momento comprenderás que ahí estás más seguro que caminando por otro lugar, no importa si es de día o de noche o de madrugada, o tarde en la noche, cuando muchos de nosotros salimos del trabajo y regresamos a casa. Se debe tener cuidado si es viernes o sábado, ya que mucho hijo de puta sale a robarnos, como ya lo mencioné antes. Hay que recordar que uno no tiene cuenta de banco porque eres ilegal, así que esos malnacidos saben que saldrás con tu pago semanal en el bolsillo y te querrán asaltar, robar y golpear. Mi advertencia es: protégete, defiéndete o te matarán como un perro, porque los que te van a atacar son como animales, de eso puedes estar seguro. Escucha el consejo, ¡ya estás advertido!

La mayoría de las veces en que yo me he tenido que enfrentar y pelear por mi vida para que no me roben ha sido contra gente joven (hispanos y afroamericanos). Hablo de lo que yo viví, no me interesa que me cataloguen o etiqueten de racista o algo así, ¡pa' la mierda con eso! Simplemente relato lo que me pasó, lo que yo viví, y esa es mi verdad en todo caso. Esto va para todos esos hijos de puta que se dedican a asaltarnos —y si alguno me está leyendo me refiero a ti, ¡cabrón!—, aunque no creo que esos infelices sepan ni leer, y es más, no creo que los quiera ni su propia madre. A todos los inmigrantes trabajadores les insisto: cuídense mucho de todos estos delincuentes que saldrán temprano a la calle, en especial los viernes y sábados, pues ya que saben que muchos de nosotros cobramos semanalmente y cargaremos nuestro dinero con nosotros. Si ustedes van a beber fuera de casa, ya se jodieron; los estarán esperando afuera de bares y cantinas. Si salen borrachos, se la estarán poniendo más fácil a estos cabrones; no trabajen para ellos, vayan a casa, beban allá, no se arriesguen pendejamente a que no solo los golpeen, sino hasta los maten.

En este país, la vida de un hispano no vale un carajo, y más si es un ilegal. ¿No me creen? Vean cuánta gente muerta está en las morgues de los estados fronterizos del país sin que nadie reclame sus restos. Para todos estos ladrones hijos de puta que nos roban, ver a un inmigrante vestido modestamente y cargando una mochila al hombro o a la espalda es un objetivo, una presa para capturar, golpear y asaltar. Nuestra vida no vale nada para estos cabrones y ¿saben algo más? Muchos de estos maricones —porque son maricones, atacan en grupo, pues se cagan de miedo de atacarnos solos—, todos estos cobardes son, en muchos casos, menores de edad, o sea, que no les importa ir a la cárcel, porque eventualmente los soltarán o purgarán una pequeña condena, claro, si es que los atrapan, cosa que casi nunca pasa. Ya dije antes, menos contra un ilegal, la vida de un perro vale más que la de uno aquí. Yo he sido víctima por lo menos tres o cuatro veces de estos cabrones, y nunca he perdido nada, sí, he vuelto a casa ensangrentado, golpeado y también con sangre de mis atacantes, porque también los he golpeado, y no me asusta decirlo, ¿o es que esperan que uno no se va a defender? ¿O es que me voy a dejar matar por estos hijos de puta? No, yo no, es mi vida o la de ellos, y para mí ellos son mierda, escoria, basura de la sociedad. ¿Qué si he tenido suerte? Dentro de todo sí, porque nunca me han herido con arma blanca o de fuego, o alguna vez sí, pero por suerte no pudieron disparar, si no, no estaría escribiendo esto y advirtiéndoles a todos ustedes. Nunca me ha gustado que me quiten nada, desde mi mujer, mis cosas, mi dinero y todo lo demás. Para eso habría que matarme, y así ha sido, he corrido con suerte. Nunca he corrido de ellos, siempre a pie firme y peleando con mis puños. He caído peleando, pero por alguna razón desconocida, hay una fuerza que me levanta de nuevo a seguir peleando contra mis agresores. Sea lo que esa fuerza sea, sea Dios o lo que sea, mil gracias, porque por eso estoy aquí relatando estas experiencias. Las únicas veces que yo corrí —como ya relaté antes— fue para evitar ser arrestado en las redadas de la policía a las casas de citas, pero en estos casos, mi táctica siempre fue pelear, pelear, pelear.

Para un inmigrante llegado en los 90s no existía la idea de tener una cuenta de banco, ni se sabía mucho del dichoso *"TIN Number"*, un número de identificación fiscal para poder declarar tus impuestos, si no tienes un número de seguro social. Claro, porque aquí debes de hacer una declaración anual de impuestos. Toda persona que tenga ingresos debe pagar impuesto, así tú no existas legalmente para nadie. Como inmigrante indocumentado no existes para el sistema, pero bien que el sistema necesita de tu plata, ¿verdad? Muchos trabajadores envían todo su dinero cada semana a su país de origen para su mujer, padres, hijos, y otros familiares. Algunos lo envían y su mujer allá lo gasta con el amante o viceversa, a veces es el hombre el que hace desmadres allá. En fin, largas y conocidas historias como en las novelas de Corín Tellado (la famosa novelista española) o de Televisa (cadena de televisión dedicada a embrutecer a la gente, ¡que viva el chisme y la intriga carajo!). Muchas personas, si no envían el dinero, lo guardan en casa o lo cargan encima. Esta última opción es lo peor que puedes hacer, pero a veces no hay otra alternativa si compartes apartamento con gente que no es de confianza, y en esos casos ¿qué se hace? Si lo cargas contigo será en las medias, en el zapato o en la mochila, no hay más lugares, y recuerda, para ti no hay banco, tú eres tu propio banco, así que no te emborraches, ¡carajo! Ahora, si puedes pelear como Bruce Lee o Jean-Claude Van Damme, no hay problema, no te tienes que preocupar. Pero como tú eres un modesto trabajador, un obrero latinoamericano tratando de sobrevivir, de ganarte la vida honradamente en este país, te recomiendo esto para que tomes tus precauciones y te protejas, y no te pase lo que les pasó a muchos y a mí también. A nadie le gusta ser golpeado, a no ser que estés loco o te gusten de por sí los problemas. Las tres o cuatro veces que yo peleé en este país fue para defender mi vida, ya que me querían asaltar, y quién sabe si hasta matar, pero me defendí, también los golpeé y quedé lastimado, ¡seguro que sí! Dejé de trabajar algunos días, también, pero siempre me defendí, no me dejé quitar lo que con tanto trabajo me había costado conseguir. Tantas horas y poca paga, acuérdate, eres trabajador ilegal. Además, siempre peleé contra tres o cuatro personas, nunca, nunca me han asaltado uno contra uno, así es aquí por lo general, te caen encima en grupo, como dije antes. No entiendo por qué nunca me han disparado o acuchillado ¿Por qué he sobrevivido todo esto? ¿Habrá sido porque debía de contar todo esto? Quizás, es muy probable que sí, y encima relatarlo en un libro para la posteridad, y para que se enteren todos los que vengan detrás de mí. Por alguna razón pasa todo y mis experiencias no deben ser la excepción, supongo yo. Si además debo ser sincero en todo esto, debo decir entonces que también soy un hombre orgulloso, y eso también tiene mucho que ver con no dejarme robar. Soy así, es mi naturaleza, ese orgullo tonto o estúpido que dicen que tienen los pobres, bueno, eso dicen los ricos y poderosos, ¿verdad? Orgullo de pobre, del que no tiene nada, ni dónde caerse muerto y que aún así pelea y se mantiene de pie, lo que me recuerda la frase del actor estadounidense Sylvester Stallone, en su inolvidable personaje de Rocky Balboa: "No se trata de lo fuerte que golpeas. Se trata de lo fuerte que puedes ser golpeado y seguir avanzando. Cuanto puedes soportar y seguir adelante". Pero ¿quién lo puede culpar a él? Encontró su camino, siguió y persiguió su sueño y lo hizo realidad, creyó en él mismo, antes que cualquiera. Sí, yo era igual que Rocky, peleaba sin correr, defendiendo siempre lo poquito que tenía, no dejaba que nadie me quitara la billetera, ni mi mochila, ni mi reloj, las únicas posesiones que yo tenía, mi única riqueza, todo lo que yo poseía en este mundo, y no lo iba a dejar ir, no tan fácil, no, seguro que no, yo no iba a dejar que algún delincuente hijo de puta me quitara lo poco que yo tenía y que me había costado tanto esfuerzo conseguir.

Nunca creí en la policía, ni aquí ni en mi país, ¡cosas mías! No digo que no estén al servicio del público (así debería ser, ¿no?), pero eso es algo que tengo dentro de mí. No me inspiran confianza, nunca lo han hecho, no sé por qué, no lo puedo racionalizar, y es mejor así, creo yo. Muchas fueron las veces en que desee volver a caminar por las calles y lugares donde fui asaltado y golpeado para desquitarme, pero esta vez armado. Podría haberlo hecho, pero me detuvo esta extraña sensación de tener que hacer algo para alguien en el futuro, ¿para quién? Después me decía a mí mismo, "¿Cómo vas a ir a la cárcel por matar a unos miserables?" Y menos en un país extraño, la idea de ir a presidio por una calentura, por un arrebato, nunca me ha acabado de convencer del todo, gracias a Dios. No sería por las pérdidas, ya que nunca he tenido nada, puesto que nunca he tenido dónde caerme muerto. No obstante, siempre he peleado por lo mío, lo que fuere, nunca he renunciado a nada, pero "La vida —como decía el cantante Facundo Cabral— no te quita cosas, te libera de cosas, para que vueles más alto, para que alcances la plenitud". Entonces aprendes algo más, que no siempre tienes que pelear, que forzar por todo; a veces solo necesitas quedarte quieto y que el universo o Dios haga su trabajo, su parte. A veces dije, "¡Carajo!, los golpes, las peleas no me gustan", pero nunca les he corrido; más fuerte pega la vida, más duro y aún no me ha matado. Como digo, siempre queda la bronca dentro de uno por haber sido víctima de un ataque artero y muchas veces a traición. Uno se queda, como decimos en Perú, bastante picón, por el abuso, pues fueron tres o cuatro las veces que peleé. Además, la idea de regresar y vengarme era un poco por seguirle los pasos a Paul Kersey, el personaje del actor estadounidense Charles Bronson en la cinta *El vengador anónimo*, vengarme y así evitar que lo que me pasó a mí le pase a otra persona. De hecho, llegué a caminar un par de veces por las mismas calles donde fui asaltado, armado con cuchillos dentro de mi ropa, pero nunca pasó nada, nunca me tropecé de nuevo con esos malandrines.

Mucha es la gente indocumentada —ilegal, pues, ¡si les hace más feliz!— que muere asesinada o asaltada impunemente a la salida de los bares en este país los fines de semana, o cualquier día del año, por arma de fuego, arma blanca, y que aparecen de pronto un mal día en la morgue de cualquier ciudad de este país, como "no identificados", sin nadie que los reclame. No solo mucha gente pierde a sus seres queridos en el cruce de la frontera sur de Estados Unidos, ya sea porque fallecen en el intento de cruzar la línea fronteriza, están en la cárcel bajo condiciones precarias, o mueren en el desierto de sed y abandonados a su suerte. Los restos de muchos ilegales están en las morgues de todo el país. Si el inmigrante ilegal logra llegar a las grandes ciudades, ya el problema o el peligro será otro: toparte con las autoridades de inmigración. No tener problemas con la ley, encontrar trabajo y cuidarte de que no te roben, esas tres cosas son básicas que todo inmigrante sin papeles busca en este país. El trabajo lo vas a encontrar, de lo que sea, por eso yo nunca he entendido las razones de por qué hay tanto vago en las calles pidiendo dinero con una taza de plástico o de tecnopor. Si eres un anciano, estás enfermo o tienes un impedimento físico, yo entiendo, pero no es así en la mayoría de los casos; la sarta de vagos que pululan por todos lados hasta son más jóvenes que uno, ¿se puede creer tanta sinvergüenzada?

En los centros urbanos también tienes que tener en cuenta otra cosa: cuidarte de que no te vayan a golpear los individuos racistas que existen en este país, porque de que los hay, los hay. Así que por favor no crean cuentos chinos de que no hay racismo en la democracia más conocida del mundo. En las grandes ciudades, los crímenes, o lo que con mayor frecuencia sucede a los inmigrantes, están relacionados al odio racial. El racismo en esta nación sigue más vivo y presente que nunca. De este tipo de crimen casi nunca se habla o menciona, en todo caso en los medios anglosajones, lógico, me olvidé, ¡nosotros los ilegales no existimos! ¡Qué estupidez la mía olvidar eso! Estos crímenes casi siempre, por no decir por lo general, caen en el olvido, no se mencionan mucho, porque a nadie interesan y además incomodan mucho, son de mal gusto para los políticos en turno, solo cuando ya es algo muy descarado, muy evidente, ya sea por la presencia de muchos testigos o porque hay evidencia fílmica.

En materia de muertes de inmigrantes latinos en este país, se escuchan casos de gente que se lanza a las vías del tren para suicidarse, porque para ellos ya no tenía más sentido su existencia. Innumerables trabajadores mueren en el desempeño de trabajos en la industria de la construcción o en demolición, donde yo también trabajé por un corto tiempo, sobre todo cuando comprendí que no quería morir de esa manera. Muchos de esos trabajos violan las leyes laborales y no cuentan con condiciones mínimas de seguridad en casos de accidentes. Por eso es por lo que hay tantos comerciales de bufetes de abogados para casos de accidentes laborales. Ellos te ayudan a interponer una demanda judicial para buscar que te compensen económicamente. Este es el país de los abogados, de los leguleyos, los reyes del chanchullo, pero con su asesoría, al menos consigues alguna indemnización, a diferencia de nuestros países, en donde te quedas esperando con la mano estirada a que una demanda legal contra un empleador se resuelva a tu favor. En este país abundan las demandas legales por casos de brazos, piernas o cabezas rotas a causa de algún accidente laboral. Que te pase algo así porque lo quiso Dios yo lo puedo entender, pero buscar accidentarse a propósito es algo que nunca entenderé, y yo creo que hasta Dios lo castiga a uno por hacer una cosa así, es mi parecer. En fin, caerse desde una alta estructura o de una escalera es una excusa que emplean muchos para conseguir dinero "fácil", sobre todo cuando lo necesitas conseguir de verdad y con prisa. No culpo a nadie, pero puedo entender que suceda. Ahora, el riesgo de accidentarte siempre va a estar presente donde vayas, pero no hablo de que un trabajador lo busque conscientemente, eso es algo inmoral para mí, repito. No obstante, las demandas pueden resultar complicadas y prolongadas, porque también la parte acusada tiene a su equipo jurídico, que por lo regular incluye detectives privados que investigan casos de fraude. Entiendo que para otra gente que tiene necesidades urgentes, que no puede esperar y comete este tipo de acciones esté bien, pero no para mí. A mí no me hace chiste romperme un hueso a propósito para recibir dinero y sin trabajar. No, gracias, eso no es para mí, quizás siempre sea pobre, toda mi vida, quizás no, quizás algún día sea millonario, ¿por qué no? Sin embargo, lo que nunca haré —y toco madera— será accidentarme intencionalmente, no, ese no soy yo.

Recuerdo que en 1999 falleció un inmigrante ilegal, del cual nadie se dio cuenta de inmediato que estaba muerto, ilegal al fin, ¿verdad? Fue un caso curioso, ya que el tipo en cuestión estuvo dentro del sistema de trenes viajando casi como mediodía muerto, y nadie se percató de ello; viajó sentado y nadie se dio cuenta. ¿Cuántos se habrán sentado al lado de un muerto sin saberlo? La historia fue así. Al parecer, este hombre de mediana edad y sin familia aparentemente en este país, iba a visitar a unos amigos en el área de Queens, Nueva York, para lo que abordó el tren en, al parecer, la estación de la Avenida Roosevelt y Calle 74. De allí en adelante solo se sabe que tomó uno de estos trenes, y en algún momento de su viaje le sobrevino un ataque al corazón, un paro cardiaco. El difunto viajero permaneció todo el resto del día y la madrugada del día siguiente, y en algún momento de las horas pico se sentó junto a él, una mujer anglosajona, al parecer una oficinista. En algún momento del viaje, y lógicamente con el movimiento del tren, la cabeza del cadáver del hombre hispano se posó sobre el hombro de la mujer, quien sorprendida solo atinó a retirar su cuerpo rápidamente, causando que el pesado cuerpo del muerto cayera al piso. Está por demás decir la sorpresa y conmoción que causó este hecho. La noticia fue reportada inicialmente por el diario *The New York Daily News*, el 15 de junio de 1999, informando solamente que se trataba de un hombre hispano de 40 a 50 años. Pero, ¿quién era esta persona? La identidad del fallecido se vino a saber algún tiempo después, ya que no se sabía de quién se trataba, y hasta que a alguien se le ocurrió la brillante idea de publicar su foto en la portada de *El Diario/La Prensa* de Nueva York. Un día, un compañero de habitación del occiso vio la foto en un estante de periódicos, y pudo reconocer al amigo, que había desaparecido misteriosamente sin dejar rastro. Se comunicó con el periódico y con la familia de esta persona, y así pudieron enviar el cuerpo a su país de origen, y evitar que fuera enterrado en Estados Unidos como persona no identificada. Ese es uno de los riesgos de vivir como indocumentado: no tenemos papeles que mostrar, no tenemos identificaciones, no cargamos nada con nosotros.

Volviendo al tema de los accidentes laborales, mencioné en el capítulo nueve la vez que yo mismo estuve a punto de sufrir uno grave, cuando en mi trabajo se desplomaron unas estructuras de metal, pesadas indudablemente. Afortunadamente, pude saltar a tiempo y evitar el impacto, y no me he arrepentido nunca de haberlo hecho. Vuelvo a hablar sobre esto debido a que una compañera de trabajo, hispana también, me dijo respecto a lo sucedido:

—Qué tonto que es usted, ¿para qué saltó? Yo hubiera sido su testigo en un caso de demanda laboral.

Solo volteé y le dije:

—Yo no vine a este país a que me regalen la plata, yo puedo trabajar, no soy ningún vago, me gusta ganarme mi dinero honradamente, y solo si Dios quiere y Él lo permite me pasará un accidente, si es que me tiene que pasar, si no, no.

Si aquello me hubiera impactado, fácilmente me hubiera roto la clavícula, el hombro y el brazo, ya que la estructura se desprendió de una altura considerable. La mujer me miró como a un bicho raro y se alejó. En esta vida hay que decir lo que se tiene que decir, definitivamente, y si se puede con una respectiva puteada, ¿habrase visto?

Aquellos primeros años de mi vida como inmigrante en Estados Unidos pasaron de una manera no solo rápida, sino también muy convulsionada. En solo tres años de estar aquí, ya casi me había matado en un accidente automovilístico, tenía un brazo roto que fue reconstruido con metales, clavos y alambres por dentro, y una efímera unidad familiar que no pudo ser, un reencuentro con mi querido hermano Pepe que no fue lo que yo hubiera querido, no por él, sino por su mujer. En fin, nada en la vida es perfecto, la vida es como es, no como uno desearía que fuera. Este fue más o menos hasta ahora un balance de los años del 1993 al 1996, por ahí va la cosa, si no estoy tan desenfocado en cuestión de tiempos. Pero aquí no acaba todo, no señor, vendrían muchas cosas más.

16

LA ASTROLOGÍA Y UN GRAN AMOR LLEGAN A MI VIDA

Entremos al 1997 de lleno. Antes había relatado algunas vivencias de este año, pero ahora iré más a fondo. En general, este habría de ser uno de los años más especiales y espectaculares de todos los que viví en este gran país. En 1997 surgieron muchas cosas que después marcarían mi vida para siempre, y por las cuales la gente me conocería, año inolvidable sin duda alguna. Año de eventos importantes, ¿por dónde empezar entonces?

Antes de escribir este libro, yo solo había escrito artículos de opinión y ensayos, así que esto representó un reto nuevo y positivo para mí, y me enfrenté a él dejando fluir el espíritu y el alma, acompañado de la música de Mozart —inevitablemente Mozart—, mi amigo musical acuariano, cuyo genio musical me estuvo acompañando a través de este viaje literario e imaginario en el tiempo. La naturaleza también me acompañó cuando documentaba mi historia en un parque de Hoboken, Nueva Jersey, al frente de Manhattan, mientras que en las bibliotecas de Harrison y Hoboken, ambas también en Nueva Jersey, los libros me rodeaban.

Para mí, 1997 fue un año fuera de lo común, extraordinario, porque entre otras cosas llegó a mi vida de manera casual la astrología, la ciencia astrológica, la Ciencia–Arte como yo la llamo. Esta llegó de la mano y a través de una persona que después se convertiría no solo en mi maestra de astrología, sino también en una gran amiga, confidente, consejera y muchísimas cosas más, valiosas todas ellas, y largas de nombrar sin duda: la señora Melva Ortiz, originaria de Aibonito, Puerto Rico (¡algún día tengo que conocer ese lugar!). Es curioso cómo dos almas están destinadas a conocerse o a encontrarse de nuevo desde una vida o existencia anterior, el encuentro es inevitable. ¿El destino? ¿Dios? ¿La Divina Providencia? Algo siempre jugará una parte importante, crucial y definitiva en todo, eso para mí, en lo personal, es algo innegable.

No me acuerdo exactamente el día –lo cual es un pecado– en que nos conocimos, pero calculo que fue entre junio y julio de 1997. Un día, mientras yo me cambiaba de ropa para ir al trabajo, y sin ningún motivo especial, tenía sintonizada una estación en español de radio local (Radio WADO, de la ciudad de Nueva York). Solo la escuchaba porque me entretenía y me mantenía informado del acontecer local y mundial y, sobre todo, ¡en mi idioma! De momento, el destino entró a jugar su parte, entró en escena, ya que yo había sintonizado la estación radial justo en el momento en que un programa en particular se encontraba en su parte final de ese día. Daba la casualidad de que el programa trataba sobre astrología. Habían sido cinco los astrólogos a los que se habían referido los conductores del aquel programa, entonces, durante esos últimos diez minutos del programa, yo, como impulsado por un resorte, había tratado de conseguir un lápiz o lapicero para apuntar la información que se comenzaba a dar al aire. ¿Qué sucedió después? Que simplemente se acabó el programa y el conductor comenzó a dar la información de cómo poder contactar a cada uno de los astrólogos que se habían mencionado en el *show* radial, todos ellos residentes del área de Nueva York. Ese fue el momento que entró a tallar el destino, porque sí no, ¿cómo se explica la casualidad de que en esos diez minutos finales de programa yo no podía encontrar un lápiz en mi apartamento y menos un pedazo de papel? Pero, de nuevo lo extraño, y ¿por qué tenía que apuntar esa información? ¿Me iba a servir a mí? ¿Me sería de utilidad? ¿Es que acaso yo creía en la astrología? Y de pronto sucedió; un papel y un lapicero aparecieron de algún lugar, o solo saltaron de alguna gaveta, los tomé, y ya eran los últimos minutos, segundos del programa radial y alcancé a anotar el último nombre que dieron: «*Melva Ortiz, Brooklyn, Nueva York*», y de ahí vino su número telefónico. Eso fue todo. Algo pasó en aquel momento, no sé qué fue, qué alineación planetaria en particular sucedió (y que debe haber sucedido con toda seguridad), pero ese día cambió mi vida y mi destino por completo. Nunca más volví a escuchar ese programa, ya que aquella emisora la sintonizaba muy de vez en cuando, salvo el programa del periodista puertorriqueño Gerson Borrero en la radio hispana, y a Luis Ortega y a mi compatriota Vicky Peláez en el periodismo escrito. Cabe comentar que en la ciudad de Nueva York parecía no haber periodismo serio en español, y todos los demás periodistas, salvo alguna que otra excepción, siempre me parecieron muy sumisos y lacayos al orden establecido, al sistema y al gobierno.

Fue así entonces que por circunstancias del destino y su inescrutable mano (me acordé de *El fugitivo*, ¡mi serie favorita de televisión en mi niñez!) que conocí a alguien que me ayudaría a moldear mi vida, a entenderme, a comprenderme mejor en general, mi carácter y mis reacciones. Todo comenzó a cambiar poco a poco, incluyendo mi preparación en varios planos: el intelectual, el filosófico y el espiritual comenzarían a cambiar. Desde luego que este cambio no sería fácil, ni de la noche a la mañana. No puede suceder rápido algo que demanda tiempo, paciencia e introspección. Por tanto, el camino sería largo (¡y con seguridad no ha acabado aún!), y todo lo que vendría a mi vida sería fruto de un largo esfuerzo, estudio, perseverancia, ganas de aprender, de querer cambiar y ser diferente a lo que era y superarme, de que de irme mañana de este mundo —como todos lo haremos eventualmente— no me fuera igual de como vine, y por sobre todo, con un hambre y una sed por querer conocerme.

Pasaron aún varios días o semanas para que un día resueltamente llamara por teléfono a Melva Ortiz y concertara una cita con ella. Yo estaba decidido a saber por qué había apartado esa información, así que me armé de valor, la llamé e hice la cita. La siguiente parada de aquel viaje de tren sería la estación *Eastern Parkway/ Brooklyn Museum*, ¡allá voy! Debo mencionar ahora que cuando le di mis datos personales a la que después sería mi muy querida maestra y gran amiga, se los di errados; yo creía equivocadamente que había nacido a las seis de la mañana, pero fue en realidad a las seis y media de la mañana (6:24 a.m., ¡apunten astrólogos!). En fin, nos conocimos un día que tiene que haber sido con toda seguridad durante un fin de semana, algo que recuerdo bien porque en aquella época yo trabajaba muchas horas entre lunes a viernes, y me quedaba poco tiempo para mí entre semana.

Me dirigí a Brooklyn y preguntando y preguntando llegué allá ("Preguntando se llega a Roma", dice el viejo refrán popular). El sitio era al frente del Museo de Brooklyn, en un tercer piso, me había quedado en la estación de tren que ella me había indicado por teléfono. Yo llegaba, lógicamente, desde Nueva Jersey. Hice el viaje sin novedad. A mí en lo personal nunca me impresionó la ciudad de Nueva York. Lo que trato de decir es que nunca me sentí o tuve el sentimiento de que por no dominar por completo el idioma debería quedarme en un lugar. Eso no es para mí, yo no soy así, no puedo ser así, perdería mi esencia aventurera si fuera de otro modo. Yo soy libre, libre como el *wayra* (viento en la lengua quechua). Llegué al tercer piso, toqué el timbre y entonces apareció detrás de la puerta un rostro que nunca más olvidaría, pero qué cosa curiosa: no era desconocido para mí. ¿Cómo puede ser eso posible? No sé, ¿contacto de otra vida, de una existencia anterior? Muy probable, para quienes creemos en la reencarnación. Ese rostro dulce y agradable de la señora Melva Ortiz, desde un primer momento, me inspiró algo muy especial que quizás nunca en esta vida pueda totalmente descifrar, pero también para qué lo haría.

—Carlos, ¿verdad?, tú eres Carlos Anaya —me preguntó aquel rostro dulce con una voz aún más dulce.

—Sí, soy yo señora Ortiz.

—Adelante.

Muchas veces, innumerables veces, volvería una y otra vez a atravesar ese umbral de su casa, como quien atraviesa un umbral del tiempo. ¿Nos conocimos acaso ese día Melva Ortiz y yo? ¿O simplemente nos reconectamos de nuevo? Como dice Jeff Green, el gran astrólogo estadounidense, uno no debería decir *"Nice to meet you"* (encantado de conocerte), sino, *"Welcome back"* (bienvenido de nuevo), lo cual tiene sentido para mí definitivamente. Aún recuerdo ese momento, está detenido en el tiempo, en mi conciencia, en mi memoria, congelado en la cálida nevera de mis recuerdos, porque ella fue la única persona que en muchos instantes de mi vida fue capaz de despertar en mí sentimientos de confianza, estimación sincera, emociones tiernas, mucho afecto y cariño hacia ella. Nadie desde mi muy querida y recordada madre, mi Fabiola de toda la vida, me inspiró semejantes sentimientos. Siempre ha sido y será una bendición haber conocido a Melva Ortiz, por lo que sería injusto no agradecer a Dios por haberme dado este magnífico regalo, el regalo de tener la amistad de una persona muy especial, muy diferente a las demás que llegaron a mi vida en aquel tiempo. No hay una sola mujer que pueda presumir de conocerme tan bien como me conoce Melva, creo que ni mi propia madre, y naturalmente, Melva cuenta con la ayuda invaluable de la astrología, ¡maravillosa ciencia! En la vida de las personas hay gente muy especial que a veces te define, te marca, en un antes y después, así fue con Melva Ortiz en mi vida. Siempre que se hable de un Carlos Anaya Mantilla habrá un antes y después de conocer a mi maestra. Todo lo que me enseñó, todas las lecturas, lugares, museos, teatros, y todo lo demás a lo que me introdujo, son experiencias únicas. Cómo se puede agradecer todo eso, no hay manera, no hay modo, solo retribuyéndole a la gente de una u otra forma, porque con ella es imposible, no se le puede devolver nada, ya que tampoco ella lo aceptaría, ella es así, es su manera de ser, y está bien, yo respeto eso. Mucho de lo que yo aprendería con el paso del tiempo en lo que respecta a la ciencia astrológica, se lo debería a esta mujer, ya que gran parte del conocimiento adquirido lo logré por transmisión oral, es decir en las tantas y tantas conversaciones entre ella y yo. Y es que hablar con ella no tiene fin, su sabiduría es única, es como tener a un Gurú de la India, del Oriente, al alcance de tu mano y entonces, si no le sacas provecho a ese beneficio, es que eres un pelotudo, como dicen los hermanos ches de la Argentina.

Melva tiene más de 30 años de experiencia en la práctica de la ciencia astrológica, ¿pueden ustedes imaginar eso? ¿Solo vivir de la práctica astrológica? ¿En el país más materialista del planeta? Eso es todo un reto, una gran prueba. Durante sus primeros años se enfocó en trabajar con la gente anglosajona, y después, a partir de los 80s, comenzó a abrirse a la comunidad latinoamericana y tratar de que nuestra colectividad levante conciencia en todo sentido espiritual, social y en todos aspectos, lo cual sin duda es una labor de toda una vida, exacto, porque es labor de toda una vida hacer que la gente deje de creer en brujerías, en supercherías, en supersticiones, en cosas falsas que no te aseguran ni te resuelven nada. Cosas, personas y lugares que te ofrecen condominios en el cielo, que te venden humo, que te devuelven al ser amado en 48 horas, cebo de culebra, o como quiera que le llamen, a vender una ilusión a la gente. La astrología es una verdad, muy cierta, para todos aquellos que se atreven a seguirla, a estudiarla, pero sobre todo para aquellos que pueden trascender, penetrar esta milenaria ciencia. No obstante, como todo en la vida, se necesita esfuerzo, estudio, dedicación y disciplina para conocerla, o sea, abstenerse los flojos. Nada diferente del resto de la vida, porque si deseas lograr algo, naturalmente, te tienes que esforzar, nada te va a caer del cielo, ¿estamos? ¡Ya saben, carajo, a sacarse la mierda trabajando!

Es imposible de olvidar cuando conocí a Melva Ortiz, ya que fue días antes o después de la muerte de la Princesa de Gales, la inolvidable Lady Diana, quien, como es sabido, murió trágicamente el 6 de septiembre de 1997, en París, Francia. De adolescente, en mi Perú natal, había observado su boda el 29 de julio de 1981 con el Príncipe Carlos de Inglaterra, ¡puro cuento de hadas! Una de las pocas veces en que una cenicienta hace realidad el cuento, ¿no es cierto? Fue por aquellos días en que Melva y yo nos conocimos, aunque todavía pasaría buen tiempo para dedicarme y, sobre todo, decidirme en serio a estudiar la astrología. Primero fue la primera consulta, la primera lectura de mi carta astral por mi querida Melva, lo cual me dejó atónito, y después vendría una larga amistad en donde de algún modo ella me fue preparando las "armas" que necesitaría más adelante para ayudar a más gente a través de la astrología. Vendrían también muchas salidas a teatros, centros literarios, festivales, bibliotecas, cines, lecturas de libros, música y museos, todo lo que fuera expansión y despertar de conciencia vendría con ella, así como conversar, hablar sin fin, de sus experiencias con sus pacientes, de la gente que le consultaba en astrología. Comencé primero a saber de astrología oralmente, se podría decir a la antigua usanza, el viejo y antiguo método, pero siempre efectivo: la palabra. Así fue mi entrada a los secretos de las estrellas y a penetrar por ahí ese conocimiento, poco a poco, sin prisas. La astrología no se puede apurar, tiene su propia velocidad, su propio ritmo, no tan rápido que le pises los pies a tu pareja, ni tan lento que estés fuera de ritmo, como en el baile, ¿entienden?

Comencé también a leer todos los autores que habían escrito libros que ella tenía en los estantes de su sala, especialmente los que eran de astrología. Yo ya venía desde un buen tiempo queriendo tratar de conocerme, para lo cual había leído de metafísica, de autoayuda, de la Nueva Era *(New Age)*, y a muchos autores, y todo eso que trata de explicarte lo que no tiene explicación, pero aún faltaba más. Nada me satisfacía, nada me convencía, nada me acababa de convencer; quería entenderme, quería saber por qué yo era como era, comprender mis reacciones, mi manera de ser. Debía tener una explicación, un sentido, nada es sin sentido, todo tiene una razón, y así fue como comencé a comprar esos libros que yo veía en casa de Melva, los iba a comprar a cualquier lugar, o si no los encontraba los ordenaba en línea, no importaba cuánto costaban, ni cuánto demoraban en llegar; los tenía que conseguir, eso era todo lo que me importaba. Tenía que saber qué había, qué decían esos libros, qué sabiduría estaba encerrada ahí, y qué estaba esperando por mí. Nada podía detener mi sed de conocimiento, mis ansias de querer saber, no importaba que no supiera o dominara el idioma inglés, eso no era nada del otro mundo para mí. ¿Entonces para qué carajos existían los diccionarios? ¡Ah! Exacto, para usarlos como en estos casos, y así fue, darle duro a esos libros, los leía todos o ¡se me iba a derretir el cerebro de tanto leer! Así fue entonces todo esto, nació de una gran amistad con una excepcional mujer, este encuentro tiene que ser predestinado, no hallo otra explicación, es así, debe ser así.

Acometí pues la tarea de leer todos esos libros, y si no los entendía, leía lo que significan en el diccionario inglés-español que tenía; eran dos los diccionarios, porque a veces no encontraba uno, ya que lo dejaba en algún lugar, y entonces retomaba con el otro, hasta que aparecía el otro diccionario. Iba con frecuencia a la famosa librería *Lectorum*, que se encontraba en la Calle 14 y Broadway, en Manhattan. Ahí vendían muchos libros clásicos de la literatura española. Fue una tragedia cuando luego de unos años la librería cerró porque les subieron la renta. ¿Se puede creer algo así? ¿Cómo se va a cerrar un centro de cultura, una lumbrera del saber? Increíble, carajo, se ve que les conviene tratar de mantener brutos a la mayor parte de hispanos que se pueda, claro, porque anglosajones no iban a comprar libros allá. En fin, ese era una de nuestras paradas obligadas en Nueva York, comprar libros de todo lo que llamara nuestra atención, religión, místicos, filosofía, lenguaje, historia, mitología, y otros temas, y si eran en inglés igual. También veía los programas culturales de la cadena PBS (las entrevistas que realizaba el periodista Charlie Rose, por ejemplo). Había que culturizarse, que recuperar de alguna manera el tiempo perdido, el tiempo que se me había escapado de las manos, y que ya no iba a poder recuperar nunca. Si podía culturizarme un poquito habrá valido la pena el esfuerzo, no irnos de este jodido mundo tan brutos como vinimos, pero también poder hacer algo que sería fundamental: ayudar en lo posible a otros con nuestro saber y conocimiento. Eso es algo que podía y debía hacer. Hacer labor por nuestra gente, por nuestra comunidad. No me sobraba el tiempo, y había que hacer que coincidiera todo para que no se cruzaran las cosas y pudiera seguir educándome. Los trabajos no abundaban, pero igual, había que elegir algo que me diera cierto margen de tiempo y libertad. Había trabajos que aparecían, pero donde prácticamente te convertías en un esclavo laboral, y eso no estaba bien. Está bien trabajar, pero no ser esclavo de tu trabajo, eso no. Sin embargo, tenía que ver toda esa situación, a veces se podía escoger dónde trabajar, otras no; acuérdense, soy indocumentado, ilegal, pues, entonces no tengo derechos.

Relaté anteriormente que en aquellos tiempos tuve amores con mi jefa del trabajo y vivía con ella. Andaba perdido y desubicado, metiendo la pinga donde se pudiera y hubiera chance, por supuesto, siempre con condón. Aún tomó su tiempo para que la astrología surtiera efecto en mí, eso no es de la noche a la mañana como la gente pudiera pensar, pero ahí seguía, siempre atento de todos modos. A veces me he preguntado por qué me gustaba tanto de niño la serie de televisión *El fugitivo*, y ahora de grande tuvo mucho sentido para mí. ¡Ese soy yo! Sí, de alguna manera soy yo, siempre corriendo, atento de que no me vayan a descubrir, que nadie me vaya a hacer una pregunta indiscreta o que uno mismo sea en todo caso el indiscreto. Siempre hay que estar pensante, no cometer pendejadas, no confiar en nadie, en nadie que te pueda traicionar.

En los edificios en los que trabajé en aquella área financiera de Jersey City alguna vez, hubo una especie de requisa en los casilleros donde nos cambiábamos de ropa. Fue, si mal no me acuerdo, cuando hubo un cambio de compañía de limpieza. Mandaron abrir todos los casilleros de todos nosotros y en uno encontraron droga, no recuerdo si fue cocaína o mariguana. El joven hispano que tenía asignado ese casillero nunca dijo nada, solo antes que se lo llevaran me dijo, "Te podría decir dónde dejé escondida la merca, para que tú la vendas y entres al negocio, pero no, tú eres decente, no te quiero joder la vida. Pero, sabes algo, todo el piso 14 la consume. En ese piso estaban todos los jefes del edificio. ¿Cómo se explica eso? De ahí en adelante me convencí de que en este país los consumidores de droga también vestían de saco, camisa y corbata, sí señor, los blancos ejecutivos eran tan coqueros, o sea, cocainómanos, como el que más.

En materia del amor, a mi vida llegó una mujer con la que entablé una relación formal de noviazgo. Su nombre era Sarah y llegó como siempre llega el amor, sin avisar, porque si avisa, por ahí uno como que se esconde, ¿verdad? Esta vez llegó así, de cantazo, como dicen los boricuas, de golpe, de improviso, y bueno, qué se le va a ser, hay que ponerle pecho. Aún no concluía 1997 y yo limpiaba el bar donde me había traído el destino para seguir ganándome la vida de manera honrada —¿están oyendo, republicanos?—, cuando entonces entró al lugar una gringuita guapa y culoncita. No puedo negar que me sentí atraído, ya que nunca he creído en eso de las diferencias de razas ni de clases, que no es que no diga que no existen, porque de que existen, existen. Nos dimos las manos, nos presentamos y algo como que hizo clic, y el clic ¡sonaría más fuerte después de unas semanas!

—Hola, mi nombre es Sarah, y hoy comienzo a trabajar.

—*Good luck*, Sarah —respondí, deseándole buena suerte en su nuevo empleo.

Es curioso cómo nos llega el amor, claro solo puedo hablar de mi experiencia, como cada uno hablará de la suya, pero no deja uno de sorprenderse. Encuentros como estos que uno no los piensa, son inolvidables, y ya están marcados desde antes en el calendario del destino, inexorable destino debería decir mejor. Ahí comprendí muy bien que no importa que así tú no vayas por el amor, es decir en su búsqueda, que no importa cuántas veces te hayan roto el corazón y hayas sufrido por amor, y te encuentre rumiando tu tristeza y lamiendo tus heridas, el amor va a venir de nuevo, porque para eso únicamente venimos a esta vida, para amar, y no importa lo que hagamos, solo venimos a eso y no nos podemos esquivar de esa cuestión. Trataremos y le huiremos si somos cobardes, como mucho tiempo en mi vida yo lo fui por miedo a sufrir. Pero el amor siempre vendrá por ti, de él no hay forma de escaparse, no hay cómo eludirlo, pero al final te atrapará. Sí, lloraremos por alguna traición, desamor o despecho, pero eso no significa nada, eso no importa, es más, nada importa, solo amar, que quede bien claro. Estamos aquí en este mundo para dar amor y no para matar ni hacer sufrir a nuestros semejantes, a ver si por una vez en la vida se nos queda eso en la conciencia. Lo que ha de pasar, ha de pasar definitivamente, y no hay nada ni nadie que lo pueda evitar. Aquel primer apretón de manos y aquel primer contacto visual con Sarah había despertado algo en mí, y aquel momento siempre estará detenido en el tiempo, será inolvidable. Así fue lo que en un comienzo fue una linda amistad que luego se transformó en un bonito amor, profundo y apasionado, que no importó que pasaran 20 años para que Sarah y yo nos volviéramos a encontrar y amar de nuevo. Es verdad, créanme así fue. ¿El destino? Muy probable.

Así comenzaría lo que sería mi romance con mi primera novia anglosajona, de hecho, debería decir mi primera novia formal en este país, porque lo de antes fueron de alguna manera solo aventuras amorosas. Así era Sarah, mi novia gringa, una blanquita bella, judía nacida en Nueva York, de Brooklyn, y criada en Arizona. Ella conocería casi todos los 50 estados del país gracias al trabajo de su querido y recordado padre. Sarah era perfecta para mí, sabía un poquito de español y yo recién andaba queriendo comunicarme en inglés, o sea la comunicación estaba a la mitad. ¿Difícil el amor en esas circunstancias? ¡Claro que sí! Pero el amor se impuso, aunque no fue fácil, hubo de todo, malentendidos, frustraciones, pero en el fondo siempre hubo mucho afecto, cariño y amor, y sexo también, quizás el sexo más rico y delicioso que he disfrutado con alguna mujer en esta tierra y en esta vida hasta el momento de escribir esto. ¿Quién dijo que para amarse dos personas necesitan hablar el mismo idioma? Nosotros nos amamos muchísimo en la cama, éramos dos volcanes, aquello fue más que sexo, era fundirse el uno con el otro. Hacíamos el amor en donde fuera y en donde se pudiera, en el auto de ella, en el sofá, en el trabajo, en todas partes, ¿para qué esperar, si se vive solo una vez? Fueron épocas de mucho sexo con ella y de muchas dificultades para entendernos debido al idioma, recuerdo una vez cuando la pasión nos envolvió y no pudimos esperar llegar al apartamento, ¿y entonces? Pues lo hicimos en su auto! Claro, ¡seguro que sí! Total, ¿quién no lo ha hecho alguna vez en su auto? Cuando los cristales del auto se comenzaron a clarear, ya que la calefacción y el calor humano los había empañado, lo cual era una ventaja nuestra para que la gente de a pie no pudiera vernos. De pronto divisé un ángel a través del cristal de la ventana, pero un ángel inmenso, es decir, una estatua con la representación de un ángel, que estaba en la entrada de una iglesia. Por la prisa y siendo de noche, no nos habíamos detenido a fijarnos que el lugar en donde parqueamos el auto era afuera de una iglesia. Ocurrió sin pensarlo, no fue a propósito, y sin embargo el sentimiento de culpa, de pecado o de incomodidad, me siguió molestando un par de días.

Una mañana de domingo, después de haber salido la noche anterior y de estar durmiendo con Sarah, de pronto sentí un impulso, una fuerza desconocida y sobrehumana que habló en mi cabeza: «¡Levántate!» no hice caso. «¡Levántate he dicho!» *Wow* ¿Qué carajo fue eso? Volteé y Sarah aún dormía, ¿qué fue eso, entonces? Traté de dormir por segunda vez, pero la tercera vez que oí la voz ya pude entender, esta vez las palabras fueron diferentes: «¡Levántate y ve a buscar a Eillen!» Eillen, es mi sobrina, la hija de mi hermano con su primera mujer en esta nación, una mujer dominicana a quien la gente de mi familia que la conoció siempre me habló bien de ella. Eillen no vivía con mi hermano, lo hacía con los padrinos, al comienzo, porque mi hermano tuvo un grave accidente que requirió cirugía, hospitalización y un largo periodo de terapia, y también porque mi querida cuñada nunca la quiso, esa es la verdad. ¿Cómo me vas a decir que quieres a mi hermano y no quieres a su hija? ¿Qué clase de amor es ese? No lo dice hasta la gente más humilde, que el que quiere a la gallina tiene que querer a los pollitos. Me levanté de un salto y me fui inmediatamente a vestirme.

—*Honey, where are you going? You are not working today, right?* —dijo Sarah, tratando de averiguar a dónde iba.

—*I got to see my niece, babe* —respondí informándole que iría a buscar a mi sobrina.

—*Your niece? You have one?* —me preguntó Sarah, pues no sabía que yo tenía una sobrina.

—*Yes, I have to go, see you later.* —me despedí de Sarah con un beso.

Me fui sin saber dónde encontrar a mi sobrina, solo sabía que los padrinos de bautizo que la tenían siempre venían en las mañanas a misa al pueblo de Hoboken, a la iglesia *Saint Joseph's*. Solo sabía que tenía que ir y que aquella misteriosa voz no me iba a dejar en paz si no lo hacía. A Eillen yo solo le había visto un par de veces antes de eso, claro, que me sorprendió que no viviera con su padre, con nosotros, pero después de conocer en persona a mi cuñada, no me sorprendía para nada, pero creo que así fue mejor. ¿Cómo hubiera sido su vida junto a mi cuñada? Llegué a la iglesia y solo tenía que buscar afuera, en el letrero el horario de la misa en español de la mañana, y pude ver que era de 10 a 11 a.m., así que había llegado a tiempo. Atravesé la entrada, el portón de la vieja iglesia y ya había comenzado la misa. Por el apuro había olvidado mi reloj. Pasé el umbral que comunica el atrio de la iglesia con el portal que te da la entrada al salón principal, y en ese punto ya no quise seguir avanzando, porque estaba lleno y porque no quería estar en un lugar en donde no tuviera una buena visión que me permitiera reconocer a mi sobrina y a sus padrinos. Así que me quedé ahí, solo parado, al fondo del salón, y sin darme cuenta, era ya el momento de la Eucaristía. La gente se aglomeraba porque querían comulgar, una razón más para quedarme ahí atrás. Miraba a todas partes y no reconocía a nadie, bueno ¿a quién carajos iba a reconocer si yo nunca voy a la iglesia? ¡Si soy un pecador de mierda! La gente hacía línea de a dos al frente del altar mayor, y yo estaba en la misma dirección, pero cerca a la salida y junto al agua bendita. La gente por lo general una vez que recibe la hostia consagrada, se regresa por los lados exteriores del salón, es lo lógico, pero de pronto pasó algo muy extraño, alguien no hacía lo que el resto de la gente. Entonces vi aparecer una pequeña figura que se abría paso hacia atrás por la misma línea de los que iban a tomar la comunión. ¡Era Eillen, mi sobrina! Ella vino corriendo hacia mí, hacia mis brazos. Yo había dicho que la había visto antes, pues no, era mentira, nunca la había visto. Mi cuñadita siempre había puesto pretextos para no ver a la niña, obvio, sabía que la niña no la quería, pero entonces, ¿cómo es posible que una niña venga corriendo a los brazos de un hombre que no conoce? Es la fuerza de la sangre, debe ser eso, porque la sangre reconoce la suya cuando la ve, es así, de eso no hay dudas.

—Tú eres mi tío Carlos, ¿verdad? ¡Sabía que ibas a venir por mí!
—Sí mi amor, ¡yo soy tu tío Carlos!

Mientras, la gente seguía volviendo a sus asientos porque la misa, como la vida misma, no se detiene, tiene que continuar. De ahí en adelante seguí en contacto con ella por mucho tiempo, que solo fue interrumpido cuando los padrinos se mudaron a otra casa que quedaba muy lejos para mí, y yo sin papeles, sin licencia de conducir y sin auto, no podía llegar hasta allá. No obstante, en todos esos años que mantuve el contacto con mi querida sobrina, ella sabe muy bien cuánto amor le di, siempre fui a verla en Navidad, el Día de Acción de Gracias, o en su cumpleaños, traté siempre en lo posible de no faltar a lo menos en esas fechas tan especiales. Como le dije una vez a ella cuando era pequeña en la casa de sus padrinos: "Aprovecha y disfrútame, Eillen, porque un día quizás no podremos estar juntos, la vida misma, el destino, o una mujer venga a mi vida, y no nos deje vernos tan seguido como quisiéramos". Me adelanté a los hechos, pero una cosa sí es cierta, cumplí con ella en todo lo que pude y cuando era pequeña. Siempre le demostré el gran amor y cariño que le tengo. El tiempo ha pasado y seguro que cuando lea esto, al igual que yo, pensará que tuvimos que haber estado más tiempo juntos, pero así es la vida. El no tener yo lo que a muchos inmigrantes indocumentados nos hace tanta falta también conspiró para no vernos más de lo que yo hubiera querido, sin embargo, se hizo lo mejor que se pudo y eso es lo importante. El amor entre nosotros siempre permanecerá por siempre. *I love you, Eillen, forever!*

Una de las cosas que debo mencionar cuando me acuerdo de esa época de mi vida, es lo poquito, o quizás lo mucho, comemierda (como dicen los cubanos) que me volví, no por mucho tiempo, pero así fue, y todo por la estúpida idea de creerme mejor o más bacán que cualquiera de los otros hispanos, de los otros hermanos de raza. Eso nos pasa a muchos de nosotros que de pronto tenemos nuestra primera novia anglosajona y ya nos creemos como que somos Antonio Banderas, Alain Delon, Marcello Mastroianni, o alguno que otro actor galán latino viviendo en Estados Unidos, lo cual es una pendejada. Uno sigue siendo lo que es, un hispano, con sangre indígena, como en mi caso. Menos mal que nunca he renegado de eso, pero otros sí, y entonces ahí viene la desubicación, que es fatal, pues se pierde el concepto de quién eres y de dónde vienes y entonces te fuiste, ¡te volaste!, y así no es la situación. Entiendo que si a mí me sucedió, aunque sea por un corto periodo de tiempo, fue más que todo por mi inmadurez en aquel tiempo. Creer que una mujer anglosajona o rubia tiene una relación con uno porque uno es Tarzán en la cama y lo tiene muy grande es una reverenda cojudez, para decirlo en buen peruano, y a las cojudeces hay que evitarlas, por cierto. Pero es innegable que adolecí de eso en aquel tiempo, ya que, sin pensarlo, paseaba con mi novia estadounidense y, voluntaria o involuntariamente, presumía mi conquista ante los paisanos y otras personas de Latinoamérica. Quería saber qué era estar con una mujer de piel blanca, aunque en mi caso debo decir que sí me enamoré y amé mucho a mi Sarah. Pero siempre hay algo de estupidez que no se puede evitar, pero esta experiencia también sirvió para desterrar esa idea equivocada de que las mujeres anglosajonas son frías, frígidas, no, nada de eso; la mujer blanca es tan caliente y hembra como cualquier mujer de otra raza, y aquel que ha amado a una mujer caucásica, sabe que lo que digo es cierto.

Mi relación con Sarah duró alrededor de seis meses, pero cuando la pasión es de 40 grados centígrados no se necesita de amores eternos, porque lo lindo de un amor así, es que no hubo tiempo de que la enfriara el hastío, el aburrimiento, la monotonía, el tedio ni los eternos enemigos de ese sentimiento tan único y especial. Con Sarah pude volver a amar, a creer, a gozar y, sobre todo, a hacer todo eso en libertad, en esa libertad que yo no había tenido con aquella última relación, con aquella mujer que siendo mi "jefa" en el trabajo, creyó equivocadamente que también lo era en mi vida privada, y allí ella no lo era, ¡gran error! No lo podía ser porque en ese lugar especial solamente entra quien yo dejo que entre, gente especial a quien yo le concedo mi corazón, no es a todo el mundo; ahí no hay "jefas" ni trabajos que valgan.

Cada encuentro íntimo con Sarah era como la primera vez, como el de un condenado a muerte, sin pensar si habría mañana. Besar a una chica tan bella, tan norteamericana, me hacía sentir actor de Hollywood, estaba haciendo realidad un sueño, el que todos o casi todos los hombres de nuestros países sueñan lograr, conquistar a su novia gringa y enamorarla. Esos ojos que tenía, ojos de gata, y una larga cabellera castaña con la que jugaba y de donde la sujetaba cuando la poseía. Sus curvas que eran tan latinas sin serlo ella. Era yo siempre la envidia, ¡o eso creía yo en todo caso! En todo lugar que iba con ella la presumía: en Nueva York, discotecas, bares, Central Park, buses y trenes, lugares en lo que ella se me colgaba del cuello y en donde yo la lucía como si ella fuera una medalla, un estandarte, un premio que me merecía por lo mucho que la vida me había golpeado siendo yo tan joven. Había tenido que enterrar en mi país a mi madre, a mi hermano y a mucha gente más. Cuando la muerte de tus seres queridos te golpea con tal frecuencia, no sabes qué hacer ni qué pensar; solo sigue uno adelante por inercia, en piloto automático, como los aviones. Así que Sarah era mi premio, un premio que yo me ameritaba y que al fin y al cabo yo no sabría cuánto me iba a durar. Yo era como un Leonardo DiCaprio hispano, el mismo DiCaprio que iríamos a ver los dos juntos en la vida real en el cine cuando este actor estelarizó la película *Titanic*, con la que los dos lloramos, así después yo lo negara cuando se encendieron las luces. Lloró Sarah como lloraron todas las mujeres que estaban presentes ese día en aquel cine de Jersey City, al ver que Jack Dawson soltaba la mano de su adorada Rose, y se iba sumergiendo al fondo del mar al finalizar la película. Varias veces volvería a ver esa película por el recuerdo de aquella gran pasión, de aquella magia que tenía ese gran amor de mi vida. A veces quizás idealizamos, pero quién nos quitará lo bailado como reza el refrán. La gracia, el chiste de este amor no está en lo que contamos, sino en lo que no contamos, y es mejor así, que la gente se lo imagine, porque aun con toda su imaginación, ellos se quedarán siempre cortos.

Cuando paseaba con Sarah caía yo en cuenta de algo, bueno, ya pasada la impresión inicial y fijándome después bien en cada detalle nuestro y de nuestras salidas, que siempre llamábamos la atención como pareja. Acepto que yo no seré Brad Pitt o Johnny Depp pero sé que no lucía tan mal al lado de mi bella Sarah, y es ahí donde yo me comenzaba a fijar en las caras de la gente que nos observaba al salir juntos, que nos contemplaba. Algunos anglosajones nos miraban siempre, unos con sorpresa, con asombro, mientras que otros ni nos miraban, les daba igual. Otros nos miraban con la mirada del racismo, por eso aprendí a reconocerla, con odio en la mirada, que hasta te puede tocar físicamente de lo fuerte que es, pero eso a mí no afectaba, nunca me ha importado la opinión de la gente, el qué dirán, pero sí era capaz de reconocer a estos racistas cuando se cruzaban en mi camino, quienes son como las brujas: mucha gente cree que no existen, pero de que las hay, las hay.

Miradas de gringas racistas cuando iba con Sarah colgada de mi cuello, como diciendo, "Y esta, ¿qué le habrá visto a este hispano?" Se les podía leer en la cara la incomodidad como si fuera un periódico, pero también por ahí se le podía ver a una que otra gringa mirar a uno con una mirada como mezcla de intriga y seducción, como diciendo" "Y este tipo lo debe tener bien grande y por eso a ella le gusta". Lógico que si a uno le dirigen la mirada a las partes de uno no va a ser para algo muy inocente, ¿verdad? ¿Qué mujeres, carajo! Lo que sí supe y me enteré en esos cuatro o cinco primeros años en Estados Unidos, gracias a Sarah, fue a tener más conciencia acerca de lo que es el racismo en esta nación y de que no es un mito, sino que es real y existe. Estados Unidos tiene grandes cosas, maravillosas diría yo, pero también adolece de esa gran tara social, el racismo, y eliminarlo es una tarea de todos, acabar con esa plaga social, es trabajo de todos en conjunto, de legales e ilegales por igual, ¡hay que denunciarlo, y acabarlo de una vez por todas! Mucha gente ha muerto por culpa del racismo. Sarah, al igual que yo era, era hija de padres divorciados, y su padre, veterano de la guerra de Vietnam, prácticamente había viajado por todo el país, y por eso ella conocía casi toda la nación. Hablando con ella alguna vez me comentó:

—Sabes *honey*, somos afortunados de habernos conocido aquí; en otros lugares no sería tan fácil para nosotros amarnos.

—¿Por qué? —pregunté con ingenuidad.

—Que tú y yo fuéramos novios en otros estados de este país no sería tan fácil. Hay sitios en los que si nos ven tomados de la mano te tratarían de golpear, así son algunos racistas en esta nación, que eso no te sorprenda, quiero que lo sepas, no se puede negar una realidad.

—De acuerdo.

La verdad no es que yo fuera tan ignorante de la historia de Estados Unidos y además siempre me ha apasionado la historia, pero una cosa es que la leas y otra muy distinta que tú seas el protagonista, son dos cosas muy distintas. Nunca me he olvidado de aquella advertencia que me dijera uno de mis amores más grandes en mi vida, mi bella *Shifra* (hermosa en hebreo), Sarah, alguien que me amó mucho, muchísimo.

Llegó finales de abril y Sarah tuvo que irse. Hasta ahora me pregunto ¿por qué? ¿Fue por otro trabajo, para volver a la Costa Oeste del país, o simplemente mudarse? Nunca sabré por qué nos dejamos, por qué la relación terminó. Quizás yo cometí un error, ¡como siempre! Habíamos tenido algunas riñas pero nada serio, en fin, solo Dios sabe el motivo. No obstante, ¡siempre ha estado y estará conmigo mi bella Sarah! No hubo despedidas ni en terminales, ni en estaciones de buses o de tren, nada de película de Hollywood, simplemente cada uno siguió su camino, pero 20 años después ¡nos volvimos a encontrar!

11

Como el fantasma

Antes de proseguir relatando mis experiencias como inmigrante sudamericano en Estados Unidos en orden cronológico, debo hablar sobre una situación más reciente, en octubre de 2015. A partir del 21 de agosto de este año me quedé sin empleo. Esto se debió en parte a una vieja molestia en mi rodilla derecha que ya se había hecho crónica desde 2008, pero también gracias a un griego hijo de puta que llegó a trabajar como chef al lugar donde yo cocinaba. Este grandísimo cabrón no hizo más que llegar y comenzar a hostigar a todos los empleados, tratando por todos los medios de cansarnos y fastidiarnos a mí y a mis compañeros de trabajo, para después proceder a botarnos uno por uno. Como no hay mal que por bien no venga, este lapso de desempleo temporal me dio el tiempo suficiente para retomar la escritura de este libro, pues a raíz de no contar más con un trabajo estable en las mañanas, me fue posible avanzar. Parece mentira, pero por esta razón, y gracias a este griego hijo de puta, pude retomar esta tarea que me propuse hacer ni bien terminé mi primer libro.

Por otro lado, como mencioné, tenía esa dolencia en la rodilla, y pensaba que todo se viene encima, quizás los años y otras cosas más. En esa etapa me sentía jodido, estaba sin trabajo, casi sin dinero, y sin papeles (¡los benditos papeles!) pero escribiendo y mirando hacia adelante. No valía llorar, ni lamentarme, eso de nada sirve, así que seguí adelante, puesto que no me podía detener ni rendir. ¿Qué dirían las mujeres del Pasaje San José si me vuelvo atrás?, parafraseando una frase del libro *Carlo Famoso*, por Luis Zapata (1566), "¿Qué dirán las mujeres de Salamanca, si me vuelvo atrás?"

¡Fuerza canijo! ¿Rendirme? Esa palabra no existe en mi vocabulario. En realidad todo en mi vida ha sido así, de una lucha continua, pelear y pelear y seguir hacia adelante, siempre teniendo, sujetando con firmeza el timón de este barco, que es mi propia vida, y navegar hasta el puerto que quiero llegar, aún no, aún hay océanos que surcar, pero sobre todo un libro que terminar.

Ante aquella situación yo seguía adelante, pero me sentía cansado, harto de tener que comprar papeles falsos para trabajar, en las oficinas de la Avenida Roosevelt, en Queens, Nueva York, obvio. No, nada de eso, no más papeles "chuecos", o como carajos los llame la gente. Un factor por el que algunas veces me mantuve en un mismo trabajo por mucho tiempo fue porque trabajaba fuera de los libros de contabilidad, es decir sin declarar, sin figurar en la nómina oficial de la empresa, y además usando mi propio nombre, no con uno ficticio, lo cual causaba que en esos empleos en los que me presentaba con documentos de identidad falsos me llamaran "Cristian", "José", "Juan", "Manuel" y otros tantos nombres. No, no más, ya estaba cansado de esa situación laboral.

Comencé entonces a trabajar en un restaurante por recomendación de un amigo mexicano que ya trabajaba ahí. La ironía de la vida es que al poco tiempo a él lo botaron de ahí, es decir, sirvió como el medio para hacerme entrar a ese lugar; curiosa manera tiene Dios y la vida de manifestarse. Algo innegable es que muchas de las cosas que parecen muy terribles de momento, a veces o en general, responden a un plan divino, del cual no sabemos nada, pero en el cual tratamos de seguir adelante, de recorrerlo con fe y confianza. El punto vital de mi prolongada estadía en ese empleo en particular fue que, como expliqué, trabajé sin estar en la lista de los nombres de los empleados que están en la plantilla de una empresa. O sea que en sí, yo por buen tiempo no he existido como empleado en este país, y no sé qué vendrá en el futuro, pero de eso mejor ni preocuparse ahora. De todas maneras, los ilegales no existimos en Estados Unidos, somos fantasmas, como escribió el músico y compositor argentino Charly García en su canción *El fantasma de Canterville*, «Paso a través de la gente como el fantasma de Canterville...»

Para millones de inmigrantes en este país, gran parte de la vida es solo trabajar y luchar para sobrevivir, algunas veces trabajando para vivir y otras viviendo para trabajar, según las circunstancias. Personalmente, aún estoy de pie y no tan viejo, creo yo, pero tanta lucha y tanto trabajo sin parar, sin viajar, sin vacaciones, me ha hecho vivir una vida triste y aburrida. Nada diferente a la de mis hermanos ilegales, y si ellos sufren y lo pueden soportar, ¡yo también puedo! Solo me he detenido cuando me he enfermado o quedado sin trabajo, pero no permanecía así por mucho tiempo, casi nada, pues no se puede estar así, hay que pagar renta, teléfono, comprar comida, entonces no duraba mucho tiempo quieto. Sí, yo he sido uno de esos miles o millones de indocumentados que nunca han gozado de vacaciones pagadas en este país, y qué se va a hacer, a veces ¡la mano viene así! Hay que seguir rompiéndose el lomo hasta morir, como dijo una señora latinoamericana de edad avanzada: "Nosotros solo descansamos cuando nos morimos, joven, esa es la suerte del pobre, de nosotros los pobres". No sé si eso sea del todo verdad, pero lo que sí sé es que esta vida no es sola para pura joda, hay más que eso, y de eso yo ya me convencí. La vida es como es, no como uno quisiera que fuera. Uno se adapta a la vida, no la vida a uno; uno no va a cambiar al mundo, el mundo seguirá, quizás no igual, pero el mundo quedará aquí y nosotros seremos los que nos vayamos, de eso no hay duda alguna.

Volviendo al orden cronológico de mis vivencias en Estados Unidos, recuerdo la reelección del presidente demócrata Bill Clinton el 5 de noviembre de 1996, y su segunda toma de posesión, efectuada el 20 de enero de 1997. Clinton no tuvo un fuerte rival en las elecciones del 5 de noviembre, al enfrentar a dos candidatos rivales, al republicano Bob Dole, y al magnate y de afiliación reformista Ross Perot. Al país le iba bien económicamente hablando, aunque siempre ibas a encontrar contreras que te iban a seguir diciendo: *"There are no jobs my friends"*, queriendo dar a entender que no había vacantes de empleos suficientes. Claro, cómo los van a encontrar si no salen a buscarlos estos ¡grandísimos vagos del carajo! ¡Sinvergüenzas! Esa no era una frase que te la decía algún hispano afuera de alguna fábrica o centro laboral donde había ido solicitar trabajo, sino que te la decía algún jodido vago de mierda, de esos que abundan por aquí también, vagos de zapatillas Nike y sweaters de marca Polo. Tanto vago que en este país sale a la calle cada día con ganas de no encontrar trabajo, ¡flojos de mierda! En este punto estoy de acuerdo con los soviéticos, ya que en uno de los estatutos socialistas de Lenin, él afirmaba que el que no trabaja no come. Esta frase fue incluida en el Artículo 12 de la Constitución de la Unión Soviética: "El trabajo es en la URSS una obligación y una causa de honor de cada ciudadano apto para el mismo, de acuerdo con el principio de 'El que no trabaja, no come'". Si lo ven bien, no tiene nada de nuevo ni revolucionario, porque era lo mismo que escribió San Pablo en la Segunda Epístola a los Tesalonicenses 3:10, sí, busquen por ahí, está en la misma Biblia: "Porque también cuando estábamos con vosotros, os ordenábamos esto: Si alguno no quiere trabajar, tampoco coma" (VRV). Ya lo ven vagos, ¡lo decían los soviéticos y lo establece la propia Biblia!

Dentro de la sociedad estadounidense abundan los vagos de nacimiento, por indolencia, los mantenidos del gobierno, los parásitos del Estado, los que nunca han movido ni levantado ni un dedo para desempeñar alguna labor en esta vida. Eso es así, o ¿será que uno es al que lo agarran de buey? Esa gente vive con muchas comodidades y mucho mejor que uno, eso sin dudarlo. Estos han existido desde siempre aquí, desde mucho antes que nosotros llegáramos a aquí, y a quienes acusan de quitarles sus trabajos (es joda se entiende, ¿verdad?). Hay mucha sanguijuela humana en esta nación, chupasangres de la gran masa laboral de Estados Unidos, en donde siempre habrá gente con alguna incapacidad física o impedimento de algún tipo que necesite ayuda, pero lo que hace el Estado aquí, y eso está así diseñado, es mantener a un chorro de vagos porque así lo manda el sistema, y contra el sistema, según parece a lo menos hasta ahora, nadie puede. Como bien decía un amigo chileno aquí en Estados Unidos, se puede vivir bien, de manera decente, sí se puede, ojo, ¡si se quiere! Es todo, aprender a vivir, a compartir, si hay voluntad como todo en la vida, trabajar en lo que sea y trabajar duro, ¡sí se puede!, como gritan los mexicanos en los estadios de fútbol.

Si aquí en la Unión Americana están los vagos más grandes del universo es porque también el sistema capitalista está organizado para perpetuar todo esto, o sea, se sirven mutuamente. En este país este sistema necesita de gente enferma, de ladrones, de traficantes y consumidores de droga (así suene increíble), para generar empleo a los doctores, jueces, abogados, aseguradoras, fabricantes de medicinas, policías, y para que existan cárceles y centros de rehabilitación. Si alguno de estos eslabones se rompe (léase se cura o se resuelve) milagrosamente, mucha gente, muchísima gente se quedaría sin comer, sin trabajo. Si no hay crimen no hay policía, si no hay tráfico de droga o se legaliza la droga no hay cárcel, entonces se les cae el negocio, es así de sencillo. No hay negocio que genere más plata que la droga y de esa se sirven todos, el sistema principalmente, porque no le conviene que eso se acabe, porque si no, ¿a quién se persigue?, ¿de dónde se consigue dinero?, y ¿por qué no se cura el cáncer y otras enfermedades? No conviene tener a la gente sana y saludable porque entonces nadie compraría medicinas, y ¿de qué vivirían los médicos y los laboratorios? Si no hay delito no necesitamos policía, no necesitamos cárceles, ¿entienden? Todos o todo el sistema capitalista está organizado para que todo el mundo tenga y reciba su tajada del pastel y no joda. En resumidas cuentas, se trata de un sistema económico y político en el que el comercio y la industria están controlados por propietarios privados con fines de lucro, en lugar de por el Estado, que es el que otorga las concesiones a esos sectores.

El que puede vive de este sistema, claro, todos, menos nosotros los trabajadores ilegales, que al no tener papeles no hacemos ni marcamos la diferencia. Sin embargo, por "milagro" de la Divina Providencia, los indocumentados somos los culpables de todo lo malo que ocurre en Estados Unidos. Según ese razonamiento, todas las desgracias que suceden en esta nación son culpa de nosotros, de todo pero de todo lo malo. Y hay que tener en cuenta que hace casi tres décadas desde mi arribo a este país, Donald Trump aún no había llegado al poder. ¡Qué buen servicio de propaganda tienen sin duda! Los miserables racistas nos culpan de todo lo malo que ocurre aquí, somos el chivo expiatorio por excelencia, por derecho propio, y nadie puede cuestionar esta "verdad divina". Hay que aclarar que solo el inmigrante latinoamericano, porque de los otros nadie habla, del inmigrante ilegal pero de raza blanca, el que viene de Irlanda, Italia, Rusia, el que viene de algún país de Europa y es blanco por obra y gracias de Dios, ese no cuenta como ilegal ¿Cómo? ¿Por qué? ¿Eres pendejo o te haces? ¡Porque es blanco! ¿No te has dado cuenta? Sí, aquí los del problema en general, llámese económico, social o educativo, somos solo nosotros los inmigrantes indocumentados latinoamericanos. Aquí en la tierra de la libertad, la democracia y de la búsqueda de la felicidad, un vago, un borracho, un indigente tiene mínimo un albergue para el calor del verano y para la nieve y el frío del invierno, mientras mis hermanos ilegales que buscan trabajo parados en las esquinas, a ellos ¿quién los ayuda? ¿Esos no son gente? Todo este chorro de vagos y borrachones que este país mantiene mediante la llamada Sección 8 (asistencia de pago del alquiler de una vivienda), programas del Bienestar Social, y otros beneficios del gobierno, tiene mejor ropa que mis hermanos ilegales, ya que reciben donaciones de ropa y no de cualquier ropa, ropa de marca, no se equivoquen. Así es, el resto, los ilegales, que se jodan, porque ¿quién los manda venir aquí? Esos no son gente, no tienen derechos, así es la retórica de los racistas de esta gran nación, y lo dicen con orgullo y sacando pecho. "Ustedes, *fucking Mexicans* (porque para estos imbéciles todos los del sur de su frontera para abajo somos *"Mexicans"*) no merecen nada; coman basura, vivan en parques o debajo de un puente, arréglenselas como puedan, total ustedes no son gente, no existen.

En este país fueron tan ingenuos y vivían en su burbuja dorada, que no se dieron cuenta que en el pasado mucha gente les mintió y consiguieron dos o tres beneficios del Seguro Social y hoy viven de eso. Reciben dinero por incapacidad, pero trabajan por fuera de los libros de contabilidad (como nosotros), que sí necesitamos trabajar para comer, para tener un techo donde cobijarnos. Comprendan esto hermanos latinoamericanos, que no les vendan un cuento, que no les hagan creer lo que se decía en el programa de televisión "El show de Cristina", de que aquí el que quiere triunfar puede, si quiere. No, no es tan fácil, claro, nada es fácil en la vida, pero no es como lo cuentan, y a todos nos va diferente en este carrusel que es la vida. Aquí te puedes gastar tu juventud y casi toda tu vida y seguir igual de jodido, solo sobreviviendo para el día a día, y no es que hayas sido un borracho o un vicioso. Trabajas y trabajas y te sucede lo que a un amigo ilegal conocido mío, que trabajaba tanto que cada vez que ahorraba un dinerito, alguien moría en su país o alguien necesitaba una operación de emergencia, y eso ¿cómo se llama entonces? ¿Cómo le vamos a decir o llamar a él? ¿Dejado? ¿Vago? ¿Porque no hizo nada de dinero en Estados Unidos? No, no todo es lo que parece, ni todo lo que brilla es oro. No juzguen antes de saber cómo vive o ha vivido toda esta gente que al igual que yo, han vivido tanto tiempo en la ilegalidad. No todas las historias ni todas las vidas son iguales, eso no es así.

Aquí hay mucho hermano ilegal que trató y se jodió duro por tratar de superarse y no pudo, aunque hicieron lo mejor que pudieron, su mejor intento. Sería innumerable nombrarlos a todos, así como también hay varios que sí pudieron sobresalir y destacar. Muchos le echaron ganas y estudiaron, se superaron, y bien por ellos, ¡carajo! Y sin papeles, más meritorio aún. También están los que se superaron teniendo papeles, ya sea porque eran como los cubanos que por muchísimo tiempo (de 1966 hasta 2017), con solo llegar a esta nación, ya tenían permiso de trabajo y un número de seguro social, y eso era una ventaja, ¿o no? Al menos admítanlo por favor. También de otras naciones de Centroamérica (Guatemala, El Salvador, Honduras y Nicaragua), donde en el pasado hubo guerras civiles y pudieron asilarse aquí, aprovechar la oportunidad y cambiar las circunstancias de sus vidas. Bien por ellos, porque también les costó su esfuerzo. No obstante, muchos otros nos hemos esforzado y hemos llegado muchas veces a un límite, a un tope, y eso es triste, muy frustrante y desolador. Saber que hay gente que aprecia tu trabajo, tu labor, pero que tú mismo no puedes seguir adelante superándote laboralmente porque no cuentas con tus documentos en regla. Esa sensación, créanme, es muy triste. Tener ganas de querer seguir progresando y superarte, y ya saber cómo es, es muy frustrante, ¿no me creen? Lean las historias de todos esos muchachos llamados *Dreamers*, y averigüen más sobre todos ellos. Estos jóvenes se han frustrado, incluso algunos se han suicidado, por no poder continuar con sus estudios. Se deprimen porque ya no solo no pueden estudiar, sino tampoco continuar viviendo aquí; hasta eso, los quieren echar y los echan del país, y a dónde los van a enviar si ellos vinieron a este país de niños, a ellos los trajeron, no fue su decisión emigrar, esta ha sido la única patria que conocen, que quieren, que sienten como suya. ¿Qué pasa con eso, no importa acaso? Toda esta juventud está en depresión porque ya no pueden seguir con sus sueños. Ah, pero para ellos sí hay una última opción, el Ejército de este país. ¿Dónde es la próxima guerra de liberación? ¿Venezuela? ¿Irán? ¿Corea? ¿China? Bueno, en todo caso, si sobrevives a alguna invasión o guerra preventiva (un término militar que se usó por primera vez en el siglo XVII y del que se valió George W. Bush), y regresas completo, tienes la posibilidad de estudiar una carrera con las fuerzas armadas, y si no vuelves del frente de combate, mala suerte, ¡así es la vida! Acuérdate que aquí como en todo lugar del mundo, la vida y todo lo demás tiene un precio, a veces muy alto, que pagar. Hay que tener en cuenta que durante la presidencia de Barack Obama, él hizo posible que estos jóvenes recibieran un alivio migratorio temporal mediante un decreto presidencial, pero Donald Trump rescindió este decreto, llamado Acción Diferida para los Llegados en la Infancia (DACA por sus siglas en inglés). El futuro para estos jóvenes continuaba incierto mientras ellos y sus familias esperaban una decisión final de la Corte Suprema sobre este asunto en 2020.

No obstante la situación, yo pienso que aunque uno esté sin documentos en este país, no hay que desanimarse. Yo solo soy uno, y mi opinión es solo la de uno más de los tantos y tantos millones de ilegales que hemos vivido aquí. La única diferencia es que yo he hecho un registro escrito de todas estas experiencias para la posteridad, por si a alguno le da la curiosidad de leer algo al respecto. Casi

30 años han pasado desde que llegué y casi inadvertidamente se me pasó la vida, y la he pasado trabajando, ¡menos mal que llegó la astrología a mi vida! Sí, casi tres décadas han transcurrido sin darme cuenta, sin sentirlas, pero quizás a otros les vaya mejor, eso espero. A mí me ha ido así, como lo he estado relatando en este libro, y espero que todavía me sigan leyendo porque falta más, mucho más aún. Un buen día me hice la promesa que iba a contar la historia de mi vida en esta nación que, aunque muchos no lo crean, ya es para mí como mi país, aun siendo como soy, un trabajador ilegal más de los muchos que hay aquí. Me decidí a contar la historia de cómo me ha ido en esta nación, y en el proceso contar las historias de otra gente que también conocí, algunos amigos, otros conocidos, pero por sobre todo, lo principal eran los hechos y las personas que yo conocí y que me impactaron y dejaron huella en mí, con su vida, sus palabras, sus acciones y cosas que yo vi, viví y presencié junto a ellos, experiencias que compartimos en este caminar por la vida.

Aquí en *Estados Jodidos*, perdón, Estados Unidos, no es como a muchos les cuentan sus familiares y amigos que regresan. Reitero que mucha de esta gente que viaja, no toda, se endeuda mucho para poder costearse el viaje de retorno a su país de origen, empeñan hasta el alma, todo lo que tienen, y todo ¿para qué? Muchos lo hacen para presumir algo que no son ni que tienen, y así tratar de impresionar o de apantallar a los que van a ver después de tiempo. Nadie de los que él visita se imagina la verdad del asunto, todo es apariencia. Sepan esto: aquí no es como a muchos de nosotros nos contaron, o debería decir mejor, nos engañaron. Aquí si no tienes dinero no vales nada, no existes, claro estoy generalizando, pero muchos de ustedes saben que esto que digo acá es cierto. En 27 años de estar en este país habré encontrado poca gente que tenga el corazón sano, abierto y generoso, los dedos de una mano sobran para contarlos, ¡entérense de una vez! Solo si son capaces de soportar lo indecible, vengan aquí, a esta nación, y sobre todo como en mi caso, como un indocumentado, como un ilegal más. Si no creen que sean capaces no lo hagan, en verdad se los digo, aunque ya sé que nadie aprende de cabeza ajena, pero lo que yo les estoy narrando aquí es de corazón, de buena fe, como dije al comenzar este libro, escribí el libro que a mí me hubiera gustado leer antes de venir a este país.

18

Cultura, deportes y escándalos políticos

Había llegado el 1998, y yo continuaba cocinando, o al menos intentándolo. Mi hermano y yo, aunque el contacto se perdía de vez en cuando, nos veíamos poco, y eso entristecía mi corazón, pero, lastimosamente, no puedo llevarme bien con su señora como hubiera sido mi ilusión. En este año en particular, ambos, siendo tan emprendedores, abrieron una tienda de artículos de mascotas, lo que aquí se le conoce con el nombre de *Pet Shop*. La apertura fue un gran sacrificio y esfuerzo para ambos. El establecimiento lo abrieron en Hoboken, Nueva Jersey, y este solo duró aproximadamente tres años, pero a mi querido hermano le sirvió y aprendió mucho de esta experiencia.

Por esta época en alguna parte de este camino llamado vida, entablé de nuevo contacto con aquel ser tan especial que me había maravillado cuando la conocí, mi maestra Melva Ortiz. En aquel tiempo yo solo era un cliente más, solo su amigo, pero después llegaría a ser uno de sus alumnos. Fue creo yo en la segunda visita que le hice a ella cuando realmente comenzamos a sentar las bases para la linda amistad que construiríamos con los años, algo que fue una gran bendición para mí. Melva llevaría a cabo, sin saberlo, un gran trabajo conmigo. Ella me ayudó a reconectarme con mi pasado, con mis hábitos de la niñez, como por ejemplo, la lectura, con mi pasado literario, de lector y ratón de biblioteca. Entrar en contacto con ella más frecuentemente cambiaría para siempre mi vida, aunque en ese momento yo no lo pudiera apreciar, ni percibirlo. Siempre uno debe estar seguro de algo, que hay o existen en la vida de cada ser humano personas que aparecen y que, independientemente del tiempo que duren en tu vida, te marcan para siempre sin duda alguna.

Ese compartir con ella, ya no solo como un consultante, un cliente más, me sirvió de mucho, me fue de gran utilidad para todo lo que desarrollé en mi vida después en este gran país. Con ella comencé a conocer otros sitios, otros lugares, diferentes a los que estaba acostumbrado a frecuentar en Nueva York. Comencé a asistir con ella a conciertos de música (de diferente género), funciones teatrales, cine, galerías de arte, arte de procedencia básicamente independiente, de Europa y de otras partes del mundo, de lo cual yo me volvería, con el paso del tiempo, en un seguidor y admirador más. Acudí a lugares como el Lincoln Center y el Carnegie Hall, teatros como el *Landmark Sunshine*, Angélica, *Film Forum* y IFC. Estos lugares comenzaron a ser habituales para este trabajador ilegal, que se les había colado en este país en un descuido de las autoridades. De este modo me comencé a culturizar, quizás más de lo que ya yo creía estar. Este indocumentado latinoamericano ansioso y hambriento de cultura y conocimiento quería comerse la Gran Manzana de un solo mordisco. Todo esto aunado a todo lo que leía en la noche, libros que había visto en la biblioteca de Melva, o lo que encontraba cada vez que visitaba Lectorum, Macondo y Cuarzo, tres librerías hispanas que existían entonces y de las que ahora ya no queda ni el recuerdo. ¿Por qué ya no existen? Porque, muy fácil, aquí se les sube la renta y matas cualquier negocio que no le interese a esta gente, que solo puede ver y pensar en función del dinero. Los arrendadores razonan de esta manera: les subimos la renta y ya no hay más cultura para esta gente hispana. Además, ¿para qué se quieren culturizar estos? ¿Cultura? Eso no es para ellos, a ellos solo los necesitamos para que trabajen y trabajen, como burros, que no piensen, eso no es para ellos. Así fueron mis inicios, o mi comenzar de nuevo, con la cultura en esta nación, y con Melva llegó todo eso.

El primer libro que me obsequió en aquella primera visita fue *El poder está dentro de ti*, de Louise Hay, nunca lo olvidaré. Todo el camino de vuelta de Brooklyn a Jersey City fui leyendo el libro en el tren. Aquel libro sería el primero de una extensa biblioteca que luego yo me encargaría de hacer crecer. Todo fue conectar con mi pasado. Mi fallecido padre siempre llegaba a casa con un libro bajo el brazo, y tenía una biblioteca en casa en donde yo por primera vez leí a Mark Twain, Robert Louis Stevenson y Oscar Wilde, y obras de mitología griega y egipcia. Renuncié a llegar a ser una estrella del fútbol por leer, leer y leer (es broma, yo era un pata de palo para el fútbol, ahora que en sueños ¡me convertía en el Rey Pelé!). No había fin en ello, no me podía detener, era casi como compulsivo leer para mí de niño. Alguna vida mía pasada quizás tenía que ver algo con la literatura. Así, pues, comenzó mi colección de libros en Estados Unidos, paulatinamente. Lo mismo hice con la música, ya que como comenté en un capítulo anterior, mi padre había sido músico. Así, poco a poco y con paciencia, comencé a reunir grabaciones de casi toda la misma música que él llevó a Perú de vuelta, luego de su propia experiencia viviendo en Estados Unidos a principios de los 1960s. Volví prácticamente, al menos en el plano musical, a reunir todo lo que mi querido viejo había llevado a Perú en su viaje de retorno. Música de cantantes como Louis Armstrong, Dean Martin, The Beatles y de otros, y hasta de los primeros peruanos que grabaron un LP en esta gran nación, los inolvidables Yma Sumac y Cholo Berrocal.

Comencé a llenar mi pequeño estudio donde vivía de libros, de CDs y de películas, o a rentarlas, mientras cine más clásico, mucho mejor: Federico Fellini, Vittorio De Sica, Ingmar Bergman, Luis Buñuel y François Truffaut, nada mal para un ilegal, ¿verdad? De este modo fue como comencé a juntar todo ese valioso material, y a donde fuera que me mudara, ático, sótano, cuarto o estudio, todo aquello que era mi más valioso tesoro iba conmigo, a donde fuera que el destino me aventara no dejaría ir aquello de mí. Aquella colección era mi vida, todo lo que yo tenía, lo único que nunca me abandonaría y que nunca nadie iba a poder quitarme, porque hasta la libertad se la pueden quitar a uno algún dictador hijo de puta, pero no la cultura.

Así corría 1998 y en el cine de Corona Plaza, en Corona, Queens, Nueva York, se estrenaba la cinta titulada *The City (La ciudad)*, un filme independiente producido en blanco y negro por el realizador estadounidense David Riker. Se trató de una película de presupuesto modesto, pero que por primera vez desde que yo estaba en Estados Unidos hacía visible a nosotros los invisibles, los ilegales, los indocumentados. Asistí al estreno en Queens, y aún conservo la foto que me tomé con el elenco de la película, en donde figuraban inmigrantes verdaderos de varios países y, qué cosa curiosa, ninguno de ellos eran actores profesionales. El filme consistía en cuatro historias diferentes que le contaban al gran público todas las peripecias que los indocumentados pasábamos en Estados Unidos. Me acuerdo de que en el elenco había un compatriota peruano y Don José Rabelo, un colombiano, quien hacía de un personaje de titiritero. Lejos estaba yo de pensar que algún día yo escribiría de ellos, y en un libro precisamente. Donde quiera que estén, Dios los bendiga, porque fueron ejemplo de que si los hispanos nos unimos podemos hacer cosas positivas e interesantes para la comunidad.

En el tema de los deportes, la selección nacional de fútbol de Perú no había clasificado para el mundial de Francia 1998, para variar. Siendo sincero, no fue tanta la culpa de los jugadores, se hizo un buen esfuerzo, pero no alcanzó, no nos eliminó el seleccionado de Chile en Santiago, como muchos creen, sino Ecuador en Lima, y ahí se nos fue el boleto de avión a Francia. En las Grandes Ligas del Béisbol, se desarrollaba la batalla entre dos titanes, dos colosos del bateo, los jonroneros Sammy Sosa, de los Cachorros de Chicago, y Mark McGwire, de los Cardenales de Saint Louis, que tuvo en vilo al país e incluso a los que no entendíamos ni papa de este juego nacional estadounidense. Finalmente, McGwire rompió el récord de Roger Maris de 61 jonrones en una temporada, y que databa de 1961, al alcanzar 70 vuelacercas ese 1998. No obstante, tanta proeza fue pura ilusión, como en el romance, ya que con el tiempo tanto el pelotero estadounidense como el dominicano, quedaron desprestigiados tras verse sometidos a una gran investigación que los acusó a ambos de usar esteroides para mejorar su producción deportiva. Es decir, todo fue falso y tramposo, puesto que ambos utilizaron sustancias prohibidas para estimular su rendimiento. Como quiera, el récord que impuso McGwire fue eventualmente sobrepasado por Barry Bonds, de los Gigantes de San Francisco. Menos mal que no fue solo Sosa el que defraudó a los fanáticos del béisbol, a los cronistas deportivos y al gran público, si no, creo yo que la gente hubiera pensado que los únicos que hacen trampa somos los hispanos, ¡como si fuéramos los únicos! Sí, menos mal que también estuvo involucrado McGwire, si no, el palo que nos hubieran dado a nosotros los hispanos hubiera sido tremendo. En fin, lo auténtico, lo real, la calidad y la excelencia no abundan, no son fáciles de encontrar en todos lados. Si algo puedo recapitular de aquella época en que comencé a aprender las reglas de la mayoría de los deportes nacionales como el fútbol americano, el basquetbol y el béisbol, que es el más estadounidense de todos, es que era una sensación agradable, porque si ya que estoy y vivo aquí, cómo no voy a desarrollar algún gusto o afición deportiva por este país o por sus deportes nacionales, ¿no les parece?

Por ejemplo en el Súper Bowl de 1998, mi Sarah ganó su apuesta jugándole dinero a sus Broncos de Denver, quienes dieron la sorpresa y batieron a los Empacadores de Green Bay. En Basquetbol yo creo que ya quedó claro que desde que vi por televisión a Michael Jordan jugar en el Garden, me volví fanático de él. En el béisbol fue la década dorada de los Yankees de Nueva York, volvieron a reverdecer laureles y disfrutamos de jugadorazos como Mariano Rivera, Andy Pettitte, El Duque Hernández, Tino Martínez, Roger Clemens, Derek Jeter, y el que para mí fue el mejor de esos años, el boricua Bernie Williams. Tremendo equipo. *Go Yankees, go!*

Este 1998 fue también el año en que moriría en Newark, Nueva Jersey una leyenda de la música salsa, el inolvidable cantante puertorriqueño Frankie Ruiz, quien alguna vez se presentó en las Fiestas de Jersey City, junto a Tito Rojas, en donde lo vi cantar. Luego lo vi en el Madison Square Garden, en uno de esos maravillosos conciertos que acostumbraba a hacer el empresario Ralph Mercado, ya fallecido, y en donde subían a cantar todas esas leyendas de Fania All-Stars y de la salsa en general que seguían vivas. Así que vi cantar a Frankie en 1996 o 1997 o algo así. Ya había sacado el CD que incluía *Puerto Rico*, la canción dedicada a su isla bella. Recuerdo mucho de ese concierto, ya que estaban programados para cantar esa noche la crema y nata de la salsa. Aquella noche recuerdo que debutó o, en todo caso, fue presentado Víctor Manuelle junto a todos esos "caballos" de la salsa. El cantante de origen puertorriqueño lloró aquella noche en el Madison, la emoción le embargó y ¿quién lo puede culpar? Una de sus inolvidables canciones es *He tratado*, cuya parte de la letra dice, «*He tratado de olvidarte en otro amor, y no puedo*».

Esa noche cantó medio mundo en un Madison repleto. Desfilaron por esa tarima Tony Vega, Raulín Rosendo, Cano Estremera, Tito Nieves, Johnny Rivera y de fondo iban Oscar de León y Tito Rojas, quien estaba súper pegando con su tema *Señora de madrugada*. No obstante, cuando salió el gran Frankie Ruiz, aquel recinto se encendió, no recuerdo más de aquel concierto, no me pregunten sobre los demás, pero Frankie Ruiz era ¡Frankie Ruiz! ¡Carajo! Ruiz subió a esa tarima diciendo, "Saludos mi gente", después volteó a mirar a la orquesta y luego giró sobre sí mismo y pronunció: "Yo no tengo orquesta, recién he salido de la cárcel, esta es la orquesta de Ralph Mercado..." Los volvió a mirar y les dijo: "No me dejen mal muchachos, ¡cachimba!" Y ahí nomás arrancó a cantar ese boricua genial, solo cantó cuatro canciones, pero con él se prendió el Madison, y cuando cantó *Puerto Rico* para despedirse, ahí se embanderó el lugar. De todos lados aparecieron banderas puertorriqueñas, de eso no me olvido jamás. Qué carisma y cuánta conexión pudo generar con el público un solo artista, ¡si ya había cantado tanto monstruo! Y aún faltaban Tito y Oscar, pero si te ibas ahí no pasaba nada ¡Único Frankie por siempre! El Bárbaro de la Salsa siempre fue alguien especial para mí, era intérprete de la música favorita de la mujer que fue uno de mis más grandes amores en la vida, mi "China", como solía decir Frankie, una bella chica que pudo hacer que mi destino cambiara para siempre y no esté aquí como un pendejo. Sí, si ella hubiera querido venir conmigo o yo me hubiera quedado en Perú, me hubiera casado con ella. Su abuela ya le iba a dejar una casa, era ella su única nieta mujer y la engreída de la familia, aunque esa casa no hubiera hecho falta, yo tenía la mía, la que me heredó mi madre antes de morir, así que lugar para vivir no hubiera sido problema junto a mi amor. Pero no, este huevón tenía y quería venir a este país. ¡Cuánto te amé mi China!, de seguro ya te casaste con otro amor, pero siempre desearé todo lo mejor para ti, Liliana, y ahí te va: «*Es imposible amor que yo te quiera, si has de tratarme así de esa manera*».

Fue en ese 1998, o quizás el 1997, cuando acababa una jornada laboral más y cerrábamos la cocina. Estábamos todos limpiando y de pronto alguien sintoniza en la radio, la "estación que se pega" La Mega 97.9 FM, y como cada semana, transmitían en vivo desde el centro nocturno Latin Quarter de Manhattan, en la ciudad de Nueva York. Era un día entre semana, y escuché que anunciaban al gran Frankie, a quien ya lo tenía un poco en el olvido por tanto rollo en Estados Unidos donde todo es trabajo y si no, no comes. Frankie no llegaba pero de pronto arrancó la orquesta y comenzó a cantar, pero Frankie ya no era más Frankie; su voz, su maravillosa voz, ya no lo acompañaba, no podía llegar a la nota de ninguna de sus inolvidables canciones ¡Qué triste fue ese momento! Aunque yo no soy boricua ni nací en la Isla del Encanto, de pronto, yo y el empleado boricua que quedaba junto a mi limpiando, Richie, nos miramos ambos y agachamos la cabeza. No sé a Richie, pero a mí se me escapó una lágrima, ¡coño!

—Ya vengo, Carlos, voy al baño —se disculpó Richie.

—Dale Richie, dale Richie, que a mí tampoco me gusta que me vean llorar. ¡Droga maldita! —grité y pateé un zafacón de basura.

«*Es imposible amor que yo te quiera, si has de tratarme así de esa manera*», ¡cachimba!"

Al poco tiempo partió a la eternidad aquel Capo de la Música Tropical. Ese día, el 9 de agosto de 1998, el cielo llovió en Jersey City.

"Aunque tú no creas en Dios, Dios sí cree en ti". Desde 1996, Ruiz había tenido serios problemas de salud tras años de abuso de drogas y alcohol, e incluso había caído en un coma temporal, durante el cual sus cuerdas vocales se dañaron. En enero de 1997, la salud de Ruiz continuó disminuyendo como resultado de cirrosis y hepatitis, lo que resultó en tres hospitalizaciones que duraron meses. Ruiz murió a los 40 años debido a complicaciones de una enfermedad hepática.

También comenzaron a aparecer por aquellos años los lugares donde relajarme dentro de la Gran Manzana, sin gastar dinero. Estos lugares siempre habían estado ahí, era yo quien los estaba descubriendo, sitios donde yo podía reposar física y mentalmente en Nueva York. Si buscas encuentras, aquí hay de todo, como en botica. Parques como Central Park o Battery Park, Union Square, y otros, comenzaron a ser lugares de esparcimiento, pero también de paz, de solaz para mí. Ahí también podía no solo leer, sino encontrar paz, sobre todo en Battery Park, en donde se puede disfrutar de la vista del agua del río Hudson. ¡No hay mejor despojo espiritual que ese! Y encima, gratis, ¡te ahorras la botánica! Aquel también era el lugar de encuentro con Melva, de charlas e interminables caminatas al lado del río, de divagar mentalmente, de reflexionar, de meditar, de trascender de toda mi realidad que quería amenazarme y atemorizarme con mi realidad legal, de la que yo no tenía ningún poder, ni podía cambiarla, no, en todo caso de la manera en que mucha gente optaba por cambiarla, por matrimonio. No, así no, yo no me caso por contrato, lo siento mucho si alguien se admira o sorprende de esta manera de pensar, yo soy así.

Caminar fue una de las cosas que siempre he disfrutado mucho en mi vida, ya que me trae inolvidables recuerdos de mi infancia, con mis primeros amigos que tuve, Pedro Flores y Julio Ríos, de mi hermano Pablo (mi inolvidable Negrito), y aquí más y junto a Melva ni se diga; experiencia sublime que podría compararse con la de Yogananda y su maestro Sri Yukteswar. Para mí lógicamente fue así, de ese nivel, no es presunción aunque para muchos lo parezca. Así tan alto considero haber conocido a un alma tan pura y elevada en su desarrollo espiritual y humano, como es mi querida maestra. De aquellas interminables caminatas y conversaciones con Melva, de las que alguna vez escribiré un libro, me quedaron claro muchas cosas: las luchas de todas las primeras comunidades latinoamericanas que tuvieron que fajarse, pelear y joderse al llegar a este país por primera vez, los mexicanos, los puertorriqueños, entre los primeros. Estas fueron las dos primeras comunidades que en ambos extremos del país comenzaron a hacer sentir la presencia de nosotros los latinos, los hispanos en Estados Unidos. Los mexicanos, en las áreas de California, Texas, Nuevo México, Arizona, y los boricuas en Nueva York principalmente. Aquellas narraciones, todas esas historias de luchas, de defenderse contra las demás inmigraciones que ya existían en la Gran Manzana, como las de los italianos, los irlandeses, los polacos, los judíos, entre otros grupos étnicos. Así fue, como lo es la propia historia de Nueva York, y aquel que no me crea, puede leer acerca de cómo se crearon las pandillas de la Urbe de Hierro. Ahí encontrarán mucha información al respecto de cómo cada comunidad se defendió y abrió paso, muchas veces de manera violenta, a los golpes. No había en aquella época otra opción, era el único modo de hacerse respetar en un nuevo país, en una nueva tierra, en una nueva patria. Tierra de libertad.

Así fue aquí en un comienzo, los primeros inmigrantes hispanos tuvieron que fajarse con medio mundo para abrirse paso en esta nueva tierra de promisión. Ellos sufrieron en carne propia la discriminación, el racismo y el maltrato por ser de otra raza, de otro color de piel, de otra religión y por hablar otro idioma. Todo eso, absolutamente todo eso, debieron enfrentar todos aquellos hispanos que nos antecedieron en esta nación, y así lo hicieron, no se acobardaron, no tenían otra opción, tenían que hacerlo por ellos, por sus hijos, por sus familias; no podían volver ni regresar. Además, somos sangre de guerreros ¿o no? Todo eso me fue contado por esta extraordinaria mujer, quien era mi inspiración y mi principal fuente de la historia latina en Estados Unidos. Su propia vida, la de mi propia maestra, era también otro ejemplo más de lucha y de superación, por ser encima de todo, además de latina, mujer. Sí, parece cómico, pero no lo es, si ha habido racismo por raza, también ha existido la discriminación por género, y las mujeres en el mundo entero siguen peleando por ganarse su lugar en la sociedad, en el mundo entero y aquí también libran esa batalla, ardua y sin tregua, por lograr que se les trate con respeto y se les reconozca su lugar dentro de una sociedad machista y patriarcal. Melva fue esa conexión con la historia de los inmigrantes en este país y, naturalmente, además de todo lo que yo conocí y leí independientemente. En esa misma lucha, Melva encontró su camino y su vocación: servir a los miembros de nuestra comunidad a través de la astrología, la consejería y el servicio que ella ha hecho por más de 30 años hablan por sí solos de toda su labor dentro de nuestra comunidad. Así como ella hay mucha gente que ha desarrollado una gran labor por nuestra gente, muchos héroes anónimos que desde estas humildes líneas de este modesto libro yo les doy un saludo, una felicitación, pero sobre todo un agradecimiento.

El 1998 también me trajo la novedad de mudarme de nuevo (¡una vez más!). Sí, esto ya parecía una constante, una costumbre, me sentía un nómada, un judío errante en el desierto imaginario de esta, nuestra propia ¡tierra gringa prometida! ¡Esperemos que no sean 40 años los que tengamos que recorrerlos! El trabajo seguía siendo siempre el de cocina, pues qué más podía aspirar hacer de momento; esa era toda mi única tabla de salvación, y a ella me aferraba con ambas manos. Eso me aseguraba aunque sea la comida, sí, tenía algo que comer siempre y gratis, aunque en el trabajo lo desquitabas. Te dabas íntegro, eran tremendas jornadas de trabajo duro, había que fajarse para ganarnos ese tan apetecible plato de comida, nada en esta vida es gratis. Sin embargo, también debo mencionar que hubo veces en esta vida, y es válido mencionarlo ahora, ya que hubo veces en que yo hubiera avanzado más rápido laboralmente, pero el no tener mis papeles de residencia legal, esta situación siempre me trajo abajo. Nuevas opciones laborales, nuevos planes, nuevas propuestas y el ascenso siempre van a estar limitados para nosotros los trabajadores ilegales. Podemos surgir, pero solo hasta donde nos lo permita la ley, el sistema, la legalidad, así es esto, y contra eso no hay nada qué hacer de momento, ya que la vida cambia a cada segundo y uno no sabe lo que el futuro traerá. Además, eso nunca debe ser un pretexto para actuar con miedo o rendirse ante algo, no, seguro que no. Debe ser algo que nos estimule, que nos exija superar nuestras limitaciones, para cuando llegue el momento de arreglar estar ya listo.

No voy a mentir cuando digo que las primeras veces en que tuve que detenerme en mi ascenso dentro de esta nación, no sentí frustración, claro que sí, negarlo sería decir una mentira inmensa. De hecho, me tomó algún tiempo poder superar esa bronca, esa rabia que sentía de no poder demostrar todo lo que yo era capaz de hacer, de no poder darme a notar más con mis talentos, con mis capacidades. Lloré, como luego me tocaría ver llorar a muchos otros hermanos latinoamericanos por el mismo motivo con la cabeza recostada contra el mostrador. Aquello fue muy duro, pues no es fácil levantar la cabeza y seguir adelante sin perder la fe, es duro, muy difícil hacerlo, además, fe ¿en qué?, si no tienes opciones. Esto es más duro si eres solo, porque a decir verdad, muchas de las cosas que nos pasan a nosotros los trabajadores ilegales nos las tenemos que tragar nosotros mismos, en silencio, sin que nadie se entere, porque ¿a quién le va a importar?, porque para qué contarle a alguien más. ¿Para qué se burlen de nosotros acaso? Es la verdad, ¿acaso se piensan que aquí la gente te ayuda o te da una mano? No, no es así, aquí hay, como en todo el mundo, mucha competencia, mucha envidia, sí, no nos engañemos. Aquí te caes al lado del camino y te pasan por encima, y muy pocos, por no decir nadie, se conduelen de tu situación y te dan una mano. Así es, lamentablemente, y si no, que me desmienta alguien, como dice François Gallardo, un pintoresco personaje de un programa deportivo de televisión española.

En mis comienzos aquí siempre tuve que ser discreto con eso, y solo con algunas pocas personas compartí mi secreto, con una por ejemplo. Fue con mi jefa de aquel trabajo donde sufrí el accidente de auto. Fue después de tener sexo y estar descansando que se lo confié, cosas que uno hace con la mujer que comparte su vida sentimental. Después comprendí que a veces, o casi siempre, eso no es lo más conveniente, ya que en algunos casos ni de tu propia mujer te puedes confiar, claro, salvo excepciones.

Por esos años del 1996, 1997 y 1998 comenzaron a aparecer y hacerse muy populares las famosas Loterías de Visas, un programa del gobierno federal de Estados Unidos que permitía obtener la residencia legal permanente sin necesidad de salir del país ni tener que viajar al país de origen. Ya mencioné antes que yo lo intenté tres veces, es decir, por tres años consecutivos, y no la pude conseguir, nunca pasó nada. Comprendí entonces que quizás la conseguiría por otros medios, así que lo olvidé y no le di más mente a eso, no podía detenerme a pensar en algo en lo que yo no tenía el poder de cambiar. Una de esas veces, como relaté en un capítulo anterior, fue a través de la tristemente célebre Fundación Internacional del Inmigrante, dirigida por el delincuente de traje y corbata Eduardo Juárez, o con la otra delincuente Estela Figueredo, de la Federación Americana del Inmigrante. Ambas organizaciones se dedicaban a estafar a una enorme cantidad de personas, que ciega e ingenuamente creyeron de buena fe en estos dos desalmados. Muchos solicitantes, como dije antes, perdieron los ahorros de toda su vida. Al final, el fiscal general de Nueva York llegó a un acuerdo jurídico para que se devolvería aunque sea algo de lo robado por estos dos miserables, pero hubo mucha gente que no pudo recuperar nada, ya que no contaban con los recibos necesarios para comprobar sus pagos.

En aquellos años del 1997 y 1998, Perú, mi país, estuvo muy cerca de volver a una Copa Mundial de Fútbol, la de Francia 98, y de ganar su primera Copa Libertadores de América con la participación de mi Sporting Cristal. Ambos fueron intentos frustrados; el primer evento deportivo no fuimos por diferencia de goles con Chile, y en el segundo, yo diría que más pesó la energía y la envidia de los clubes rivales en Perú, de ver a los Celestes del Rímac, campeones de clubes en América. Esa es una asignación pendiente Celestes, hay que traer la Copa Libertadores a la Florida, ¡la casa del Sporting Cristal! ¡Fuerza Cristal toda la vida!

En uno de aquellos tantos viajes que yo realizaba de Jersey City hacia Newark —que era donde yo podía ver los juegos de futbol por circuito cerrado— en uno de los vagones del tren PATH de Nueva Jersey, iba leyendo el periódico *El Diario/La Prensa*, cuando di de pronto con una noticia que casi se me pasa desapercibida. Estaba publicada en un pequeño recuadro, en la columna referente a las noticias proveniente de América Latina, y yo ya había pasado la página, pero como muchas de las cosas que nos suceden en la vida, me devolví por algún extraño presentimiento. Tenía que leer por alguna misteriosa razón aquel pequeño recuadro dentro de esa sección del periódico para saber de qué se trataba. No se equivocaba mi intuición, como casi nunca me pasa con ella; siempre la mayor parte de las veces me advierte de algo que ya ocurrió o va a ocurrir. Me fijé bien y el titular de la pequeña noticia decía: «Asesinan a periodista peruano para robarle, los asesinos abandonaron su cuerpo». Eso y un par de líneas más. Para muchos quizás eso no tenga nada de extraño ni fuera de lo común, pero no lo era para mí, ya que continúe leyendo y pude también leer el nombre de aquel hombre de prensa tan trágicamente fallecido: Raúl René Ramos Canchari. Sí, ese era el nombre completo que mencionaba el periódico neoyorquino, el mismo nombre de un amigo mío y de mis hermanos, alguien con quien compartimos entrañables momentos en nuestro hogar, ya que el buen René vivió con nosotros un buen tiempo. Nunca he recordado si aquel tren venía con gente o vacío, lo único que recuerdo es que las lágrimas corrían por mis mejillas, la gente me importaba un carajo, y no es sorpresa, siempre lo ha sido. Se trataba de otra muerte más de un ser querido. Yo solo tenía cuatro o cinco años aquí, y la muerte aún seguía pisándome los talones, y por primera vez, como muchas otras que vendrían después, me sería imposible regresar a despedirlo en persona. Me sequé las lágrimas, creo ahora que recuerdo que nadie se dio cuenta de mi llanto, yo lloré en silencio, como quiera aquí a nadie le importa el dolor ajeno, y menos se detiene a consolar a un completo desconocido. Al llegar a casa, luego llegaría mi compañero de vivienda, Ángelo, quien me encontró en la mesa de comer en la cocina, llorando y con el diario aún en mi mano.

—¿Qué pasó? ¿Algo malo, Carlos?

No contesté, solo le extendí mi brazo y le entregué el diario, y seguí con mi cabeza enterrada en la mesa.

—¿Lo conocías, verdad? ¿Tu amigo?

—Más que eso, un hermano —me levanté y rumbo a la puerta solo le dije— ya regreso me voy a trabajar. ¡Ni llorar a tus muertos en paz te dejan en este país!

En el tema de vivienda, me mudé a compartir departamento con Ángelo, un amigo italiano con cara de sinvergüenza y borrachón degenerado pero buena gente, podíamos compartir la renta por un poco tiempo, aunque siempre he preferido vivir solo, eso es de toda la vida. Ángelo era un hombre alegre, bailarín, espontáneo, pero con un dolor inmenso por dentro, nunca pudo superar del todo el trauma de ver a su mujer con otro en su propia cama teniendo sexo. Fue un día que llegó temprano a casa, en donde casi mata a golpes a los dos, a su mujer y al amante. Con él siempre había una sensación de mucha alegría, muchas risas, muchos cuentos, pero el dolor permanecía. Eso no se olvida fácil para algunos, eso se carga en la mirada.

—¿Sabes qué es lo que más me duele de todo aquello, Carlos? —me confesó Ángelo.

—No, no sé, no me digas que no haberlo matado.

—No, eso no. Lo que me jode más es que ese hijo de puta lo tenía pequeño, ¡tenía la pinga más pequeña que la mía! ¡Era una mierdita! ¡Así! ¿Puedes creer eso? Esta hija de puta se metió con ese cabrón por dinero, porque aquel le prometió comprarle un carro, ¡imagínate!

Me quedé callado. ¿Qué carajo se le puede responder a un hombre en estos casos, en una situación así? Cuando ocurrió aquello, Ángelo me contó que quedó libre, el juez le concedió la razón en su reacción, y aunque no la justificó, admitió que él había actuado movido por una gran presión emocional, y que momentáneamente había perdido la cordura, y así fue como pasó. Después que él atacó con un bate de béisbol a su mujer y al amante y los dejó inconscientes y, para él, muertos, dejó caer el bate al piso, llamó a un familiar de él que era policía, y se sentó de nuevo en la cama con los dos cuerpos tirados, uno en la cama y el otro en el piso, ambos sangrando. Aquel familiar que Ángelo llamó se encargó de enviar a unos colegas de él a la casa y a tomar su declaración en lo que él venía en camino desde Nueva York, donde él se encontraba. Como ya dije, Ángelo quedó libre al final, fue como decir un caso de defensa propio. Moraleja: si le van a meter los cuernos a alguien, al menos tengan la cortesía de irse a un motel por favor, no sean tan mierdas, digo yo, ¿no?

Ángelo y yo casi nunca nos veíamos, y eso creo yo que favoreció la convivencia, que no duró por mucho tiempo de cualquier manera. Cuando yo trabajaba, él estaba en casa, y cuando él trabajaba, yo descansaba, así que casi nunca nos veíamos. Yo además siempre tenía, y trato de tener, dos trabajos, él solo tenía uno. El único día que más compartíamos, si se daba el caso, eran los domingos, ya que los dos descansábamos, pero él traía a su novia y yo me tenía que ir a ver qué encontraba por ahí, en Manhattan o Queens. Me gusta mucho Nueva York, ¡no lo puedo evitar! Cuando coincidíamos era día para cocinar juntos, escuchar un poco de música y de una que otra cosa. Él era ciudadano, nacido aquí, pero no había mucho más de qué hablar. En política él era republicano, y yo creo que eso marca una pauta de la clase de mentalidad que tenía, y que nunca me preocupó en lo más mínimo cambiar. Cada uno es como es y piensa como le da la gana. Él se iba a bailar todos los sábados sin faltar un solo día, y eso a mí siempre me ha maravillado, porque, ¿cómo es posible ser tan consistente en una costumbre? No sé, yo no podría, no puedo ser así, mi naturaleza es otra, uno es como es. Él necesitaba salir, eso era lo de él, tener sexo con mujeres diferentes cada semana, y estaba bien. A mí no me importaba, además, ¿quién le podría reclamar algo? Existen heridas emocionales que nunca sanan, y yo sabía que lo de su mujer siempre siguió en su mente todos los días que compartimos. Es increíble cómo nos jode la mente un desamor, una traición, una desilusión. Podría decir, qué mierda son las mujeres, pero no sería justo; nosotros los hombres también sabemos traicionar a nuestras compañeras.

Había retomado mi hábito de la niñez gracias a Melva, o sea la lectura, al tiempo que trataba de controlar más mis impulsos sexuales, pero si acaso recaía, para eso estaba Jackson Heights, en Queens (chicas, chicas). Tomar el tren "7 World Trade Center" y ¡a Queens! Así pasaban el 1998 y el 1999 y poco a poco iba llegando al año 2000, un año que solo en las películas futuristas imaginábamos llegar. Había como una esencia en el aire, una atmósfera especial en el ambiente, ya que se aproximaba un cambio de siglo. ¡Hostia, tío, que eso no es todos los días! Me acordé de un hombre español que decía esa frase en un bar que yo frecuentaba, lleno de borrachos de todo el mundo, se llamaba "Naciones Unidas". Qué buen nombre, ¿no es cierto? He de mencionar que en esos días me sucedió un hecho muy gracioso y serio a la vez, y fue que entraron a robar a mi apartamento. Ángelo y yo vivíamos en un quinto piso, que era el último del edificio, ya que Ángelo decía: "A mí no me gusta vivir debajo de nadie, coño, no me gusta que nadie camine por sobre mi cabeza". ¡Pero si nadie camina sobre tu cabeza, cabrón! En fin, manías de mierda que él tenía. Decía yo que el robo fue gracioso de algún modo porque no forzaron la puerta principal, los muy cabrones entraron por la escalera de emergencia. Lo que hicieron fue empujar con todas sus fuerzas el espacio donde estaba colocada la unidad del aire acondicionado, en la ventana que daba a la calle, para así poder entrar al apartamento, y solo así pudieron hacerlo. Hasta hoy no sé si a Ángelo le robaron algo o no, pero a mí tampoco, solo algo se llevaron y que yo mantenía debajo de mi colchón, y eso solo lo saben los que se lo llevaron. Que les aproveche, ¡cabrones!

Aquellos fueron años previos a la gran tragedia que llegaría en no mucho tiempo a golpear la Gran Manzana y, de alguna manera, también una época de estabilidad económica. El gobierno estaba un poco convulsionado, y eso debido a una buena "tocada de flauta" que una becaria de la Casa Blanca le había practicado un par de veces al miembro viril del presidente de Estados Unidos, Míster Bill Clinton. En otras palabras, la joven becaria, de nombre Mónica Lewinsky, le había hecho el sexo oral al presidente de este país en pleno Salón Oval de la Casa Blanca, y con la primera dama en los alrededores. Las revelaciones de la relación entre el presidente y esta joven sí pusieron de vuelta y media a todo Washington, D.C., en donde, como siempre, están los más moralistas del país, aunque en realidad deben de tener más muertos en el closet que quién sabe quién. La capital es donde están todos los hombres más honrados, probos y más decentes de esta nación… ¡estoy bromeando!, quién carajos se va a creer eso cuento. Sí, Washington D.C., la capital del país y su núcleo político, tiene unas fichitas de gente trabajando. La prueba más evidente de todo esto fue que, casualmente, cuando sucedió este incidente que mencionó, los republicanos no pudieron lograr su cometido de sacar al presidente Clinton del poder. El juicio de destitución del cargo a Bill Clinton se llevó a cabo del 19 de diciembre de 1998 al 12 de febrero de 1999. A pesar de las acusaciones en contra de Clinton, el Congreso votó a favor de no removerlo del cargo, tras haber sido absuelto de los artículos imputados contra él en el juicio político. Poco antes de la publicación de este libro, tocó el turno a otro presidente estadounidense de ser sujeto también a un juicio de destitución del cargo, esta vez no por motivos sexuales, Donald Trump. El juicio político contra Trump coincidió casi en las fechas, pero dos décadas después del caso Clinton, llevado a cabo del 18 de diciembre de 2019 al 5 de febrero de 2020. La mayoría del Congreso también votó a favor de no destituir a Trump. El juicio contra Clinton trajo una contraofensiva al mejor estilo de los soviéticos en la Segunda Guerra Mundial, y que guillotinó muchas cabezas republicanas. ¿Quién lo hizo? ¿Quién lo ordenó? Nadie lo sabe a ciencia cierta, pero conociendo lo que vendría después en la política de esta nación, no me extrañaría nada que Hillary Clinton hubiera estado detrás de todo eso. Ella se la tenía jurada al Partido Republicano. Ella sabía que ellos hicieron su mejor esfuerzo por sacar a su marido de la Casa Blanca, y ella no iba olvidar fácilmente esa afrenta. Lógico, todos los republicanos que cayeron en desgracia en ese momento fueron por escándalos extramaritales. ¿Qué coincidencia, verdad? Y eso es Washington D.C. Entre otras cosas buenas que me imagino que debe haber, es muy conocido que también hay prostitutas caras (para los congresistas está bien, claro) y amantes. Ahí nadie dice nada. ¿Por qué? Fácil: por el poder político, influencias y dinero, mucho dinero.

Estos eran ya los años del segundo gobierno del presidente Clinton (1997-2001), y para variar el gobierno no estaba en guerra o invadiendo ningún país. Eso pasa cuando por lo general el Poder Ejecutivo está en manos del Partido Demócrata. La guerra aquí la hacen o la fabrican mayormente los republicanos. La prensa internacional estuvo de plácemes todo el año con la morbosidad del tema Clinton-Lewinsky, y entre otras tendencias, los condones dispararon sus ventas, (¡es broma!). Este es en muchos sentidos un país muy cucufato e hipócrita cuando se trata de temas sexuales, y más a nivel alto, pero ha habido cada escándalo entre gente de la clase política y en las propias iglesias. Aquí suceden bastantes escándalos que involucran al Clero, ya que existen muchas denominaciones religiosas, bastantes diría yo, pero bueno, es la tierra de la libertad de religión y la democracia, qué más podemos esperar.

La sociedad y la política de Estados Unidos son hipócritas y presenta dos caras sobre el tema sexual, así como ese tipo de reacciones con respecto al carácter o a la orientación sexual de una persona. Que si te gustan las mujeres, que eres mujeriego; que si te gustan los hombres, entonces eres maricón, o gay, para ser políticamente correctos. Todo eso es una pendejada grande, ya que en Washington D.C. debe de haber un gran consumo de prostitución, y otros desmanes mucho más escandalosos de los que le ocupaba a ellos con Clinton. Así son los republicanos, lo único bueno que le han dado al país fue al presidente Abraham Lincoln, quien en 1863 promulgó la Proclamación de Emancipación para abolir la esclavitud. Lo sexual lo quieren hacer lucir como que todo debe ser correcto y formal, pero hay cada relación extramatrimonial, que es una cosa de locos, así como una pegadera de cuernos al por mayor, pero nadie menciona eso, todos giran la cabeza para otro lado, porque claro, es mejor hacerse el loco, es mejor sin duda, menos complicaciones, menos joderse la vida, y uno lo puede entender, pero ¡dejen el verso y la milonga para otro momento por favor! Antes de cambiar de tema, hay que aclarar que los cargos específicos contra Clinton fueron mentir bajo juramento y obstrucción de la justicia, los cuales se derivaron no solamente por haber negado haber tenido una relación sexual con la pasante con Mónica Lewinsky (y no por la relación en sí misma), sino también por una demanda de acoso sexual presentada contra Clinton por Paula Jones, una ex empleada del gobierno del estado de Arkansas, en donde Clinton fue gobernador.

En esa época conocí a María, una mujer centroamericana, con quien viví un par de semanas en su apartamento. Ella estaba casada con José y tenían dos niñas pequeñas. María preparaba alimentos dentro de casa para venderlos afuera y así ayudar a la economía de la familia, pero era muy celosa, sin razón o sin tenerla, lo cierto es que un buen día se dejó de José, se rompió el matrimonio, y por mucho tiempo nunca supe de ellos. Después me enteré de que ella había ganado una demanda en un juzgado, pero la nueva pareja que tuvo solo estuvo con ella hasta que cobró el dinero. En otras palabras, el hijo de puta le quitó su plata. A uno le toca ver muchas historias tristes en este país, y esa fue una de las primeras para mí. Siempre es duro ver cómo se destruye un núcleo familiar, y los que sufren más son los niños, en este caso, ese par de angelitos. Dios quiera que aquellas niñas hayan podido hallar la felicidad que sus padres no pudieron tener.

En aquel tiempo también acostumbraba a ir a un bar que quedaba cerca de Newark, Nueva Jersey. Era propiedad de un europeo llamado Vicente. A veces yo jugaba billar y otras solo bebía cerveza. Había bonitas chicas que trabajaban de cantineras, lo curioso es que casi nunca duraban mucho trabajando ahí, siempre se iban o él las cambiaba. Yo salía con una de ellas que era cubana, y a veces me quedaba a dormir con ella en su apartamento. Solo era una relación de amigos con derechos, con derecho sexuales se entiende. En una de esas tantas veces que iba a verla o que simplemente llegaba al bar, escuché decir a algunos clientes que las chicas que trabajaban en aquel lugar no duraban porque Vicente, después de tener relaciones con ellas, las corría del lugar. O sea que era una especie de depredador sexual, yo creo que por eso él nunca intentó nada con la cubana que era mi mujer. Ya que sabía que ella estaba acostándose conmigo, bueno, la gente habla. Además de eso, las propias chicas no lo denunciaban. En lo personal creo que era verdad, a él siempre uno lo veía mirándole el culo a todas las chicas que entraban a su negocio, ya fueran clientas o trabajadoras. El lugar ya no existe. Vicente no será el primer ni el último explotador o acosador sexual que exista, y que utilice su posición de jefe, de patrón, para abusar sexualmente de sus trabajadoras. No que en el ambiente anglosajón eso no se vea, pero creo que el estadounidense es más consciente de las demandas laborales que le pueden caer por hacer eso. En realidad, ese abuso contra la mujer sucede en todos lados y en el mundo entero ni se diga. Lo menciono porque me podría quedar callado, pero es algo que sucede, y pienso que debería mencionarlo ya que a esta tierra de libertad y oportunidades siempre llegan mujeres jóvenes con muchas ilusiones, y sería bueno que supieran lo que pudieran encontrar en muchos casos. La decisión será de cada uno, pero ya saben, chicas, ¡estén atentas a los lobos! Como dice aquella vieja fábula del famoso escritor español Félix María Samaniego, titulada *Las moscas*:

> A un panal de rica miel
>
> Dos mil moscas acudieron
>
> Que por golosas murieron
>
> presas de patas en él.
>
> Otra dentro de un pastel
>
> enterró su golosina.
>
> Así, si bien se examina,
>
> Los humanos corazones

Perecen en las prisiones

Del vicio que los domina.

Usen el cerebro entonces. Lo dijo Samaniego, no yo.

Es oportuno mencionar que en años recientes, el movimiento feminista en contra de la agresión sexual y el acoso en Estados Unidos ha visto un gran avance. Tras la exposición de las denuncias de abuso sexual generalizadas contra el ex productor de cine estadounidense Harvey Weinstein en 2017, el movimiento llamado #MeToo (Yo también) comenzó a extenderse viralmente en las redes sociales. En 2017, la actriz estadounidense Alyssa Milano publicó en Twitter: "Si todas las mujeres que alguna vez fueron acosadas o agredidas sexualmente escribieran 'Yo también' como estado, entonces podríamos darles a las personas una idea de la magnitud del problema".

19

EL FIN DEL MUNDO QUE NO LLEGÓ

A FINES DE 1998, Y DURANTE TODO EL 1999, HABÍA TODA UNA PARANOIA a raíz del arribo del nuevo milenio. La paranoia ya de por sí es algo muy común en este país, gracias al gobierno, pero todas esas profecías que uno creció escuchando referentes al supuesto fin del mundo, esto es, el fin de la civilización o la extinción humana, se escuchaban con mayor frecuencia, por todas partes y a todas horas, a medida que se acercaba ya la "fatídica" fecha. Por ejemplo se decían cosas como esta: "Ahora que venga el cambio de siglo y de milenio, obvio, va a haber un gran problema con el Y2K", (abreviación del año 2000), que no era otra cosa que un miedo, un terror, un pánico a que todas las computadoras y sistemas electrónicos colapsaran ante el cambio de fecha, pues se temía que los programas de computadora que almacenaban valores anuales como cifras de dos dígitos (como 99) pudieran causar problemas. Esto era una posibilidad, pero solo eso bastó para que la gente viviera alterada durante algunos meses y días, mientras otros trabajaban con el cambio de fecha para que no fuera haber un error de algún tipo. Nada de eso pasó afortunadamente. El temido fin del mundo no llegó.

No obstante, al llegar 1999, los taxímetros en Singapur dejaron de funcionar, mientras que en Suecia se dieron tarifas de taxi incorrectas, mientras que casi al terminar ese año, 10 mil máquinas de tarjetas magnéticas emitidas por la institución financiera HSBC dejaron de procesar transacciones con tarjetas de crédito y débito. Algunas tiendas tuvieron que depender de las transacciones tradicionales en papel hasta que las máquinas comenzaron a funcionar nuevamente el 1 de enero de 2000, cuando hubo problemas generalmente considerados menores. Nada grave o catastrófico como muchos habían, erróneamente, pronosticado.

Personalmente, el cambio de milenio me encontró en Times Square, de casualidad y no porque yo lo planeara, ya que me dirigía de vuelta de Queens a mi casa en Nueva Jersey, y se me dio por salir a la calle justo por esa área. Aún era temprano aquel 31 de diciembre de 1999, pero aquello que hice fue fatal, es decir, ya no pude volver a entrar a la estación de tren debido a la multitud congregada. Aquello era un mar de gente que te arrastraba a donde tú no quisieras ir. En todo caso, si tenías suerte y estabas cerca de alguna pared o negocio, te podías pegar a ella lo más que pudieras para no ser arrastrado por la marea humana. No había muchas opciones de librarte del gentío enorme y en esa noche fría de invierno. El alcohol que uno bebía en cualquier bar, y en las calles también, mitigaba un poco la baja temperatura. Por ahí también se veía a algún policía uniformado bebiendo una cerveza a escondidas, y no era para menos, era fin de milenio y siglo, y ocasiones así no se dan todos los días. Tomé unos tragos en un atestado bar para mantenerme caliente. "*Cheers* gringo!" le dije a un hombre blanco que se me acercó, y luego vino el conteo final: 7, 6, 5, 4, 3, 2, 1... ¡Feliz Año Nuevo 2000!, y ¡el temor del Y2K que se vaya al carajo! Nadie se acordaba de esa pendejada en aquel momento, y como decía el locutor peruano Humberto Martínez Morosini: ¡Aquí no pasa nada! Ni los sistemas electrónicos, ni las computadoras, nada de nada, nada se cayó, excepto alguno que otro borracho en la calle. Tanta alarma y todo fue pura tontería. En fin, seamos justos, ¡quién lo podía imaginar! En todo caso fue una borrachera de fin de siglo, de fin de milenio, para el recuerdo, ya que al otro fin de siglo o de milenio, ¡es imposible que lleguemos! Lo que no sabíamos aquellos que celebramos ahí en Times Square era que el verdadero cambio de milenio vendría casi dos años después, si, aquí en Nueva York, y un poco más al sur.

Aún estábamos en los albores del nuevo milenio, de un nuevo siglo y todo para mí permanecía básicamente igual en el fondo: no tenía ningún compromiso sentimental serio (esposa o hijos), seguía sin estatus legal en Estados Unidos, viviendo de lado en lado, un tiempo aquí y otro allá, trabajando en lo que aparecía, casi siempre en la cocina. En todos esos primeros siete años en este país, ya había desempeñado todo tipo de trabajos: pintura, construcción, demolición, entrega de periódico a domicilio, cocinero y portero de edificios. Para este momento ya había solicitado tres veces como mínimo la lotería de visas de inmigración con muy poca fortuna. Eventualmente el gobierno federal dejaría de incluir a Perú como uno de los países participantes de esta lotería anual. ¿El motivo? Ya había demasiados peruanos en la Unión Americana (de acuerdo con el gobierno), o sea, ¡adiós a lograr la residencia por medio de la lotería federal! Como ya mencioné, la participación en la lotería para los peruanos volvió en 2019.

Con el advenimiento del año 2000 aparecieron a toda prisa una vez más los agoreros de desastres, los seguidores de Nostradamus (el famoso astrólogo francés del siglo XVI), los intérpretes de calendarios mayas, aztecas, o sea, en realidad, una sarta de charlatanes y estafadores que en esta oportunidad, al igual que ocurriría en el 2012 —año de la profecía maya del fin del mundo— tratarían de aprovecharse de la ingenuidad y el temor de la gente, y muchos lo consiguieron. Todos estos charlatanes y estafadores abundaron para esta fecha tan especial. Era increíble ver la cantidad de libros publicados sobre este tema que uno podía encontrar en librerías como Barnes & Noble. El número enorme de bibliografía referente al tema del fin de mundo, del año 2000, del cambio de milenio, era realmente impresionante, pero lo realmente sensacional era la estupidez y la ignorancia de la gente que cree en cosas que no resisten el más mínimo análisis, y que solo porque las ven publicadas por algún mentiroso o pícaro, y de venta en una librería o biblioteca de cierto renombre, las creen verdad. No hay duda de que muchas cosas valiosas para el ser humano están impresas en el papel y que, lógico, sirven para su desarrollo y evolución, pero también hay una enorme cantidad de basura impresa de parte de gente que publica cualquier cosa porque solo tiene el dinero para hacerlo, tiene el apoyo de una casa editorial que está de acuerdo en publicar cualquier basura que sirva para comerle el cerebro a la gente y, claro, con fines de lucro como fin. De esto podemos deducir que en los tiempos actuales, la tecnología digital permite a cualquiera ser un autor de algo, publicar cualquier cosa y, en general. Aquí hay cualquier cantidad de escritores, poetas y ensayistas. Sin embargo, la calidad de lo que escriben, ¿quién la supervisa? ¿Con qué estándar editorial se juzga la calidad literaria de todo lo que se publica? No hay escrutinio ni verificación de datos; los escritos se van del teclado a la imprenta, y ya. Podemos darnos cuenta, sin hacer mucho trabajo mental, que todo es cuestión de dinero. No hay que olvidar que aquí todo es rápido, veloz, al paso, y esto se necesita, hace falta como el oxígeno, el éxito, la fama y la fortuna, para que muchos se sientan vivos, ¡pero lo necesitamos para ayer!, no para hoy. Así surgen autores de *best-sellers*, pero ¡al estilo de microondas! Esto es lo que abunda, por algo dice el dicho que la calidad no se encuentra en todos lados, no abunda, por eso es *calidad*. La excelencia en muchos ámbitos de la vida no prolifera, no puede hacerlo, es imposible, pero bueno, esa es la libertad. Si tienes plata puedes publicar, y más aquí, en la cuna del capitalismo mundial, ese es el derecho de todo el mundo, pero también es el derecho y la responsabilidad del lector no leer cualquier cosa, no, seguro que no. Ahí es donde entonces nosotros debemos ser selectivos, porque uno puede encontrar cualquier cosa publicada en los estantes de libros. Por tanto, hay que cuidar cómo alimentamos nuestras mentes, porque no solo nos podemos indigestar, sino también, y más grave aún, intoxicar. Lógicamente, muchos de estos libros terminan como épicos fracasos editoriales, incluso algunos escritos por celebridades, para después llegar a su destino final: las tiendas en donde toda la mercancía nueva se vende por 99 centavos o un dólar. Entre los más sonados fracasos recientes están los libros de famosos como Kim Kardashian, Paris Hilton y Macaulay Culkin.

El año 2000 incrementó la paranoia, y no quiero ni imaginarme el dinero que debieron estar ganando los psicólogos, psiquiatras y terapistas mentales en una sociedad consumista como esta, en donde se asustó a la gente con la incertidumbre de que muy probablemente todos los sistemas y computadoras funcionarían mal, y tuvieron a todos en vilo. Muy buena táctica, tener al público con el cerebro ocupado o enfocado en algo, en lo que ellos quieren (ustedes saben quiénes, el *Big Brother*). El mensaje era claro: todo va a fallar, todo va a colapsar con el cambio de milenio, el cambio de fecha; las computadoras no van a saber identificar que ya no es más los mil novecientos, sino los dos mil y pico. Nada de esto ocurrió, todo fue falsa alarma, ocurrieron casos pequeños, aislados, nada qué temer, pero ya el pánico había hecho efecto, y la paranoia les llenó los bolsillos a ciertos sinvergüenzas sin duda' como dice el refrán, a río revuelto ganancia de pescadores. Sí, no ocurrió nada que tuviera un efecto devastador y enorme como lo preveían ciertos gurús de la informática. En este país existe una gran manipulación de las masas a través de los medios: televisión, revistas, periódicos, radio, y por supuesto, las redes sociales como Facebook y Twitter. Veinte años después, la proliferación de las noticias falsas (*fake news*), así como la desinformación, ha llegado a dimensiones inauditas, al grado de haber influido en los resultados de la elección presidencial de 2016.

La realidad es que llegó el siglo 21, y todo parecía igual, pero no, todo comenzó a cambiar, en todo caso para mí cambiaron varias cosas. La primera de ellas fue que, después de casi cinco años de residir en Estados Unidos, tuve que comparecer ante un juzgado por el caso de aquel accidente de auto que relato en el capítulo nueve, y en donde casi me mato. Yo no tenía la ropa apropiada para presentarme a la corte, pero mi compañero de vivienda, Ángelo, me acompañó a un lugar donde rentaban trajes para toda ocasión y renté uno. Ángelo me aconsejo:

—Tienes que vestirte formal, no sabes qué clase de juez te va a tocar.

—Bueno, si tú lo dices.

Llegó el día de ir a la corte. Era como mediados de año, y ese día no trabajé, me levanté temprano, me preparé, me alisté y me dirigí a la corte de Jersey City, el antiguo edificio, no el nuevo. Se veía imponente aquella construcción antigua. Pasamos el riguroso control y como decía Ángelo:

—¡La facha influye en el mundo!

Al llegar a la sala me encontré con mi abogado, un señor dominicano, que tenía una tremenda hembra por mujer, y que además era su secretaria. Él se estaba divorciando de ella por otra chica, que también trabajaba en el campo legal, y que era más joven que su esposa, así está el mundo ¿Quién entiende a quién? ¡Lo que puede la juventud y unas buenas curvas! Nos encontramos a la entrada de la sala, y ahí estaba yo de nuevo en una corte, ya había pasado bastante tiempo desde la última vez, pero esa es otra historia que no corresponde a este libro. Nos acabamos de instalar en la sala donde ya estaba el juez de mi caso y el representante de la compañía de seguros (aquí todo es empresas aseguradoras y abogados, este es el país de las demandas). Él representaba a la compañía de seguros del auto en donde yo viajaba de pasajero, con mi amigo David al volante.

De entrada nomás, el juez se dirigió a mí diciéndome:

—*I hope you speak English, because I don't know Spanish.*

El juez esperaba que yo me comunicara en inglés. La cara de mi abogado cambió, se desdibujó; habrá pensado, ¡sonamos!

—Tranquilo —le alcance a decir, —aquí voy yo entonces—. *No problem* —contesté al juez.

—*Okay, let's start! Tell me what happened that day?*

El juez me pidió decirle lo que había pasado el día del accidente, así que relaté exactamente lo mismo que dije, y que estaba escrito en el reporte policial, las mismas palabras y sin titubear ni dudar un instante. Los tres me escuchaban inmutables: el juez, mi abogado y el representante del seguro. De todos ellos, este último tenía una cara y una mirada que decían algo así como: "No te hagas ilusiones que no vas a conseguir nada, jodido hispano".

Cuando finalicé mi relato de los hechos, el juez solo me preguntó si tenía los papeles del doctor y de los terapistas que me habían rehabilitado.

—Sí, aquí están conmigo.

—Aquí dice que tú tienes metales en tu brazo, clavos, alambres, y también dice el terapista que hay una lesión, un daño permanente ¿Qué brazo fue? —agregó el juez.

—El derecho— respondí.

El rostro del juez hizo un gesto, una mueca.

—¿Qué dice el reporte? —preguntó el abogado del seguro.

—"Daño permanente", según este reporte, él no puede estirar su brazo por completo.

Y eso es así, es algo muy leve, casi no se nota, pero es cierto, lo dijo la evaluación médica. La fortuna es que soy básicamente zurdo de nacimiento.

El abogado del seguro leía con avidez el reporte que el juez le había entregado, tratando de encontrar algo para usar como contrapeso. No sé qué buscaba, pero miraba el papel de arriba abajo. Bueno, su trabajo consiste en tratar de no soltar un centavo o la más mínima suma, para eso le pagan a él, pero no encontró nada, todo estaba claro para el juez y para mí, no había nada qué alegar y, a decir verdad, yo estaba vivo de milagro. Cuando el abogado del seguro levantó la mirada del aquel papel fue para escuchar el dictamen del juez:

—Páguenle su indemnización, son 15 mil dólares, la corte lo dictamina así. Se le debe de pagar también al hospital, al terapista y al abogado; caso cerrado.

Todo en realidad no duró mucho, pero a mí las horas se me hicieron eternas, larguísimas. Abandoné la sala acompañado de mi abogado rumbo a su oficina. Él llevaba el cheque de la corte, estaba contento, aunque no del todo.

—Si tu amigo hubiera tenido un buen seguro, no el más barato, hubieras cobrado el triple.

Yo pensé, "¿Quién carajo piensa en eso? Lo bueno es que estoy vivo, ¡cabrón!" Ya en su oficina él comenzó a sacar cuentas: gastos de representación, gastos de esto, de lo otro, en fin, al final me llegó mi turno; a mí me tocó algo así como entre tres mil a cuatro mil dólares, no era mucho, pero era mejor que nada. Con eso podía arrancar a vivir solo de nuevo, la libertad y la independencia de nuevo venían a mí.

De esta época recuerdo también el caso de Vicente, quien vivía en el mismo edificio y tenía dos trabajos, era colombiano y su mujer hispana también, pero de otro país, pero ella era ciudadana estadounidense, y supongo que él se había casado con ella para arreglar su residencia legal, casi estoy seguro. Ella tenía cuatro hijos de diferentes compromisos, todos de diferente padre. Vicente trabajaba duro, y uno de los trabajos era recoger basura durante toda la noche. Lo único que no sabía era que alguien más venía a calentar su cama. Cuando él trabajaba duro toda la noche, otro venía y le daba "duro" a su mujer en la cama. Cómo no saberlo, ni los que vivíamos abajo del apartamento de ellos podíamos dormir. Por ratos era como que trataban de tirar la pared, y por ratos como que mataban a alguien por los gritos que daba la mujer. Lo jodido era tropezarlos en el elevador los fines de semana, y ver cómo esa mujer lo miraba a uno con esa arrechura de mujer insaciable, y todo eso con el marido al lado. ¿No se daría cuenta él? Era como un sketch de un programa televisivo. Yo dejaba el apartamento todos los días temprano cuando escuchaba que se iban del piso de arriba, el otro tipo con seguridad, y entonces, al llegar a la esquina de la casa, me cruzaba con Vicente, que volvía bien cansado del trabajo. Bueno, no se tenía que preocupar ya de nada, ya le habían atendido, y muy bien, a la mujer. ¡Qué tristeza! ¿De cuántos que estamos aquí no será esta una realidad, una constante que se repite sin nosotros saberlo? ¿Será casualidad que por entonces aparecieron en la radio aquellas canciones de *El Santo Cachón*, y la de Ramón Orlando, *El venado*? ¿Fue pura casualidad?

Volviendo a aquel caso en la corte, este fue toda una sola acción, con el veredicto a mi favor e inmediatamente fui a cobrar el cheque. No era mucha plata luego de que todo el mundo cobraba la suya, es decir, el hospital, el laboratorio, los terapistas, los abogados, el doctor, en fin, al menos cobré algo. Ya al tener ese dinero en mi mano era como una licencia para volar de nuevo, sí, había que mudarme de nuevo, como siempre fui, libre, con mi propio espacio para mí, así gastara y pagara más. No importa, yo soy independiente por siempre y así seré hasta el fin (eso creo yo). Una vez más a levantar el vuelo, lo único que esta vez iba a ser muy diferente que las anteriores, porque las previas fueron más como una fuga, como escapar de la bruja de mi cuñada, y ahora no, ahora era un levantar el vuelo conscientemente, no así nomás. Ahora cada movimiento, cada acción tenía que ser pensada, meditada, con visión de futuro, esta vez a volar, y si es posible, más lejos. Esta cantidad de dinero era la ayuda que yo estaba esperando, que necesitaba, y no la iba a desperdiciar. Lo anterior había sido solo trabajar y trabajar, para el día a día, de cheque de nómina a cheque de nómina, como mucha gente vive aquí, y por eso les da vergüenza volver a sus tierras, no quieren que sus paisanos vean que no hicieron nada, que no pudieron triunfar en Estados Unidos. Antes de este golpe de buena fortuna, porque eso fue este dinero para mí, algo caído del cielo y había, lógico, que agradecer a Dios, como siempre. Traté entonces de buscar un nuevo lugar por mi cuenta pero no encontraba nada a mi gusto, y yo con todo ese dinero encima, ya saben. No podía depositarlo en el banco, no tengo documentos, no hay papeles, ¡carajo! ¿Y ahora? Entonces, como casi siempre ha pasado en mi vida, de manera espontánea y casual, Kathy, la contadora del trabajo en aquel restaurant donde yo trabajaba, y quien me había visto temprano buscando algo en la sección de departamentos en el periódico al llegar al trabajo, me dijo:

—*Carlos, give me that* —se refería al diario que yo tenía en mis manos—. Yo voy a buscarte tu apartamento. No hay problema, esto está sumamente lento hoy día, y quiero quitarme el aburrimiento con algo—. *How much do you have?*

La gringa quería saber con cuánto dinero contaba yo para rentar mi nuevo apartamento, le dije la cantidad, y ella se alejó diciendo:

—*I take care about this, don't you worry my friend.*

No pasaron más de dos horas y la eficiente contadora ya había resuelto mi problema, entró a la cocina con un papel en la mano, diciendo:

—Toma, me dijo, aquí hay varios lugares para que pases mañana a verlos. Ya hablé con todos los arrendadores, solo tienes que ir a cada lugar a la hora que está apuntada en el papel. Llamas primero, ¿está bien? Y ahí también te puse los teléfonos.

—*Wow* —exclamé—, *thank you very much Kathy, you are so nice with me, thank you, did a good job, as usual!* —dije, agradeciéndole mucho su amabilidad conmigo.

—*You are welcome Carlos, it was my pleasure, you are a very nice guy*—, y sonriendo volvió a la oficina–. *Good luck tomorrow!* —contestó ella, deseándome suerte.

Al día siguiente hice el recorrido que Kathy me había diseñado. Ella escribió a dónde tenía que ir primero, es decir, con cual apartamento debía comenzar, y así lo hice. Al comienzo nada me convencía, nada me gustaba, no encontraba nada de mi agrado, pero de pronto me acordé de algo que también me había comentado Kathy:

—Las últimas personas con las que hablé, las del último apartamento, me cayeron bien, esas me gustaron Carlos.

Así que decidí completar la lista, sin saltarme ningún lugar, y dejé para el final la que había mencionado Kathy. Al llegar y ver el lugar dije: "Aquí es, este será mi hogar de ahora en adelante". Kathy no se había equivocado, era perfecto, perfecto para mí. Los dueños de la casa eran italianos-albaneses. Ellos me habían enseñado el lugar, que en realidad era un estudio, pero grande, y estaba bien para mí, que era yo solo, sin nadie más. La señora dueña de la casa dijo:

—Era de una chica que vivía sola y lo dejó porque se casó.

Y encima con historia de amor, incluida pensé.

—Lo tomo.

El dinero concedido por la corte fue para pagar la renta y el seguro, que no era otra cosa que un mes de renta más por adelantado, eso sumado a todo lo que tenía que comprar, ya que no tenía nada que fuera mío. Comencé a comprar cosas que en verdad me hacían falta: cama, colchón, cómoda, lámparas, TV, VCR, VHS, radio, tostadora, licuadora, closet de ropa, mesa de noche, ollas, sartenes, cortinas, utensilios de cocina y del hogar. Iba a vivir solo y necesitaba tener de todo, ahora yo estaba a cargo de Carlos, de mí mismo, sí, finalmente era así. Antes de todo esto yo solo tenía una maleta grande con mi ropa y nada más. Entonces así fue, ahora sí, era en serio, iba a comenzar mi aventura en solitario.

Por esas fechas apareció la posibilidad, y lo mencionó así, porque yo no la busqué, de arreglar mi situación legal por medio del matrimonio. Ya antes había tenido esta posibilidad, pero no había atraído mi atención, sin embargo, ahora era diferente, no sé por qué, quizás por la persona que me planteó la idea, en fin, no sé decir. Esta amiga que me mencionó esta opción para legalizarme me conocía casi desde que yo llegué a este país, me estimaba bastante y sabía lo de mi situación legal. En una palabra, ella me quería ayudar en este tema. Uno no le quita la buena voluntad de ayudar a la buena gente,

¿verdad? Resulta que esta amiga, esta amable señora que tenía más de 50 o 60 años, me presentó a una amiga de ella, una mujer puertorriqueña. Esther, mi amiga, me quería mucho y deseaba ayudarme. Tenía una pequeña bodega en Jersey City Heights junto a su esposo, y bueno, yo accedí contra mi natural manera de ser, porque es la verdad, siempre he sido un poco como misántropo, o sea, un antisocial de mierda, dirán algunos, pero bueno, soy así, no lo puedo evitar. Entonces, yo me quedaba a conversar en su negocio con Esther por largos ratos, en extensas charlas. No era mi naturaleza hacer eso, pero definitivamente esta mujer era una amiga especial para mí, y entonces un día que hablaba con ella, quizás ella, percibiendo una cierta tristeza en mí ese día, se animó a decirme:

—Carlos, dime algo muchacho, ¿cómo viniste a este país?

De inmediato me puse en guardia, puesto que esa es una pregunta prohibida de responder para un inmigrante ilegal, pero en fin, como ya existía confianza le conté la verdad, le dije cómo era mi situación legal en este país y me liberé de eso con ella considerándola mi amiga. Actuar así me hacía sentir bien, liberar eso del pecho de uno es una gran libertad, total, si uno no ha asesinado a nadie. Además, los que me conocen saben que a mí me gusta ser sincero y directo, que odio la mentira y el chisme. En mi opinión, esos dos de los peores defectos que puede tener una persona, pero sé también que la gente no es perfecta, y yo no soy Dios, ni tampoco predico buena moral. Yo entiendo eso muy bien, pero sí soy muy sincero, y más con la gente a la que yo quiero y aprecio mucho.

Así fue como un día cualquiera en que me puse de acuerdo con Esther fuimos a ver a una amiga de ella, con la que ella pensaba que yo podía llegar a entenderme y poder arreglar mis papeles. Para Esther era como juntar a dos almas solitarias, y yo lo podía entender bien, ella me estimaba mucho y yo podía ver esa sinceridad en sus palabras, sus ojos y en sus acciones. Ella sabía lo que yo pensaba de casarme y que hacerlo por papeles era algo que me desagradaba mucho. Aun con toda mi situación legal, me imagino que para no poca sino mucha gente debo estar mal de la mente, por pensar que casarse debe ser un hecho movido solo por el amor, no por otra cosa o interés particular. Ella quería disipar esa tristeza que yo cargaba en mi corazón por no poder volver de visita a mi tierra. Era muy buena conmigo Esther.

—Vamos hijo, por qué no tratas, es solo para que la conozcas, y si no te gusta pues, bueno, ya la viste y ya saliste de eso. Y además, ¡uno nunca sabe, Carlos!

—¿Sabe qué? —le pregunté al instante.

—Uno nunca sabe, mi hijo— solo repitió.

—Mira Esther, yo te estimo mucho, y aprecio en verdad lo que tú quieres hacer, pero la verdad el amor no viene así, y yo nunca me he sentido cómodo haciendo o arreglando las cosas de esta manera. Para mí, uno se casa por amor, llámame pendejo, estúpido, soñador, pero pienso así, es por eso por lo que yo no me siento cómodo de hacer algo de esa manera, y además no creo que sea justo para la mujer, para ella en este caso; ella quizás, si espera un poquito más, pueda que aparezca la persona apropiada que la haga feliz de verdad y como se merece ella, ¿entiendes?

Para esto ya estábamos fuera del edificio en donde vivía "mi novia", sí, la novia de la que yo no conocía ni su imagen, ni su nombre, solo sabía que vivía sola.

—Aquí vive, se llama Edith y vive en el apartamento 3C.

Quise decirle algo, pero ella se alejó rápidamente. Bueno, ya estoy aquí, ¡qué carajo! Toqué el timbre de mi "novia" y me contestó una voz tenue y suave:

—¿Quién es? —preguntó ella.

De pronto, la mente se me puso en blanco, yo no sabía qué contestar, qué responder.

—Edith, soy yo...

Diiing!, sonó el timbre que daba la señal para abrir la puerta, pero ¿qué pasó? Si yo no acabé siquiera de decir mi nombre, es más, ni lo dije. Seguro fue Esther que le habló de mí, sí, debió ser eso, ella ya me estaba esperando. "Ya estamos aquí", me dije mientras entraba al edificio de mi desconocido amor. "Por fin conoceré a mi novia, a la mujer con la que ¡me voy a casar! ¿Qué hago yo aquí? ¿No habrá sido un error haberle contado mi situación legal a Esther? Lo siento mi amigo, ¡es muy tarde para decir no quiero!"

Subí en el elevador hasta el tercer piso y toqué la puerta del apartamento C ¿Y si no me gusta? ¿Qué hago? ¿Corro, me inventó algo y me voy de prisa o qué? Ni modo, ya estoy aquí, vamos Carlos, se valiente, carajo, ¿cómo te vas a correr de una mujer? ¿Qué es eso? Me estriñe, digo ¡me extraña amigo! Y de pronto esos segundos en que demoró en abrir la puerta que parecieron horas se acabaron, pero aquella puerta finalmente se abrió. Fue la primera, y la única, vez que me vi y hablé con Edith. Entré al apartamento, le di un beso en su mejilla y me senté en la mesa, que imagino que era la de comer, y que quedaba en la propia cocina. Tenía una salita, pero al parecer ella se cocinaba algo antes de irse a trabajar. No sé cuánto rato hablamos, ya no puedo recordar, puede haber sido solo minutos o quizás horas, sé que no fue poco tiempo, lo que sí recuerdo, y muy bien, era que Edith era una mujer puertorriqueña muy dulce, una mujer sencilla, amable, y que había sufrido mucho en el amor, la habían traicionado y jugado con sus sentimientos y su corazón ya varias veces. Preparó café y se sentó en la mesa para conversar más a gusto conmigo:

—Esther me ha hablado mucho de ti, Carlos.

—Lo sé Edith, ella también me ha hablado de ti —ella se sonrió, con ese misterio que solo tienen las mujeres, mezcla de enigma e intriga, y dando un sorbo a su café.

Conversamos no sé cuánto tiempo, mentiría si digo que recuerdo cuánto duró todo ese encuentro de aquella "cita a ciegas", que muy bien podría recibir ese nombre. Hablamos como si nos conociéramos de siempre, y Edith abrió su corazón conmigo. Está demás decir que ella necesitaba conversar con alguien, quizás no lo había hecho por buen tiempo o no tenía con quien, en fin, yo estaba ahí con ella y eso era todo lo que importaba en aquel momento, y la persona con quien hablar era yo para ella, eso era lo único que estaba claro para Edith. Es extraño, muy especial, cómo una persona contacta con otra alma por solo un día, en realidad por solo un momento, unas horas, o incluso pueden ser minutos, pero ese minuto puede parecer eterno si uno quiere y así lo desea. No existe la dimensión del tiempo cuando dos almas en verdad están hablando, pero comunicando de verdad, cuando de verdad se establece un canal de diálogo y entonces la comunicación fluye inevitablemente, como una carretera de dos vías, de ida y vuelta, sin el menor tráfico, sin esfuerzo, de manera natural, simple y sencilla. Edith me contó de sus anteriores relaciones amorosas, de todos esos desengaños que había tenido en nombre de lo que mucho de nosotros llamamos amor y después resulta ser otra cosa, pero es que estamos tan hambrientos de calor, de afecto, de cariño, que nosotros los humanos lo confundimos todo. ¿Qué podemos hacer? Somos así, nos morimos por una caricia, por un abrazo, por un beso que nunca llega, somos como plantas que si reciben un poco de agua se mueren en el desierto árido de esta Sahara que muchas veces es la vida.

Yo también le conté mis penas de amor, para, como dice la canción, estar iguales. Le describí lo que había sido mi vida en este país a grandes rasgos. No había motivo de maquillar las cosas porque yo estaba casi seguro de que Esther ya le había puesto en claro lo de mi situación personal, entonces, ¿para qué fingir o mentir? Así se nos pasó el tiempo, hablando y hablando, pero lo distinto era que el diálogo provenía desde lo íntimo, era de corazón a corazón, y no tenía que haber un interés romántico; eran solo dos almas tratando de exorcizar sus demonios y dolores de alguna manera, si es que acaso esto fuera posible de hacerlo con la simple palabra, y entonces cuando uno comunica de esta manera tan honesta y clara, ¿para qué intentar mentir o fingir algo que no es o se siente? Y me dije a mí mismo: "Bueno, ¿por algo vine hoy día a este lugar? Pero por lo mismo uno no puede mentir, ni ofrecer matrimonio a alguien si en verdad tú no sientes amor hacía ella, y más con alguien que te cuenta todo lo que ha sufrido y llorado en nombre del amor, en esa búsqueda incesante de hallar a su media naranja. No, yo no podía seguir agrandando más esa cadena de desengaños en la vida de esa sencilla y sufrida mujer. Otros dirán: "¡Qué tonto eres! Si nadie te está pidiendo que te quedes con ella toda la vida, consigues lo que quieras y luego te divorcias". No, yo no soy así en primer lugar, y en segundo, yo respeto mucho los sentimientos de una persona, como para jugar con estos y engañarla de una manera que para mí en lo personal sería muy baja y ruin, no, señores, eso no hace Carlos Anaya Mantilla, el ilegal.

    Nos desahogamos los dos y yo ya tenía en claro que no me iba aprovechar de su soledad, ni de la necesidad de afecto, de cariño y de amor de Edith tanto como yo hablaba con ella, pero en cambió sí podía tratar de ser su amigo y ofrecerle una amistad sincera, claro, siempre y cuando ella la quisiera recibir, pero nada de amor. Los sentimientos no se fingen, nacen o no, fluyen espontáneamente desde el alma, desde el corazón, es así, o al menos así soy yo. Sí, necesito mis papeles, me hacen falta, quisiera arreglar mi situación legal con todo mi corazón, pero eso no es todo en la vida, ni lo más importante. Esa necesidad mía no me da permiso para jugar con los sentimientos ni el corazón de otro ser humano, de otra alma, no importa que nunca consiga mis papeles, ni resuelva mi situación legal en esta nación, pero no contribuiré al dolor de un corazón que ya ha sufrido mucho en nombre del amor. Nada de jugar ni burlarse de los sentimientos de nadie, no, eso no se hace. Punto.

    Así fue aquel encuentro con aquella alma solitaria, tan solitaria como la mía, dos almas que un día coincidieron sus caminos por obra y gracia de una amiga bien intencionada, que hizo y quiso ser la celestina de nuestra historia de amor. Recuerdo que cuando ya había transcurrido un período de tiempo que no fue ni corto ni tan largo, me puse de pie y me excusé, le dije a Edith que me tenía que ir a trabajar, pero que ya sabía que tenía en mí un amigo con quien conversar. Intercambiamos números telefónicos, nos despedimos de manos y le deposité un beso en su mejilla, un beso que quizás había sido largamente anhelado de recibir de parte de otros amores no correspondidos. Es curioso, pero si ahora alguien me preguntara cómo era ella, no sabría cómo describirla. No recuerdo su físico, recuerdo su tristeza, su melancolía, su nostalgia y el hecho de que aunque sea por un corto período de tiempo indeterminado le pude alegrar la vida y hacerla reír, aunque sea un poco. No recuerdo si era gorda, flaca, alta, pequeña, morena, blanca, solo sé que era una mujer solitaria que estaba llena de amor y cariño, y que por un momento en su vida sus ojos volvieron a tener un brillo muy especial, un brillo que es lo único que recuerdo de ella y que no olvidaré jamás.

Pasó el tiempo, y el ritmo loco de la vida en esta nación, el trabajo y el estrés se juntan que ya parecen sinónimos en esta tierra, en donde creo yo que la gente muere más por la preocupación y por la angustia que por las mismas enfermedades. En fin, no volví a ver a Edith ni a Esther por muy buen tiempo. En el paréntesis cambié de trabajo, estuve viviendo en otros lados, como siempre tratando de hallarme, de sentirme feliz en donde yo estuviera. Pasó el tiempo y un día cualquiera regresé por el negocio de Doña Esther.

—Hola Esther, ¿cómo estás? Perdón por la ausencia, no ha sido ingratitud, tú bien sabes cómo es la vida en este país, he estado muy ocupado en el trabajo, tú sabes, haciendo mis cosas, en fin, tú me entiendes, ¿verdad? ¿Cómo has estado? ¿Cómo está tu esposo y tu familia?

—Edith falleció... —fue su primera respuesta a todo lo que yo le pregunté.

Mi sonrisa de llegada desapareció de inmediato de mi rostro, no era eso algo que yo ciertamente esperara oír.

—¿Qué dice usted? ¿Cómo? ¿Cuándo?

—Hace dos meses muchacho, fue casi como a la semana después que ustedes dos se conocieron.

—Pero ¿cómo sucedió? ¿Cómo así?

—Fue un infarto fulminante al corazón, no pudieron hacer nada por ella. Es más, la encontraron muerta en su apartamento. Al día siguiente, sus vecinos, al no verla salir en las mañanas como acostumbraba, fueron a verla, no contestó y llamaron al súper, quien abrió la puerta de su apartamento y la encontraron sentada en su sofá. Ya tenía un día de muerta.

Sí, así como yo la había dejado la última vez que nos vimos, que a la vez fue el día en que nos conocimos, como dije antes, solo Dios sabe qué hace que se conozcan dos personas, una destinada a morir en poco tiempo después de ese encuentro. ¿Por qué? ¿Es que acaso ella solo esperaba conocerme a mí o a alguien con quien conectar y abrir su corazón y expresar lo que no había podido expresar en mucho tiempo a nadie, su dolor, sus ilusiones, sus sueños, sus desilusiones, sus esperanzas? ¿Acaso Edith presentía que se iría pronto de este mundo, y solo esperaba por alguien que llegará para una última cita? Un nuevo amigo, un amante potencial que la llenara de ilusión por una vez y quizás esta vez, la persona que llegará, si fuera la indicada, el verdadero amor de su vida. Después me enteraría por Doña Esther que Edith la había llamado al día siguiente de conocerme, y le había mencionado lo bien que yo le había caído: "Es muy *nice* Carlos, Esther", le había dicho Edith a mi amiga. "Es alto y *very handsome*". Así hablaba Edith, ella era "nuyorican", nacida en El Bronx, pero creció en Jersey City, todo eso lo supe luego por Doña Esther.

—Le caíste bien a ella muchacho, yo lo sabía, tienes mucho carisma, mucha gracia, las mujeres se encantan contigo sin que tú hagas mucho, de ahí a que duren contigo, no sé, pero le caíste bien, eso me dijo ella al día siguiente que ustedes se conocieron.

—No lo sabía Esther, yo solo hice lo que tú me pediste, ir a verla, tú sabes, yo nunca había sido partidario de hacer estas cosas, del matrimonio, y menos por interés, pero si nos pudimos comunicar y crear un ambiente bonito aquel día, nos comunicamos de corazón a corazón, como se dice, y eso fue todo.

—Gracias por hacerla feliz Carlos, por devolverle la ilusión a esa mujer, le alegraste un poquito su vida y eso fue muy lindo de tu parte. Ella era una persona muy solitaria y que había tenido muchas desilusiones con sus parejas, siempre se habían aprovechado de ella, de su buen corazón, la habían hecho sufrir mucho y ella no se merecía que la hubieran tratado de esa forma, pero como ese caso hay miles en el mundo, ¿no es verdad, muchacho?

No contesté, solo moví la cabeza afirmativamente, seguía pensando en lo mortales que somos, que hoy estamos aquí y mañana ya nos fuimos de este valle de lágrimas, o debería ser como decía el poeta Jorge Luis Borges: "¿Por qué valle, no sería mejor que fuera un río de lágrimas, digo hace más sentido o no?" Yo también lo creo maestro, tiene más sentido sin duda.

—Yo pensé que quizás podría darse algo entre ustedes dos, mi'jo, pero veo que Dios tenía otros planes, unos planes muy diferentes ciertamente, el hombre propone y Dios dispone como dice el dicho, muchacho. Pensé que quizás ustedes dos se pudieran llegar a entender y ella volver a ser feliz, a creer en el amor y tú encontrar una buena compañera y de paso arreglar tu situación, mi hijo, que yo no quiero que vivas con esa incertidumbre que si te agarran te echan fuera del país, no sería justo, tú eres un buen muchacho que solo quiere trabajar, ganarse la vida honradamente y echar pa' delante, como decimos nosotros los boricuas. Yo nunca me había atrevido hacer esto, pero por ustedes dos lo hice, quise ayudar a dos almas solitarias a que fueran felices, eso es todo lo que yo quise hacer, mi'jo.

Nunca imaginé lo que iba a pasar, y el llanto ya quería asomar a las pupilas de esta mujer caribeña que ya había visto muchas historias de muchísima gente.

—¡No lloré doña Esther! —la abracé, pero no pude evitar que el llanto brotará de sus ojos. Ella quería mucho a Edith, y estoy casi seguro de que era la única amiga que mi fallecida "novia" tuvo en vida—. No lloré, ¡porque me va a hacer llorar a mí también!

Y así fue como después de mucho tiempo y sin que yo me diera cuenta, pude llorar de nuevo. Sí, había pasado mucho tiempo desde la última vez. Las últimas veces habían sido cuando perdí a mi querida madre, Fabiola, y a mí siempre recordado hermano Pablo, y ambos poco tiempo antes de venir a Estados Unidos. Para entonces, ya la muerte, el luto, me habían visitado muchas veces, muy seguido, tantas que yo ya había perdido la cuenta, tantas que yo con la gente que conocía, era más fácil encontrarlos en un velorio que en una fiesta. Así de trágica fue esa época en la que decidí venir a Estados Unidos. Aún confortaba de su llanto a Doña Esther, cuando el calor húmedo de una lágrima recorriendo mi mejilla, me hizo darme cuenta de que de todo era real, que el dolor de nuevo existía, y que esta es parte también de la vida, sí, una lágrima se me escapó y solo atiné a decir:

—Adiós Edith, descansa en paz, Dios es el único que sabe por qué pasan las cosas, por qué se conocen dos personas. ¡Adiós mi "novia mía"!

20

LIBROS Y LIBRERÍAS

Los LIBROS, LAS LIBRERÍAS Y LA LITERATURA SON UNA DE MIS ATRACCIOnes favoritas. A veces iba a Manhattan, Nueva York a *Lectorum*, la librería hispana más grande que conocí en esta parte de Estados Unidos, en la que tenían libros hasta en el sótano. Era solo cuestión de solicitarlos o pedirlos, y ellos te los conseguían. También era un sitio obligado de encuentro literario, y en donde, si tenías suerte, podías acudir a la presentación de un autor reconocido que estuviera presentando sus libros. Lectorum, que había abierto sus puertas en 1960, cerraría sus puertas en septiembre de 2007 para pasar a vender sus libros en línea. A unos cuantos metros de ahí, como quien seguía caminando hacia las Avenidas Octava o Novena, sobre la misma Calle 14, se encontraba otra librería llamada Macondo, propiedad de Jorge Muñoz, un señor colombiano, quien la estableció en 1972. Cuentan aquellos que frecuentaban el lugar que algunas veces supo llegar ahí de incógnito el gran Premio Nobel de Literatura colombiano Gabriel García Márquez, quien al parecer era amigo del señor Muñoz. Eso explicaría el gran cuadro que existía en un lugar especial de aquel lugar. De hecho, un artículo titulado "Adiós Macondo", publicado en el *Daily News* el 5 de noviembre de 2007, confirma que "uno de sus momentos más orgullosos" para este negocio, "fue cuando el legendario autor Gabriel García Márquez visitó la librería a principios de los años 70". La nota fue publicada a raíz del cierre de esta tienda de libros en esa misma fecha, un mes después del cierre de Lectorum.

En Nueva Jersey, en Unión City, existía una librería pequeña por la cuadra 17 de la Avenida Bergenline, que era propiedad del Señor

Martínez, un cubano que era un gran tipo, de una cultura vasta y un conocimiento admirable. Aunque desdeñaba a los demócratas y culpaba de todos los males de su Cuba natal al presidente John F. Kennedy y a todos los demócratas del país, solíamos tener conversaciones extensas y muy amenas. Siempre se alegraba de verme, ya que decía que por lo general los hispanos que llegaban a su pequeño local no venían buscando un gran clásico, sino libros de cómo desmontar un motor o reparar un auto o alguna maquinaria, y eso lo llenaba de tristeza, por lo que cada vez que yo podía ir a su pequeña librería, que era una especie de santuario para él, conversábamos de todo y a fondo.

—Cuánto gusto de verlo mi amigo, usted es como un oasis en el desierto, déjeme decirle, y lo digo sin falsa adulación. Si mucha gente nuestra fuera como usted, tuviera el interés que usted tiene en cultivarse, ¡otra sería la realidad de los hispanos en esta nación!

—Lo entiendo señor Martínez, pero también debe de comprender que mucha de nuestra gente no cuenta con esa disposición de tiempo, ya que tienen otras responsabilidades, carga familiar, etcétera, y eso en gran medida imposibilita que la gente se pueda cultivar como ellos quisieran, sin mencionar el cansancio y el estrés en el que mucha gente se mantiene permanentemente.

—Sí, tiene razón mi amigo, pero como digo, usted es de los pocos que vienen y me preguntan por autores como Oscar Wilde, Miguel Ángel Asturias, Antonio Machado o José Martí, mi compatriota, y eso a mí ¡me alegra el corazón!

—Yo soy el agradecido señor, de que usted tenga este lugar aquí, y así yo a veces cuando no puedo ir a la ciudad, pues vengo acá y consigo un libro de calidad, y ya tengo para leer algo el fin de semana. Usted es una persona de una gran inteligencia y eso no abunda señor.

—¡Ah, mi amigo! ¡Qué va! Yo soy solo un guajiro, un simple guajiro (me nombró el lugar de donde era en Cuba, un lugar que nunca más he vuelto a escuchar)—. Yo soy de ese lugar, del interior de la isla, solo fui un guajiro al que le gustaron los libros y que se quiso cultivar y salir de su país, bueno usted ya sabe el por qué muchacho.

Interminables fueron las horas que charlaba con él. Una de las más celebradas fue quizás cuando un día, estando en su local, le pregunté por una revista de espectáculos que estaba en la parte de atrás de su escritorio, en unos estantes, en la parte más alta, como esperando por alguien.

—¿Ese no es Jorge Negrete, señor Martínez?

—Ese mismo es, mi amigo, ah, qué recuerdos el gran Charro Cantor de México. Como a ese mexicano no se ha querido a otro en Cuba, déjeme decirle mi joven amigo.

—Sí, claro, yo sé la historia. Él estaba de gira por el Caribe, ya se había presentado en Cuba y se encontraba en Puerto Rico, y fue entonces cuando un terrible huracán azotó la mayor de las Antillas, el famoso huracán del año 1944, en octubre si no estoy equivocado. Él no dudó, no lo pensó dos veces y volvió a Cuba, cancelando sus presentaciones en Borinquen, perdiendo dinero, pero anteponiendo primero la solidaridad con el hermano latinoamericano en desgracia. Es sabida la anécdota que su trío de cabecera, los famosos Calaveras, no querían ir con él de vuelta, pues aún se sentían los efectos del huracán, pero Negrete insistió en ir y ellos fueron con él, no lo dejaron solo. No solo fue un gran artista, sino un gran ser humano el inmortal Charro cantor, gente como esa, artistas como él, no salen más señor Martínez.

—¡El mejor, mi amigo, el mejor! Yo era muy pequeño, pero mis padres y mis demás familiares, cuando se referían a ese gran artista mexicano, lo hacían con un respeto y una reverencia única. Usted no sabe lo que fue ese recibimiento de él en Cuba, fue multitudinario y en una época en que no había los adelantos tecnológicos de esta era actual. Cuba se volcó a las calles, mi amigo, a darles las gracias a un mexicano, ¡al mejor cantante que ha dado México al mundo sin discusión alguna!

Era difícil siquiera insinuar contradecirlo, lo decía con una profunda emoción y gesticulando el señor Martínez, y para ser sinceros, yo no tenía la más mínima intención de hacerlo.

—Yo, al igual que mi desaparecida señora madre Fabiola, soy admirador del inmortal Charro Cantor, Don Jorge Negrete, para qué negarlo, ¡sí, es la pura verdad! Cuenta la leyenda que después de la presentación en beneficio de los damnificados por aquel terrible huracán, Jorge Negrete se dirigió a los presentes y dijo: "Aquí está el viejo Negrete hoy, respondiendo a la llamada de este pueblo que tanto quiere".

—Tú sí sabes de historia muchacho, llévate la revista, es un obsequio, tú ya eres cliente y estará en buenas manos contigo.

Aquella sería una de las últimas veces que vería al señor Martínez, pasó algún tiempo y fui aquel lugar, y ya no había libros, sino una agencia de viajes. Pregunté por él, por los libros:

—¿Y el señor Martínez?

—Él ha fallecido, señor, hace dos meses atrás, creo que de infarto.

De pronto recordé que yo lo había visto alguna vez, pero no había sido en su local, sino en la Iglesia San Agustín de Union City, Nueva Jersey. Salía de la misa y de pronto lo crucé en el camino, pero a cierta distancia. Sin embargo, estoy seguro de que me alcanzó a ver, a distinguir, y cosa curiosa, me miró y siguió como una exhalación. Se me hizo raro aquello, aún recuerdo la expresión de su rostro, nunca lo había visto así. Por fechas no estaré nunca seguro si lo vi aún con vida y quizás ya presintiendo su partida o ya para entonces había muerto, y lo que vi fue una aparición de su espíritu. Siempre supe que era un hombre de fe, así que no me extrañó verlo en la iglesia.

—Perdón, señor ¿cuál es su nombre? —me preguntó el hombre de la agencia de viajes.

—Carlos Anaya —contesté.

—¿Mantilla?

—Sí, ese mismo

—Espere, no se vaya —me dijo el encargado de la agencia de viajes cuando me disponía a irme. Al poco tiempo regresó con un sobre en sus manos. —Esto es para usted, tiene su nombre, el señor Martínez lo tenía en su escritorio.

Abrí el sobre. Era la última revista de las tres que completaban aquella colección de Jorge Negrete, y que el señor Martínez había prometido conseguirme. Él me había dicho: "Yo la tengo en algún lugar, son de colección, son tres, yo se la separaré mi amigo, no se preocupe". Sí, lo hizo, me la consiguió. Salí de la ahora agencia de viajes, miré al cielo y dije: "¡Gracias, señor Martínez! Me fui caminando a la Iglesia de San Agustín —carajo, ¡son 20 cuadras! No importa, había que hacer como Negrete, cumplir con el amigo que se fue, y me fui a rezar por el descanso del alma de aquel guajiro a quien tanto le gustó la cultura. Fue un difusor de literatura en aquella área hispana, en donde pocos le correspondían, pero en donde él entregaba su labor de una manera amable y desinteresada. Un guajiro, como decía el gran cantante cubano Benny Moré —otro gran tema de conversación entre nosotros— con mucho corazón.

21

El peor ataque terrorista en la historia de Estados Unidos

E L CAMBIO DEL SIGLO XX DOMINABA EL AMBIENTE SOCIAL EN LOS ÚLTIMOS meses de 1999, mientras que para mí algunas cosas también cambiaban. El 2000 en Estados Unidos traería cambios en la política nacional con la celebración de las elecciones presidenciales del 7 de noviembre. El comienzo del nuevo milenio señalaba el último año de gobierno del presidente Bill Clinton.

Nunca sabré lo que pensaba la gente que vivió el año 999 o la que vivió el 1899, no me imagino qué fue lo que experimentaron, pero lo que sí sabía era que sí iba a vivir el cambio del 1999 al 2000, y ese gusto nadie me lo iba a quitar, nadie me quitaría lo bailado, ni lo gozado. En Nueva York y Nueva Jersey abundaban las borracheras y las celebraciones con fuegos artificiales. La pirotecnia aquí es de las mejores del mundo, pero de la que con el correr del tiempo también uno se llega cansar o aburrir, aunque parezca mentira, es como todo en la vida. Lo rutinario genera monotonía, lo mismo de siempre una y otra vez, como cantaba la española Rocío Dúrcal, *«No cabe duda que es verdad que la costumbre, es más fuerte que el amor»*.

La elección presidencial entre el candidato demócrata y vicepresidente Al Gore y el candidato republicano y gobernador de Texas, George W. Bush, hijo del expresidente y exdirector de la CIA, George H. W. Bush, apostaba a ser uno de los acontecimientos prominentes del inicio del siglo XXI. Gore hizo lo indecible para alejarse de la sombra negativa de Clinton, ya que este, con su imagen desgastada por el escándalo de Mónica Lewinsky, Paula Jones y su juicio de destitución, no era una buena compañía electoral. Esa decisión fue buena, lo único malo es que Gore tenía cero carisma entre el electorado estadounidense, y eso es fundamental para alguien que se involucra en la política a cualquier nivel. En las urnas, la contienda electoral fue muy cerrada, y ya sabemos que con el sistema arcaico y obsoleto de votación con el que se elige presidente en Estados Unidos, hubo serios problemas a la hora de los resultados. Después tenemos el confuso sistema del voto electoral contra el voto popular. Eso no lo entiende casi nadie, y me refiero al Colegio Electoral, pues como digo, la elección fue cerrada y al final se definiría como otras veces anteriores por los votos del Colegio Electoral. Bush ganaría por poco margen con 271 votos electorales frente a los 266 de Gore (con un elector que se abstuvo en el recuento oficial). El estado de La Florida, bastión de los republicanos, y sobre todo de los cubanos en este país, fue el estado donde surgió la mayor controversia con el conteo de votos.

El Colegio Electoral es un cuerpo de electores establecido por la Constitución de Estados Unidos, que se forma cada cuatro años con el único propósito de elegir al presidente y vicepresidente de Estados Unidos. Cuando un elector vota por un candidato presidencial, en realidad está votando por los electores preferidos de su candidato, esto es, por los miembros del Colegio Electoral. Esto resulta en una aparente contradicción por cómo está organizado el Colegio Electoral, ya que un candidato al Poder Ejecutivo del país puede ganar la mayoría del voto popular (el voto de los electores en las boletas de votación), pero perder la mayoría del voto electoral. Esta misma situación sucedió de nuevo en la elección presidencial de 2016, en donde la demócrata Hillary Clinton ganó la mayoría del voto popular, pero Donald Trump ganó la mayoría de los votos del Colegio Electoral.

Aquel martes 7 de noviembre de 2000 —las elecciones siempre se celebran el primer martes de noviembre en época de elecciones, se entiende—, cuando yo regresaba ya muy tarde por la noche de Jackson Heights, Queens, Nueva York, y mientras esperaba en la antigua estación de *World Trade Center*, veía las noticias en los televisores que se hallaban en la plataforma del andén del tren, cuando se anunció que en La Florida se acababa de imponer el candidato demócrata Al Gore. "Bien, carajo", dije yo, y entré al vagón del tren PATH para regresar a Nueva Jersey. Entonces, para mi sorpresa y la de muchos o pocos, debería decir, desvelados que nos encontrábamos ahí tratando de volver a casa en aquella madrugada fría, al cabo de unos pocos minutos salió el mismo presentador de noticias que había anunciado el triunfo demócrata, pero esta vez para disculparse y decir que la victoria en ese estado era ahora en realidad para el candidato republicano George W. Bush, disculpándose por el error anterior. Eso no se lo creía nadie, ¿cómo va a ser posible eso? Pero si yo mismo había visto minutos antes en el estrado demócrata en Nashville, Tennessee a mucha gente saltando y festejando por la victoria, entre ellos en la tarima pude apreciar a los cantantes Stevie Wonder, Bruce Springsteen y varios otros junto a Gore, ¿y ahora resulta esto? Aquello para mí fue un robo electoral, un robo a mano armada que se le hizo al pueblo norteamericano. Recuerdo todavía las palabras del periodista mexicano Jorge Ramos, de Univisión, expresando que él nunca había visto nada igual antes en todo el tiempo de vivir en Estados Unidos. En fin, algo sucedió y fue algo muy turbio y oscuro. Gore pidió recuento de votos, pero todo lo que resultó al final fue que la Corte Suprema de este país resolviera la disputa electoral en Florida, y llamando a un acuerdo nacional y reclamando el bienestar y la estabilidad del país declaró ganador de la elección a George W. Bush, sin haber finalizado el conteo de votos, que demostró también por otro lado que Gore había ganado. El conteo oficial final dio a Bush solo 537 votos más que Gore en un virtual empate. ¿Quién hizo la trampa? ¿Quién se inventó esa artimaña electoral? ¿Mentes republicanas? ¿La CIA? ¿El Servicio Secreto de este país? Lo cierto es que se le quitó de las manos el triunfo a Gore, y nadie protestó ni dijo nada, porque aquí en la nación de la libertad y la democracia este tipo de cosas no se impugnan, no se protestan, solo se acatan. La batalla por la presidencia culminó cuando el mismo Gore concedió el triunfo a Bush el 13 de diciembre, más de un mes después de la elección.

Alguien se preguntará por qué deberían de interesarle las elecciones presidenciales a los 10.5 millones de inmigrantes indocumentados que se estimaba vivían en el país en 2017, cuando no pueden votar ni ser parte del proceso electoral. La respuesta es sencilla: los indocumentados se interesan en aquel candidato que promete una reforma migratoria que vendría a regularizar su estatus migratorio, por tanto, las elecciones son un tema demasiado importante para todo extranjero sin documentos legales.

Como comenté en el capítulo 19, la paranoia por el cambio numérico del año 2000 en la informática fue injustificada. Sin embargo, ya vimos qué los números sí causaron problemas en la elección de ese año, con un robo descarado de la presidencia, pero lo que realmente marcaría el verdadero cambio de siglo y de milenio vendría todavía el siguiente año, es decir el 2001, algo que nadie podía imaginar o esperar ¿o quizás sí? Algunas mentes maquiavélicas, cerebros del mal que nunca se detienen de imaginar qué mal y qué daño se puede hacer al mundo para servirse de ello. El año 2001 sería histórico y trascendental, sin precedentes, ya que el verdadero cambio global y mundial vendría con el ataque a las Torres Gemelas de Nueva York. Este atentado terrorista sería un hecho determinante y que daría conocer hacia dónde se iba a dirigir el mundo actual de ahora en adelante. Nadie se imaginaba todas las libertades y derechos civiles que se iban a perder y a suprimir, todo por obra y gracia de una Ley Patriota de Estados Unidos trasnochada, aprobada "a la cañona", entre gallos y media noche. Esta ley fue promulgada por George W. Bush, el 26 de octubre de 2001, cuya misión fue "«Ley para unir y fortalecer América proveyendo las herramientas apropiadas, requeridas para impedir y obstaculizar el terrorismo».

Nadie prácticamente la leyó, y se aprobó algo totalmente distinto a lo que los congresistas habían debatido anteriormente, sin duda una jugada maestra de Bush y los republicanos, pero más del verdadero poder detrás de las sombras, ese que rige a Estados Unidos y que no necesita presentarse a elecciones, siempre gana. Ese poder oculto nunca pierde y cuando pierde, elimina, como sucedió en el caso del presidente John F. Kennedy, asesinado en noviembre de 1963. Llámenle a ese poder oscuro y en las sombras, o como gusten: plutocracia (la élite o clase dominante de personas cuyo poder deriva de su riqueza), *establishment* (el grupo de poder o la élite que controla una nación o una organización), o *Illuminatis* (la presunta organización secreta más poderosa del planeta entero). Esos son los dueños de este país y de casi todo el mundo, si no lo son ya por completo, será solo cuestión de tiempo, si nada se interpone en sus planes.

Aquel suceso que ocurrió una mañana soleada de septiembre, el martes 11 de septiembre del 2001, para ser más exactos, a las 8:46 de la mañana (hora de verano del este), sería crucial para el destino de este país y del mundo tal como lo conocíamos. Era un nuevo tipo de guerra, de ataque, algo nunca visto, en esa proporción tan trágica, o en todo caso eso es lo que trataron de hacernos creer en aquel momento. Más de seis años después de los atentados, el expresidente italiano Francesco Cossiga afirmó que los atentados terroristas del 9/11 fueron un trabajo interno. Lo anterior fue citado por el diario italiano *Corriere della Sera*, (El Mensajero Vespertino) —el más respetado de Italia— en un artículo titulado: *"Osama–Berlusconi? 'Trappola giornalistica'"* (Osama-Berlusconi? "Trampa periodística"). En el artículo publicado el 30 de noviembre de 2007, Cossiga afirma que "todos los círculos democráticos de América y Europa, con los de la centroizquierda italiana al frente, saben ahora que el desastroso ataque fue planeado y llevado a cabo por la CIA estadounidense y El Mossad (Agencia de Inteligencia Israelí) con la ayuda del mundo sionista para acusar a los países árabes e inducir a las potencias occidentales a intervenir tanto en Irak como en Afganistán". Cossiga hizo está fuerte declaración en el contexto de un video en el que supuestamente Osama bin Laden "confiesa" que Al Qaeda habría sido el autor del ataque del 11 de septiembre en las dos torres de Nueva York, lo cual evidencia, de acuerdo con el exmandatario, "la falta de autenticidad del video".

Aquel trágico día yo comenzaba a trabajar todavía a las tres de la tarde, y por lo general yo gastaba la noche y mi dinero todos los lunes, es decir la noche anterior, en Jackson Heights, Queens, Nueva York, un lugar de gran afluencia hispana. Era mi costumbre ir a visitar a una bella leoncita que había atrapado mi corazón por aquel entonces. Ella trabajaba de mesera y cantinera en un lugar de la zona, y era costumbre mía ir a verla esos días en particular, y me quedaba por allá. Aquel lunes, sin embargo, por alguna cosa del destino falté a la cita, no fui a Queens. De haber ido aquella noche muy probablemente hubiera regresado el martes en la mañana, es decir cuando ocurrió todo aquel trágico evento, estoy casi seguro de eso. A mí me encantaba hacer el cambio de tren en la estación *World Trade Center*, no en la Calle 33, el otro lugar donde se puede tomar el tren PATH, que te lleva de regreso a Nueva Jersey. Ese día no fui y eso quizás salvó mi vida. Aún puedo recordar sin mucho esfuerzo las diferentes tiendas y negocios que allí existían.

Me desperté ese día a las siete y media o alrededor de las ocho de la mañana, era día de elecciones locales en la ciudad de Nueva York, y aunque estaba en la cama todavía siempre tenía por costumbre sintonizar la estación hispana Radio WADO. Con ella me enteraba en mi idioma de los últimos acontecimientos del país, de América Latina y del mundo, ya que por lo general los medios en inglés mayormente reportan noticias de Estados Unidos y otras partes del mundo, pero de América Latina no se acuerdan ni de casualidad, es la verdad, a no ser que haya un dictador o presidente controversial que les perjudique sus intereses, entonces y solo entonces, ahí sí enfilan todas sus baterías para abrir fuego, y a veces literalmente. Decía yo que esa era la manera en que yo y muchos otros hispanos del área Tri-estatal nos enterábamos del acontecer diario y, lógico, del clima también, algo muy importante en este país. De repente se escuchó la voz del periodista y reportero de televisión, de Univisión, Salvador Cruz, el mismo que crucé después del partido de fútbol de la Copa Mundial en Estados Unidos siete años antes, quien de improviso dijo lo siguiente: "Una de las Torres Gemelas de Nueva York ha sido impactada por lo que aparentemente parece haber sido una avioneta". Eso ya de por sí como que no tenía sentido, yo podía estar en la cama y medio dormido, pero no podía ni iba a creer que un piloto de avión fuera tan estúpido de no poder ver esas tremendas construcciones de acero, y encima con ese sol que se me colaba por la ventana interrumpiendo mi sueño. "¿Qué dijo?", me pregunté a mí mismo. "Este huevón debe estar pendejo o borracho, cómo que se estrelló una avioneta. Entonces procedí a prender la televisión.

Algo estaba pasando en ese preciso momento, algo se estaba desenvolviendo en ese instante, uno lo podía sentir en el aire, ¿pero qué? ¿Una avioneta contra los Gemelos y con ese sol? Eso era algo inaudito, por ahí alguien agregó en aquella emisora, "Ah, eso pasa porque aquí nadie regula quien vuela sobre el cielo de Manhattan..." Por supuesto que vuelan helicópteros, avionetas con anuncios y hasta globos aerostáticos en este espacio aéreo, en fin, pero aún así algo no cuadraba, no estaba bien, ni tenía sentido del todo. Ya había encendido el televisor y aún estando acostado en mi cama me dije, "Vamos de una a cualquier canal en inglés, sea lo que sea ahí lo van a tirar al aire como sea". De hecho, en la radio habían mencionado que los que quisieran apreciar la tragedia vieran en su tele el desastre aéreo. En eso estaba yo cuando de nuevo había algo en las imágenes que no cuadraba: ¿Cómo va a ser ese enorme agujero hecho por una avioneta? Las imágenes transmitidas en vivo por ese canal no mentían sobre lo reportado en la radio; algo había impactado una de las torres. Pude apreciar el hueco causado por el impacto, era enorme, por lo que de inmediato deduje que eso no lo podía hacer una avioneta, ¿entonces qué, un misil o qué? Continuaba mirando el reporte del canal que pudo haber sido de la CBS, ABC o NBC. Dicha cadena noticiosa tenía uno de sus helicópteros sobrevolando el área alrededor de las Torres Gemelas y entonces, súbitamente, viendo las imágenes por el televisor, veo que pasa como una exhalación, una sombra negra detrás del edificio que estaba siendo enfocado y que se estaba quemando. Era una sombra que no apareció por el otro lado del edificio, es decir no lo pasó, lo que sí apareció fue un resplandor inmenso y una explosión en vivo y en directo. Ver eso y repentinamente oír a la reportera de ese canal comenzar a gritar histérica al piloto: "¡Elévate, elévate!", no necesitaba saber inglés para darme cuenta de que esa mujer estaba pidiendo auxilio, y que se sentía en peligro inminente de muerte. Esto ya no era un accidente simplemente, de pronto todo era diferente a una rutinaria mañana de martes neoyorkina, decididamente estábamos bajo ataque, ¿pero de quién? No sé, pero lo que no había duda es que la ciudad estaba bajo ataque. Debido a que la mayoría de las cadenas de noticias transmitían en vivo imágenes sobre el primer impacto, fue posible ver en vivo el segundo impacto y la gran explosión que generó ese avión en la segunda torre, ¿La segunda en ser impactada por un avión? ¿Avión? ¿No decían que eran avionetas? ¿Qué es esto? ¿Dos "accidentes" aéreos en una misma mañana? No, no puede ser, esto es demasiado, es otra cosa, tiene que ser otra cosa. Ya no necesitaba seguir viendo más por televisión o escuchando la radio, así que de inmediato salté de la cama y me vestí lo más rápido que pude, no había tiempo que perder, y una vez listo, afuera, a correr. En ese tiempo yo vivía a unas seis millas (unos nueve kilómetros) de distancia del *World Trade Center*, en la Avenida New York, en Jersey City Heights, Nueva Jersey, un barrio latino. Desde ahí, debo decir, se tenía una vista privilegiada de Manhattan, ya que el pueblo que se interpone entre la ciudad y mi barrio, por así decirlo, era Hoboken, pero Hoboken es una depresión, una hondonada, es un agujero ese pueblo. Tan es así que Hoboken se inunda, se anega cada rato que hay una tormenta fuerte o una gran nevada. El pueblo queda prácticamente incomunicado, las alcantarillas se tapan y la ciudad apesta a las mil maravillas. Así fue como corrí las dos cuadras y llegué a la especie de mirador que hay antes de comenzar a descender rumbo a Hoboken. En ese mirador me detuve de inmediato. Ya habían llegado también algunos otros curiosos, pero lo que se veía ante mis ojos, la escena que yo presencié de golpe, es algo que nunca se olvida, que te marca para siempre y que siempre vivirá en tu conciencia. Era algo dantesco, inimaginable, era la vista panorámica de las Torres Gemelas de Nueva York ardiendo en fuego en un día que no era cualquiera, y que nunca será cualquiera, con un cielo despejado y soleado. Ese fue un suceso que no se olvida, yo no sé, pero me imagino que fue algo similar a quienes vieron el ataque japonés en Pearl Harbor (1941), o a los que presenciaron el incendio de Roma (año 64 D.C.) por Nerón. Acontecimientos así viven en tu pensamiento por siempre, cierras los ojos y todavía los sigues viendo, así de fuerte fue esa experiencia. Recuerdo que me trepé a la reja o malla metálica que rodeaba el camino pedestre que lleva a Hoboken, que no era muy alto, y desde ahí contemplaba las secuelas del primer ataque aéreo mortal a este país en su territorio continental, esta orgullosa nación que siempre había llevado la guerra a otras costas lejos de sus fronteras, y que ahora era agredida. Extraño, ¿verdad? Como más extraño fue que días después se prohibieran en las estaciones de radio estadounidenses en inglés canciones como *Another one bites the dust* (Otro que muerde el polvo), del grupo británico Queen, y más de un centenar y medio de canciones de otros artistas. ¿Qué tenía que ver la música con todo esto? La razón que se dio fue que muchas de estas canciones se consideraron «líricamente cuestionables» e "insensibles" para ser tocadas después de los ataques. Sí, era todo muy significativo. De momento, el Goliat del mundo había sido puesto de rodillas, pero sería por David, pero ¿por un verdadero David en todo caso? ¿No sería, como se dedujo, después, que todo aquello fue un trabajo interno, un auto sabotaje? Las razones y pruebas comenzaron a abundar con los días posteriores, pero en aquel momento todo era confusión y caos.

Yo, sostenido de lo más alto del enrejado, mirando hacia Nueva York, exclamé: "¡Qué triste día para Estados Unidos de Norteamérica! ¡Qué triste día!" Giré la cabeza y a ambos lados de mí, había ya mucha gente que también se había subido a la malla metálica, cual hinchada fanática para ver salir a su equipo de fútbol favorito, lo único que este sí era un espectáculo, pero no deportivo, sino uno dantesco y trágico, y que te conmovía tanto, te llenaba de impotencia, de solo imaginar de toda aquella gente que estaría atrapada en aquellos edificios, en lo más alto y sin opciones de rescate. Yo no sabía mucho de aquellos edificios, aunque llegué a visitarlos dos veces y a estar en el mirador del último piso. Estando trepado donde estaba, me podía dar perfecta cuenta de que en Nueva York, ni en ninguna ciudad norteamericana, yo había visto antes para casos de incendios, similar a esta, una escalera telescópica tan alta como para llegar a esos pisos de las torres, lo cual significaba que no había esperanza para toda esa gente atrapada allá arriba. ¿Quién los iba a auxiliar y a rescatar? Quienes estábamos al otro lado del río Hudson, en la orilla de Nueva Jersey, sabíamos que aquello que brillaba a lo lejos, y que a la distancia semejaban pequeños cerillos encendidos, o palillos de fósforos ardiendo, no era otra cosa que el fuego que consumía los pisos de ambos edificios que habían sido impactados por los aviones, los cuales fueron utilizados por los terroristas como misiles para atacar las torres, y consumar el atentado terrorista más grande y letal en la historia de este país. Volví a girar mi cabeza, cuando ya habían pasado algunos segundos, minutos, ¿horas? ¿Quién sabe? ¿Quién lo puede saber? Es en estos momentos, en estas circunstancias, en que el tiempo en verdad parece detenerse, es como si todo fuera un holograma, un sueño, un espejismo, pero luego, el llanto, los gritos de dolor e impotencia de la gente que te rodea, te vuelven a la realidad, te hacen despertar y ser consciente de que no es espejismo esto que estamos viendo delante de nuestros ojos, es real y está pasando enfrente de ti. A mi derecha y a mi izquierda, la gente trepada en la malla o los que estaba de a pie en la vereda, todos lloraban, todos tenían los ojos húmedos, nadie era indiferente al dolor y hasta los que éramos, como en mi caso, extranjeros, reconocíamos la magnitud de lo ocurrido y derramamos lágrimas ante el dolor tan indescriptible de aquella imborrable y fatídica mañana de martes, un martes en donde el mundo cambiaría para siempre, Estados Unidos cambiaría, y por fin el mundo entraría en verdad en el siglo XXI. ¿Si así lo comenzamos, cómo lo iremos a terminar?

Todo fue tan rápido que veíamos arder esas dos torres, que eran el orgullo de la ciudad, y de las que siempre yo había tenido ese reparo en mirarlas fijamente, pero ahora sí las podía mirar, sin esa aprehensión de siempre. Veíamos cómo se consumían, y de pronto cuando no sabía si irme de ahí de vuelta casa —que además estaba cerquísima— y comenzar a prepararme para ir a trabajar (entraba a las tres de la tarde en Hoboken), a las 9:59 a.m. (Horario del este de Norteamérica) se comenzó a desmoronar una de las torres, la Torre Sur me enteraría después, la que fue impactada de última, pero lo fue con más violencia, con más velocidad, y el impacto fue más abajo que en la Torre Norte. Cuando sucedió esto, estando sujetado aún de mi privilegiada posición, no dudé en quedarme, y dije: "Que se joda el trabajo, puedo llegar tarde, tengo excusa, pero de aquí no me muevo; si se cayó una torre, se va a caer la otra, es solo cuestión de tiempo". Pasó casi media hora, cuando a las 10:28 a.m. (Horario del este de Norteamérica), mis presentimientos se hicieron tristemente realidad: la segunda torre, la Torre Norte, la primera en ser impactada por los ataques de los aviones, comenzaba a desplomarse. Yo, que no le despegué ni un segundo los ojos, puedo decir que el derrumbe lo marcó la caída de la enorme antena de televisión de 360 pies de altura que tenía en su parte superior, y que en su caída cayó apuntando a Nueva Jersey. Es curioso, pero cuando he vuelto a ver los videos de aquel trágico día, se ven distintos algunos hechos, como por ejemplo: la antena no parece caer como yo la recuerdo caer, se diría que cae casi sentada, es decir sin girar en su caída, lo que yo claramente aprecié, y, lo segundo, yo podría hasta jurar que la caída de la segunda torre comenzó de abajo hacia arriba, y no como lo muestran los videos, de arriba hacia abajo. Lo que yo vi es mucho más parecido a una caída por demolición inducida, es así como yo lo recuerdo, las esquinas comenzando a explotar, pero de abajo hacia arriba, no al revés, ¿curioso, verdad? Pero en fin, qué vale mi testimonio, el testimonio de un inmigrante ilegal, y si le paran bola, dirán que es que yo estaba en estado de shock o de conciencia alterada. Sí, aquí son maestros en desacreditar testimonios. Aquí se puede citar el caso de muchas personas que declararon en Dallas, Texas, después del asesinato del presidente Kennedy: "Nosotros vimos tiros que venían de aquel lado también", dijeron, señalando los arbustos al lado del camino. Un gran número de estos testigos de aquel magnicidio murieron de forma misteriosa, de una forma o de otra. No me crean a mí, chequeen los hechos, lean la historia, lean los libros que se han escrito sobre lo que se le ha llamado *"clean-up operation"* (operación limpieza). Entre otros, pueden leer el libro titulado *Juicio precipitado* (*Rush to Judgment*), traducido del inglés y publicado en español en 1967, y cuyo autor es Mark Lane un abogado, legislador estatal, activista de los derechos humanos e investigador.

22

Hechos inexplicables del 9/11

Trepado en lo alto de aquella reja o malla metálica, contemplé el horror desatado en Nueva York aquel 11 de septiembre de 2001. El paisaje mental, ese cuadro pintado en nuestra mente por el terror, en nuestra consciencia, no se borraría nunca. Mirábamos a nuestro alrededor y también encontrábamos gente tenían sus cámaras de filmación, y otros estaban tomando fotos de la desgracia. Yo pensaba, pero ¿quién mierda puede detenerse a tomar fotos en un momento así, están enfermos todos o qué carajos?

En esos momentos, una gran pena me envolvió, un sentimiento de dolor y tristeza enorme, pero también tuve una gran revelación, poco a poco, sin darme cuenta, de que ya tenía ocho años en esta nación, y me sentía como que ya no era más un extranjero, un inmigrante, un ilegal, un indocumentado más. No importaba lo que pudiera decir la gente señalándome con el dedo, no, yo era ya un neoyorquino más, no sé sí un estadounidense, pero sí un neoyorquino más. Había vivido alguna vez allá, en Jackson Heights, Queens, por poco tiempo, pero uno es de donde vive, y por más que volví a Jersey City, los que conocen la ciudad saben que Manhattan es nuestro paisaje diario, del día a día, lo vemos cuando vamos a trabajar y de noche cuando regresamos a casa para descansar. Las luces de la Gran Manzana parecen una postal lista para echar en el correo. Sí, yo soy neoyorquino de corazón, lo que me recuerda la frase del cantante británico John Lennon, que decía que esta ciudad le recordaba a su Liverpool de toda la vida. Es así, uno es de donde se siente pertenecer, y eso había pasado conmigo, sin darme cuenta, de golpe, en ese momento, sostenido de esa reja, contemplando esta extraordinaria tragedia a lo lejos. Yo, tan perdido como siempre, me había ubicado finalmente en el espacio y el tiempo, esta era mi casa, mi hogar, yo que casi nunca en mi vida tuve un sentido de pertenecer a algún lugar, y ahora yo descubriría esta gran verdad de mi vida, ¿extraño, no? Pero así es la vida, a veces una desgracia enorme nos saca de nuestro sopor y nos hace confrontar con lo que verdaderamente somos, con lo que es de verdad real en nuestra vida, así de golpe, como un cachetazo de sorpresa. Esta sensación nueva, extraña, pero agradable, de recién descubrir, me hizo sentirme alegre y a la vez triste por este ataque cobarde a la ciudad que me cobijaba, que era, que es y que siempre ha sido mi hogar, la ciudad que siempre he amado, y que desde la primera vez que conocí cuando salí del tren PATH en mi primer viaje hacia Manhattan, salí del subterráneo y respiré ese aire que me recibió en la Calle 33, en la tienda Macy's, fue algo mágico. Es como amor a primera vista, lo sientes o no, es así, te gusta la ciudad de primera o no, y yo me enamoré de Nueva York, no de ahora, desde antes de nacer, de eso estoy seguro. Aquel momento de ver a mi ciudad atacada con tanta cobardía me conmovió, y pude sentir e hice mío ese gran dolor que sentía mucha, muchísima gente que lloraba al lado mío, y que se lamentaban y clamaban al cielo por protección, ayuda y una explicación. Nadie entendía qué era lo que pasaba con su país, su nación. Traté de dar aliento como pude a los que estaban cerca de mí, y curioso, lo hice en inglés. Unos dirán, ¿qué tiene de extraño? Sí, pero hasta entonces yo tenía cierto recelo, hasta vergüenza diría yo, de comunicarme en este idioma, y si lo hacía era casi como susurrando, pero no más. Eso también quedó atrás, no más complejo con el idioma, con el inglés, al carajo con el que se burle de cómo pronuncio, pero por curioso e irónico que esto sea, ese día nadie se extrañó de mi inglés imperfecto, todos me entendieron bien. Es sorprendente cómo una tragedia de estas magnitudes saca lo mejor o, en todo caso, facetas del ser humano que uno mismo desconoce, y que solo afloran en momentos así. Como mencioné en las primeras páginas de este relato personal, yo siempre sentí una impresión de intranquilidad con tan solo observar, mirar o contemplar aquellas dos estructuras de acero que ahora ya no existían más, aquellas Torres Gemelas.

 Una vez acontecida la desgracia, esa sensación desapareció como por arte de magia, no sabría cómo explicarlo, pero así fue. Eso fue algo que también caí en cuenta en aquel triste momento, y ahora lo puedo relacionar con todos los malos manejos y movimientos financieros que se hicieron ahí, dentro de esas oficinas. Yo siempre he pensado, como en aquel entonces, que en aquellos edificios se hicieron cosas que causaron la quiebra de las economías de muchos lugares, llámense países, empresas, compañías y otras, y lógicamente uno lo lamenta por toda la gente inocente que trabajaba y murió en aquel lugar. Fueron víctimas inocentes de todo aquello, pero he de reconocer ahora que ahí se concentraba una energía de algún modo oscura y negativa, que yo podía apenas percibir lógicamente, pero que si se sintonizaba con esa energía mi parte psíquica e intuitiva, eso era innegable para mí, esa energía que desde el tiempo en que se diseñaron y se construyeron aquellas torres estaba impregnada allí. Quizás los arquitectos e ingenieros no lo imaginaron así, pero en eso resultó, como digo, es mi conclusión personal y muy particular, sin duda. Esa negatividad que se asentaba y rodeaba estas construcciones era lo que yo sentía desde la primera vez que las contemplé cuando llegué a Nueva York. ¿Por qué? No lo sé, es todo a nivel de sensaciones, de percepciones extrasensoriales, no de modo racional, y no se puede explicar con la consciencia lógica. Los responsables directos son los que cargaron con el ataque, es decir los que secuestraron los aviones y abordaron desde diferentes aeropuertos, pero la energía que atrajo todo eso venía de algún lugar dentro de este país, y de cierta manera se atraía con las operaciones que se hacían en el *World Trade Center* o Centro Mundial del Comercio. Nadie merece que le ocurra lo que le pasó a todos los que fallecieron aquella trágica mañana, nadie merece morir así, de esa forma tan tremendamente bestial, nada justifica un atentado criminal de ningún tipo, pero en mi opinión, ahí, en aquel lugar se concentraba algo de una naturaleza energética negativa. Después se descubriría, o saldría al aire en las noticias, el hecho de que los dueños y el nuevo arrendador de las Torres Gemelas, habían hecho un movimiento bursátil sospechoso de renta. Esto lo dejo como referencia, quizás alguien más estudiará esto más a fondo en un futuro, aunque creo que ya alguien lo habrá hecho recientemente. Cabe aclarar que el constructor y dueño del *World Trade Center*, tanto del desaparecido como del actual, es la Autoridad Portuaria de Nueva York y Nueva Jersey, y el complejo destruido consistía de un total de siete edificios, incluyendo los dos edificios elevados de construcción idéntica. Irónicamente, en julio de 2001, solo dos meses antes de los ataques terroristas del 11 de septiembre, la Autoridad Portuaria había acordado arrendar las torres gemelas a Larry Silverstein, un desarrollador urbano de la ciudad de Nueva York. Silverstein había acordado pagar el equivalente a $3.2 mil millones durante los siguientes 99 años por concepto de arrendamiento.

Cuando sucedió lo del ataque a los Torres Gemelas de Nueva York, no olvidemos que los accesos a la ciudad se cerraron herméticamente (puentes, túneles, pistas), y dejó de haber comunicación entre Nueva York y Nueva Jersey, o sea, quienes salieron o entraron inmediatamente después de ocurrido el ataque se quedaron atrapados en la ciudad, no pudieron irse de donde se encontraban. Hay que mencionar también que hubo mucho heroísmo de parte de los policías (la regular y la portuaria), bomberos, paramédicos y demás personal de emergencia, muchos de ellos, por no decir todos, se inmolaron y sacrificaron sus vidas por salvar a la gente que en esos momentos se encontraba en peligro inminente. Ahora, visto a la distancia, aquello fue un gesto tan desinteresado y noble que hicieron aquellas personas que desempeñaron esa valiente labor, por tanto, nunca estará de más resaltar esa heroica acción de todos ellos, toda esa valerosa gente que murió en cumplimiento de su deber serán por siempre inolvidables. ¿Cómo se paga una acción así? ¿Con cuánto dinero se puede cotizar ese heroísmo? Esas cosas no se compran ni se comprará jamás el heroísmo, el altruismo, el sacrificio supremo de la vida misma por el bienestar de otros. Aquella acción criminal sacó lo mejor de muchos seres humanos, la calidad humana de muchos se expresó, se manifestó, y nosotros debemos siempre honrar esa memoria, esa desprendida acción, para que el sacrificio de todos ellos no sea en vano, y que los que seguimos adelante construyamos un mundo mejor, un mejor Estados Unidos de Norteamérica, mucho mejor, sin divisiones ni racismos, en paz y en armonía, no matándonos los unos a los otros.

Muchos de nosotros ahora, e incluso en aquellos momentos en que observábamos toda esa tragedia, sabíamos dentro de nosotros que nada se podía hacer para conjurar el desastre que veíamos, si acaso tratar de combatir el fuego, de algún modo, ¿pero de qué manera? Era sabido que no existía una escalera telescópica tan alta para llegar a donde sucedió el ataque, como dije antes, pero las torres las construyó Minoru Yamasaki, un arquitecto japonés (junto con el arquitecto Emery Roth), y los japoneses no construyen pendejadas, seamos serios. Él pensó en todas las posibilidades, en fuego, choque de avión contra la torre y otras posibilidades de peligro. ¿Y entonces? Como mencioné, alguien dará en el futuro con todas esas respuestas, aquí yo solo dejo algunas de las preguntas que nos hacíamos todos los que presenciamos toda esa malvada y asesina acción, y fueron muchas por si acaso. Una estructura así no se cae por fuego, el fuego a lo mucho se hubiera disipado de a pocos y controlado con el trabajo que iban hacer los bomberos desde adentro de las edificaciones básicamente, sí, hubiera sido cuestión de tiempo. El que se cayeran no cuadra en ningún sentido, los que vimos en ese momento el derrumbe del otro lado del Hudson sabemos que eso fue una demolición total sin duda alguna.

Nadie iba a llegar por avión a apagar ese fuego inmenso, quizás intentarlo, pero quién sabe con qué éxito, aun con todo ese cúmulo de emociones corriendo dentro de nosotros, sabíamos que era una misión imposible rescatar a los que estaban en los pisos superiores, si acaso, salvar a los de los pisos inferiores, o como hizo aquel señor colombiano, que trabajaba en las Torres Gemelas de portero, y que subió en el elevador y comenzó a bajar piso por piso por las escaleras alertando a la gente de las oficinas de lo que había pasado y diciéndoles que había que evacuar. Los que le hicieron caso están vivos y los que se quedaron en sus cubículos como les ordenaron sus jefes y superiores, hoy están muertos. Así fue, por si no lo saben, y ahí está la información. Eso sí, nadie se imaginó nunca que esos dos gigantes de acero, sí, de acero, se fueran a desplomar, y menos como lo hicieron, de la manera en que cayeron. ¿Cómo van a caer hacia abajo y no hacia los lados, como diría la lógica que podría ocurrir? Si se va a caer una de las torres caerá de a pocos, y solo algunas estructuras se irán desprendiendo, y el resto quedará de pie, ¿o no? Repito, yo solo estoy expresando mi opinión, mi parecer, lo que fui testigo de ver ante mis propios ojos, ni más ni menos. La manera en que cayeron esos dos edificios altísimos fue como un trabajo de demolición, y el relato de ciertos rescatistas en ese momento, llámense policías o bomberos, después lo confirmaron, aunque esa información siempre se ocultó y no se divulgó por parte de la prensa libre.

La versión que se maneja en este respecto, y que debo incluir aquí para que mis lectores al final saquen sus propias conclusiones, es que el derrumbe se culpó a la falla de los pernos que conectan las armaduras del piso a las columnas externas de las torres por el colapso de los edificios. Según esta teoría, las armaduras del piso comenzaron a ceder cuando se debilitaron por el fuego, tirando de estos pernos y haciendo que se desprendieran. La fuerza del piso colapsado causó que el siguiente piso cediera, y el siguiente, y así sucesivamente en un fenómeno conocido como *pancaking*, esto es, la acumulación del peso de cada piso cayendo sucesivamente uno encima del otro. Esto habría hecho colapsar la parte superior de los edificios por la zona del impacto con una fuerza demasiado grande para ser detenida. En realidad, nadie sabrá exactamente cómo se derrumbaron las torres del *World Trade Center*, pero todos sabemos que este atentado terrorista ordenado por Al Qaeda cambió el mundo para siempre.

Asimismo recuerdo la inolvidable humareda negra que cubría el cielo de aquella mañana soleada en Nueva York, sí, todo lo que es el sur de Manhattan, el Bajo Manhattan, estaba nublado con esa inmensa columna de humo negra que se divisaba de casi cualquier lugar del área Tri-estatal, de Brooklyn, Newark, Staten Island y otras. No tenía uno que ver Nueva York, solo veías el cielo y sabías que algo anormal estaba ocurriendo. Aquella terrible señal en el cielo duraría como unos ocho a nueve días más, continúo humeando casi una semana después, antes de que dejara de hacerlo. Como dije antes, aquello que a lo lejos parecían pequeños palillos de fósforo ardiendo, era sin duda el fuego que se levantaba en los lugares en donde los aviones habían impactado. Lo veíamos de este lado del río, pero no nos imaginamos que sería tan insoportable el fuego que mucha de esa desprotegida gente se lanzaría al vacío hacia una muerte segura, con tal de escapar de las llamas. A la distancia veíamos lo que parecía algún mobiliario de oficina desprenderse de los pisos afectados, pero decir que veíamos a la gente lanzarse no, eso hubiera sido demasiado y desde nuestra distancia era con seguridad difícil de apreciar aquello. La desesperación, el pánico y el afán por salvar la vida hicieron que muchos saltaran al vacío, a una muerte segura. De nuevo, nadie iba a estar abajo recibiéndolos, eso hubiera sido imposible. Los posteriores videos de la tragedia nos enseñaron que hasta los mismos bomberos que iban entrando para subir a los pisos superiores a combatir el fuego no podían voltear por órdenes de sus jefes a mirar hacia afuera de los edificios, ya que los cuerpos al caer y estrellarse contra el piso hacían un ruido, un sonido inconfundible y característico, para terminar, como dije, impactándose.

Hay otra interrogante que quedó flotando aquel trágico día en Nueva York ¿Por qué se desplomó la otra torre, la más pequeña, la Torre 7 del WTC? Ella no fue afectada para nada, se desvaneció en unas cuantas horas después de la misma manera y modo, hacia abajo, estilo demolición. Ahora se sabe que en esa torre había archivos que perjudicaban a mucha gente del Partido Republicano, y que era una oficina federal con documentos muy confidenciales. ¿Quién va a explicar esta otra caída? Si aquí no hubo impacto de avión alguno cuando colapsaron las dos Torres Gemelas. De nuevo, la versión ofrecida por los expertos, indica que la estructura fue dañada por escombros de la cercana Torre Norte del *World Trade Center* cuando esta colapsó. Los escombros también causaron incendios, que continuaron ardiendo durante toda la tarde en los pisos inferiores del edificio. El colapso convirtió al antiguo *7 World Trade Center* en el primer edificio alto conocido que se derrumbó principalmente debido a incendios incontrolados. En base a toda la información disponible al público, nos corresponde a cada quien arribar a nuestras propias conclusiones.

El llanto y la incredulidad de la gente eran uno solo, cuando apareció recién surcando los cielos de la metrópoli, no, no Superman —que bien hubiéramos querido que existiera aquel día— sino un avión de combate del gobierno. Nunca antes había yo visto algo así, un avión de ese tipo, lo primero que nos llegó fue el sonido de la nave, debía con seguridad estar rompiendo la barrera del sonido, y luego llegó esta aeronave militar de color tierra, como de camuflaje, pero ya no había nada qué hacer. Dando dos vueltas por encima de lo que habían sido los Gemelos de la ciudad de Nueva York, se retiró tan rápido como había llegado. Sin duda la orden les llegó tarde o algo los retrasó. ¿Qué fue lo que lo retrasó? Alguien debe responder por eso también.

Aquel día la ciudad quedó aislada del resto del país, del mundo diría mejor, pues se cortaron las comunicaciones de muchos dispositivos móviles, ya que al caer la última torre, la que tenía la inmensa antena en su parte superior, esto hizo que muchas señales de teléfono celular dejaran de funcionar. Se cerraron los puentes hacia Manhattan, de la ciudad de Nueva York, así como los túneles también, el Lincoln y el Holland; solo quedó como comunicación el servicio de Ferry, esas barcazas que cruzan a diario llevando a la gente a sus trabajos de un lado al otro del río Hudson, eso era todo con lo que se contaba y se estaba básicamente utilizando para sacar a la gente que vivía en Nueva Jersey de la ciudad. Aquella labor duró casi todo el día, hasta altas horas de la noche y aún más, aquel fue el único día de mi vida desde que estoy en este maravilloso país en que no se cobró el pasaje en ningún bus del sistema de transporte *New Jersey Transit*. Todo aquel que quería subía y se le transportaba gratis a su destino, y mucha de la gente que lo abordó, en especial desde la parada de Hoboken, que era la que recibía a la gente que llegaba de la ciudad por el Ferry, utilizó estos buses. Fue una medida acertada de parte del gobierno de la ciudad; era lo menos que se podía hacer por toda esa gente que estaba en estado de shock y que caminaban como autómatas o zombis. Aquello era una emergencia nacional, una experiencia traumática fuera de lo común. Cuando yo me fui tarde del trabajo alcancé a tomar uno de esos buses, y pude ver que había gente en aquel bus que se dirigían a sus hogares sentados, pero cubiertos de polvo de pies a cabeza. Parecía una escena de una película de la Segunda Guerra Mundial.

En medio de aquel alboroto propio de la tragedia, llegué también como pude hasta acercarme a la orilla del Hudson desde este lado de Nueva Jersey, o sea en Hoboken, donde vi que la gente venía en cada Ferry cruzando, todos de pie, pegados unos a los otros. Esta escena parecía una suerte de éxodo masivo, de abandono total de la ciudad, como si hubiera sucedido una hecatombe nuclear o algo por el estilo. Eran botes atestados de gente a más no poder, pero lo más impresionante eran los rostros de las personas que venían de Manhattan, no se puede describir algo así: estaban cubiertos de polvo, y también diría yo, de sangre, de muerte, de violencia irracional, con sus miradas perdidas en el horizonte o quizás en la nada, porque en eso se había convertido la vida de un momento a otro para muchos aquel aciago día, en nada, ya nada tenía sentido, se había conocido el miedo, se lo había sentido, percibido y la sensación era imborrable para muchos. Los gritos, las carreras, la sangre, las explosiones, todos contaban su versión de los hechos, y lo que les tocó vivir a los sobrevivientes ese 11 de septiembre de 2001.

Aquella noche, todos aquellos compañeros míos en la cocina que trabajábamos en Hoboken nos quedamos hasta tarde. Aquel fue uno de los días en que la gente más consumió licor, donde se bebió más cerveza, y era un martes, pero no era un martes como cualquier otro, este martes se recordaría por mucho tiempo. La gente hablaba tan fuerte que el rumor de las conversaciones se podía oír desde nuestra cocina. Sin temor a equivocarme, aquel día muchas mujeres tuvieron que haber quedado encinta, embarazadas, era lo normal pienso yo, pues muchos habían sobrevivido de milagro y había suficiente razón y motivo para celebrar la vida, el estar vivo, y qué mejor que copulando, que es una forma de volver a vivir, de crear vida. Nos quedamos a trabajar tarde, pues, todos esos hispanos que trabajamos en aquella cocina de Hoboken, como sé que lo hicieron los muchos otros hermanos de raza que trabajaban en los demás bares y restaurantes de este pequeño pueblo en donde nació el cantante y actor estadounidense Frank Sinatra. Aquella noche, y una vez que finalizó nuestra labor a las 11 de la noche, se me acercó mi patrón, un irlandés que era algo racista y gruñón, pero que tenía un buen corazón en el fondo, a decirme:

—*Carlos, do me a favor. Can you stay late tonight? I mean, with the other guy?*

Mi patrón me estaba pidiendo quedarme a trabajar más tarde junto con un compañero mexicano que trabajaba conmigo ayudándome en la cocina. Yo estaba a cargo de la cocina, era el cocinero, ya que había aprendido rápido el arte culinario, o al menos me defendía bastante bien con mi cocina. Sabía que era un día de emergencia, y era casi previsible lo que me había pedido mi patrón.

—*What do you want us to do, Larry?* —le pregunté a aquel irlandés.

—*Okay, let's start making all kinds of sandwiches, all right? We are going to send them in the Ferry, it's food for the workers, the rescue teams in the city* —dijo Larry, cuyo plan era hacer una cantidad grande de sándwiches para enviarlos a los rescatistas en Nueva York.

—*All right Larry, don't say anything else* —respondí dispuesto a trabajar.

Así fue que nos pusimos manos a la obra y comenzamos a preparar todo lo que fuera comida rápida. El tiempo apremiaba y se tenía que enviar comida para consumo rápido, sándwiches de todo tipo: jamón y queso, mantequilla de maní con mermelada de fresa, pavo con queso, mortadela y otros. Comida rápida, nada complicado, así fue, una detrás de otra, bandeja tras bandeja, hasta que nos quedamos sin nada más que enviar. No sé cuántas horas lo hicimos, pero sabía que era algo que teníamos que hacer: la ciudad nos necesitaba y nosotros, trabajadores ilegales al fin y al cabo, los que no existimos, los invisibles, no le podíamos fallar. Los mismos transbordadores que traían a la gente de Nueva York a Hoboken transportaban la comida para los trabajadores de rescate a lo que después se conocería como Zona Cero, el epicentro del desastre. Todo lo que preparamos para comer, no solo nosotros sino todos los demás lugares de comida de Hoboken, fue enviado. Pizzerías, delis, bares, todos colaboraron aquella larga noche, ya que no había tiempo que perder. El personal que hacía las labores de limpieza no se podía detener, cada minuto, cada segundo valía oro; era la diferencia entre encontrar a alguien aún con vida o muerto. En las primeras 24 horas de los atentados se supo que se había dejado pasar a cualquiera a ayudar en las labores de rescate, pero pronto todo eso cambió porque no faltó que alguna gente miserable se dedicara a robar, de entre los cuerpos caídos y destrozados, relojes, prendas de valor, tarjetas de crédito de los muertos. Eso sucedió, se quiso ocultar, pero pasó, bueno, miserables siempre han existido. Muchas veces las desgracias sacan lo mejor y lo peor del ser humano, pero ya el segundo día todo esto se controló y no se permitió que gente que no era la idónea se encontrara en el área de rescate. Se decía que se estaba pagando bien a toda esta gente que se enlistó de alguna manera para ayudar en las tareas de remoción de escombros, se hablaba de 20 dólares por hora, en fin, muchos de ellos no vivieron para contar la experiencia, ya que posteriormente murieron por inhalar ese aire altamente viciado que quedó en el ambiente por muy buen tiempo, es triste decirlo, pero así fue.

La exgobernadora del estado de New Jersey, Christine Todd Whitman, que para la fecha de los ataques terroristas del 9/11 ya se desempeñaba como la administradora de la Agencia de Protección Ambiental, le mintió descaradamente a la opinión pública al decir que el aire de Nueva York estaba bien y era seguro. No obstante, estudios posteriores llegaron a la conclusión que Whitman había mentido, porque esa agencia federal no podía haber llegado tan rápido a esa conclusión por falta de datos y de análisis del aire de Manhattan. A pesar de que 15 años después, en septiembre de 2016, ella se disculpara por su error, y de que se culpara al presidente estadounidense de aquella época, George W. Bush, por sus decisiones, no la exculpa de lo que ella declaró.

Nuestra casa, nuestro hogar y, por qué no decirlo, nuestro país, había sido atacado. Porque uno es del lugar que uno elige para vivir, el lugar que uno escoge para ganarse la vida y en donde uno quiere superarse día a día de alguna manera para tener un mañana, un futuro mejor, así eso no suceda nunca. Estados Unidos había sido puesto de rodillas, pero entre todos íbamos a hacer fuerza para levantarlo de nuevo, juntos todos nos íbamos a poner de pie poco a poco, una vez más. La tierra del valiente y de la libertad no iba a ser derrotada tan fácil. Lo que todos nosotros los inmigrantes que trabajamos en la industria de servicios de alimentos hicimos aquel día, como estoy seguro toda la demás gente hizo, fue hecho de corazón y de manera desinteresada, todos fuimos norteamericanos, estadounidenses por unas horas, así muchos en este país nos desprecien y no nos quieran aquí. Así muchos —incluyendo al presidente Donald Trump— nos traten de vagos, violadores y digan que les venimos a quitar sus trabajos, no, nosotros no hacemos eso señores. Venimos aquí con muchos sacrificios y apremios económicos para ganarnos la vida honradamente, sin ser carga para nadie y poder vivir en paz, algo que quizás mucho de nosotros añoramos que pudiera ser realidad en nuestros países, pero que no es posible por nuestros corruptos gobernantes

Sucesos trágicos como el ataque a las Torres Gemelas de Nueva York nunca se olvidan. Muchas cosas sucedieron en el transcurso de esas horas, mucha frustración, enojo, rabia, impotencia de tanta gente que quería ir al otro lado del río Hudson y no podían. No había transporte, todo estaba suspendido hasta nuevo aviso. La Urbe de Hierro se las tuvo que arreglar como pudo, sin embargo, aquella tragedia sacó lo mejor de los neoyorquinos que se unieron como no lo habían hecho en mucho tiempo, una unidad que afloró ese espíritu solidario y de hermandad. Gente de todas las razas, edades y condición social se unieron para colaborar desinteresadamente de alguna manera. En mi caso y el de amigo compañero de cocina, no cobramos nada por todas esas horas extras que trabajamos. Larry, mi patrón me agradeció por la ayuda extra que prestamos, a lo que yo respondí que no tenía que pagarme por esas horas extras trabajadas, algo que lo sorprendió. Aquel irlandés gordo gruñón y algo racista, solo se me quedó mirando y simplemente dijo: *"Thank you, thank you."* Cómo le iba yo a cobrar al país que me había cobijado desde que llegué a esta bendita tierra, donde se me había permitido trabajar, vivir y ganarme la vida de manera honrada y decente, mantenerme con el fruto de mi trabajo, de mi sudor, al país que desde la primera vez que divisé y fui a ver a la Estatua de la Libertad me decía en su placa de inscripción, a mí y a todos los refugiados e inmigrantes del mundo, e ilegales como yo:

> «Dadme a vuestro rendidos, a vuestros pobres, vuestras hacinadas multitudes anhelantes de respirar en libertad, el desdichado desecho de vuestra rebosante playa. Envía a estos, los desamparados, sacudidos por las tempestades a mí. ¡Yo alzo mi faro detrás de la puerta dorada!»

En aquella época yo desconocía muchas cosas de este país, y no sabía que aquella frase era parte del bello poema *El Nuevo Coloso*, escrito por Emma Lazarus.

Aquel amigo que trabajó aquella noche conmigo, y que al poco tiempo se fue y nunca más volví a ver, tampoco cobró su salario por esas horas extras de trabajo, siguió mi ejemplo. Yo no se lo pedí, salió de él solo, le nació hacerlo, sí, así ocurrió, después de todo, nosotros los inmigrantes ilegales en este gran país no somos tan malos como nos pintan, ¿verdad?

Como mencioné, aquella noche se consumió mucho alcohol por parte de la población de esta área del país, del resto no podría decir nada, pero aquí se bebió bastante y ¡solo era martes! Lo digo porque nosotros al trabajar en el negocio de bares y comida, nos vimos sobrepasados por todos los acontecimientos, pero salimos adelante como mejor pudimos, como alguna vez oí decir a alguien que era veterano de la Segunda Guerra Mundial: "La gente muchas veces cuando está en vísperas de combatir, copula y copula bastante", es decir se tiene bastante sexo, y es lógico imaginarlo, ante la cercanía de la experiencia de la muerte, la gente quiere generar vida, quiere perpetuarse en el mundo y gozar, olvidarse del mundo y de todas sus miserias por unas cuantas horas o quizás minutos, se ha visto de golpe, de sopetón la cara de la muerte que la gente recién piensa en lo efímero y fugaz que es nuestro paso por esta tierra.

De un momento a otro muchas cosas cambiarían para siempre en esta nación, y lo peor, para muchos y lo mejor para unos pocos sinvergüenzas, fue que se aprovecharon del pánico que toda esta situación generó, algo muy parecido a lo que según nos cuenta la historia de este país sucedió hace ya mucho tiempo atrás, pero en una víspera de Noche Buena, el 23 de diciembre de 1913, cuando muchos intereses políticos y económicos enormes se movilizaron y aprovecharon la oportunidad en el Congreso de Estados Unidos para crear la Reserva Federal, que no tiene que ver nada con el gobierno como mucha gente asume equivocadamente, sino que es un conglomerado de bancos privados. En 2001, como en aquella ocasión, se aprovechó el pánico, el dolor y el desconcierto del pueblo para aprobar, pasar a la "cañona", a la brava, la famosa Ley Patriótica (*PATRIOT Act*), que no era otra cosa que una cantidad grande de restricciones a las libertades civiles de los ciudadanos de este país, un recorte a sus derechos amparados en la propia Constitución. Los congresistas, tanto republicanos como demócratas, se aprovecharon muy bien de la coyuntura política para hacer lo que más le convenía para sus propios intereses, no los del país, y mientras esto pasaba en las calles de esta nación por primera vez podías ver a niños blancos, caucásicos, mirarte con recelo por el color de tu piel. Mucha gente utilizó el momento difícil y de dolor de este país para predicar su odio y rechazo hacia lo extranjero y lo foráneo. En una ocasión, iba yo por las calles de Hoboken cuando me sucedió algo que nunca antes me había pasado, una pequeña niña blanca tomada de la mano de su madre, sin conocerme me preguntó:

—¿Tú crees en Dios o en Alá?

Así, de momento, se pusieron las cosas, así de un momento a otro se alteró la conciencia de Estados Unidos.

— Sí, creo en Dios, pero Alá también es Dios con otro nombre— le respondí. La pequeña nena solo se me quedó mirando. ¿Qué otra cosa le podía yo responder?

Para concluir este capítulo me gustaría resaltar que a diferencia de Rudy Giuliani, el alcalde de Nueva York durante aquellos trágicos eventos, el presidente de Estados Unidos George W. Bush recién se vino a aparecer por la zona cero tres días después de los ataques terroristas. ¡Qué líder!

23

Secuelas del 9/11 y la Ley Patriota

El diálogo que en el verano de 2001 sostenía el presidente de Estados Unidos George W. Bush con el mandatario de México Vicente Fox para negociar una posible reforma migratoria integral que hubiera podido ayudar a legalizar a millones de inmigrantes —en su gran mayoría mexicanos— se truncó por los ataques terroristas del 9/11, y con él, el sueño que teníamos muchos de habernos acogido a alguna opción de arreglar nuestra situación legal. De nuevo todo cayó en saco roto, la posibilidad quedó en la nada, e incluso mucha gente se fue de aquí, varios que llevaban años esperando un cambio a las leyes de inmigración, una amnistía o algo así, se regresaron descorazonados a su país. Esto es de entender, pues, no es fácil vivir en un país sin derechos, sin nada que te proteja ni te ampare.

Las consideraciones de legalización fueron interrumpidas tras los ataques perpetrados por extremistas islámicos que atizaron la xenofobia, por tanto, lo que menos quería oír la gente era hablar de extranjeros, y mucho menos de su legalización, no, eso no, ellos habían atacado el país, se decía, y no merecían dejarlos entrar a este país. En consecuencia, como en un gran mar de tempestades, se comenzó a levantar una gran ola antiinmigrante de la que no nos salvaríamos nadie, misma que aún continúa hasta ahora, y aún peor gracias a la política del actual presidente Donald Trump. Solo queda como en la guerra, ¡resistir!, porque como todo temporal, en un momento esta situación ha de pasar.

Por esos días, los noticieros nos bombardeaban diariamente diciéndonos que los secuestradores de los aviones que se usaron para el ataque el 9/11 eran todos extranjeros, casi en su gran mayoría de Arabia Saudita, y algo curioso comenzó a suceder: ya nadie cuestionaba lo que hacía o decidía el gobierno republicano de Bush. Así lo pude atestiguar una de esas noches en que cocinábamos para todos esos anglosajones de Hoboken, en donde yo trabajaba, en un día que de emergencia laboral también, ya que me encontraba llevando hasta la comida a las mesas pues ¡la mesera se había ido sin avisar! Miré al televisor del bar que ya de por sí estaba lleno de gente, y vi al presidente Bush dando un discurso ante el Congreso, y diciendo algo que me dio una mala espina. Él se dirigía al país aquella noche del 21 de septiembre de 2001 —20 días después de los ataques—, cuando en un momento dijo la siguiente frase: "Cada nación, en cada región, ahora tiene que tomar una decisión. O están con nosotros o están con los terroristas».

Ni Adolfo Hitler lo hubiera podido decir mejor. Esas palabras hicieron eco a las dichas alguna vez por Vladimir Ilyich Lenin y Benito Mussolini, por lo que me hizo recordar todos esos programas que yo había visto en *History Channel*, en los que se mencionaban a todos los dictadores a lo largo de la historia universal. Ni más ni menos, así sonó aquella noche Bush. Fue algo histórico, yo no me lo podía creer, no sé si yo fui el único que lo noté, aunque no lo creo. Aquel discurso parecía escena de película, pero de película vieja, pues la historia se repetía, otro país, otro tiempo, otra circunstancia, pero quizás el mismo motivo, el mismo interés oculto detrás de lo evidente. Alguna vez alguien me dijo que cuando comenzara a ver que las cosas que aparecían en la televisión se comenzaran a ver en tercera dimensión, entonces era que mi conciencia se estaba abriendo, y yo estaba siendo capaz de apreciar la verdad detrás de la verdad, asombroso, ¿verdad? Sí, todo esto tenía una agenda oculta para el mundo, pero no para mí. El engaño al mundo era claro, aquí se buscaba un pretexto para algo ¿pero para qué? Luego, cuando se invadió Irak en marzo de 2003, supe que el trasfondo fue invadir ese país para tomar control de su petróleo. Aquello fue sorprendente, o quizás no, el hecho de que un presidente de Estados Unidos estaba aprovechando la oportunidad para preparar al país para llevarlo a una eventual guerra, y con el fin de beneficiarse él o sus allegados. Claro, no es difícil deducir esto, los Bush son todos tejanos, y ¿qué se produce en Texas o de qué depende en buen grado Texas? Claro, del petróleo y de las industrias de armamento que tienen sus fábricas en ese estado de la Unión. No se necesita ser Sherlock Holmes para deducir el motivo de la invasión a Irak, además de las compañías de construcción que reconstruyeron Irak mediante contratos del gobierno federal después de bombardearla incesantemente. Qué curioso que ambas industrias sean las mismas, o sea una destruye y la otra construye, y ganan dinero por ambas cosas. De hecho, uno de los principales especuladores de la guerra de Irak fue una corporación de servicios de campos petroleros llamada Halliburton, la cual tuvo ingresos de $39.5 mil millones en «contratos federales relacionados con la guerra de Irak». Halliburton tenía nexos con Dick Cheney, el vicepresidente de Bush, quien se jubiló de la compañía durante la campaña electoral presidencial en el 2000 con un paquete de indemnización por valor de $36 millones. Esto ya nos decía bastante de la raíz de todo esto. Maquiavélico todo este asunto, ¡a veces es mejor no saber tanto!

De esta manera, cuando se desplomaron las Torres Gemelas, no solo se perdieron todas esas valiosas e irreparables vidas, sino también se terminaron los sueños de legalización de mucha gente inmigrante. Esas ilusiones de obtener estatus legal durante el gobierno de Bush se desplomaron también al igual que aquellas construcciones. Ya no había esperanza de arreglar nuestra situación legal ni para mí, ni para millones de otros inmigrantes indocumentados; se nos murió el sueño de la legalización, y pasamos de la noche a la mañana a ser "los causantes" de todos los males del país. Nadie alzó su voz para defendernos, quedamos a merced de los supremacistas, xenófobos y racistas extremistas blancos de Estados Unidos. Nadie nos defendió en aquel tiempo, quedamos a la de Dios, a defendernos como pudiéramos cada uno, a ser señalados en la calle por ser diferentes, hablar otro idioma, tener otra religión, otro color de piel, comer otra comida, beber otra marca de cerveza, el motivo era qué nos diferenciaba, qué nos apartaba de la corriente principal anglosajona, no de lo que nos podía unir o acercar. ¿No es acaso que todos nosotros somos seres humanos y compartimos este planeta para tratar de vivir todos armoniosamente en él? Por tanto, el sueño de una reforma migratoria integral murió aquel 11 de septiembre del 2001, aunque muchos no lo quieran decir ni aceptar, esa es la verdad.

Muchos como yo tuvimos en aquel tiempo la desgracia de perder a un ser querido en nuestro país y no poder volver para darle el último adiós ni enterrarlos. Así me pasó con mi siempre recordado padre, mi querido viejo. Lo único que pude hacer fue decir simbólicamente estas palabras dirigidas a mi padre a manera de consolación: "No me pude despedir de ti cuando me fui de Perú, ya que tú vivías en otro departamento, en otro estado como dirían en otros países, y luego, cuando al fin comunicamos aquel año en que te fuiste, y que yo queriendo darte una sorpresa, que era enviarte un dinero para que tú pudieras comprar un pequeño departamento, y yo ayudarte desde aquí, no te dije nada porque aún era junio, y yo quería darte una sorpresa para tu cumpleaños que era en agosto, el primero de agosto. Leo, sí, eras Leo, puro corazón, ¡carajo! Te fuiste antes, no esperaste por la sorpresa o en todo caso el sorprendido fui yo". ¡Qué mierda! La vida siempre, o casi siempre, se burla de uno cuando parece que vas a lograr algo, al fin tener un poco de alegría de felicidad, viene algo y te la arrebata, así siempre ha sido en mi vida. Por tanto, yo sé lo que es perder un ser querido a la distancia y no poder viajar para enterrarlo, querer llorar y ya no tener lágrimas para derramar, sentir esa cuchillada que te atraviesa en el corazón, querer abrazarte al ataúd de tu ser querido y no poder hacerlo. Claro, hubiera podido viajar, pero ya no hubiera podido regresar, y lo más seguro es que no hubiera llegado a tiempo porque si corría con mala fortuna era probable que me hubieran detenido en el aeropuerto para explicar mi situación o cosas así. En fin, así es la vida, dura e inclemente para algunos o para muchos de nosotros. Lo más probable que si iba, la terrible burocracia limeña no me hubiera dejado llegar a tiempo para despedir a mi querido viejo, es el Perú, la tierra en donde todo puede suceder, en donde el peor presidente de su historia republicana, Alan García Pérez, puede volver a ser reelegido de nuevo, o en donde el hijo de un presidente traidor también puede ser presidente, me refiero a Manuel Prado Ugarteche, hijo menor de Mariano Ignacio Prado. Perú es como la dimensión desconocida en donde cualquier cosa puede pasar, allá todo es posible. No se equivoquen conmigo, amo a mi país, nací y moriré peruano, pero el Perú, su gobierno en gran medida, por no decir completamente, está secuestrado por puros bandidos, como alguna vez dijo el gran periodista peruano César Hildebrandt: "No es fácil ser peruano, es una relación de amor y odio al mismo tiempo". Cabe añadir que el escándalo de corrupción política más conocido de Perú es probablemente el caso del ex presidente de Perú, Alberto Fujimori. Fujimori fue condenado por malversación de fondos públicos, haber ordenado asesinatos, abuso de poder y corrupción durante sus 10 años de presidencia, de 1990 a 2000. A la fecha, los últimos cinco presidentes que ha tenido la milenaria tierra de los incas han sido Alberto Fujimori, Alejandro Toledo, Alan García Pérez, Ollanta Humala y Pedro Pablo Kuczynski. Todos, absolutamente todos, han estado –de una u otra manera– involucrados en investigaciones y denuncias de corrupción, enriquecimiento ilícito, peculado y tráfico de influencias. ¡Una vergüenza!

Pero no nos adelantemos aún, lo de mi padre ocurrió en el 2005, y aún estamos en el 2001. Como mencioné antes, estos fueron años de muchos cambios a nivel nacional, y en lo personal debo ser sincero y decir que la buena fortuna, literalmente, me sonrió. Por esos días yo había jugado un juego de lotería que se llama Pick-4, que consiste en acertar cuatro números que serán sorteados ese día. Hay otras apuestas también, lógicamente, pero yo jugué esa aquella vez y gané. Volvía a ganarle algo a la vida, al destino, no sé si este me debía algo, pero le logré cobrar algo de dinero; la diosa fortuna era generosa conmigo y yo no iba a desaprovechar la oportunidad. Ese número que jugué fue inspiración de mi hermano fallecido, de mi querido hermano Pablo, el Negrito, como todos en casa le llamábamos. Jugué el sorteo un día, no gané, lo volví a jugar al día siguiente y tampoco, y al tercer día cuando fui a comprar el número y darle el boleto a quien los vendía para que me diera el mismo número y cotejara con la máquina si había salido, algo comenzó a sonar y, de pronto, el árabe de la tienda, sacando la cabeza por encima del mostrador y la enorme máquina expendedora de boletos de lotería me dijo con su inglés tan macheteado como el mío:

—*My friend, you won!*

—¿Qué? *What?* ¿Qué dice este huevón? —pensé yo aún sin despertar, ya que todavía no me había tomado mi café mañanero, y estaba aún soñoliento.

—*You won*, tú ganar, *money for you, you won*, ¿comprende?

—*Holy shit! Are you sure? For real?* —dije sorprendido, preguntando si era verdad lo que me decía.

Entonces me dije a mí mismo, "Relájate Carlos, nada de volverse loco, nada de trago, borrachera, prostitutas, ni discotecas, tranquilo, sereno, carajo, no te puedes volver loco, además ¿cuánto ganaste?" Sí, ¿cuánto gané? No fue mucho, pero fue algo y algo es algo, aunque sea poco. Antes no tenía nada y súbitamente me llegó esto. Hay que agradecer a Dios siempre, y así lo hice, como siempre encendí en mi pequeño altar de mi cuarto que siempre he tenido desde que estoy en este país, una velita pequeña blanca, no grande —hay que prevenir incendios, entonces solo uso velas pequeñas— y me puse a rezar. Hay que estar siempre con Dios para que nos dé el pan de cada día, para que nos vaya bien, no nos pase nada malo y que no nos atrape inmigración. "Amén, gracias, Tata Dios por este regalo, y por permitirme estar en esta tierra otro día más, haz que yo sea un instrumento tuyo de tu poder, de tu fuerza, de tu amor en esta tierra, amén".

Con aquel dinerito ganado en el sorteo me pude independizar de donde vivía e irme a vivir solo, como en un principio y siempre me ha gustado. He vivido con mujeres, me gustan las mujeres, pero si las cosas no funcionan, ¿qué hago, me suicido? No, seguro que no, allá ellas, ellas se lo pierden, ¡yo no! En fin, aquel dinero vino del cielo, decía yo, y así fue, ¡unas de cal por las que van de arena, hermano! Ya era hora, o como cantaba Héctor Lavoe: *«Pronto llegará el día de mi suerte»*. Así fue, para mí por fin llegó y había que aprovechar la oportunidad, no dejar que se perdiera, ya que había pasado épocas difíciles que nadie tenía que saber, porque para eso somos hombres, para soportar las adversidades que nos presente la vida. Yo que para entonces ya sabía lo que es estar sin dinero en Estados Unidos, sin comer, sin tener un techo donde dormir, lo que todo inmigrante sufre en un país extraño al suyo siempre queda para uno, siempre lo guarda uno dentro. Yo creo que eso deben de sentir los que están en mi misma situación, no solo aquí, sino también en cualquier lugar del mundo. En momentos en que encontrar un pedazo de *pizza*, en la nevera o en algún rincón de la cocina se convierte en el mejor manjar de la tierra, en la comida más deliciosa del mundo, y ni modo, hay que entrarle, es lo único que hay, lo único que tenemos, mañana quizás comeremos mejor, pero por ahora solo un pedazo de *pizza*. El chiste es que a mí no me gusta la *pizza*, nunca me ha gustado, pero aprendí a que me gustara, como decía alguien querido de mi pasado: "Yo soy un buen pobre, como de todo, ¡pal carajo con las alergias! Gracias a Dios!" La *pizza* es la comida "gourmet" de los pobres en este país, y también la más democrática si vamos a ser justos: la comen desde los más ricos hasta los más pobres, es cierto, la comen los blancos los negros, los hispanos, los asiáticos, los gays, las lesbianas, los transgéneros, y todos los demás, sí, la más democrática de todas las comidas, como dice el chiste aquel: «El capitalismo nos igualó a todos —¿por qué?— ¡Porque ahora todos somos pobres!»

Se sufre mucho cuando uno está de ilegal en un país que no es nuestra patria y no se conoce el idioma, ni se tiene a nadie, ni amigos, ni familiares cerca de uno. ¿En quién se confía en momentos así? En nadie, sigue pa' adelante nomás loco, dirían algunos olvidados por Dios, o como decía el cantante argentino Enrique Santos Discépolo, en su inmortal tango *Cambalache*: «¡Dale, nomás! ¡Dale, que va! ¡Que *allá en el horno nos vamo'a encontrar!»* Sé también lo que es estar horas y horas sentado en el banco de un parque después de haber tratado de encontrar trabajo y con el estómago vacío, ahorrando todo lo que se pueda para pagar la renta. El descansar es solo un momento, hay que volver a la lucha y rápido. En tiempo de invierno estar sentado en el frío es jodido, por si no saben. En esta parte de Estados Unidos el invierno es con temperaturas bajo cero, nadie nos va a ayudar por si acaso, y además no nos podemos enfermar, ese es un lujo que no nos podemos dar, para nosotros los ilegales el enfermarnos es un lujo, y para nosotros no se hicieron los lujos. Dicen que es fácil conseguir trabajo, no, no crean, se cansa uno de tocar puertas y puertas y que algunas no solo no se abran, sino que ni siquiera te contesten, y así horas tras horas. Esto lo digo no quejándome, ya que como dije al comenzar, es bueno que los que vienen o traten de venir detrás de uno desde nuestra Latinoamérica lean esto y lo piensen bien y tengan una mejor visión de esta realidad, que muchas veces no se cuenta como es o, en todo caso, como nos fue a algunos o muchos de nosotros. Para eso está escrito esto, no para inspirar ni dar lástima, solo para dar a conocer al mundo lo que se vive cuando se vive en la ilegalidad en tierras extrañas a tu tierra natal, a tu país. Es un legado, una contribución al mundo, a la vida, dejar constancia de lo que se vive como ilegal, ni más ni menos, tan solo eso.

Cuando en esta circunstancia especial, como cuento antes, uno busca trabajo, no lo encuentra y sigue tocando puertas, uno también se sienta a recuperar ánimos y aliento, y de momento uno se pone a filosofar, a reflexionar en lo que ha sido nuestra vida. Esto tiene su gracia, y más con el estómago vacío. De golpe y porrazo nos convertimos en yoguis de la India, en especie de monjes budistas sin hábito ni manto color naranja, una suerte de metafísicos del tercer mundo, Gandhis de la gran ciudad, de Nueva York, de Nueva Jersey. En ese estado mental y en ese vacío existencial de tu alma, tu espíritu, y de tu barriga también debería decir, las cosas más raras e inverosímiles pueden aflorar en tu mente, pensamientos de todo tipo, ideas geniales, ideas suicidas, sí, porque en ese momento viene de todo a la mente. A veces el filtro mental no funciona o deja de funcionar por algunos momentos, y en ese vacío de tiempo se puede uno atrever a hacer muchas cosas, pero en fin, no creo haber sido el único, no soy tan pretencioso, debe de haber muchos más Gandhis latinoamericanos en estos Yunaites. No puedo hablar de otra raza que no sea la mía, y aún así corro el riesgo de equivocarme, de meter la pata, pero pienso yo que esta hambre que a veces nosotros los ilegales experimentamos en esta nación, y en cualquier otro, nos eleva, nos purifica de alguna manera, no sé, eso pienso yo. Me imagino que muchos no pensarán así, sobretodo esos que dicen que nosotros los ilegales latinoamericanos somos los culpables de todo lo malo que le sucede al país, sí, nosotros los inmigrantes ilegales, pero los hispanos, a los otros de otro lugar del mundo, y miren que vienen de todo el planeta a América, no se les acusa, a esos no, ellos están bien, ellos pasan piola. Los únicos jodidos, los malos de la película, somos nosotros, los ilegales hispanos ¡per saecula saeculorum! Para muchos pendejos en esta nación, todos los crímenes que ocurren aquí o casi todos son causados por nosotros, las demás razas deben estar cerca a la santidad, me imagino yo (lo digo con sarcasmo, claro está). Habrase visto hablar tanta mierda a esta gente racista y xenófoba, pues para ellos somos asaltantes, rateros, violadores, traficantes de droga, criminales y *"bad hombres"*, como lo ha dicho el presidente Trump. Por supuesto, tampoco somos unos corderitos, también hay manzanas podridas como en toda comunidad, pero nos generalizan, nos discriminan, nos segregan y nos estereotipan. Eso somos aquí los hispanos en América, un estereotipo, ¿no me creen? Vean las películas de Hollywood, vean por ejemplo el programa *Modern Family*, bueno, al menos este le sirvió a la actriz y modelo colombiana Sofía Vergara para salir de pobre. ¡Bien por ti, talentosísima mujer! La pobreza, la necesidad templa el espíritu, forja el carácter. Está también la tentación de poder irse por malos caminos, pero todo eso depende de tu crianza, de lo que te inculcaron tus padres en tu hogar, valores humanos que no te van a enseñar en el colegio, y menos en estos tiempos en donde la educación tradicional que imparte el sistema, de alguna manera limita y castra la aparición de genios, todos deben de alguna manera pensar igual, no retar lo establecido, no preocupar al sistema. En Estados Unidos podemos ser pobres, pero nos podemos dar nuestros gustos modestamente si vamos por ahí ahorrando de a pocos, juntando de a poquitos, sí se puede. No es fácil, pero ¿qué en la vida lo es? Nunca nos olvidemos que en la pobreza hay mucho heroísmo, sí, hay muchos héroes anónimos en la pobreza, de eso yo no tengo duda. Ahora que hablo de pobreza y de necesidad, me acuerdo de una vez en que un amigo inmigrante, también cocinero igual que yo, me dijo una frase que podríamos decir que es muy informativa acerca de Estados Unidos: "Mi amigo, no te preocupes, que aún hay comida que se tira a la basura, que se arroja a los basureros", —y aquí, en este país, se desperdicia mucha comida en buen estado a la basura—. "Preocúpate cuando la gente, los mendigos, ya no encuentren comida en los basureros de este país, ahí entonces será la señal de que las cosas se pusieron jodidas para este país". Gran frase, una para recordar ciertamente.

También sé lo que es haber dormido en parques públicos, mirando el cielo, contemplando las estrellas y dejando que tu mente y tu cuerpo te abandonen antes que caigas en la profundidad del sueño. Hace muchos años atrás también lo hice, pero fue en mi tierra, en mi Perú, en la sierra central de mi país. En aquella ocasión estaba cerca de Ticlio, Huancayo, el paso de la cordillera de Los Andes más elevado, o uno de los más altos sin duda, me tiré un rato en la tierra, miré ese cielo azul por completo y me di con la sorpresa que allá arriba a esa altura no hay nubes, o lo menos yo no vi ninguna, ¡paz total! Sé de eso, dormir a la intemperie calentado por cartones y periódicos y no por el calor del cuerpo de una mujer, vencido por el cansancio de la noche, del día que no quiere irse, que no quiere acabar, como cliente impertinente en un prostíbulo barato. Es en esas noches acogedoras en que esa banca de un parque te parece más confortable que la suite del mejor hotel de cinco estrellas, en donde tienes que poner el cartelito a la puerta para que no te jodan; aquí ni puerta tienes, solo eres tú y tu realidad. Las experiencias no son malas, es lo que uno saca en conclusión, lo que uno aprende de ellas, y si no se saca igual, pero es lo que aprendes de lo que vives lo que te hace más sabio, si es que quieres usar esa palabra tan especial y sagrada para muchos, y que sin embargo uno la ve muchas veces en la vida. La naturaleza, la vida misma, nos da muchos ejemplos de esto, solo que no le prestamos atención. Aquí a este mundo todos venimos a aprender, esta es una escuela, una universidad para todos en general, no seremos Budas del primer mundo o iluminados de la globalización, pero venimos a ser con nosotros lo que mejor podamos en nuestra ruta hacia la evolución espiritual, eso es todo, y a hacerlo lo mejor que podamos y nos permitan nuestras propias limitaciones y defectos.

Entonces, después de aquel boleto ganador de lotería, fue que comencé de nuevo a independizarme, a tratar otra vez de extender mis alas para levantar mi propio vuelo, una vez más, y ya veremos ¡qué altura alcanzo esta vez! De a pocos comencé a conformar en este país, ya con lugar propio para mí, una pequeña biblioteca con los libros que yo recordaba haber tenido de niño en mi hogar, y que había siempre llevado a casa mi querido padre, libros que llamaban mi atención de algún tema en particular, libros que citaba en sus artículos de investigación la periodista Vicky Peláez —que escribía todos los martes en *El Diario/La Prensa* de Nueva York—, libros de astrología, ¡lógico!, que yo veía en los estantes del apartamento de mi querida maestra Melva, aunque debo ser ante todo sincero: los primeros libros también incluyeron muchos de autoayuda, superación personal, metafísica, *New Age* (Nueva Era), espiritualidad, contacto angelical, visualización mental, tarot, religiosos (leía el Corán), y así, poco a poco. No era una energía extraña para mí, fue solo reconectarme con lo que yo fui de niño, esa era mi esencia, mi verdadero yo, en casa se aprende a leer, y a mí me gustó mucho leer de niño, había que sacarme de casa casi a rastras para jugar fútbol, raro, ¿verdad?, digo, con todo lo que a mí me gusta el fútbol. Leer es básico para la expansión de la mente y la conciencia, y eso es algo que se debe apoyar, estimular debería decirlo mejor, por cada uno de nosotros en nuestro continente, y no esperar que lo hagan los gobiernos de turno de nuestros países, porque a ellos no les interesa la gente que piensa y razona, la gente inteligente, a ellos ese tipo de gente les incomoda, por eso quieren que el pueblo siempre se mantenga cada vez más ignorante porque así es más fáciles de robarlo y manipularlo. Eso les conviene a todos esos gobiernos explotadores de nuestros países, como decía la ex-primera dama de Argentina, Evita Perón, a los oligarcas de nuestras naciones. He dicho.

Leer mucho no es malo, si lo que se busca es expandir la mente, la conciencia, la inteligencia. Ni uno se va a morir por leer mucho, no se nos van a salir los sesos por los ojos o la nariz, como pudieron pensar algunos brutos interesados. Quizás el único riesgo que se corre es, si acaso, sustraernos un poco o un mucho de este mundo, de esta realidad diaria, pero por eso siempre debemos estar atentos para no despegarnos del suelo. Volemos, pero por ratos nada más, no siempre, porque si no los más vivos de este mundo se aprovecharán de eso, esa es la gran prueba, no irnos en el reino de las ideas y quedarnos en la pura fantasía, no podemos permitir eso, ni olvidemos nunca que nosotros los seres humanos somos seres de acción; nadie sino nosotros tenemos el poder de cambiar algo de nuestra realidad que no nos gusta o nos incomoda.

Establecerme por mi cuenta en algún lugar y con total independencia hasta antes de los ataques terroristas a las Torres Gemelas era algo relativamente fácil. Se rentaba un lugar, llámese sótano, ático, estudio o apartamento, pagabas tu primer mes de renta y un mes más, o sea un depósito adelantado por si acaso te ibas sin previo aviso, o sea, un reembolso también en caso de causar algún destrozo. Antes de todo ese mierdero que se formó a raíz de esa tragedia lamentable del 9/11, bastaba con solo hacer una llamada telefónica y solicitar la instalación del servicio eléctrico, el teléfono y el agua, así de fácil. No se requería nada de trámites personales, nada de verificar en detalle tu identidad y dar tu número de seguro social. Este proceso se alteró radicalmente a raíz de los atentados del 9/11, y nada volvería nunca más a ser lo mismo. A partir de entonces la sospecha dominó, lo que llevó a requerir hacer todos los trámites de forma personal, a ir a las oficinas y presentar tus papeles. Para nosotros los inmigrantes sin documentos legales la situación se puso súper fea, sonamos, o sea, estábamos perdidos, como diría alguien que conozco. Los ilegales estamos jodidos, porque si uno quiere abrir cuentas para recibir estos servicios públicos y te presentas a una de estas oficinas, ¿qué documentos va uno a mostrar? ¿Los falsos? ¿Los que uno utiliza para conseguir chamba? No, la cosa se jodió, y para siempre, ya no hay vuelta qué darle. Ir a cualquiera de estas oficinas significa que los empleados cotejan los documentos que tú presentas con los datos en computadora, y hasta ahí nomás llegamos. Como la anécdota que le ocurrió aquel pobre amigo que se atrevió a presentarse en el Departamento de Vehículos Automotores de Jersey City (donde se expiden las licencias de conducir y las placas para los autos), y que por la necesidad de trabajar, de querer ganar más dinero para los suyos, le hizo tomar el riesgo de ir a esta oficina del gobierno estatal a querer obtener la licencia con papeles falsos. Naturalmente, la persona que los recibió los tomó y se los llevó para según a sacarles fotocopia, cuando de pronto el tipo, dentro de su ingenuidad, vio que el funcionario de la oficina los llevaba también a pasarlos por otra máquina, y de allí a una oficina aparte a donde los ojos del tipo no alcanzaban a ver. No es difícil suponer que el empleado de la oficina fue alertar a la policía para que detuvieran a esta persona, que estaba presentando papeles falsos para obtener su licencia de conducir, y quien por algún milagro y suerte del destino (sí, aunque parezca mentira, de nosotros los ilegales también de vez en cuando ¡Dios se acuerda!), comenzó a maliciar algo y se dirigió hacia la puerta de salida. Ya en la calle comenzó a correr sin dirección, luego hacia donde pasan las combis pequeñas, cada vez más rápido, ¡corre carajo, corre! Ya mismo de la oficina estatal salía el policía con el empleado que recibió los documentos falsos, muy tarde para ellos, pues ya aquel indocumentado había subido a tiempo a un bus que de manera fortuita venía a darle una mano para escapar de sus perseguidores. Dios trabaja de manera providencial señores, ¡si no lo habré visto yo!

Las agencias del Estado de Estados Unidos tienen ahora, a través de esa mal llamada Ley Patriótica, la potestad de checar tus llamadas, interceptarlas, ya sean nacionales o internacionales. ¿Cómo se le va a llamar "patriótica" a una ley que vulnera los derechos de los ciudadanos de esta nación? Ahora con esa bendita (o maldita ley, según del lado de ella en el que estés) se vulneran los derechos que protege la Constitución estadounidense, so pretexto de combatir el terrorismo. Benjamín Franklin, un padre fundador de Estados Unidos, dijo, "Quien renuncia a su libertad por seguridad, no merece ni libertad ni seguridad", y verdad más cierta no puede existir. Es necesario dejar en claro que el Congreso promulgó la Ley Patriota con márgenes abrumadores y bipartidistas, es decir, con el apoyo tanto de republicanos como de demócratas, lo que les dio a las fuerzas del orden nuevas herramientas para detectar y prevenir el terrorismo. En las secuelas de los ataques y la paranoia antiterrorista, resulta comprensible que dicha ley fuera aprobada casi por unanimidad por el Senado (con 98 votos a favor y uno en contra), mientras que en la Cámara de Representantes se aprobó por una gran mayoría de 357 votos, con solo 66 en contra. Por tanto, la promulgación de esta ley fue con apoyo casi unánime de miembros de todo el espectro político.

De todo el espectro político en Washington D.C., resaltan voces como la del senador demócrata por Virginia del Oeste, Robert Byrd, quien hizo la siguiente declaración ante la prensa estadounidense: "En mis casi 50 años de congresista nunca he visto leyes tan monstruosas y aprobadas en tan corto tiempo, no hubo tiempo ni para discutir, ni para analizar. Esto es una pesadilla orwelliana. No hay legislación sola que pueda prevenir, adelantarse a un ataque terrorista. Yo desearía haber votado como él lo hizo", dijo, refiriéndose al senador demócrata de Wisconsin, Russell Feingold, que fue el único que votó en contra de la Ley Patriota).

Este ya era de por sí un país en donde si tú decías algo contra, por ejemplo, de los afroamericanos, se te considera racista, si es contra los judíos eres antisemita, si dices algo contra la guerra, eres antipatriota, o cualquier cosa y se te etiqueta de lo contrario, o sea, que tienes que ser políticamente correcto, que en muchos casos es una tremenda hipocresía de mierda. Esto de la corrección política es un término que se ha empleado para referirse a cierto tipo de frases que implican el menor grado de ofensa, particularmente cuando uno se refiere a la raza, género, cultura u orientación sexual. El concepto es controversial y motivo de discusiones, disputas, críticas y sátiras por todo el espectro político. El término también es causa de burlas al concepto de que hablar con cuidado o usar ciertas frases para no ofender pudiera cambiar las percepciones y creencias del público.

Así funcionaba ya el sistema desde antes de los ataques a Nueva York, con métodos al mejor estilo, o mejor dicho, aprendidos de maestros de la Gestapo alemana y de la desinformación nazi, puras tácticas ya conocidas por el mundo, pero bueno, mientras vivamos una cierta libertad y no te pongas a joder con el sistema, ellos te dejan actuar. Una vez que choques con ellos ya te jodiste de una vez. Sin duda para los que ignoran un poco la historia mundial, durante la Segunda Guerra Mundial, una vez ocupada la capital alemana, Berlín, por el Ejército Rojo (los rusos) y los ejércitos aliados, entre todos se repartieron no solo a los científicos, a las mentes más brillantes, llámense científicos, químicos, físicos y otros, pero también a los encargados de la seguridad y el control de la población alemana. Es decir, entre los que ganaron la guerra, también se repartieron a los especialistas en tortura, en interrogatorio y supervisión de seguridad ciudadana. Que de dónde se aprendieron todos estos métodos, de los nazis, pero ¿qué ellos no perdieron la guerra? ¡Eureka! ¡Sorpresa! Así se supone que fue. Al parecer no perdieron del todo, ¿verdad?

Ahora que menciono todo esto me viene a la memoria un evento muy especial y que nunca me he olvidado. Sucedió incluso antes que lo de las Torres Gemelas, en una oportunidad en que estaba yo mudando a un amigo a un nuevo apartamento. Aunque fue algo relativamente cerca, no dejó de llamarme la atención que durante una de las tantas veces en que bajaba las cosas del apartamento de mi amigo para ponerlas en el auto que esperaba afuera, en el parqueo, que desde un auto que estaba parqueado alguien estaba tomando fotografías de todo lo que hacíamos, sí, alguien nos estaba fotografiando sin que nosotros nos diéramos cuenta. Aclaro que no fue sueño, yo lo vi, no me lo contaron, yo lo presencié. En una de esas sube y baja me dirigí hacia ellos, como para arrojar algo en el tacho de basura de la esquina, lo que provocó que ellos arrancaran el motor del auto y se alejaran. Se fueron no sin antes llevarse unas puteadas de nosotros, ya que yo ya se lo había comentado a mi amigo a quien estaba ayudando a mudarse. Los puteamos con mostrada de dedo medio incluido, el dedo sagrado. Y qué se creían esos pendejos, pero incluso ahora que lo pienso, a quién le iba a importar tomar fotos de nosotros. ¿No parece esto raro? Eso no tiene sentido, pues entonces, si así como se dice que aquí al gobierno no se le pasa nada, ¿cómo se les pasaron estos más de 20 aeropiratas que secuestraron los aviones para perpetrar los atentados aéreos? Eso es algo inconcebible, inadmisible, eso no fue sin su previo conocimiento, y algún día se sabrá qué pasó en realidad. Este suceso de las fotos debió suceder como en el 1998 o 1999, o sea que vamos a asumir que esta gente sabía de alguna manera, no solo por el censo nacional que realizan cada 10 años, quienes viven en cada casa de cada barrio y vecindario, y que de esta gente se tiene algún tipo de información y fotos, ¿la prueba? ¡Qué más pruebas, si los vimos, carajo! Es como ese dicho cojudo que dice: "¿A quién va usted a creer, a mí o a sus propios ojos?"

Ah, y por si acaso, quedó también prohibido durante algún tiempo, tocar música del grupo Queen, entre muchos otros, en todas las emisoras de radio del país «*Another one bites the dust*». Como mencioné anteriormente, y aunque parezca mentira, esta fue una de las varias canciones que fueron prohibidas de escucharse en las estaciones de radio del país después de sucedido el ataque al *World Trade Center*. Pura censura en el país de la libertad y la democracia.

24

Somos gente trabajadora

Esto que escribo no se basa en el género literario de realismo mágico, ni se trata de un libro de ficción. Hasta me atrevería a decir que hasta este punto no sé ni qué género estoy escribiendo. En gran parte son solo relatos de mis vivencias, recuerdos de mis seres queridos, de amigos y amigas queridas ya fallecidos que se quedaron en el camino, que cayeron como en este campo de batalla que es la vida, y más aquí en Estados Unidos, es una gran batalla, una gran guerra, muchas veces en donde, casi siempre, peleamos todos contra todos, compitiendo estúpidamente unos con otros por cosas y temas que luego algún jodido cáncer te recuerda que no valía la pena haber perdido tu tiempo en pendejadas. Qué irónica es la vida muchas veces, por no decir casi siempre. Lo que escribo en este libro es verdad, mi verdad, mi crónica de lo que viví, de lo que yo he presenciado en estas tierras que nunca imaginé pisar siquiera algún día cuando era niño en mi natal Perú. No me estoy quejando, pero así fue.

Reanudando el relato de ese pasado inerme, me encontraba en el umbral de un nuevo milenio y una nueva centuria. En el aspecto laboral, seguía trabajando en la misma cocina, debía de haber dicho en una cocina, para hacerlo ideal, pero mentira, continuaba en el mismo lugar, pateando la misma piedra y con el mismo pie. La realidad en cuestión de obtener empleo para el trabajador indocumentado durante las secuelas del 9/11 significaba que de ahora en adelante sería mucho más difícil encontrar trabajo, claro, si lo buscas con papeles falsos, por tanto es mejor conseguir algo sin que tu nombre esté la nómina de una empresa, y recibiendo tu pago sin que aparezcas registrado en los libros de contabilidad. Sí lo hacemos así es mucho mejor, lo único que no declaramos lo que ganamos, pero qué hacemos, ¿tenemos opciones acaso? Decidí, pues, seguir ahí, sabiendo que la situación cambiaría, como siempre ha sido en mi vida, de golpe y de sopetón, ¡el golpe avisa, papá!

En esa época la población del país se asustó, se puso más paranoica, los estadounidenses se quedaron con el trauma y la psicosis del ataque a Nueva York. Las pesadillas, las terapias psiquiátricas y psicológicas se pusieron de moda, pero habría que ver si en verdad hicieron efecto, en algunos casos. Aun después de todo y de que han pasado casi dos décadas, todavía hay gente traumatizada por aquel desgraciado evento. A muchos, estos sucesos les cambiarían la vida para siempre, mientras que otros perdieron lo único que tenían. Me acuerdo del caso de aquel tipo que nunca había sido fanático del fútbol americano y que aquel lunes 10 de septiembre sus amigos le insistieron tanto para que los acompañara a ver un partido que fue con ellos, contra su costumbre. Naturalmente, pasó lo que tenía que pasar, la mañana siguiente se quedó dormido, pero eso le valió salvar la vida, pues se le hizo tarde, y cuando salió de la estación de tren cercana al WTC, una vez de emerger del túnel de los trenes, pudo observar cómo uno de los aviones del ataque a Nueva York se estrellaba contra su oficina en una de las Torres Gemelas. Fue algo preciso, salió a la superficie, alzó la mirada y presenció el momento exacto del avionazo hacia lo que eran sus oficinas en ese edificio. De ahí en adelante, aquel hombre se volvió seguidor, junto con su mujer y toda su familia, de los juegos de la Liga Nacional de Fútbol (NFL por su siglas en inglés), y es lo menos que podría hacer. ¡Por ellos sigue respirando y por el de arriba también!

El nuevo milenio y la nueva centuria se desplegaban delante de mis ojos, y los recibía con mucha ilusión y esperanza de obtener mi estatus legal, porque si no, para qué carajos seguir. Asimismo, escribir este libro fue una necesidad interna, tanto de mí como de tanta gente que estuvo y está en mi misma condición legal, por tanto era algo que tenía que hacerse, una especie de misión, como tantas veces me ha tocado hacer en esta vida. Será ese mi destino quizás, en fin, sigo adelante, con toda la verdad y realismo que me sea posible, esa es la idea original y no quiero apartarme de ella.

Parte de esa verdad era que tanto el tercer milenio como el siglo XXI ya de entrada habían comenzado mal en el país. Todos estaban recelosos y desconfiados de quienes somos diferentes a ellos, profesamos diferente religión y tenemos un color de piel e idioma diferentes. ¿Cómo se podía esperar una reforma migratoria integral en esas condiciones? La luz de esperanza que nos había dado el posible acuerdo migratorio entre George W. Bush y Vicente Fox, presidentes de Estados Unidos y México respectivamente, se había diluido por completo, y ahora había que empezar de cero, de la nada de nuevo, pero con más gente en contra, más xenofobia, más racismo y más discriminación. Esta no era una situación fácil, pues Estados Unidos nunca había sido atacado en su propio territorio con esta magnitud. Durante la Segunda Guerra Mundial el ataque fue en Pearl Harbor, pero eso sucedió muy lejos del territorio continental del país. De toda esta situación se aprovecharon muy bien los republicanos, así como los vendedores de armas y fabricantes de armamento en general, lógico, ya que una potencial guerra se desplegaba delante de ellos y de este país, y esta gente inescrupulosa no iba a dejar pasar la oportunidad de oro. Para ellos el único dios que tienen es el dinero.

Debido a toda esta crisis social, tomé la decisión de dejar el trabajo de cocinero en Hoboken, pues me querían reducir el horario, es decir, cerrarían la cocina unos días a la semana y estaría abierta solo los fines de semana. Ante eso, las cosas se ponían un poco complicadas en cuanto a mis ingresos, y como siempre he vivido soltero, hay servicios que pagar como el agua y la electricidad. Esto me llevó a regresar a una de las primeras cocinas que trabajé en Estados Unidos, en Exchange Place, la zona financiera de Jersey City. El regresar me dio la oportunidad de reencontrarme con viejos conocidos y amigos, así como de hacer otros nuevos. El chef italiano, gordo y bigotón (Bertolli era el sobrenombre que le pusimos por un comercial de una marca de pasta) seguía ahí, más gordo que nunca. En fin, volví, y está demás decir que conocía la cocina al revés y al derecho, solo era cuestión de ver cómo se corría la cocina, es decir, si habían cambiado algún sistema de atención o el servicio, lo demás, para los que saben de cocina, siempre es lo mismo básicamente. Fue curioso volver a un lugar en donde en un primer momento trabajé en algo que nunca imaginé se convertiría en la labor que me iba a permitir mantenerme todos estos años. Nunca lo tomé en serio desde el comienzo, y eso que en mis recuerdos más queridos, mi madre Fabiola, mi recordada viejita, había sido una gran y excelente cocinera, y los que la conocieron saben que esto es verdad. Como la letra del famoso vals peruano titulado *Todos vuelven*, de la autoría de Don César Miró:

SOMOS GENTE TRABAJADORA

«Todos vuelven a la tierra en que nacieron al embrujo incomparable de su sol...» ¡Salud Cholo!

Dentro de todos estos nuevos amigos, había gente muy especial, y de entre ellos un barranquillero, homónimo del Premio Nobel de Literatura colombiano. Gabriel se convirtió en un tremendo amigo, en el hermano que a veces o muchas veces uno quisiera tener en tierras lejanas y extrañas. Es curioso cómo la vida nos trae, nos acerca gente que nos va a brindar por algún periodo de tiempo una amistad y afecto sinceros, de una manera desinteresada y de corazón. Me emociona recordar esto, sobre todo cuando uno vive solo como hoja lanzada al viento, esas cosas las llega apreciar uno mucho, y nunca se nos irán de nosotros. Gabriel era como muchos de estos héroes anónimos que existen en este país, otro inmigrante más que vino a estas tierras a joderse, a trabajar muy duro para superarse y sacar adelante a su familia y sus hijos. Como tantos otros, Gabriel llegó aquí, pero no pudo trabajar en lo que estudió, y si no habré visto a tantos inmigrantes llorar en una cantina o bar apoyados contra el mostrador, lamentándose por no poder trabajar en lo que estudiaron en sus países, de eso la gente no sabe y yo diría que menos les interesa. Gabriel fue uno que siguió adelante y nunca se rindió, y mientras trabajaba escuchaba a sus ídolos musicales, los cantantes colombianos Joe Arroyo y Diomedes Díaz, y lo hacía al tiempo que limpiaba los pisos, los baños, y pasaba aspiradora. Le subía el volumen a su casetera portátil, y se olvidaba de todo oyendo canciones como *La rebelión*, interpretada por el cantante colombiano Joe Arroyo y su orquesta La Verdad, y en la que se escucha varias veces la frase *No le pegue a la negra*. Llegó alto aquel amigo colombiano, le dio una mejor vida a su familia, hizo realidad con el tiempo el sueño de comprar su casa, darle una buena educación a sus hijos, tanto en el hogar como en la escuela. Su fiel esposa y ese hogar donde se respiraba cariño y amor, de los que yo fui testigo, fueron el motor de su vida, y ¡él lo hizo bien! Se sacrificó mucho, pero bien que valió la pena, hermano. ¡Wepa Colombia! ¡Mátame guayabo!

En aquella cocina conocí a Gabriel y aún ahora puedo recordar ese momento, lo tengo presente en mi mente. Las cosas, eventos y personas que nos marcan o son importantes para nosotros nunca pasan desapercibidos del todo, todo es cuestión de hacer memoria. Fue en aquella cocina en que un día cualquiera de semana y en plena putiza laboral coincidimos y compartimos una mesa para almorzar juntos. Nacería ahí y sería el comienzo de una gran amistad, dos personas que trabajaban en dos trabajos de turno completo, hombro con hombro, quizás él tenía más motivos que yo para hacerlo, pero nos unía la misma determinación, espíritu de lucha, ganas de no rendirnos ante la vida y ahí fuimos dándole duro al trabajo, en este camino llamado vida. ¿Por qué trabajaba yo tanto y sin tener familia? Buena pregunta; quizás porque siempre me ha gustado estar ocupado en algo, hacer algo con mis manos y también con mi mente (como leer), y tampoco es que se crean que me pagaban mucho, en eso sí tenemos una asignación pendiente. No sé, creo que lo he hecho por valorar yo mi trabajo, algo que creo que nos pasa a varios. ¿Y por qué no invertí ese dinero en una carrera técnica o algo así, como lo hicieron algunos amigos? No sé, de nuevo, cada quien tiene que seguir caminos diferentes, y el mío era distinto al de los demás. Siempre me sentí así, no hago lo que hacen los demás, hago lo que yo siento que debo hacer. Además, sin papeles, yo podría decir que era un impedimento, pero no, aún así se puede estudiar algo, pero es que eso no me llamaba la atención, no me nacía hacerlo, no pido que me entiendan, pero así soy yo.

Por Gabriel llegué a trabajar en el otro empleo que mencioné antes. En una ocasión en que me encontraba yo asando carne en mi estación de cocina, de pronto vino a mi encuentro y me preguntó si me interesaría trabajar en limpieza. Él ya había oído que yo tenía experiencia en este tipo de trabajo. Lo miré sin dejar de atender la parrilla y le contesté:

—La verdad no, ya me jodí un tiempo largo en eso, y no quiero por el momento, quizás más adelante, pero ¿por qué me lo preguntas?

—Es que necesitamos a alguien que sepa usar las máquinas de limpieza y bueno, ya ves cómo es esta cocina, parece un pueblo pequeño, uno se entera de todo, y oí que has hecho ese tipo de trabajo antes. ¿Quieres trabajar conmigo, qué te parece la idea? No tienes que contestarme ahora, piénsalo mi amigo.

Ahora que he mencionado a la mujer y la familia de Gabriel, y expreso cuán importante fue para él contar que con el apoyo de ellos para superarse y salir adelante en este país, también quiero decir algo en lo personal: esa misma actitud y decisión, espíritu de lucha y de no rendirse jamás por más que las cosas se pongan difíciles y de color de hormiga. Lo he visto en varias familias de toda nuestra Latinoamérica, no solo en una comunidad en particular. Nuestra gente es de trabajo, de una laboriosidad enorme y siempre he pensado que el sueño de la unión latinoamericana no fue un simple sueño, ni una utopía, sino que es posible, sí se puede hacer realidad, quiero creer que es así y moriré pensando así. Y así como Gabriel hay muchos más a todo lo largo y ancho de la Unión Americana, que trabajan fuerte, doble turno, dos trabajos de turno completo o uno de turno completo y uno de medio turno, pero ahí siguen trabajando duro, sin beneficios laborales dada su condición legal, y sin derecho a tener vacaciones. Es difícil creer que en este país hay gente que ha trabajado 10, 15 y hasta 20 años sin tener vacaciones. Pero una cosa es decirlo y otra verlo, apreciarlo, pero en realidad, lo más curioso de esto, y quizás lo que deba de resaltar más, es el hecho que toda esta gente humilde, y que por circunstancias del destino de la vida no se pudieron educar más, todos o casi todos de ellos, trabajan con un espíritu de alegría, de esperanza y fe. Quizás no seamos tan buenos compañeros, no seamos solidarios ni unidos, y por eso se aprovechan de nosotros las mayorías, es decir, los que cortan el jamón, los ricos de esta nación que dicen combatir la inmigración ilegal, pero nos contratan a las espaldas de la opinión pública, nos utilizan, nos explotan, se sirven y se benefician de todos nosotros. Así es aquí, el pez grande se devora al más chico, pero si solo fuéramos unidos los hispanos de este país, pero todos en general, los legales e ilegales, sería todo muy diferente y con una dirigencia, una organización que trabajara por nuestros derechos, muchas cosas serían diferentes con toda seguridad. Debido a que somos desunidos, porque cada quien tira para su lado, cada quien lleva agua para su molino, estamos como estamos. Si hubiera unidad, liderazgo hispano latinoamericano verdadero, concreto y real dentro de Estados Unidos, otro gallo cantaría, ¡sí señor!

Cuando ya me había habituado al ambiente del restaurante en esta mi segunda vuelta, mi segundo regreso, pasaba por la estación de comida china, en donde me gustaba bromear con mis amigos chinos. Era muy gracioso, porque yo siempre iba por ahí y de golpe aparecía saltando y pegando un grito al estilo de Bruce Lee, el inolvidable actor, y leyenda de las artes marciales. "¡Hiyah!", gritaba yo, y aparecía saltando dentro del área de trabajo de ellos. Por cierto, me pregunto, ¿quién alguna vez no soñó ser como él en sus películas? ¡Qué personaje, carajo, todo un paladín de la justicia, un vengador justiciero! Aquella broma era solo por joder, por romper las bolas, era chacota entre todos los amigos. Eso sí, era un cague de risa, con perdón de lo vulgar de la expresión. Había que ver cómo se partían los muchachos de la cocina cuando me veían hacer eso. Pero fue lo más chistoso de aquellos tiempos, dentro de tantos recuerdos con aquella linda gallada de compañeros inmigrantes. Lo mejor vino cuando un día cualquiera, sin que nadie fuera avisado ni se supiera con anticipación, en la estación de comida china cambiaron de improviso a uno de los que trabajaban ahí, y resulta que de nuevo fui hacer mi acostumbrada payasada ahí. Era un lunes, principio de semana, y ahí voy yo, a romper las pelotas y a aflojar un poco la tensión del inicio de semana, o eso pensaba yo. Como de costumbre, grité "¡Hiyah!", cuando súbitamente aterricé del salto que acostumbraba a dar y en plena estación china, y para mi sorpresa, vi otra cara, otro "actor" de esta improvisada "película" de artes marciales que siempre "protagonizábamos" ahí: ¡era otro cocinero chino que yo no conocía! Aquel empleado nuevo se cuadró al mejor estilo de Jackie Chan, levantó la pierna y volteó hacia mí, pero bueno, ni pendejo, pegué otro grito más fuerte: "¡Hiyah!" Aquello fue un despelote total, y está demás decir que mis amigos que sabían lo que pasaba y siempre me habían visto hacer lo mismo, les faltó poco para no tirarse al piso de la risa. Lo grave es que el chino nuevo pensaba que era un ataque de verdad, una pelea real, pero me salvé al toque porque agarré el hacha de picar aves, y si no, no lo cuento. Claro, no le iba atacar de verdad, fue solo para desanimarlo a que se me viniera encima este seguidor del Kung Fu. La cara de los que no sabían qué pasaba era todo un poema, parecía que estaban viendo filmar una película de artes marciales en vivo, ni más ni menos. La vida y el trabajo tiene estas cosas y sorpresas, y el objetivo sin querer se logró, ya que ese no fue de ninguna manera un lunes monótono ni aburrido.

Cuando ya uno tiene un buen tiempo viviendo en esta gran nación, hay cosas y situaciones que nunca te pasan desapercibidas, como por ejemplo, ¿por qué carajo la gente de tu país es tan mierda con un compatriota? ¿Por qué se es tan mierda con un paisano? O sea, ¿por qué se maltrata, traiciona e indispone a otro compatriota en este país? Como dice el dicho, "No hay peor cuña que la del propio palo". ¿Cuántas veces trabajando aquí he escuchado a mucha gente resentir eso y comentarlo a otros? Un peruano hablando mal de un peruano, un colombiano haciendo lo mismo de otro colombiano, un mexicano de otro mexicano, y así sucesivamente con otras nacionalidades. ¿Por qué, carajo? ¿Por qué somos así? ¿Por qué no somos unidos? Seremos de diferentes países, ¡pero una sola raza! No nos damos cuenta de eso, carajo. Es cierto, unos serán más blancos o negros que otros, pero somos latinoamericanos. ¿Qué eso no significa nada? ¿No tiene valor? ¿No tiene fuerza acaso? Y entonces por qué se eternizan frases como, "El peor enemigo de un peruano es otro peruano". No pues, no jodan, yo no admito eso, y sin embargo tengo que contar que cuando tenía poco tiempo en este país y ya trabajaba de supervisor en aquella compañía de limpieza que mencioné en capítulos anteriores, un día cualquiera vi llegar a una señora peruana que buscaba trabajo, y a la que contrataron ese mismo día para el medio turno de la noche. Le asignaron uno de los pisos más pesados, y yo lo sabía, pero no fue hasta que yo pasé por esa área de trabajo en que pude comprobarlo al cien por ciento, y no me quedó otra que ayudarla. Ahí gasté yo buena parte de la noche ayudándola en lo que podía, pues no podía descuidar mi propia labor. Solo recuerdo que al irme después de ayudarla, le dije: "Señora, allá enfrente hay un edificio que tiene esta misma compañía de limpieza, ¿por qué no va allá mañana y busca trabajo? Yo sé que allá también necesitan gente, esto es muy pesado para usted, y sobre todo esta área en particular, creo que sería lo mejor para usted y también para su salud, así no se lastima su espalda. Bueno, la dejo, tengo que chequear otros pisos, nos vemos". Pasó la hora como siempre pasa en este país, volando, y a la hora de irnos a casa, me encontré a la misma señora sentada en la oficina hablando con la jefa, la supervisora aquella que fue mi mujer. En realidad no estaba hablando, me estaba indisponiendo delante de ella, diciendo que yo la quería fuera del edificio, que la había corrido y le había dicho que se fuera a otra parte. ¿Se pueden imaginar cómo me sentí? Una de las razones que me vienen a la mente del porqué la ayudé, además de por cortesía y bondad, fue porque esta señora era el vivo retrato de mi tía Bernabita, la única hermana que conocí y que tuvo mi viejita linda, mi Fabiola. Yo a aquella tía siempre la quise mucho, y ya que mi madre estaba muerta y yo no podía viajar para ver al resto de mi familia, la recordaba. Uno nunca imagina que la gente va a ser tan mierda de querer perjudicarte en tu propio trabajo. No obstante, la dejé hablar, pero luego dije: "Eso le pasa a uno por pendejo" (que no es lo mismo que en Perú, que es ser vivo, aquí es lo contrario). Nada se saca por ser buena gente y menos con tu propia raza, me lo merezco por huevón. Me fui de la oficina, total para hablar mierda de uno, no se necesita estar presente.

Esa experiencia estando yo tan nuevo en este país no me marcó, pero me dejó en claro esto que relaté antes, por eso entiendo a mucha gente que lo repite como letanía y que les ha sucedido. Se los cuento quizás por si les pasa, quizás no, pero por si acaso, y para que no digan que nadie se los advirtió, aunque no debemos rendirnos ante esto. Así se lo dije a una muy talentosa peruana que años atrás se convertiría en una gran amiga mía: "Vamos a comenzar a cambiar ese concepto, mi estimada amiga", le dije, y ella me dio su confianza, apoyo y afecto. Es una gran amiga y mejor periodista, ¡gracias por siempre, Lilita!

Otro aspecto de la vida en Estados Unidos es el de las lavanderías públicas de autoservicio, o sea, los lugares en donde uno va a lavar la ropa, y que son lugares idóneos para apreciar a la gente, no solo inmigrante, sino también a los ciudadanos de varios países, y en donde puedes aplicar tu psicoanálisis a un sector de la población. Se ve cada loco(a) en estos lugares, ¡yo incluido si vamos a ser justos! Las lavanderías son muy populares entre algunos arrendatarios de departamentos y aquellos que no tienen sus propias lavadoras donde viven. Muchos propietarios de viviendas evitan instalar la tubería y las conexiones necesarias, así como las mismas lavadoras y secadoras en los departamentos que rentan para evitar costos adicionales. Esto lleva a un gran número de gente a usar estas lavanderías. Este "mágico" lugar te permite apreciar a la gente y su soledad. Hay quienes vienen con la familia, pero la gran mayoría vienen solos; a nadie le gusta lavar la ropa sucia, ¿verdad? Es la pura verdad, como cuando se cocina y después de una cena nadie quiere lavar los platos sucios. En las lavanderías de autoservicio pasa igual. Uno se puede sentar en un rincón mientras se lava y se seca tu ropa en esas máquinas que se operan depositándoles monedas, y ver llegar una variedad de personajes del elenco de esta vida, de esta puesta en escena que nos tocó vivir. Es ahí en donde se ve al "hombre (el ser humano) y sus circunstancias", como decía el filósofo español José Ortega y Gasset. En lugares públicos como las lavanderías, se ve cómo la gente puede lavar su ropa sucia, pero todos tienen su mente en otro parte, abstraídos en otro mundo, ensimismados en sus propios asuntos y pensamientos, por lo cual se poder decir que nadie está presente en el lugar. Por tanto, hago la misma pregunta: ¿Por qué nos cuesta tanto enfrentar lo sucio de nuestras vidas, lo que no nos gusta? ¿Es un mecanismo de defensa? Quizás, es muy probable, me imagino. Es muy especial a observar a toda esa gente, muchos de ellos igual que uno, que no tienen a nadie en este país o, en todo caso, se encuentran solos, porque seamos sinceros, ¿quién carajos va a ir a molestar a algún primo o prima, por más que sean familia, a otro estado o lugar aquí, si bien sabemos que cada quien aquí se rasca con sus propias uñas, ¿me explico? Es así, la vida es así, no nos engañemos, a quién queremos hacer tontos. Esa es la realidad de la vida, la visita es bacán o agradable el primer día o el segundo, ya el tercer día apesta como los muertos, seamos realistas, es así, que no nos guste es otra cosa. Entonces vivimos así, esperando que llegue otro día de lavar ropa para irnos de este mundo, para borrar nuestra vida, nuestra realidad y si acaso mirar televisión o jugar algún juego de video ahí; todo es preferible al hecho de enfocarte en lavar tus porquerías, tus inmundicias, todo, cualquier cosa, es mejor que eso, no importa que estemos rodeados de locos ni de que a tu lado se siente un psicópata, no, no importa. Ambos huimos, estamos alejados de este mundo, yo al menos por unos minutos. Como dice el refrán, "Un hombre tiene que hacer, lo que un hombre tiene que hacer", frase que se le atribuye al actor estadounidense John Wayne.

Mientras escribía este capítulo, sucedió algo que es digno de mencionarse, por tanto alteraré momentáneamente el orden cronológico de este relato de mi vida en Estados Unidos. El 14 de febrero de 2018 se perpetró una matanza en una escuela secundaria del estado de La Florida, 17 jóvenes muertos y 17 heridos fue el saldo trágico, y en un día de San Valentín. ¿Se inspiró en Al Capone este hijo de puta asesino, que encima fue detenido con vida después de la masacre saliendo de ordenar una hamburguesa en un restaurante? Capone, un gánster de ascendencia italiana de Chicago, ordenó la llamada "Masacre del Día de San Valentín" en 1929. El responsable del tiroteo en la escuela fue Nikolas Cruz (así, con k), de 19 años, quien abrió fuego con un rifle semiautomático en la "Escuela Secundaria Marjory Stoneman Douglas" en la ciudad de Parkland, y quien era un ex alumno de la escuela. Al tiempo de la edición de ese libro, el juicio legal en contra de Cruz aún estaba en espera, pero su equipo de defensa está alegando que el acusado padece de una discapacidad del desarrollo, y que al momento del ataque este tenía «miedo de otras personas y estaba amenazado por los acosadores». Eso lo supuse desde que ocurrió esa masacre de estudiantes, pero el problema real no es este loco de mierda, no, esa no es la raíz del problema; el verdadero problema es que en este país, una persona con solo 18 años, no puede comprar bebidas alcohólicas hasta que cumpla 21 años, en cambio sí puede comprar un arma de fuego, e incluso un arma de combate. ¿Y qué carajo es esto? ¡Una locura total! ¿Alguien entiende esto? Desde que vivo en Estados Unidos, e incluso desde mucho antes, han sucedido infinidad de tiroteos masivos del mismo tipo. El primero que llamó la atención nacional e internacional por haber sido perpetrado en una la escuela, fue en el poblado de Columbine, Colorado, el 20 de abril de 1999. Desde entonces, vinieron muchos más tiroteos masivos como en cadena: en iglesias, cines, universidades, escuelas de primaria, ahora de secundaria, bares, conciertos al aire libre y otros lugares. ¿Qué pasa en esta nación? Parece que no se dan cuenta que la Segunda Enmienda a la Constitución, si bien garantiza el derecho de portar armas por parte de la población civil, se ratificó el 15 de diciembre de 1791 como parte de la Declaración de Derechos, pero pensando en un posible regreso de los ingleses después de acabada la Guerra de Independencia de Estados Unidos en 1783. De esta reforma constitucional se han valido los asesinos fabricantes de armas de esta nación para llenarse los bolsillos de dinero, derramando sangre de inocentes en las últimas dos décadas. Ahora, por circunstancias del destino, esto es más obvio, y no se pueden hacer los locos por más tiempo. Lamentablemente nada cambia porque ellos financian a gran parte de los congresistas de este país, es decir, los tienen comprados de alguna manera, porque claro, son ellos quienes les financian las campañas políticas de elección y reelección a muchos de ellos, entonces así está este panorama actual. Quería obviar esto en este libro, pero salió de nuevo el comentarista social que vive dentro de mí, o que fui en otra vida. Tuve que comentar sobre esto, pues además es por motivos de justicia, integridad y civismo. ¿Cómo vamos a dejar que esto suceda y no vamos a decir ni escribir nada al respecto, de algo que indigna a toda una población maniatada? Yo veo muchas veces a la gente de Estados Unidos sin tener capacidad de reacción, aunque veo que eso poco a poco quiere comenzar a cambiar, ya veremos. Yo he escrito sobre este tema cada vez que he podido. Lo hice en mi primer libro que se publicó en 2013 (*Mi opinión, actualidad mundial en los ojos de un inmigrante*, Urpi Editores), así como en mi blog (http://anayamantilla67.blogspot.com). A partir de esta tragedia surgió un movimiento juvenil en contra de la violencia con armas de fuego llamado *"March for our lives"* (Marcha por nuestras vidas). Este es solo uno de más de una media docena de organizaciones juveniles que lucha contra la violencia con armas de fuego. Los más jóvenes se están comenzando a involucrar, y eso es una buena señal, ya que este es su país y tienen que pelear por él.

Retomando el tema central del libro, el inmigrante latinoamericano en Estados Unidos, hay millones que se han partido el alma trabajando duro por sacar adelante a su familia, ya sea que esta esté aquí o en sus países de origen, y que nunca han tomado vacaciones, han trabajado con alguna dolencia, y sin poderse enfermar, porque si no, los botan, los echan del trabajo como si fueran perros (y estoy hablando de ti, griego ¡hijo de puta!). ¿Y eso acaso le importa a alguien en este país? No, por supuesto que no, pero seguro que se benefician de ellos, les dan trabajos que los de aquí no harían, como limpiarles los baños, remover la mierda de otros, sacar la basura, cosechar en el campo. Si lo hicieran los de aquí no habría cosecha, de hecho, si esta gente nativa y vaga se agachara se jodería la espalda, y hasta ahí nomás llegaron. Esto que escribo a quién carajo le importa. Me olvidé, nosotros no somos gente para ellos, hasta los animales son vistos aquí con más aprecio, amor y afecto que otro ser humano muchas veces.

La vida en este país para un trabajador ilegal significa que no puede reclamar mucho, ni tener muchas expectativas de superación. No puedes joder mucho con las reclamaciones laborales porque, ¿a dónde te vas a quejar? Sí hay organizaciones que defienden al trabajador, pero los empleadores siempre van a buscar la manera de ponerse a mano, de desquitarse lo que uno les arranque por medio de una demanda en la corte, así son ellos. No puedes joder mucho porque acuérdate, tienes hijos y familia que mantener, y además tienes que mantenerte tú, ¿y entonces? A trabajar en lo que haya nomás, qué se va a hacer por el momento, hasta que algo o todo cambie. Ya vive uno aquí y el volver al país de origen no es una opción, por tanto, es mejor seguir aquí que volver derrotado, eso no, nunca, jamás, hay que seguir como sea, trabajar en lo que aparezca, porque si no, no comes, no tienes dinero para pagar la renta del lugar donde vives, y ¿cómo te vas a comprar tu ropa y lo que te haga falta? Si por alguna razón te enfermas y vas al hospital, te mandan la factura médica por el costo de los servicios, a no ser que solicites asistencia del gobierno para pacientes de bajos recursos. Si vas a un médico particular, mejor anda con plata, porque entre las medicinas y los exámenes que te va a mandar hacer, se te va a ir un huevo de plata. Dentista ni te digo nada, es igual o más caro, por eso mucha gente aquí se va a tratar la dentadura con personas que ha estudiado para eso en sus países y lo realiza aquí, claro sin licencia, pero son buenos profesionales, porque vamos a ser sinceros, si fuiste buen médico en algo no te vas a olvidar de eso ahora, ¿verdad? Todo esto se deriva porque los trabajadores indocumentados no tienen prestaciones laborales tales como seguro médico, vacaciones pagadas o ahorro para su jubilación, entre otras. Así es en muchas cosas, incluyendo situaciones que involucran la salud en los hospitales, se saben algunas cosas, pero otras se desconocen, pero si se saben la gente siempre tiene miedo, desconfianza, recelo, y todo por la situación legal en que uno se encuentra aquí, esa es la verdad.

Así como mi amigo Gabriel, aquí en Estados Unidos hay muchos héroes y heroínas anónimos, en esta nación que es tan dura, tan fría, tan insensible, tan sin sentimientos para el que viene sin nada debajo del brazo. Aquí uno no se puede emborrachar a gusto, porque hay que pensar que mañana hay que trabajar, o como diría el personaje que interpretaba el actor argentino Luis Brandoni en la película *Made in Argentina* (1987) "Allá [en Estados Unidos] no me puedo reír como me rio acá, allá es como si siempre se rieran de otra cosa... nunca nos vamos a reír de lo mismo. En Nueva York yo no me puedo sentar a tomar un café con nadie". Inolvidable experiencia que le pasa a todos los primerizos que llegan a esta Babel de Hierro. Quien no ha vivido la experiencia nunca la va a poder entender sin duda. ¿Es acaso esto justo y necesario?, como dice la frase de la liturgia dominical en las misas. Que la gente de nuestra Latinoamérica sepa que en este país, la más rica y poderosa del planeta, el inmigrante indocumentado se priva de muchas cosas, de comerse un buen bistec, de comprarse una buena camisa o pantalón, o lo que necesite, con tal de mandar el dinero a la familia, para que con frecuencia muchos ingratos de mierda le digan en la cara a sus padres, cuando los vuelven a ver: "¿Por qué me abandonaste?" ¿Abandonaste? De qué habla este pendejo, culicagado. ¿Es justo oír algo así? ¿A cuántos padres y madres les ha pasado esta situación en carne propia, o sea, que después de años de haberse sacrificado trabajando en Estados Unidos para que la criatura tenga qué comer, qué vestir y no le falte nada, ahora vienen encima a reclamarte y decir que los abandonaste? Hay que ser muy mierda y muy malagradecido para decirle eso a un padre o una madre que renunció a su propia vida para que a un pendejo que dejó criando en su país no le faltara nada. ¿Entonces de qué iba a vivir este muchacho o muchacha pendeja? ¿Quién los iba a mantener y a dar de tragar? ¿Con qué plata? Eso sí no piensan, bola de pendejos, el que viene a esta nación viene a joderse, renuncia a muchas cosas, deja atrás a mucha gente que quiere, para que luego algún pendejo o pendeja le llame ingrato o mal padre o mala madre. Como dije antes, hay que ser muy malagradecido para decirle algo así a uno de los padres de uno que haga semejante sacrificio. ¡Fácil es juzgar pendejos!

Y ya que menciono a los hijos malagradecidos con sus padres, también uno podría mencionar a los niños y jóvenes de ambos sexos que pudiendo hablar el idioma de sus padres cuando regresan a la tierra de estos solo se comunican con los demás en inglés, sí, van de visita a cualquier país de Latinoamérica y se ponen a hablar en inglés, ¿no es eso una pendejada enorme? Digo yo, ¿por qué lo hacen? Sería bueno saberlo. Otra más: ya que aunque yo no he tenido hijos, para los que vienen con ellos acá a vivir sepan que aquí hay costumbres muy diferentes a las de nuestros países, como por ejemplo, que tu hijo o hija se quiera quedar a dormir en casa de sus "amiguitos". ¿Qué cosa? Así que ya saben, estén atentos con esas costumbres de cómo crían a sus hijos los estadounidenses, ya están advertidos.

Es necesario que toda la gente de Latinoamérica sepa que aquí mucha gente se priva de muchas cosas, viene a este país y deja de vivir su propia vida, para vivirla en función de los que quedaron en sus países, para enviar a su familia casi todo el dinero que consiguen trabajando tan duro casi toda la semana. Aquí cada dólar cuesta sudor, esfuerzo, lágrimas, esa es la verdad. Aprendan a valorar eso ustedes que están allá y se encuentran por casualidad leyendo esto, ese dinerito que llega de los Yunaites no dura para siempre, porque a veces la vaca no da leche y se enferma y se jodió la cosa, ¿verdad? Y encima le exigen, en vez de decirle que se cuide y se mejore, porque así de mierda es mucha gente, solo saben pedir, exigir, y les importa una puta madre cómo se gana uno el dinero en este país, ¿miento o no? Pero dice cierta gente que nadie aprende en cabeza ajena. Y sobre todo si ya nacen siendo unos malagradecidos, porque hasta para eso se nace. Aquí hay que aprender a vivir entre las sombras, como en las catacumbas, como lo hacían los primeros cristianos, sin derecho a nada, y ni se te ocurra enfermarte, ya sabes. Nosotros los trabajadores ilegales no tenemos derecho a enfermarnos, ¡que no se te olvide! Vacaciones, ni hablar y menos seguro social, eso es para los residentes con estatus legal o los ciudadanos, no para nosotros, los invisibles. Aquí mucha gente, no toda afortunadamente, mira al hispano como con asco, no solo con desconfianza, recelo y frialdad, sino con asco. Yo me pregunto a veces, ¿no será acaso que estarán viendo el reflejo de su propia alma, de su propia naturaleza? A Estados Unidos vienen muchos a dejar la vida, la salud, la juventud, con un ideal y una meta: la de ayudar a los que se quedaron atrás, para que a los suyos no les falte nada. Como dije antes, padres y madres que se han sacrificado y lo han dado todo por sus hijos, y después solo han recibido el desprecio de ellos. Sin embargo, cuando ha habido padres y madres inconscientes, los hijos se desviven por conocerlos, ¿qué irónica es la vida? Sí, así es la vida, así es el mundo, el mundo no es justo, por si acaso, porque hasta de eso yo ya me cansé de escuchar en este país de parte de gente fría y distante. Aquí en esta tierra nada es justo, por si recién se enteran, y la vida es como es, no como nos gustaría que fuera, alinéense con eso, porque si no, van a sufrir y mucho. Aprendan a valorar lo que tienen y no solo los vivan y les saquen el jugo (léase dinero) a sus seres queridos, agradezcan lo que hacen por cada uno de ustedes, porque en este jodido mundo no es obligación de nadie ayudar a nadie, así sea de nuestra propia familia, entonces a ver si se van enterando de una buena vez. Por eso yo no juzgo ni condeno a la gente que vino a Estados Unidos y se olvidó de alguien allá atrás, en su país, pues a todos nos va distinto, y uno puede decir muchas cosas, pero yo no juzgo, de eso solo se encarga Dios. Si ustedes los quieren señalar, háganlo, yo no, cada quien tiene su propia historia en esta nación, y no a todos nos va igual, cada quien vive su vida como la debe y quiere vivir, y cada quien se hace responsable de sus propios actos.

25

SIN PAPELES Y SIN MIEDO

UNA DE LAS CONSTANTES EN LA VIDA DE LOS TRABAJADORES INDOCUMENtados en Estados Unidos es la pérdida del empleo por diferentes razones. Cualquier empleado, con o sin documentos, puede quedarse sin trabajo, pero para el trabajador ilegal, las garantías laborales son casi inexistentes. En octubre de 2015 hice una alto para escribir esto, que se adelanta de nuevo a la cronología de mis vivencias, para sacarme del pecho toda esta opresión y malestar que sentía por no tener un trabajo de turno completo desde hacía dos meses atrás, cuando perdí mi trabajo del turno matutino, que era mi principal sustento y mi entrada principal de dinero. En ese momento solamente tenía un empleo de medio turno, pero este no cubría más que los pasajes y otros gastos básicos. Hubo circunstancias raras que motivaron todo esto en aquel tiempo. Había dejado mi trabajo de cocina porque tuve problemas con un chef nuevo que llegó al lugar, quien reemplazó a mi amigo francés que había trabajado ahí por mucho tiempo. Al llegar este tipo, como todo nuevo empleado con más autoridad que llega, comenzó a cambiar todo y a querer sacar quienes ya estábamos ahí trabajando durante algún tiempo para poner a su propia gente, nada extraño, solo la misma mierda que pasa en todo lugar, en toda cocina. Lo primero que hizo molestó, incomodó y hostigó a mi buen amigo Stephen, a quien yo llamaba afectuosamente Zizou, un extraordinario chef francés, a quien le hizo la vida imposible este hijo de la gran puta, que recién llegó comenzó a romperle las bolas a medio mundo. Mi amigo Zizou era de Marsella, Francia, y era un poco borrachón, pero con un corazón de oro (nobleza obliga, Carlos).

Aquel nuevo chef lo jodió tanto que finalmente Zizou no aguantó, y un día que faltó y se reportó enfermo fue despedido por aquel chef nuevo. Estando Zizou fuera, el acoso ya fue contra mí, y sabía que mi salida era cuestión de tiempo, así que decidí resistir lo que pudiera, todo lo que fuera posible y de ahí, irme. No tenía muchas opciones como quiera, pero las cosas nunca salen a veces como uno piensa o espera, y además este chef griego, porque era de Grecia este pedazo de hijo de puta, llegó como llegan todos los hijos de puta en la vida de las personas, sin avisar, sin previo aviso, a joderle la vida a uno. Sí, ya sé, van a decir que hay una lección que aprender, será así, pero lo hijo de puta no se lo quita nadie a ese griego malparido. Cuando tú trabajas en un lugar haciendo lo que mejor haces y de pronto viene una fuerza que altera tu forma de trabajar sin ninguna razón, motivo o justificación, entonces tienes que cambiar forzosamente. Todo esto pasa por una razón, por un poderoso motivo, no hay de otra, así debe ser creo yo, no hay otra explicación, si no, ¿por qué suceden cosas así? Hasta ahora no me explico por qué se alteró todo, así, tan de golpe. Debo decir que aquel era un lugar en donde yo me sentí muy bien desde la primera vez que llegué a trabajar, y de pronto todo se volvió de cabeza, todo se puso al revés, y no es justo, ya sé, nada es justo en esta puta vida.

Si he de ser sincero, y no crean que siempre lo pensé así, no, yo lo pensé tiempo después, en aquel momento me quedé odiando a este hijo de la gran puta griego que había venido de qué puta parte a cambiar toda mi vida, nuestra vida y romper toda esta unidad que teníamos en el trabajo, o así lo percibía yo, en fin. Todo eso pasó por un motivo, y he de creer que fue para que yo retomara de nuevo la escritura de este libro que tienen ustedes en sus manos en este momento, si no, no habrá servido de nada tanto esfuerzo y trabajo. A causa de ese griego cabrón retomé este libro, y seguí hasta el final, ya no me detuve más. La vida está llena de misterios, de situaciones sin aparente respuesta, y esto que sucedió en aquel trabajo fue una prueba más de ello. Ahora lo único que falta es que este libro sea un éxito de librería, y entonces voy a tener que agradecerle a todos y cada uno de ustedes por haberme sacado de las angustias y preocupaciones económicas. En una de esas, este libro le acaba gustando a mucha gente y ¡vámonos! En fin, ya veremos, que eso solo Dios lo sabe. Si esto sucede, tendré que agradecer, no a aquel griego cabrón por haber aparecido en ese momento preciso, sino a mi propia determinación de haber usado el tiempo disponible para seguir escribiendo. En aquel tiempo, para ser cierto, nada se estaba moviendo, como que todo se había detenido, un poquito o bastante, pero de momento eso no me preocupó, si así no hubiera sido, no hubiera estado sentado escribiendo. En todo caso yo no escribí pensando en ese fin ni esperando eso, haberlo hecho así sería de alguien muy interesado, alguien con un fin específico, y aquí lo que me motivó, lo dije una vez y lo repito, fue dejar constancia de lo que yo viví, y que muchos otros indocumentados en esta nación han vivido también, nada más, ni más ni menos. Si algo viene además de esto, será porque Dios así lo quiere y Él lo permite.

Antes de recordar aquellas vivencias del año 2002, tengo que hacer una regresión aún más atrás en el tiempo, porque es necesario volver a rememorar los años de 1997 al 2001, en el momento en que pude retomar el contacto con mi querida sobrina Eileen, la única hija de mi hermano mayor, Pepe. Es justo volver a mencionar a mi sobrina, ella se lo merece, y no importa que ella no sea una inmigrante, pero es la hija de uno, así que he de contarles un poco la historia de ella. Ella fue el fruto del amor de mi querido hermano con la primera mujer que tuvo en este país, una mujer dominicana. Eileen nació en 1990, cuando yo aún estaba en Perú, y dos meses o mes y medio antes de que muriera mi recordada viejita, Fabiola, y siempre he pensado por eso mismo que a veces, de alguna manera o razón, las vidas se alternan, se cambian, es decir una vida llega y otra se va, o de alguna manera se apura la partida de alguien, así lo considero yo. Mi hermano vino a esta nación en la segunda mitad de los años 80s, y procreó junto a Felicia, una mujer trabajadora de República Dominicana, a una niña que después, conforme crecía, me hacía recordar más y más a mi otro hermano, quien falleció también en Perú y al año de morir mi madre. El parecido físico con él era innegable, solo basta verla, mirar las fotos y comparar; hasta se diría que ella es hija de Pablo. La historia de Eileen es triste, como la de muchos hijos de inmigrantes sin papeles, ya que su mamá sufría de muchas condiciones médicas, entre ellas presión arterial alta. Felicia falleció al poco tiempo de nacer Eileen, al parecer ese día o por varios días no había tomado la pastilla que requería por su condición médica, y entonces le sobrevino la muerte a consecuencia de un infarto. Aquel día trágico de su partida, mi hermano se había ido a trabajar como siempre y al volver, varias horas después de trabajar en sus dos trabajos, entró a la casa y notó todo en silencio, excepto el sonido de la televisión. Felicia estaba en el sofá acostada, y la niña, mi Eileen, jugaba sobre ella, encima de ella. Lo que no sabía ni imaginaba mi querida niña es que estaba jugando sobre el cadáver de su madre, ya que Felicia llevaba varias horas de fallecida. Uno no puede jamás imaginar lo que debe sentir un hombre en ese trance, lo que vivió mi hermano y todo lo que después se juntó y sucedió, casi como una reacción en cadena. Vino el nacimiento de la niña, él fue padre por primera vez, después tuvo un accidente y casi pierde un dedo de la mano, lo que le imposibilitó seguir trabajando por un buen tiempo, después sobrevino la muerte de mi madre por esos mismos meses, y luego la muerte de su esposa. Sí, fueron muchos golpes emocionales fuertes y seguidos para mi hermano, y yo me pregunto, ¿cómo pudo seguir adelante? No lo sé, esa es una muy buena pregunta. Quizás solo puedo decir que fue Dios, porque además, ¿quién puede hacer un milagro así? Que te pase lo que le pasó a él y no volverte loco, no perder la razón, no darte a la perdición o a la bebida, es inexplicable sin la intervención de un milagro divino. ¡Cuánto debe haber sufrido ese corazón, carajo! Perder a la mujer que es la madre de tu única hija, perder a tu propia madre en tu país y no poder regresar para despedirte de ella y enterrarla porque eres ilegal, porque no tienes pasaporte ni visa para poder viajar y regresar legalmente. ¡Eso es duro y de eso no hablan, porque no les interesa ni les importa, los racistas de este país!, pero bien que se aprovechan de nuestro trabajo y esfuerzo. Todos en este país cargamos una cruz, y muchos no sabemos ni nos enteramos de eso, pero así es la realidad de muchos, nadie está para saberlo, pero es así.

Así fue también la vida en Estados Unidos para Pepe, nada fácil, llegar como otro inmigrante más, sin papeles, a una tierra extraña, sin tener amigos ni hermanos, a una nueva cultura, un nuevo país, otra comida, y tratando de aclimatarse a una nueva realidad totalmente extraña para él. Sí, la experiencia de mi propio hermano no fue diferente a tantos y tantos hermanos inmigrantes latinoamericanos, pues padeció lo mismo, y quizás más que otros. De todo ese sufrimiento, dolor y llanto jamás se van a enterar ni les va a interesar un carajo a todos esos racistas, xenófobos y discriminadores que existen en Estados Unidos. Para esa gente, sentir compasión o condolerse del dolor de otro ser humano, no tiene sentido, y mucho menos les interesa porque no ven a un inmigrante como otro ser humano. Para ellos vale, y aprecian más, la vida de una de sus mascotas que la vida de un ser humano, no serán todos, pero muchos lo hacen y así piensan. No nos engañemos, mi hermano tuvo que entregar a su pequeña niña a una pareja casada que era conocida de él, y que también conoció a su difunta mujer. Ellos la criaron a mi Eileen. A ese matrimonio conformado por un uruguayo y una puertorriqueña, mi agradecimiento eterno, ya que de alguna manera fueron elegidos por la propia mamá de Eileen, quien al parecer presintiendo su inevitable final, les pidió de favor que si algo le pasaba a ella, que se hicieran cargo de la niña, y así fue. Uno podrá tener desacuerdos de carácter con la gente, pero uno agradece en la vida a aquellos que se tocan el corazón para darnos una mano en una situación difícil, como esta. Mi hermano, sin poder usar su mano tras aquel accidente, estaba incapacitado laboralmente y sin poder cuidar de su hija, por tanto, desde estas modestas líneas, les expreso mi agradecimiento por haberle tendido una mano amiga a mi hermano cuando más lo necesitaba y en la persona de ellos. Gracias a todos los que de alguna u otra manera, los pocos o los muchos que dentro de este país, con papeles o sin ellos, se han detenido un minuto de su loca y ajetreada vida en este país para ayudar a otro ser humano, sin importar su estatus legal. ¡Dios se los pague!

En 2002, pronto llegó el primer aniversario de la tragedia de las Torres Gemelas de Nueva York, y el dolor aún estaba ahí, vivo para muchos de los que presenciamos este acto de terror, este ataque artero contra la Unión Americana. El país tardaría mucho en reponerse, nunca lo iban a admitir, pero ya nada sería igual de nuevo para nadie. Fue un año para empezar a replantearse todo. Ya no era un chiquillo, ya era una persona adulta, y algunos o muchos hemos cometido muchos, muchísimos errores, pero la realidad es que ya no soy joven, pero tampoco tan viejo. Mujeres no faltaron en mi vida, y no porque yo sea un galán como Andrés García —el actor mexicano—, pero sí gocé, y mucho, de los favores y amores de bellas mujeres que llegaron a mi vida de manera muchas veces sorpresiva y, asimismo, desaparecieron de ella. Muchas de ellas estuvieron de paso, como estrellas en el firmamento, fugazmente, mujeres de Venezuela, Colombia, Ecuador, pero si voy a ser real y justo, la belleza femenina es mundial, y todo es muy relativo y circunstancial.

Lo que sí empezó a germinar o a manifestarse con fuerza, fue un interés genuino por aprender, conocer y leer. La lectura me reconectó con mi pasado, con mi niñez para ser más exacto, por tanto comencé a leer los grandes clásicos de la literatura, pero en general fue de todo: libros de poesía, Nueva Era, autoayuda, en fin, de todo un poco. Ya se iba despertando dentro de mí una gran inquietud que todavía tardaría un par de años más en acabar de manifestarse. Esas primeras lecturas eran una manera de tratar de entender qué me pasaba, qué le pasaba al mundo en que yo vivía, y pensaba si debía de cambiar de dirección en mi vida, pero, ¿hacia dónde? No eran todavía los años del gobierno del presidente Donald Trump, pero ya se podía de cuando en cuando palpar o suponer el ambiente social causado por este mandatario, estaba embozada esta era de rechazo oficial a inmigrante, y ya con Trump el racismo y la xenofobia contra el inmigrante se manifestaría con descaro total.

En una ocasión, en una tienda de abarrotes en Hoboken, Nueva Jersey, me encontraba haciendo mis compras para el restaurant donde trabajaba, cuando de pronto entró una joven pareja interracial, ella blanca y él de raza negra. El hombre se veía evidentemente molesto por algo con ella, ambos discutían y de pronto, cuando la discusión ya era muy notoria, él la ofendió de palabra: *"Fuck you, bitch!"*, le gritó, y la jaloneó de un brazo. Ya tenían lo que iban a comprar y se dirigieron a la fila para pagar en la caja. Fue curioso porque estando ya en la caja cerca de pagar, le dio a él por voltear, y para la sorpresa de este tipo, casi todos los demás clientes que esperaban en la fila eran blancos. El único hispano ahí era yo.

—Si estuviéramos en el sur de donde soy, te dábamos una buena golpiza y después, si tenías suerte, te lanzábamos por algún riachuelo; eso te enseñaría a respetar a una mujer blanca —le dijo uno de esos hombres.

Nunca me olvidaré de la cara de aquel tipo, y hasta ahora no estoy seguro si él esperó a recibir su cambio o no, lo cierto es que tomó del brazo a su novia blanca y ambos se perdieron rápidamente del lugar. Como digo, tuvo suerte, eran otros tiempos, no los de Donald Trump, hoy por seguro le hubiera pasado algo. Como dice la canción del cantante británico Rod Stewart: *Some guys have all the luck* (Algunos tipos tienen toda la suerte).

Esta fue la época en que yo recorría las calles de Nueva York, Manhattan y los otros condados: Bronx, Queens y Brooklyn. En lo personal, buscaba respuestas a todas esas interrogantes que aparecían de golpe en mi cabeza, y de pronto me convertí en una especie de esponja humana intelectual, ¡ya tenía de alguna manera la energía predispuesta para eso! Así comencé a asimilar y absorber muchas de las experiencias que sucedían a mi alrededor, pero muy marcadamente todo lo que tuviera que ver con el arte en sus distintas facetas, como música, teatro, poesía, cine y, de éste último, el cine independiente, o sea en teatros neoyorkinos como Angelika, Sunshine Landmark, Film Forum, Walter Reade del Lincoln Center, el IFC y otros. Estos lugares comenzaron de alguna manera a ser importantes para mí, llenaban mi alma y alimentaban mi espíritu, pues yo tenía sed de conocimiento, de comprender el ritmo y el propósito de venir a este plano terrenal, eso quería aprender, ver y apreciar arte y, de ser posible, las ¡24 horas del día! Si Dios me había traído a esta ciudad de este país, tenía que haber sido por una razón y un motivo, y yo no iba a desperdiciar la oportunidad, y también lo que la ciudad tenía para ofrecerme, para compartir conmigo, con otras personas del mundo. Un gran número de gente desconoce que mucho de lo que se ofrece o se encuentra aquí es gratis, y tienen una visión distorsionada de lo que es esta capital del mundo. Creen que aquí se comen a la gente cruda o algo así, como que aquí se mata en todos lados y a todas horas del día, y ese es un sentimiento paralizante, que no te va a permitir trascender ni superarte en lo más mínimo, pero si tienes ganas de cambiar tu alma, tu espíritu, para esa sensación de querer nutrirte de tu entorno, no hay lugar mejor que la ciudad de Nueva York. Así lo ha descubierto mucha gente, se me viene a la mente, por ejemplo, el músico británico John Lennon, a quien Manhattan le recordaba mucho a su Liverpool de toda la vida, ¡lógico!, era un espíritu libre. El integrante de *The Beatles* caminaba con su mujer Yoko Ono por Battery Park y miraba el mar con dirección a Europa, y seguro que se imaginaba a él mismo parado en los muelles de Liverpool, su ciudad natal, mirando hacia acá, como cuando era un rebelde adolescente rocanrolero.

Si estás solo y te decides a tomar las riendas de tu vida en gran medida por ti mismo, sin dejarte llevar por miedos, ni temores, puedes conocer todo tipo de gente, desde artistas, locos, genios, creadores, y no es que te vas a volver un bohemio, bueno, en todo caso la decisión es tuya. Nadie obliga a nadie, y menos en esta ciudad, aquí todo el mundo es libre e independiente, y si tienes dudas, camina hacia la bahía de Nueva York para que veas la Estatua de la Libertad y te lo recuerde; eres libre aquí y no te olvides nunca de eso. No dejes que el miedo, el pensar que no tienes papeles, te paralice. Si yo lo hubiera hecho, no habría logrado nada de lo poco que he realizado. Así que dale adelante, y sin miedo amigo.

Mucho de conocer todo este mundo intelectual, como lo he dicho antes, se lo debo a mi querida maestra en astrología Melva Ortiz. Ella me encaminó un poco en todo esto, me hizo conocer estos lugares y luego me soltó, y como ella misma dice, yo extendí mis alas y volé por mí mismo, comencé a volar a otros lados, a otras alturas, quizás con un poco de temor por lo desconocido, pero sin dejar que eso me paralizara. Debes entender eso, puedes sentir miedo, pero igual debes seguir, no te debes detener, debes seguir adelante, y de pronto verás cómo los miedos que tenías se comienzan a deshacer, a desmoronar delante de ti, lo podrás apreciar por ti mismo y te reirás de lo que antes te causaba miedo, ya verás, pero antes atrévete amigo. Naturalmente, después vendrán nuevos miedos, que serán nuevos retos, y de nuevo tendrás que vencerlos, conquistarlos, porque para eso es la vida, para vencer tus limitaciones, tus miedos, tus fobias y tus demonios, a esos son los que debes exorcizar siempre, aunque siempre aparecerán otros, ya que la vida es cíclica, en círculos, ya lo verás por ti mismo. Con Melva Ortiz dio comienzo todo el proceso de transformación de mi vida en Estados Unidos, ese fue un encuentro predestinado. Si hubiera sido otra persona la que yo hubiera contactado, no sé cuál hubiera sido mi destino, pero todos llegan a la vida de uno por una misión y un propósito, aunque de momento no lo entendemos, pero después, con el tiempo, esto tendrá sentido totalmente. Han sido más de 20 años de conocerla, y parece que fue ayer, como dice la canción, como canta Gardel en su tango inmortal. Le agradeceré siempre a ella que tuvo esa paciencia y visión para poderme ayudar a conectar con mi propósito en esta vida, con lo que después de alguna manera es mi misión de vida. Melva vio en mí lo que otra gente no pudo o no quiso apreciar, ese hambre que yo tenía de aprender, de conocer nuevas cosas, de querer cambiar, trascender mi realidad, mi vida y mi presente, ella lo percibió y me ayudó desinteresadamente en ese proceso evolutivo mío, ¡mil gracias querida Melva! No importó que por aquellos años yo me llenara de trabajo, es decir, que tuviera dos trabajos de turno completo, o uno de turno completo y uno de turno parcial, no, nada de eso importaba, lo importante era trabajar, mantenerme a mí mismo como siempre lo he hecho, eso es lo correcto. Por eso me indigna y me enoja mucho que se diga que venimos a este país a que nos mantengan, eso no es cierto, eso no es verdad, esa es una grandísima mentira, ¡carajo! Por supuesto que hay una excepción a esta regla, pues muchas personas de todo el mundo son traídas aquí por negocios que desde su país les enseñan cómo manipular el sistema y vivir de los beneficios públicos. No obstante, la realidad es que la mayoría venimos a tratar de prosperar trabajando mucho más, incluso que el estadounidense promedio. Pero con Trump hasta eso está cambiando, ya que ahora ha restringido los beneficios públicos para personas que se consideran carga para el sistema de beneficios públicos por no ser ciudadanos.

Como dije, no es que uno se hiciera rico trabajando dos turnos, pero tampoco era la gran cosa. Aquí mucha gente se olvida que se gana en dólares pero que se gasta igual, en dólares, no en soles, en pesos o en bolívares, no, se gasta en dólares, y aquí todo cuesta, aquí casi nadie hace favores, lo que contrasta con nuestra propia cultura, en donde enseñamos más el corazón y los buenos sentimientos hacia otros, así a veces muchos hijos de puta lo vuelvan mierda y nos paguen mal. En fin, sigamos siendo buenos, que como decía Facundo Cabral, es buen negocio ser bueno, que si lo supieran los malos serían buenos aunque fuera solo por negocio. Incluso, la situación laboral por aquellos años se puso más exigente, ya que a mi segundo trabajo, que era de medio turno, le aumentaron de horas, ya que había entrado un sindicato de trabajadores, en el cual me admitieron porque trabajaba con otra identidad. No tuve problemas, así es, es la verdad, y ¿qué hago si necesito trabajar? ¿O es que voy a matar, secuestrar o robar acaso? No, yo no vino a cometer ningún delito sino a ganarme la vida de una manera honrada y honesta, sin perjudicar a nadie, y con que nadie me joda la vida ya es bastante, así no me hagan favores, con que no me jodan es suficiente. La conversión de cuatro horas diarias de trabajo a ocho dio lugar a este diálogo:

—Entonces qué, ¿te animas a tratar cómo te va con el turno de ocho horas? A ver si resistes, huevón —me preguntaron al ofrecerme el turno completo.

—Vamos a darle nomás, qué nos queda —respondí, y me alejé a preparar toda la maquinaria que necesitaba para comenzar mi labor, ¡a lavar alfombras, coño!

El primer día, o la primera noche mejor dicho, fue dura, pero como dice la expresión popular, ¿ya qué? Por suerte, el físico me respondió, gracias a Dios no estaba tan jodido, y eso lo podría yo relacionar con el hecho de que me supe detener a tiempo de la bebida, la putería y toda esa jodedera que uno encuentra ni bien llega a este país. Las tentaciones son muy grandes y de todo tipo. El cambio fue de casualidad, ya estaba en vísperas de cumplir mis 30 años y de pronto, bebiendo en donde me encontraba, en un bar cualquiera, con la gente que me acompañaba, tuve como un viaje astral, un viaje en el tiempo fuera de mi cuerpo, o como se le quería llamar, que duró solo segundos. Súbitamente, entre trago y trago y copa y copa, bajé mi vaso y lo dejé en el mostrador, luego miré a mis costados y vi a toda esa gente que me acompañaban pero ya viejos, de otra edad, como si de pronto hubieran envejecido de golpe, como si hubieran pasado 25 o 30 años de un trancazo, como el personaje George Bailey en la película *It's a Wonderful Life*. Tuve esa visión y me vi también a mí mismo entre todos esos borrachos, pero mucho más mayor, ya viejo. Sacudí mi cabeza, pero nada cambiaba, entonces decidí irme de ahí, dejar el lugar. "Qué mala borrachera tengo, carajo, ya no bebo más esta mierda", pensé para mí mismo. Casi se arma una pelea pues pensaban que me quería ir sin pagar, pero no era eso, estaba aturdido por esa visión. Había sido permitido ver mi posible futuro, es decir, lo que me esperaba si en ese momento yo no cambiaba mis hábitos y el sentido de mi vida, me iba a ir rumbo a un abismo seguro, y algo ese día me detuvo, me frenó, gracias Dios.

Caminaba otro día por esas calles latinas de Unión City en Nueva Jersey, o tal vez sería en Jackson Heights, Nueva York. Lo cierto es que me tropecé en la calle con un hombre de la India, un hindú.

—*My friend*, te leo tu suerte, ¿quieres saber tu futuro? —me preguntó.

Mierda, dije, con lo que me escasea el dinero y encima esto, si este huevón supiera, yo estoy buscando trabajo, ya que no alcanza el dinero que gano en mi trabajo, ¡y ahora me encuentro con un adivino o gurú de la India!

—*No, my friend, no thanks* —contesté rechazando su oferta.

—*Please, please,* lo que tengas, tu voluntad, tengo que enviar dinero a la India y necesito conseguir algo de dinero, no hallo trabajo.

Me sorprendió que mucho de lo que me dijo me convenció, hablaba y se comunicaba bien, la mitad en inglés y la otra mitad en español, aprendió bien este huevón, pensé.

—Mira, *my friend*, no tengo dinero, pero vamos, si quieres te invito a comer algo, ya es hora de comer y yo tengo hambre, de seguro tú también, ¿verdad?

—*Thank you my friend.*

No me acuerdo de su nombre, y quizás nunca lo haga, pero solo sé lo que me dijo aquel día: "Serás conocido por tus conocimientos, pero debes ayudar a los demás, nunca olvides eso, ¿*okay*? Eres un hombre que tiene una gran mente, ¡utilízala! ¡No dudes! Y escribirás libros, yo lo puedo ver, sí, tú serás escritor, y algún día también serás conocido por eso, pero no debes dudar, ni pensar en lo que eso generará en tu vida, en cómo esto cambiará tu realidad. Solo sigue adelante, cumple con tu misión, que para eso has venido, porque lo que ha de ser, será sin duda alguna, sigue y haz realidad tu destino, no puedes escapar de él".

Almorzar en estas condiciones no es cosa de todos los días, pero lo tomé con criterio amplio, además, no me gusta comer enojado, así, mejor no se come nada. Pero nunca me he olvidado de todas y cada una de sus palabras, veremos si estas se vuelven realidad. Si he de ser sincero con este mensajero Hindú que me envió el destino, sí acertó muchas de las cosas de mi pasado que me dijo al comienzo cuando nos sentamos a comer. Quizás fueron para convencerme de ser quien era, y para que le creyera lógicamente su capacidad predictiva.

—El gran Poder de Dios te proteja mi amigo, *you have a good heart*. No olvides tu misión, *okay*? ¡Namasté!

Ahí fue la primera vez que oí aquella misteriosa palabra, que luego volvería a oír con más frecuencia en el futuro. Se trata de un saludo hindú tradicional, que significa algo así como "Saludo la divinidad que mora en ti", y uno contesta igual.

En otra ocasión andaba yo por Newark, Nueva Jersey buscando un trabajo de medio turno, un trabajito extra para siempre completar el dinero para las cosas que uno tiene que pagar en este país como renta, teléfono, comida y transporte. Entonces fui a un restaurante que había sobre la Calle Market, pero aunque no encontré trabajo me divertí de lo lindo. Esperé por el manager, cuando apareció me dio la forma de solicitud para llenarla y en eso estaba cuando desde el mostrador, dos mujeres anglosajonas que atendían el negocio con sus uniformes conversaban animadamente. Aún mi cerebro a veces no se sintoniza en el puro inglés, pero cuando lo hace le pasa cosas como esta. La plática de ellas se centraba en el nuevo solicitante —yo—, y refiriéndose a mí me describían como un hispano atractivo. Una de ellas le decía a la otra que esperaba que sí me contrataran pues "los negros e hispanos tienen penes enormes", mientras que la otra mujer decía, "No sé, pero es guapo, de lo otro nos tendríamos que enterar después".

Eso que oí fue suficiente, y tuve que explotar de la risa, ya eso era demasiado. Aún más gracioso fue ver la cara de las dos chicas blancas que no sabían dónde meterse, aunque en verdad solo una de ellas se sonrojó un poquito, mientras que la otra le pareció lo más natural del mundo haber estado hablando eso, y estaba fresca como una lechuga. Ambas estaban atendiendo al público, aunque en ese momento tuvieron oportunidad de comentar lo que dijeron, fue una tontería. Lo menciono porque así como esas cosas, otras cosas nos dirá la gente, asumiendo que nosotros los hispanos no les entendemos su idioma. Al menos yo tuve suerte y no fueron insultos, sarcasmos o ironías que mucha gente en este país nos suele decir. Uno debe por eso estar muy receptivo a lo que muchas personas dicen alrededor de uno, porque no pocas veces se estarán refiriendo a uno y no de muy buena manera tristemente. Antes, cuando yo llegué a principios de los 90s, no se veía esto tanto, como ahora en pleno siglo XXI, que mucha gente aquí directamente asume que todos los hispanos, o los que lucen como tal, no saben un carajo de inglés, y entonces aprovechan para hacer sus comentarios despectivos respecto a nosotros, ya sea por nuestra apariencia, ropa, color de piel, o lo que sea; la intención es decir algo en tono de burla acerca de nosotros, como si el no entender un idioma sea sinónimo de ser ignorante, es solo simplemente eso. No saber una lengua o un idioma no es señal de ignorancia, pues hay gente muy inteligente en cualquier raza y cultura, pero como digo, aquí todavía hay mucho prejuicio solo por lo que ven, sin darse el tiempo de conocer a la persona de la que hablan.

 El tiempo transcurría y yo seguía trabajando, envuelto en la vorágine de trabajar y trabajar como un burro, hasta consumirme, como les pasa a muchos latinoamericanos, unos porque lo tienen que hacer, pues son la única ayuda para su gente que está aquí con ellos o en sus países, y otros para mantenerse y pagarse sus vicios. Por supuesto que aquí también hay bastantes viciosos que trabajan y gastan su dinero en sus malos hábitos, y todo vicio es caro sin duda. Muchos fuman mariguana, otros aspiran coca o beben alcohol hasta volverse drogadictos o alcohólicos. "¿Quién es borracho, yo? ¡Estás loco!", esa es la respuesta clásica de alguien para negar su vicio, y quién no la ha oído aquí, y así transcurre la vida para muchos en este país. De súbito, como dice el dicho, lo que está condenado a pasar, ha de pasar como quiera que sea, es decir, irremediablemente, si lo quieren la vida o Dios, en su propio tiempo, los tiempos del Señor son perfectos sin duda. Carajo, ya soné como pastor religioso, perdón, pero es verdad, en esos instantes en que a veces nuestra vida parece monótona, como que nada pasa, donde todo parece igual, la inescrutable mano del destino entra a tallar, como siempre. Ahí, cuando menos lo esperas, vienen estos cambios abruptos del destino, porque lo que ha de ser será, sin duda alguna.

La vida en general para inmigrantes como yo, tiene su propia problemática. Encima de todo, para quienes vivimos en esta región de Estados Unidos, el clima presenta otro reto que se suma a los demás desafíos para salir adelante. El invierno es cada vez más fuerte, y las tormentas invernales son severas. Nunca falta en estas circunstancias climáticas que alguien por ahí se acerque a ti en busca de ayuda. En una ocasión, un mendigo de raza blanca, ciudadano estadounidense, el típico desamparado de este país, me pidió que le diera dinero como a todos los que pasan por la calle o una estación del tren. Con frecuencia, estos indigentes traen puesto un abrigo para el frío mejor que el que uno trae puesto, más nuevo y mejor, y cargan una mochila de buena marca. El dilema siempre reside en esta pregunta: ¿Qué hago, le doy dinero?" Pero si yo lo necesito más que él ¿o no? Esta es una de las ironías más grandes en esta nación capitalista, que un ciudadano de Estados Unidos que vive en las calles, que habla bien el inglés y que de proponérselo pudiera trabajar legalmente, le pida dinero a un inmigrante indocumentado que trabaja uno o dos trabajos y tiene que enfrentar la situación de su ilegalidad.

26

RECUERDOS DE MI PADRE

Un día, mientras veía los canales televisión de cable de Estados Unidos, en uno de los programas vi la silueta de un tren en la noche y escuché una música súper conocida que me transportó a mi pasado, a mi Perú, y a mi niñez. Ahí estaban a mi lado, sin yo verlos, mi padre, mi madre y mis hermanos, y en la pantalla la inolvidable historia del personaje del Doctor Richard Kimble, acusado de un crimen que no cometió: el asesinato de su esposa, un crimen por el que va a ser ejecutado, en la silla eléctrica, en la penitenciaria. Después que le enciende el cigarrillo el incansable teniente de policía Philip Gerard, su implacable perseguidor, se escucha el sonido de un tren que se descarrila, si es como bien dice la voz en off que narra esa escena de esta inolvidable serie de televisión, la mejor de todos los tiempos para mí. Nunca me olvidé de ella, será porque de niño siempre quise ser médico, desde que tenía uso de razón se lo decía a la gente, contaba mi madre, cuando me preguntaban qué yo quería ser de grande. Yo quería ser doctor en medicina, doctor cirujano para salvar vidas, para quitarle vida a la pelona, a la calaca, arrebatarle vida a la huesuda, ¡eso me gustaría ser sin duda! Doctor y el mejor. Acostado en la soledad de mi cuarto, no pude seguir quedándome quieto, de pronto todo mi pasado vino de nuevo a reencontrarse conmigo, mis padres, mis hermanos. *El Fugitivo* fue una serie de la televisión estadounidense que se transmitió por la cadena ABC de septiembre de 1963 hasta agosto de 1967. Esta serie que yo veía de niño en mi hogar, con mi ya casi extinguida familia, ese hogar, esos padres, ese hermano que ya no tengo más, y el hermano al que no veo con frecuencia, y ya saben ustedes por qué. Ver los episodios del doctor Kimble de nuevo, corriendo y escapando de sus captores, era un gusto enorme, un placer, pero también una gran ironía del destino, ya que ahora me había convertido de cierta manera, y con el correr del tiempo aún más, en él mismo, un Kimble hispano, moreno, trigueño, o como lo querían llamar, siempre mirando para todos lados, cuidándome de lo que respondía cuando alguien quería saber de más acerca de mi situación legal, qué tiempo hacía que no volvía a mi país, o cuando iría de vacaciones y a qué lugar. Yo debía evitar responder o responder a estas preguntas con mucho cuidado y con total seguridad, mintiendo quizás, pero por supervivencia, para sobrevivir, todo bien pensado y bajo control, sin dejar nada al azar.

Hasta ahora, a raíz de este libro y por obra y gracia del que inventó la imprenta, la gente se enterará quien en realidad soy, pero ya eso nada importa, solo importa contar la historia de lo que viví yo y otros inmigrantes ilegales en estas tierras. Mi vida o lo que me pase a mí es lo de menos, eso ya no tiene importancia, conmigo no se pierde nada, yo no tengo esposa, ni hijos, lo importante es la misión, y esta es una misión, el escribir, el contar estas historias, es una misión por y para los inmigrantes, dar a conocer lo que ellos pasan, sufren y viven, aquí o en donde yo tuve la fortuna de conocerlos y tratarlos como un compañero de viaje más, eso es todo, y sinceramente espero que lo esté haciendo bien. Richard Kimble corría, huía, escapaba con la esperanza de encontrar, de dar con el paradero del verdadero culpable en el asesinato de su esposa, y aunque no sabe dónde buscar, tiene ese sueño, esa esperanza, ese hombre manco que él vio huir de la escena del crimen, es lo que lo empuja a seguir vivo, a correr. Yo, en cambio, ¿por qué corro en este país? ¿Qué me impulsa? ¿Es acaso la idea ilusoria de que algún día habrá en esta nación una reforma inmigratoria integral? ¿Será que algún día habrá una amnistía general para todos los inmigrantes?

Transcurría el 2002 o 2003 más o menos, y ya corrió mucha agua debajo del puente, como dicen, y si te descuidas aquí te haces viejo y ni cuenta te diste. Por aquella época, aun con la distancia que existía, pude reconectar con mi padre, con mi sangre, con mi pasado, con mi país. ¡Qué sensaciones tan extrañas y conflictivas se experimentan dentro de uno! ¿Cómo decirle a mi padre que con el tiempo que entonces tenía de vivir en este país, aún no había conseguido mis papeles de residencia? Carajo, no, cómo le voy a decir algo así, pero, ¿y si me pregunta? No, no le puedo mentir, es mi viejo, y mi padre y mi madre siempre me enseñaron a ir de frente, a decir la verdad, así que no le podía mentir. Lo de mi situación es otra cosa si se lo digo a gente extraña en este país, pero a mis viejos nunca, eso sí que no.

En este reencuentro del destino, en este reconectar que nos regalaba la vida, él residía en el norte del Perú, en la tierra de mi madre, La Libertad, Trujillo. Ya alguna vez me había llegado a comunicar con él, cuando había pasado poco tiempo de mi llegada, pero después perdimos contacto y por la distancia y por no tener papeles. También yo me mudaba constantemente en aquellos tiempos, parecía un judío errante, y ahí nomas la paro con las bromas, ¡porque ya nomás falta que me acusen de antisemita! Nos perdimos el rastro yo y mi padre, pues yo me cambiaba de lugar, a lo Kimble, al estilo del fugitivo, ya sea por un nuevo trabajo, siempre viendo por si podía trabajar fuera de los libros, no había otra, y ya me cansé de conseguir papeles falsos y que me llamen con otro nombre. Antes que nada, si algo tengo que decirles de mi recordado padre, es que cada cosa que él me dijo acerca de Estados Unidos, fue cierta, como dicen por allá, me dijo la verdad de la milanesa. Cuando nos volvimos a comunicar yo le hice una llamada telefónica desde una cabina de llamadas internacionales en Jackson Heights, Queens, Nueva York, en el tiempo cuando yo tenía mis días libres a veces el sábado o el domingo, por la tarde mayormente. Entre semana era difícil comunicarme con él por el trabajo, mucho trabajo, y por la distancia, que era un impedimento grande. Uno aquí acaba muy cansado, y más si tu trabajo es básicamente físico, como lo era lo mío. Yo aquí he trabajado en muchos oficios, en construcción civil, demolición (sin licencia), cocinero, mudanzas, jardinería, embalaje, descargando mercancía en las terminales, y muchos otros, y pues uno queda un poco muerto, un "poquito" cansado, ustedes me entienden.

Cuando yo me comuniqué por primera vez con mi padre, allá por el año 1997 o 1998, me acuerdo que le envié una fotografía por correo postal a su dirección, en el mismo lugar donde él se había tomado una hacía muchos años atrás, en la Feria Mundial de *Flushing Meadows Park* en 1964. Yo fui al mismo lugar y con el *Unisphere*, un modelo de acero inoxidable de la tierra, a mis espaldas. Mi pobre viejo me contó después que lloró de la emoción de ver a su hijo, a su último hijo, en un lugar que a él le había gustado tanto. Recuerdo las palabras que me escribió en una de sus últimas cartas: "Yo sé que tú tienes temple, tú tienes coraje hijo, yo sé que tú no te vas a rendir..." No, no me puedo rendir, viejo, y por eso le sigo dando a esta jodida máquina, a esta computadora vieja, que de milagro no se descojona. Este es mi último tributo a mi viejo, porque este libro también va por él, que también fue un inmigrante en estas tierras, y que renunció a quedarse para volver con su amada mujer y reunirse de nuevo con sus hijos, que eran su adoración. Él que dejó atrás todo lo que el dinero quizás le hubiera dado, por amor, si, lo hizo por amor. ¿Quién carajos hace eso en este mundo material de mierda, me pregunto yo? Y todavía que encima era un León, si, de apellido materno, y de signo zodiacal, Leo, pero qué León carajo, de esos que ya no abundan. No, no me pude rendir, viejo, y por eso continué escribiendo esto de día y noche, no te puedo fallar, ni a ti, ni a mis hermanos los inmigrantes, al igual que yo ilegales. Aquella primera vez que contacté con mi padre fue todavía, así suene viejo y arcaico, a través de cartas que una agencia de envíos en Harrison, Nueva Jersey, enviaban a Perú. Qué tiempos aquellos, todavía con correspondencia escrita, ahora, con la tecnología digital, este método ya pertenece a la pre-historia, y sin embargo así fue. Para la gente moderna sonará quizás ridículo, pero así era en aquellos días en que al escribir o leer unas líneas en un pedazo de papel se te caían las lágrimas de la emoción que transmitían. Hasta ahora me pasa igual, si quiero recordar a mi padre, saco del cajón de mi gaveta las cartas que me alcanzó a enviar mi recordado viejo, las vuelvo a leer y las lágrimas caen de mis ojos. Debería también, para ser justos y sinceros, decir que no es solo por la nostalgia, sino también por el tremendo estilo que tenía mi padre para escribir y redactar algo; era único, mi viejo, tremendo periodista se perdió el Perú con él sin duda.

Cuando yo era niño en mi natal Perú, alguna vez leí lo que él escribió acerca de aquella asonada anti-velasquista de febrero de 1975, que fue dirigida por la Alianza Popular Revolucionaria Americana (APRA) y sus militantes llamados apristas, y que incendiaron y robaron a sus anchas, ya que la policía se quedó en sus cuarteles en huelga y amotinada. Por tanto, los revoltosos estuvieron de plácemes, y saquearon todo lo que encontraron a su paso. En la noche, cuando mi padre volvió a casa del trabajo, se fue a su escritorio sin cenar y se puso a escribir. Yo desde un rincón lo vi tomar papel y lápiz y comenzó a escribir. Parecía yo un pequeño ratón escondido, atisbando desde un rincón. Pasaron los días y un día, sin querer queriendo, lo leí. Era un extenso artículo en donde mi señor padre expresaba su más enérgico rechazo, y su más dura condena a los que él calificó de traidores a la patria y a la revolución del General Juan Velasco

Alvarado. Mi padre lo adoraba, y como él decía, "Velasco ha sido el mejor presidente del Perú, mi hijo, él único que se ha acordado de nosotros, los pobres". Con él vivimos una época que yo de niño me acuerdo bien, había estabilidad económica, si no, ¿cómo era posible que un modesto trabajador hubiera podido comprar con sus ahorros un auto para poder pasear a la familia, y sacarla de vez en cuando a comer? Mi padre tenía trabajo y toda su vida fue un humilde trabajador, un portero de edificios muy eficiente, también fue un técnico electricista, mecánico de elevadores y músico, y sobre todo músico. Por eso, para mí, aunque mucha gente critica el gobierno del inolvidable General Velasco, su recuerdo siempre estará en mi corazón. Como cuando mi padre, después de haber ido al sepelio del General Velasco, quien murió en la Navidad de 1977, volvió a casa tarde y todo desarreglado, me dijo: "Tenía que hacerlo, hijo, tenía que hacerlo, llegué hasta su ataúd, lo toqué y le dije, '¡Gracias general!' Tenía que hacerlo, ¡ha sido el único que se ha acordado de nosotros, los pobres de este país!" El sepelio del general ha sido uno de los más multitudinarios en la historia moderna del Perú. De hecho, la prensa oficial trató de minimizar la cifra real de gente reportando un número menor de asistentes, pero la Agencia Francesa de Prensa (AFP), que cubrió el evento con un helicóptero que sobrevoló Lima, dio la cifra de más de cien mil personas provenientes de todo el territorio nacional. Eso demostraba el inmenso cariño que el pueblo le tuvo al que ellos llamaban "el general de los pobres", "el Chino" Velasco —costumbrismo con el que se llama a la gente del norte del Perú, de Piura como él— o "Juan sin miedo", quien se enfrentó a los oligarcas del Perú y a los estadounidenses explotadores de la riqueza nacional. ¡Hasta siempre, General!

La comunicación con mi padre, como dije era, por cartas, al igual que lo hacían muchos otros inmigrantes con quienes me encontraba en la agencia de envíos cada nueva entrega de correspondencia. Tenía su magia ese método, magia que ahora desapareció la tecnología digital. Antes, cuando uno tomaba y escribía en un pedazo de papel algunas líneas, uno abría el alma, dejaba salir el corazón a través de la pluma, así de lindo era, así de afectivo, sentimental y emocional. En aquel intercambio que tuvimos, que como digo nunca fue tan continuo como yo hubiera querido, también lógicamente lo pude ayudar con algo de dinero y ¿cómo no lo iba hacer?, si era mi viejo, mi querido viejo, que hoy ya está muerto hace tantos años, y a quien por estas "benditas" leyes de inmigración no pude ir a Perú a despedirme de él, a darle el último adiós. Algún día volveré en persona o en espíritu, pero volveré, eso yo lo sé. Es una promesa viejo, tengo que llegar a tu tumba de una manera u otra, te lo prometo. Aquel primer dinerito que le envié, tiene una anécdota, pues él me contestó al respecto cuando lo recibió. Regresaba él un día a casa del trabajo, se dedicaba a la venta de algunos productos que se abastecía para poder subsistir. Se dirigió a su escritorio, porque por muy pobre que mi padre haya sido, siempre tenía un lugar en casa donde escribir, donde sentarse a redactar su correspondencia. Entonces ahí él encontró mi carta. "¿Y esto?", pensó. Abrió la carta y vio que era de mí, y que dentro del sobre yo había enviado un billete de 100 dólares, pero forrado con un papel de aluminio, un viejo truco, pero efectivo. Fue una total sorpresa para él, tanto así que esto me contestó en su próxima carta: «Gracias hijo, me ha parecido tan extraño recibir este dinero, estos cien dólares, porque yo nunca en mi vida he tenido la ayuda de nadie, nunca nadie a mí me dio la mano, y de pronto yo, al llegar a casa y con la edad que tengo, el cansancio de estos años, y de pronto recibir este dinero, y que encima me lo mande mi hijo, pero mi hijo menor, el último de mis hijos, el más engreído, al que yo engreí más, recibir este dinero de parte de mi Charlie, para mí eso es especial, eso para mí no tiene precio, que Dios te multiplique tu dicha, tu riqueza, tu prosperidad, porque te has acordado de tu padre, has ayudado a tu padre sin habértelo él pedido. Siempre supe de tu temple y de tu carácter, y sé que serás capaz de hacer muchas cosas aún más grandes en tu vida, yo lo sé, lo he sabido siempre, desde el día en que naciste y que te tuve en mis brazos por primera vez. Ve mi querido hijo, sigue tu sendero, cumple con tu misión, ¡tú puedes! ¡Y gracias de parte de tu padre de todo corazón! ¡Yo nunca me he olvidado de ustedes, mi Fabiola y mis hijos, mi querida familia!»

Aquella carta aún la conservo conmigo, la laminé para que no se desgastara con el paso del tiempo, y es imposible para mí leerla y poder contener el llanto, no, no se puede, es un pedazo de papel que es más que eso; tiene vida, tiene alma, tiene el amor de mi viejo, su esencia, esa esencia que quizás él no se dio cuenta y también se coló en el sobre antes de que él lo cerrara y que me trajo parte de su gran fuerza de león, de ese coraje, de ese valor que alguna vez de niño vi en acción, cuando mi padre se peleó a trompada limpia con una persona que lo había ofendido, que lo había insultado mentándole la madre. Él volteó y me dijo, "Quédate aquí". Aquel tipo era grande y más grueso que mi padre, pero mi padre era deportista, y además admiraba mucho el boxeo, al boxeador estadounidense Cassius Clay, quien después cambió su nombre a Muhammad Alí, era su ídolo de toda la vida. Mi padre y aquel hombre se pelearon. Mi padre lo veía venir y lo eludía con destreza, el tipo lanzaba puños al aire, pero no lo encontraba a un león ágil, que le hacía el quite con felinos movimientos de cintura. Eludió una, dos, tres veces y a la cuarta mi viejo soltó la izquierda, él era zurdo, como yo, porque yo siempre fui zurdo, y aquel tipo fue a caer al suelo, como también cayó al suelo el reloj de pulsera que tenía puesto mi padre y que no se había quitado. Había sido un regalo de mi madre. El gordo aquel no se levantó más, ¡nocaut técnico!

Aquella carta la plastifiqué para que se conservara a través del tiempo, y alguna que otra vez en que me he sentido como desalentado por la vida, sin fe, sin esperanza, cuando ya el desaliento comienza a apoderarse de mi alma, de mi espíritu, la vuelvo a leer y de nuevo viene a mí ese fuego sagrado, ese aliento divino de no rendirme nunca que siempre tuvo mi padre, y que también alguna vez antes de morir me comunicó mi Fabiola querida, mi bella madre: "Fuerte y valiente hijo, tienes que ser fuerte y valiente, Carlitos, ¡recuérdalo siempre! Y al poco tiempo ella también se fue al cielo. Mi padre como bien mencioné, también escribía, y yo quizás le haya heredado algo ese talento, pero no creo nunca que pueda superar esa pieza de oratoria que yo leí acerca de aquella cobardía popular que fue aquel 5 de febrero de 1975 , en donde la desvergüenza popular se desbordó atizada por unos apristas que nunca han tenido moral, ni vergüenza, ni principios, un partido del cual hasta su propio líder se traicionó asimismo.

Todos aquellos años seguí comprando libros y más libros, viendo películas extranjeras, asistiendo a eventos culturales, de pintura, fotografía, poesía, y otros. Era como una esponja humana, ansioso y ávido de aprender, de conocer otras culturas, otra religiones (¡me compré hasta El Corán!), tenía sed de conocimientos. Sabía que la vida quizás me quiso o intentó robar mi capacidad de aprender, de culturizarme por mí mismo, y eso yo no lo podía permitir. Era yo entonces que tenía que hacerlo por mí mismo, nadie más me iba ayudar en ese propósito, era solo tarea mía, mi asignación pendiente, mi tarea inconclusa, esa parte me tocaba a mí, era toda mía la labor, y yo estaba a gusto con eso. Leía todo lo que me interesaba, y en eso invertía mi dinero, en culturizarme. No sé cuánto dinero gasté en eso, y no me interesa saberlo. Si antes gaste en trago, en putas y en vicio, ahora lo iba a gastar en algo constructivo, en mí, en mi vida, en mi inteligencia, ¡porque yo la tengo, carajo! Seguro que si, como muchos de ustedes también la tienen, pero que se han dejado robar su sueño, su ilusión. Yo te pregunto, ¿por qué dejaste que eso pasara amigo o amiga? ¿Por qué? ¿Valió la pena acaso? Libros, libros y más libros, de todo tipo de autoayuda, de metafísica, de la New Age (Nueva Era), místicos, espirituales (un Curso de Milagros). Con la música fue igual; de nuevo retomé todo lo que teníamos en la casa de mi infancia, todo tipo y todo género, miento, menos rap y reggaetón, con eso como en el póker, ¡paso sin ver, mi amigo! Como buen hijo de músico, hijo de artista al fin, me conecté con todas las manifestaciones del arte habidas y por haber, como dije, fue una ayuda grande no tener familia que mantener, eso es con toda seguridad, para hacer todo lo que hice de otra manera hubiera sido imposible, no hubiera podido. No me fijo, ni me admiro, ni le reclamo a nadie, porque no todos pueden haber vivido mi vida de la manera que yo lo hice, otros criaron y crecieron una familia, lo cual también es muy meritorio y digno de admirar. Todos tenemos una tarea que llevar a cabo en esta existencia, intentemos hacerla bien, eso es todo.

Seguía explorando Nueva York cuando mi tiempo lo permitía. Esta es una gran ciudad y quizás para mucha gente pueda ser o parecer fría, pero para mí no lo es, esa es mi opinión, pero alguno puede discrepar. El vivir cerca de Nueva York por ser residente de Jersey City, que está solo al cruzar el río Hudson, es en verdad una bendición. La gente a veces no se detiene a pensar en eso, y esto se entiende por la locura que es vivir aquí, pero hacerlo es opcional, nadie te obliga a nada, y si quieres y puedes, te mandas mudar, así de sencillo. ¡Es caro vivir aquí, seguro que sí!, pero es la capital del mundo, ¿qué esperabas? Al vivir en Jersey City solo tengo que tomar el PATH Train y estoy ahí ¡en cinco minutos! Así de cerca estoy, aunque en total a veces toma 20 minutos. Esta ciudad de más de ocho millones de habitantes tiene una energía única. Desde la primera vez que fui allá, al salir de aquella estación de tren y subir a la superficie —el tren corre por debajo de la ciudad, por el subsuelo— ascendí al nivel de la calle y aspiré profundo, pude sentir la tremenda energía que se siente en esta maravillosa ciudad, y sentir lo que seguramente sintieron tantos otros que se enamoraron de esta gran y multifacética metrópoli, "La ciudad que nunca duerme", como bien la describiera la letra de la famosa canción *New York, New York*, cantada por el gran Frank Sinatra. El viejo de los ojos azules nació en Hoboken, Nueva

Jersey, a un lado de Jersey City. Él nunca lo dijo, o casi nunca lo mencionó, de ahí que el día que muriera "La Voz" en 1998, casi nadie en este pueblo se acordó de él, es triste decirlo, pero así fue, yo lo vi pues trabajaba aquí. Solo una banderola que alguien en la Avenida Washington, la avenida principal, colgó en su ventana que daba a la calle recordó el hecho ese día, nada más. Por ahí un poco de música fuera de la alcaldía, y para joder, la casa donde nació en Hoboken se quemó hace mucho tiempo. No existe un museo, y en donde estaba la casa de Sinatra, afuera en la calle, solo hay una estrella en el piso para señalar que en ese lugar nació la leyenda. Para aquellos que nos enamoramos de la ciudad de Nueva York, solo el hecho de entrar en contacto con su aire y caminar sus calles, ya nos hace sentir bien, en el hogar, en un hogar pasado, ¿quizás? ¿Quién sabe? Pero es así, en todo caso así lo siento y lo he sentido yo siempre.

Durante ese tiempo nuevamente debía de permanecer bien atento porque ya en el trabajo estaban volviendo a chequear los papeles, es decir, verificando si uno está de manera legal en esta nación y con autorización para trabajar, lo que me ponía de nuevo en una situación de sobresalto, de prestar atención a cualquier novedad. Cuando no tienes papeles debes estar siempre atento, ya que cuando estás viviendo en esas condiciones en este país, tu vida puede cambiar en cualquier momento, de un día para otro todo puede alterarse para siempre y sin darte cuenta, y mucho menos con previo aviso. Nada es seguro ni para siempre, en especial si no tienes papeles legales de residencia, por tanto, siempre tienes que estar atento, ya que eso puede significar la diferencia entre tu libertad, tu permanencia aquí o tu eventual deportación.

Yo tenía dos empleos y era muy desgastante, pero ¿qué le iba a hacer? Eso es lo que había, lo que me tocaba hacer, si no para qué vinimos aquí. Yo terminaba siempre mi jornada laboral casi muerto, extenuado muchas veces, pero seguía adelante, un poco por la costumbre. A decir verdad, si yo lo permitiera, me podría volver un adicto al trabajo, por eso debo tratar de balancear mi vida, mi trabajo, mis rutinas y todo en mi vida. Hay que seguir adelante, y en el trabajo soy así, un poco adicto a él. La gente dirá quizás, "Curioso, no tiene papeles y encima, ¿adicto al trabajo?" ¡No hay ninguna contradicción, pendejos! Así es uno y ¿qué? Para durar o responder a las exigencias físicas de mi nuevo trabajo, me sirvió de mucha ayuda el siempre haber estado haciendo ejercicio dentro de mi apartamento, y a veces me he detenido pero solo por pequeñas temporadas. Me pasa lo mismo que con el trabajo, necesito trabajar, creo que es algo compulsivo, no sirvo para ser sinvergüenza ni mantenido, soy muy independiente y no me gusta depender de nadie. Con el ejercicio físico es igual, ya que si no libero mis energías entrenando, entonces ando cargado, me frustro y se me alteran los nervios. Por ello necesito siempre liberar esa tensión nerviosa dentro de mí, es algo innato. Al levantarme y antes de ducharme, hacía siempre varias sesiones de lagartijas (planchas, para el peruano), sentadillas y me colgaba de una barra que adapté en la puerta de mi baño para hacer barras y en donde trabajaba los brazos, la espalda. Este es un ejercicio muy completo, ya que trabajaba todo mi cuerpo, que aún estaba fuerte. Me respondía siempre, lo he tratado siempre bien o, en todo caso, lo he intentado. Solo en los primeros años de estar aquí fue que yo hice muchos desarreglos, como escribí en los primeros capítulos. Gracias a Dios pude superar todas esas pruebas que se me presentaron. Para comenzar, siempre me levantaba a las seis de la mañana, calentaba un poco los músculos para prevenir y evitar una lesión, y de ahí a entrenar. Usaba todo mi apartamento porque aparte lo hacía desnudo. Cuando tenía esos dos trabajos de turno completo, así parezca curioso, tenía sexo con alguna de mis amigas en el intervalo de terminar un trabajo y comenzar el otro. Tenía una pausa como de 45 minutos, entonces aprovechaba ese tiempo y me aventaba un polvo, un palito, como dicen por ahí. Hacía bien, se sentía muy bien, pero ¡ojo! Solo un palito, ya que un día me emocioné y ¡me aventé dos!, y después no podía con mi alma, estaba casi al borde del desmayo. Si iba a trabajar de ocho horas a ocho horas, es decir, dos turnos de *full-time*, en vez de descansar y relajarme, me iba a joder con las putas también, no lo podía evitar, temperamento arrecho o bellaco, como dicen los boricuas. Si tenía sexo entre semana y en medio de las dos jornadas de dos horas de trabajo diarias, debía ser solo uno. Ahora, si los reservaba para el fin de semana era mejor, ya que podía relajarme más, pero cuando se para la cabeza de abajo, la de arriba deja de pensar. Sin embargo, ya tenía que comenzar a racionar mi energía, pues ya me estaba comenzando a poner mayor.

Dentro de esa vorágine de muchas horas trabajando, lecturas sin fin y sexo sin compromisos, el tiempo parecía girar incluso más rápido, como el espiral de un huracán o el remolino en un río. Cuando yo acepté trabajar dos empleos de ocho horas diarias cada uno, uno de mis grandes temores fue caer en el mismo estado físico de un amigo panameño que también conocí en el trabajo. Roberto era un tipo que ya tenía tiempo trabajando en la misma compañía de limpieza que yo, pero a diferencia de mí, él hacía el turno de la noche, es decir, se amanecía trabajando. Ese turno es jodido, si pueden evítenlo, si no se van a avejentar muy pronto, aunque todos nos vamos a envejecer en la vida, pero no hay que joderse el físico tan rápido de esa manera, porque las horas de sueño que le quitas a tu cuerpo no regresan, nunca olviden eso. Ahora, si no se puede evitar o es por poco tiempo, adelante, pero no se maten en amanecidas chambeando, luego no digan que no les advertí. Alguna vez ya había tenido esa experiencia en mi natal Perú, pero eso era otra cosa, pues allá hay un montón de vagos, trabajas de amanecida pero hasta las tres o cuatro de la madrugada, y después todo el mundo se escondía y se iba a dormir a algún lugar dentro de la fábrica. En Estados Unidos esto es diferente, por eso digo que aquí te sacan el jugo trabajando, ¡te exprimen como limón de emolientero! Los emolienteros son los vendedores de emoliente, una bebida tradicional originaria del Perú y muy popular. Debido a ese horario de trabajo de la madrugada, Roberto era puro hueso y pellejo, pero como pasa muchas veces, él era el único que no se daba cuenta, y es muy triste eso y lo que se genera después, que viene a ser una enfermedad cualquiera. No por nada en inglés a ese turno le llaman *graveyard shift* (el turno de madrugada), que es generalmente de la medianoche hasta las ocho de la mañana. En Estados Unidos, a ese horario se le comenzó a llamar "del cementerio" desde fines del siglo XIX, esto debido a la gran cantidad de accidentes o consecuencias negativas que ocurren dentro de esas horas.

En cuanto a mis ingresos en aquel tiempo, ya que el dinero fluía, parte de él lo destinaba a alguna obra social o cosas así, ya que podía ayudar. Quizás me olvidaba un poco de mí, no era egoísta con otros en ese sentido. Yo soy así, no que sea irresponsable, yo vivía solo. En las relaciones sentimentales nunca me ha ido bien como para formar una familia. Entonces, sin hijos, ni mujer, ni familia, por qué no ayudar a alguna organización caritativa, o simplemente hacerlo por mi propia cuenta, eso es bueno. Por eso estoy convencido de que es cierto aquello de que el pobre siempre da más de lo que tiene. Mientras el rico muchas veces da lo que le sobra, el pobre no, él da de donde no tiene. Cuando contribuía con alguna causa social o caritativa, lo hacía sin que nadie se enterara, porque si no, ¡no tiene sentido! Lo menciono por si alguno quiere seguir ese ejemplo, aunque cada quien hace lo que le conviene con su dinero extra o lo que le nace del corazón, que a estos últimos pertenezco yo. Si podía aportar para dar o llevar alguna pequeña alegría, especialmente a los niños, por qué no hacerlo, y ayudar a gente que quizás está un poquito o mucho peor que nosotros. Hazlo si te nace del corazón, si no es mejor que no lo hagas, porque después te vas a lamentar y a arrepentir, y de ser posible, háganlo de manera anónima. Esto también lo escribo para que los que hablan pestes de nosotros los indocumentados sepan que nosotros también hacemos muchas cosas decentes, y entre estas obras y acciones de carácter benéfico, a mí en lo personal me alegraba la vida, ya que Dios tiene muchas maneras de comunicarse.

Un par de veces había tratado de formar un hogar, de casarme y tener hijos, pero por lo visto, y según la astrología, eso no es para mí, o no lo he podido detectar en mi carta astral. En ese aspecto, que para otras personas es de vital importancia, a mí no me ha ido muy bien, por tanto, el poder contribuir a alguna causa siempre ha sido un bálsamo para las heridas o dolores del alma, del corazón. Cuando nadie te ama o crees que nadie lo hace, acuérdate que Dios siempre te ha amado y te amará, y si Él, que es puro amor, todo amor, te ama a ti con todas tus imperfecciones, y si no hay a quién amar de momento, vuélvete tú ese amor de Dios, sé el amor de Dios para aquellos que no tengan a nadie, a otros que estén más jodidos, si lo quieres ver así, porque siempre en la vida va a haber gente que esté en mayor necesidad que uno. Si no fuera así el caso, ama igual, y que tu vida sea un ejemplo para que entonces la gente a través de ti alabe a Dios y diga: "Mira, cómo él siendo ciego, mudo, sordo (o alguna otra condición que puedas tener o sufrir), él es así, y sin embargo ayuda a otros, sonríe y da amor". Sé el amor universal, sé el amor de Dios, amigo, ¡no te arrepentirás! No dejes que la soledad, la tristeza ni la depresión se empoce en tu alma o en tu corazón; que tu corazón sea un pozo, pero de donde se pueda sacar siempre amistad, cariño, afecto, solidaridad y compasión. Sé una diferencia para otros, sé luz en la oscuridad para otros, y si eres luz asegúrate de brillar, pero arriba de la mesa, para que todos te puedan apreciar y beneficiarse de tu luz. No seas egoísta con los dones que Dios te dio, porque ellos no son tuyos, solo han venido a través de ti, como pudieron haber venido a través de otra persona. Por tanto, agradece, honra y utiliza el regalo divino; no es solo un privilegio, sino también una gran responsabilidad. En aquel tiempo ayudé a otros de manera anónima, y eso me alegraba el corazón, de alguna forma no me sentía tan solo, y si era para beneficiar a niños, mucho mejor, aunque toda causa es digna de ser resaltada y de respeto.

27

Arleen

EL TIEMPO CONTINUÓ PASANDO Y DE NUEVO LLEGÓ EL AÑO DE OTRA ELEC-
ción presidencial en la tierra del Tío Sam. Se nominaba para la reelección el presidente George W. Bush contra el contrincante demócrata John Kerry. En la elección del 2 de noviembre de 2004, Bush venció de nuevo con un ajustado resultado. Por aquellos días, muchos votantes demócratas de siempre de esta área Tri-estatal, estaban muy tristes. Fue así como la noche del 6 de noviembre, cuatro días después de aquella justa electoral, me fui a recorrer Nueva York. Esa noche se presentaría en la Gran Manzana la recordada cantante de los años 60s, Joan Báez, activista y luchadora social. Muchos dicen que por ser como fue, por pensar como pensaba políticamente, su carrera artística no despegó más, y claro, es así, nadie va a negar esa gran verdad. El sistema te cobra con creces que te le enfrentes; te ponen en la lista negra y te jodiste.

La fuimos a ver cantar mucha gente, muchos aún con cara de velorio por la derrota electoral de Kerry, mientras que a nosotros los ilegales, los invisibles, solo nos quedaba seguir trabajando como siempre, con nosotros no cambia nada. Fui a aquel lugar llamado *Bowery Ballroom* en la Calle Delancey, en el Bajo Manhattan, que había sido una vieja zapatería y mercería de alta categoría, posteriormente fue abandonada y luego completamente renovada para convertirse en 1998 en un centro de música en vivo. Ahí en aquel *"precarious place"* (lugar precario o inseguro) —como bien lo llamó Báez antes de comenzar su espectáculo—, no faltó alguien del público que la fastidiara con un comentario fuera de lugar por la reciente victoria republicana, y sabiendo que la señora Báez toda su vida había sido demócrata, se oyó de entre la muchedumbre el grito *"Don't cry!"* (¡No llores!), a lo que siguió la respuesta de ella: *"We will resist!"* (¡Vamos a resistir!). Así era Joan Báez, no se rendía nunca. De a pocos me fui abriendo paso para acercarme al estrado, quería verla de cerca y aunque había gente, no era una multitud, así que como pude me fui acercando, y recordé que había comprado una cámara descartable fotográfica, entonces la saqué de su funda y preparé el objetivo y presioné el botón. "¡Ojalá funcione y salga bien la foto!", pensé. Ya estando tan cerca al "precario" estrado me quedé ahí. A mi lado había travestis, marihuaneros, veteranos de la guerra de Vietnam que aún tenían puestas sus chaquetas militares ya desgastadas por el paso del tiempo, gente que sabía su música, que había crecido con Báez básicamente. Ya estando tan cerca de ella y pudiéndola distinguir muy bien, me sorprendí del gran parecido físico que ella tenía con mi maestra de astrología, Melva Ortiz. *"Wow!* —me dije a mí mismo— ¡es igualita a Melva!" Su misma estatura y contextura física. Su rostro de facciones finas y delicadas aún dejaban ver lo bella que Báez había sido de joven y que aún lo era, por lo que no había sido ninguna sorpresa que le robará el corazón al genio del rock and roll, Bob Dylan. Ella y la cantante folklórica argentina Mercedes Sosa para mí siempre serán dos de las más hermosas voces femeninas que yo haya podido oír en vivo, junto a mi compatriota Tania Libertad, otra gran voz. El arte y la música curan todo, y en eso estábamos, en terapia musical, cuando de pronto, acercándose el final de aquel recordado concierto, y mirando fijamente a Joan Báez, ella deja escapar unas palabras que no sé si eran dedicadas para mí, quizás sí, porque cuando las dijo me miraba desde el escenario: "Ya se está acabando este concierto que me ha permitido volver a Nueva York, yo nací en este estado, pero ahora vivo en el sur, gracias a todos por su compañía, por su amor, pero antes de irme quiero cantar algo que es muy especial para mí y que me conecta con mis raíces, con mi padre, con mis ancestros mexicanos". Su padre, Albert Báez era de Puebla, México pero creció en Brooklyn, Nueva York. Al decir todo esto, sus ojos miraban los míos. Yo no estaba ni a más de 10 metros de distancia de ella, yo volteé a ver a mi alrededor, quería ver si había algún hispano más, pero no, era yo el único, he de pensar que cuando hablaba, lo que decía, lo decía por mí: «*Gracias a la vida, que me ha dado tanto...*», la composición de la legendaria cantautora chilena Violeta Parra. Nunca fui muy fanático de esa canción, que la reconozco como muy bella, pero no lo había hecho nunca mía.

Después de aquella noche la hice mía, cómo no hacerlo, ¡Joan Báez me la había dedicado!

Cuando trabajaba en aquella cocina por segunda vez, como mencioné en el capítulo anterior, conocí a Arleen. Ella era una gran chica, excelente cocinera, con esa pasión y ese fuego que tiene la sangre boricua de nacimiento. Arleen y yo siempre nos simpatizamos casi de inmediato, pero nunca llegamos a tener nada más que una amistad, pero la amistad que establecimos fue para siempre. Ella, sin serlo, era como una *sous-chef* (la persona que ocupa el segundo lugar después del chef principal), pues sabía muchísimo de cocina. Pasamos mucho tiempo trabajando juntos y hablábamos de todo, de su familia, de su isla bella y de su pequeño Joe, que ella mantenía sola, ya que se había separado del padre de su hijo. Una vez me dijo con esa mezcla de nobleza y orgullo que tiene el puertorriqueño, pero que debiera tener toda persona íntegra y decente: "Yo trabajo para ganarme mi dinero Carlos, yo no vivo del *Welfare*", a lo que yo contesté, "Yo lo sé, mi amor". La vida nos trae muchas sorpresas, y a Arleen también se las trajo, y por extensión a todos nosotros, los que tuvimos la suerte de conocerla. Aún recuerdo el día en que ella nos habló a todos en nuestro descanso de almuerzo para decirnos que otra amiga, que también cocinaba con nosotros, estaba enferma de leucemia, y que necesitaba una colaboración de todos, ya que ella quería enviarla a su país para que se cuidara mejor y descansara, porque ya la chica estaba prácticamente desahuciada. Todos colaboramos sin poner pretextos, pero aquí viene lo cabrón, pero es que de verdad, ¡la vida es cabrona! ¿Quién iba a creer que aquella chica que enviamos con nuestro dinero, el de todos, a su país, ¡aún está viva!, está aquí en Estados Unidos y encima, ¡se casó!, y Arleen, la alegre y noble Arleen, moriría al poco tiempo de aquella reunión laboral.

Arleen concursó en uno de esos primeros programas de televisión que se transmitieron en el área Tri-estatal y que tenían un segmento dedicado al público que quería bajar de peso por medio del ejercicio. Con esto se beneficiaban todos, la televisora, la persona y el gimnasio, dada la promoción. Arleen siempre fue un poco gordita, ese era uno de sus encantos, pero ella quiso entrar al concurso, porque además había un premio monetario a la persona que ganara y bajara más de peso y lo hiciera lo más rápido posible. Arleen ganó y salió en las noticias, nosotros nos enteramos, nunca lo vimos, porque aquel segmento era en la mañana, dentro del noticiero matutino. Mi querida amiga ganó, hizo noticia, encabezados, pero no era por el ejercicio que ella perdió el peso, era que ella estaba enferma, tenía cáncer, esa misma enfermedad que también tenía con seguridad mi vieja, aunque mi mami muriera finalmente de un paro cardiaco en mis brazos. Un día cualquiera cuando cocinábamos juntos, salimos al pasillo de la cocina donde laborábamos y Arleen me dijo:

—*Honey*, tócame aquí —, me pidió mientras llevaba mi mano hacia debajo de su axila.

Los dos nos mirábamos a los ojos fijamente sin hablar y de pronto, tocando esa parte de su cuerpo, pude sentir una protuberancia, una bola, una pequeña pelota dura al tacto. Me asusté, pero como siempre aprendí desde que perdí a mi madre, no se lo di a notar a ella, solo le dije:

—Arleen, haz algo por mí, quiero que mañana mismo vayas al doctor y te chequees. Yo sé que tú eres fuerte y no te enfermas nunca, pero hazme caso, quiero que vayas, *okay?*

—*Okay babe*, no te preocupes, yo estaré bien.

No, no estaba bien, aquello, era algo que se regó luego por su cuerpo, hizo, como es que dicen, metástasis. De un momento dejó de ir a trabajar o faltaba mucho, y ella no era de faltar nunca al trabajo. Me dolió mucho cuando esos hijos de puta de aquella cocina le dijeron que si no iba al trabajo la iban a despedir, aunque ellos, como muchos de nosotros no sabían la gravedad de su enfermedad, pero así no se trata a un ser humano, carajo. ¿Acaso uno no se puede enfermar o qué mierda? ¿O solo los ricos se enferman? Un día cualquiera listo para comenzar a atender al público, nos llegó la noticia de que estaba internada en un hospital de Newark, Nueva Jersey, uno que después supe que fue el mismo donde estuvo el cantante Frankie Ruiz antes de morir, ¡cachimba! Aquella mañana nos llegó la noticia de que ella estaba ahí, y entonces entre varios muchachos —que ojalá lean esto y sabrán quienes son— nos pusimos de acuerdo para ir luego del trabajo a ver a nuestra compañera y amiga. Era lo menos que podíamos hacer por ella, la presencia y la solidaridad en la vida siempre es y será necesaria, sino para ¿qué carajo nos puso Dios en este mundo?

Salimos rápido del trabajo y no tomamos nuestro descanso acostumbrado para ganar más tiempo. Uno de los muchachos tenía auto y en él nos fuimos. Llegamos rápido, ahora el punto era ubicar dónde estaba. Sabíamos su nombre completo, preguntamos en la recepción y rápidamente nos dijeron el número de cuarto de ella. Ya en el elevador les dije a los muchachos:

—¡Vamos a darle ánimo, para eso vinimos!

Salimos en aquel piso y caminamos buscando el cuarto y cuando lo encontramos estaba vacío. Yo fui el primero que entró y un presentimiento recorrió mi cuerpo, uno que yo conocía bien, de antes, de mi pasado, de un triste pasado.

—Vamos afuera muchachos, aquí no está.

—La esperamos, ¿no? —dijo Willy.

—Claro huevón, si ya estamos aquí —contestó David.

—Bueno, siéntense o caminen, les dije, yo voy a buscar algo de café por este piso —y me alejé de ellos. Recorrí casi todo el piso, pero sin querer llegué al otro elevador y vi que traían a alguien en una cama, seguro que la devolvían de algún análisis; era Arleen. Me acerqué y la vi bien, me reconoció y sonrió al verme:

—*What's up, babe!*

—*Not much babe.* ¿Cómo estás, cómo te sientes?

Yo lo podía ver con mis ojos, la enfermedad la había abatido físicamente, estaba muy desmejorada, pero yo no se lo iba a decir, eso nunca.

—*Not too bad, honey* —me siguió contestando en inglés.

—Vine con algunos de los muchachos, están esperándote en la sala de espera —y entonces ella sonrió.

—*Thank you!*

Me adelanté mientras las enfermeras la llevaban por otro camino para alguna cosa más, y llegué a donde estaba el grupo.

—Muchachos, ya viene, ya la encontré, le estaban haciendo unos chequeos, pero ya la traen.

—Bien —dijo Willy.

—Chévere —agregó David.

—Una cosa más —agregué— no quiero caras largas, nadie se ponga triste, carajo, ella está mal, se ve muy mal, y se los digo de una vez para que no se impresionen luego.

—Está bien *brother*, gracias por decirnos.

—Bueno, vamos entrando, y cuidado con lo que dicen, ya saben.

Entramos todos y Arleen se alegró como si hubiera salido el sol solo para ella. De nuevo se sintió en la cocina, en su cocina en donde siempre nos había hecho reír a todos con esa alegría tan boricua, tan caribeña que ella tenía.

—*Hey, what's up*, ¡muchachos! Ya me han dicho que esa cocina está muy apagadita, ya voy a ir pronto a poner el ambiente allá, ¡puñeta!

Yo sonreí como pude, pero la cara de mis compañeros siempre será inolvidable. Willy casi explota en lágrimas, pero me miró, y yo no sé cómo le transmití con los ojos que no lo hiciera. David ensayó decir un chiste y no le quedó tan mal.

—Tienes que volver carajo, se te extraña, ya sabes —dije yo.

—Pues claro, ¿qué se creen, que yo me voy a quedar toda la vida aquí? ¡Pues no! Ja, ja, ja —pero ya la risa no era tan fuerte y sonora como antes, el espíritu era el mismo, pero el cuerpo ya no quería o no podía responder igual.

En un arranque de esos locos que ella tenía, me atrajo hacia ella y me dijo mira, y se abrió la bata a la altura del pecho. Le habían aplicado quimioterapia, con seguridad, se veían las huellas de eso, y tuve que ponerme fuerte. La vida ya me había golpeado antes muy fuerte y tenía que serlo de nuevo, no podía quebrarme delante de alguien que me quería tanto y a quien yo llegué a querer mucho también.

—No es nada, Arleen, eso desaparece con el tiempo, no te van a quedar marcas, tranquila.

—Yo sé, el tratamiento es fuerte, pero yo voy a salir de esta, así que prepárense que ya mismo vuelvo, *okay?* Les voy a pegar unos gritos cuando vuelva, ya van a ver, ja, ja, ja.

Miré a los muchachos y vi que no se iban a poder aguantar más.

—Vámonos ya —dije casi gritando— tengo otra chamba, tú sabes, negrita —yo le hablaba a mi manera y ella ya había aprendido mis modismos a la hora de hablar—. Tú sabes, el *part-time* de limpieza, ¿te acuerdas?

—Coño, tú sí que trabajas, carajo, y soltero encima, ¡qué hombre trabajador tú eres!

—Vamos —agregué de nuevo, pero no me podía ir sin darle un beso, me acerqué y la besé—. Mejórate, ¿sí?

—Seguro *babe*.

Los muchachos se despidieron también, uno por uno, deseándole que se mejorara pronto, y salimos del cuarto de ella, caminamos por el pasillo en silencio y una vez dentro del elevador, Willy rompió a llorar, y no sé quién más lo hizo, y sí, también lo hice yo. ¿Qué tendría de extraño como quiera? Era nuestra amiga, nuestra compañera, una más de nosotros que nos necesitaba y estaba enferma, además. Éramos un grupo de inmigrantes que habíamos llegado a querer tanto a esta boricua, que llorar no habría tenido nada de raro y sí mucho de lógico.

No pasaría mucho tiempo cuando un mal día, un día que yo había elegido con anticipación como día libre y estaba marcado en el calendario del restaurante, de pronto recibí una llamada telefónica. "¿Quién carajos será?, si yo ya había dicho que este era mi día libre, no creo que se atrevan a llamarme del trabajo", pensé. Me levanté y me fui al teléfono, que era de esos que se fijan en la pared y estaba junto a la ventana que daba a la calle. Miré de reojo por la cortina y vi caer la lluvia. "Qué día de mierda vamos a tener, está feo afuera", me dije.

—¿Aló? —contesté.

Hasta ahora no me puedo recordar quién fue que me llamó, no sé por qué, quizás mi mente borró ese recuerdo, lo que no olvidé es lo que me dijo aquella voz:

—Arleen ha muerto y hoy día la velan en tal lugar...

En aquel momento sí pude escribir el nombre de la funeraria, tenía siempre al lado del teléfono un lápiz y papel para apuntar, engancharon, y seguía con el teléfono en la mano y pegado a mi cabeza, me senté y solo dije: "Sabía que era un día de mierda!"

Aquella voz que me llamó esa mañana lluviosa había provenido con toda seguridad de alguien que trabajaba en el restaurante. Es curioso cómo la mente trabaja para bloquear recuerdos dolorosos, ya que como dije, hasta ahora no recuerdo quién fue exactamente esa persona, pero sí tuve tiempo y pude reaccionar para tomar lápiz y papel y apuntar la dirección y el nombre de la funeraria donde velarían ese día a Arleen. De la dirección no estaba seguro, así que tuve que buscar en la guía telefónica y luego ver la dirección, y una vez seguro de esta, me encaminé al lugar.

De camino a la funeraria encontré una floristería, entré y le compré un ramo de rosas blancas, ¿qué otro color hubiera sido el más indicado para mi querida amiga? Seguí mi camino y al poco de andar llegué al lugar. Tenía razón Arleen, ella una vez me había dicho: "Honey, la gente se equivoca conmigo Carlos, creen que yo no tengo familia o que no tengo a nadie; tú me ves así medio jodida, pero tengo familia de posición, algún día tú lo verás, tú lo vas a ver o mejor no, eso sería porque pasara algo malo, es mejor que sigan así las cosas". Pero aquello siempre se me quedó en la cabeza. Entré aquel lugar y ya desde afuera me había llamado la atención un detalle en particular: había mucho policía y bombero no solo hispano, sino también anglosajón. Tenía razón Arleen, mucha de esa gente eran familiares de ella, primos y tíos que pertenecían a ambos cuerpos de la ciudad, y los demás con seguridad colegas con los que habían venido hacerles compañía. Entré a la sala del velatorio y pude ver el ataúd y a mucha gente alrededor, y una línea de mujeres mayormente sentadas muy cerca de donde estaba descansando mi querida amiga. Me acerqué poco a poco, no conocía a nadie, nadie me era familiar, cuando de pronto, de todo ese grupo de mujeres, se levantó una que se acercó a mí diciéndome:

—Señor, ¿usted es amigo de mi hermana?

La observé bien, entre sorprendido y tranquilizado de encontrarme con alguien que me hablara.

—Sí señora, yo trabajaba con ella, hoy era mi día libre, pero alguien del trabajo me avisó lo que había ocurrido y vine lo más rápido que pude a despedirme de mi amiga. Yo apreciaba mucho a su hermana, usted sabe.

—Mucho gusto, mi nombre es Julia, adelante, gracias por venir, allí está mi hermana. ¡Qué lindas flores! ¿Cómo sabe que a mi hermana le gustaban las rosas blancas?

—No lo sabía señora, ¡solo adiviné!

Me acerqué al ataúd donde dormía para siempre mi querida amiga, compañera de trabajo, confidente y tantas cosas que fue Arleen para mí. Recé por el descanso de su alma y acercándome un poco más, como para que nadie nos oyera, le dije suavemente, como si ella me estuviera escuchando: "Perdóname Arleen, porque no te pude amar de la forma que tú hubieras querido, sé que me amaste y no te pude corresponder", y dejé el ramo de rosas sobre el ataúd. Solo estuve un momento, el suficiente para darme cuenta de que todo lo que me había dicho Arleen era cierto, que su familia era gente de posición, bien relacionados, y que ella siempre había elegido el camino más difícil. Ella era muy independiente, y así lo fue hasta el final, no le gustaba recibir ayuda de nadie, era muy autosuficiente. Sin embargo, algo que sí me pudo partir el alma cuando entre toda la gente fue distinguir al pequeño Joe, su hijo, sentado cerca de los restos mortales de su madre. Estaba tranquilo, pero callado, me acerqué y lo saludé, me reconoció y sonrió: "Ella siempre estará contigo Joe, no dudes de eso", le dije.

Yo llegué a conocer a Joe porque Arleen siempre que podía lo llevaba al trabajo casi al final de las horas laborales, y lo hacía sentarse en un lado. Aquí no se puede dejar a un pequeño solo en casa, porque si alguien te denuncia que lo haces, el gobierno te lo puede quitar alegando abandono de menor de edad. A veces lo metía a la cocina, lo subía y lo sentaba en una de las mesas o los mostradores que teníamos en el área donde trabajábamos. Ahí lo vi por primera vez cuando ella me lo presentó. Arleen se había dejado del padre de él al poco tiempo que nació Joe, y lo había sacado adelante sola, ese era otro orgullo de aquella boricua de corazón noble y valiente que yo conocí y que me amó mucho, porque yo sé que me amó, de eso nosotros los hombres nos damos cuenta, y a veces o muchas veces, por pendejos, no sabemos corresponder ese amor sincero que nos ofrece una mujer enamorada.

—Él va a estar bien, no se preocupe por Joe, veo que lo conoce-—me habló la voz que me hizo reaccionar y volver al tiempo presente, era Julia.

—Uno de mis hermanos lo va a llevar a vivir con él a la Florida, él está bien allá y Joe crecerá junto a sus primos.

"Pero sin su madre, señora", pensé para mí. Le di la mano a Joe, despidiéndome de él, y nunca más lo volvería a ver. Espero que la vida y Dios lo haya cuidado y bendecido mucho y lo haya vuelto un hombre de bien, como le hubiera gustado verlo convertido a su madre. Me despedí de Julia y de toda la gente que conocí aquella primera y única vez que los vi en mi vida, y que fue de una manera tan triste. Era el día de mi cumpleaños, hasta para eso sí iba a ser volver inolvidable Arleen, pero la vida también es eso, dijo una vez alguien, alegrías y tristezas, esa es la vida, este gran teatro que es la vida, pero espera Carlos, el teatro aún no entra en escena, eso vendría mucho después.

A raíz de acordarme de Arleen, quiero mencionar algo que quizás mucha gente no que ignore, pero que sí pasa por alto. Existen allá afuera en las calles de Nueva York, Chicago, Los Ángeles y tantas y tantas ciudades norteamericanas, miles y miles, quizás millones de mujeres inmigrantes hispanas y de todo el mundo, con papeles o sin estos, que son, al igual que mi querida amiga, madres solteras. Quedaría corto un solo libro para narrar todo el heroísmo, el sufrimiento, la lucha de todas estas mujeres que sin tener el apoyo y la compañía de un hombre luchan y sacan ellas solas adelante su hogar, sin doblegarse ni acobardarse ante la vida. Eso es digno de mencionar y de aplaudir, y aunque mi libro no va dirigido específicamente a ellas, es un deber, creo yo, mencionarlas a todas estas auténticas guerreras de la vida, heroínas anónimas dentro de esta sociedad capitalista y consumista.

Por aquellos años también me dio una especie de fiebre, una muy especial, y fue una fiebre artística, una gran fiebre musical. Decidí que a partir del comienzo de 2005 trataría de concurrir a todo concierto que pudiera, a todos los más que me fuera posible asistir, y así fue. Como no podía de momento cambiar mi realidad legal aquí, a lo menos me iba a dar el gusto, como los condenados a muerte antes de ser ejecutados, y ¿entonces qué? Solo quedaba disfrutar el tiempo que aún tenía antes que por ahí me pudieran capturar en alguna batida o redada antiinmigrante. ¡Vamos ánimo! Había que darme gusto el tiempo que me quedara. Naturalmente, no fui a todos los conciertos habidos y por haber, pero sí fui a varios y me los gocé, era lo menos que podía hacer conmigo mismo, mimarme a mí mismo un poco. Y bueno, qué iba a hacer, si no tenía novia, así que se trataba nomás de gozar el tiempo que pudiera o que me quedara aquí en todo caso, antes de que pudiera caer en alguna redada migratoria y me deportaran eventualmente. Fueron mayormente conciertos de música en vivo y de todo género, y solo mencionaré algunos nombres para que sepan a quienes me refiero: Mercedes Sosa, *The Eagles*, Juan Gabriel, Vicente Fernández, Pat Benatar, Jerry Lee Lewis, José Luis Perales y Raphael y varios más, en fin, a darme gusto que el mundo se va a acabar en cualquier rato. No me quejo, era mi dinero e hice lo que me complació, me divertí, porque también a eso tenemos derecho los que estamos aquí como fantasmas y trabajamos como esclavos, entonces, ¿por qué no hacerlo? Música señores, que el alma y los corazones con música se alegran y se alegran bien, ¡carajo! Como he relatado, soy hijo de un artista, de un hombre que fue un músico que él mismo persiguió su sueño y vivió su talento musical, y no lo hizo joven, pero se dio gusto. Mi padre hizo realidad su sueño de aprender a tocar un instrumento musical y tener el coraje de tocar con su propio conjunto musical y hacerlo, sobre todo como él lo hizo, sacrificando sus horas de sueño con tal de desarrollar su talento artístico. "La práctica hace al maestro, hijo, nunca lo olvides", me decía mi padre. Exacto, viejo, la práctica hace al maestro, y no nos queda otra, hay que seguir adelante, hasta que lleguemos a chocar con la pared que nos salga al frente. Esta es la razón por la que yo soy una persona muy musical, por mi padre, por eso yo no podría vivir con una pareja, con una mujer que no le gustara la música, ni la apreciara siquiera, ¿cómo iba yo hacer eso? Yo no toco ningún instrumento musical, por desgracia, era muy pequeño cuando mi padre me quiso enseñar a tocar la guitarra, así que quedó como una asignación pendiente para el futuro o para la siguiente vida, la siguiente reencarnación. Mi vida sin música no la concibo, es como el aire para mí, ahora, eso sí, debe ser música, no me gustan los ritmos modernos, pero entiendo que cada generación tiene y disfruta la música que les gusta. En fin, ¡a mí déjenme con mi música vieja por favor! En mi modesto hogar familiar en donde me crie nunca faltó la música, mi padre era electricista, pero también artista y guitarrista, y mi madre era tan musical que de mi hogar nunca me puedo recordar en silencio. Aquella no era música estridente, era música hermosa, preciosa al oído, de gigantes de la música, como, por solo citar algunos: Nino Bravo, Luis Aguilé, Los Panchos, Jorge Negrete, Cholo Berrocal, Pedro Vargas, Dean Martin, y otros más, y así podría seguir y seguir, la lista de música sería interminable, y sin olvidar a los fabulosos de Liverpool, *The Beatles*, el primer grupo de *Rock and Roll* que yo oí. Recuerdo que alguna vez de niño fui yo mismo quien puso el disco de 33 RPM, y quedé en estado de shock al escucharlos, nunca más dejaría de oírlos y menos el Rock. Ese tipo de experiencias te marcan de por vida, sin duda, y entonces ya pueden imaginar los sucesos de mi vida, tienen casi una comunión con una canción, están relacionados de alguna manera. Cuando regresaron de Estados Unidos, después de esa experiencia que tuvieron a principios de los años 60s, mis padres trajeron consigo un cargamento de discos muy valiosos y que hoy son piezas de colección. Así crecimos los tres hijos de aquel humilde y trabajador hogar peruano, y me detengo aquí para agradecer a Dios por el hogar tan bello por el que vine a este mundo, por todo el amor y cariño que recibí de estos maravillosos padres que tuve y de mis dos queridos hermanos. Siempre diré, ¡gracias, Dios por darme tanto amor y tantas bendiciones!

En una de mis andanzas por la Gran Manzana, como cuando escuché en vivo a Joan Báez o algún otro artista que llamará mi atención, un día cualquiera paseaba cerca de una biblioteca pública, cuando vi que había una taberna pequeña, algo bohemia, que se llamaba *Joe's Pub*, ubicada en la Calle Lafayette. Pasé por fuera y vi el anuncio de un espectáculo musical de mi paisana, la cantante peruana Tania Libertad. No se cobraba la entrada, era solo el costo del consumo, y me dije, ¡entremos! El lugar era pequeño, muy íntimo, había que sentarse en las mesas que uno compartiría con la demás gente que fuera llegando al lugar. Así fue como a mí me tocó que me acomodaran en una mesa en donde estaban, y que después me enteraría, la esposa de un funcionario del Consulado de México en Nueva York, un fotógrafo costarricense y un poeta hispano. Faltaba solo yo, el inmigrante ilegal para combinar bien todo. Conversábamos de todo y luego dio comienzo el show, que fue un espectáculo hermoso y muy íntimo. La cercanía de la gran Tania y sus músicos era algo muy especial, era como volver a mi natal Perú, escapaba de mi cuerpo mi alma y se iba a mi tierra lejana que muchas veces añoraba, sin saber que quizás yo ya no pertenecía más allá. Hubo un momento en que Tania se detuvo y preguntó, "¿Alguna canción en especial?"

Sin pensarlo me puse de pie y dije: "*Cardo y ceniza* por favor, Tania". Ella volteó y me miró, sonrió y sin contestar, con una señal que sus músicos interpretaron a la perfección, comenzaron a tocar. Siempre me gustó esa canción, desde siempre, incluso alguna vez oí decir a la gran Mercedes Sosa que esa era su canción favorita de la compositora y cantante peruana Chabuca Granda. Cuando terminó de cantar, preguntó, "¿Alguna más?" Nadie quería pedir canciones, o quizás todos estaban borrachos, no solo por la bebida, sino también con el gran talento que derrochaba en el escenario la gran Tania, pequeña de estatura, pero enorme en calidad y talento. Miró de nuevo hacia la mesa donde yo me encontraba y yo, intuyendo que ella quería que le pidiera otra canción, le dije esta vez: "*La Contamanina*, por favor, Tania". Ella respondió, "Qué recuerdo más lindo me has pedido, ¡aquí va entonces!" Después de aquellos gestos de atrevimiento de mi parte, venciendo mi naturaleza tímida y callada, y ayudado lógicamente por algunas cervezas consumidas —eso sí con mesura, solo para romper el hielo— bastantes personas comenzaban a acercarse, y varias desde otras mesas me preguntaban por los nombres de las canciones que Tania había interpretado a petición mía. Aquello fue muy especial para mí, me sentí de alguna manera un conocedor de algo que aquí desconocían, del arte y la música de mi tierra peruana. El show llegaba a su fin, la cerveza también, y había que volver a casa, el viaje sería largo, hasta Jersey City, así que nos comenzamos a despedir todos los de la mesa, y con los que habíamos pasado una noche inolvidable musical, cuando de pronto y al despedirme del amigo costarricense, este me dice:

—¿Quieres conocer a tu paisana?

Lo miré con cara de incredulidad.

—¿De verdad me lo dice, señor?

—Claro que sí, yo la conozco desde México, algunas veces le he tomado fotos, y si gustas y te animas vamos al camerino de ella, la saludamos y te la presento, ¿quieres?

—Sí, claro que sí mi amigo, *wow*, ¡qué gran honor!, yo no me esperaba esta sorpresa sabe usted, muchas gracias.

Poniéndose de pie me dijo:

—Pues vamos antes que se vayan del local.

Fuimos por detrás del lugar y atravesamos lo que era la cocina, ya que los camerinos estaban en la parte de atrás. Yo iba junto a este amigo que acababa de conocer entre cerveza y música. Muchas veces entre la bohemia y la trasnochada se conoce gente muy especial, como dicen algunos, muy talentosa e importante, gente que tienen nombres que pesan y pesan mucho sin duda.

Después de tocar y que nos abriera la puerta alguien de su grupo musical, pude distinguir a la gran Tania Libertad, quien vino al encuentro de este amigo fotógrafo.

—Qué gusto que hayas venido. ¿Cómo estás? —le dijo al amigo costarricense.

—Bien Tania, ¡excelente show, como siempre!

—Gracias, tú tan amable, no cambias —contestó ella mientras posaba su mirada en mí.

—Te traje a tu compatriota, el de los pedidos musicales, ¿te acuerdas?

—Sí, claro que me acuerdo, que hasta se paró y todo, ja, ja.

No sé si me sonrojé, quizás sí, pero era un honor estar tan cerca de una estrella, una estrella de verdad. Una sola vez me había pasado algo parecido en Perú, cuando acompañé a mi padre a una de sus presentaciones musicales. Él era un guitarrista ancashino, y en la misma velada artística se iba a presentar la famosa y siempre recordada Pastorita Huaracina, uno de los orgullos musicales de la tierra de mi querido viejo, luego de conocer a Tania Libertad en esta nación, con el tiempo no sé qué energía se activó en mi carta astral que llegué a conocer a personas como Ricky Martin, René de Calle 13, Julián Lennon, Robert de Niro y algunos famosos más, pero algo se echó a andar aquella mágica noche sin duda.

Tania debió notar mi timidez y me preguntó.

—¿De dónde eres tú, de qué parte de nuestro Perú, mi amigo? —me dijo, haciéndome sentir en confianza.

—Yo, bueno, este, yo nací en la capital, en Lima, pero mi sangre es del norte, mi mamá era trujillana y mi... —no me dejó acabar la frase.

—Entonces somos paisanos, ¡dame un abrazo, ya decía yo!

Aquel abrazo quedó inmortalizado en una foto que me llegaría después a casa, cuando ya había pasado mucho tiempo y no tenía esperanza de tenerla. Aquel buen amigo fotógrafo, a quien solo esa vez vi pues nunca más nos encontramos, me había dicho:

—Yo soy fotógrafo profesional, no te preocupes, yo te la enviaré a tu dirección, solo asegúrate de escribírmela bien, sobre todo el código postal, tú sabes cómo es aquí, en este país, ¿no?

—Sí, claro que sí, muchas gracias.

Estuvimos un buen rato ahí, Tania tan sencilla, noble y humilde como enorme es su talento musical, me presentó a toda su banda: un músico cubano, una mexicana en el acordeón, si no me equivoco, y el maestro Félix Casaverde. Fue una noche inolvidable, compartimos un poquito más y después nos fuimos. Afuera comenzaba a enfriar la noche.

—Bueno, gracias por todo amigo, fue una sorpresa, muchas gracias, muy amable.

—De nada, ya te haré llegar las fotos, Carlos, no te preocupes, un gusto.

Pasaría todavía un buen tiempo para recibir esa foto, pero un buen día llegó al buzón del correo una carta con una dirección rara, pero a mi nombre, la abrí, y era la foto con una nota pequeña: "Disculpa la demora, Carlos". Yo solo sonreí, *wow!* ¡No fue sueño entonces!

Cuando yo ya vivía solo y me podía mover como pez en el agua en la zona Tri-estatal, me dediqué por mucho tiempo a reunir casi la misma música que mi padre llevó en su viaje de regreso a Perú, que se fue con él cuando mis padres se divorciaron, bueno, esa es otra historia que, en otra oportunidad, y quién sabe, quizás en otro libro, contaré. Ahora que lo veo en el tiempo, aquel acto era un intento mío de reconstruir mi vida, mi pasado, de tratar de reunir los pedazos de una vida, de un ayer que ya se había ido para siempre, para ya no volver, pero era yo quien quería soñar y bueno, ¿a quién le hago mal con mis sueños? Como relaté en otro capítulo, hice lo mismo con la música que con los libros, traté de encontrar los mismos que tenía mi padre en casa en su pequeña biblioteca, uno por uno, poco a poco, los mismos libros, discos, pero esta vez en formato CD, así que aquello era una manera de querer reencontrar mi pasado, de querer juntar esos pedazos de mi vida que estaban rotos. Así soy yo, ¿qué le voy a hacer? Y aunque parezca mentira, esto me ayudó mucho a poder seguir adelante, a reconstruir mi vida y mi pasado. Hacerlo me ubicó para saber de dónde yo venía, debía conocerme de nuevo, saber qué me gustaba, qué acostumbraba a disfrutar y entonces recién comenzar a ir hacia delante. No se puede saber a dónde vas si no sabes de dónde vienes, y, además, es necesario saber quién eres, conocerte a ti mismo es básico y fundamental.

28

La muerte de mi padre

En aquellos años ocurriría de nuevo uno de esos eventos trágicos que han salpicado mi vida. Sucedió entre junio y julio de 2005, cuando el dolor de nuevo volvió a sacudir mi corazón. Golpes que te estremecen el alma, diría quizás el periodista y poeta peruano César Vallejo, quien es considerado uno de los más grandes poetas universales del siglo XX. La vida es muy dura y difícil cuando uno es inmigrante en este país, y más cuando eres un inmigrante ilegal. Uno siempre sueña, imagina volver a su tierra, y aunque eso lo haces solo con el pensamiento, no hay otro modo, porque si lo haces de verdad, olvídate de regresar, y no nos podemos rendir ni dejar vencer por la nostalgia ni el recuerdo. Sufre en silencio, Carlos, que nadie sepa tu dolor, eso es tuyo, que nadie sepa tu sufrir, como aquella canción que me gusta tanto oír en la versión francesa de un gorrión llamado Édith Piaf, *La foule* se llama esa canción inmortal, y quién no se emociona al oírla cantar. Esta misma canción ha sido interpretada por muchos artistas, por ejemplo, el gran cantante ecuatoriano Julio Jaramillo, El Ruiseñor de América, quien la interpretó en el género de vals criollo. La canción se llamó originalmente *Que nadie sepa mi sufrir*, composición del músico argentino Ángel Cabral y con letra de su paisano Enrique Dizeo. En una gira por Sudamérica, Édith Piaf la oyó y le gustó tanto que se la llevó consigo a Francia, Michel Rivgauche le escribió una nueva letra, ella respetó el ritmo y la popularizó mundialmente en una extraordinaria versión para fortuna de ella, y sobre todo del maestro Cabral.

Sí, solo volamos con el pensamiento y la imaginación, o como una vez bien dijo mi recordado padre: "La nostalgia, hijo, es como el ave que vuela de regreso al nido dejado, para solo encontrar que no existe nada de lo que le era familiar". ¡Premonitorias palabras, papá! ¡Si no las conocí aquí en estas tierras lejanas y frías! Me imagino que lo mismo les pasa a los presos que no pueden salir de sus celdas, de sus cárceles ni un solo día para ver a sus familiares y seres queridos, a sus padres, esposas e hijos, qué tristeza, ¿verdad? Alguien por ahí dirá, "Pero tú sufres por gusto hombre, si eso es lo más fácil de arreglar, solo basta con que vayas a comprar un boleto de avión y todo listo". ¡Todo para el carajo y ¡adiós, Estados Unidos! Pal carajo con esos papeles de mierda que, al no tenerlos, me han mantenido tanto tiempo en las sombras como un desaparecido, como un fantasma. ¿Es que acaso vivir así ha sido vida para mí? ¿Alguien puede creer eso? No, no crean, las ganas de regresar a Perú me pasan por la cabeza, seguro que sí, aunque sea solo una vez por lo menos, pero sí lo pienso, aunque sea solo un día, un solo momento. El que diga que no piensa en regresar, miente miserablemente.

Comenzaba a relatar yo, entonces, que por aquel verano del 2005 me encontraba yo realizando mis labores cuando sucedió aquella tristísima sorpresa para mí: mi querido padre, mi querido viejo, moriría por esos días, el 18 de julio de 2005 para ser más exactos. Allá en mi lejano y querido Perú moría mi recordado y querido viejo, y con él moría también otro pedazo de mi corazón que ya había muerto años antes cuando en mis brazos murió mi querida Fabiola, mi siempre recordada y amada madre. ¿Por qué es la vida así con uno? ¿Por qué se ensaña con quien solo ha tratado de hacer el bien y ayudar a otros? ¿Será que uno puede soportar tanto dolor y no morirse de pena? ¿Por qué Dios me trata así? ¿Qué de malo he hecho en esta vida que aún así me sigue castigando? ¿Y ahora qué hago? ¿Cómo viajo y mando todo a la mierda? Total, ¿qué me ha dado este país de mierda? Puro sufrimiento, discriminación, dolor, lágrimas, y en el amor, desengaños. ¿Para qué seguir acá, tiene sentido acaso? ¿En verdad lo tiene? Todas esas preguntas daban vueltas en mi mente.

Aquella noche, una muy querida prima hermana que reside en Estados Unidos desde hace muchos años me llamó por teléfono a mi celular. Ella era muy temida por mi hermano, siempre me decía él al referirse a ella: "Cuando ella me llama yo tengo miedo de contestar, porque siempre es porque alguien ha muerto". Abrí el teléfono y me di cuenta de que mi hermano tenía razón, no era mi prima quien llamó, sino la muerte, para decirme que mi padre había muerto en Perú. En ese momento yo limpiaba con máquinas grandes de *shampoo* las alfombras de unas oficinas en una compañía de inversiones bancarias. Yo era un trabajador más de una compañía de limpieza. Solo me acuerdo de que vi el nombre de mi querida prima en la llamada entrante de mi teléfono y dudé en contestar, pero contesté al fin, porque al fin y al cabo, ¿qué de malo puede pasar? Mientras lo hacía, un escalofrío me recorrió todo el cuerpo, y el oír la voz de ella solo confirmó lo que mi corazón había sentido o presentido hacía solo segundos antes. Y luego uno pregunta cómo no creer en los presentimientos, bueno, allá ellos, los pendejos que no creen en eso.

—Tu papi, mi tío Esquilino ha fallecido en Perú, lo siento mucho querido primo.

Eso fue todo lo que oí, o en todo caso, lo que siempre he recordado, algo más que haya dicho o agregado ella, no lo sé ni me interesó escuchar, solo cerré el teléfono, no había razón de seguir hablando. Me dejé caer en un sillón que había detrás mío y me olvidé del mundo, después apagaría la máquina lavadora de alfombras, de momento solo quería estar sentado, en silencio, conmigo, con nadie más. ¿Es que con quién más iba a estar si no tengo a nadie en este puto mundo de mierda? Ahora sí, soy un huérfano, huérfano de padres, y por lo que veo también huérfano de Dios. ¿Padre, por qué me has abandonado? Así permanecí todo el tiempo que quedó para dejar de trabajar, serían minutos, horas, quién sabe, pero el tiempo transcurrió sin que yo moviera un dedo. El supervisor me encontró sentado, y cuando me preguntó qué estaba haciendo, enojado y con actitud de suspenderme, le dije lo que había pasado, entonces solo se agachó y dijo:

—No sabía amigo, perdóneme, perdóneme, yo no sabía, yo no sabía.

—No se preocupe, usted no tenía por qué saber, señor.

—Siéntese, no tiene que hacer nada, ¿se quiere ir ya? Si no, tranquilo, quédese sentado, llame a sus familiares, aquí a esta área no va a entrar nadie más, yo me encargo que nadie venga y lo pueda encontrar así. Usted sabe, la gente sin saber se pone a hablar mierda con tal de indisponer a cualquiera y ellos quedar bien, congraciarse con uno, usted sabe.

—Gracias.

Yo solo me senté hasta el final de mi jornada laboral, sería un par de horas más, en alguna silla o sillón que ahí había. Era hasta la una de la mañana que yo terminaba, pero el tiempo se hizo eterno. Mi vida entera, mi pasado, transcurrió delante de mí, mi niñez y yo jugando con mi viejo, con esa parte de mí que también ahora, en este presente, se iba de este mundo a reunirse con mi madre, y se volvía recuerdo, a quien ya había perdido muchos años antes. Mi padre nunca temía a la muerte, nunca tuvo temor, y por eso una vez cuando nos cruzamos en Lima, ya separado de mi madre, viviendo lejos —tiempo después que ella muriera— me llegó a decir: "No temo a la muerte hijo, y menos ahora que yo sé que tu madre ya se fue, ya me he de encontrar con ella, es solo cuestión de tiempo".

Había solo pasado poco tiempo en que habíamos vuelto a reconectar, y ahora él partía, se iba de nuevo, pero esta vez no del hogar, sino de la vida misma, esta ocasión no había vuelta, regreso ni retorno. En mi mente traté de reunir los pedazos de mi vida, mis recuerdos, su rostro, sus manos, su sonrisa, su sentido del humor, pero sobre todo su nobleza, un corazón que no le cabía en el pecho, puro león, ¡carajo! Y encima nació el primero de agosto, Leo, para más señas. Sí, ahora que yo quería de nuevo volver a unir los pedazos rotos de mi vida, venía de nuevo esto, a romper todo de nuevo, como una fuerza arrolladora que viene de donde menos lo esperas, pero derriba y destroza todo. Todo es efímero, momentáneo, hoy estás y mañana no, es el presente el que solamente todos tenemos, ¿por qué carajos no nos damos todos cuenta de eso? Si quieres a alguien, díselo, qué esperas. ¿Y si no te quiere? No importa, igual ya se lo dijiste, sácate eso del pecho, no importa si te rechaza o no lo aprecia, pero eres tú quien ya se lo sacó del pecho, ya lo dijiste, no te quedes con el dolor de decirle a un ser querido cuánto lo quieres. Te lo dice alguien que sabe lo que se siente, ¿entiendes?, que sabe lo que es perder a alguien querido. Después no tendrás oportunidad, acuérdate de eso, es solo el presente todo lo que tenemos, no pierdas el tiempo.

La vida es irónica y burlona, juega con uno como hoja lanzada al viento. La vida tiene un sentido especial del sarcasmo y del humor negro, que no lo tiene ni el mejor Moliere, ni el mejor dramaturgo del mundo, pero depende de ti si te mata, si te quiebra. La vida batalla con los guapos, con los valientes, con los cojonudos; con los tímidos no pelea la vida, la vida pelea con los que tienen los huevos de estar caídos y de mirar hacia arriba y ponerse de pie de nuevo, así como lo hace el famoso personaje Rocky Balboa en cualquiera de sus películas y no sé cuántas más, porque su creador, el actor Sylvester Stallone, seguirá interpretando el personaje, y hace bien. Yo haría igual, él le debe demasiado a Rocky para dejarlo olvidado en un rincón, como juguete o zapato viejo, no, así no puede morir Rocky. ¡Sigue peleando! La vida "No se trata de lo fuerte que golpeas. Se trata de lo fuerte que puedes ser golpeado y seguir avanzando. Cuanto puedes soportar y seguir adelante". Puro Rocky, pelea entonces con el corazón cuando ya el físico no te responda.

Cuando mi viejo murió, yo había estado por esos meses recorriendo Nueva York y había estado en una feria que se hizo en esta ciudad para informar a la gente sobre cómo poder comprar casas en Perú desde este país, es decir, de aquí las podías pagar o comprar, incluso para alguien que estuviera allá, algún familiar tuyo, alguien cercano a uno que se pudiera beneficiar de esta compra. En ese evento estaba el Banco de Crédito del Perú con sus representantes, con quienes yo hablé sobre en qué lugares o distritos de Lima se encontraban las viviendas y los departamentos. Miré folletos, conversé con mucha gente ese día, de hecho, la feria la hicieron dos días, en sábado y domingo. Aquellos que estuvieron en Nueva York en aquel verano de 2005 se deben acordar de esto. Es más, creo que nunca más se volvió hacer, no sé por qué. "Feria Inmobiliaria del Perú", era el nombre de ese evento. Yo quise sorprender a mi querido viejo por su cumpleaños, que se acercaba, era el 1 de agosto. Guardé todos los folletos, tarjetas e información que reuní ese día, y esperé la fecha para sorprenderlo. Mi plan era decirle que yo le iba a ayudar a comprar un pequeño departamento para él. Yo tenía un dinerito ahorrado y se lo mandaría, y él viviría ahí y rentaría la otra casa para que viviera de ese dinero que le pagaran. Pero a veces la vida, amigos, tiene otros planes, y el sorprendido fui yo. Por eso dije antes que la vida es irónica y se burla de uno, y se ríe a carcajadas, a veces pareciera. Pero no, no voy a morir, aún no, porque quizás una fuerza todavía mayor que toda esa mierda que me hizo sufrir, me mantendría vivo para contarle al mundo lo que la gente sin papeles, viviendo en condición de ilegalidad, sufre en este país, sí, quizás fue por eso. Mierda, cuánta ilusión tenía cuando me senté a conversar con esa gente que vino de Lima, con todas esas secretarias bancarias que me hablaron tan bien de todos estos proyectos. Sin embargo, en la vida muchos proyectos están destinados a quedarse solo en sueños, en quimeras, porque el hombre propone y Dios dispone, así es esto, el de arriba está a cargo siempre, y siempre será lo que Él decida, no hay otra. Ahora ya sé quién está a cargo de todo. Tenía yo un sueño que la muerte se encargó de arrebatármelo, cuando pensaba que mi vida podría volver a tener de alguna manera un sentido, dejar de vivir la vida a lo pendejo, sin planes, sin dirección, sin metas, y de pronto cuando aparece algo que te hace ilusionar con poder ser útil para algo, que vas a tener un motivo para luchar, para sacrificarte por alguien que tú quieres, todo de un momento a otro se va al diablo, sí, de nuevo sueños destrozados, ilusiones perdidas y otra cuchillada más en el corazón.

    La noticia corrió como pólvora, como corren todas las noticias malas y las tragedias. Siempre me he preguntado por qué no pasa lo mismo con las buenas noticias. En todo mi entorno y lugares en los que laboraba se supo la noticia, y pude apreciar el cariño y el aprecio de gente que nunca hubiera imaginado que me apreciaba de verdad, es curioso lo que genera la muerte, ¿verdad? A veces saca lo mejor de la gente y por qué no decirlo, también a veces lo peor. Alguna vez conocí a alguien que supo que había perdido a un ser querido, fue mucho tiempo después de lo de mi padre, llegué al lugar, yo hacía teatro en esa época, todos me abrazaron, y esta persona que siempre consideré mucho, ni se acercó a darme el pésame y menos a saludarme. Por eso digo que es cierto aquel dicho que dice que nadie puede dar de lo que no tiene. Gran verdad.

    El calor, el afecto y la solidaridad latinoamericana existen, aunque muchos lo duden, y yo lo experimenté aquí en primera persona a raíz de esta pérdida familiar, porque es así, en Estados Unidos tenemos amigos o compañeros de trabajo de todas las nacionalidades, y lo he podido apreciar conmigo y con otra gente, porque por mucha basura que puedan hablar, aquí el latinoamericano tan combatido, discriminado y resistido, tiene más corazón que cualquier otra gente, y el que diga lo contrario miente miserablemente. Es así, le duela a quien le duela. Hay gente hijueputa en todos lados, y no somos la excepción, pero somos más los que enseñamos los sentimientos, yo lo creo así. Pasará por lo cultural, lo racial, no sé, pero es así para mí en esta nación. En el dolor muchas veces, y no debería ser, solo en eso, sale lo mejor de nosotros como comunidad, por eso es por lo que yo creo que aún es posible el sueño de la unidad latinoamericana, el sueño de Simón Bolívar (aunque el pobre ahora está más desprestigiado que el carajo, pero por estúpidos dogmáticos que no saben que deben ir con los tiempos modernos y en libertad y democracia). Es posible, yo lo he visto más de una vez y en mi experiencia personal. Tenemos corazón, somos solidarios y entonces, ¿por qué seguir desunidos en Estados Unidos? Unámonos de una vez por todas, ¿qué esperamos, que los estadounidenses lo hagan por nosotros? A todos aquellos que me apoyaron en mi dolor, por la pérdida de mi querido padre en aquel entonces, gracias una vez más, a mis amigos que sin tener que hacerlo juntaron un dinerito y me lo hicieron llegar para los gastos del funeral, ¡gracias todos de corazón! ¡Mis amigos!

Yo no podía viajar a Perú, y esa es la verdad, bueno, podía ir, pero ya nunca más volver. Podía haber inventado una mentira, y en parte seguí la farsa, el teatro, la pantomima de que no podía viajar por esto y por lo otro. "Si quiere se puede tomar un par de días libre, por si quiere viajar o lo que usted crea conveniente", fue una frase que oí en ambos trabajos, pero yo sabía bien que no iba a poder viajar, a no ser que ya no quisiera volver, es decir, ¡necesitaría solamente boleto de ida! Aún con un cuchillo prendido en el corazón, en medio del pecho, uno siempre ha de seguir adelante. Nunca he podido saber por qué, tiene que ser Dios, sin duda, quien lo empuja a uno hacía adelante. Lo digo así, con incredulidad, porque nunca he tenido la fe que sí tenía mi madre, y que siempre me enternecía y admiraba observar en ella. Yo no soy como ella, y quién sabe si con el tiempo he comenzado a cambiar y ahora si voy sintiendo un poco, cada vez más, como que escucho más a mi corazón y le hago caso más seguido. Los golpes de la vida y las lecciones que Dios nos manda, sin duda, son un resultado de eso creo yo, de esa transformación que se va dando en uno, muchas veces sin nosotros mismos darnos cuenta, conforme uno madura. Yo podría haber hecho un *show* y fingir que había viajado de vuelta a Perú y gastarme el dinero en otras cosas, pero no yo no soy así, y sin embargo hay hijueputas que sí lo hacen. Imagínense, quedándose por aquí escondido o, en todo caso, caminando con cuidado para que no nos vean y sepan que no nos fuimos de viaje y que seguimos aquí, pero igual, la mentira tiene patas cortas y por ahí siempre te va a ver alguien. Es mejor siempre ser honesto y sincero, claro, si eres ilegal toma tus protecciones, porque también habrá gente que nos quiera joder si se entera de nuestra situación legal. Eso es triste pero es así, no les puedes dar la oportunidad que te jodan, hay mucho hijueputa por ahí suelto que les gusta cagarle la vida a la gente que no se mete con nadie. No tomé la semana que me dijeron porque no viajé a ningún lado, solo tomé dos días y me incorporé de nuevo a mis trabajos, para qué más, para qué el *show* de fingir. Solo dije que ya mi familia había recibido el dinero que envié, y que yo viajaría más adelante cuando pudiera y dejara todo en orden. La hipocresía y las apariencias no van conmigo, y además, si la gente va a hablar mierda, chismes o mentiras, como lo quieran llamar, siempre lo van a hacer igual. ¡A la mierda!, que hablen lo que quieran, siempre va a haber gente chismosa y malintencionada, así que sigamos adelante, y gracias a Dios, no son todos. Yo no soy hipócrita, no sé serlo, soy como soy y a quien no le guste ni modo, no sé ser de otra manera, con mis virtudes y defectos, pero así me acepto y me quiero. Mi valoración personal no pasa por tener o no tener papeles, eso es circunstancial, un accidente del destino. Como relaté en un capítulo anterior, pude haber nacido como ciudadano de Estados Unidos, pero mi madre volvió a Perú, ¿y por eso me voy a sentir mal? ¿Por eso voy a estar enojado con ella? ¡Claro que no! Mil veces prefiero que volviese y haber nacido allá, pues es muy grande el orgullo ser de en un país tan lindo y rico culturalmente, con tantos tesoros milenarios, ¡ese lujo no se lo da cualquier mortal! ¡Gracias Dios por eso! Así es que soy yo. Lo que no me gusta ni me cae bien, no me cae y punto. O como dicen por ahí, lo que no me gusta, ¡no me lo como! Pero cuando algo me gusta y me apasiona pongo todo el corazón en ello. Pude a lo menos un par de veces ayudar con algo de plata a mi viejo, lástima que no pude con más ni por más tiempo, pero la primera vez, como conté antes, siempre será inolvidable, al menos pudo comer y celebrar con algo del dinero que aquí su hijo ilegal le pudo enviar, ¡salud por eso, carajo!

Hay un detalle curioso que yo siempre he notado que sucede a muchos en este país, y que no es excusa para no trabajar duro, ni ahorrar, pero hay mucha gente, y me incluyo yo, que hemos trabajado duro, y a veces hemos tenido que ayudar a los nuestros que se encuentran en nuestros países, pero no como es natural o lo acostumbrado, sino porque muchas veces la vida, la muerte, la tragedia nos golpea, porque la vida es así, no hace distinción se lleva a todos por igual, agarra parejo como dicen. Esa hijueputa sí que es en verdad democrática e igualitaria, ¿sí o no?, carga con todos por igual, ahí no se salvan los ricos ni pretenciosos por mucho oro que tengan, igual van a la fría tumba, solo es cuestión de tiempo, como dice en la Biblia el Libro de Eclesiastés: ¡Vanidad de vanidades! El dinero trabajando aquí, consiguiéndolo aquí, en este país, es así, a muchos nos ha pasado que se aplica el dicho de que nadie sabe para quién trabaja. Con mucho esfuerzo juntas un dinerito y de pronto ¡zas!, viene una maldita desgracia y todo se va al diablo, ¡a la mierda! Y a comenzar de nuevo, de cero, así es, es jodido, es duro, muy duro comenzar de nuevo de cero, y con la edad, con más años encima es más duro todavía, pero qué carajo, no nos vamos a rendir, y menos si nos quiere desgraciar la vida alguna ingrata, menos aún. Hay que aprender a valorarse mucho uno en esta nación, para que así no cualquier mujer nos tire al piso y nos deje no solo sin plata, sino también sin amor propio ni autoestima. Claro que también hay hombres que somos una mierda, y yo soy el primero en reconocerlo, pero también hay unas mujeres que son para salir corriendo. Cuídate de las aguas mansas, ¡que de las bravas me cuido solo! ¡Como decía aquella! Aquí las tentaciones son muy grandes y si te descuidas con el corazón, te lo destrozan, créanme, no dejen de creer y confiar en Dios, sobre todo, y que hay gente buena, pero protege también tu corazón y tus sentimientos que aquí hay gente que de verdad cree esa mierda de dicho que dice, "Tanto tienes, tanto vales". Bueno, esos pendejos en realidad abundan en todas partes, no solo aquí. Aquí no se sabe nunca para quién uno trabaja, lo que uno trata de ahorrar, de pronto pasa algo, y se tiene que colaborar o un imprevisto y ya se fue, así que a comenzar de nuevo. Tú te puedes partir el alma trabajando, rompiéndote el lomo, sacarte la mugre (frase peruana), y de pronto alguna sorpresa hará su aparición, en forma de lo que sea, porque la vida es así. Puede ser la enfermedad de un ser querido, un luto, bueno, y como dicen por ahí, por mucho que la persona sea pobre siempre aparece dinero para enterrarla, ¿no se han dado cuenta de ese detalle? Es cierto, piénsenlo y verán que es verdad. Cada uno contará su historia, yo cuento como me fue a mí, y esta es mi vivencia personal. Si a otra persona le fue diferente, me alegro por ella y que lo disfrute, pero yo no, mi vida ha sido distinta, y como decía un amigo uruguayo: "¿Y qué se puede hacer cuando la vida, cuando la mano viene así, che?" Uruguay, tierra bendita, país pequeño, pero que le ha dado al mundo unos campeones de fútbol que ya quisieran otros países. Ha sido dos veces campeón olímpico de fútbol (1924 y 1928), y dos veces campeón mundial de fútbol (1930 y 1950), además de haber ganado 15 torneos de la Copa América y otros. ¡Uruguay nomás! Gente noble con un corazón grande, tan grande que no les cabe en el pecho. ¡Aguante, charrúa!

No fue fácil aquel período de luto cuando perdí a mi recordado viejo. No era que yo estuviera en negación, pero sin duda fue un golpe fuerte del destino, seguir adelante, dejando atrás pedazos de tu vida, personas que eran de alguna manera uno mismo, Porque ¿no somos acaso nosotros continuación de nuestros padres? Cuando retorné después de dos o tres días que tomé libre de un trabajo de turno completo por la noche, luego de la muerte de mi padre, mientras estaba trabajando con la máquina con la que yo lavaba las alfombras de una oficina, la misma oficina de la compañía en donde me habían dado la noticia de su muerte, yo no pensaba en nada, solo en lo que hacía, no podía, no quería pensar en nada que me distrajera de mi labor. Pensé que era mejor así, cuando de pronto dándole champú a la alfombra de un cubículo de un empleado en esa oficina, levanté la cabeza y vi que la persona que lo ocupaba —ya obviamente todos se habían ido, no había gente en las oficinas— tenía en uno de los paneles que fungen como paredes, cosas pegadas y colocadas ahí a modo de recuerdos. Algunos tienen fotos de la esposa, hijos, familia en general, calendarios, cuadros, en fin, montón de cosas, algo muy común entre los oficinistas. En este caso, levanté la vista y lo que leí, ahí delante mío, al frente de mis ojos, como puesto para que yo lo leyera, hizo que de pronto yo me detuviera como paralizado por un orden superior, casi divina, diría yo:

"No temas, porque yo estoy contigo; no desmayes, porque yo soy tu Dios que te esfuerzo; siempre te ayudaré, siempre te sustentaré con la diestra de mi justicia".

Isaías 41:10

Esa escritura bíblica en ese papel pegado en aquel cubículo no era un póster religioso, ni nada por el estilo, era solo un papel impreso, se diría que alguien lo mandó poner ahí a propósito, bueno, eso creo yo, pero para mí fue tan especial aquel momento. Ver aquello, justo ahí, inesperadamente, hizo que me detuviera, y me senté ahí mismo y me puse a llorar. Dios se acordaba de su hijo ilegal, que ahora sí se había quedado completamente huérfano y en tierras extrañas, sin poder volver para enterrar a su querido padre, pero a quien Dios aquella lejana noche le quiso dejar saber que no lo había abandonado, ni se había olvidado de él.

29

La primera década

AL LLEGAR A ESTE PUNTO DEL RELATO SE CUMPLEN 10 AÑOS DE VIVENCIAS en Estados Unidos, que he recordado a fuerza de pura memoria de elefante, veremos qué resulta de todo este esfuerzo. He escrito este libro no tanto por mí, sino por tanta gente que ha sufrido o vivido el sueño americano, según lo interprete cada quien. Estas memorias son por todos ellos y son hasta una obligación escribirlas; alguien debe hacerlo y yo creo que lo puedo hacer y hacerlo bien. Habrá otros que también lo harán, espero que sí, yo por lo menos hago mi parte, mi pequeña contribución. No sé si sea un ejemplo de algo, no lo creo sinceramente, no obstante, considero simplemente que al sentarme a escribir este libro quise honrar, primero que todo, esa enorme necesidad interna que tiene, creo yo, todo escritor, ese anhelo de dejar plasmado en el papel todo aquello que despertó mi curiosidad y que me influenció y motivó de una manera u otra. Por tanto, esto que leen fue escrito de la manera más honesta e íntegra posible, la única que este servidor sabe, no hay otra manera para mí: honestidad e integridad para con uno primero, y luego con todos los demás.

He de decir entonces hasta aquí, que este no ha sido un país fácil, aun con todas las facilidades que uno pueda encontrar innegablemente en esta gran nación. Aquí hay oportunidades y más que en cualquier otro lugar del mundo, sin duda, pero entérense de una vez, aquí en Nueva York nada es fácil, la competencia es enorme y el que está a tu lado muy probablemente te quiera cortar la cabeza y sin dejártelo saber ni avisarte. Si además de ser recién llegado a Estados

Unidos no tienes papeles legales, la cosa sí que se te puede complicar, y seriamente si no le haces caso, si eres ilegal o indocumentado como yo. Cómo dije antes, aquí muchos se fijan en los que vienen, en los que se cuelan por la frontera, pero ¿por qué no preguntan de los que se van de aquí? ¿Por qué no hacen un censo de eso también? Sería bueno saber eso, ¿verdad? Sí, porque este no es un país para todo el mundo, no nos engañemos, de aquí se va mucha gente también, porque para muchos Estados Unidos es de locura, es frío en muchas regiones y muy caliente en otras, es hostil, y por tanto muchas personas se van así como así, sin más, sin pelear, sin preguntar y hasta sin despedirse. No todos se adaptan a la vida aquí, y uno solo puede tratar de entenderlos y comprender su situación. Nadie se puede ni se debe quedar en un lugar en donde no se sienta a gusto o cómodo. La vida pasa muy rápido y no tiene sentido perderla en un lugar en donde no sientes que está tu corazón y tu alma, al menos así lo veo yo.

Hablar de la emigración de Estados Unidos es referirse a un proceso demográfico complejo. No solo quienes son inmigrantes sino también personas nacidas aquí se mudan a vivir a otros países. Este fenómeno es el reverso de la inmigración a Estados Unidos. El gobierno no mantiene datos de la emigración, por lo tanto, es improbable saber el número exacto de personas que se van a otros países. Una cifra de referencia conservadora recabada por el Departamento de Estado en 2016, indica que había nueve millones de ciudadanos estadounidenses (no miembros de las fuerzas armadas) que viven en el extranjero. Por otra parte, entre 2009 y 2016, durante la presidencia de Barack Obama, 3.2 millones de inmigrantes indocumentados aproximadamente fueron deportados de Estados Unidos. En cuanto a los inmigrantes que se regresan voluntariamente a sus países de origen sin ser deportados, la cifra es imposible de saber. Un hecho interesante es que el presidente Barack Obama, siendo demócrata, aparentemente deportó más indocumentados que George W. Bush, quien es republicano. Esa estadística se debió en gran parte a un cambio en cómo se redefinieron las «deportaciones», más que a un aumento en el número de personas deportadas. Anteriormente, la mayoría de las personas detenidas cruzando ilegalmente la frontera México-Estados Unidos eran simplemente devueltas en autobús a México bajo la categoría de «retornos voluntarios». Comenzando con el gobierno de Bush, y aumentando en el de Obama, se hizo un cambio administrativo que consistió en que a la gran mayoría individuos que cruzaba la frontera le comenzaron a tomar sus huellas digitales y a deportarlos formalmente, lo que disparó el número de deportaciones que antes se conocían como retornos voluntarios.

Aunque yo siempre he formulado y pensado estas preguntas acerca de cuántos se van de aquí, esto no le importa a toda esta gente racista y xenofóbica que nos persigue y nos acosa dentro de esta nación, ya que si vienes de ilegal, sabes a lo que te atienes. O sea que según la mentalidad de ellos, nosotros tenemos que soportar todos los abusos posibles e imaginables sin chistar ni reclamar, siempre con la cabeza gacha. No señores, eso no es de hombres, ese no es comportamiento de gente libre y con dignidad. El que uno traspase las fronteras en busca de la felicidad, o donde uno piensa que esta se encuentra, es un derecho del ser humano, y nadie puede oponerse a eso. Lo harán ahora los que antes eran refugiados y perseguidos y que ahora ya están establecidos y tienen el vientre amplio de tanto comer y beber bien, es como decir, "Yo ya resolví lo mío, ¡los demás que se jodan!" La ley del embudo, todo lo que sea posible para uno y el resto, los demás, que se jodan, que se arreglen como puedan.

Aquí hubo gente que se cansó de esperar la bendita amnistía que nunca llegó. Por ejemplo, muchos inmigrantes que trabajaron cocinando para otras familias o criando hijos ajenos, de quienes otros preguntan, ¿qué no se les pagó por eso? Claro, que se les pagó, pero nadie tiene una responsabilidad tan grande y hace un trabajo tan importante y delicado si no pone el corazón en ello, por esta razón no se trata solo del dinero. Muchas mujeres hicieron de niñeras de hijos de ciudadanos estadounidenses y criaron gente de bien para el futuro y bienestar para este país, ¿por qué no cuentan esas historias, también? ¿No conviene, verdad? Claro que no, solo conviene mostrar al inmigrante ilegal como una carga pública, un violador, un vendedor de droga o un vago, o sea con puro estereotipo negativo. ¡Sigamos como Hollywood nos traza el camino, entonces! Aunque esta idea o imagen distorsionada del trabajador indocumentado no solamente se difunde en las películas, sino que emana desde la misma Oficina Oval de la Casa Blanca, y directamente de la boca del presidente Donald Trump. Sin embargo, saben que la gente y el mundo entero no es estúpido, mucho menos en esta era de redes sociales e internet; ya todo se sabe y la gente está enterada de que en Estados Unidos se llenan la boca con deportar a los ilegales, pero se han beneficiado con el trabajo y el sudor de ellos, y en muchos casos los han explotado, eso no lo dirán ni reconocerán nunca estos hipócritas, pero esa es la verdad.

Mientras escribía este capítulo se celebraba la Semana Santa, el Domingo de Resurrección, la Pascua, y de pronto, sin planearlo, se cae la Biblia del lugar donde se encuentra, en donde están arrumados todos mis libros, y se abre justo en una parte que dice: "Estas cosas os he hablado, para que en mí tengáis paz. En el mundo tendréis aflicción; mas confiad, yo he vencido al mundo". Se trata del último versículo del capítulo 16 del Evangelio según San Juan. Y ya que leía yo las palabras de Jesús de Nazaret durante aquella Semana Santa, consideré oportuno recordar lo que nos dice la era de internet en relación a Él: "La originalidad de su mensaje radicaba en la insistencia en el amor a los enemigos...se trata de un Dios cercano que busca a los marginados, a los oprimidos y a los pecadores...para ofrecerles su misericordia..." Sin olvidar que nos recomendó que comuniquemos siempre con el Padre, con Dios, a través de la oración, a través de la oración del Padre Nuestro, y que pidamos en nombre de Él, de Jesús de Nazaret, porque hasta ahora nada le hemos pedido al padre en su nombre: "Pedid y se os dará" (Mateo 7:7a), porque no hay ni puede haber un solo hombre que al rezar no sea escuchado, porque el que reza está invocando gracia divina. y tarde o temprano ha de ser escuchado. No es signo de debilidad el rezar e hincarse de rodillas para hablar con Dios. Porque como Él dijo: "El que se ensalzare, será humillado; y el que se humillare, será ensalzado" (Mateo 23:12). Palabra de Dios. Amén. Cito estas escrituras porque esa es la actitud que debemos de tener ante aquellos que nos afligen, así como para tener confianza de que al pedir a Dios, Él nos concederá nuestras peticiones.

¿Cuánta gente trabajadora, decente y honrada se cansó de esperar la dichosa reforma migratoria integral que nunca llegó? ¿Cuántos se regresaron, volvieron a sus países y a sus lugares de origen, porque pudo más el corazón y el amor que sentían por sus esposas, parejas, padres, hijos y seres queridos en general, que la necesidad que se podía vivir en sus países, no del amor al dinero, aunque a algunos los haya seducido el vil metal, el dinero siempre será necesario, pero no es el fin de nuestra existencia. De eso debemos ser todos muy conscientes pues somos efímeros y un día nos iremos, pero es el amor, cuánto amor fuimos capaces de dar, es ese el saldo final lo único que nos llevaremos de esta tierra que algún día también nos cubrirá. Muchos se regresaron a sus países, y es muy respetable la decisión, porque es mejor tener a toda tu familia contigo, que estar tú solo suspirando y dejando la vida en tierras extrañas, y eso solo se puede apreciar cuando eres tú quien lo vive en carne propia, no porque te lo cuenten. Esto solo se aprende cuando tú eres el actor principal de toda esta novela llamada la vida de un inmigrante ilegal en Estados Unidos de América. Muchos vuelven a su patria, y a esos nadie los entrevista, pero para los que quedamos y seguimos adelante, como si estuviéramos en un campo de batalla y sin poder siquiera recoger a los caídos, solo nos queda continuar, encontrar motivación a veces de donde no hay, buscar algo, lo que sea que mitigue nuestra soledad y tristeza.

Al escribir esto, comprendo que ya se fueron diez años de vivir de esta manera, y no ha sido fácil, el tiempo vuela. Diez años en que para muchos de nosotros ha sido una dificultad tramitar una licencia de conducir, a no ser que quieras conducir sin esta, como muchos lo hacen y no los culpo pues tienen que mantener a sus familias. Diez años de no poder viajar a visitar a nadie, a no ser que ya no pienses en volver. Diez años de no poder tener una cuenta de banco, y a cuántos no les han robado sus ahorros que guardan en sus cuartos rentados debajo del colchón, o en algún escondite que cada uno tiene para ocultar lo poco que se pueda ahorrar aquí. Diez años de saber que si estudias solo puedes avanzar hasta donde el sistema te deje y lo permita, como estamos viendo con los jóvenes llamados *Dreamers*, que al llegar de niños a este país, sin papeles y con padres en la misma situación, no pueden seguir estudiando, y menos poder ayudar o contribuir en algo al país en que han crecido, el único país que conocen, y al que para ellos es obviamente su patria, su nación. Como dije, avanzarás hasta donde te deje la ley, y de ahí en más es tu suerte, así, ni más ni menos, ¡estás librado a la de Dios! Para la gran mayoría, esta realidad adversa es como estrellarse contra una pared al final de todo esfuerzo, al final del camino. Entonces es básico y fundamental aprender a vivir con tu frustración, o mejor dicho, que aprendas a sobrevivir con ella, como un matrimonio viejo en donde ya hace rato se murió el amor, pero que continúan juntos por conveniencia, por sobrevivencia, como muchos que hay por ahí, y como muchos que yo conozco. Aquí, bajo estas circunstancias, se aprenden tantas cosas o, en todo caso, las aprecias de primera mano, y en ese proceso te aprendes a conocer muy bien, mucho mejor que si estuvieras en tu país. Eso lo logra la vida como indocumentado en este país, te redescubres a ti mismo, y eso es fundamental. O te templas como el acero o te mueres, o tiras la toalla y te vas, y te vas para siempre, no hay regreso, ¡acuérdate de eso siempre! Aquí sabes que por más celebraciones de días de la madre, días del padre, navidades y años nuevos que vengan y te encuentren esas fechas muchas veces solo, ¡no te vas a morir, carajo! Al comienzo, los primeros años serán duros, muy duros, pensarás que se te va a explotar el corazón dentro del pecho, que te morirás de la pena, pero ¡tienes que soportar cabrón! ¡No vale rajarse! ¡Aquí estás y aquí te quedas! Luego cuando de a pocos ves como comienza a pasar el tiempo, verás que te sientes como el mismísimo Superman, a quien ni las balas que le disparan le afectan, ni lo hieren, ni rasguños le hacen, llegas a ser entonces un ser inmortal, una especie de ser divino, un príncipe del universo, como bien dijo un día Facundo Cabral, y si eres un príncipe, ¿quién te puede mirar hacia abajo? Exacto, ¡nadie! Eres igual que todos, igual, olvídate de los papeles, a la mierda con eso. Si sigues pensando en función de eso, te limitarás, no seguirás hacia delante, entonces no pienses en eso. Es como una ciencia, ves, no debes permitir que eso te trunque tus planes, pero que tampoco te den locuras que te puedan dejar al descubierto, en eso tienes que tener mucho cuidado, es balance, como todo en la vida. El balance es fundamental y sobre todo saber en quién confías, allá afuera mucha gente te traicionaría, y gratis, de eso no lo dudes, la envidia es así, muy fuerte, muchos se quedarían con tu trabajo sin dudarlo, sin pensarlo dos veces. La bondad también existe pero siempre debes protegerte, y nunca, bajo ningún concepto, reveles tu condición legal a nadie, ya que tarde o temprano algún miserable se querrá aprovechar de esa situación y tomar ventaja de eso. Ya sabes, eres un príncipe del universo, pero de visita, en un mundo que es muchas veces cruel y despiadado, así que anda siempre con cuidado, hay gente sin sentimientos ni corazón, pero también hay gente buena y noble que muchas veces esconden esa parte de ellos porque en el pasado han sufrido y han sido sorprendidos en su buena fe, traicionados. Aprender a identificar a cada uno será en parte tu tarea en esta vida, pero al fin y al cabo ¿sabes algo? Quien te hace mal a ti, se hace mal a sí mismo, porque todos somos una sola conciencia, un solo ser, un solo cuerpo. El que te engaña o te hace daño no podrá escaparse impune, inevitablemente que a la larga o a la corta sus malas acciones lo perseguirán, vendrán por él y pagará lo que te hizo. Por eso no desperdicies tu valiosa energía maldiciéndolos o cosas así. Por más que te duela, déjalo todo a Dios, que Él sabe y ve todo lo que ocurre en este mundo y le dará a cada quien lo que se merece, como dice el dicho: Quizás Dios no te dé todo lo que le pidas, pero sí te dará lo necesario para que sigas adelante.

Dios aprieta, pero no ahorca, acuérdate de eso, mi amigo y si no te gusta esa frase, ahí te va otra: Dios no nos pone sobre los hombros más peso del que podemos cargar.

Por mucho que la gente nos decepcione en este país o en cualquier lugar del mundo, porque la condición humana es así y se manifiesta en cualquier lugar del planeta, no perdamos la esperanza. Sin esa virtud no podremos seguir adelante, hay que fortificarla, y eso se logra en contactar con tu parte espiritual, todos tenemos esa fuerza interna, y es solo reconectarnos con ella, para tener esa fuerza interior y poder seguir nuestro camino. No hablo de religión, que son todas respetables, pero que también han servido mucho para dividir al mundo y matarnos los unos a los otros, por tanto, cada quien encuentre la que satisfaga a su alma, lo que resuene con su espíritu. En mi caso, mi propia espiritualidad viene de la creencia en una conciencia superior que todo lo tiene en perfecta sincronía, la divinidad, la conciencia de Dios. Entonces ya sabemos, no debemos permitir nunca que se apague la luz de la esperanza, esa vela siempre debe mantenerse encendida, porque esa mantendrá encendida las otras luces, la de la fe, el amor y la risa. Fuego eterno, pero que sobre todas las cosas arda en nuestro pecho, en nuestro corazón. La buena luz se pone sobre una mesa no debajo de esta, para que todo el mundo la pueda ver (Mateo 5:15), y le sirva acaso de faro y para gloria del poder de Dios.

Sin duda escribí esto influenciado por la Semana Santa que transcurría en ese momento, pero es que no se puede seguir por la vida sin creer en algo, sin fe. No somos como animales que simplemente nos acostamos y nos levantamos sin más ni más, no, hay algo que nos diferencia de los animales, y es nuestra conciencia. Ahora que lo pienso bien, y después de ver varios videos de nuestros hermanos del reino animal, yo diría que ellos también a su manera cuando se levanta saludan a Dios, o si no, cómo explicar el canto de las aves en la mañana al salir el sol, el cantar del gallo, el rugido del león, los ladridos del perro, todos, casi todos los animales pueden emitir un sonido para comunicarse, y quién sabe si en ese sonido también está encerrada la voz de Dios.

Diez años de vivir en Estados Unidos se dicen rápido, y lo fueron en verdad, para mí se hicieron como dos o tres a lo mucho. Es por el ritmo en que se vive aquí, por eso tienen razón muchos cuando dicen que aquí no se vive, se trabaja, y es verdad en gran parte. Se deja la vida laboralmente, y si te descuidas te olvidas de engreírte o de darte algún gusto, es como se le saca al cuerpo un poco a toda esta presión, y haces lo que sientes que tu alma quiere hacer, es la única manera en que se podrá seguir adelante aquí. Si no, de otra forma el tiempo se te irá de las manos. Trata de robar el tiempo de donde no hay, es casi como un operativo comando, no puedes fallar y solo tienes una oportunidad, lo bueno es que la identifiques y no la dejes ir, reconócela y persiste. Persigue tu meta hasta el fin, y si por ahí viene la huesuda, la que nadie quiere ver ni encontrar en el camino, que sea a lo menos que te encuentre tratando de hacer realidad los anhelos de tu corazón, al menos te sorprenderá cuando los tratabas de hacer realidad, ¡que no quede por ti! Una década en Estados Unidos que se vive a velocidad supersónica, que parece una carrera de autos de Fórmula 1. Muchos dirán que aquí no se vive, no se disfruta de la vida, y razón para decir eso no les falta. Aquí hasta las borracheras se planifican, porque todo es con un plan, si se va a ir lejos para asistir a una celebración de un cumpleaños, boda o bautizo, primero se decide quién va a manejar el auto, ya ese "pata" (amigo en el habla de Perú) se sabe que no va a beber ni se le permitirá hacerlo, porque si la policía detiene el auto cuando todos regresan a casa de la fiesta, y le hacen la prueba del nivel de alcohol en la sangre al chofer y este ha bebido, todos terminamos detenidos. Si ya estás en la fiesta, o vas a organizar una, tienes que pensar primero si al siguiente día estás programado a trabajar, y si es así, no te puedes emborrachar. ¿Entonces qué? Nada, toma poquito, con moderación, no te emborraches que hay que ir al trabajo. A muchos ya no les creen eso de que están enfermos, al comienzo lo hacían, pero cuando les ven la cara descompuesta por la borrachera, todos se dan cuenta que no es por enfermedad sino por la cruda o resaca. En nuestros países de origen, se vive a otra velocidad, a otro ritmo. Aquí no, aquí hay solo autopista de Fórmula 1, y de muy vez en cuando entras a los *"pits"* a cambiar neumáticos, lo que vendría siendo equivalente a ir al médico.

    Queda de saldo de estos diez años el haber intentado vanamente de obtener mi residencia a través de la lotería de visas, que en los primeros años en que yo llegué aún participaba Perú. Queda de saldo el haberme peleado en la calle para evitar que me robaran mis pertenencias. Es curioso, pero ahora que lo pienso, el inmigrante ilegal es una persona que tiene algo diferente, uno podría decir hasta en su ADN, si no, ¿cómo se explica que sea tan fácilmente identificable por ciertos miserables que tratan de robar nuestro dinero y nuestras cosas? Asaltarnos en las negras noches, cuando uno está muerto de cansancio de toda una semana pesada, a las salidas de las factorías o de los bares, donde a veces entramos a refrescarnos dándonos una cerveza, ya ni eso podemos hacer en paz. Si lo haces, cuídate a la hora que salgas, lo más probable es que te estén esperando afuera para golpearte y luego quitarte tu dinero, y no uno, sino varios hijos de puta. Cuídate inmigrante, mira sobre tu hombro hermano ilegal, no sé, pero el delincuente, el ratero, el ladrón común y corriente lo puede hacer en este país, nos puede identificar, sabe quiénes somos, suerte de psicología delictiva, de seguro, no sé cómo lo harán, pero lo pueden hacer, es un misterio. "La vida es un bello peligro, solo anímate a vivirla a plenitud", decía Facundo Cabral.

30

Logros y fracasos del inmigrante en Estados Unidos

La noche anterior a escribir este nuevo capítulo, casi termina de manera imprevista este libro, ya que estuve a punto de ser acuchillado y pude haber sido asesinado. Esto sucedió cuando me interpuse en medio de una pelea que se suscitó en la cocina donde trabajaba, en la que una de las dos personas, compañeros de trabajo, tenía un cuchillo en la mano; no lo pensé, solo me interpuse. Conocía a ambos, pero esta también es una prueba de que también entre nosotros los hispanos se nos puede calentar la sangre, y en un momento de calentura y de arrebato, arruinarnos la vida ¿y todo por qué? ¡Por un miserable arrebato! La vida no se puede vivir así, amigos, uno no viene de tan lejos para cometer estupideces. Sí, me interpuse porque uno de estos dos inconscientes que peleaban era padre de niños pequeños, y hubiera dejado huérfanos a esos niños, y el otro un hombre también, igual, mayor, ya un viejo, un maganzón, pero con el carácter muy emotivo, muy emocional; él es artista, un pintor, y se gana la vida también cocinando, o sea, se mantiene en el campo del del arte. No voy a decir quién tuvo la culpa, o en todo caso, la culpa fue de los dos, y como les dije a ambos, somos personas adultas y el trabajo se respeta, así es aquí y en la China. Nunca antes o, en todo caso, en muy buen tiempo, un cuchillo no había pasado tan cerca de mi cuerpo, pero esta es otra razón por la que más estuve convencido de que este libro debía ser escrito, terminado y publicado. Se pudo detener para siempre aquella noche y haber quedado inconcluso, olvidado en el ordenador de un inmigrante ilegal, solitario, romántico y soñador, sin embargo, esta vez me interpuse en esa riña. Antes había obviado hacerlo, pero me dije, no habrá una tercera vez, yo haré algo, y así fue, esa noche lo hice. La vida de muchas personas hubiera cambiado si la pelea hubiera terminado en tragedia, porque no éramos solo nosotros tres, eran todas las familias que hay detrás de nosotros, porque eso es así, en eso se debe pensar siempre antes de hacer una estupidez. Uno no es un hongo, uno no salió de la tierra, uno tiene familia, yo no porque, en fin, hay individuos para quienes quizás es más difícil por algún motivo echar raíces, pero como quiera, uno no puede ver a otros cometer una estupidez y no intervenir. Por mi parte, yo me prometí que no volvería a pasar, no delante de mí. Seguimos entonces adelante, porque otra vez aquel viejo refrán sigue más vigente que nunca: Estamos viviendo de gratis, una vez más.

En este resumen de mis primeros diez años de vivir en Estados Unidos que continúa del capítulo anterior, relataba que yo he visto y experimentado la violencia delictiva de las pandillas callejeras y los malvivientes que asaltan a mis hermanos ilegales. Yo mismo lo he sufrido y vivido en carne propia, no estoy muerto –lo digo de nuevo– de milagro, de seguro para escribir sobre lo que nos hacen a nosotros siempre que llegan los fines de semana. Durante los viernes y sábados, estos infelices nos cazan y buscan para robarnos nuestro dinero mientras caminamos en sitios oscuros y solitarios. Están a la espera que nos asomemos y nos atacan como manadas de lobos hambrientos, así que no queda otra que defendernos con todo lo que podamos, con lo primero que tengamos a mano, así sea un bate de béisbol o una herramienta de trabajo, como hacemos muchos de nosotros, porque con armas no podemos, nos meten presos. ¡Ya nomás falta que nos confundan con esos desgraciados! Por tanto, nos unimos y caminamos juntos si salimos de trabajar muy tarde de una cocina o factoría, todos en grupo o el mayor número de personas posible. Cuando vamos en grupo no hacen nada esos maricones, pero si estamos solos nos atacan en grupo y nos golpean fuerte, y si por desgracia caemos al suelo es peor, de ahí no nos levanta nadie. Si no rodamos rápido en el suelo y nos metemos debajo de un auto, nos jodimos, pues podemos ser hasta acuchillados. A esta gente no le importa nuestra vida, nos atacan sin darnos tregua, sin piedad, y si te tienen que romper la cabeza o apuñalarte lo harán sin pensarlo dos veces, no dudes de eso. Ellos saben que, al robarnos, muchos de nosotros no los denunciaremos por no tener papeles, el tiempo para hacerlo y por no querer involucrarnos con la policía. Hasta a eso se ha llegado, al colmo de tenerle miedo a la policía en ¡vez de confiar en ella! ¡Así estamos, carajo! ¡Qué contrasentido! Ya saben, aquí todos estos pandilleros de fin de semana saldrán a buscar el dinero en efectivo que les permita comprar su droga y emborracharse, y si tengo que ser sincero, hay hasta muchos que entran a trabajar a ciertos sitios solo para conocer el lugar y saber dónde están las cosas, y luego se van como que ya no quieren seguir trabajando, pero ya tienen la información, saben dónde está la oficina, dónde se cambia la gente y dejan la ropa, dónde está esto, dónde lo otro, y todo lo demás. No nos podemos confiar de estos indeseables, ¡son unas fichitas!

Cuando a una persona le han fallado tanto y tantas veces, que ya no cree en nada, solo hay una manera de devolverle la confianza, y es demostrándole con el ejemplo que puede y debe volver a confiar en la gente, que siempre hay gente buena en el mundo, pero eso solo se logrará predicándole con la acción, con el ejemplo, no hay otra manera, y asegurarse de hacerlo bien, de no fallarle de nuevo. La confianza toma mucho tiempo para construir, pero se destroza y se desvanece en solo un par de segundos. Uno podría enfocarse solo en todo o en todos a los que les va mal en esta nación, pero eso no solo sería injusto sino también sumamente cobarde, ya que a todos les va a ir diferente en la vida, la vida es así. Aquí también hay muchos que triunfan, y bien por ellos, porque lograron y logran hacer realidad sus sueños y aspiraciones. Todos podemos desear lo mismo, ahora, que se nos dé es otra cosa, pero lo bueno, lo interesante y lo bonito es que a lo menos lo intentamos, y si lo vamos a intentar que sea con toda nuestra alma y con todo nuestro corazón, el resultado lo sabrá solo Dios, nosotros solo hacemos nuestra parte, lo que nos toca hacer. Aquí con toda seguridad hay mucha gente que ha sobresalido con su propio esfuerzo y sacrificio, que ha luchado sin parar para destacar, para cambiar su situación, su realidad personal y sus condiciones de vida. Algunos estudian, se preparan académicamente, no sé cómo lo harán al detalle, pero sí ha habido individuos muy admirables que lo han logrado, y este libro también quiere rendirles un reconocimiento y una felicitación sincera, por qué no hacerlo sería muy mezquino de nuestra parte. Aquí todo no ha sido malo, esta siempre será tierra de oportunidades con el favor de Dios. Hay muchos hermanos inmigrantes que han logrado finalizar sus estudios y han conseguido buenos trabajos, han comprado su casa, y otras propiedades, y algunos lo han hecho sin detenerse mucho a pensar si tienen o no papeles. Eso se arreglará solo o no se arreglará, pa' delante nomás, en fin, la situación del estatus migratorio ya se resolverá después cuando se pueda. Está bien que estos individuos funcionen así, porque no se desempeñan con una mentalidad de miedo, desde el temor, que lo único que produce es parálisis emocional, y eso es algo que el que viene aquí a superarse no puede, bajo ningún concepto, permitir que lo domine, si no, la situación está jodida, como dicen mis paisanos, eso no lo podemos permitir. Cada uno de estos grandes luchadores realizan una labor como de hormiga, ahí van de a poquitos, acumulando casas o negocios o lo que ellos perciben como su manera de lograr la felicidad y su versión del sueño americano. Esa es la filosofía de ellos, el modo en que piensan y así funcionan.

Ahora, también están los que se juntan por amor (hay que creer que existe) y los que lo hacen por interés (de todo hay en la viña del Señor), y hay tanto hombres como mujeres, en eso no hay diferencia, y bueno, conversan, se ponen de acuerdo, se hacen sus concesiones, total, logran algunas cosas pues entre dos es más fácil así, ¿verdad? Y así poco a poco se establecen uniones que se ven de una forma desde afuera, pero que son muy diferentes desde adentro, pero como bien dice el dicho antiguo, "Cada uno cuenta diferente la historia, dependiendo de cómo le fue en la feria". En esas uniones, hay un sinfín de historias que involucran a todas las razas, países, edades, géneros y estratos sociales, naturalmente, y también los que mencioné antes, los que nunca despegaron del suelo, los que siempre carecieron de una buena oportunidad siquiera, a ellos también hay que mencionarlos, no podemos ser injustos con ellos, ya no más de lo que la propia vida lo ha sido con ellos. Algunos inmigrantes, por algún extraño designio del destino, y otro por, como decía Facundo Cabral: "Por ser pobres, por indolencia e ignorantes desdichados", aquellos que caen y recaen una y otra vez en sus vicios, debilidades o adicciones, en una solo palabra, caen derrotados por sus propios demonios, también vale mencionarlos. Unos dirán, pero si ellos son los derrotados, los débiles, los que no sirven para nada, los desechables. No, ellos también merecen ser mencionados, porque su historia necesita contarse, aquí no vamos a discriminar a nadie, como muchos lo han hecho con nosotros. Ellos también lo intentaron, pero por el motivo o la razón que fuera no pudieron trascender, no lograron realizar lo que sus corazones desearon, ¿el motivo o la razón? Eso se lo dejamos a Dios, ya que Él ve y sabe todo.

Es una realidad también que a los grandes intereses del capital extranjero vengan de donde vengan, Estados Unidos, Rusia, China o de países de Europa, siempre les conviene tener a nuestros países jodidos económicamente a través de los gobiernos que nosotros elegimos democráticamente, de esta manera nos manipulan a su gusto, para que así los habitantes no puedan estudiar y solo se dediquen a trabajar. El negar de una manera sistemática y organizada la educación a América Latina ha sido una fórmula infalible de la que se han valido los saqueadores de nuestra amada América, un continente que ha dado gente maravillosa, por solo citar a Centroamérica: Guatemala a Miguel Ángel Asturias, Nicaragua a Rubén Darío, Honduras a Francisco Morazán, y si quieren a triunfadores en los deportes, en el fútbol, ahí están, de El Salvador y su Jorge Alberto "Mágico" González, o en el boxeo, Panamá y su Roberto "Manos de Piedra" Durán y Alexis Argüello en Nicaragua, y solo menciono algunos ejemplos sobresalientes de Centroamérica, porque a los inmigrantes de estas naciones, en particular creo yo, se les ningunea más y sin motivo aparente dentro de Estados Unidos, y diría que hasta por otros hermanos de raza, lo cual me parece una falta de respeto total. Todo compatriota de la gran Latinoamérica merece nuestro respeto, como hombre libre del mundo que es, ni más ni menos.

Hasta este capítulo, todas mis vivencias, relatos y opiniones representan básicamente mis primeros 10 años en Estados Unidos, que se han ido como un suspiro. Diez años de trabajo duro, de no saber lo que es en verdad tomar unas vacaciones, solamente algunos días de descanso ocasionalmente, de no saber ni poder comentar con nadie un carajo, mientras todos los demás te vienen con sus historias de Turquía, Cancún, India, Francia, Italia, o sus respectivos países. ¿Qué mierda, carajo? Sí, te tienes que morder la lengua, porque, ¿qué carajos vas a decir tú? A no ser, claro, que quieras que todo el mundo se entere que eres un jodido indocumentado, un jodido ilegal más, sí, es una mierda eso, de aguantarse las ganas de mandarlos a todos al carajo con sus historias de vacaciones, con todos sus jodidos detalles que a uno ¡qué carajos le importan! ¡Qué suplicio, carajo! Así es aquí a veces, o muchas veces, hay que dársela o pegársela de cojudo, y hacer como que el asunto no es con uno, porque si no, ya sabes, la impotencia y la frustración te volverán loco. Menos mal que gracias a Dios yo hace mucho tiempo que pude superar eso, pero no se crean, de vez en cuando tengo una recaída, y no es para menos. Desde 1993 fueron diez años de tener cuidado con quién hablas acerca de tu situación legal, de si tienes o no tienes papeles. Cómo me rompe las bolas la gente que no bien te conoce te pregunta: "Ah, ¿y tú eres residente?" Qué ganas de contestarles, "No, soy ilegal, grandísima pendeja (¡o pendejo si es el caso!) ¿Qué mierda te importa mi situación legal si yo ni te conozco, carajo? ¿Quién carajos eres tú? ¿O trabajas para el gobierno?" Bueno, en fin, siempre habrá gente de mierda así, gente que se mete donde nadie los llama. Esa sensación la he tenido hasta en los propios centros que sirven de asesoría legal a los indocumentados; hasta en esos lugares, si vas, casi ni te paran bola, no te hacen caso, te dicen: "Ah, no es elegible, ¿sabe? Hay que esperar que cambien las leyes. Por qué no habla con su empleador y que le haga una carta de trabajo…", y un montón de huevadas, que ya hasta dolor de cabeza te da. En vez de recibir la asesoría que esperas, sales de ahí más abatido que otra cosa, ni esperanza siquiera te da esa gente. Hay que tener en cuenta que quienes te dicen esto son los que se supone que abogan por los indocumentados. No serán todos, pero son ejemplos que a mí me han sucedido, alguien podrá escribir sobre distintos casos en otro libro, y de ser el caso que me digan en dónde encuentro la ayuda que necesito. En otras ocasiones, he oído este tipo de explicaciones sobre mi situación: "Ah, es que usted no tiene un hogar, no tiene hijos, una familia constituida…" ¿Constituida y qué? Déjense de huevadas. Estos individuos te hacen unos versos de poesía que ya los quisieran en los concursos literarios. También me han dicho, para darme a entender que no puedo solicitar ayuda: "No tiene cuenta de banco, no tiene inversiones, no tiene propiedades…" O sea, resumiendo, en base a este tipo de razonamientos y en pocas palabras, yo no cuento para este país, solo soy un estorbo más, alguien que según estos racistas hijos de puta que abundan en algunos estados de esta nación, le está quitando el trabajo a un estadounidense. Ya quisiera ver que a un estadounidense le encante la idea de ir a fregar platos o remover mierda de un inodoro. Qué maravillas de trabajo les quitamos a estos huevones, ¿no es así?

Este balance de mis primeros diez años como inmigrante representa una década de ser señalado como responsable de todo lo malo que pasa en este país. Que si se cae la bolsa de valores de mierda, es culpa de los ilegales, que si la crisis financiera se siente más fuerte es culpa de los ilegales, que si la guerra estalla en Medio Oriente, es culpa de nosotros también. Solo falta oír que si los Yankees de Nueva York pierden la Serie Mundial de Béisbol, también es culpa de nosotros. ¿Se habrá visto hablar tanta mierda en otra parte? Te discriminan y te señalan en algunos lugares, si entras a un negocio, "síguelo a ese", no porque tengas pinta de ladrón ya que estás bien vestido, sino porque eres hispano, eres trigueño, marrón, *spic*, *beaner*, o como decía un cierto borrachón texano regenerado que llegó muy alto en esta nación: ¡Eres un *brownie*! ¡Sí, me vas a comer como pastelillo, grandísimo pendejo! Se oye cada pendejada en este país la verdad. Y ahora que recuerdo aquel sobrenombre inspirado por el color de nuestra piel, ¿qué diría este personaje si supiera que muchos, no todos, compañeros de cocina e inmigrantes hispanos que trabajamos lado a lado, llamamos a los blancos caucásicos *turkey meat* (carne de pavo, por el color, ¡obvio!), seguro que a él no le iba a agradar el sobrenombre. Sigan jodiendo con nosotros nomás. Nos señalan y discriminan por raza, y eso es tan flagrante que quien lo niegue es un mentiroso de mierda, ni más ni menos. Si caminas por un centro comercial de lujo o entras a una tienda de departamento importante, ya mismo te está siguiendo un encargado de la seguridad del lugar, o si estás en el tren u otro lugar público y algún pendejo de otro país, no solo un anglosajón, puede ser europeo, alguien de piel blanca, te ve, y ya mismo dice: Mira un *wetback*, un *spic* (por lo de *"me don't speak English"*), un mojado, un *beaner* (frijolero), un mexicano (como si toda Latinoamérica solo fuera un país, ignorantes de mierda, y todos fuéramos mexicanos). Así es, así son, no todos desde luego, pero seamos sinceros, esto pasa aquí, así que no nos hagamos los cojudos como se dice en mi Perú. Esa es la clase de estereotipos negativos que ayudó a difundir Hollywood y toda esta gente racista de mierda, que son incapaces de ver más allá del color de la piel de sus semejantes. Así vinieron al mundo esos pendejos, y así muy probablemente se irán también. El cambio, el verdadero cambio, lo lograrán las nuevas generaciones, no estas contemporáneas que están podridas, que tienen aún mucha mierda y todo tipo de estiércol en la cabeza, y hasta en el corazón también, yo me atrevería a decir, si no, ¿cómo es capaz de tratar un ser humano a otro de esa manera tan injusta e inhumana? El insulto, el atropello, es racial; el racista no ve los papeles, es decir, si eres legal o no, a él le importa un carajo tu situación legal, para él solo eres un *alien*, un extraño, un extranjero en su país, uno diferente a él y entonces él tiene todo el derecho a pedir que tú seas removido del país, ¿te das cuenta? No le importa un carajo si eres legal, si tienes permiso para quedarte, no, ¿tú tienes otro color de piel diferente al de él? ¡Pa' fuera entonces! ¡Pa' la mierda contigo! ¿Qué haces aquí?

Esa es la mentalidad arcaica y anacrónica de estos seres de la prehistoria que aún viven en la actualidad. Ahora, como decía alguien, y para hacer algo gracioso y humorístico con todos estos hechos, es que, total, si te lo dice un blanco no es que no sea condenable, no, lo verdaderamente gracioso es cuando te lo dice o lo expresa un gran pendejo y que este sea racialmente todo lo que tú quieras, menos caucásico, eso sí es, como diría el intelectual peruano Marco Aurelio Denegri, "¡De puta madre!" O sea, ¡es el colmo de la ironía! Ahí sí la sacaron del parque, conectaron un jonrón, que un atorrante, un holgazán que tiene una cara y color de piel que por ningún lado se le pueda aceptar como blanco y caucásico se ponga a proferir insultos raciales contra su propia raza, es lo más incongruente que se pueda ver en esta vida. Te dan ganas de decirle, "¿Y no te has visto tú aún en un espejo, pedazo de hijo de puta?" Como digo, no es justificable, otros me podrán decir, tú eres igual al que criticas, pero esa es la verdad o, en todo caso, yo la veo así. O sea, vamos a ponernos serios, no es que a los otros que sean blancos racial y probadamente unos les acepte sus insultos, ni su discriminación y racismo, pero que encima te lo digan estos lambeculos asimilados de tu propia raza, ¡ya es el colmo sinceramente! ¡Y que además y en algunos casos son más trigueños o *brownies* que uno! Estos individuos están en un estado de negación absoluto no solo con ellos mismos, sino también con sus antepasados, ya que reniegan de sus orígenes estos pintorescos personajes.

Dentro de Estados Unidos aún hay mucha gente anclada en el pasado, y que todavía sigue con el chip o microprocesador de unos Estados Unidos de América antes del presidente John F. Kennedy, es decir se quedaron en la época del presidente Eisenhower, en los años 50s. Con esta gente no es sorpresa, y muy probablemente ya nunca cambiarán, lamentable, pero son así, así se comportan. También quiero mencionar a ciertos hispanos, no sé si son muchos o pocos, que son más racistas que los sureños que perdieron la Guerra Civil de Estados Unidos. Hay que oírlos hablar a estos desdichados toda la basura racista que repiten como loros, papagayos o ¡pericos amaestrados! Se saben los insultos racistas de memoria y los repiten de paporreta, es un espectáculo verlos, en verdad, es patético, y son de nuestra misma raza, ni más ni menos. Por consiguiente es mejor reírse, porque si no el hígado se te va a resentir sin duda del enojo que vas a hacer. ¡Imagínense un republicano hispano! Bueno, si es cubano no sorprende, sigan culpando a Kennedy por lo que no pudieron hacer ustedes, que bien que se han beneficiado del seguro social y el permiso de trabajo que les han dado por el simple de hecho de pisar tierra estadounidense, beneficio que, además de Cuba, no ha tenido ninguna otra nación de Latinoamérica. De eso no dicen nada, ¿verdad? No, hablar de eso no les conviene, eso se callan, no, si serán...

En materia del cuidado de la salud, ya sea medicina general o de odontología, todo aquí es motivado por el dinero (¡sorpresa!). Muchos que tienen papeles regresan a sus países una temporada para hacerse tratamientos dentales porque los costos son más cómodos económicamente allá, en sus lugares de origen. Aquí hay programas y ayudas sociales en los hospitales, pero yo creo que, si en la nación más poderosa del planeta sus propios ciudadanos no cuentan con un seguro de salud universal, este simple hecho ya nos está diciendo muchísimo de cómo se mueve el negocio del cuidado de la salud en Estados Unidos, y sí, dije bien, *negocio* del cuidado de la salud, porque eso es la salud en este país, para mucha gente, un simple y muy lucrativo negocio, ¡tanto tienes, tanto vales! Si no tienes dinero para pagar tu consulta médica, tus medicinas y tu tratamiento, pues mi amigo, quiero decirte que sencillamente ¡te jodiste, así de claro y directo! Que no te engañen, así que ese es otro punto para considerar, porque si tú ves que la salud o seguridad social de tu país es buena y costeable, entonces, ¿sabes algo?, no te vengas a querer joder la vida a Estados Unidos, no vale la pena que lo hagas. Aquí la vida de un perro, de un animal, vale más para mucha gente que la de un ser humano, y es verdad. Por si acaso, no vayan a creer que estoy exagerando, es así lamentablemente, pero si escribo esto tan largo y trabajoso no va a ser para mentirles, ¿no creen? Con el negocio del cuidado de la salud, todos comen, todos agarran su tajada del pastel, los médicos, las aseguradoras, los laboratorios de medicinas, las farmacias, los abogados y los terapistas físicos, entre otros. Si la gente que tiene papeles pasa estas peripecias en materia del cuidado de la salud en este país, ¿qué nos puede esperar, o qué podemos esperar, nosotros los ilegales indocumentados? Sí, nosotros no existimos para esta gente, somos invisibles, no contamos, somos una suerte de esclavos modernos, eso solo somos, esclavos del sistema, solo servimos hasta cuando seamos fuertes, porque ya una vez viejos y mayores nos desecharán como basura inservible, como maquinaria caduca, que ya no sirve, que ya no cumple un propósito, es así, triste, pero realidad, al fin y al cabo. Somos desechables.

31

Triste Navidad y desempleo

Este comentario social sobre mi experiencia viviendo como inmigrante sudamericano sin estatus legal en Estados Unidos fue hecho a fuerza de pura memoria y un considerable esfuerzo mental. Un recuerdo me hace aterrizar cual nave espacial en la Navidad de 2005, cuando una vez más lo improbable e impensado, volvió a suceder en mi vida, ¡pura vida!, como decía el comediante mexicano Antonio Espino "Clavillazo". Lo que no está contemplado que suceda es lo que sucede, sin que uno lo pueda prever ni evitar o anticipar, así es siempre la puta vida, la vida loca o como carajos la quieran llamar. Sobre ella no tenemos control, creemos que lo tenemos, pero ¡no controlamos un carajo! Mi vida como quiera venía siendo ya un poco monótona en ese período. Ya relaté que había fallecido mi viejo, pero es la ley de la vida. No, no se equivoquen, yo quería mucho a mi padre, pero si uno como inmigrante ilegal no se construye o fabrica protecciones emocionales y psicológicas, se jode en este país. Si uno no hace eso, no se puede seguir adelante, porque tanto golpe emocional te puede llevar a una enfermedad mental, y gracias a Dios, y a mi querido Arcángel San Miguel, nunca he sufrido de nada así, y espero nunca sufrirlo, ¡toco madera tres veces! No es que sea un bloqueo mental, ni un mecanismo de autodefensa mental, que bien pudiera parecerlo, es solo ser consciente de nuestra realidad legal y sopesar todas nuestras posibilidades de poder viajar y despedir a nuestros seres queridos cuando pasaban tragedias así. Uno solo debe templar el espíritu, y como quiera que sea, alguien de la familia tarde que temprano viajará, y ellos nos pondrán al tanto de todo lo que pase o pasó en nuestro querido país natal. Siendo sincero, como desde tres a cuatro años antes yo estaba funcionando como en piloto automático, por inercia o por acto reflejo, y así no se puede vivir, eso no es la vida, entonces, cuando pasen un periodo igual, ¡pilas, que ya pronto viene un temporal en camino!

En este caso en particular sucedió lo que no debió nunca pasar, ya que de los dos trabajos que tenía, y de los cuales yo estaba finalmente a punto de capitalizar, en uno iban a comenzar a verificar la legitimidad de los documentos de los empleados. Yo trabajaba ahí con papeles que no eran buenos, y en el otro empleo de turno completo, trabajaba con papeles que tampoco eran tan legales, así que digamos, tenía que hacer una elección y decidir con cuál de los empleos me quedaba. Difícil elección porque en los dos me sentía bien, pero opté por conservar en el que yo trabajaba por la noche. Aquello no demoró más de dos meses para demostrarme que mi elección había sido la equivocada. En el trabajo del turno matutino, no se llevó a cabo tanto el famoso chequeo de documentos que se decía iba a ocurrir y, sin embargo, en el otro en donde yo me consideraba más seguro, de ese salí volando más rápido que inmediato porque descubrieron el origen de mis papeles. Ahí no pude sortear las numerosas verificaciones que se impusieron en la nueva compañía, y quedé como antes de nuevo, como muchas veces, ¡en el puritito aire! Como decía el cómico mexicano Mario Moreno, Cantinflas: "¡A volar, joven!" Es muy triste estar desempleado en plena Navidad, sin tener trabajo, y sobre todo que te despidan en la víspera de Nochebuena. Eso no se olvida fácil, a lo menos yo nunca lo he olvidado, y más vale que así sea. En aquel segundo trabajo que yo opté por mantener usaba otro nombre diferente a mi nombre real, decirlo ahora no viene al caso, pero es gracioso, hasta de eso uno se cansa, de que te llamen con otro nombre diferente al tuyo, ¡qué sensación tan hijo de madre!, que te digan: "Cristian" o "José Alberto" y otros tantos nombres, y tener que voltear la cabeza como un pendejo, y a veces ¡ni a la primera vez! Eso yo creo que es un poco como ser espía secreto, lo único que a nosotros nadie nos entrena, tenemos que hacerlo por riesgo e iniciativa propia. Si me preguntaran cuántos nombres falsos para trabajar he utilizado en Estados *Jodidos* de América, a decir verdad he perdido la cuenta exacta. Es similar a interpretar personajes en obras de teatro, eres otro, estás en actuación constante y muchas veces no eres tú quien decide qué escena sigue o cuál es el desenlace de toda esta telenovela, no televisada, que es nuestra vida en estos tiempos modernos, como el título de la película del comediante inglés Charlie Chaplin.

Para trabajar cuando recién llegas a Estados Unidos tienes que comprar papeles y un número de seguro social falsos, porque si no, ¿de qué vas a vivir, de qué te vas a mantener? La necesidad tiene cara de perro, no sé la raza, pero me imagino que es un Rottweiler o algo así. Se tiene que entender que esto se hace por una necesidad de supervivencia, si no, cómo vas a trabajar y conseguir tu sustento y tu supervivencia, es fuerte decirlo, pero es así. Los políticos republicanos y los enemigos de los inmigrantes dirán de nosotros: "Han violado la ley, hay que castigarlos", pero es cuestión de supervivencia. No pido que lo entiendan, pero solo tengan sentimientos y compasión, puesto que uno solo viene aquí para salir adelante, y para que los hijos de muchos no se pierdan por las pandillas y la delincuencia en nuestros países. Ya sé, nos dirán sermón y medio y un montón de cosas, y todas quizás estén muy bien dichas, que hemos violado la ley y que somos unos infractores, y sí lo acepto, pero como mucha gente, solo queremos vivir con dignidad, ¿es acaso eso mucho pedir? ¿No es ese un derecho del ser humano, buscar su felicidad donde él piense que esta se encuentre?

En Estados Unidos, si eres ilegal, por donde sea que hayas llegado, por aire, mar o tierra, y quieres trabajar, debes de saber que sin papeles es difícil que lo hagas, ya que todos los empleadores tienen que reportar los ingresos de sus trabajadores, y entonces ¿quién te va a emplear sin papeles? ¿Acaso tienes corona y te van a dar trabajo solo así porque sí? ¿Porque tú lo pides simplemente? No, tiene que haber papeles, y si no, tienes que ver cómo los obtienes, esa es la verdad. No estoy fomentando un delito, sino mencionando una verdad que no se puede negar ni ocultar por más tiempo, esto es así, pero entiéndase bien, esto lo hace la gente solo, y solo, (¡así, dos veces!) para *¡trabajar!*, lógicamente si uno viene con las mejores intenciones y no a delinquir. Si no, ¿cómo carajos vamos a ganarnos la vida? No hay otra opción, es falso el número de seguro social, claro que lo es, pero ¿qué vamos a hacer? Esa es la única manera de ganar un sustento económico para uno y para nuestros seres queridos, si no, no nos emplean ni contratan. El sistema laboral funciona así. Claro, otra opción extrema es pasarte de sincero, y yo diría hasta de pendejo, si al pedir empleo les dices que no tienes papeles y quieres trabajar por fuera de los libros de contabilidad, y entonces hay solo dos posibilidades: la primera, te sacas la lotería, por una de esas casualidades de la vida, o da la mismo si te juegas un boleto de lotería y ganas, que te acepten así, que el dueño sea buena gente y no ponga objeciones y te emplee, que sean empleadores conscientes que sufrieron y pasaron por lo mismo que tú. La segunda posibilidad, y la que es la más común encontrar, es que te toque alguien que te denuncia y te entrega a las autoridades de inmigración. Hay otra variante de esta última, algunos de estos miserables, y lo digo con conocimiento de causa porque yo lo viví, te pueden emplear, pero como los muy hijos de puta saben tu situación legal migratoria, te van a explotar y abusar laboralmente todo lo que puedan, y en esto no importa ni influye si son o no de tu nacionalidad, que muchas veces sucede que los que se portan más mierdas contigo son de tu propio país. Así que ya sabes inmigrante potencial, ya estás advertido.

Durante un par de años, yo estaba quizás un poco acostumbrado a la inercia del trabajo, es decir esclavizado a la labor diaria, cosa que también hay que mencionar, ya que esta a veces no te deja mucho tiempo para que tú desarrolles otros planes o talentos que poseas, y eso si tienes talento o naciste con alguna virtud. Jamás, pero jamás, debes permitir que la dinámica y el ritmo de vida de este país asesinen esos talentos, no, oponte con todas tus fuerzas a que eso suceda, porque si lo permites te jodiste. Nunca dejes que muera ese artista, ese talento que trajiste contigo, nunca renuncies a tu arte por más fea que se vea la situación, no lo permitas, si no de alguna manera tú también habrás muerto. La costumbre del trabajo y del cheque de nómina seguro nos mata a muchos aquí el espíritu, nos mata el hambre física, pero no el hambre espiritual, el hambre que siente el alma de alguien que se reconoce artista. Eso debes mantenerlo vivo sea como fuere. Respecto a la pérdida de uno de mis empleos, Dios sabe por qué pasó lo que pasó, y aquella engañosa estabilidad de un momento a otro se desestabilizó y, de nuevo, como muchas veces antes en mi vida, todo sufrió la sacudida de un nuevo terremoto, ¿de qué grado? No sé, la verdad, no sé, pero lo que sí sé es que siempre situaciones así han estado presentes en mi vida, de eso sí estoy seguro. Entonces, siempre hay que estar preparado para ese trancazo, ya me ha pasado antes, no me asusta, pero sé que de alguna forma debo de estar listo, es difícil eso, porque, ¿quién se puede preparar para lo inesperado? Una cosa sí puedo decir, si algo sé de todo eso, es que el cambio o lo imprevisto se comienza a sentir en el aire, en el ambiente antes que este ocurra, así que hay que ser como nuestros hermanos los animales, y en especial los del campo, que aguzan el olfato. Es bueno recordar cómo es que se desencadenan ciertos eventos para poder ver cómo se mueve la mano de Dios y se manifiesta el destino.

Un día yo estaba en la línea de atención al cliente en el restaurante en donde trabajaba de turno completo cuando de pronto pasó un compañero de labores rumbo a su línea de trabajo, que es como una gran línea de trinchera de guerra, puede ser recta, curva u ovalada, entonces, dependiendo de tu ubicación en ella, tendrán que pasar por donde tú estás tus compañeros de labores para llegar a su sección. Aquel amigo, sabedor de que yo tenía dos trabajos, me preguntó:

—*Hey brother*, ¿te preparo un sándwich para que lo lleves a tu chamba?

—No, gracias *brother* —le dije, pero él insistió y no le quise quitar la intención; hay gente que a veces se resiente mucho por esas cosas. En fin, le dije: —Hazlo de pollo, brother, gracias.

Esa acción desencadenó un problema. Otro trabajador que cocinaba pero que también trabajaba en la oficina, reportó que yo estaba sacando comida del local, pero ¡qué comida! ¡Si solo era un sándwich! Además, era la comida que me correspondía, si no comía ahí, muchas veces por la prisa de ir de un trabajo a otro, me la llevaba conmigo. Así pasó y eso generó un problema. Me llamaron a la oficina, fui, y me preguntaron si era cierto, y también me informaron sobre una nueva póliza de la compañía que prohibía sacar comida del lugar, que había que comérsela ahí mismo o dejarla. Yo ya sabía muy bien de dónde venía esa pendejada, pero claro, si hubiera sido blanco o estadounidense, nada de eso hubiera pasado, eso yo lo sé muy bien. Como también sé que si eres bueno en cocina, eso no es suficiente para destacar, sino que debes de ser el doble o el triple de bueno que un blanco y producir lo mismo (el triple) para que te compares con el chef blanco más exitoso que exista, así es esto, y no es chiste por si acaso. Aquí no se reconoce lo bueno, todos o muchos de los que trabajan en cocina son muy mezquinos, y casi nadie te va a decir que estás haciendo un gran o excelente trabajo en la cocina. Decir eso es como decirte que eres bueno, y eso estos pendejos no lo pueden hacer, es como darte permiso para que después les puedas pedir aumento de sueldo, y como estos son todos, o casi todos, unos muertos de hambre y tacaños, pues te lo negarán. Nunca esperes una felicitación por haber preparado una buena sopa, guiso o salsa, no de los que te emplean, quizás del público y tus compañeros sí, que es muy diferente. Salvo excepciones, aquí no te dirán nada, en otros lugares puede ser y no puedo hablar de otros, hablo por mí y por lo que yo aprecié. En cambio, si te mandas, como dicen, una cagada, si cometes un error en la cocina, ahí sí no se van a cansar de repetírtelo y de recordártelo, te lo mencionarán una y otra vez. Lo bueno no se menciona, no se felicita, pero en lo malo, ahí sí que hay que remover el cuchillo en la herida, ¡buena táctica hijos de puta! La táctica del malagradecido la llamo yo, el método para que nunca te hagas merecedor de un aumento de sueldo, como ven, ¡son listos estos pendejos! Por eso es por lo que me gusta el estilo estadounidense de trabajar, y así deberían de ser todos, el ciudadano (blanco o negro). Si en su contrato dice, "tú limpias esta área de aquí para allá", es solo eso, no debes hacer más. Ellos, por ejemplo, no se van a pasar de ese límite. En cambio, si tú empleas a un hispano (hombre o mujer) y les das las mismas instrucciones, este hace lo mismo, pero con la única diferencia que si ve que más allá también está sucio, el muy pendejo o pendeja va y limpia eso también, o sea, hace algo que no le dijeron, pero ¿por qué, carajo? ¡Porque así somos, pues! ¡Por ser acomedidos! Yo mismo cometía ese error en un comienzo, y muchas veces, de vez en cuando y aún lo hago, pero lo que no comprendemos es que eso genera abuso de parte del empleador, y después ellos no solo no te pagan ese trabajo extra, sino que no te lo reconocen tan siquiera.

Contaba antes cómo aquello del sándwich mandó todo ese trabajo a la mierda. Ellos insistían que yo culpara a alguien, que admitiera que sucedió, que les dijera quién me lo preparó, que les dijera el nombre, que esto, que el otro. Entonces me paré y dije:

—Bueno, ¿saben qué? Yo trabajo duro, muy duro, y no necesito pasar ni soportar todo esto, yo lo que quiero es descansar un poco, así es que con su permiso, si no les gusta mi trabajo me dicen, y yo me voy.

—No, pero nadie dice eso, a nosotros nos gusta tu trabajo, estamos conformes contigo, con tu rendimiento.

Yo ya tenía los dos huevos hinchados.

—¿Saben qué? Hoy es mi último día, ¿qué les parece eso? El lunes ponen el aviso de que buscan cocinero, yo me voy ahora mismo, adiós—. Y me fui pa' la mierda de ahí.

¿Que por qué lo hice? ¿Por qué no medí las consecuencias de mis acciones? ¿Por qué no lo pensé mejor? Buenas preguntas. Sí, puede ser, pueden tener razón, que fui muy temperamental, que esto, que lo otro, en fin, en eso y en muchas cosas, pero lo que no soporto ni me gusta ni tolero es que a alguien que trabaja tan duro, sea quien sea, le vengan a romper los huevos por una pendejada, y encima que me pidan que la haga de delator. ¿Qué clase de persona creen que es uno? Así fue como me fui ese viernes, nadie renuncia en viernes, es el último día de la semana laboral, luego viene el fin de semana. Pues así será, pero a mí me ¡valió madres!, como dicen los hermanos mexicanos. ¡Quédense con su trabajo explotadores de mierda! A mí nada me han regalado en este país con el favor y la gracia de Dios, gracias a Él todo lo he desquitado con trabajo duro, y todo aquel que me conoce puede dar fe de ello.

Un caso que contrasta mi ética laboral es el de Chito, el encargado de una cocina y un inmigrante también, pero como muchos aprendió a cocinar aquí, y después se volvió chef y de ahí encargado de una cocina, pero era un pobre hijo de puta. Le robaba al restaurante y sacaba cosas de la cocina para el propio restaurante que él estaba preparando abrir, así cualquiera, ¿verdad? No, no cualquiera, solo los sinvergüenzas. Seguía reportando a la oficina del restaurante donde trabaja el número de seguro social de la gente que ya había dejado de trabajar, es decir seguía cobrando cheques a nombre de otras personas, por lo menos un par de meses, hasta que se dieran cuenta. Así era esta fichita, y algún día iba a caer, porque en general esas cosas son solo cuestión de tiempo, el que mal anda mal acaba. La gente que lo conocía sabía la clase de tipo que era, ¿se puede ser así en la vida? Y además de todo, era un explotador con su propia gente, con su propia raza, ¿con la propia gente de su país?

Yo nunca en mi vida he sido un delator, un echador de gente, un soplón de mierda. Es otra cosa cuando sucede un crimen o hay que denunciar una injusticia, eso es distinto, muy diferente, pero echar a la gente de cabeza, que lo he visto hacer a muchos hijos de puta en este país, y todo por un beneficio personal, eso no. Quizás yo no subí un poco más en algún trabajo que tuve, ni gané un poquito más de dinero por no delatar a algunos, no lo sé ni me interesa, pero yo el dinero me lo gano trabajando, no por delator ni chismoso, porque eso para mí es una degradación moral, una cochinada y una bajeza. Ser así es ser una mierda, y yo entiendo muy bien esta manera de ser, que está muy arraigada en esta nación. Aquí se ha hecho costumbre o hay una gran tradición por delatar a la gente, por el pago de las famosas recompensas, hay muchas pruebas a lo largo de la historia en este país de esto. Eso será para ellos, así funcionan, estará bien para ellos, pero yo no tengo que aceptar nada que no esté bien para mí, ni que vaya contra mis principios.

Solo para dar un ejemplo sobre cómo se delata a la gente en Estados Unidos, ¿a cuánta gente se le jodió la vida cuando el nefasto y tristemente célebre senador Joseph McCarthy persiguió gente en Hollywood en los años 50s, en su tan mentada cacería de brujas? ¡Estaba dizque persiguiendo comunistas! ¿A cuántos inocentes no perjudicó ese miserable? ¿No le hicieron lo mismo a Charles Chaplin, el gran mimo y el mejor comediante de todos los tiempos? Lo sacaron y lo hicieron huir de esta gran nación, y por este mismo motivo, la gente debería leer la carta de despedida que él redactó al partir, y fue lo que le dijo al gobierno de Estados Unidos cuando devolvió su residencia estadounidense. A pesar de vivir por décadas en este país, el actor nunca solicitó la ciudadanía. Sus palabras son una demostración de lo que es ser una persona decente, con valores y principios, y que de alguna manera él repitió a los periodistas cuando le entrevistaron con relación a su última película *Un rey en Nueva York* (1957), recogidas en el libro *Los grandes, Charles Chaplin*, escrito por Roberto Mares: "Durante treinta años viví dichoso en aquel país. El estadounidense medio es un buen hombre, un individuo muy simpático. No es verdad que yo deteste a Estados Unidos. Los quiero, aun ahora. Pero no me gusta ni como me han tratado ni una serie de cosas impuestas por una minoría: enseñar la delación a la gente, por ejemplo. En resumidas cuentas, los Estados Unidos son suficientemente fuertes para soportar la sátira".

Tras el problema del sándwich que me preparó mi compañero, me fui de aquel restaurante con la esperanza, quizás ilusa, de poder descansar un poco más, o de poder tener un poco más de tiempo para mis asuntos personales, pero la vida como siempre tiene otros planes muy diferentes. Se fijó como plazo para presentar los papeles de toda la gente del otro trabajo para mediados de diciembre, yo me confié en mi suerte, y la experiencia nunca se me olvidará. Seguí trabajando normalmente las dos semanas que me quedaban, y no me preocupé de comenzar a buscar un nuevo trabajo con tiempo. La movida fue mala, siempre hay que prevenir. Ante la sorpresa de la gente, de nuevo, y como muchas veces, me tuve que desaparecer del ambiente sin dejar rastros, no queda de otra, así es la vida si no tienes papeles. Duras en un lugar, no hasta que tú quieres, sino hasta donde te dejan. No decides nada tú, y así fue, en una víspera de Nochebuena, víspera de Navidad, que me sorprendió la vida. Ya estando sin trabajo y con un poquito de ahorros que alcancé a guardar seguí adelante, no quedaba de otra, a llorar al río. Llegó el invierno y la nieve, y yo estaba sin empleo. Nadie deja un trabajo en Estados Unidos, y menos en invierno, lo haces antes o después, pero no en medio de esta estación.

Hablando del clima, en la región donde vivo es muy variable, por ejemplo, cuando estamos en primavera hace un frío como de invierno. En realidad, parece que solo tenemos dos estaciones en Estados Unidos: invierno y verano, y se jodió todo lo demás, y todo gracias al calentamiento global y a tanto bombazo miserable que sueltan en el otro lado del mundo. Estos desgraciados, a los que no les importa ni el planeta, ni la ecología, y mucho menos los animales, no merecen ser llamados ni animales, ya que hacen todas estas decisiones de joder el clima mundial con tanta polución, en fin. Recuerdo en este tiempo que en una ocasión, el bus se detuvo delante de mí, de donde se bajó de él un hombre quizás de mi misma edad, pero parecía mayor, sin rasurar, quien sacó del bolsillo unos boletos de lotería del sorteo Pick-4 y del *Powerball*. Por la cara que puso al cotejarlos con el cartel a la entrada del negocio que estaba ahí mismo al frente de la parada de bus, se dedujo que no ganó ni un mango. El hombre tenía apariencia de desempleado, de vago más bien. Me dieron unas ganas de decirle, "¡Ponte a trabajar, vago de mierda! ¡Sal a trabajar! ¡Rebúscate el peso, grandísimo vago, manganzón! En fin, qué carajo me importa a mí, ¿verdad? Después pasó en sentido contrario a mí, por la misma vereda, una mujer, quizás de mi misma edad. Tenía una cara hermosa y algunas arrugas, pero el tinte de su largo pelo estaba gastado y se podían ver algunas raíces blancas, algunas canas indiscretas, dejando ver que la primavera de su vida ya había pasado. Era hermosa, sus facciones eran finas, es solo esta vida, este ritmo de vida que no da tiempo a nadie, y menos a una bella mujer cuidarse como debería, aquí todo es trabajo. Desde que se acercaba me venía mirando y al pasar a mi lado, me sonrió. Debía ir al trabajo por la mochila que llevaba, como todos nosotros los inmigrantes, que hasta domingos y feriados tenemos que trabajar. Me regaló esa mirada, ¡qué mirada! Y después la gente piensa que la mirada de la Mona Lisa de Leonardo da Vinci es enigmática. Esta mirada que me acaba de obsequiar esta humilde y bella mujer inmigrante, sí que era un enigma. ¿Quién puede develar esos pensamientos? ¿Esas emociones que encierra su alma de extranjera en esta nación? Esa mirada que me regaló fue enigmática, indescifrable como todo enigma. Posteriormente, alguien de nuevo pasó por el lado en mi larga espera en la parada del bus. Este personaje ya estaba adelantado a la temporada, pues vestía ropa de verano y aún ni comenzaba la primavera, y como decía el recordado comentarista deportivo peruano Daniel Peredo, "¡Consejo de pata!" Si vamos a comenzar a vestir ropa de verano antes de tiempo, asegurémonos primero de bajar unas libras de peso, las que se puedan, para no vernos panzones. Y así la ropa nos va a lucir bien, tenemos que ser conscientes con nuestra salud y con nuestro físico en esta nación, es lo único que tenemos, no lo olvidemos amigos, ¡por favor! De otro modo perderemos rápido la forma física y nuestra salud se resentirá, nos deformaremos entre tanta comida chatarra y bebida azucarada. No nos privemos de nada, pero todo con moderación, cuidemos el físico, si no podemos tener dinero de momento, por lo menos mantengamos nuestra salud, ¿no les parece? Cuando ya parecía asomarse a lo lejos mi bus que me llevaría a la chamba pasó por mi lado la infaltable hispana joven y sexy, vestida solo con sandalias y *leggins*, es imposible que se le puedan marcar más las nalgas con esa ropa. Ese es un regalo a la vista de parte de nuestras bellas mujeres latinas, que tienen un regalo especial de la naturaleza, para disfrute de nosotros los varones, bueno, en todo caso como con los Marines de este país, solo los selectos, los pocos, serán los afortunados en disfrutar de ese combate cuerpo a cuerpo.

32

REENCUENTRO CON MI HERMANO

En diciembre de 2005 había vuelto a conectar con mi hermano Pepe, a lo menos eso era un consuelo, y ¡uno bueno! Cuando uno no tiene a nadie, no te puedes dar el lujo de despreciar a nadie, y menos en mi caso, pero sobre todo porque es mi único hermano vivo, solo quedamos dos de los Anaya Mantilla, los demás ya se fueron. En unas de esas conversaciones con él surgió la posibilidad de irme a mudar a una casa que él había comprado ya hacía un tiempo, entonces de nuevo el fantasma de aquella última vez que viví con él se asomó de nuevo por mi mente. ¿Sería posible que volviera a ocurrirme otro accidente como la vez anterior que volví a vivir con él? No lo sabía, como quiera, yo no soy supersticioso, así que decidí aceptar y ¡que fuera lo que Dios quisiera! En una de esas mi querida cuñadita había cambiado, ¿verdad? ¿No dicen que todos merecen una segunda oportunidad, hasta los presos? En fin, decidí mudarme con ellos, no sin antes pasar por el escrutinio de la encargada de la "aduana familiar". Eso era obvio, lo esperado, a quién le iba a sorprender, a mí no por lo menos. En fin, vivir ahí sería por un poco tiempo, hasta poder capear el temporal, ya más adelante vería para dónde arrancaba con mis chivas. Lo que no soporto es dos defectos en la gente que a mí se me hacen enormes e inaceptables: el chisme y la mentira.

Me mudé al sótano de esa casa, o sea, al nivel que está inferior a la calle, en donde desde dentro solo se ven las piernas a la gente que camina afuera, no obstante, estuve siempre agradecido con mi hermano y con mi cuñadita, quien no protestó más de la cuenta como yo podía imaginar o, en todo caso, yo no me enteré, quizás lo discutieron entre ellos, ¡quién sabe! La renta se la pagaba a mi hermano, y debo confesar que algunas veces me demoré, y en otras él no me recibía el dinero. Ese dinerito lo invertía en seguir estudiando, desarrollando todo lo que podía mi inteligencia, mi mente, comprando libros, asistiendo a conferencias que fueran interesantes, al cine, teatro y arte en general. Dios te bendiga y te ayude siempre Pepito, sin ti, mucho de lo que aprendí no la habría podido hacer sin duda, gracias hermanito, de todo corazón.

En el barrio donde estaba la casa predominaban los afroamericanos, una especie de Harlem en Jersey City. Mucha de la gente que compra casa en estos lugares sabe por qué lo hace, ya que les resultará barato, pero ¿quién se anima a vivir por esa zona? Ahí es bravo llegar de noche, si caminas es bajo tu propio riesgo, si te pasa algo es tu culpa y de nadie más, pero yo no estaba en condición de quejarme. Solo quiero poner el contexto en que vive mucha gente hispana que no tiene mucho dinero para pagar de renta por su vivienda o cuarto. En Estados Unidos, mucha de la plata que se gasta o se nos va es para el pago de la renta de la vivienda, ahí a muchos se les va la vida literalmente, es triste o fuerte decirlo, no sé, pero es la verdad. Así como entra el dinero, el pago de la renta toma una buena tajada de lo que ganas trabajando, y si a este gasto le sumas hijos y demás carga familiar, ya te imaginarás cómo es que vive la gente aquí. Aparte está el pago de los servicios del agua, electricidad, teléfono, del auto (si tienes), cuidado de la salud, por si te enfermas, y otros gastos extras. El ingreso se usa para poder vivir dignamente, no con lujo, sino para vivir como gente. No era la mejor zona para vivir, pero significaba una mano salvadora de mi hermano, además de que yo le servía de alguna manera como un velador o vigilante de su propiedad, por tanto, ambos nos dábamos la mano mutuamente. Así recibí la Navidad de 2005, en familia, sin trabajo, exprimiendo mis últimos ahorros, y sin saber qué me depararía el nuevo y misterioso 2006. Si sobreviví el 2000, voy a poder sobrevivir lo que venga, pensaba. Sin embargo, la incertidumbre era total, pero al fin y al cabo tenía esperanza de que las cosas mejorarían y que cambiarían para bien. Estaba vivo, sano y respirando, así que lo que viniera sería ganancia, aspectos significativos en mi triste e ilegal situación en este tiempo.

Solo un hecho y muy valioso para mí, y no quiero que esto suene como a vieja película hindú —con todo respeto y no se ofendan hermanos hindúes— es que cuando en tu propia vida ha habido mucho drama, dolor y sufrimiento, entonces tienes que ser un poco cínico o combinar la tragedia de la vida misma con un poco de humor, no hay otra salida, si no, ¿cómo puedes seguir adelante sin volverte loco? Dentro de todos los contratiempos que me podía traer la vida, estaba la fortuna de volverme a contactar y verme con mi único hermano, y eso nunca tendrá precio para pagarlo. El Negrito, Pablo, mi otro hermano, hacía mucho que había fallecido, y aunque yo nunca lo he olvidado, siempre el verse y contactarse con los que seguimos vivos es impagable, por muchas cosas que nos separen o nos alejen, solo si las permitimos. Lo bueno, importante y real es no perder el contacto, eso es esencial, porque al fin y al cabo, la sangre es la sangre, y eso no cambiará nunca, así será hasta que nos vayamos de este mundo. Siempre pienso en cómo solo hemos quedado mi hermano Pepe, pero está Eileen también, la hija de él, aunque las circunstancias de la vida me alejaron de ella. Como le dije una vez a mi sobrina, el tiempo que estemos en contacto, disfrútame, porque uno no sabe cuánto tiempo compartiremos juntos, y así fue tristemente. Se mudó algo lejos, y para uno, sin movilidad propia, siempre es muy difícil verse. Siempre que me encuentro con Pepe, me pasa como cuando veo la película *El último de los Mohicanos*, con el actor Daniel Day-Lewis, ya que somos los dos últimos, los dos que quedan de un pasado que casi, casi como que se quiere extinguir, y veremos si Dios lo permite o más adelante todo esto cambia radicalmente. Con Dios nunca se sabe, Él cambia todo de un día para otro, Él modifica la vida en un segundo, Dios no necesita nada más. En el fondo, los reencuentros entre mi hermano y yo siempre han sido alegres y de celebración, alguna vez habremos tenido diferencias, pero siempre nos hemos respetado, y eso se lo agradezco. Asimismo, siempre he sabido que puedo confiar en él, y por eso muchas veces he querido alejarme, para no ser una carga para él, y porque así debe ser. Todo hombre debe valerse por sí mismo, tomar las riendas de su vida y no depender de nada ni de nadie. Así nos criaron a mí y a mis hermanos nuestros dos viejos ya fallecidos, mamá Fabiola y papá Esquilino. Amén.

Un detalle que me dado cuenta que ocurre, y lo digo con tristeza, cuando se viaja en alguno de los transportes públicos por los barrios de las minorías étnicas en Jersey City —en donde casi siempre he vivido desde que estoy en Estados Unidos— es que muchos de los jóvenes, más que nada afroamericanos y también algunos jovencitos latinos, es que cuando hablan entre ellos —ya sea porque salen de la escuela o están pasando el tiempo sin hacer nada—, siempre mencionan las armas de fuego o la cárcel, es decir, platican sobre jóvenes que fueron baleados, que están en la cárcel o los arrestó la policía. No digo que en la vida no ocurran injusticias, y es posible que uno no sepa la verdad a fondo y uno pueda prejuzgar, pero siempre he escuchado ese tipo de pláticas en un contexto como si la violencia de las armas de fuego, caer preso o violar la ley signifiquen ser *cool*, o estar a la moda. Creen que por hablar de esos temas son populares, como que si cometer delitos o tener un historial criminal más extenso, les convierte en una estrella entre sus amigos, en su barrio, comunidad o en su pandilla. Es triste ver eso porque uno piensa en toda la juventud que ahora en este país por causa de la inmigración y que no puede seguir estudiando ni trabajando, en cambio, los que tienen la oportunidad de hacerlo no lo hacen, la desperdician. Eso es triste y muy lamentable. Si me preguntan a mí, yo casi nunca he oído a un joven afroamericano decir a sus amigos o con quien habla, "Yo quiero ser como Michael Jordan o Magic Johnson", por citar a dos grandes deportistas de la raza negra. No tiene caso mencionar a científicos ni ingenieros como modelos a seguir, y no porque no puedan convertirse en uno de ellos, sino porque ni siquiera los conocen. ¿Dónde está el espíritu de superación? ¿Las ganas de cambiar las condiciones de vida con las que nacen? Dirán que solo critico, pero en verdad es lamentable, y no solo escucharlo de jóvenes afroamericanos, sino de toda la juventud en esta nación. Sería injusto generalizar y decir que son todos, pero bastantes jóvenes tienen esa mentalidad. Ojalá eso cambie en un futuro cercano para bien de Estados Unidos, pero sobre todo para bien de ellos mismos y de sus familiares.

Pasé las fiestas de diciembre con mi hermano y mi cuñada, desempleado, pero al menos nos dábamos mutua compañía. Pasó otra Navidad y eso siempre, hasta que yo me vaya de este mundo, será sinónimo de buenos y bellos recuerdos en mi lejano y querido Perú. En momentos así uno se da cuenta del paso del tiempo, y nos preguntamos qué somos y lo que el tiempo ha hecho con nosotros. ¿Cuánto hemos cambiado? Así llegó el 2006, con cambios profundos y los remezones o temblores, que como la mayoría de las veces podremos comprender cuando pase el tiempo. De momento uno no se da ni cuenta lo que está pasando o desenvolviéndose, y así pasaron los primeros días de ese nuevo año. Un día, mi cuñada —hay que decir también las cosas que hace bien— llegó con la novedad de que sabía de un trabajo nuevo que parecía perfecto para mí. Se trataba de un tipo de trabajo que yo nunca había hecho antes, del cual aprendería muchas cosas, pero del que tenía cero experiencia. Era de trabajador de un refugio de animales en East Orange, que no estaba cerca de la casa, y ubicado lo que se dice el campo de Nueva Jersey. Tenía que tomar dos transportes, si es que nadie me llevaba, y la paga no era tan buena. El trabajo me gustaba, así fuera que uno se tenía que ensuciar bastante, pero era entretenido. Los animales, en este caso, los perros y los gatos, son unos verdaderos maestros, y me reconectaron con esa clase de amor incondicional que yo extrañaba desde hacía mucho tiempo en mi vida. Haber trabajado ahí es algo por lo que siempre estaré agradecido a mi cuñada y a Dios; sí, dije bien: gracias cuñada, hiciste un bien.

East Orange es un lugar en donde si tú pretendes atravesarlo caminando, es muy difícil que lo logres hacer, ya que todas las casas son grandes y con inmensos jardines, o yardas como les dicen aquí a los jardines del fondo de las casas. La policía siempre está presente, ya sea porque patrullan mucho o porque los mismos vecinos la llaman cuando ven a alguien extraño caminando por ahí. No que te arresten, pero a lo menos como que te van acompañando de lejitos, bueno, no de tan lejos. En fin, siempre habrá todavía un poquito de perfil racial contra nosotros los hispanos y los negros en este país, aunque eso yo ya estoy viendo que de a pocos está comenzando a cambiar, no será de la noche a la mañana, pero eso va avanzando lentamente. Quizás uno nunca llegue a ver esa integración social que soñó algún día en esta gran nación el inolvidable líder de los derechos civiles, el reverendo Martin Luther King Jr., quién sabe algún día, como dijo él: *"I have a dream"* (Yo tengo un sueño). Que el sueño no muera entonces, es el deber y la obligación de todos nosotros, los que residimos y vivimos dentro de esta nación, hacerlo realidad.

Aquel refugio de animales era propiedad de una distinguida dama judía, de renombre. En su juventud ella había sido bailarina clásica, entonces ya se pueden imaginar su trayectoria. Era una persona con un cariño genuino por los animales que les ponía, por ejemplo, música clásica a los animales por los parlantes en cada cuarto donde dormían los perros y los gatos. Yo no dudo que ellos se lo agradecieron a nivel espiritual, pues constaté que estos sabían y podían deleitarse oyendo música de Bach, Beethoven, Mozart, Vivaldi y otros. Hasta en el patio trasero donde sacábamos a pasear a los perros para que jugaran e hicieran sus necesidades se oía la música clásica. Esto era de algún modo, para un empleado, culturizarse en el trabajo y disfrutar de la rutina laboral, aunque la cultura musical en gran medida se la debo a mi recordado viejo, ya que él fue músico y pudo hacer realidad su sueño de grabar su música, de cantar y difundir su arte. No fue un músico súper estrella, pero era un artista, alguien que expresó la belleza de su alma a través de la música y del arte. Gracias siempre por eso mi querido viejo. En verdad era impresionante ver el efecto relajante que tenía la música clásica en los animales. Si uno no lo ve, quizás no lo crea, pero es así, es real, es terapéutico diría yo. ¿Quién se puede animar a decir que nuestros hermanos del reino animal no sienten o no se conmueven con la música? Yo lo he visto y puedo decir que algo experimentan, algo sienten sin duda alguna, y hasta me atrevería decir que ellos la necesitan más que nosotros, para que puedan lidiar mejor con los seres humanos.

En aquel lugar también conocería a alguien que fue muy importante para mí, a quien amé con mucha intensidad, y que vino a cambiar mi vida en muchas maneras en el aspecto romántico y sentimental. Siempre será un antes y después de conocer a esta mujer. Su nombre era Blanca. Aún no sé, y quizás lo haga por pretexto o justificación estúpida de mi parte, pero siempre he pensado que cuando uno conoce alguien como a esta persona y se despierta un interés romántico mutuo, y recientemente se ha perdido a un ser querido —en este caso, mi señor padre— como que uno es más susceptible a dejar entrar el amor o, en todo caso, te puedes enamorar más fácil que quizás en otras ocasiones. Esto lo he pensado y observado varias veces, y creo no equivocarme. Es como si el amor necesitara una pequeña grieta, una parte descocida de tu alma, para poder entrar, la ilusión de tu corazón de nuevo, y de pronto, como dice la canción, todo tiene un color diferente. Claro, es solo para uno, pero vaya que ¡sí cambia el color de tu vida cuando llega esa persona especial!

Facundo Cabral decía que el amor solo cambia de nombre por épocas. Ya he citado a este cantautor argentino varias veces en este libro, pues ha sido una gran inspiración en mi vida, y está bien que sea así. Su influencia es muy fuerte, ya que fue un maestro de luz y del amor incondicional, sin duda. En ese momento para mí el amor se llamaba Blanca, pero anteriormente se llamó Liliana, Flor, Marta, Carmen, Mari Luz, Elsa, Verónica y otros nombres femeninos, quizás no muchos si tengo que ser sincero. El amor no muere, solo se redirige, cambia de destinatario, algunas o muchas veces, pero indudablemente es un total misterio. Una de las cosas que no estaba seguro era si debería mencionar a Blanca. Sin duda ella es una persona que influenció mi vida y me impulsó indirectamente a todo lo que después vendría en mi vida, entonces es justo hablar de ella. Blanca es y será con seguridad una de las mujeres que más he amado, no sé si fue el amor de mi vida o aún ese está por venir, pero lo que sí tengo claro es que fue una persona que extrajo todo lo mejor de mí, todo lo mejor que había en mi ser y en mi corazón. Después de mi experiencia sentimental con ella, supe que jamás volvería a tenerle miedo al amor, a amar o a abrir mi corazón, así a la gente le espante esa idea, el pensar que recibir el amor nos deja en una situación de desventaja hacia los demás, y eso ocurrió conmigo. Una razón de esto fue que por el amor que yo le di, me di cuenta de que este no se puede medir, no tiene fin ni medida, amas o no amas, no hay término medio con el amor. Aquello fue algo muy profundo que salió de mí, que pensé que no tenía o que no era capaz de dar a otro ser humano. Esa capacidad de dar amor era como tener un gran pozo de amor dentro de mí, no sé si junto al corazón, de donde poder echar mano siempre que uno lo necesite y cuantas veces nos haga falta probar de esa agua bendita que es el amor, que reside dentro de nosotros y viene de arriba, que nace y viene de Dios, porque para eso Él nos puso en este plano terrenal, no para ver cuánto acumulamos de riquezas ni cuántas propiedades tenemos, sino para ver y apreciar cuánto amor dimos en esta vida, eso es todo y lo básico de toda esta experiencia terrenal. Gracias a Dios y a esta mujer que puso en mi camino, aunque nunca sabré cuánto me quiso o me amó, quizás lo hizo a su manera, pero yo sí sé lo mucho que la amé, y ese amor siempre estará con ella, como con todas las otras mujeres con quienes compartí mi amor. Reitero: el amor no muere, siempre permanece vivo donde habitó alguna vez, que las cosas no funcionaran después o solo lo hicieran por un tiempo, es otra historia, otro cantar. Las relaciones humanas no son ni nunca serán fáciles, ese es el reto de todos nosotros los seres humanos, el de aprender a relacionarnos entre nosotros. Fui feliz con el amor que fui capaz de darle a Blanca, y con eso me conformo. Ahora se dice fácil, pero cuando viví la turbulencia de la separación de ella, seguro que fue difícil, ¿quién puede decir que cuando se separa o deja ir de su vida lo que uno más ama lo hace con tranquilidad? No, eso es muy difícil y doloroso, como duele todo sueño que se rompe y que no se puede hacer realidad por mucho que uno lo intente. Los detalles de amor, las sorpresas de enamorado siempre estarán ahí, recreándose en el tiempo que compartimos. Es algo muy hermoso y fantástico conocer o, en todo caso, ser consciente de la capacidad para amar, te hace sentir bien, el hecho de ser capaz de tener amor dentro de ti y poder expresarlo y compartirlo, es una experiencia única y que siempre nos acompañará. Que la otra persona lo valore y lo aprecie, ya no está en nosotros saberlo, uno simplemente lo da por el simple hecho de darlo, porque no se racionaliza, se siente o no se siente. Yo era feliz, o en todo caso quería creer que lo era, y con eso para mí ya era bastante, después de lo que la vida me había arrebatado, perder a mi madre, a mi hermano y a mi padre, además de a tanta gente con la que crecí, sin embargo, yo comprendía que la vida es como es, no como uno quisiera que sea. La vida no es justa, por si alguien lo pregunta, es así de simple, solo depende de nosotros si seguimos caminando o seguimos llorando por lo que no podemos cambiar ni evitar, ¡si lo sabré yo!

Mi romance con Blanca no tuvo inicios de película de Hollywood (¿alguno lo tendrá?), no hubo química inicial, ni chispazos, ni mariposas en el estómago o, esperen eso, es de mujeres, ¿verdad? Fue romance, no se nos fue la respiración al conocernos el uno al otro, aunque ahora que lo veo sí hubo un pequeño clic, creo que es mejor cuando uno no está con la guardia levantada, Cupido, porque si estás en guardia constante, ¿cómo te pueden llegar sus flechas a herirte? Ese clic se dio después y desencadenó todo lo que vendría después, con velocidad y en espiral, como dentro de un remolino, en donde eres jalado por su fuerza. Primero, Blanca y yo fuimos compañeros de trabajo, después amigos y luego lo que fuera que fuimos, amantes, pareja casual o novios, en fin, lo que haya sido. Al final del camino, sin estar casados, acabamos viviendo juntos, que no tiene nada de raro porque le pasa a todo el mundo. Esto sucedió al tercer intento de pedírselo, ¿o sería al cuarto intento? En fin, sucedió, y ahí cambió todo para siempre. Fueron muchas las veces en que estuvimos juntos, después nos dejábamos y luego volvíamos, y otra vez nos dejábamos y así sucesivamente por la eternidad, tampoco eso es nada nuevo, sé que hay muchos a los que les ha ocurrido también. Lo extraño es cómo seguimos atados a esa persona, como suerte de satélite planetario que necesita todavía, por algún motivo, estar en la órbita del otro, es un misterio, seguro, como siempre lo he pensado, porque hay una lección que aprender de esta persona y es algo mutuo, porque ella también aprenderá algo de nosotros, aunque de esto no nos demos cuenta. Entrar en detalles no sería necesario, pues se pierde la magia y el encanto de todo lo vivido, porque en el fondo, ¿cuál es la diferencia entre un romance y otro? Ninguna, solo lo que uno idealice, pero en muchas cosas serán iguales, ya que todo está basado en ese inexplicable sentimiento de atracción llamado amor. Uno podría contar tantas cosas, pero igual quizás pecaríamos de parciales o tendenciosos, y quizás no le faltaría razón a los que dijeran esto, en fin qué queda para contar de ello, nada, y sin embargo en una etapa de mi vida lo fue todo. Es interesante ver cómo cambia todo de un día para otro, lo que un día nos importa o es muy fundamental, con el tiempo deja de tener razón y de serlo en nuestra vida, sí, es curioso ver cómo cambian las prioridades en la vida de un hombre y una mujer y en la vida de todos los seres humanos. Una vez le preguntaron a Blanca cómo me conoció o cómo se enamoró de mí. Fue muy interesante escuchar su respuesta, algo que me sorprendió mucho, que no sabía y nunca le había oído decir. Ella era muy original para decir las cosas, en todo caso para mí lo era: "La verdad no fue nada del otro mundo, solo que todo cambió el día en que me decidí, por equis motivo, a verlo, a mirarlo con otros ojos. Siempre lo había visto como un amigo, un amigo muy simpático y especial, pero hubo un momento en que quise verlo distinto, como si recién lo conociera, como si recién me lo presentaran y entonces todo cambió, así fue, a partir de ahí todo cambió, ya no lo volví a ver igual, ya nada sería igual entre nosotros, fue cuando me decidí a amarlo que todo cambiaría entre nosotros para siempre".

Aquel romance, como todos, tuvo sus altas y bajas, así es siempre, y más si es con una leona. Aquí también quiero expresar algo que ya he dicho anteriormente: la vida, el destino, la divina providencia o el gran universo cósmico, tienen sus maneras muy especiales de manifestarse. En ese momento me encontraba trabajando en algo en lo que yo nunca trabajé ni aquí ni en mi país mucho menos, en donde no tenía ni la más mínima experiencia. Me gustaban las mascotas, los gatos y los perros, pero ¿trabajar con ellos? Nunca había lidiado con ellos como un trabajo o un modo de ganarme la vida, pero aprendería mucho de ellos, ellos serían mis maestros de ahora en adelante, y muy buenos maestros ciertamente. Yo no sabía lo que era lidiar con tanto perro y gato juntos, pero lo dejé todo a la dirección de Dios, ¿a quién más? Aquello fue algo único, una experiencia que nunca olvidaré y estará siempre presente en mi alma. Todo pasa por una razón, y el trabajo en ese lugar me enseñó que también existe otro tipo de amor de los que yo conocía. Quizás también lo conocí cuando tuve mis mascotas en Perú, pero al haber muerto estas tanto tiempo atrás, ahora se me hacía lejano aquel sentimiento tan fuerte, fue entonces como reconectar de nuevo con ello. El amor siempre existe, nos rodea, se diría que es el mismo, pero tiene diferentes modos de expresarse o manifestarse. Esta vez era el amor de las mascotas. Al comienzo fue un poco intimidante trabajar con perros y gatos, era terreno nunca pisado por mí, y uno no sabe cómo reaccionarán los animales, en cambio, con la gente uno más o menos espera caerle bien o mal, pero al menos esto podrás percibirlo. Con los perros nunca se sabe si te recibirán con puros ladridos todo el día y en algún momento se callarán, o seguirán ladrando sin parar, pero ¿quién los puede culpar, si ellos no te conocen, nunca te han visto? Ellos ladran sin parar, tú les estás invadiendo su terreno, su mundo y su privacidad. Cada ladrido —guau, guau, guau— era como preguntarme: ¿Tú quién carajo eres? ¿Qué haces acá? ¿Quién te trajo? ¿Nos vienes a atacar, a hacer daño? Eso parecían decir mis compañeros de labores entre tanto ladrido, o maullido según el caso. Esto es algo que te desconcentra y desconcierta, y más si tienes una personalidad como la mía, ya de por sí muy raro y extraño para mucha gente, sin duda. ¿Cómo me tomarían estos nuevos amigos, ya que yo soy una persona que muchas veces no converso ni comunico mucho, soy muy callado y en otras vuelvo a conectar con el planeta tierra, pues muchas veces me voy de la tierra y después me cuesta un poco volver, aterrizar de nuevo. No es que yo sea un misántropo o un antisocial, aunque a veces lo parezca, sino que llevo una vida muy íntima, muy en contacto conmigo mismo y me hace sentir muy bien, a gusto. Soy de una naturaleza solitaria, no lo niego, soy el primero en reconocerlo, pero es que soy así que se supone que debo hacer, la gente es como es, y yo soy así, le guste o no le guste a la gente.

El desempeñar esta nueva labor y enriquecedora experiencia durante cinco meses fue muy interesante, aunque para mí este tiempo fue como si hubiera ido de excursión a la India o al Himalaya. Así fue de profunda la experiencia para mí, aquellos cinco meses fueron suficientes para aprender o reaprender todo lo que nuestros hermanos del mundo animal nos pueden enseñar, pero, muy importante, solo si los dejamos que lo hagan. Ese corto tiempo fue como si fueran años en aquel mágico lugar, mágico porque me transportaba a otra dimensión cada vez que llegaba a trabajar allí. Es difícil expresar lo que los animales te enseñan con sus miradas, gruñidos o ladridos, o cuando maúllan o lloran, porque ellos también lloran, aunque nosotros no lo pensemos así. Aprendí, por ejemplo, que el animal te ataca o te ladra muchas veces por miedo, porque no te conoce, no porque su naturaleza sea mala. El perro por lo general solo trata de defenderse, y más si ha sido abusado, como los muchos que llegaban a ese refugio, por su dueño, que lo ha maltratado y golpeado o lo ha utilizado para peleas de perros, entonces, con mayor razón te gruñirá, porque pensará que tú también vienes a hacerle daño, como todos los humanos que él conoce, porque eso es solo lo que los humanos le han dado, así como causado dolor. En casos así, al pobre perro solo se le ha entrenado para atacar y pelear, para que alguien se llene de dinero la cartera a costillas y con la sangre del noble animal. A muchos perros se les ha entrenado solo para odiar, como hacemos nosotros los humanos también con nuestros niños y adolescentes, ¿verdad? Sí, muchas veces, ciertos padres crían hijos con el veneno del odio, el resentimiento y el racismo. A muchos perros se les enseña a ser insensibles, a morder, pero hay algo más, el perro, por ejemplo, sufre. Si debiese de haber algún tipo de psicología canina, en este refugio me convencí de que los animales, y en especial los perros, son idénticos a nosotros en sus reacciones. Muchos de los perros son alegres siempre, como gente que uno conoce y siempre está de buen humor o parece estarlo. Estos perros siempre están moviendo la cola y haciendo piruetas, jugando la mayor parte del tiempo, mientras que otros son volubles, es decir, de carácter errático, impredecible, cambiantes de temperamento o lunáticos; hoy están bien y mañana si te veo, no te conozco, te trato de morder a la primera oportunidad que tenga. También hay los que no quieren hacer nada todo el día, que se mantienen acostados la mayor parte de este, sin mover ni una pata, y otros que, por más que tú te desvivas en esfuerzos, siempre serán recelosos contigo y nunca te confiarán, siempre gruñirán, siempre enseñando los dientes como diciéndote, no creo en tu bondad, humano mentiroso, ¡eres como todos los de tu especie!

Creo que los animales muestran más corazón que los humanos, sin duda. Trabajando con perros y gatos, es decir con animales —y desde ya les digo que no me gusta llamarlos así— se aprenden muchas cosas, hasta de la vida diaria, y tan solo con dedicarse a observarlos tranquila y relajadamente, no con toda esa locura que rodea nuestro mundo, el de nosotros, no el de ellos. Su mundo es diferente, el de nosotros es el mundo loco y caótico en donde vemos cómo acabamos más pronto con nuestro prójimo y con el planeta donde vivimos. ¡Qué prisa en destruir la única casa donde vivimos en todo el sistema planetario solar! Los perros y gatos, como los seres humanos, tienen el mismo universo de caracteres, con sus contrastes, contradicciones y hasta patrones psicológicos increíbles. Yo me dedicaba a alimentarlos, bañarlos, limpiarles sus jaulas en donde dormían, cada compartimiento y lavarles las colchas y cobijas que utilizaban de cama. También barría el local completo, el área de mis pequeños amigos, en esta nueva, excitante y novedosa correría de este ilegal dentro de Estados Unidos, de esta especie de Richard Kimble inmigrante ilegal, pero que a diferencia de aquel otro del programa televisivo, no tiene la esperanza de encontrar a ningún hombre manco que detenga su fuga y le haga recobrar su libertad. Aquí solo se trata de correr, de escapar y de evitar que nos atrapen y nos deporten, ¡cansa correr por tantos años, carajo! ¡Qué ganas de dejar de correr!, de huir, de escapar, de evitar cualquier cosa que tenga que ver con papeles, con documentos, en fin, hay que seguir así por el momento.

Mi trabajo, entonces, consistía en limpiar todo el refugio y, lógico, como en la época que trabajaba de portero en los edificios de las compañías de limpieza, también me tenía que hacer cargo de remover la mierda de mis queridos cuadrúpedos y mamíferos amigos, no había de otra. ¡Plutón nos persigue de por vida! Removíamos los desechos fisiológicos de los animales, así que otra vez me encargaba del trabajo sucio, y había que hacerlo de buen humor, de buen amigo. Si vas a hacer algo, es mejor que lo hagas bien, con ganas, de corazón, si no mejor no hagas nada, pienso yo. Este era un trabajo que nadie quería hacer, ni en aquellos edificios ni ahí en ese lugar alejado de la humanidad y entre los campos de Nueva Jersey, pero cosa curiosa, y hasta inexplicable, es darse cuenta de algo realmente extraño: es más agradable limpiar la mierda de los animales que la de los humanos, no sé por qué, pero es así, y es mierda igual, pero creo que hasta en la propia mierda se puede percibir que no hay tanta maldad en ellos como en lo que eliminan los humanos. Y, lógicamente, los animales no te joden lo que te joden las personas, los seres humanos a veces lo hacen solamente por las ganas de romperte las pelotas, de joderte, por sadismo, por placer insano, así somos de hijo de puta entre nosotros.

Así fueron pasando los primeros meses de esta nueva y relajante experiencia, y de pronto, casi sin proponérmelo, me volví una especie de Carl Jung o Sigmund Freud de los animales de aquel refugio del condado de Orange. En aquel poco tiempo que pasé allí, pasé de ser un simple e inexperto limpiador de jaulas y pisos, un novato total, a ¡un experto entrenador de animales! Así es la vida de irónica y sorprendente. Aprendí a atrapar gatos con mis propias manos (sin guantes), y los que han trabajado en esto saben de lo que hablo, eso es bravísimo, y más si los gatos son callejeros, huraños, casi silvestres, bueno, no como el que perseguía al Piolín, pero así de salvajes y ariscos. Aprendí a utilizar el *pool*, una especie de lanza larga que tiene en un extremo un pedazo de cable metálico forrado con cubierta plástica, y en el otro extremo el seguro ajustable con el graduabas la extensión del cable. Esta herramienta se utiliza para coger a algunos animales, pero es muy delicado usarla. Yo solo la usé en un par de ocasiones, y se debe ser muy cuidadoso al hacerlo porque si tratas con gatos en especial, los puedes lastimar si tiras mucho del cable y les hace daño en sus costillas, si jalas demasiado les puedes causar una lesión seria en sus cuerpos. El cuerpo de los felinos es muy sensible y no se puede ser muy brusco con ellos, se necesita mucha precisión y sutileza para poder usarla y usarla bien. Un error y el daño es irreparable para el animal, por tanto, tienes que saber graduar tu fuerza, porque si aprietas demasiado y provocas una hemorragia interna, te darás cuenta porque el felino herido comenzará a sangrar por la boca, y entonces tendrá que ser llevado inmediatamente al veterinario. El cuerpo de los gatos es de una flexibilidad y delicadeza únicas, pero también a la vez de una gran fortaleza. Se podría decir que el cuerpo de los gatos está diseñado de manera aerodinámica, y ellos pueden lanzarse de una altura insospechada e inimaginable, de alturas realmente enormes y no lastimarse o, en todo caso, no dañarse tanto y sobrevivir. Hay algo que no debes olvidar, el gato siempre tarde o temprano te sacará su garra, te lanzará el zarpazo, así que atento. Nada de qué sorprenderse, ¿verdad? Ellos son así, por eso de ahí viene aquel dicho que dice que uno compra o escoge a un perro, en cambio un gato o gata elige con quién se va, cualquiera lo puede elegir o comprar, pero si a él o ella no le gusta lo que encuentra en casa, tarde o temprano se te va a largar, ¡de eso no tengas duda! Los felinos y felinas eligen de quién ellos se dejan querer y acariciar y de quién no. ¿No me creen? Hagan la prueba y verán.

Aquel fue un gran trabajo en todo lo que duró, y agradezco a Dios mucho por la experiencia que viví allí, que es algo que nunca se irá de mi corazón. Aquella inolvidable vivencia me hizo reconectar con esa parte de mí que se había quedado como un fósil petrificado dentro de mi pecho. En el hogar donde crecí hasta mi adolescencia tuve dos mascotas, la primera fue un perro salchicha, y la segunda, un perro que fue producto del cruce de un lobo con una perra pastor alemán. Era un perro hermoso, gran guardián, compañero de inolvidables correrías juveniles, y que siempre venía hasta el pie de mi cama a despedirse de mí para ir a dormir. Si yo había llorado o estado triste durante todo el día por algún motivo él venía también a mi cama y lamía mi mano para consolar mi llanto. ¿Cuántas veces, ya de mayor, no he vuelto a sentir a mi fiel amigo, ya muerto hace muchos años, lamer mi mano de nuevo, cuando me llevaba un desengaño grande de parte de algún humano desagradecido o ingrato en estas tierras extranjeras? Decía que yo de pequeño había tenido la experiencia de tener esas mascotas en casa, y después de eso había evitado tenerlas de nuevo, primero, por falta de espacio, y segundo, porque uno se encariña con los animales, y cuando estos fallecen inevitablemente se sufre por ellos. Por eso me hice fuerte y preferí volverme duro, sin querer prestar de nuevo atención a mis sentimientos, sobre todo en los relacionados con ellas, con las mascotas Pero he aquí, la vida de nuevo me traía a reconectar con mi pasado, pero era más que con solo eso; era reconectar de nuevo con el amor universal a los animales. Yo me había cerrado en mí, no me había permitido de nuevo experimentar lo que se sentía al dejar que un perro o un gato te agradezcan por darles de comer lamiéndote la mano, restregándose contra tus piernas o tirándose a tus pies y frotando su espalda contra la hierba del jardín. Eso no tiene precio, y siempre daré gracias porque Dios me hizo detenerme y darme cuenta de que el amor tiene muchas caras y que no solo son las que nosotros imaginamos, las de los seres humanos. Yo había cerrado mi corazón después de que por las circunstancias de la vida perdí a mis dos perritos, pero volví abrir el corazón, de a pocos, con miedo, con desconfianza, pero poco a poco como lo fui abriendo, ellos, los perros y los gatos, fueron abriendo el de ellos hacia mí; fue mágico e inolvidable, y darme cuenta de eso lo hace aún más valioso. Trabajar en aquel refugio me brindó esa posibilidad de amar de nuevo, yo que solo vivía por dictados de mi bragueta y que pensaba que el sexo era amor. Yo estaba equivocado, porque eso no es amor, es solo sexo y nada más que eso, que no es malo, pero que es solo eso, sexo, y ahí es donde uno no debe nunca confundirse. Reconectar con el amor incondicional de los animales es una experiencia única, y nadie debería estar privado de vivirla en esta vida, porque es un amor que no pide nada, es absoluto y desprendido, no te exige nada, y solo sabe dar amor.

33

Marchando por una reforma migratoria

Pongo mi relato en modo de avance rápido para comentar un hecho que se dio a conocer mientras escribía mis vivencias de 2006. La noticia que se publicó el 23 de abril de 2018 se basaba en la difusión de un video del llamado "camión de la muerte", que transportaba clandestinamente a varios inmigrantes que terminaron muertos nueve meses antes, el 23 de julio de 2017. El hallazgo ocurrió en San Antonio, Texas, cerca de la frontera con México. Dentro del camión tráiler se encontraron a ocho inmigrantes indocumentados muertos, que junto con otras 31 personas habían sido ingresados al país ilegalmente. Dos inmigrantes más fallecieron más tarde en hospitales de San Antonio, lo que elevó la cifra de muertos a 10. Los que sobrevivieron estaban completamente deshidratados, ya que la temperatura dentro del camión era altísima pues sucedió en pleno verano. El camión había sido abandonado por el conductor con los inmigrantes dentro y sin posibilidad de que ellos abrieran las puertas del remolque donde viajaban. El chofer del camión, James Matthew Bradley, Jr., fue condenado a cadena perpetua.

¿Qué se puede comentar sobre esta tragedia? La tristeza es enorme, pero más grande se nos hace cuando la comentamos en el trabajo, y Carlitos nos cuenta todo lo que tuvo que pasar para llegar a este país desde Centroamérica. "Así es don Carlos —me comenta este compañero de trabajo—, solo Dios sabe lo que pasamos para llegar a estas tierras para tener la oportunidad de tener un mejor y diferente futuro para nuestras familias, para nuestros hijos, así es que nos venimos para acá también nosotros, 70 personas encerradas en la parte trasera de un gran camión. ¿Usted sabe lo que es estar en cuclillas dentro de un camión por más de 15 horas seguidas? Cuando llegamos a nuestro destino, no nos podíamos enderezar, entonces los que venían trayéndonos nos tiraban abajo del camión jalándonos, y poniéndonos el pie en las espaldas nos tiraban abajo y fuera del camión, nos lanzaban fuera del camión como si fuéramos cualquier tipo de carga o bultos. Por eso, ¿sabe algo don Carlos? Yo siempre le digo a mi gente, a mis familiares y paisas con los que puedo hablar del tema, sepan valorar lo que cuesta venir aquí, cabrones. Para venir a este país se sufre mucho, se pasan muchas cosas, entonces no estén viviendo a lo pendejo y aprovechen la oportunidad, hagan su dinerito, ahorren, ya sea si se quieren quedar aquí o si se quieren volver tengan algo y no se vuelvan como vinieron, usen la cabeza, no solo piensen en emborracharse, porque aquí el tiempo se nos pasa rápido, volando y de pronto ya estamos viejos, así es don Carlos, esa es la pura verdad".

Luego de ver las imágenes de aquel video que muestran a nuestros hermanos latinoamericanos bajando del remolque casi con su último aliento, y a otros moribundos dentro de ese camión blanco, se me hizo un nudo en el corazón, se me partió el alma, y se me quitó el hambre y la sed, de ver lo que es capaz de hacer la gente por querer mejorar sus condiciones de vida, por vivir mejor y de manera digna. Uno no puede dejar de preguntarse que si no hubiera tanto ladrón y ratero en nuestros gobiernos latinoamericanos, todos estos hermanos y hermanas no tendrían necesidad de venir a Estados Unidos jugándose la vida. ¿Qué castigo pueden y deben merecer todos esos miserables que empujan a sus hermanos de raza a hacer algo como esto? ¿No se tocan el corazón acaso? Pero qué corazón van a tener esos malditos políticos nuestros, todos ellos son unos bandidos e inmorales, y encima juran sobre una Biblia lo que saben muy bien que no van a ser capaces de cumplir. ¿Si le mienten a Dios estos miserables, a quién más no serán capaces de mentir entonces?

Reanudo el orden cronológico de mis vivencias en Estados Unidos y me ubico de vuelta en 2006, el año en que se llevaron a cabo las primeras grandes marchas de inmigrantes para pedir una reforma integral de migración al gobierno. El miedo y el pavor que generaron los ataques a las Torres Gemelas de Nueva York ya habían amainado un poco, y ahora sería acaso posible retomar el tema, incómodo para muchos, de la legalización de millones de inmigrantes en el país. La primera marcha de 2006 se llevó a cabo el 10 de marzo en Chicago, Illinois, en la que participaron 100 mil personas. Después vendría la de Los Ángeles, California, en donde en el 25 de marzo de ese año marcharon aproximadamente un millón de personas. El sábado primero de abril fue el turno de Nueva York, en donde tristemente la marcha solo pudo reunir, si acaso, de 5,000 a 7,000 personas. La marcha se realizó una semana antes de la Semana Santa. Se había hecho la convocatoria a la población hispana del área Tri-estatal a través de avisos en radio, diarios y televisión. No obstante, solo asistió un puñado entusiasta de gente que se arriesgó y que no dudó en exponerse. Yo había mencionado mi deseo de asistir a la marcha a mi querido hermano Pepe, entonces los dos fuimos, nos pusimos de acuerdo para encontrarnos a mitad de camino y juntos nos encaminamos a Brooklyn, que era en donde iba a concentrarse toda la gente de la marcha. Teníamos que ir, era nuestro deber, estábamos también involucrados nosotros y la lucha era de todos, no le podíamos fallar a todos nuestros hermanos de raza (gran frase que siempre repetía el inolvidable Norberto Longo, gran periodista deportivo argentino). Tomamos el tren PATH de Nueva Jersey hasta la estación WTC, ahí nos transferimos a cualquier tren que nos llevara a Brooklyn, nos bajamos en la Calle Clark, casi la primera parada llegando desde Manhattan, y de allí, una vez arriba, nos fuimos caminando hasta el parque donde arrancaría la gran marcha, cuyo destino final era Federal Plaza en el Bajo Manhattan. Para esto había que cruzar el puente de Brooklyn a pie e iríamos portando cada uno sus banderas y pancartas.

Llegamos temprano, pero ya desde esa hora nos podíamos dar cuenta que la participación de la gente no iba a ser la que nosotros dos esperábamos, había solo un grupo muy reducido de gente que poco a poco comenzó a crecer, pero que igual no era mucha. En fin, ya estábamos ahí, y de ahí no nos íbamos a ir así como así. Como quiera que sea, de a pocos fue llegando más gente. El parque se llenó de banderas de todas las naciones de Latinoamérica, no faltaba ni una, miento, sí faltaba una, la de Cuba. Eso es fácil de deducir, ya que los cubanos no necesitan marchar gracias a la política de Washington, D.C. "de pies mojados", es decir, si ellos llegaban a las costas de Estados Unidos, podían solicitar asilo político, y en poco tiempo se acogían al sistema, y recibían rápido su tarjeta del seguro social, así como su permiso de trabajo, y a chambear. Bueno, si quieren o si no, a vivir del sistema, por eso a ellos no se les toma en cuenta para la reforma migratoria, porque a ellos solo les interesa su propia agenda, no se involucran con el resto de la comunidad latinoamericana y encima, son republicanos, ¿la razón? Porque en su opinión, en 1961 el presidente John F. Kennedy —un político demócrata— los traicionó en la invasión a Bahía de Cochinos, y no los acabó a ayudar en su fallido desembarco. ¿Hay que tener una pechuga bien, bien grande para alegar eso, ¿verdad?, por no decir una grosería. ¡Como si hubiera sido obligación de Kennedy arreglarles sus problemas! ¿Qué ellos no pueden solos? Hagan como hizo el barbudo aquel, vayan a la Sierra Maestra en Cuba, y hagan su lucha armada, ¡carajo, pero háganlo ustedes mismos! En síntesis, la invasión a la Bahía de Cochinos, también llamada invasión de playa Girón o batalla de Girón, fue una operación fallida de desembarco en la costa suroeste de Cuba en 1961 llevada a cabo por cubanos exiliados en Estados Unidos que se oponían a la Revolución cubana de Fidel Castro.

Comenzó la famosa marcha, la primera para buscar una reforma de inmigración en el área de Nueva York. Después hubo otras, a las que no pude ir, pero a esta marcha, que fue el primer llamado, acudimos mi hermano y yo. No podíamos fallarles a nuestros hermanos ilegales ni a nosotros mismos. Un detalle se me hizo curioso ni bien arrancaba la marcha fue que de pronto divisé una bandera puertorriqueña entre todas, lo que se me hizo extraño, porque aunque no soy un experto en el tema político del Caribe, todos sabemos o tenemos la idea clara que Puerto Rico pertenece a Estados Unidos, es un estado libre asociado, pero eso es un cuento chino; son una colonia, o así lo entiende mucha gente, no son estado de la Unión Americana. Entonces me acerqué para ver quiénes la portaban, y cuál no sería mi sorpresa cuando veo que era un matrimonio ya mayor puertorriqueño. Eso me ya llamó mucho la atención, yo creo que la señora me quedó mirando y entonces no pude evitar hacer la pregunta:

—Disculpen mi atrevimiento señora, pero por qué están ustedes acá, ustedes son puertorriqueños, no necesitan estar aquí.

—Nosotros también somos Latinoamérica y ¡estamos con ustedes!

Cuando uno oye eso de alguien ya muy mayor, pero con un brillo y un fuego eterno en los ojos, sabes que está haciendo con toda seguridad lo correcto.

—¡Gracias! —les contesté, y ya no me escucharon lo demás que les dije, pues ya la gente comenzaba a cantar los cánticos alusivos a la marcha, carajo, la gente boricua, la patria de Ramón Emeterio Betances, de Pedro Albizu Campos, está aquí también, con nosotros, ¡carajo!, eso sí que da fuerzas, no importa que falte Cuba, a marchar. "¡Sí se puede!, ¡Sí se puede!, ¡Legalización ya!" Fue bonito ese gesto de estos amigos boricuas, de este matrimonio mayor, de estar presente en esta primera marcha por la inmigración. No hay que olvidar que históricamente los boricuas fueron los primeros en venir, en llegar a esta gran nación, y que como tales sufrieron muchas vejaciones y maltratos, fueron víctimas de racismo y de discriminación por parte de los otros grupos étnicos que ya existían aquí, en esta parte este del país y sobre todo en el área Tri-estatal más aún. Hay muchas historias al respecto, pero de las que ahora muy poca gente se acuerda, claro, porque no conviene acordarse de eso, eso incomoda, es políticamente incorrecto. El puertorriqueño sufrió mucho en sus primeras inmigraciones a la Gran Manzana, el abuso, maltrato y violencia por aparte de los polacos, judíos, italianos, irlandeses y afroamericanos, y contra todos ellos se tuvo que defender y abrirse paso, muchas veces a golpes, no había otra manera, tan igual como lo hicieron las demás comunidades inmigrantes en Nueva York, ni más ni menos. Ellos se defendieron como las demás inmigraciones, es por eso por lo que uno nunca debe de dejar de reconocer el legado que el puertorriqueño hizo por nosotros, sus hermanos de raza, pues ellos abrieron el camino para los que vinieron después, y fueron los que se comieron todas esas palizas que recibieron en un primer momento, y que después comenzaron a devolver, la ley de la jungla. Hay que ver la película *Gangs of New York* (*Pandillas de Nueva York*), para tener una idea de esto. El puertorriqueño es pionero en esta zona, como el mexicano o el mexicoamericano lo fue en California, Arizona, Nuevo México y Texas, lo que se dio en llamar los pochos o pochas (los mexicanos que permanecieron después de la pérdida de su territorio en 1848 o los hijos de mexicanos nacidos en este lado de la frontera). Según dicen por ahí, son muchos de ellos, no todos, más racistas que los mismos blancos de este país, sí es así, qué tristeza y qué miserable, renegar así de su raza, no tienen perdón de Dios. Ya tendrán su merecido.

Volvamos al relato de aquella histórica marcha, la cual siempre será un recuerdo lindo haber compartido con toda aquella gente, con ese cálido grupo de gente sencilla, luchadora y trabajadora que nunca se rindió, nunca se amilanó ante las amenazas de que seríamos arrestados todos durante la manifestación. Fue alrededor del mediodía en que dio inicio la marcha rumbo a la ciudad, y así fue como nos encaminamos hacia Federal Plaza y comenzamos a cruzar el puente de Brooklyn a pie, todos juntos, todos unidos, empuñando nuestras banderas y cantando. El día era soleado, pero como no éramos muchos, eso se hizo más evidente cuando comenzamos a cruzar el puente, ya que lo hacíamos en fila india, es decir a lo largo, en hilera de uno. Eso me encojonó, volteé y le dije a mi hermano:

—Puta madre, no ha venido nadie acá, ¡qué mierda! Y ahora, ¿marchamos igual? ¡Que se joda todo, ya estamos aquí!

—Marchemos nomás, ya estamos acá hermano.

A medida que caminábamos por el puente me podía dar cuenta que la marcha en verdad era un fracaso, que no había tenido una verdadera respuesta popular. No suponíamos ningún riesgo para nadie, no era que lo teníamos que hacer, pero quién nos iba a parar pelota, si éramos tan pocos. Lo que más me jodía o rompía las pelotas, era el darme cuenta, de constatar que nosotros los hispanos somos una mierda, somos desunidos, sin sentido del compañerismo y solidaridad, flojos y cobardes. ¡Esto se había anunciado con tiempo, carajo! ¿Qué van a decir ahora, que no sabían? Cobardes de mierda, le comentaba a mi hermano. Lo otro que me molestaba era la cantidad de hispanos maricones que tocaban bocina desde dentro de sus vehículos, dizque apoyándonos. Bájate de tu carro y marcha con nosotros, ¡pedazo de hijo de puta! Así es que se colabora en una marcha, con tu participación, no tocando bocina a lo pendejo, ¡pedazo de maricón! Claro, como siempre los pendejos marchan y otros después se suben al carro del triunfo, ¡váyanse a la mierda todos con sus autos y sus bocinas! Deténganse en algún lugar y marchen con nosotros, ¡carajo! ¿Que no ven que no hay gente? Sí, era el colmo, parecía una burla, algo inconcebible. Ante esto, alguien me comentó:

—No, pero es que la gente tiene miedo, tú no entiendes.

Otro decía:

—No, es que la gente a esta hora está trabajando —y así, pendejadas por el estilo, total, excusas siempre sobran cuando no se quiere hacer algo.

Entonces yo me cuestioné a mí mismo: ¿Para esto madrugué, para esto me levanté tan temprano y vine desde Nueva Jersey con mi hermano, para esta pendejada? ¿Para esta muestra de desunión, de cobardía latinoamericana? ¡Esto es una vergüenza! Mejor me hubiera quedado durmiendo o viendo televisión. ¿No les parece? Pero no, a nosotros nos criaron con espíritu solidario, con alma de compañerismo, de justicia social, de bienestar colectivo; hoy por ti mañana por mí. No porque estos pendejos no quieran marchar nosotros tampoco marchamos, si no vienen que se vayan a la mierda, que no jodan, que mucho ayuda el que no estorba, que se queden en sus casas empollando como las gallinas. En un momento yo dije:

—Alguien tiene que hablar y escribir de esto, porque esto es una vergüenza. Entonces, una voz que provino de la propia muchedumbre contestó diciendo, seguro al haber oído lo que le comentaba a mi hermano:

—Escriba si quiere, que a nadie le va a importar, nadie lo va a leer, total nada va a cambiar.

Volteé pero no pude ver quién había dicho eso.

—Así que nadie lo va a leer, así que a nadie le importa, ya vamos a ver si a nadie le importa, ¡pedazo de hijo de puta que te ocultas en la multitud!

Cuando escuché esa frase que lo que escribiera a nadie le iba a importar, que nadie lo iba a leer, se despertó un fuego en mí, que hasta ahora está encendido y no se ha podido apagar, es una flama eterna. Lo que hizo aquella persona fue iniciar dentro de mí una chispa que no se apagaría ya jamás, nació en mí a raíz de aquel evento con tan poco apoyo popular. Eso fue una indignación tan grande que me prometí a mí mismo, en ese momento, que yo mismo iba a redactar, a escribir al respecto, algo referente a esta marcha que para mí era un fracaso. La gente lo va a tener que saber, ¡a ver si así sienten algo de vergüenza estos maricones! No me va a importar lo que me diga la gente, lo que genere ese escrito, nada me hará cambiar de idea, alguien me va a leer, alguien en algún lugar me va a oír, alguien se tiene que enterar de lo que pasó aquí realmente hoy día. Lo que resultó fue un artículo de opinión —cuyo texto completo incluyo a continuación— y que fue publicado varios días después en *El Diario/La Prensa* de Nueva York, el diario hispano más antiguo de Estados Unidos, y que yo siempre compraba, porque me gustaba leer a Don Luis Ortega, el gran periodista cubano, y a mi paisana Vicky Peláez, la combativa cuzqueña. Mi artículo de opinión se publicó el 14 de abril del 2006, en Viernes Santo. A partir de ahí nacería un escritor para el mundo. Esto fue lo que les escribí y que este periódico muy gentilmente publicó:

«Columna: Carta del Pueblo

«¿SOLO MILES DE PERSONAS MANIFESTÁNDOSE EN NUEVA YORK?

14 de abril del 2006

«Mi hermano y yo, como inmigrantes que somos, concurrimos a la marcha por los inmigrantes el pasado 1 de abril en Brooklyn con el fin de apoyar con nuestra presencia a esa causa justa. Estando allí no dejó de asombrarnos la poca convocatoria que tuvo. Me sorprendió que al día siguiente, en los noticieros de habla hispana, se comentará de la asistencia de miles de personas, pero que no se diera una cantidad aproximada (yo calculo unas 5000 personas más o menos), a comparación con la de Los Ángeles (un millón) o Chicago (100,000).

«Es una realidad innegable que en la costa este de los EE.UU., nosotros los hispanos no contemos con un liderazgo firme, definido y visible. No hay una persona que tenga ese poder de convocatoria, esa destreza en la oratoria que aglutine masas y pueda dirigirnos en esta gran batalla por la legalización.

«Lógicamente, a esto se suma la gran apatía, desidia y desinterés de gran parte de nuestros hermanos latinoamericanos que faltaron a su cita con la historia. En momentos que se juegan los destinos de 12 millones de personas ellos no se hicieron presentes.

«Es triste constatar que la unidad, que es la gran necesidad en este momento histórico, brille por su ausencia, y que habiendo grandes concentraciones de hispanos en Washington Heights y Jackson Heights (Nueva York), así como en Union City (Nueva Jersey), ¡no hayamos podido juntar a un millón de personas! ¡Qué vergüenza! ¿Dónde estaba toda esa gente que hacía falta?

«Un saludo efusivo, un abrazo a todos y cada uno de los que asistieron a la marcha, hombres, mujeres, niños y ancianos que no tuvieron miedo y no dudaron un momento en reclamar sus derechos.

«Aquel día el tamaño no importaba porque el sentimiento era el mismo. Nosotros cumplimos, los demás, los que no fueron, no nos fallaron, se fallaron a ellos mismos.

«Carlos Anaya Mantilla

«Jersey City, New Jersey»

Así, corta, directa y clara, fue aquella Carta del Pueblo que dirigí al periódico del que era lector infaltable. Después todo eso cambió, pero eso es otra historia. Aquella nota escrita, como dije antes, que nació de una gran indignación y que se envió siempre con la incertidumbre de saber si sería publicada, si no fastidiaría a alguna gente, en fin, con alguna esperanza fue lanzada al universo, el azar, Dios y el destino se encargarían de los demás, y así fue, para sorpresa mía, publicada. Sí, lo que nació de un sentimiento de bronca e indignación y fue enviado a *El Diario/La Prensa*, sin muchas expectativas, pero lo principal ya había sido hecho, había sacado aquello que me quemaba por dentro, ahora la pelota estaba en el campo de aquel periódico. Ellos verían si lo que les había enviado valía o no valía la pena publicarlo, pero aquello que me había quemado por dentro yo ya lo había sacado de mí, y eso era todo lo que me importaba. Pero volvamos a la marcha de nuevo.

Cuando la gente se dispuso a caminar para cruzar el puente de Brooklyn, formamos solo una larga fila, una especie de tripa, me imagino que se miraba desde el cielo, y en donde se seguía marchando, pero yo iba indignado, encojonado, con los huevos hinchados de ver tanta apatía y cobardía hispana, exclamé en voz alta hacia mi hermano, mitad en broma, mitad en serio:

—Si esta gente de inmigración no son cojudos y se deciden, llaman o traen unos 50 buses o quizás menos y los estacionan en el otro lado del río, allá donde nosotros vamos, a Federal Plaza, cierran la Plaza ¡y nos vamos todos pa' la mierda!, nos arrestan a todos, y ¡todavía creo yo que sobran asientos vacíos! Mi hermano solo sonrió y movió la cabeza afirmativamente. Bueno, qué carajo –me dije—, ¡nos vamos juntos entonces!

En verdad era el colmo y una verdadera vergüenza que solo días antes en Los Ángeles habían marchado un millón de personas y en Chicago casi 100,000 y aquí solo ¿qué? ¿5,000? ¡Cuánto maricón, carajo! ¿Y así hablan de unidad latinoamericana? ¿Así se atreven a usar esa palabra? Éramos solo unos cuantos miles los que desembocamos en Federal Plaza aquella soleada mañana, muchos con el miedo ya instalado en nuestros estómagos, pero ya estábamos ahí y no nos íbamos a dejar agarrar tan fácil, ¡eso seguro que no! Volteé y le dije a mi hermano:

—Prepárate, porque si se deciden estos pendejos, cierran la plaza y van a tratar de arrestarnos a todos. Cualquier cosa nos vemos en Jersey, por si acaso nos llegamos a separar.

—Está bien, pero no creo que pase nada.

—Nunca se sabe Pepe, el lugar se presta para una emboscada perfecta, y con tan poca gente puede que estos pendejos se atrevan a agarrarnos a todos, hay que estar atentos, hay que ver y chequear qué estaciones de tren están por ahí cerca ni bien nos vayamos acomodando en la plaza.

—*Okay* hermanito.

Así fue como la "gran marcha", la "enorme muchedumbre", así entre comillas, con sarcasmo, porque así fue como la tituló al día siguiente un periodista pendejo del mismo diario donde envié la carta, eso fue lo que más bronca me dio. ¿Y este weón, qué evento cubrió? ¿O estaba todavía en Chicago? Una vez distribuidos en Federal Plaza, y dejando ver que cada vez éramos menos, esperamos a que subieran a una tarima ya preparada con anticipación, los oradores del evento, pues habían anunciado que algunos congresistas hispanos iban a hablarle al público presente. Para ser sincero, no me acuerdo hasta la fecha de hoy quiénes hablaron, porque esto fue tan intrascendente y superficial, que es una pena que gente como ellos nos representen como comunidad en el gobierno en la parte legislativa. Creo recordar que estaban Charles Rangel, Nydia Velásquez y otros, en pocas palabras, fueron un desastre total esos oradores, una prueba más que como comunidad no teníamos ningún tipo de peso, para decirlo en buen español, que estábamos jodidos con esa dirigencia política hispana en Nueva York. De todos los que hablaron no había uno solo que valiera la pena escuchar, pues la gente, oyéndolos, comenzó a bostezar, y ya tenían hambre, lógico, muchos no habían desayunado, ya pasaba de ser la hora del almuerzo y la gente ya sentía el hambre y la sed. Hacía calor aquel día, a lo menos el astro Rey se hizo presente, ¡carajo! —exclamé para mí. Oír lo que esta gente sin sustancia, sin espíritu de lucha, con la barriga bien llena, sin fuego interno, ese fuego sagrado que tienen los grandes líderes y que el pueblo reconoce ni bien los ve, fue lo que me hizo creer que aunque esta batalla por la legalización no estaba de antemano perdida, iba ser muy, pero muy difícil lograr en realidad algo concreto, y lastimosamente no me equivoqué, hubiera querido estarlo, pero el tiempo me dio la razón tristemente. Hasta ahora no me queda en mi registro mental algo de lo que pronunció aquella gente en la tarima ese día, y eso que yo estaba bien cerca de ahí junto con mi hermano. ¡Qué tristeza, carajo! ¡Qué tragedia! ¿Haber marchado para esto? No, no me jodan, yo puedo hablar mejor que esta gente, creo yo, pensé para mí, y bueno, quién sabe, algún día.

Dejé de prestar atención a esos dinosaurios de la tribuna pública, representantes nuestros, bueno, según ellos, no míos, eso es seguro, y me di cuenta de que el universo dentro de todo sabe lo que hace, porque ¿cómo el universo iba a mandar gente si íbamos a contar con este tipo de líderes y oradores? Seguro, eso no tenía ningún sentido, teníamos lo que merecíamos, pues no vino un gran número de gente, entonces jódanse, eso es lo que merecen. Parecía decir el universo que nos contemplaba desde la inmensidad, eso se merecen por ser como son hispanos, por desunidos y no ser solidarios entre ustedes, tomen, ¡carajo!

Para hacer honor a la verdad, y aunque parezca ilógico, después de aquella marcha siguieron otras y ahí sí, se comenzó a manifestar la gente. Parece ser que comenzaron a sentir vergüenza de alguna manera y empezaron acudir a las siguientes manifestaciones públicas, pero aunque aquello me alegró, volvió hacer mucho más evidente lo que yo antes mencioné, la falta de un liderazgo visible. No teníamos a un líder y eso era innegable, era un movimiento sin cabeza, acéfalo, condenado de antemano al fracaso como tristemente sucedió aquí en 2006, pero fue mejor así, de algún modo, ya nos habíamos desengañado y sabíamos que no teníamos en realidad muchas esperanzas de lograr nada. Es dura la realidad muchas veces, pero es mejor saberla que vivir engañados, creer en lo que no es. La verdad y la realidad siempre serán mejores, así no sea del agrado de uno.

Aquellas tres o cuatro marchas más que se sumaron a la primera de Brooklyn, como digo, no hicieron el efecto esperado, es más, diría yo que exacerbó el racismo y la xenofobia ya existente en el país. Toda acción tiene una reacción, y esta marcha no fue una excepción, no se logró nada, pero a lo menos se despertó a alguna gente, algunos se despertaron al llamado, acudieron, se hicieron presentes, y eso siempre será bueno en alguna medida. Al final se acordaron de que eran inmigrantes todos y marcharon, y bueno, así quedará para la posteridad que el año 2006 fue el año de las marchas dentro de los Estados Unidos para buscar una reforma migratoria, buen intento, pero no fue suficiente, y sin líder, más difícil lograrla.

34

COMENZAR DE NUEVO

DE AQUEL 2006 TAMBIÉN VALE MENCIONAR OTRO CAPÍTULO IMPORTANTE en mi vida, y no puede ser otro que la publicación de esa primera carta en el diario en español más antiguo de Estados Unidos —fundado en 1913 y que aún se publica— y ver mi nombre en el papel impreso y así, de sorpresa. Ese siempre será uno de los hechos que más atesoro en el corazón, y una de las pocas alegrías que como inmigrante indocumentado he tenido. Fue como hacer un gol desde media cancha, me sentía como Maradona anotando ante los ingleses el segundo gol en México 1986, cuando él dejó por el camino a todo aquel que le salió al paso. Sentía que nadie me podía parar y que me metía con pelota y todo al arco rival, que era un campeón y que mi opinión podía ser escuchada. Aquella primera carta solo fue el comienzo de una larga colaboración que se extendería por casi siete años, enviando al diario mis artículos de opinión cada dos a tres semanas, que tuvieron una buena recepción de parte de la editora de El Diario/La Prensa, la periodista puertorriqueña Érika González a quien conocería tiempo después en persona. Ese fue otro factor interesante con el correr del tiempo y de otros sucesos en mi vida, puesto que aquellos artículos se convertirían en 2013 en mi primer libro publicado, *Mi Opinión, actualidad mundial en los ojos de un inmigrante*, publicado por URPI Editores, editorial de mi amigo Walter Ventosilla, un gran dramaturgo y hombre de teatro peruano, mi eterna gratitud a él.

Aquella carta que escribí sobre la marcha de inmigrantes marcaría el comienzo de algún modo de mi despertar como comentarista de temas sociales, y una vez más en mi vida de manera autodidacta, como muchas de las cosas que he hecho de manera espontánea y natural, lo que me imagino que debe escandalizar a muchos eruditos y estrictos defensores de la profesión. Mis escritos comenzarían a aparecer en columnas del diario tituladas *La Carta del Pueblo*, *Pido la Palabra* y *Columnista Invitado*, y en dos ocasiones en todos esos siete años encargado de escribir la página editorial completa, con dos artículos de opinión que siempre recordaré: *El fin de un imperio* y *Hablando de terremotos*, ambos incluidos en mi primer libro.

Como siempre lo dije con relación a mi primera carta, todo fue inesperado, sin planear, en pocas palabras muy espontáneo. Incluso aquel día en que fue publicado yo no había caído en cuenta, si no hubiera sido por Blanca, mi amiga, mi compañera de trabajo, mi futura novia y el amor de mi vida en aquel entonces, ni me hubiera enterado. Fue ella quien se enteró al verla publicada en el periódico. Cómo olvidar ese día, parecía como si la selección peruana anotaba un gol en un Mundial de fútbol (hace mucho tiempo de eso, por eso lo digo), ¡una alegría total! Cómo olvidar la reacción de ella, saltaba como si le hiciera barra o porra a su equipo favorito de fútbol, tenía el periódico en la mano, ¡la locura! Y ahora pienso que esa es una de las cosas lindas de estar en pareja, es decir, cuando tu novia o alguien que te quiere de verdad, festeja tus triunfos como suyos propios. Eso me da una gran satisfacción, y es una sensación linda experimentar eso, verdad que sí, el entusiasmo de ella saltando con el periódico en la mano.

—¿Qué fue carajo, clasificamos al mundial o qué? —le pregunté; lo de la clasificación de Perú demoraría algunos años más para tener aquella alegría.

—¡Salió, salió, salió!

—¿Salió qué? ¡Habla carajo!

—Tu nota, tu artículo, ¡salió publicado tu artículo en el periódico!

Tan contenta estaba ella y yo más de verla así tan feliz, tan orgullosa de mí, qué feliz era yo, qué feliz era ella, cómo no se detuvo el tiempo por siempre, ¡carajo! Cuando aterrizó o, mejor dicho, la hice aterrizar tomándola de la mano, me enseñó *El Diario/La Prensa* y la página en donde había aparecido mi artículo, en la sección de opinión del periódico llamada "Carta del Día", tal y como la envié, sin cambiarle ni una coma ni un punto, algo que agradecí alguna vez en persona a la editora de aquel entonces, Érika González, al obsequiarle mi libro. Muchas gracias amiga por darle la oportunidad a este humilde trabajador indocumentado, o ilegal como nos llaman muchos aquí con desprecio, de poder haber dado a conocer su opinión a los demás, a la comunidad, al mundo, pero sobre todo de llegar a muchos otros hermanos indocumentados como yo, y gracias porque sé que tuviste mucha paciencia para entender lo que yo enviaba, ya que la gente no tiene por qué saberlo, pero yo enviaba cartas, sí, como a la antigua costumbre, escritas a mano, y Érika, las entendía e imagino que las escribía a máquina y las publicaba. ¡Mil gracias por eso, Erika, wepa, Puerto Rico! Cualquiera que hubiera visto el entusiasmo de Blanca hubiera pensado que había ganado el primer premio de la lotería, pero no, era un simple escrito, una simple nota, pero de alguien que ella quería mucho, que ella amaba. ¿Cómo una cosa tan sencilla, tan simple puede alegrar tanto a una persona que está enamorada? Eso es lo inexplicable, ese es el misterio del amor. Cuando finalmente Blanca colocó el periódico sobre la mesa pude leer la nota, que se publicó en Viernes Santo, era Semana Santa, pero igual, a los dos pobres nos tocaba trabajar igual. Leí, leí y leí hasta el final del artículo y al final mi nombre escrito, ¡publicado en letra de molde! ¡*Wow*! «Carlos Anaya Mantilla, Jersey City, N.J.» ¡Había nacido un escritor ese día! Famoso o sin fama no sé, como decía Luis Ortega, el gran periodista cubano: "No me interesan los elogios, no me preocupan los insultos". El hecho era que había nacido o renacido acaso aquel día un escritor, sin papeles, sin plata, casi recién levantándose de nuevo del suelo, que había estado desempleado, y que, sin embargo, la vida, el destino y Dios, sí, sobre todo Él, le tenían reservada esta alegría. Podía escribir, generar atención en la gente, y eso me hacía bien, se sentía bien, muy bien, y mentalmente le respondí a aquella voz que oí en la marcha: "¿Viste? Sí me oyeron, ¡grandísimo cabrón!" De pronto me detuve y detuve a Blanca. "Ya estuvo bueno de celebración, vamos a atender a nuestros amigos..." pues todo esto había ocurrido en el refugio de animales. *"Good morning my friends!"*, dije al abrir el área de los perros. Está demás decir que les contaba a todos ellos las novedades del día, y que hablaban nada más ni nada menos que con un ¡señor escritor! ¡Guau, guau, guau!

Así fue como comenzó todo de nuevo, de golpe y porrazo se despertó en mí unas ganas enormes de ser leído y escuchado, y ahora ya tenía una tribuna para expresar mis ideas y no la iba a desaprovechar, pero no tanto por mí, sino por mis hermanos indocumentados, por los que no tienen voz ni nadie se acuerda de ellos, y si yo puedo a lo menos hilvanar algunas frases con sentido, con ideas, con conceptos interesantes, pues tenía que hacerlo entonces, no había otra opción, y fue verdad que mis hermanos ilegales al igual que yo tuvieron preferencia en mis escritos. Tan es así que en mi libro, que fue una recopilación de los mejores artículos, muchos de ellos hablan de la lucha en este país de los inmigrantes por conseguir regularizar su situación legal, por la búsqueda de la tan esperada amnistía. Todo ese fuego que tenía dentro de mí y que hervía en mi pecho lo pude sacar de una vez por todas. "Ahora van a saber cómo escribe y piensa el pueblo, carajo", me dije a mí mismo. Aquel primer comentario que escribí fue fruto de una gran indignación ante la indiferencia de la gente hispana que no nos acompañó en esa primera marcha por la reforma de inmigración en Nueva York, algo que tuvo su manifestación en mi persona, y entonces un cambio se operó en mí. De alguna manera, eso se dio.

Volviendo a aquel refugio de perros y gatos, en donde el amor me sorprendió una vez más y sin pensarlo, este trabajo me enseñó de nuevo a abrir mi corazón al amor en todo sentido, al amor universal y al amor con una mujer de nuevo, sí, una vez más me iba a tirar al mar, ¡hombre al agua! Esta vez nadie lo gritó. Sin embargo, aunque me gustaba este trabajo, la distancia para llegar ahí era mucha, además, era muy poco el dinero el que yo ganaba trabajando en aquel mágico lugar. Esos factores me hicieron replantearme si valía la pena seguir trabajando ahí. El ambiente y la compañía de las mascotas era magnífico, pero el gasto no se traducía o compensaba en nada, y todo el ingreso se iba en pagar los servicios como el teléfono, así como la renta, comida, ropa, cosas personales y a veces en medicinas. Todo cuesta y es caro, y nadie te ayuda, o sea, nada nuevo para variar. Es duro aceptarlo, pero lastimosamente así es la vida en este sueño llamado Estados Unidos de América, y lo más duro de todos esos gastos es la renta, de eso no hay duda. Si he de ser sincero, algo que también precipitó que yo me fuera de aquel lugar fue el hecho de que yo ya comenzaba a tener algunos problemas con Blanca, y entonces yo quiera mejor poner distancia de por medio, no quería estar ni entrar en relaciones que me fueran conflictivas o tormentosas, pero a veces uno no quiere e igual está dentro de ellas, la vida es así, te sorprende siempre. Decidí que lo mejor era irme a pesar de que me gustaba el lugar y la energía. El área era muy apacible y rodeada de pura vegetación, de puro campo, ¡puro Nueva Jersey!, pero sobre todo estaba el cariño, el amor incondicional que me tenían los animalitos, así en diminutivo, de cariño, porque entraron en mi corazón también ellos, y bueno, uno tiene sangre en las venas, sentimientos, y así somos los latinos, no como otros que parecen ¡témpanos de hielo! El amor de los animales es libre y sin condiciones, ellos solo te quieren porque te quieren, sin haber razón, motivo o interés. Los perros y gatos brindan su amor, ternura y afecto incondicionalmente y sin esperar nada a cambio. Experimentar esa sensación después de haber estado mucho tiempo solo fue algo muy especial para mí, ese sentimiento reconforta el alma y te pone en paz contigo mismo. Y así fue, en el mes de mayo o quizás junio de 2006, me alejé de aquel lugar sin saber bien dónde yo comenzaría a trabajar de nuevo. No tenía ni la más remota idea, pero aun así estaba decidido a irme, y yo soy una persona de decisiones firmes, ya creo haberlo dicho antes. Cuando hay algo emocional que me afecta, y mucho y más en el trabajo, entonces yo necesito poner distancia de por medio, yo soy así, no puedo funcionar de otra manera, hasta que no clarifique la energía me comporto así, es también una manera de protegerme emocionalmente. La dueña de aquel lugar, aquella amable y artística señora no quería que yo me fuera, pero qué más podía yo hacer, era lo mejor para todos, o así pensaba yo en todo caso. Aquella gentil mujer judía blanca estadounidense, quien me había recibido y prácticamente desde un inicio supo que yo era un indocumentado, no solo me ayudó con dejarme trabajar sino que también me tomó aprecio, y eso me dolía. A mí no me gusta desilusionar a nadie, y ella hubiera querido que yo continuara, pero la decisión ya estaba tomada, y no había vuelta que darle, ni regreso. Aquella linda señora casi de entrada se dio cuenta de mi estatus legal, porque cuando solicitó mis papeles le tuve que mostrar unos que, como ya he explicado, siempre se compran aquí en este país en ciertos sitios y lugares para poder trabajar, son falsos, pero solo sirven para que te den empleo, y no hay otra opción. La gente que te emplea tiene que reportar tus ingresos al Servicio de Impuestos Internos —la agencia gubernamental que es parte del Departamento del Tesoro de Estados Unidos, y entonces tienes que mostrar algún documento, no hay otra salida. Tú tienes que ver cómo los consigues, esa es tu parte del asunto. Cuando presenté mis papeles falsos de trabajo en aquel lugar, ya se había implementado un número del gobierno para que un empleador pudiera llamar telefónicamente y obtener información sobre la legitimidad del número de seguro social que habías presentado, esto es, si era real o falso, y así fue. No obstante, para el 2006 las cosas ya no eran como antes como cuando llegué a este país, ya que antes se demoraban mucho en verificar tus documentos para saber si eres o no ilegal, si tienes o no tienes licencia de manejar, en fin, se tomaban mucho tiempo para detectarte. Ahora ya no, pues el sistema llamado E-Verify, un sitio web del Departamento de Seguridad Nacional de Estados Unidos, permite a las empresas determinar la elegibilidad de sus empleados, tanto ciudadanos estadounidenses como extranjeros, para trabajar en el país. Aunque E-Verify se estableció originalmente desde 1996 como un programa piloto para evitar que los inmigrantes sin documentos y otras personas que han violado las leyes de inmigración obtengan empleo ilegalmente en Estados Unidos, fue en agosto de 2007, que el gobierno federal comenzó a exigir su uso. En fin, aunque la dueña del refugio no quiso que me fuera, igual lo hice. Ahora que me acuerdo, ella hasta quiso que me perfeccionara como entrenador de perros, pero aun así seguí con mi determinación de irme, tuve, en unas palabras, que seguir con mi destino.

Cuando me alejé de aquel lugar quise también cortar la relación con Blanca, que me hacía tanto bien pero a la vez tanto mal. ¿Debe ser siempre así el amor? ¿O me sucede solo a mí? Yo siempre había tenido una creencia, una teoría, vamos a decir, y era que todas las personas que llegan a tu vida no son por casualidad, sino que llegan por una razón o un motivo en particular, y nosotros debemos desentrañar ese misterio, la razón por la que llegan. Para eso se necesita valor para abrir el corazón, porque muchas veces vamos a tener que amarlas, así no queramos, lo vamos a tener que hacer, así duela, así nos hagan llorar, hay una valiosa lección que debemos aprender, y debemos estar atentos, si no, nos dejará como un tren al que llegamos tarde a la parada, porque nos confiamos en el horario y el jodido tren se adelantó, hay que estar con los ojos bien abiertos. Cuando alguien llega, te impacta fuerte y renuncia a irse de tu vida o no la puedes apartar es por algo, así que no saltes ni esquives la lección, la prueba de tu vida. La razón de tu existencia muchas veces se está desenvolviendo delante de tus ojos, no temas, mira al demonio a los ojos y enfréntalo, a tu demonio, sí, es tuyo, y debes encararlo, si no, volverá y volverá siempre, porque sabe que tú le tienes miedo, no corras, enfréntalo, recupera tu poder. ¿Qué vas a perder? ¿Qué puedes perder que no hayas ya perdido? Si no lo enfrentas volverá. Ciertas personas vienen a ponerte a prueba porque así no se queden ni permanezcan contigo para siempre, sacarán fuera algo de ti, para eso llegan, ¿entiendes? Para retarte a hacer cosas diferentes, cosas que nunca te has atrevido a hacer, será quizás por un periodo corto, y no por eso dejarán de tener una influencia fuerte en tu vida. Dicho esto como preámbulo, se puede entender entonces que de las tres veces que traté de alejarme de Blanca, el universo me la devolvió de nuevo a mi vida, o ¿fui yo inconscientemente? No sé pero lo único cierto es que volvió una y otra vez, y entonces la pregunta cae sola, ¿para qué correr o tratar de escapar de lo que se debe vivir? Ella volvía siempre, aun así yo me fuera de aquel trabajo, me la cruzaba en mi camino a mi nuevo trabajo, ya que ella conducía su auto casi siempre por donde yo vivía, era de más caminar por otra calle, una que nunca yo caminara, igual por allí ella elegía guiar su auto ese día. Es así, no se puede evitar el encuentro que ya se planeó en otro lugar, en otro plano, y entonces, ¿para qué hacernos los difíciles? Por tanto, la gente que viene a dejarte una gran lección y enseñanza no se va a ir fácil de tu vida, metete eso en la cabezota; hay algo que aprender y lo aprenderás en el camino, en esa vivencia, pero apréndelo, no hagas que sea en vano, no se va a alejar hasta que aprendas la lección, y si no, vendrá otra a hacerlo, de eso podemos estar seguros. ¿Entonces qué hacer? Nada, tirarnos a la piscina, está jodido el asunto y ¡yo que no sé nadar! Pero en fin, allá vamos, nos tiramos a la piscina ¡y esta no tiene agua! Pero igual nos tiramos, el golpe enseña dicen, no sé, serán las experiencias si acaso.

Como renuncié a ese trabajo sin tener uno nuevo, tuve que comenzar de nuevo de cero, así sin nada, pelado total, sin capital, aunque no era la primera vez, y estaba vivo y sano, ¡comencemos de nuevo, carajo! ¿Por qué nos vamos a rendir? Lo primero era conseguir papeles falsos para comenzar a trabajar de nuevo ya que los iba a necesitar con toda seguridad. El tiempo apremia y la poca plata ahorrada se va como agua entre los dedos, ¡a movernos ya! Y el hambre ni se diga, hay que racionar la comida, como en tiempo de guerra, somos invisibles, acuérdate. Así que de nuevo a caminar mucho, una vez más como siempre, como toda la vida, en Perú o aquí, siempre caminando como judío errante en el desierto. Espero que no sea por 40 años. ¿Quién escogería ese número? ¿Será cabalístico? Debe de serlo, esa gente no hace nada por gusto. De hecho, para los judíos, el número 40 por lo general simboliza un período de prueba o adversidad. De nuevo anduve tocando puertas y ninguna se abría, seguía tocando timbres, gastándole las pilas como en el tango *Yira*. Seguía caminando pues el hambre no espera y la sed mucho menos. Tocaba muchas puertas pero pocas se abrían, si acaso una que otra pequeña ventana. Ahí iba de nuevo este Richard Kimble hispano, que no es doctor como el de la serie de televisión, pero sí lo deseé ser con todo mi corazón cuando fui niño. Vamos Kimble, no te detengas, no te rindas, tienes que encontrar al hombre manco. Es ahí en ese espacio de tiempo donde no te detienes a pensar en qué, cómo, ni dónde, solo en encontrar algo que te permita subsistir, sobrevivir y sobre todo pagar la renta de donde vives, que es lo que nos jode a todos y en donde se va siempre la mayor parte del dinero de todos los esclavos que vivimos dentro de este reino llamado Estados Unidos. De tanto caminar encontré un restaurante italiano y, aún con la experiencia que yo tenía, no había una posición abierta para mí de cocinero, solo de lavaplatos. La noche anterior, uno de los empleados que tenían en ese lugar había renunciado por mucho trabajo, me enteraría después. Por ahora no había otra opción y como dicen por ahí, la necesidad tiene cara de perro, de perro pitbull, pero de perro de verdad, no el cantante, ese es más feo.

—¿Lo tomas o lo dejas? —me preguntaron.

—Está bien, lo tomo, ¿cuándo comienzo?

—Ahora mismo, ¿qué pensabas?

Tenía razón, el chef gordo tirándome el delantal en la cara, siempre se necesita lavar, limpiar la mierda, la basura de otros, eso no cambia desde que el mundo es mundo, por los siglos de los siglos, amén. Aquí no valía que tuviera experiencia o querer seguir caminando, había que detenerse un poco en el camino para llenar la panza y después si aparecía algo mejor cambiaría de empleo, pero de momento, aquí estaba bien; estrategia ante todo. Para mí nunca ha sido un problema trabajar, en lo que sea, como decía el buen Facundo Cabral: "Yo no vengo a pedir trabajo, vengo a trabajar, a dar de mi trabajo", y así es, esa es la verdad, la única verdad, cuando vienes a ver tú eres el que les estás resolviendo el problema a los que te necesitan, ellos son los que te requieren. Para mí el trabajo nunca ha sido algo intimidante, algo del otro mundo ni mucho menos, lo mismo que trabajar en la calle, algo que yo hice de niño cuando lavaba coches en la calle en mi Perú natal y delante de la gente, ese tipo de vergüenza, si se le puede llamar así, yo ya la perdí hace tiempo, y además, no es vergüenza, trabajar no es vergüenza ni nunca lo será, carajo, es solo eso, trabajo. Vergüenza es vender droga, robar, asaltar, matar, eso que saca lo más negro del alma de la gente, eso sí da vergüenza, trabajar no.

Recuerdo que por aquellos días, en una ocasión en que caminaba por Jersey City, en el Centro, me encontré con Cheo, con quien trabajé en uno de los primeros edificios en donde fui portero y encargado de mantenimiento.

—¿Y qué *brother*? ¿Cómo está todo, la familia? ¿Bien todos por allá?

—Bien, Carlos, y tú ¿cómo vas *brother*?

—Ya sabes boricua, en la brega *brother*, no hay nada más.

—Oye Carlos, ¿sabes algo? ¿Te acuerdas de Gil, el que trabajó con nosotros en el edificio?

Claro que me acordaba de aquel loco que en una época me vendía esos pantalones ridículos que me dio por ponerme alguna vez, esos que tienen más bolsillos que otra cosa.

—Claro que me acuerdo de él. ¿Qué pasa con él?

—Él falleció *brother*.

—¿Y eso? ¿Cómo? ¿Cuándo?

—Él tuvo una enfermedad de esas feas, *brother*, creo que era cáncer, pero tú sabes, él la tuvo difícil los últimos tiempos.

—¿Sí? No sabía nada. ¿Qué le pasó Cheo?

—No, *brother*, él hasta estuvo preso, contra, *brother*, hasta me da cosa contarlo, tú sabes lo que yo lo apreciaba. ¿Te acuerdas donde vivía, verdad?

—Sí, claro —respondí.

—Bueno, una vez estando ahí, el hermano de él, que tú lo sabes, tenía un problema en una pierna (era rengo), pues no podía caminar bien y menos correr, y entonces un día el hermano, que estaba en la calle en la tarde, bueno tú sabes cómo era ese barrio, medio caliente, estaba en plena calle, recostado contra un auto, y que viene un tipo y así como si nada se lo quiere llevar con él. El chamaco no se dejó, y entonces, se pusieron a forcejear. Gilbert estaba arriba en el segundo piso, dentro del departamento, pero lo vio todo por la ventana y entonces que se baja de una corriendo a defender a su hermano, ¡y ahí nomás que se arma la buena! Tremenda pelea. Gilbert, me lo contaron después, le dio tremenda salsa al tipo que venía jaloneando a su hermano, y el tipo ya tirado en el suelo, le sacó un arma, *brother*, estaba armado el cabrón.

—Mierda y ¿entonces?

—¡Era policía el hijo de puta!

—¡Puta madre!

—Le apuntó y lo arrestó, ¡se lo llevó, *brother*! Él se quiso defender en la corte, pero no le hicieron caso a la denuncia, tú sabes cómo es aquí, si te pones a demandar a la policía en este país, acuérdate de Rodney King en California. Lo que vino después fue jodido, mi hermano, lo enviaron a prisión y él estuvo ahí un tiempo. Ya para cuando salió, él era diferente, se había vuelto algo resentido, ¿y no va a ser Carlos? Ya tú sabes, no fue fácil después para él. A cada lugar que iba en busca de trabajo, no se lo daban porque salía la jodienda de los antecedentes y de nuevo, así y así, muy triste *brother*, ya no se pudo volver a levantar, volver a lo que fue. Dejó mujer y su niño pequeño, qué injusticia, *brother*, pero aquí nadie nos para bola por ser inmigrantes, ¿verdad?

—Es verdad mi socio, ¿y su familia?

—No sé nada, creo que se fueron a su tierra, volvieron a su país, no estoy seguro.

Fue lo último que me comentó Cheo de aquel joven muchacho que yo conocí, y que siempre admiró al gran boxeador nicaragüense Alexis Argüello. Me decía, "Yo voy a ser como él *brother*, ¡ya verás, Carlos!"

Sí Gil, eras un campeón, un campeón sin corona, solo defendiste a tu sangre, a tu hermano de una paliza injusta y te metieron preso, sin haber hecho nada malo a la sociedad. Yo no vi aquella pelea que me contó Cheo, pero sabía de tu estilo de boxear, tremenda pelea brother que le habrás dado a ese hijo de puta que te arrestó injustamente sin identificarse siquiera, y que golpeaba a tu hermano. Tuvo que haber sido al mejor estilo de tu paisano Alexis. ¡Nicaragua, tierra de campeones!

35

MI GRAN DESPERTAR ESPIRITUAL

Entre los acontecimientos de mi vida en 2006 también comencé a profundizar y a entrar con todo en la ciencia astrológica, así muchos no llamen a esto ciencia, pero lo es, aquella maravillosa ciencia-arte, como yo siempre la he llamado. Para este arte se necesita un talento innato, una habilidad especial, porque si no solo serás un excelente alumno, un muy buen estudiante, y yo podía hacerlo, puesto que tenía una buena carta natal y mis planetas me ayudaban mucho natalmente y sí, tuve que estudiar intensamente, pero lo logré, tenía que hacerlo. Lo hice por mí, no por nadie más, por tanto mentiría descaradamente si dijera que lo hice para ayudar a los otros, al mundo, no. Inicialmente el estudio de la astrología fue solo para mí, ya que tenía y quería entenderme a mí mismo, saber por qué vivía toda esta mierda, por qué vine para experimentar todas estas experiencias, todas estas limitaciones y pasar todas estas pruebas. ¿Por qué? ¿Cuál es el sentido de vivir todo esto? ¿Tiene que haber alguna razón en algún lado? Nada pasa por casualidad, no nos hagamos pendejos, que todo en la vida tiene una razón de ser. Nunca he creído que para ser un astrólogo tienes que ser un elegido de la naturaleza, pero se tiene que estudiar bastante si se quiere aprender de verdad, nada es fácil en la vida y menos aprender esta ciencia. Astrólogos hay muchos, millones, pero los buenos son pocos, la excelencia, como en todos los campos de la vida, no abunda, la calidad no abunda, por eso es calidad. La gente que nunca la ha estudiado seriamente no debería burlarse de ella, ya que muchos grandes hombre y mujeres se han valido de ella para superarse en esta vida, y han podido trascender sus limitaciones gracias al entendimiento que aprendieron de esta milenaria ciencia, y hay gente grande, grande de verdad en esa lista.

En mi caso en particular, mi vida cambió con el conocimiento de esta filosofía de vida, porque eso es también lo que es la astrología, una nueva filosofía de vida, claro, si la quieres implementar en la tuya, ya que como dice el viejo refrán astrológico: "Una vez dentro de este camino, ya no puedes volver atrás, no hay retorno con la astrología". Una vez dentro de este camino no hay vuelta que dar, es así, como de alguna manera al ser revelados estos conocimientos y misterios —ya sea con tu percepción o intuición innata unidos a tu voluntad sincera y perseverante de aprender, de leer, de estudiar, si tienes esas armas entonces a la larga lo lograrás— por tanto nada se interpondrá entre ti y el conocimiento. Nada podrá detenerte, nada lo hará, tu conciencia cambiará, poco a poco, y luego más rápido, así será, y en algún momento, en algún lugar, sin que tú la busques, porque debe ser así, te llegará la iluminación. Confía en eso, pero no la esperes, no la busques con ansiedad; ella te encontrará a ti. Como dice Saturno, el padre del tiempo: el sufrimiento siempre trae iluminación, y a esto hay que agregar que es siempre y cuando la persona esté dispuesta a aprender de la experiencia y se abra al conocimiento que le trae la verdad de lo vivido y no se cierre en ella; es en el abrirse en donde encontrará la luz. El momento coincidía con un tránsito planetario muy particular en mi vida, y que es muy especial. De aquí en adelante, prepárense, porque empezaré a hablarles y a introducirles en esta milenaria ciencia, los adentraré en la astrología, ¿listos? Pues ahí voy, será como yo la aprendí, a mi estilo, no puede ser de otra manera, será como yo la siento, como yo la vivo, y será en primera persona, tal y como yo la viví.

Para aquella fecha en particular yo tenía un tránsito planetario muy fuerte, y era el del planeta Neptuno (que rige la espiritualidad, el engaño, el camuflaje, el teatro, los payasos, la ilusión, la desilusión y otros), en conjunción exacta sobre mi Sol y mi Luna natales, es decir sobre ellos prácticamente, a los mismos grados de esas dos importantes luminarias, es decir, 20 grados del signo de Acuario o ya se encontraban cerca de esa posición en particular. Para aquellos que ya saben algo de astrología no les resultará difícil saber qué significaba eso o podría significar. Son muchas las posibilidades, y si a todo esto le sumamos que aquel tránsito planetario se daba en la kármica casa 12 del zodiaco, de mi carta natal, mucho más fuerte el impacto y la influencia, sin duda alguna, pues ya se pueden imaginar, y para los que no, aquí les va la explicación. Neptuno transitando por la casa 12, su casa natural ya que rige a Piscis, pero resulta que al estar ahí, en esa casa mi Sol y mi Luna natales, entonces ahí sí las cosas se tornan un poco más complicadas, más difíciles, si queremos usar un término para definirlo bien. Tener ya de por sí al Sol y a tu Luna natal en la casa 12 no es la mejor de todas las posiciones, pero tampoco va a ser la peor, pudiera serlo si uno no la entiende y se queda sumergido en ella, recreando toda la negatividad que tiene. La casa 12 por algo es la casa de la autodestrucción, o sea que tú puedes ser tu peor enemigo, así como la casa de las vidas pasadas, de tus antepasados, y entre otros de sus significados incluye: hospitales, hospicios, manicomios, gente necesitada, albergues, orfanatos, cárceles, orfanatos y otros. Es insondable, es profunda, es como un océano, pero como digo puede convertirse en una cárcel, tu cárcel, si se lo permites, y si encima tienes planetas ahí, pues mucha más grande la prueba a superar. Ubicado en esa casa un planeta tendrá una tarea ardua, nada fácil, porque de entrada si no tienes el conocimiento, no la entenderás, y vivirás frustrado, tropezando a cada paso, y sin encontrar respuestas a lo que te aflige desde el mundo exterior, te sentirás como abandonado y agredido continuamente, como un desheredado de la fortuna, como un olvidado de Dios, y no tiene por qué ser así definitivamente. Lidiar con esas energías dentro de esa casa, será todo un reto porque además es la casa del inconsciente colectivo, es decir que podrás sentir y tal vez poder percibir lo que le afecta a tu generación, a tus contemporáneos, es decir, que puedes y probablemente tendrás la capacidad de conectarte con otros y de una manera muy empática, a un nivel mucho más profundo, y quizás valdría también decir de un modo inexplicable.

En la casa 12 no hay ni existe seguridad de nada, porque nada de lo que se encuentra ahí es tangible, es como si quisieras tomar algo con tus manos y de pronto se te aleja o, en todo caso, cuando lo llegas a tomar se te desvanece de pronto sin aparente motivo. Es una casa de renunciación, pero también una casa que te puede traer una misión a desarrollar en esta vida, depende solo de ti si te atreves a llevarla a cabo o no, recuerda solo algo, que al decidirte llevarla a cabo y al tener tú mismo, planetas en la casa 12, tu vida será muy diferente a la de los demás, se te señalará por ser distinto, por ser huraño, solitario, reservado y callado, por todo lo que hagas y lo que no hagas, porque seguro que la gente va a hablar de ti, para bien o para mal, de eso no dudes, pero la gente habla siempre, ¿verdad? Te dirán que eres un iluso, un soñador, un romántico, un idealista, que nunca aterrizas, que el mundo que sueñas es improbable, tendrás una gran intuición, y quizás hasta alguna capacidad *mediúnica*, todo depende de cuán desarrollado estés o te prepares para estarlo, ¿entiendes? Pero si la posees y la entiendes y la sabes expresar correctamente, harás la diferencia en tu vida y entre los que te conocen y te rodean, muchas veces en tu vida tendrás que cumplir con encargos de otros miembros de tu familia, pero que eso no te disguste, ni te irrite, porque tú eres el llamado a realizarlos, otros no podrían, eres tú quien tiene que hacerlos realidad, son encargos, como herencias de un pasado familiar en donde otros no pudieron, no quisieron, no fueron capaces o por último no se atrevieron a realizar, a llevar a cabo algo añorado, deseado, ahora el encargo es para ti, la responsabilidad es solo tuya, adelante entonces, no dudes de ti.

En aquel año en particular del 2006 pasaron varias cosas y siguiendo en esa explicación astrológica que ya comencé, explicaré cómo siguió manifestándose en mi vida el entendimiento que ya comenzaba yo a tener de esta milenaria ciencia, de este despertar a lo místico y lo esotérico. Todo esto sucedió, como mencioné antes, en una conjunción del planeta Neptuno junto a mi Sol y Luna natales, un gran y poderoso tránsito planetario, capaz de cambiarte la vida si tú estás dispuesto y en plena casa 12 como explicaba antes. Nunca olviden a quienes pasen por el mismo tránsito, a Neptuno se le trabaja con la fe y solo con la fe. ¿Qué es la fe? "La certeza de lo que se espera, la convicción de lo que no se ve" (Hebreos 11:1). Nunca estará demás leer la Biblia, pero no volverse fanático de nada, ni seguir como oveja a alguien. Siempre utilicemos el cerebro, la cabeza, que nadie decida lo que nos conviene por nosotros, aquí en este jodido mundo hay mucha gente que quiere aconsejar a otros con frases como: "Ah, si te dejas llevar de mí, te va ir bien", o "Yo sé lo que te conviene, hazme caso y bla-bla-bla", y así, sin parar, pero si quieres escucha y haz siempre lo que te sale de los cojones; tu vida es tu vida y nadie tiene derecho a decirte cómo la tienes que vivir, solo se vive una vez y si fallas o eres un fracaso, que sea al menos cometiendo tú tus propios errores y no porque un pendejo te diga que hagas esto o aquello. Habrá gente que te aconseje bien, pero eres tú quien al final tendrás la última palabra. Hay mucha gente que quiere decirte cómo vivir, cómo arreglar tu vida y solo date cuenta de un detalle, ¿cómo tienen cada uno de ellos su vida? ¿No está toda jodida acaso? ¿Y así se atreven a decirte cómo debes vivir la tuya? En fin, si en alguien podemos confiar, salvo raras excepciones, es en nuestros padres y en la gente que nos quiere bien, la gente que nos ha probado repetidamente, pero con hechos, no con solo palabras, que siempre han estado ahí para nosotros.

Cuando ese Sol y esa Luna a 20 grados de Acuario fueron impactados por ese Neptuno en tránsito por el signo de la verdad y la amistad, vino mi gran despertar espiritual, que tampoco es, como siempre les digo a muchas amistades, que de pronto como Buda, y dicho con todo respeto, no es que uno se sienta y te viene la sabiduría, no, no es así, es después de haber estudiado mucho y de que el universo o la vida te haya mandado fuertes lecciones que otros llamarán golpes de la vida, y con justificada razón. Eso trae la iluminación, pero debemos estar preparados para poderla entender, aprovecharla e integrarla a nuestra vida, a nuestra energía, si no, no habremos sacado provecho a la experiencia, por muy dolorosa que esta sea. El hecho que uno despierte a la espiritualidad no significa que uno dejó atrás los deseos sexuales o las pasiones, pero ese es el reto de uno, sucumbir a eso o preferir guardar y preservar tu energía sexual para un contexto más elevado, uno que sea o te traiga elevación a tu alma, a tu espíritu. Tentaciones siempre van a haber para aquel que busca elevarse, para aquel que busca la luz, tanto como para el que no la busca, así que no idolatremos a nadie, ni idealicemos a falsos profetas. Todos tenemos dentro de nosotros algo de maldad como de bondad, podemos ser Hitler y Gandhi de un instante al otro, por eso debemos tener control sobre nuestras acciones, reacciones, sobre nosotros mismos, en una palabra, templanza. En pocas palabras, no porque haya alguien que les dice que es un maestro espiritual crean a ojos cerrados en él; vean sus acciones, sus obras hablarán por ellos, no crean en las palabras, crean en los hechos.

Hay otra posición astrológica y a riesgo de que se me pierdan un poco la mencionaré. Yo también tenía, para este tiempo en particular de mi vida, a mi Sol progresado en el signo de Aries, es decir ya había pasado los últimos 30 años de mi vida sumergido literalmente en el signo de Piscis y atravesando, nadando, y yo diría mejor, buceando, a través de mi casa 12, el océano de la casa 12, un océano profundo ciertamente. El Sol progresado es fácil de deducir, al Sol natal que cada uno tiene de nacimiento, le va sumando un grado por día, y entonces si yo nací con mi Sol natal a 20 grados de Acuario, en plena casa 12 y después en la primera casa, súmenle a eso 1 grado por año, mi ascendente donde comienza mi primera casa está a 23 grados de

Acuario, nací y a los tres años salí de la 12, pero al tener a Neptuno en el Medio Cielo, tan elevado en mi carta natal haciendo un aspecto fuerte de cuadratura —distancia entre dos posiciones astrológicas que forman un ángulo de 90 grados— a mi Sol, Luna y Ascendente, viví mucho tiempo de mi vida en una especie de nube, sin dirección, perdido, casi viviendo por vivir, sin encontrarle razón y propósito a mi vida; así de fuerte es la influencia natal de Neptuno, y en especial con esa cuadratura planetaria antes descrita. Si a los tres años salí de la casa 12, a los diez salí de mi signo, es decir si seguimos la lógica de la progresión, un año por grado, o sea, desde mis diez años y por los próximos 30 años sería un hombre pisciano, con todo lo bueno y lo malo que eso puede significar. Ahora entiendo que era todo llegar a Aries, a los 40 años, que es el tiempo que tendría que transcurrir para yo salir de ese signo de agua, que solo me estaba dejando a merced de mis miedos, temores, traumas y demonios internos. Al llegar mi Sol progresado a cero grados de Aries y a la edad de 40 años, todo entonces comenzó a tener sentido para mí, salí del mar, ¡del océano de la casa 12! Por fin comenzaba a ver claro.

Una nueva energía vital entró a mi vida, a mi existencia, cuando en el 2006 o 2007, mi Sol progresado llegó a los cero grados de Aries. El fuego y el impulso del guerrero se adueñaron de mí y salí a desafiar al mundo. Esa nueva energía será fundamental para comenzar a transformar mi vida entonces, mi conciencia, mi manera de actuar, de pensar, de sentir, pero esta vez diferente, con un propósito, una idea y un fin, no como antes, como pollo sin cabeza, viviendo porque solo respiraba. Ahora en adelante mi vida tendría sentido, nada de vivir a lo pendejo, a vivir por vivir, ya había desperdiciado 40 años de esa manera y eso no iba a volver a ocurrir, no si yo podía evitarlo. El propósito esta vez yo podía verlo, vislumbrarlo delante de mis ojos, el poder servir y ayudar a otros con mis conocimientos adquiridos a través de tanto estudio en la ciencia astrológica, sería una de las cosas que tendrían que formar parte de ese cambio que se desarrollaba dentro de mí, sería algo inevitable y fundamental, con planetas como el Sol y la luna en la casa 12, como yo los tengo, no hay opción. Vives para servir o vives para sufrir, tuya será siempre la decisión.

Como quiera que sea yo ya había comenzado a profundizar desde hacía más o menos un año antes en mis estudios astrológicos, asistiendo a charlas, conferencias y talleres siempre que podía, y también como siempre lo hice a lo largo de mi vida, de manera autodidacta. A todo el que lee esto le recomiendo, si no lo ha hecho ya, que se prepare, que estudie de manera formal y académica, yo no pude hacerlo, pero de seguro que me hubiera gustado hacerlo. Pero no, mi historia personal estaba por ser escrita de otra manera, en eso me parezco en algo con el famoso astrólogo colombiano, Don Mauricio Puerta, quien es autodidacta también, pero que me lleva una considerable ventaja, ya que él es arqueólogo y antropólogo de profesión, es decir, no tengo como compararme con él. Él es un gran maestro de esta ciencia sin duda, y a quien más tarde contactaría a través de la magia del internet. Como digo, estudiar por uno mismo no es difícil, ni imposible, pero si se requiere de esfuerzo, disciplina y perseverancia, sin esas cualidades es difícil llegar a la meta, cualquiera que sea, y no solo en el estudio, sino en todo tipo de áreas en la vida. Nada viene fácil, recuerden, lo que viene fácil, sin esfuerzo, así como viene fácil, fácil se va, no dura nada, ni lo vas a disfrutar.

Leí mucho y casi siempre a los mismos autores, pero eso sí, a los mejores dentro del mundo de la astrología: Dane Rudhyar, Liz Greene, Stephen Arroyo, Susan Tompkins, Jan Spiller, Robert Hand y Jeff Green son solo algunos de los autores que me sirvieron de guías y maestros en esta milenaria ciencia. Hay muchos más, pero con esos pueden comenzar a aprender, si les interesa, claro. La mayoría de todos esos libros que yo leí para aprender astrología fueron en inglés, esto debido a que no hay traducciones que valgan la pena, a no ser que sean las que yo encontré de casualidad en libros publicados por la Editorial Kier, de Argentina, la única. Después es muy difícil encontrar libros de calidad que se refieran a esta ciencia, casi todo es copia de la copia, y entonces, para yo entender y aprender la astrología, tenía que hacerlo con un diccionario de inglés–español al lado mío, y así lo hice, sin descanso, sin rendirme, prohibido tirar la toalla. Fue una labor dura, titánica, se puede decir que sí, pero si tienes hambre de aprender, de conocerte y de saber lo podrás lograr, y créeme, la recompensa valdrá la pena, esa es la única manera, ya que la verdadera y más valiosa bibliografía al respecto de esta ciencia, a lo menos en este país, solo la encontrarás en inglés. Así que no tienes opción, persevera y estudia, y al final verás tu sueño hecho realidad, y reitero, no te confundas ni equivoques: la mejor información de astrología está en inglés. Los libros en español son escasos y no abundan los verdaderamente buenos, muchos piratean y editan lo que viene en los libros en inglés, y lo hacen tan mal que tú te das cuenta de que les falta algo. La Editorial Kier es una de las pocas que conozco que hace traducciones muy buenas y fidedignas del libro original, no es sorpresa por eso que en la Argentina haya tan buenos astrólogos.

Existieron tiempos en que, como siempre, ilegal uno al fin y al cabo, me quedaba de golpe sin trabajo, y de vuelta me tocaba andar y caminar de nuevo para ver qué hallaba en el camino. Así fue como una vez de tanto andar llegué a un pueblo pequeño de Nueva Jersey, estaba cansado y solo entré en una tienda que ofrecía a través de sus ventanas libros, no me fijé más y entré. Ya adentro pude conversar e interactuar con la encargada del lugar, que también parecía la dueña, era hispana igual que yo, y me dio la corazonada de abrirme con ella y contarle mi dilema.

—Sabe señora, no tengo trabajo, ¿usted de casualidad no sabe de algún lugar en donde necesiten gente para trabajar?

—Yo conozco a alguien y te puedo recomendar —me dijo, y sacó un número de teléfono que buscaba en un cajón—. Ya lo llamo.

Para esto, yo ya había tenido buen tiempo conversando con esta simpática mujer ya algo mayor, pero yo ya había percibido que ella tenía la palabra de la religión en casi todo lo que conversábamos en la punta de los labios... ummm, decía yo.

—Ya me contestó mi amigo, le hablé de tu situación, ¿está bien? Él dice que te espera mañana aquí mismo para recogerte y que vayan juntos a trabajar a un lugar en donde hay que ir en auto.

—Sí, seguro, muchas gracias, señora.

—De nada hijo, ya después, cuando acaben de trabajar, van y pasan por la iglesia que mañana en la noche tenemos culto al Señor.

—¿Qué culto, señora?

—Ah, ¿no te lo dije? Nosotros nos reunimos dos o hasta tres veces por semana para escuchar la palabra del Señor y para alabanza.

Pensé rápido, pero tenía que hacerlo:

—Sabe qué señora, la verdad, le agradezco toda su ayuda, pero no creo que vaya a poder venir mañana. La verdad no me sentiría cómodo de trabajar y que eso tenga que ver también con mi creencia religiosa o fe. Yo respeto la religión de cada persona, pero no quiero verme en la obligación o la situación de tener que estar en un trabajo porque practique o tenga que asistir luego a tal o cual culto religioso, de asistir por compromiso a algo que no me nace, de ir puedo ir, pero por curiosidad, porque me nace, pero no porque tengo que hacerlo porque le debo un favor a alguien. No lo tome a mal, gracias por su ayuda, bueno pues, me disculpa y de nuevo, muchas gracias por la conversación y sobre todo por su apoyo, ¡tenga un buen día, señora!

Cuando salí de aquel lugar volteé para verlo bien y decía "libros religiosos" en el escaparate y en un aviso bien grande en la parte alta de afuera del negocio. Ahí está el detalle, como decía Cantinflas, no leí el aviso completo, solo leí donde decía: "libros", pero decía, ¡libros religiosos! Más cuidado para la próxima vez.

Debo agregar también que este fue un momento en que ya yo me sentí, me encontré a mí mismo decidido al fin a pedirle a mi gran y querida amiga, y luego mi maestra en la astrología, la señora Melva Ortiz, que me enseñara este conocimiento ancestral, y ahí fue entonces que ella me introdujo a esta ciencia oculta... ja, ja, ja... lo siento, nunca he soportado llamar así a esta ciencia, se me hace como del siglo pasado llamarla así a esta filosofía de vida. Es por eso por lo que una de mis ideas, y no digo quizás objetivos, es enseñarle a la gente la astrología sin tantos rodeos, sin ese velo de misterio que siempre se le ha puesto, no, yo no creo en eso, yo les bajo las estrellas a la gente para que se puedan entender, y entender a los demás también. Una vez bajo la dirección de Melva comencé a adentrarme poco a poco en la astrología, ya con más conocimiento y aprendiendo las técnicas astrológicas, lógico que fue un camino largo y en donde nunca se acaba de aprender, pero no me arrepiento, valió la pena el esfuerzo, pues todo en la vida se logra con esfuerzo, nada nos llega fácil. Me ayudó mucho sin duda, y en eso tengo que ser sincero en admitirlo, la configuración especial y las posiciones planetarias de mi propia carta astrológica, negar eso sería mentir, pero también tuve que hacer mi parte. El regalo puede venir, puede llegar, pero eres tú quien lo debe desarrollar y aprovechar al máximo. El conocimiento en esta ciencia es un privilegio, pero también una gran responsabilidad. Aquel día en que yo me encontré con mi querida Melva le dije:

—Ya estoy listo para empezar, para que me enseñes la ciencia astrológica, Melva.

Ella preparaba un café en su pequeña cocina de su departamento de Brooklyn, un lugar acogedor y en donde innumerables veces habíamos conversado de tantas cosas y temas diversos, pero esta vez el alumno estaba listo y solicitaba aprender.

—Sabía que ese día en algún momento llegaría.

—¿Cómo lo sabías? —pregunté asombrado.

—Tus tránsitos, los tránsitos que tienes actualmente sobre tu propia carta natal, era todo cuestión de tiempo que tú me lo pidieras, claro, siempre y cuando tú respondieras a esa energía, pero era básicamente, conociéndote, esperar solo el momento oportuno.

—¡Gracias por tener tanta paciencia, entonces! —dije sonriendo—, y ¿qué tal si no respondía al estímulo planetario, la energía de mi carta?

—Ahí sí, hubiera sido una lástima, ¡una verdadera pena Carlos!

—¡Y sí, ja, ja, ja, qué bien que respondí, qué bien que lo hice!

—Toma tu taza y vamos a la sala, ahí podremos hablar más cómodos, y ¡vamos a empezar con tu enseñanza de una vez!

Nos acomodamos en su acogedora sala, un lugar en donde las veces que yo dormí en la habitación de huéspedes siempre dormí bien, nunca he encontrado otro lugar como ese en Nueva York y muy probablemente en toda mi vida. Es cosa de recostar la cabeza y me quedo enseguida dormido, no sé por qué pero es así, nunca falla, desde la primera vez hasta la última que he pasado por algún motivo la noche en Brooklyn. Siempre había hablado con Melva de todo antes, de política, filosofía, religión, inmigración, cine, teatro, de qué no habré hablado con mi maestra querida. Melva no ha sido solo mi maestra, sino también una gran amiga, una maravillosa compañera en este viaje que es la vida, como tantos otros compañeros de viaje que uno tiene en esta experiencia terrenal, la única diferencia es que ella tiene el conocimiento y la sabiduría adquiridas de esta milenaria ciencia y una experiencia de muchos años, lógicamente.

Fue en los años 2005, 2006 y 2007 que yo profundicé con mis estudios de astrología, como mencioné, aunque ya desde antes me había dedicado a reunir de a pocos la mayoría de los libros de astrología que yo veía en los estantes de la sala de mi maestra, los que más me llamaban la atención, entonces yo ya tenía casi todo listo en lo que se refiere a material de estudio y lo que no lo compré luego. Ya relaté en un capítulo anterior que al comienzo cuando compré mis primeros libros en Estados Unidos, fue para de alguna manera tratar de recrear y volver a tener varios de los libros que mi viejo había llevado siempre a casa y que yo había leído o visto de niño, como ya había hecho con la música al tratar de reunir en CDs todos los discos de vinilo 45 y 33 rpm que había en mi hogar de pequeño. Era una manera de traer a mi querido Perú a mí, ya que yo no podía viajar hacia allá, a no ser que no quisiera más nunca volver. Era como reconstruir mi pasado, mi familia, como volver a unir en un pequeño rompecabezas pedazos de mi vida, de mi existencia, quería fabricarme un hogar de nuevo, algo que fuera mío, o que me hubiera pertenecido. El sentido de pertenencia es fuerte en el ser humano o, en todo caso, lo era y lo ha sido para mí. Irse del país natal es como trasplantar un árbol, lo sacarás de donde es, pero las raíces siempre serán fuertes. Trataba de ubicarme en el mundo, de hallar mi lugar en el planeta, de dónde soy de aquí o de allá como decía el gran Facundo Cabral, profeta que nos regaló la vida y que muchos no lo saben aprovechar, pero ya les llegará el tiempo de la bienaventuranza, es cuestión de tiempo.

Luego de juntar los libros que me eran conocidos y familiares, vinieron luego los que yo comencé a comprar por decisión propia, por mi propio autodescubrimiento, entonces ahí ya comenzaron a cambiar los títulos y los autores, ahora serían libros de autoayuda y de superación personal, para comenzar con el proceso interno, a recuperar la autoestima y a creer de nuevo en uno mismo, si es que acaso alguna vez lo hice, o quizás en otra vida sí. Libros de motivación personal de la Nueva Era (*New Age*) y de metafísica, y los autores irían desde Connie Pérez, Wayne Dyer, Melody Dyer y Melody Beattie hasta Deepak Chopra y Yogananda, con su maravillosa *Autobiografía de un Yogui*, uno de los dos libros que junto con el de Carl Jung *Recuerdos, sueños y pensamientos*, me demostró de que yo no estaba loco y que había habido alguien antes que yo en este mundo que había tenido los sueños que yo había tenido en mi vida. Todos estos nuevos libros, que aunque satisfacían mi primera curiosidad de entenderme y comprenderme, de todas maneras no lograban convencerme del todo. Yo necesitaba más información, llegar al fondo de todo, no quedarme con las respuestas superficiales, ya que me aparecían más preguntas que al comienzo. Tenía que haber algo más, algo que explicara más a fondo todo lo que me había pasado en mi vida, todo lo que yo había vivido y ¿por qué, cuál había sido el motivo? Todo debía tener una explicación, un porqué, y yo estaba decidido a encontrar ese porqué de todo lo que me había pasado desde que vine a este mundo. Todas esas experiencias e interrogantes lo único que lograron fue que me encaminara hacia la astrología con más fuerza, esa sería la única ciencia o filosofía de vida que me daría una explicación de todo lo vivido ¡y vaya que me la dio! Al fin todo comenzó a tener sentido para mí, y mi alma se comenzó a calmar de a pocos, a serenarse mi espíritu, y ahí fue que me di cuenta de que había dado en el clavo, que había encontrado la verdad, en todo caso mi verdad.

De pronto, delante mío, de mis ojos, cada lectura de los libros de astrología que leía, me daba a entender y comprender mis propios demonios, mis traumas, mis fobias, mis miedos conscientes e inconscientes, todos mis sufrimientos eran expuestos delante de mí para que yo primero los viera fijamente, sin voltear la cara por repulsión, asco o vergüenza, no, no podía seguir adelante si no lo hacía, debía mirarme fijamente y no solo reconocer todas esa heridas, aceptarlas, pedir perdón a mí mismo por odiarme y no aceptarme como yo era, pero también comenzar a querer a esa persona que estaba falta de calor, de afecto, de amor, de esa persona que el reflejo del espejo me mostraba cada mañana, de la persona más importante en el mundo... de mí mismo. Fue un grito de auxilio el que yo había exclamado al universo y él me contestaría a través de la astrología, ese conocimiento ancestral y la fe en Dios fue lo que hicieron posible que yo siguiera en este mundo, solo comprendiendo mi dolor, mi sufrimiento, yo podría sanarme o tratar de hacerlo y con el tiempo, ayudar a sanar a otros que también estaban heridos como yo, se dice fácil, pero fue muy difícil, pero al final creo que lo pudimos hacer realidad.

Así fue mi comienzo, mi despertar a la astrología en aquellos años, pero más pruebas vendrían pronto en mi camino para ver si era capaz de superarlas. La primera de las que vino fue el amor, sí, ese mismo dolor y gozo que nunca avisa cuando llega, solo llega el muy cabrón y ¡zas! ¡Ahí te jodiste! Y vaya que llega de sorpresa y pega duro, ponerse loco de amor y no tan joven ya, no es algo fácil para nadie, pero tenía que agarrarme de algo que me ayudara, y ahora sería diferente, tenía a la astrología conmigo, ahora veríamos la verdad de todo, la gran prueba estaba ahí. El amor venía con su gran dosis de ilusión, tránsito de Neptuno sobre mi Sol y mi Luna natales, no olvidar, no iba a ser tarea fácil, pero también es bueno reconocer que el hecho de confrontar a la otra persona que llega a tu vida, tu mujer, tu pareja, te exige y demanda que crezcas, lógico, no puedes seguir siendo igual, actuando igual, respondiendo igual, el amor te exige crecer, te demanda sobre-extenderte de ti mismo para darte a otro ser humano. Ahora tenía acceso a un conocimiento antiguo y tenía que ver cuán de verdadero era éste, si no seguiría pegándome de cabezazos contra las paredes como lo había venido haciendo por los últimos 40 años, sin entender nada, sin hacer siquiera el mínimo esfuerzo por entender, por comprender qué era lo que me ocurría, cuál era la lección que ahora debía aprender.

36

Sexto sentido canino

Mientras escribía estas vivencias un día cualquiera del año 2018, pensé en comentar sobre lo fácil que es constatar cuánta pobreza y necesidad se ve en las calles de Nueva York y Nueva Jersey. Esto es evidente para el que la quiera ver, porque muchos, si no la mayoría, voltearán la cabeza para no verla, es mejor así, ¿verdad? Sí, el ignorar es mejor para muchos, hasta que el trancazo te caiga a ti, entonces ahí te preocuparás y entonces te preguntarás por qué tú no le importas a nadie. Seguí adelante nomás, que como dice el tango, «Que al mundo nada le importa, yira, yira». Regresaba aquella madrugada de Manhattan a Jersey City y no pude evitar ver a mis hermanos inmigrantes latinoamericanos repartiendo *pizzas* de madrugada en bicicleta por las calles de la Gran Manzana. Así se jode uno aquí, para esto se viene a este país, a romperse el alma trabajando. Los tiempos actuales no son buenos, nos persiguen, nos quieren echar de aquí a como dé lugar, pero no importa, no podrán con todos nosotros. Ahora les incomodamos, pero cuando nos necesitan para que les hagamos el trabajo que ellos no quieren hacer, ahí no dicen nada.

En Estados Unidos todo está estructurado para que funcione y se le genere trabajo al sistema, de modo que si no hay crimen y drogas, no hay trabajo para la policía, los jueces, los abogados, los empleados penitenciarios y otros. De igual manera, si no hay enfermos por obesidad o presión alta o sobrepeso, no hay doctores, aseguradoras, hospitales, farmacias, laboratorios y otros. Todo es una gran cadena diseñada con un fin capitalista, entonces cómo alguien cree que todo esto puede llegar a cambiar algún día, ¿no están viendo que todo es una estructura bien diseñada, bien construida? Con las guerras sucede lo mismo. De dónde consiguen su dinero esos asesinos, ¿no es de cada vez que por lo general, cuando hay un gobierno republicano en el poder ejecutivo en Estados Unidos, que se empieza una guerra de "liberación" en algún lugar del mundo, para que se enriquezcan los asesinos fabricantes de armas, de municiones y toda esa industria de muerte? Dicha industria permite que en esta nación se le pueda vender armas de fuego a una persona de 18 años, quien no puede comprar una cerveza hasta los 21 años, pero sí puede ir a la guerra a matar a otro ser humano, o si está en el país, comprar un rifle de asalto para matar a sus compañeros de estudio, como se ha hecho una enferma costumbre esto de los tiroteos masivos en las escuelas en las dos últimas décadas. Es así, pónganse a pensar cuánta gente se quedaría sin empleo si se alterara todo esto que he descrito en este solo párrafo. ¿Mucha gente, verdad? Es por eso por lo que no es muy difícil deducir que en los años 60s esta gran nación se vio afectada por aquel movimiento maravilloso de los derechos civiles, encabezado por el Reverendo Martin Luther King, Jr., pero no solo por él, también por el presidente John F. Kennedy. Ambos fueron eliminados, no solo por los reclamos de justicia e igualdad social demandados por King, ya que al presidente Kennedy lo acabó de sentenciar su negativa de no haber permitido invadir y atacar Cuba.

Siguiendo con el tema de la pobreza en ciudades como Nueva York o Nueva Jersey, algo que es bueno mencionar como advertencia a todos los que vienen y son inmigrantes nuevos en este país, es que no todas las personas que piden dinero en la calle aquí son pobres y desvalidas como parecen. Desde luego, hay algunos que están necesitados de verdad, pero hay muchos otros que solo viven del cuento y sorprendiendo la buena voluntad y el buen corazón de la gente, ya que saben que el hispano e hispana por lo general tienen algo que es muy difícil de encontrar en otro grupo étnico, la compasión. No sé por qué será eso, quizás sea por nuestra fe religiosa, por nuestra manera de sentir o pensar, lo cierto es que pareciera como si nosotros tuviéramos un cartel pegado en la frente que le dice a toda esta gente, y a muchos indeseables entre estos, que se pueden aprovechar de nosotros, que les vamos a permitir el abuso. Muchos tienen problemas mentales y otros son delincuentes que les pueden atacar, así que tengan cuidado, y no se descuiden con ellos cuando les hablen, mírenles las manos, qué tienen en ellas y cómo las tienen, cerradas o abiertas, porque se pueden estar preparando para golpearlos. No se dejen sorprender y nunca, pero nunca, bajo ningún concepto, abran su cartera o billetera en público, en la calle, porque se pueden exponer a que se las roben. Muchos dirán que depende en qué lugar o zona de la ciudad estés, sí, es correcto, pero más vale prevenir que lamentar, ya lo saben. Cuando caminen por una calle larga o parque con poca iluminación, es lo mismo, tengan mucho cuidado y abran bien los ojos, estén atentos y no se distraigan, y si llevan audífonos, apáguenlos y estén oyendo todo lo que pasa a su alrededor. Siempre que les vengan de frente a atacar, sepan que es casi seguro que detrás de ustedes hay otro cómplice, así que tengan pendiente eso, se los dice alguien que ha sido asaltado en este país varias veces, pero a quien nunca han podido quitarle nada, gracias a Dios, ya sea porque me he defendido bien y he tenido mucha suerte, pero sí he dado muchos golpes para defenderme, pero también he sido lastimado. En fin, si sigo vivo debe ser por algún motivo, porque yo nunca me he podido explicar por qué todas esas veces no me hayan atacado con armas de fuego o algo así. He tenido suerte de seguir con vida y de seguro Dios quiere que todavía siga aquí haciendo alguna misión, y quién sabe si una de las razones sea precisamente escribir este libro.

Volviendo a la línea cronológica de mi relato, a mediados de 2006 me encontraba trabajando como lavaplatos después de haber renunciado al empleo en el albergue de animales. A principio de ese año había recién perdido los dos empleos que tenía en 2005, y en aquel momento contaba con algo de dinero ahorrado, que no era mucho, pero como siempre, se gasta en estos casos de necesidad. No tenía teléfono celular, es decir, estaba incomunicado con el mundo, pero en realidad, para qué me preocupaba de eso, pues ¿quién carajo me iba a llamar? ¡Exacto, nadie! Cuando estás jodido o en problemas no tienes amigos, no te quiere nadie, no eres necesario, nadie te busca, todos te ignoran, eres algo así como el hombre invisible. Obvio, todo lo contrario si te va bien en la vida, y más en este país. Como ya había mencionado antes me fui de aquel lindo refugio para perros y gatos porque no me convenía económicamente, y además estaba muy lejos, se me iba todo el dinero en la pura movilidad y la comida, no era algo que me saliera a cuenta ni que me permitiera mantenerme. Antes de dejar por completo este recuerdo bien vale la pena mencionar una de las más memorias especiales que he vivido en Estados Unidos, una anécdota que quizás nos haga pensar más en lo especial que son los animales, en su afecto, en su cariño y como van a ver ahora, en sus instintos, en su sexto sentido. Quizás nosotros los humanos también lo tenemos, pero nos da miedo usarlo o no nos atrevemos hacerlo. A finales de mayo o quizás de junio, cuando yo tomé la determinación de irme del refugio, sin decirle a nadie ni una palabra y mucho menos a Blanca, era un viernes. Yo sabía que no iba a ser problema de que encontraran a alguien que hiciera mi trabajo, no era algo del otro mundo lo que yo hacía, pero lo hacía bien y con respeto y cariño a esos animales, o esos hermanitos del reino animal que Dios me puso a cargo por un corto periodo de tiempo. Aquel viernes llegué al trabajo, pero era todo extraño, había una sensación rara en todo desde que entré al local. Siempre que se llegaba temprano en la mañana a comenzar a trabajar, se escuchaban desde antes de ingresar a las áreas de los perros unos grandes ladridos, fuertísimos, pero ese día, por alguna misteriosa razón que quizás nunca he de saber, lo que había era un enorme silencio, era todo como un funeral, y yo me dije: "¿Qué habrá pasado, carajo? ¿Se meterían en la noche y se llevaron a todos los perros?" En verdad era algo muy impresionante que en un refugio de animales con más de 50 perros grandes estos no hiciesen la más mínima bulla al abrir uno la puerta que daba a la calle para empezar a trabajar. No podía creer lo que presenciaba, si todos los días sin fallar uno solo, todos estos perros habían ladrado sin parar cada vez que llegábamos a trabajar, pidiendo vernos, pidiendo su comida, pidiendo agua y pidiendo nuestra presencia para festejar un nuevo día que se nos regalaba en esta tierra. Por tanto, cada mañana era un concierto de ladridos y maullidos espectacular, una ópera canina y felina la que teníamos nosotros cada nuevo día, pero ese día no era así. Por alguna razón desconocida aquella mañana nada fue igual, no era un día como los demás, aquellos ladridos que uno podía escuchar incluso desde una gran distancia afuera del local se habían convertido en calma total. De hecho, esto es algo extraño de narrar, una experiencia muy única, y he de tratar de explicarla en palabras, lógicamente, pero me hace gracia porque aquello no tenía sentido, no había manera de que lo tuviera, era ilógico todo aquello. Una vez ya dentro de la reja en donde dormían los perros y se encontraban sus jaulas, no había nada raro, no acabé de entrar, solo miré a través del cristal de la puerta del área de ellos y estaba todo normal, ahí estaban todos ellos, pero en silencio. ¡Qué raro! ¿Qué será lo que tienen estos, estarán enfermos? Pero será uno solo, no van a estar todos enfermos, ¡por favor! Entonces entré finalmente al área, prendí la luz como siempre y comencé a recorrer los pasillos, cual carcelero de prisión federal, pero a medida que caminaba y recorría el área de ellos, no me paraban bola, era como si yo fuera un fantasma, ni siquiera me miraban. Yo los miraba y aquellos perros que me devolvían la mirada, tenían una expresión inequívoca como diciendo, "¿así que te vas, nos dejas?", pero ¿cómo lo saben ellos? Eso era lo que me decían con sus ojos, cada uno de ellos con sus miradas, pero cómo lo podían saber, si no lo sabía ni la mujer con quien me acuesto y que vino conmigo a trabajar ese día. Era impresionante ver a todos esos perros de todas las razas: pitbulls, chihuahuas, bóxer, bulldogs, labradores, pastor alemán y de tantas razas. Solo miraban y ni siquiera movían la cola, ¡ni siquiera eso!

Aquella fue una etapa de mi vida por la que siempre estaré muy agradecido a la vida, a Dios por permitirme vivir, sentir ese amor de estos bellos animales, que ahora sentían, presentían, que yo ya me alejaba de ellos, y el ver la reacción de ellos me rompía el corazón, me dolía en el alma. Mucha gente pensará que exagero, pero para alguien como yo que nunca tuve muchos amigos y que lo había perdido todo en tan poco tiempo, el perder a estos amigos que me habían dado su afecto y amistad, me hacía sentir de pronto muy triste. El amor de los animales no conoce de condiciones, se brinda a aquellos que ellos confían y consideran sus amigos. Sí, gracias a Dios porque me permitió aunque sea por poco tiempo hacer con el cuidado hacia ellos un poco de labor social y comunitaria. Claro, me pagaban por ello, pero yo lo hacía de corazón, y para ser sinceros, yo no los cuidé a ellos, ellos me cuidaron a mí, me ayudaron a sanar mi alma con su amor incondicional. Parecía como si todos los perros del refugio se hubieran enterado de alguna manera de que yo me iba a ir ese día, que ese día iba a ser mi último día trabajando ahí con ellos. Extraño, pero todo parecía indicar eso, no hay otra explicación, no estaban enfermos, obvio, ¡no se iban a enfermar todos de golpe y al mismo tiempo! El enigma era cómo lo supieron si yo no se lo había dicho a nadie, ni a Blanca, no, a ella mucho menos, entonces cómo se llama eso, ¿percepción extrasensorial, intuición o sexto sentido animal? Bueno, creo que nunca lo sabré, pero de que ocurrió, ocurrió, de eso no hay duda. Las expresiones de los animales me dejaban pensativo, no me miraban directamente, sino que se mantenían con las cabezas bajas, como si el irme fuera motivado porque ellos se habían portado mal de alguna manera. Tenían las orejas caídas, algunos ni se levantaban, ni a estirarse ni mucho menos a mover sus colas, eso es algo que nunca he visto y con toda seguridad nunca más volveré a ver, contarlo no es lo mismo, vivirlo se te queda para siempre en la mente y el corazón. Mucha gente que lee esto dirá, "este pobre hombre enfermó de la cabeza y debe de ser por la soledad", pero lo que cuento es cierto y aquellos que tienen y han desarrollado una gran relación con los animales saben que lo que digo tiene algún sentido o lógica en todo caso. No, no fue que me volví loco o perdí razón por trabajar tantas horas al cuidado de estos hermanos del mundo animal con los que compartimos este planeta, porque este planeta también es de ellos, les pertenece también. Así continuó el resto de aquella mañana extraña de viernes, y haciendo mis labores de limpieza pensaba cómo me voy a ir, cómo le iba a decir que ese sería mi último día de trabajo, ¿qué me inventaría?, y mientras seguía yo limpiando las perreras también les lavaba sus cobijas a mis caninos amigos. Ya no había vuelta y me tenía que ir, y de hecho ya yo había manifestado antes que no me resultaba en el aspecto financiero, que no me convenía trabajar tan lejos, que aunque estaba a gusto con lo que hacía, el dinero no me rendía para nada, y también estaba lo de la situación con Blanca. Sí, las cosas estaban mal, y era mejor poner distancia de por medio, total, para lo que hacía siempre podía aparecer alguien cercano al área del refugio que pudiera hacer la labor por mí, pero ya al sentir la tristeza inicial de los perros, yo también me decaía un poco, no obstante, no podía dejarme caer, debía continuar con mi camino, seguir adelante con mi destino. Así que llegó el momento del mediodía, la hora del almuerzo, y entonces tenía que prepararles la comida a todo ese ejército canino, que era casi siempre lo mismo, una mezcla de comida mojada con comida de grano, es decir comida para perros sólida y comida de perro en lata. Esto consistía en entreverarla bien y servírselas a todos ellos, repartida en porciones iguales lógicamente. Siempre recogía los platos, los lavaba, los secaba y luego proseguía a servirles sus comidas además de ponerles el agua, y ese día lo hice todo como siempre, y los puse en el carro en el que llevaba la comida al cuarto grande donde se encontraban todos ellos, pero entonces ocurrió la misma escena, la misma cosa inexplicable. Yo no espero que me crean, pero así fue, aquellos nobles perros no tocaron la comida, ni la olieron siquiera, como digo, me iré de este mundo y nunca sabré qué ocurrió aquel día en aquel lugar. Ahora era más evidente y no se podía ocultar, no se podía negar, aquel día o en todo caso hasta la hora en que yo me fui, que fue a las tres de la tarde, ningún perro comió su comida, la misma que yo siempre les había preparado y que siempre habían comido. Como expresé antes, lo único que yo puedo imaginar es que los perros de alguna manera sabían que yo no continuaría más trabajando allí, por instinto, por lo que sea que fuere, pero ellos lo sabían y lo sentían, y lo más especial, que ellos me lo hicieron notar, me mostraron su tristeza y su pena por mi partida. Si duele una despedida entre personas que se quieren y se aprecian de verdad, déjenme decirles que no saben lo que se siente que más de 50 perros te digan, "estamos tristes porque tú te vas, ¿es que acaso algo mal hicimos nosotros?, eso es lo que parecían decirme con sus rostros. Ellos "olieron" mi partida antes que yo la realizara, incluso antes que yo se la dijera a esta gente, ¿cómo es posible algo así? Simplemente aquellos animales, aquellos nobles perros que yo cuidé y alimenté lo mejor que pude por todos esos meses, se habían encariñado conmigo y me dejaban saber su pena. Eran como los humanos, perdón, eran más que los seres humanos, porque estos seres te quieren sin condiciones ni intereses, es un amor puro el que el perro te entrega, solo se brinda, sin importarle nada, ¡coño! Si así fueran los humanos, ¡cómo sería este jodido mundo! ¡Qué de diferente! Aquella escena de la comida y el último paseo que les hice para chequearlos antes de irme nunca lo olvidaré. Decir adiós a cosas que uno quiere o aprecia no es fácil en esta vida, y vaya que Dios me ha dado muchos ejemplos de eso, sí, he sido en esta vida testigo de muchas cosas muy fuertes emocionalmente y muy tristes, pero quizás las vivimos para poder ayudar a otros a superarlas, eso debe ser de seguro, no hay otra explicación.

Me fui ese día entonces, a las tres de la tarde, y ya se lo había adelantado a la chica que era la encargada principal un par de horas antes de irme, después del almuerzo, y ella, para mi sorpresa, me entendió bien y no lo tomó a mal, pues sabía que yo viajaba de lejos diariamente y me ofreció explicarle a la dueña mis motivos, y se lo agradecí. Saqué mis pocas cosas que tenía ahí y me alejé para siempre de aquel lugar mágico y maravilloso que me había enseñado de nuevo otra clase de amor, un amor que conocí de niño, cuando tuve mascotas en casa, pero que de grande yo me había olvidado de que existía, cómo era y cómo se sentía de bien. Me alejé de ellos, del refugio y de Blanca pensando no volverla a ver más, pero la vida tendría otros planes reservados para nosotros. Atrás quedaban los recuerdos de cuando llegué a aquel lugar y no sabía un carajo, cuando me hacía un lío para agarrar un gato o ponerle un collar a un perro callejero que recién habían traído. Me fui y ya era yo un maestro consumado en la psicología canina y felina y claro, sin diploma, como siempre fue en mi vida todo, todo empírico. Así fue, me alejé sin tener nada seguro como tantas otras veces en mi vida en este gran país, a la aventura y con el favor de Dios hasta ahora siempre me ha ido bien y no me ha faltado trabajo, y con la salud ahí vamos, de cuando en cuando algún achaque que vamos aliviando en este caminar que es la vida misma.

Antes de encontrar el puesto de lavaplatos, no tenía nada concreto, nada seguro que hubiera encontrado, pero tuve que hacerlo así, no había otro modo y además había que economizar, y ahora de nuevo, en todo, a racionar la comida, los gastos, todo medido de nuevo, hasta que consiguiera algo de nuevo, y bueno, a caminar otra vez, a tocar puertas y a esperar que estas se abran. Y así fue, caminé y caminé de nuevo, tocando muchas puertas, viendo lugares en los que no me detenía más que después de la primera pregunta, ya que al ver cómo hacían trabajar a los empleados de esos lugares, no me quedaban ganas de seguir preguntando por trabajo. Se ve mucha explotación aquí con nosotros los hispanos y más si se enteran de que no tienes papeles legales, que no tienes permiso para estar y trabajar aquí, entonces de esa situación mucho hijo de puta se aprovecha y abusa. ¿Saben qué es lo más cabrón de todo eso? Que te lo hagan los mismos hispanos, es decir, otras personas de tu misma raza, eso sí que duele, ¡carajo! Ver cómo un hispano discrimina, abusa y explota de otro hermano hispano que llegó a este país sin papeles. Evidentemente ya no se acuerdan cómo vinieron y cómo alguien los ayudó. ¿De eso no se acuerdan verdad, cabrones? Por tanto, economizar de nuevo fue una prioridad, cocinar lo que se pudiera cocinar y cuando hubiera, cero gastos y economía al máximo, comiendo cuando se pudiera y hubiera lugar, no hay otro modo de capear una crisis, y más si esta es económica y de trabajo. Así, de tanto preguntar y de caminar más bien, llegué a aquel restaurante italiano, y ahí comencé de nuevo a ganarme la vida honradamente, sin pedirle nada a nadie, sin robar ni vender droga, solo con el trabajito que Dios había tenido a bien traer a mi camino. Sí, así lo he hecho desde que llegué a estas lejanas tierras, y no le he quitado el trabajo a ningún ciudadano de Estados Unidos, más bien he hecho labores que a muchos de ellos no les hubiera gustado hacer, limpiarles la mierda ha sido una de ellas, pero no reniego de eso, porque no hay trabajo que no sea honrado, ni que sea ofensa hacerlo, la honradez y la decencia no se tranzan y cuando se pierden una vez, ya no se recuperan nunca, aunque también hay otros que nacieron sin conocerla siquiera. Tuve suerte de caerle bien al italiano que era uno de los dueños del restaurante, además que él también cocinaba, entonces podía entenderme, había afinidad. Le pedí que si era posible me pagara con dinero en efectivo, y me contestó que estaba bien, que no había problema con eso, lo cual yo le agradecí sin duda, ya que sin plata y sin papeles no es fácil conseguir empleo, y además yo ya no deseaba tener papeles falsos para trabajar ni que me llamaran por otro nombre, yo me llamo Carlos Anaya Mantilla, ¡carajo! No es fácil arrancar de nuevo de cero, pero lo tuve que hacer, no había otra opción, y mientras siga sano lo podré seguir haciendo, después no sé, eso solo lo sabrá Dios, yo solo hago mi parte, lo que puedo hacer, como dice el proverbio popular: ayúdate, que yo te ayudaré.

No es fácil comenzar de nuevo, pero aquí nadie se rinde ni se va, si nos caemos nos levantamos de nuevo, sacudimos el polvo de la caída, y de nuevo para arriba, no nos quedamos en el suelo, por nada ni por nadie, ahora y siempre así ha de ser, Dios mediante, y más cuando eres un trabajador ilegal, ya que no tienes muchas opciones, y menos de trabajo, no hay mucho de dónde escoger, y en numerosas ocasiones tienes que agarrar lo que haya, no te puedes poner con muchos moños ni tener actitudes pendejas ni pretensiones, nada de eso; se trabaja en lo que hay, en lo que sale y así fue esta vez, me tocó hacer de lavaplatos, y qué iba a hacer, era todo lo que había de momento en aquella cocina, lavar platos, ollas, sartenes, bandejas y todo lo que hay para lavar en un restaurante, dale y dale con la manguera, con el jabón, con el desinfectante, no importa que nos salpique la ropa y nos mojemos todo, total, ¿no nos llaman mojados estos comemierdas? Es curioso, pero entre lavar y lavar en un restaurante tienes mucho tiempo para pensar, para idear, hacer planes, es decir, lavar platos no es del todo un tiempo perdido, es solo qué enfoque le das a todo lo que haces en esta vida. Tú estás ahí, tu cuerpo está ahí, lavando trastes, pero tu alma, tu espíritu y sobre todo tu mente están volando muy, pero muy alto, más allá de todo lo que imaginan los demás.

En aquel tiempo me encontré con Cecilio en la estación del bus, él es filipino, y casi siempre que lo veía, como que entre los hispanos y los compatriotas de Cecilio no nos hablamos, como que no hay mucho diálogo entre nuestras dos comunidades, y es una pena, porque ellos también son inmigrantes como el resto de nosotros. No sé decir si son ellos los que se discriminan o somos nosotros los que los discriminamos a ellos, o lo más probable una combinación de ambas cosas. Trabajé con él en un restaurante que ya no existe, mejor dicho, lo cambiaron tanto que ya no es el mismo, y de donde yo me fui de ahí al igual que él, como todos los que trabajamos en cocina o la mayoría. Uno llega a parecer judío errante en esta industria que siempre está en movimiento. Supe que Cecilio trabajaba en uno de esos negocios de Donald Trump, en una cocina, obvio. Él es buena gente, no se mete con nadie, es decir, no jode a nadie, y eso ya lo hace de por sí una persona buena. Hay un estereotipo acerca de su gente, por ejemplo se dice que para el filipino todo se resume en karaoke, carne a la parrilla, música, películas y beber en familia. ¿Quién sabe? ¿Y no es eso lo que también hace mucha gente? ¿Y entonces? Lo mismo de siempre, la gente va a hablar de algo y de alguien, es la naturaleza humana. Lo que más recuerdo de Cecilio es que una vez lo lanzaron a la parrilla a cocinar desayunos, algo siempre muy ocupado, con mucha gente, lógico, es una sección de desayunos, y él no se inmutó, lo hizo a su propio ritmo, ¡ni se apuraba el muy cabrón! Ja, ja, ja, no sé si lo hizo adrede, pero lo hizo bien, es decir, ir a su ritmo. La mayoría se hubieran vuelto locos corriendo y apurándose, pero él no, él trabajó a su ritmo, y no se equivocó, lo hizo bien, lento, pero bien, y lo principal, ni le gritaron, ni lo botaron. Deberíamos unirnos más con esta gente que también, al igual que nosotros, no solo son inmigrantes, sino también fueron colonia de España, es decir, muchos de ellos hablan español, aunque los estadounidenses hayan querido lavarles el cerebro y hacerles creer que son estadounidenses también, es cuestión de resistencia, y la han llevado bien, creo yo, son un pueblo rebelde y defienden su identidad, y eso siempre será respetable y admirable.

31

En busca de un mejor trabajo

VUELVO MOMENTÁNEAMENTE A 2018 PARA COMENTAR ALGO RELACIONADO al trabajo. En una ocasión, estando empleado, no trabajé por un par de días, ya que según el negocio estaba bajo y mi empleador reportaba pocas ganancias. Un suceso que me incomodó mucho fue el despido de Carlitos, el chef principal de la cocina en donde trabajábamos, y a quien menciono al comienzo de este libro, el cual le dediqué en parte. Al parecer hubo una discusión entre el dueño y Carlos, y mi compañero ya no quiso volver. Cuando uno se va de un empleo, hay que tener otro ya elegido primero, no irse así como así, a la aventura, no es lo más recomendable, pero en fin, fue decisión suya. No supe en detalle qué fue lo que pasó ni lo que se dijeron, lo que sí me incomodó y me calentó la sangre es que el dueño le gritara y lo maltratara, según me contó el propio Carlos después por mensaje de texto. Eso no se hace, este muchacho había sido buen trabajador y siempre había sacado adelante su trabajo, sin faltar, sin enfermarse y sin vacaciones, pero ya he explicado que en este país, eso ni siquiera se agradece, algo que resulta ridículo o estúpido; esos hábitos laborales aquí no se reconocen. Dejas el empleo y si el dueño o los dueños quieren, al día siguiente el trabajo que hacías tú solo lo comienzan a hacer dos o tres empleados nuevos, y mientras uno trabajaba ahí te decían que no había plata para pagarte ni ¡mucho menos para darte un aumento de sueldo!

Hablando de otro tema, ese mismo año la fiebre del racismo en Estados Unidos era fuerte. Un día que salí con una amiga, después de reunirnos en Manhattan, Nueva York, en el tren en el que viajábamos había una mujer estadounidense estúpida mirándonos con desagrado porque oía que hablábamos en español. Esta actitud la culpo a una tendencia en la que se han visto casos de maltrato de parte de algunos individuos de raza blanca contra hispanos que hablan en su idioma natal en esta gran ciudad. Si esto aumentara aquí en Nueva York, qué se podría esperar en otras partes del país. Según datos del censo, esta ciudad es la más diversa en esta nación, entonces qué se pudiera esperar en otras ciudades estadounidenses. Este fenómeno significaría que ¡ya se jodió todo en este país! En fin, seremos espectadores de un gran cambio, ya se comienzan a sentir los estertores de muerte del racismo, la lacra que siempre ha acompañado a esta gran nación desde su fundación como tal, veremos si es capaz de trascender de esta, y evolucionar. Aquella mujer del tren menos mal que se contuvo las ganas de decir algo, porque ya mi amiga se disponía a mandarla bien, pero bien lejos, ¡y en inglés para que le entendiera!

En otra ocasión yo regresaba tarde de noche del trabajo un día entre semana y muerto de cansancio, pero ese cansancio lo consideré nada cuando vi que a mi lado entró al vagón del tren un hombre mucho mayor, casi anciano, pero muy desaliñado. Se trataba obviamente de un desamparado, su raza era lo de menos, y por lo general, a este tipo de personas las miro con algo de pesar, porque uno no sabe lo que cada ser humano ha sido o ha pasado en esta vida. Siempre hay que tratar de ponerse en los zapatos del otro y no juzgar, que ese no es nuestro trabajo ni misión de vida, de eso se encarga solo Dios. En otras épocas yo era de las personas que volteaban la mirada hacia otra parte para tratar de no mirar la realidad de la miseria humana, de ignorarla. En Estados Unidos, que es la potencia más grande del mundo, también hay pobreza, miseria y mucha mendicidad en las calles. Es muy duro y fuerte salir de trabajar y bueno, uno todavía tiene fuerzas en el cuerpo, pero es inevitable pensar que para allá va uno también, y no se puede evitar pensar qué será de uno también en unos cuantos años. Esto uno lo puede pensar en cualquier momento, pero cuando lo piensas después de ver a alguien con una gran necesidad, como este señor, con toda seguridad se te hace un nudo en la garganta. La vida no es justa, y aquel que lo niegue miente descaradamente, y más con la gente que al igual que yo no tiene papeles, ni recibe ninguna ayuda de parte del gobierno, ya que por más que hayamos trabajado toda la vida en este país, no merecemos nada, ni un seguro social para pobres. Esa es la triste realidad de nosotros los indocumentados, los ilegales que vivimos en Estados Unidos; estamos condenados al olvido y rechazo de la sociedad actual, no existimos para nadie, a nadie importamos.

Volviendo al relato cronológico de mi vida en Estados Unidos, en el capítulo anterior decía que a mediados de 2006 trabajaba en una cocina lavando platos, y que esta labor permite mucho tiempo para pensar y meditar bien acerca qué quieres hacer con tu vida, o con lo que te queda de ella. No sé cómo será para los otros, pero para mí era así. Entonces lo primero es comenzar a imaginar qué queremos hacer y qué intentamos lograr, alcanzar o realizar. Eso es básico y fundamental, si no, estamos perdidos, por tanto debemos tratar de construir o fabricar un futuro, un posible porvenir, dentro de lo posible y de todas nuestras limitaciones que nos impone o trata de imponer nuestra situación legal, así como de manera honrada, lo cual nunca está de más expresarlo. No tiene nada de malo decirlo, ya que a mí me criaron así, a ser decente y honrado, cualidades que se le enseñan a un niño desde pequeño por los padres, no los profesores de la escuela. Eso es algo tan básico como enseñarle a cantar el himno nacional a tu hijo, se lo debes enseñar tú porque así tiene que ser, claro, además lo hace el maestro en la escuela mejor, pero ya tú te le adelantaste, te hiciste presente y vivirás siempre en el corazón de tu hijo por eso recuerdo imborrable. Esas cosas no se olvidan nunca, como cuando lo lleves a ver un juego de lo que fuere, fútbol, béisbol, básquetbol, ese primer recuerdo, ese primer compartir con el padre y un deporte, una afición deportiva, cualquiera que este fuera, siempre vivirá en el corazón de todo niño.

La integridad, la decencia, el honor, el valor, la amistad, la responsabilidad, la disciplina y el trabajo son solo algunas de las virtudes que se deben enseñar en el hogar, porque si no se le enseñan a un pequeño, en el futuro es casi seguro se las enseñe alguien más, y no de la mejor manera, sino a golpes o trancazos, que serán más suaves que los trancazos que le dé la vida, y ahí sí que va a sufrir el desdichado. Muchas veces las personas aprenden de la manera más fuerte y traumática en esta vida.

Trabajaba pues en una cocina de comida italiana, y comenzaba a aprender lo más básico y lo que más podía de esta comida maravillosa, a hacer ravioles a mano o la masa para las *pizzas*, la otra masa para el pan italiano (las *focaccias*), y así fui aprendiendo gradualmente. Así pasaron unas cuantas semanas para ir al refugio de animales en donde yo no me pude quedar, y en donde encontré el amor de varias formas sin duda. Todavía había un cheque más por cobrar y debía que regresar por él, aunque dejé que pasara algo de tiempo, pues no quería volver tan rápido para evitar dar la impresión de estar muy necesitado de dinero, no se puede actuar así, como dice el dicho, "El que muestra el hambre no come". Tomé el tren que me conduciría al refugio de animales y una vez ahí descendería al andén de aquel apacible y pequeño pueblo de Nueva Jersey en donde casi todo el mundo es de raza blanca. Mencioné anteriormente también que en estos pueblos, como en muchos otros lugares, si ven caminando a un hispano o alguna persona de la raza negra, los residentes llaman a la policía, porque así tú no hayas cometido ningún delito, la policía gentil y amablemente te "escolta" hasta la salida del pueblo. Así le pasó a un amigo mexicano quien tenía una larga cola de caballo en su cabello, y quien además era chamán, un sanador espiritual. Él caminaba buscando una dirección por las calles de Hoboken, uno de los pueblos donde la policía siempre tuvo fama de abusiva y racista, cuando un carro patrulla lo detuvo para advertirle: "Tienes 15 minutos para salir de este pueblo, *fucking Mexican!*"

Caminé hasta llegar a divisar a lo lejos mi anterior sitio de trabajo cuando de pronto sucedió algo que me sorprendió mucho, aún era lejos la distancia, pero comenzó una sucesión interminable de ladridos. Sí, eran mis amigos, ellos sabían de algún modo que yo volvía, y eran los mismos ladridos que yo hubiera querido oír cuando me alejé de ellos, ¡no lo podía creer! Estaba todavía lejos pero ¿cómo pueden ellos saber que soy yo, qué estoy volviendo?, si todavía no acabo de acercarme al lugar. Me emocioné y, no lo niego, cómo iba a sentir vergüenza, si volvía a un lugar en donde aunque sea los perros en este país me enseñaban que yo era digno de aprecio y cariño, que ellos me enseñaron siempre todos los días que yo les di cuidados a ellos. Después de todo, Estados Unidos no era tan frío y duro como decían, los perros a lo menos aquí sí tienen corazón, el corazón que le falta, si no a toda, a mucha de su gente, como decía el poeta español Federico García Lorca, "La vida no es noble, ni buena, ni sagrada". Amén. Entré por la puerta de atrás que era una entrada secreta, no por tener una segunda o mala intención, sino que imaginé, y después vi que estaba en lo correcto, que Blanca estaría limpiando el sitio escuchando música con volumen alto y con la máquina de lanzar agua a presión; imposible que me oyera, así que después de haber llamado por la puerta principal, fui por la puerta de atrás y entré. Una vez adentro, y de nuevo sin que me vieran, todos los perros comenzaron a ladrar, pero esta vez más fuerte. Busqué primero anunciándome en voz alta, pero nadie contestaba. Yo sabía que ya debería estar ahí trabajando Blanca, pero no la encontraba, su auto estaba afuera del lugar, así que debería estar adentro. Fui por todas las áreas del lugar mientras el concierto de ladridos seguía: guau, guau, guau. Después llegué al cuarto grande en donde siempre se quedaban y dormían los perros, y en donde con toda seguridad estaría mi amante y amiga, y ni bien abrí esa puerta, ya no solo fueron ladridos sino una especie de gran coreografía canina, ya que todos los perros, sin excepción, también brincaban, daban volteretas dentro de sus jaulas, y aquello siempre será inolvidable. Aún ahora recordar aquello me nubla los ojos y tengo que ser fuerte para no emocionarme, ¡carajo! ¡Cuánto cariño, cuánto aprecio, cuánto amor! ¡Y yo pensando que nadie me quería a mí en este mundo! ¡Gracias, gracias, gracias Dios! Gracias, mis amigos, porque ustedes no saben ver el color de la piel, ni la raza de la gente, ustedes solo saben querer, solo saben dar amor, ¡gracias!

"¡Hola! ¿Cómo entraste? Me olvidé que me dijiste que venías y el celular lo tengo con volumen bajo". Era Blanca, quien me daba la bienvenida y se contestaba sola, como siempre. "Y a estos ¿qué les pasa? Ah, ya sé, es por ti señor, mi señor", y me plantó un beso que no pude ni quise rechazar. Total, ella había sido mi mujer, mi novia, mi compañera y tantas cosas en tan poco tiempo, como la vez primera en que nos amamos y la ropa nos salía sobrando, noche de amor, noche de pasión; beso para mí y concierto canino para mis oídos, ¿quién puede pedir algo más? Ah, sí, mi cheque, no olvides tu cheque. La realidad como siempre rompe la magia del amor, acuérdate que no se vive del aire, Carlos, y además no todo se había acabado entre ella y yo, como erróneamente supuse y contaré después.

Vuelvo a 2018 para relatar un momento un poco sombrío, ya que si antes era difícil pensar en arreglar papeles legalmente, en ese tiempo lo era más, por no decir imposible. De la cocina se había ido el otro cocinero que había quedado después de la partida de Carlitos, aquel a quien yo le tuve paciencia y le enseñé todo lo que pude acerca de esta cocina. El muy cobarde se fue y dejó todo botado, y pensar que este tipo se llamaba artista, porque pintaba, sí, artista, pero uno muy cobarde sin duda. Llegué después del par de días de descanso y encontré solo a un muchacho mexicano que recién había comenzado, ya no estaba el susodicho artista, por lo que le pregunté por él al cocinero nuevo mexicano:

—¿Y el señor que se quedó trabajando contigo?

—Se fue Don, vino al día siguiente que usted lo vio por última vez, pero solo a recoger su ropa y su pago. Dijo que estaba cansado y que no quería problemas, que aquí había muchos problemas y que a él eso le hace mal.

—Bueno —dije yo— seguro volvió a la Casa Blanca, eso era lo que siempre decía, ¿verdad?, que él había trabajado ahí, claro era pura mierda, como muchas de las cosas que contaba.

—¡Ja, ja, ja, a la Casa Blanca, qué malo que es usted Don Carlos!

—No, no soy malo, eso era lo que siempre decía ese comemierda, solo eso mi amigo, repito lo que aquel decía, total, hablar mierda es gratis, ¿verdad?

Yo aún tenía mi ropa puesta y aquellos que conocen de cocina saben lo duro y difícil que es entrar a trabajar en una línea de cocina cuando se cubre a alguien, y más si es a alguien que se fue, que tiró la toalla. Debo admitir que la tentación me llamó también a mí para irme, pero no, no podía hacerlo, me pasó alguna vez que estuve al frente de una cocina. Alguna vez también a mí me dejaron solo, pero seguí adelante así, como estaba, solo, y ese recuerdo de aquella experiencia me vino de nuevo a la mente, me asaltó de nuevo, pero no, yo no me podía ir, yo no dejo abandonado a un compañero, no, en todo caso, si puedo evitarlo: "Ya vengo *brother*, voy a cambiarme", y de pronto vi el alivio dibujarse en la cara del mexicano. Comencé de nuevo de cero, eso no es problema, el que sabe cocinar, nunca se olvida de hacerlo, vamos ahora todos juntos a remar para un mismo lado, hay que seguir adelante, aunque me sentía algo mal. Anteriormente le había dicho a Carlitos que si él se iba, yo me iba después de él, pero la verdad y la realidad nos hace muchas veces tragarnos las palabras. Traté de hablar por ahí para saber si había otras opciones laborales en otros lugares, pero no había nada de momento, así que no pude hacer realidad lo que le dije a Carlitos.

—Mañana viene una chica nueva a cocinar, Don Carlos, es mexicana, ojalá sepa o tenga experiencia en cocina.

—Eso espero yo también mi amigo, eso espero.

La vida es irónica y muy burlona. Al comienzo del libro dije que Carlos, el cocinero que nunca tomó vacaciones en 15 años, pero ahora las circunstancias de la vida y la política del actual del presidente actual de Estados Unidos, Donald Trump, lo dejaron sin trabajo. Me queda la tranquilidad como amigo que el buen Carlitos tenía su dinerito ahorrado. Aun así, es curioso ver cómo la vida te manda de "vacaciones" muy a su manera, como decía el gran psiquiatra y psicoanalista suizo Carl Jung cuando le sucedía un problema: "Destapemos una botella de champán, que algo bueno va a salir de todo esto".

Regresé con mi último cheque de pago de aquel refugio de animales a mi cocina de comida italiana, mi nuevo centro de labores, mi nuevo modo de sobrevivir dentro de este país. Yo ya sabía de cocina, ya era cocinero, pero empecé desde abajo de nuevo, pero gracias a nuestra buena disposición y destreza con el cuchillo y la experiencia que tenía, pronto tuve oportunidad de pasar a trabajar como preparador de alimentos en la cocina, y esto era un avance, era algo y algo es algo, más si eres un trabajador ilegal. El trabajo era entretenido, lo que no era muy entretenido eran las casi más de 52 horas a la semana que tenía que trabajar, eran demasiadas y tenía un solo día libre, el domingo, pero qué se iba hacer, era lo único que había de momento, era agarrarlo o esperar a que apareciera algo nuevo, diferente o de más dinero, y de momento no podía darme ese lujo. Me pagaban por todas esas horas como 450 dólares a la semana, que no era mucho, por no decir nada, pero tenía comida y casi no gastaba en alimentos, pero igual. El pago por hora, si me animaba a sacar cuentas, salía por unos centavos de dinero, pero como dice el dicho, "Al mal tiempo, buena cara", ¡no quedaba de otra mi hermano! Salía tan tarde y tan cansado de aquel lugar que no me quedaban ganas de poder hacer nada más, ni siquiera de irme a dar un trago. Además que nunca he sido muy amante de las salidas nocturnas, entonces me compraba una botella de vino y me ponía en las noches a ver alguna buena película, no pendejadas, algo que estimulara mi intelecto, cine clásico de directores como De Sica, Bergman, Buñuel, Truffaut y Fellini, nada de producciones de Hollywood, y si era de allá, tenía que ser cine muy bueno como el que hacía Frank Capra, por ejemplo, uno de mis favoritos de todos los tiempos. No iba a malgastar mi tiempo de solaz viendo pendejadas, ya que siempre quería seguir elevando mi mente, mi intelecto. Si el cine no era una opción, siempre podía leer alguno de los muchos libros que compre de la librería *Lectorum*, la gran librería que era centro de encuentro de tantos no solo intelectuales del área de Nueva York, sino de toda la comunidad hispanoparlante en el área Tri-estatal, hasta que esta cerró sus puertas. Ver cine clásico y leer buenos libros era mi distracción, ¿perdí el tiempo? No lo creo, hacía lo que a mí más me gustaba, lo que daba alegría a mi corazón, lo que me hacía feliz, y eso creo que está bien y todo lo que importaba. También, siempre que se podía, ayudar a alguien o algunos de alguna manera, hacerlo, pero claro sin perjudicarse uno, siempre pensando bien lo que vas a decir y en lo que te vas a comprometer. No puedes meter la pata Carlos, acuérdate no tienes papeles, ya sabes, que no se te olvide. Es ese balance en todo lo que hemos hecho lo que nos ha ayudado a sobrevivir y llegar a este presente aún incierto, pero sigo ahí.

Cosas curiosas me han sucedido sin duda en este país, cosas que me han hecho reír, y a riesgo de sonar muy superficial, quiero mencionar algo que me ocurrió cuando leí un libro dentro de una biblioteca pública de Nueva Jersey. Siempre sabía llegar a ese lugar, pero un día en particular, la dependienta del mostrador principal, quien obvio ya me había visto varias veces acudir al lugar para sentarme en una mesa y leer un libro, se vino resueltamente hacia donde yo me encontraba, y mirándome fijamente me dijo: "¿Nunca te han dicho que eres un hombre muy atractivo?" Me quedé mudo. ¿Qué se debe decir en estos casos? La verdad que uno se queda sin palabras, por lo que es mejor solo sonreír creo yo, lo único y solo decir o ensayar decir un *"thank you"* Ja, ja, ¡las cosas que me han pasado en este país!

La astrología no podía faltar de ninguna manera en esos momentos libres, aun así no estuviera yo tomando clases formalmente, y de una u otra forma ya me dedicaba a estudiarla por mi cuenta. El encuentro con Melva fue clave, ese fue el inicio de todo, no arranqué de ahí, pero la semilla fue plantada en aquel inolvidable encuentro de 1997, y lo que siguió después fue un periodo de incubación diría yo, hasta que saliera del cascarón el nuevo Carlos. A partir de 2005 y con más fuerza en 2007, sin duda la astrología era alimento diario para mí, para mi mente y espíritu. De ese momento hasta hoy, en este presente incierto, y más aún con Trump de presidente, sería muchas veces lo único que me haría compañía. De la astrología no se sale nunca, no tiene retorno, una vez que comienzas el viaje ya no hay salida, no hay escape posible, es un viaje de toda la vida, pero un viaje al interior, no al exterior como muchos pudieran pensar, por analizar el firmamento y las estrellas, al interior porque es para entender todo lo que nos pasa a todos y cada uno de nosotros. Además, cuando las experiencias que uno tiene que vivir y aprender vienen a nuestro camino, no hay modo de evitarlas, es simplemente un aprendizaje. La gente que nos va a dar lecciones importantes, que van a ser fundamentales en nuestro crecimiento de una u otra forma, el destino, Dios, la vida misma las van a traer a nuestro camino, y no se van a ir fácilmente, no hasta que se aprenda la lección que viene con cada una de ellas. Cada persona nos trae un encargo del universo a nuestra existencia, no debemos resistir ese hecho, debemos aceptar a esa persona que llega, y recibir el encargo y lidiar con ella de la mejor manera. Yo me ayudo con la astrología, otra gente no sé cómo harán, yo hablo solo de mí y de cómo he lidiado con esa situación, y esto lo menciono porque eso me pasó en aquella época con Blanca. Me fui como conté antes de aquel trabajo en el refugio de animales, pero el destino tenía otros planes para nosotros o, en todo caso, para mí. Después que me fui, me encontré a Blanca en el camino cuando yo iba al trabajo, varias veces, no importaba si yo cambiaba de ruta, de camino, de uno u otro modo nos tropezábamos, nos volvíamos a encontrar. Yo me hacía el loco, seguía caminando, pero igual, ¿a quién iba yo a engañar? A nadie, lógico, lo que ha de pasar ha de pasar, no importa si uno no lo desee. Así que volvió el contacto telefónico con ella, y ahí se jodió todo o comenzó todo debería decir mejor. Yo seguía enamorado de ella, y negarlo no solo sería estúpido, sino también irreal, y entonces solo dejé de pelear conmigo mismo y seguí a mi corazón. Pasaron las semanas y aunque podía trabajar bien y contento en mi nuevo trabajo de restaurant, también quería encontrar otra cosa, no me quería conformar con lo que tenía. Me refiero más específicamente a las largas horas que pasaba encerrado en una cocina sin posibilidad de hacer nada más, y así no se vive, eso no es vida, no, si tienes alguna inquietud, la que sea que fuera, y más si esta es artística. No podemos dejar que nuestra alma y espíritu mueran por indolencia, y no me vengan con cuentos que lo sé, sé que muchos hermanos de Latinoamérica lo hacen porque tienen compromiso y la carga familiar y la responsabilidad es grande, el hogar, la esposa, los hijos y tantas cosas, aquí o en sus países de origen, entonces esa misma situación no te deja mucho espacio para maniobrar, ¿pero yo? Era diferente conmigo, a mí no me correspondía ese tango, yo soy otra historia, otra realidad muy distinta, yo no tengo a nadie me refiero, y definitivamente sabía que todo debía cambiar en mi vida, aunque aún no sabía de qué forma, de qué manera con exactitud, se debía o iba a producir ese cambio. Yo ya me había mal acostumbrado a trabajar solo 40 horas semanales en los últimos tiempos, ya que siempre trabajé en dos lugares, pues me daba siempre una sensación de libertad e independencia hacer eso, no me sentía atado a ningún lugar en particular y así era mejor para mí. Así comencé a moverme por mi cuenta para tratar de encontrar otro empleo, pero como siempre, por fuera de los libros de nómina. De nuevo empecé a tratar de consultar con los amigos de confianza, los pocos que siempre quedan en esta vida, a tocar puertas y a caminar, y así fue como de pronto apareció otra opción llamativa, pero un poco difícil: entrar a trabajar a la cocina del gigante Goldman Sachs —la empresa multinacional estadounidense de inversión y servicios financieros con sede en la ciudad de Nueva York—, que recién había abierto oficinas en el centro financiero de Jersey City. La opción era atractiva, pero el camino para lograrlo era difícil, casi imposible, sin papeles ¿cómo le iba a hacer? Exacto, de la misma manera como comenzó todo en este país, entonces fui a conocer el terreno, para llenar mi aplicación, y de malas el primer día había simulacro de incendio, así como que el panorama no estaba muy favorable, ¿verdad? Lo hice por tres veces, el ir aplicar por una posición de trabajo, la que fuera, en la cocina, pero obvio antes de ir, tenía que pasar como muchos de mis hermanos latinoamericanos lo han hecho en el área Tri-estatal para conseguir trabajo, tenía que ir al "consulado" de Jackson Heights, en Queens, Nueva York, a la "oficina de inmigración" de nosotros los pobres indocumentados del área para "tramitar mis papeles". ¿Quién no lo conoce ya? Ah, no se molesten conmigo, que yo me acuerdo de que el primero que chivateó el lugar donde se compran documentos falsos fue Jorge Ramos, sí, el periodista mexicano de Univisión, y hace ya bastantes años, en uno de sus programas de televisión. Luego el también periodista Guillermo Descalzi, mi compatriota, también hizo su "aporte desinteresado" de chivatear dónde se conseguían documentos falsos, bambas o chimbos, y todo por subir el *rating* de sus programas periodísticos, debo de creer yo, porque nadie que quiera ayudar a la comunidad latinoamericana que viene aquí a trabajar le va a convenir que hagan pública esa noticia, ya que expone un lugar que es un sitio necesario para conseguir lo que te piden para trabajar, es un absurdo, pero bueno, a pesar de haberlo expuesto en televisión, el "consulado" de Queens aún no muere, para tranquilidad de los que no tenemos otra manera de trabajar en Estados Unidos.

38

Asimilando la cultura de Estados Unidos

En 2018 Estados Unidos estaba bajo el segundo año de gobierno del presidente Donald Trump, en una atmósfera sociopolítica en donde se enjaulaban a los niños indocumentados que cruzaban ilegalmente la frontera. Esto obedecía a la política migratoria de este presidente, sí, presidente, porque él representa una parte nauseabunda de este país que se resiste a morir, una cara racista, xenofóbica y discriminadora que se opone a cambiar y que seguro, como muchos de su generación, morirán pensando y sintiendo igual. Él empeoró toda esta nefasta situación en la frontera con México con su política de cero tolerancia, al separar a los niños de sus padres que se encuentran en condiciones de ilegales. Donald Trump cree estúpidamente que la gente va a olvidar lo que ha hecho, no, lo que hizo es una mancha no solo a su presidencia, sino también a Estados Unidos, ya que él ha virtualmente escupido sobre los ideales sobre los que se fundó esta gran nación, imán de libertad y democracia en el mundo. El presidente firmó después un decreto presidencial dando marcha atrás a esta política, pero ¿quién aseguraba que esos niños volverían con sus padres? Exacto, nadie. Lo trágicamente cómico, por decirlo de alguna manera, es que Trump ante la condena mundial a su acto de crueldad e inhumanidad, le trata de echar la culpa a otros. ¿De verdad pensaría que la gente es tan estúpida para creer las razones que alegó para hacer lo que hizo?

El capítulo anterior concluyó con el tema de la necesidad de conseguir papeles falsos de identificación, una tarjeta del seguro social y de residencia, ya que tuve la grandiosa idea de querer trabajar en la cocina de Goldman Sachs en el centro de Jersey City, por tanto no tuve otra opción pues tenía que presentar algo. Siempre existe el reto de pasar los controles de verificación de un empleador, en este caso de Goldman Sachs, pero había que intentarlo. La otra opción era seguir trabajando como esclavo más de 60 horas semanales metido en una infernal y caliente cocina, sin vacaciones y sin seguro de ningún tipo. Me dirigí al lugar donde se pueden adquirir esos papeles, así que abordé en la Calle Grove el PATH Train hacia la estación WTC y de ahí me transferí al Tren E con dirección a Queens, en Nueva York hasta llegar a la Calle 74. A partir de ahí me fui caminando, subiendo la numeración de la calle y viendo a ambos lados de la avenida, para detectar a los "funcionarios" del "consulado" de este clandestino negocio. Muchos criticarán este negocio ilícito, lo denunciarán, pero para gente que se encuentra en mi situación, usar sus servicios es la única manera de poder seguir subsistiendo. Si pudiera evitarlo lo haría, pero como dicen por ahí, así viene la mano, así nos tocó en esta vida, ni modo, ¡hay que jodernos! De momento no sabía si yo era el cazador o la presa, en esas calles no se sabe quién caza a quién, solo hay que tratar de mantener los ojos y los oídos bien abiertos, para escuchar una palabra, un murmullo, algo que diga más o menos:

—¡Chicas, chicas, amigo!

—No, ¡eso no weón! Yo no vengo por eso, bueno, sabía venir por eso en un pasado que ya ahora se ve tan lejano.

Seguí caminando, pero no tan rápido, iba medio despacio y, sobre todo, vestido para la ocasión, sin nada que llamara la atención, nada de mochila ni ropa llamativa, ya que la cuestión era pasar desapercibido, no llamar la atención, y no caer ni hacer trato con el primer huevón que se me acercara. Soy yo quien debe elegir, no ellos, y ¡yara con los sapos! Luego de algún tiempo de caminar por estas calles de población predominantemente hispana, en donde, así les duela a algunos, somos mayoría, escuché la palabra mágica:

—Social, social, social.

¡Aquí fue! Bastó una sola señal con la cabeza y el pata se me acercó.

—¿Cuánto? —le pregunté.

—¿Los dos o solo social? Tengo residencia también.

—Dame los dos.

—Son treinta cada uno, sesenta por los dos, ¿tienes foto?

—¿Demora mucho, cuánto? Toma aquí está —le entregué la foto que ya tenía tomada desde días antes.

—Depende, puede demorar, dame el billete.
—No, nada, cuando me des los papeles.
—No, yo no trabajo así, necesito aunque sea la mitad del billete.
—Nada, pan pan, vino vino, cuando me los des. En el papel que envolví la foto ya viene la información que quiero que pongas en los papeles, ¿está bien? Con ese nombre, esa edad, esa fecha de nacimiento.
—No, así no trabajo yo.
—Bueno pues, me voy a otro lado entonces.
—No, espérate, si no dije que no los iba a hacer.
—Ah pues, yo creí.
—No mi chavo, yo lo hago, regresa aquí en media hora.
—En media hora no, dame tu celular y cuando yo vuelva te llamo o nos llamamos.
—Dame el tuyo entonces.
—¡Sale y vale!, como dice el Chavo del Ocho.
—Ah qué ocurrente eres paisa, no sabes que si nos agarran vamos al bote, y ¡tú haciendo bromas! ¡Qué caray!
—Hay que relajarse de alguna manera, manito, si no estamos jodidos, ¿verdad?
—Pos sí, ja, ja, 'ora, yo te echo una llamada cuando los tenga.
—Ni hablar.

Me dirigí a un bar cercano que yo conocía muy bien para hacer tiempo, tenía que volver con mis "papeles" a como diera lugar a Nueva Jersey, no tenía opción, era ahora o nunca. Debo también mencionar, para hacer honor a la verdad, que hacer esto implica un riesgo muy grande, ya sea porque a veces la policía se hace pasar por vendedores de papeles falsos o por gente de la policía vestida de civil al acecho para agarrar a los que los compran, por eso es muy riesgoso y uno se expone a mucho al hacer esto, pero hay que tener confianza y valor, porque si no mejor ni intentar hacerlo. El gobierno federal considera esta práctica fraude y falsificación, y los castigos implican condenas en prisión y multas. Esto les dará una idea del riesgo que describo. Pasó el tiempo volando, dándome una "chela" en mi bar conocido, el único en Queens en donde hace mucho tiempo me quedé dormido sin que me pasara nada malo, y solo fue una vez, pero tengo confianza en este lugar. Sonó el celular y vi un número extraño en la pantalla, el número de algún teléfono con código de área de Nueva York. Ajá, era este huevón, y me puse en marcha.

—¿Cuánto te debo, che? —la mesera es rioplatense, se llama Iris, mi bella amiga.
—Son tres dólares. ¿Nada más, ya te vas ingrato? —contestó la bella argentina.
—Ahí está —le señalé la mesa donde dejé el dinero y su propina. —¡Volveré otro día amor!
—¡No te pierdas ingrato! —medio en broma y medio en serio me lo dijo la che. Lástima que nunca nos pudimos amar, ¡con lo que siempre me gustó esta mamacita!
—Se pasó una hora weón, no media hora como dijiste.
—Había mucha gente pidiendo lo mismo, amigo, no eres solo tú.
Y sí, tenía razón, no soy solo yo, somos muchos, eso lo sé bien, ¡si lo sabré yo!
—¿Los tienes?
—Aquí están —estirando la mano me los entregó. —¿Y el billete?
—Toma —dije, y con la otra mano abría la pequeña envoltura en donde estaban mis "papeles", los ojeé rápido y sin tiempo que perder, le dije: —¿Está todo bien?
—Sí, ¡gracias *brother*!
—¡Buena chamba!
—De nada, ya sabes, ¡aquí nos encuentras siempre paisa!
—¡Ora, pues! ¡Ahí nos vidrios!
Me iba ir de vuelta, pero regresé por la del estribo al Café 75, y además tenía que invitar a salir a esa bella amiga, no me podía ir así nomás.
Conseguí lo que fui a buscar a Queens y ahora las cosas serían más complicadas, ya que trabajar con documentos falsos se cataloga como diferente delito, pero ¿qué le voy a hacer? Eso no me puede detener, no tengo opción, y no soy el único que lo hace, como dije antes. Lo único que queremos la mayoría de los hispanos que venimos a Estados Unidos, ¡es trabajar! Nada más solo eso. El intercambio había sido rápido, lógico, se hace en la calle y a plena luz del día. No te puedes descuidar y debes mirar a todos lados, pero con disimulo, si no, ¡pierdes!, un descuido, una distracción es fatal. Yo ya antes lo había hecho, hacía ya buen tiempo atrás y de la misma manera, lo único que variaba era la manera de recoger los papeles y dar el dinero, es decir, en vez de hacerlo muy obvio, cuando uno ya divisaba o veía venir al tipo con los papeles, uno le salía al paso y hacíamos que nos encontrábamos después de tiempo, y al darnos la mano ahí se iba mutuamente el dinero y los papeles, eso no fallaba, no tenía pierde,

rápido nomás y sin fallar, y al toque seguir andando como si nada, hasta entrar a la estación y bajar al tren, ya ahí estábamos salvados.

Volví a la cocina de Goldman Sachs al día siguiente y ya con mis papeles en regla, listo para pasar la última prueba y quedarme trabajando. Era nuestro tercer intento y esperaba que fuera la vencida. Pasé todo el proceso sin novedad, ¡qué nervios, carajo! Hasta me pusieron vacuna contra la tuberculosis o algo así, muy estricto todo, pero corrí con mucha suerte. Había algo más, ya que entré a trabajar a este lugar con el planeta Mercurio retrógrado, y eso siempre —no que nos trae problemas— pero sí es un indicativo, que cuando entrara directo, en algún momento saldría disparado como un tiro del trabajo, por tanto, no eran muy halagüeñas las noticias de mi nuevo empleo, pero el trabajo urgía. El dinero producto del otro trabajo se acababa, y no podía esperar a que el dichoso planeta entrara directo; tenía que tomar lo que venía tal cual, no había tiempo que perder. De nuevo, no había elección como siempre, los ilegales no tenemos opciones, no podemos esperar. Presenté los papeles y ahora cruzar los dedos, Dios dirá, Él todo lo puede. Había que confiar y, ¿qué es lo peor que podía pasar? Que me dijeran que eran falsos y yo les discutiera y me fuera a la mierda. De suceder eso, tenía que librar rápido por donde vine, sin mirar atrás. Como dije antes, pasé los exámenes médicos también y todo salió normal. Gracias a Dios que nos dio una mano y ¡bien grande! ¡Bravo! ¡Ya estaba adentro del barco! No sé qué fuerza extraña o protección es la que me ayuda, pero como quiera siempre le agradezco a Dios, Él permite que lo que tenga que pasar, pase y siempre, así no parezca, será para bien de uno, así no lo entendamos de momento. Dios en este país siempre me ha dado una mano, siempre me ha ayudado cuando más lo he necesitado.

Así fue como comencé a trabajar en aquella cocina, con gente y compañeros nuevos, y como siempre se estila por lo general cuando un empleado comienza, los empleados que ya trabajan ahí, muchas veces te quieren dar más trabajo del que te corresponde, es así, pagas derecho de piso, de recién llegado, y tienes que avivarte al toque o te come vivo esta gente, y otra cosa. Una vez que entras a una cocina nueva tienes que tratar de abrirte campo por ti mismo, no a los codazos como hacen muchos que llegan y quieren sacar a los que trabajan en el lugar, sino a luchar para hacerte un lugar. Te tienes que hacer respetar, si no te pasarán por encima, es pura lucha de supervivencia, instinto de conservación, la ley de la selva, y solo los fuertes sobreviven ahí.

La despedida de aquel restaurante italiano que me recibió ni bien salí del refugio de animales y en donde trabajaba tantas horas a la semana, claro, sin estar registrado en los libros de nómina, sin reportar, pero también sin derechos laborales, fue casi como de un momento a otro. Menos mal que pude ahorrar algo de dinero, y eso era un respaldo por lo que pudiera demorar en encontrar otro trabajito. Siempre hay que tratar de estar seguro y no mandar nada al diablo, cuando ya tengas algo más o menos seguro, ¡si se puede tener algo seguro acá! Te vas de un lugar, pero no antes, no a la aventura, no podemos hacer eso y menos sin papeles, bueno, no puedes, a no ser que seas ¡triple acuario! Me ganó el signo zodiacal de nuevo.

Con Dany trabajé un tiempo en esa cocina, él bebía mucho, no éramos muchos ahí, y por lo visto un día no aguantó más y me confesó un secreto: "Don Carlos, usted es buena persona, sabe, hay algo que no puedo superar, usted, como muchos acá, ya se habrán dado cuenta de mi problema con el alcohol, y aunque yo trabajo bien, yo sé que eso genera comentarios como quiera. ¿Sabe usted algo? Yo lo respeto mucho, y bueno, uno no sabe cuánto se va a quedar en un lugar, en una cocina... Yo en mi país maté a alguien." Solo lo quedé mirando, para que continuara, ya que comenzó de seguro iba a continuar hablando, y lo hizo. "Sí, fue en una pelea —prosiguió— pero no crea que soy un criminal, lo hice porque aquel tipo violó a mi hermana. ¿A poco usted o cualquiera no haría lo mismo? Y entonces me tuve que ir del país, claro, no creo que nadie sepa que fui yo, pero por las dudas es mejor no volver. No lo quise hacer, pero ya delante del tipo le reclamé su mala acción y se rio y se burló, y yo no me pude contener y peleamos. Tenía un arma él, yo se la quité en la pelea y le disparé, lo maté por defenderme y por defender el honor de mi hermana. Quizás aquí no entiendan esas cosas, pero de donde yo vengo las cosas se arreglan así, el abuso de un pequeña, de una menor de edad, y hubiera sido muy probable que quizás a él no le hubiera pasado nada, ya que su familia tiene influencias allá, ya sabe usted, el dinero compra conciencias y a la justicia muchas veces, por no decir siempre".

Dany trabaja bien, trabaja fuerte, bebía mucho, pero no hacía daño a nadie, ni se metía en problemas, y enviaba dinero a su madre que estaba en su país. Vivía con su demonio interno, y ojalá algún día lo haya podido vencer, ¡quién sabe! ¿Quién puede juzgar lo que Dany hizo? Yo no, ciertamente, quizás hubiera hecho lo mismo que él.

Cuando dejé aquel restaurante italiano fue porque contacté de nuevo con Blanca. De pronto me llamó una noche de esas en que uno está intranquilo y con las hormonas y la sexualidad muy excitadas, y me tuve que ir del trabajo, así, de momento, de arranque, sin pensarlo. Se lo traté de explicar al dueño, pero parecía no entenderme, en fin, no me importó, igual me fui, eso sí, no volví como en un mes para cobrar lo último de mi sueldo, mi última semana de pago. Me fui pues aquella noche, me llamó mi amor y me dijo que fuera a casa, y no necesité oír nada más, eso fue suficiente para mí. ¿Que qué les dije para irme? Nada en especial, que me quería ir nada más, pero aquel chef italiano no era un pendejo, él sí supo o se imaginó:

—Tú te vas por una mujer, ¿verdad?

Yo una vez le había mencionado a él acerca de mi mujer, de mi adorado tormento, que era peruana, pero con algo de sangre italiana.

—Sí, tú te vas por eso, ¡yo no soy tonto! No te vayas, a veces las cosas no son como parecen, y no resultan como uno quiere, y luego te vas a lamentar.

Aquello fue lo último que esperaba oír, y después de eso solo atiné a irme para no acabar por mentarle la madre a aquel italiano que me había dado la mano cuando yo no tenía trabajo. Podía él decir cualquier cosa, pero mencionó algo que no tenía que decir, eso no era su asunto, se le fue la lengua al tano. Y bueno, no sé si ese tipo me echó la sal, como dicen por ahí, pero así fue, lo que comenzó aquella noche sí se vivió como un amor, pero no duró mucho ni tuvo buen final, me deseó el mal ese tipo, pero no lo juzgo, allá él con sus intenciones y su corazón, cada uno es responsable con lo que sale de su boca y de su corazón, ni más ni menos. Sí, me fui de aquel trabajo por una calentura, por una sensación de arrechura, como definiría el gran sexólogo peruano Don Marco Aurelio Denegri, y también, como dicen vulgarmente por ahí: "Cuando se para la cabeza de abajo, la de arriba deja de pensar", prosaica expresión, pero muy cierta sin duda. Es así, como dice Denegri, el sexo debe tener ese carácter de urgencia, de arrebatamiento, si no, no es sexo, no es pasión, el sexo, la atracción es así, compulsiva, tiene que ser psicopático, si no, no funciona. Si no tiene esa urgencia es cualquier otra cosa, menos sexo, en fin luego volvería por mi semana que me debían, de seguro, la cabeza manda.

Estaba ya en la cocina de Goldman Sachs y así daba comienzo a otra aventura culinaria, laboral, una más en esta tierra extraña, lejos de mi Perú, pero tierra que ya de alguna manera, y aunque suene extraño, siento como mía. ¿Quién lo pudiera creer? Y no es que yo fuera antiestadounidense ni nada por el estilo, pero tampoco nunca me estuve muriendo por venir a vivir a esta gran nación. Sí, estoy agradecido con lo que me dio, la posibilidad de ganarme la vida de manera honrada y decentemente, algo que no tenía en mi propio país. La gente podrá decir lo que quiera, pero así fue para mí, tuve la posibilidad de irme de Perú, lo hice y no me arrepiento. No dejaré nunca de ser peruano, moriré peruano, pero salí de allá por algún motivo, y llegué aquí, que es bravo llegar; es muy sabido que muchos no llegan, se quedan en el camino, yo pude hacerlo y llegué. Por tanto, debo hacer una diferencia, no desperdiciar mi vida, que ya la desperdicié bastante como quiera, pero debo ponerme metas y —como en el caso de este libro— crear un recuerdo, una memoria de todo lo que he vivido como un inmigrante ilegal, y que lo que yo viví y experimenté no sea una vivencia en vano, sino que sirva para algo. Si acaso puedo evitar que otros jóvenes vengan y se jodan la vida aquí y prefieran quedarse, muy bien, y si también muchos otros optan por venir, que también tengan, si se puede decir, una referencia de lo que encontrarán acá, lógico, desde mi humilde perspectiva. No soy nadie importante, pero creo tener un talento para escribir, para comunicar mis ideas, mi sentir, y es eso lo que yo pretendo dejar plasmado aquí para las futuras generaciones de inmigrantes, sean legales o indocumentados.

 La cocina de Goldman Sachs es grandísima, la más grande de todas en las que he trabajado, de hecho podría uno vivir dentro de ella, sin salir a la calle, hay de todo, ¡hasta cerveza! Ocupa la mitad del segundo piso del edificio ubicado en el centro de Jersey City, y la otra mitad es el comedor. Ahí comencé a tratar de hacer nuevos amigos, siempre y cuando fuera posible, no era mi objetivo principal, pero entiendo que así es como se llevan los seres humanos, los seres civilizados, dialogando, tratando de trabajar en armonía y en paz. Aunque era un nuevo empleo, yo tenía la misma intención de ganarme la vida de manera honrada y sin hacer daño ni perjudicar a nadie, tratando de salir adelante y haciendo mi labor de la mejor manera, siempre siendo responsable e íntegro en todo, siempre lo he hecho así y lo seguiré haciendo mientras Dios me preste vida. Las cocinas en este país, y sobre todo en Nueva York y Nueva Jersey, están compuestas por gente de diferentes países y procedencias. Los empleados somos como una especie de legión extranjera, de todos los países, pero como en el caso de la propia legión extranjera, no sabes quién está al lado tuyo trabajando, pudiera tratarse de un ladrón, criminal o lo que fuere, es toda una lotería, no sabes qué fue cada quien en su país, el tiempo solo te lo enseñará y solo un poco. He trabajado con compañeros de Filipinas, Perú, Ecuador, Colombia, Lituania, China, México y otros, en síntesis las "naciones unidas", como la Organización de las Naciones Unidas (ONU), y con individuos de muchas razas: asiática, negra, caucásica, mestizos como yo y de Latinoamérica entera. Durante los primeros días había que cogerle la mano y el ritmo a la nueva chamba, hice algunos nuevos amigos, pero mientras tanto también seguía profundizando mis estudios de astrología. Vivía en aquel entonces en un sótano en una de las varias casas de mi hermano Pepe que compró junto a mi querida cuñada. El área era en un sitio muy malo, un barrio de afroamericanos, aquel que ha vivido en uno sabe a lo que me refiero. Para mucha gente esto puede ser visto como estereotipo o discriminación racial, pero lamentablemente es así, no generalizo, pero es en la gran mayoría o, en todo caso, lo que yo más viví y aprecié. Es triste decirlo pero obviarlo sería faltar a la verdad. Se podría culpar al sistema de que estos barrios pobres, o guetos, como se les llama en inglés, son por abandono del gobierno y las autoridades. Estudios de sociología han demostrado que las comunidades urbanas afroamericanas pobres suelen tener tasas de crímenes violentos mucho más altas que las de las comunidades blancas. Esto parece atribuirse a percepciones raciales en la sociedad que crean una reacción psicológica negra colectiva, que a su vez ha hecho que los negros sean más agresivos y, por lo tanto, más propensos a participar en comportamientos violentos que los blancos. No obstante, también depende de cada ser humano tratar de cambiar sus condiciones de vida, su realidad actual, lo que no le guste de su presente, eso es cosa de cada cual. Tú tomas responsabilidad de tu vida sin duda alguna, otra cosa es dejadez, desidia, pereza y flojera. Aquella era la zona que comprendía entre Martin Luther King Jr. Drive y Avenida Communipaw, una zona caliente como dirían en cualquier país de Latinoamérica. Este sector, junto con la ciudad de Newark, conforma la crema y nata de la población negra de esta parte del país. La ciudad de Paterson tampoco se queda atrás, por más que el siempre recordado Augusto Ferrando —figura señera de la televisión peruana de todos los tiempos— nos quisiera dar a creer a través de su *Trampolín a la fama* (show televisivo en Perú que duró cerca de 30 años en el aire) que Paterson era un bastión peruano en este país, en realidad no lo era por completo. Los afroamericanos son fuertes también ahí, he de ser sincero, porque decir lo contrario sería mentir, y no quiero escribir falsedades. En aquella vivienda varias veces mi hermano no me cobraba o recibía el dinero de la renta, bueno, se entiende, ya que yo muchas veces hice las veces de cuidador o velador de la propiedad contra los ladrones, y lo hice lo mejor que yo pude creo yo. Pepe tiene un corazón enorme y siempre le estaré agradecido por todo lo que ha hecho por mí, y por ayudarme a venir a este gran país, sin él, este libro no estaría en las manos de todos ustedes. Entonces mucho, por no decir todo lo que yo me ahorraba en renta, lo usaba en comprar más libros de astrología y así poder seguir aprendiendo esta ciencia milenaria que me apasionaba, y también tomaba clases y talleres. La astrología ya era para mí algo fundamental, pero entonces solo era para mí, no para compartirla con nadie, no con los demás. Esa manera de pensar cambiaría después, al darme cuenta de que a través de esta antigua ciencia yo podía ayudar a mucha gente a encontrar una luz, a ver con claridad ciertas cosas en sus vidas. Podía yo servir de orientación a la gente, y es ahí que voy dándome cuenta de que esta es mi misión de vida, ayudar a otras personas con mi conocimiento de esta milenaria ciencia. Fue en ese momento de mi existencia que yo caigo en cuenta de que era posible ayudar realmente a otros de esta manera.

El trabajo nuevo requería solo 40 horas semanales y con días libres el sábado y domingo, pero como mencioné, ya estaba consciente de cómo había comenzado a trabajar ahí, con Mercurio retrógrado, y eso me iba a pasar factura en cualquier momento. Me gustó trabajar en aquel lugar, así sea que casi nunca pude llegar a tomar un descanso, ya que cuando entré, y de alguna manera me di cuenta, me habían puesto trabajo de más, tareas que no me correspondían, pero qué le iba a hacer, solo trabajar. Lo principal es que había chamba, y eso era lo verdaderamente importante, lo demás, como dice el dicho, "A mal tiempo, buena cara", que nada dura para siempre, y si hay que trabajar lo hacemos, eso es lo que importa nada más. Duré en aquel lugar como año y medio, pero fue suficiente para que Mercurio diera la vuelta completa y en un retorno a su posición natal en mi carta me sacara del trabajo, ¡100 por ciento de efectividad astrológica! Además, vale mencionar que cuando yo me fui de aquel lugar, al poco tiempo me encontré con algunos excompañeros de aquella cocina, y me contaron que habían puesto hasta tres personas para que hicieran lo que yo hacía.

—Tu trabajo ahora lo hacen entre tres personas, Carlos —me dijo uno de ellos, y lo único que atiné a decir fue nada y solo sonreí, aunque dentro de mí yo dijera: "¡Lo sabía! Seré distraído, ¡pero no pendejo!"

Lógico que les creí, eso lo sabía de algún modo desde mi primer día de trabajo en aquella cocina, ya que yo hacía bastante trabajo en aquel lugar, pero nunca me quejé, sabía a dónde había entrado a laborar, y eso era en fin todo lo que yo quería hacer y me interesaba, que se me permitiera trabajar y ganarme la vida honradamente. Al contrario, agradezco a aquella compañía y a Dios porque me permitieron trabajar ahí, porque pude entrar, algo difícil de hacer en mi situación, y creo que siempre di lo mejor de mí. Gracias a Dios siempre, primero por la salud que me ha dado y por el trabajo que siempre ha aparecido, que nunca me ha faltado. Lo otro, lo demás que llegue a mi vida, será siempre ganancia, y porque Dios así lo permita, una bendición extra, lo que el Creador me quiera enviar. Se terminaba 2006 y comenzaba otro nuevo año. El Día de Acción de Gracias y la Navidad me sorprendieron en aquella nueva cocina. Ambas ocasiones me sirvieron, una vez más, para agradecer a Dios por todo lo que me proveía. En realidad, uno agradece a Dios todos los días, el solo hecho de despertarse y de abrir los ojos, de contar con el regalo divino de otro día más de vida, ya es suficiente motivo para agradecer al Creador. Al fin las cosas parecían encarrilarse de nuevo, y como que ya se comenzaba a ver la luz al final del túnel.

Cada uno de los trabajadores de aquella cocina recibió su pavo congelado por el Día del Pavo, así le dicen algunos por aquí al Día de Acción de Gracias (*Thanksgiving*), y un pastel de calabaza, entonces ¡todos felices! Estados Unidos festeja más que la Navidad esta fiesta, yo la llamo personalmente "la Navidad gringa", una fiesta tradicional, y por si no lo saben mis hermanos latinoamericanos, aquí la religión católica no representa a la mayoría de los creyentes, y menos está en el poder, aunque siempre se cuela por ahí alguno que otro fanático religioso en el gobierno federal, que sin ser católico, no tiene nada que envidiar a los de la Santa Inquisición. Nada en contra de la religión, solo en contra del dogma, el fanatismo religioso y la intolerancia entre los hombres. En 2016, estadísticas de la encuestadora Gallup, mostraron que los cristianos representan el 73.7 por ciento de la población total de Estados Unidos, mientras que el 48.9 por ciento se identifica como creyentes protestantes. Estas cifras contrastan con un 23.0 de fieles católicos y un 1.8 por ciento de mormones, seguidos por un 18.2 por ciento de personas en la población total que no tienen religión. Para quienes algún día se animen a venir, al no ser la católica la religión principal del país, muchas veces verán cómo aquí se hace burla del Papa, el Vaticano y hasta de la figura religiosa de Jesucristo, así es en esta nación. No digo que sea bueno o malo esto, porque como quiera el humor siempre es bueno, hacer reír a la gente no tiene nada de malo, pero también hay que tener correa ancha para soportarla, y que también sea hecha con mucho respeto y no ofenda a los demás. Por tanto, no se escandalicen si algún día llegan a estas tierras y escuchan bromas en donde se toma el pelo al Papa y a la Iglesia Católica. Ahora, eso sí, con los musulmanes se van con cuidado, porque esta gente sí es diferente, y muchos de ellos caen con facilidad en el fanatismo religioso. Ya sabemos lo que pasó en el 9/11, o sea, en el ataque a las Torres Gemelas de New York y el Pentágono. Aquí son otras costumbres, otras tradiciones que al comienzo sorprenden, cuesta aceptarlas, algo que es parte del proceso de adaptación social y cultural en esta nación, y lo más bravo, sin perder tus raíces, porque por muy estadounidense que llegues a ser, nunca vas a dejar de ser de tu país, en mi caso, peruano, obviamente muy agradecido con esta hermosa patria que nos recibió con afecto y amabilidad. O se integran o les toca ser como el personaje de Sylvester Stallone, Rocky Balboa, cuando en la película Rocky I, este invita a salir a la que sería su futura esposa Adrian (Talia Shire), y al tratar de conquistarla y convencerla que saliera con él a una cita, ella le responde:

—No puedo salir, tengo que cocinar.

Y él le replica:

—Para ti es *Thanksgiving*, para mí es solo otro jueves.

¡Genial frase de una inolvidable película! La de Rocky es una buena respuesta, es todo cuestión de percepción, de cómo tú te sientes en relación con eso, con tu asimilación a Estados Unidos, si haces parte de ti a este país, si lo aceptas o no, es solo decisión personal de cada uno de nosotros, como cuando te casas, aceptas, ¿sí o no? Yo he estado aquí casi tres décadas —aunque tengo ese pasado y formación tradicional de mi Perú, innegable, que hubo en mi hogar e influyó en mi crecimiento, muy católico, sobre todo por mi recordada y muy querida madre Fabiola— pero para mí todas estas celebraciones que uno sigue en este país, no podría yo decir totalmente que carecen de sentido, porque quiéralo o no, yo ya me he asimilado a este país, primero quizás sin darme cuenta, pero luego de una manera consciente. Ahora, eso no necesariamente involucra que mis creencias, valores y principios de vida deban de cambiar, uno es como es, como a uno lo formaron, lo criaron, lo que se te enseñó en tu hogar de pequeño, y si por alguna circunstancia esto no fue así, es tu deber auto-regenerarte, reinventarte a ti mismo, formarte de ti mismo la persona que te gustaría ser, a la imagen y semejanza de quien tú quieras, no necesariamente de alguna figura religiosa, sino de alguien que sea tu ideal de lo que debería ser un ser humano. Perfecciones no existen, pero que alguna figura deba servirte de inspiración es fundamental, pero no falsos ídolos. Nunca idealices a un ser humano, porque todos tenemos defectos y somos humanos, cometemos errores, pero siempre existirá gente notable que te servirá de inspiración con los hechos importantes de su vida y en cualquier momento de la historia. No le tiene que gustar a todo el mundo, suficiente que lo sea para ti, y bueno, lógico que sea alguien que de alguna manera dejó una huella positiva al mundo, un aporte positivo a la humanidad, pero eso es decisión individual a quién elegimos de espejo en esta vida, para bien o para mal debería también decir. En lo personal podría decir que me he asimilado en gran medida a la cultura de este país, no sé si lo hubiera hecho en mayor medida y más rápido si me hubiera casado o tenido una familia, bueno, sabe Dios que lo intenté, esto es, tener ese tipo de cosas que tienen o buscan la mayoría. No obstante, una de las lecciones que me enseñó la astrología fue precisamente eso, que no todos tenemos que seguir el mismo camino que los demás, cada uno tiene una distinta misión o tarea en esta vida y debe de llevarla a cabo. Las veces que yo intenté tener una relación estable o tradicional, como la quieran llamar, y fundar una familia, no resultaron como yo hubiera querido, pero la vida es así, es como es, traté y no resultó, y no puedo detenerme por ese hecho. Debo seguir haciendo lo que siento que debo hacer, que debe ser hecho, misiones como escribir este libro, por ejemplo. Otros más han ya escrito o pueden también estar escribiendo al respecto, pero eso no interesa ni me importa; es lo que yo escriba y comparta con otros, mi propia experiencia es lo que cuenta, y es porque a través de lo que yo comparta estaré contando la historia de muchos otros que ya se fueron, que ya no están. Algunas cosas se dan y otras no, y Estados Unidos es un gran país, inmenso, con enormes adelantos tecnológicos y científicos, impresionantes obras de ingeniería y arquitectura, rascacielos, autopistas fabulosas, sistemas de trenes gigantescos. Dentro de toda esa grandeza, no deja de ser un país frío, inmensamente frío, tan inmenso como el insondable mar. Es una nación que aunque ciertamente haya grupos ultranacionalistas, supremacistas blancos radicales, xenófobos y neonazis, ante otros, aún Estados Unidos es fiel a sus principios que figuran en la base de la famosa Estatua de la Libertad que se encuentra en la bahía de Nueva York. El símbolo de la libertad que recibe con sus brazos abiertos a todos aquellos que quieran llegar a sus costas, tierra de libertad y del valiente, como dice el himno nacional. No obstante, es un país duro y frío, y más literalmente en invierno. Es muy raro que aquí la gente te enseñe su afecto y simpatía, los hay, pero son contadas excepciones. Si tú eres una persona con gran sensibilidad, sentimental y muy emotiva, entonces prepárate bien y piénsalo más de dos veces si quieres venir a esta nación, pues no será fácil, te lo advierto, porque habrán muchas veces en que la nostalgia y el recuerdo se anidarán en tu pecho, en tu corazón, y entonces las lágrimas aflorarán en tus ojos tristes, el recuerdo de lo que fuiste, de lo que viviste entonces te pegará fuerte, tan fuerte, que ni aun el propio alcohol podrá evitar que sientas esa enorme soledad y vacío al encontrarte tan solo y en una tierra que no es la tuya, tan extraña, fría y sin sentimientos como esta. El licor solo mitigará un poquito tus tristezas, y solo será de una manera momentánea, por unas horas, así que ya lo saben futuros expedicionarios, conquistadores modernos de la Unión Americana. Aunque pensándolo bien, uno no sabe quién está conquistando a quién, ¿verdad? Sí, si vienen aquí finalmente, por su propia decisión, pongan el corazón firme y fuerte, y tiemplen bien ese espíritu, ese ánimo, porque lo van a necesitar. Muchos de ustedes se van a quebrar, van a llorar, así sea en la soledad de sus propios cuartos, porque quizás no alcancen a poder pagarse un departamento, así que con toda seguridad les tocará llorar en algún cuarto, ático, sótano, estudio o lo que sea que tengan la suerte de conseguir, y más de poder pagarlo. Van a llorar, y lo harán como nunca lo han hecho, porque la vida nos enseña así, ya que para muchos de nosotros no hay otra manera de aprender, ya sea porque somos muy tercos, cabezas duras, orgullosos o estúpidamente soberbios, y creemos que lo sabemos todo y que ya lo hemos pasado todo, vivido todo, y no es así. Ya saben, algún día más tarde que temprano en algunos casos, ustedes mismos lo comprobarán, y sabrán que lo que aquí escribí es la pura verdad, sin exageraciones. Aquí les va un consejo para los más orgullosos y orgullosas, ya que de todo hay aquí en la viña del Señor: asegúrense que nadie los vea llorar, así podrán presumir algún día que en Estados Unidos nunca les pegó con fuerza el recuerdo, la nostalgia y mucho menos el sentimiento. No les digo esto para que se acobarden y no intenten venir aquí, al contrario, vengan si se creen muy machos, muy valientes, que aquí los valientes también aprenden a llorar, es cuestión de tiempo nada más. Aparte, este libro me prometí que lo iba hacer lo más sincero posible, y también porque este hubiera sido el libro que a mí me hubiera gustado leer antes de animarme a venir a este país, no dejándome llevar por todas esas mentiras que cuentan esos grandes pendejos que viajan a los países de nosotros y le mienten a la gente, ilusionándola de una manera infame; ya recibirán su merecido esos cabrones, por ser unos ¡miserables mentirosos!

Si escribir este libro fue mi encargo en esta vida, espero estar haciéndolo bien, sinceramente, porque lo hago con muchas limitaciones de tiempo, trabajo y hasta de salud. Es mi compromiso con mis hermanos inmigrantes indocumentados, con los trabajadores ilegales del mundo, parias de la vida y del mundo, los invisibles, los que no tienen voz, los desechables para muchos, desheredados de la fortuna para otros, mercenarios de la vida y del trabajo. Por tanto yo debo contar lo que veo, lo que vi y, si Dios me presta vida, lo que veré más adelante. El libro también pudiera servir como una curación, una liberación o una terapia para no volverse locos a causa de tanta limitación, de tanta frustración por querer hacer tantas cosas y no poder, de desear alcanzar tanto y no poder lograrlo. Algunos sí pudieron pero son los menos, no la mayoría de nosotros, por tanto, contar todo esto es como una especie de exorcismo y de alejar a nuestros propios demonios. Desde que imaginé escribirlo y en todo este proceso de hacerlo, he llorado innumerables veces, pero qué podrán ser mis lágrimas comparadas con todas las que han derramado todos esos hombres y mujeres que no han podido expresar su pena ni su dolor de estar en este país tan grande, el más poderoso del mundo, pero sin estatus legal, por todos esos padres y madres que no saben qué futuro les esperará a sus hijos. Vivir con esa incertidumbre, miedo, temor y recelo, día a día, no se compara con nada, mientras que toda esa represión psicológica, mental, es obvio que alguna consecuencia debe de tener entre tanta gente. Escribir esto me ha causado gran dolor y he llorado muchas veces, tanto por mí mismo como por toda esa gente que yo conocí en este trayecto de mi vida en este país, gente que recuerdo, personas con las que trabajé, algunos amigos, otros solo compañeros de trabajo, de aventuras y de desventuras también. De hecho, debería decir para hacer honor a la verdad, si mis amigos representan muchas historias, muchas vidas, por muy pequeñas o insignificantes que sean, son importantes siempre para alguien en alguna parte del mundo, porque una vida, una simple vida, puede llegar a tocar muchas otras, ya que todos estamos interconectados, no hay una vida inútil y sin un significado, depende de cada uno de nosotros como queramos ser recordados. Como dijo alguien por ahí: "Ya que un día solo seremos un recuerdo, procuremos entonces, que seamos uno bonito".

39

El amor y la compra de una casa

Corría ya 2007, un año nuevo con trabajo nuevo y todos felices y contentos, así estaba todo, como la novela clásica, *Sin novedad en el frente*, del escritor alemán Erich Maria Remarque. Seguía viéndome con Blanca y continuaban los desencuentros amorosos. El trabajo, por otro lado, era agradable, y sin lugar a duda una de las cocinas en donde mejor me he llevado con mis compañeros de trabajo, la mayoría eran buenos camaradas, en el buen sentido, no soy comunista, por si acaso. Esa fue la época en donde yo me enfoqué por completo y profundamente en la ciencia astrológica, comprando y leyendo todo libro del tema que tenía a mi disposición. Soy una esponja humana, recibo todo lo que leo, lo absorbo completamente, más que leer devoro los libros, nada satisface mi sed de conocimientos. Es especial recordar de estos tiempos cómo asimilé tanta información y tan rápido. Muchas cosas de mi vida, en materia de estudios, han sido gracias a mi disciplina, ya que yo soy en gran medida, por no decir completamente, autodidacta. En casi todo lo que de alguna u otra manera he logrado destacar ha sido por mi propia iniciativa, mi propio afán de querer superarme en algo que quizás no conocía o no dominaba. Estos también fueron los tiempos en donde comencé a escribir y compartir mi pensamiento con el mundo colaborando en *El Diario/La Prensa*, de Nueva York. Debo mencionar que desde mi llegada a este país siempre fui un asiduo lector de este periódico, un hábito que heredé de mi viejo, quien era aficionado a toda lectura y a los diarios. En lo personal siempre me encantó leer, tengo el hábito desde niño, no recuerdo muy bien si mi padre me lo inculcó, pero teníamos, aun dentro de nuestra estrechez económica, una biblioteca en casa, entonces por qué no leerlos, y ahora que lo pienso bien, si fue mi padre quien recopiló todos esos libros que yo leí de niño, ¿no es acaso él quien de alguna manera me introdujo a este maravilloso mundo de la literatura por medio de la lectura? Yo leía este diario neoyorkino, sobre todo por los avisos de eventos culturales para el fin de semana, que eran muy interesantes siempre, y donde nunca faltaba una obra de teatro hispana o algún concierto musical de algún artista de interés. En *El Diario/La Prensa*, a lo largo de sus 100 años de existencia —el más antiguo en español en Estados Unidos que aún se publica— han escrito infinidad de plumas, columnistas muy buenos, pero de la época en que yo llegué a Estados Unidos siempre me quedaré con dos, mis preferidos de todos los tiempos en el periodismo hispano de esta ciudad: el primero, el recordado periodista cubano Don Luis Ortega Sierra, una leyenda del periodismo, no solo en Nueva York, sino también en todo el país. Él escribió en la famosa revista cubana *Bohemia* de antes de la Revolución castrista, y por mucho tiempo fue defensor de aquella Revolución, aunque sus opiniones comenzaron a cambiar bastante a raíz del viaje que realizó a Cuba, la isla mayor de las Antillas, en 2002. Él fue allá, la recorrió por completo y volvió desengañado de lo que vio. Cuando vio lo empobrecida que estaba su querida isla, todo comenzó a cambiar dentro de Don Luis, y entonces su pluma comenzó a escribir muy diferente, ya no había motivo para seguir apoyando a un movimiento popular que se había alejado de los ideales en que fue instaurado. Se sacó una dictadura del poder en 1958, la de Fulgencio Batista, pero entonces entró otra, la de los hermanos Fidel y Raúl Castro. Cuba entonces no es un país, sino un botín, una hacienda, una propiedad, primero de España, luego de Estados Unidos, después de la mafia italiana instalada en Estados Unidos, y ahora de los comunistas comemierdas que engañaron a su propio pueblo. Don Luis no se conformó como muchos otros pues recorrió el país, no se limitó a tomarse la foto de rigor con Fidel para el álbum del recuerdo; él atestiguó las condiciones de pobreza en que se vive en la isla. Deseaba en el fondo de su corazón ver a su querida Cuba, no solo por última vez, sino también verla libre, soberana e independiente. Él quería recuperar esa Cuba que dejó en sus recuerdos y eso era imposible, la vida avanza y no se detiene, ese era Don Luis Ortega, una figura estimada, respetada y representativa del periodismo latinoamericano en la Gran Manzana. Leer sus columnas era una experiencia única, ya que tenía un don para manejar el humor y la ironía como nadie, como el mejor, y más que escribir lo que hacía era dar clases de periodismo a todo aquel que quisiera aprender. Utilizaba su pluma como un estilete o bisturí, con la maestría propia de un cirujano. Se burlaba con elegancia y daba cachetadas con guante blanco a muchos en el acontecer nacional e internacional, y muchos políticos fueron las víctimas de su humor, sarcasmo e ironía sin iguales. No hubo un solo artículo que escribiera que no consiguiera sacarme una sonrisa, aun con los temas más serios y controversiales, pero se daba maña para aderezar todo eso con algo de su humor que sin dudas evocaba ese sabor caribeño de su recordada isla, era algo único el buen viejo. Su talento, su sutil ironía y su irreverencia siempre serán recordadas, pero nunca igualadas. Fue un grande de verdad sin duda alguna, odiado por los antichavistas y anticastristas de Miami, toda la gusanería de esa ciudad de Florida, en donde se le atacaba sin clemencia, pero él escribía como el mejor y sin duda ¡lo fue! Él los sabía mantener a raya con su hábil pluma, cual valiente mosquetero, moderno D'Artagnan del siglo XX. Nos dio cátedra de periodismo a todos lo que tuvimos la suerte de ser sus lectores, y acuñó frases para el recuerdo como aquella de: "Yo no vendo mi pluma, solo la alquilo", que usaba cuando lo jodían demasiado o lo criticaban, tachándolo de ser mercenario al servicio de Fidel Castro. Como todo en la vida tiene un fin, el de Don Luis llegó en abril de 2011, a los 94 años. Gracias por todas sus enseñanzas Don Luis Ortega, paz en su tumba, al gran maestro.

Un hecho risible y anecdótico del que me acuerdo muy bien fue el de una escritora cubana de Miami, Zoé Valdés, que el mismo día que él murió, salió a publicar un miserable artículo diciendo que Luis Ortega había sido "maricón". Nada más despreciable que este tipo de alimañas que esperan como buitres la muerte de alguien importante para ir sobre la carroña, claro, si se lo dice en vida, Don Luis la demandaba por difamación, la pulverizaba con su pluma o quizás viéndolo bien y conociéndolo por sus mordaces escritos, le hubiera aplicado el látigo del desprecio. Lo mismo me pasó, y tuve la misma sensación de asco, cuando años más tarde, a la muerte de la gran Diva del cine mexicano, La Doña, María Félix. El periodista estrella de Univisión, Jorge Ramos, mexicano como ella, hablaba en una pequeña cápsula de un par de minutos en la estación de radio WADO AM de Nueva York, en el programa del periodista Gerson Borrero, donde él tenía un espacio de unos minutos. En esa ocasión, Ramos lanzaba pestes de su célebre paisana, recientemente desaparecida.

De entre todas las inexactitudes que mencionó Ramos, me acuerdo bien de que dijo que la Félix se había casado con Pedro Infante, cuando todos sabemos que fue con Jorge Negrete. Pasando por críticas por su trabajo actoral, Ramos dijo que ella nunca actuó, que no tenía talento para la actuación. Una diarrea oral tuvo aquel día el afamado Jorge Ramos, tanto fue así que al final de esa cápsula de radio, que con toda seguridad provenía de La Florida, en donde residía Ramos, Gerson Borrero dijo lo siguiente: "La verdad señores, si yo sé lo que Jorge Ramos iba a decir hoy día en mi programa, tengan la seguridad que no lo hubiera lanzado al aire, lo que él acaba de hacer es una bajeza que no tiene nombre, una cobardía ante alguien que ya está muerta, que no se puede defender, es mujer y por encima de todo, es mexicana como él". Nada que agregar a lo que dijo aquella mañana el combativo periodista boricua al respecto de su colega de profesión.

La segunda persona a la que debo mencionar cuando se trata de *El Diario/La Prensa*, es sin duda a alguien muy especial y a quien según palabras de mucha gente que la conoció, o la querías o la odiabas; con ella no había color gris, era blanco o negro todo. Esta mujer también escribía por aquellos años en los que yo llegué a Nueva York, pero yo ya sabía su existencia y trayectoria desde mi país: la indomable y combativa periodista cuzqueña Vicky Peláez. Más adelante contaré la ocasión en que yo la conocí. Peláez siempre destacó y llamó la atención por su carácter y la ideología que tenía, que nunca ocultó, valgan verdades. En mis lejanos recuerdos de ella desde Perú, ella siempre fue alguien distinta, diferente, y comenzó a destacarse desde muy joven cuando apareció en aquel nuevo Canal 2 Frecuencia Latina en Lima, en esa Lima que dejé, que abandoné sin querer hacerlo, pero que lo hice. En aquel noticiero ella aparecía junto a otra estrella de aquellos años de los noticieros en vivo, exprés, que causó sensación en aquella capital peruana, la señora Mónica Chang. En la producción general del noticiero estaba la señora Blanca Rosa Vílchez, a quien he tenido la fortuna de conocer en persona en esta gran metrópoli, ya que ella trabaja para Univisión, la cadena hispana más grande de televisión en Estados Unidos. Aun sin conocerme siempre ha sido muy amable conmigo, las veces en que nos hemos encontrado en eventos de nuestra comunidad mayormente, detalle que siempre he agradecido. Volviendo a Vicky Peláez, ella siempre marcó la diferencia, siempre estaba al pie del cañón, y no dudaba en exponer su integridad física. Reportaba asaltos a sucursales bancarias, secuestros, ataques terroristas, invasiones de terrenos y hasta estuvo presente en Panamá, cuando Estados Unidos realizó la invasión en ese país en 1989. Si no estoy equivocado, fue la única mujer periodista que cubrió esa noticia, y la que fue testigo de excepción de la masacre que se perpetró contra la población civil del barrio de Chorrillos, en la capital panameña, en donde se mataron al menos un millar de personas que fueron enterradas en fosas comunes. Todo eso lo vio Vicky Peláez, hecho que fue mencionado por el gran periodista, escritor, filósofo y activista norteamericano Noam Chomsky en su libro *Deterring Democracy*. Aquella masacre de las fuerzas armadas estadounidenses fue una noticia que cubría Peláez, y sin duda fue motivo para que su nombre fuera de alguna manera tomado en cuenta por los organismos de esta nación que se sintieron incomodados por el trabajo periodístico de ella. Aquella jornada sangrienta en Panamá acabó con la captura del general Manuel Noriega, un títere de Estados Unidos, que ya en 1989 había caído en desgracia, es decir, ya no servía a los intereses de sus antiguos patrones. Noriega fue un traidor de su pueblo y asesino del general Omar Torrijos, quien había asegurado el retorno del canal de Panamá al país, y asesino además del doctor Hugo Spadafora, a quien se decapitó por órdenes expresas de Noriega. Ahora que menciono este hecho, es risible por decirlo menos, que por la obra y gracia del internet me he dado con la sorpresa que los miserables esbirros asesinos, y que eran generales en la época de Noriega, son ahora pastores de iglesia. ¿Alguien puede creer seriamente en la redención de estos miserables asesinos, que ni siquiera se han atrevido a pedir perdón por sus crímenes y excesos contra el pueblo panameño? Temas como este eran materia de artículos por parte de Vicky Peláez, y se podría decir que ella, semana a semana, se encargaba de desenmascarar a toda esta pantomima que muchas veces es la política estadounidense, latinoamericana y mundial. Ella siempre hacía un trabajo exhaustivo de investigación periodística y citando las fuentes para que uno pudiera cotejar la información que ella dejaba en cada una de sus habituales columnas semanales. Siempre tuvo que batallar en su vida personal, como profesional desde nuestro querido Perú, que también sabe ser muy racista con sus hijos, y que la discriminaba y la señalaba como provinciana, india, chola o serrana o como mejor les cayera bien a los racistas de Lima, aunque abundan en todo el territorio inca desgraciadamente. El destacar, para ella, no fue tarea fácil, porque aparte también se burlaban de su pronunciación del idioma español, y más aún del hecho de que era quechua hablante, por tanto, tuvo que lidiar y enfrentar esa discriminación, los estereotipos y el rechazo que han sufrido a través de los siglos las razas autóctonas del Perú profundo. La gente de procedencia andina en el Perú sabe muy bien a qué me refiero, y les consta en carne propia que lo que aquí escribo es la pura verdad al respecto. En el Perú, por tu forma de hablar, por tu color de piel y por tus facciones, se te discrimina y se te margina, pero Vicky Peláez se sobrepuso a todo eso, salió adelante y pudo sobresalir gracias a su talento como periodista y comunicadora social.

Vicky Peláez, al igual que Luis Ortega, sería la segunda influencia grande que yo tendría a la hora de animarme a escribir y colaborar ocasionalmente con *El Diario/La Prensa*. No podía haber mejores, ellos dos eran la crema y nata del periodismo hispano en Nueva York de aquellos años, más que por su estilo marcadamente antiamericano, lo que me atraía de ella era su gran labor investigativa acerca de cada tema que abordaba, yendo hasta el fondo, ya que los sustentaba con fechas, datos y cifras, así como recopilaba toda la información que necesitaba y luego la soltaba como un misil teledirigido rumbo a impactar a su objetivo. No fallaba, siempre daba en el blanco, nada con ella era superficial en su trabajo. Con el tiempo ella caería en desgracia, pero de eso hablaré más adelante, así como del día en que la conocí en persona, pero sin duda alguna ella fue una figura de gran influencia dentro de la comunidad inmigrante latinoamericana de la ciudad de Nueva York.

Retomando entonces lo dicho, este fue un tiempo para comenzar a escribir ya de una manera más consistente y seria, dejar fluir de mi mente y corazón todo lo que yo me enteraba que ocurría alrededor del planeta. Sin tantas vueltas, tenía que dejar saber mi opinión, que es como se llamaría también con el tiempo mi primer libro, *Mi opinión (Actualidad mundial en los ojos de un inmigrante)*. Había que dejar fluir hacia afuera todos mis pensamientos, ideas e inspiraciones que comenzaba a recibir. Todos estos conceptos necesitaban ser expresados en el papel, y eventualmente verían la luz en las columnas de opinión de *El Diario/La Prensa*. El hecho era ser sincero y honesto con el acontecer mundial, decir mi opinión, mi verdad, mi punto de vista, la gente tiene la suya propia, yo solo me enfocaba en dar la mía, pero siempre con la idea de provocar una reacción en lector. El buen Luis Ortega decía: "Hay que ponerle banderillas al lector, aguijonearlo… hay que poner a pensar a la gente, si no, ¡no sirve lo que escribiste!" Así fue como comencé esta aventura del comentario de contenido social, sin planificarlo, sin esperar nada a cambio o que algo pudiera resultar de todo esto, solo tratando de ser veraz, objetivo y de dar mi propio punto de vista, sin importar la crítica o si incomodaba a otros, en eso nunca he pensado. Si pensara de esa manera entonces no escribiría nada, ¿no les parece? Comencé entonces a escudriñar como si fuera yo una especie de radar humano todo el acontecer nacional y mundial. Por algún motivo me tocó vivir en esta etapa de mi existencia en Estados Unidos, y entonces había que aprovechar esa coyuntura, No hacerlo sería desaprovechar una oportunidad única, y yo solo quería alinearme con lo que consideraba de alguna manera mi misión, comunicar, transmitir mis ideas y exponer mis pensamientos. Nunca dudé ni tuve miedo, escribir sería para mí al igual que hacer teatro y enfrentar a la gente al hacerlo, como desnudarte delante del público, desnudar el alma. Escribir y actuar para mí eran y son el mismo proceso, son como un ritual sagrado que se debe hacer de esa manera, de otro modo no funciona para mí. En el proceso de descubrirme como escritor, un amigo me dijo alguna vez: "Tú eres como un cronista del nuevo milenio, Carlos". Me gustó eso, dejar una prueba, un relato de lo que yo vi, atestigüé o me enteré por las noticias que ocurrió en Estados Unidos y en el mundo, para que las nuevas generaciones tengan una visión, mi visión, otra visión, de lo que pueden decir las redes sociales o las versiones "oficiales" de la prensa nacional e internacional.

En 2007 de alguna manera tenía estabilidad laboral, y eso me daba la oportunidad de enfocarme en la escritura y en seguir estudiando más a fondo la astrología. El empleo en la cocina de Goldman Sachs me daba la tranquilidad, y eso era importante, y sobre todo tenía tiempo para mí. El edificio de esta compañía en Jersey City en donde yo trabajaba estaba amenazado con ser un próximo objetivo de ataque por parte de la organización terrorista Al Qaida y de Osama bin Laden, el supuesto responsable intelectual de los ataques que provocaron la caída de las Torres Gemelas de Nueva York. Lo menciono porque esa amenaza era un rumor en todo el edificio, aunque a mí en lo personal no me afectó, a Blanca como que la preocupó más, pero por una amenaza yo no iba a dejar un trabajo en donde era muy difícil entrar. La tensión y ansiedad se las tuvo que controlar Blanca como ella mejor pudiera, ya que entonces vivíamos juntos. Había otras cosas que preocupaban más, como pagar las letras mensuales de una casa, la casa de ella, eso lo tengo claro; yo solo ayudé, claro con dinero también, pero de eso es mejor obviar. Debo confesar que yo estaba muy enamorado de Blanca y de eso puede dar fe mucha gente que nos conoció, no obstante, la relación siempre fue una incógnita para mí, más neptuniana no podía ser, pero qué se le va a hacer, yo era feliz de esa manera, a mi modo, eso me daba alegría, y era todo lo que me importaba. La vida, cuando se vive a la velocidad que se vive en este país, se te va muy rápido, como agua entre los dedos, no hay modo de detenerla, por eso algunos se la tratan de beber de un solo trago y así tampoco es. Si no nos damos permiso a nosotros mismos de amarnos, habremos desperdiciado una gran oportunidad de evolucionar y crecer como seres humanos. Aquí solo se viene una vez, sí, solo se viene a ver cuánto amor pudimos dar a otros, esa es la única riqueza que uno se va a llevar y se la llevará en el alma cada uno de nosotros.

Esto debe de ir con toda seguridad en contra de mucho de lo que la gente desea o piensa, pero yo no funciono ni vivo con base a la gente, de lo que piensa, nunca lo he hecho, ni en Perú ni aquí. La gente viene a Estados Unidos y para muchos se trata de hacer mucha plata, trabajar como burros y sacar cuentas para el futuro, que a veces ni ellos mismos llegarán a vivir, sin embargo, cada uno vive según sus creencias y sus prioridades. Un escritor estadounidense publicó un libro muy interesante el cual se basaba en una serie de entrevistas a personas de la tercera edad, residentes de un asilo de ancianos, en donde la gente desecha a sus familiares mayores como si fueran despojos inservibles, hablemos claro, es la verdad. El autor recogía el testimonio de hombres y mujeres ya ancianos, muchos cerca de la muerte, enfermos terminales o simplemente abandonados en los asilos, lo curioso era que ante la pregunta: "¿Qué te gustaría hacer, intentar o volver hacer si tuvieras la oportunidad?", ninguno de ellos, nadie mencionó el trabajar o trabajar más, y entonces esa es la única verdad. Todo lo que tenemos en esta vida es el tiempo y es un recurso que se agota conforme pasan los días, los minutos y los segundos, entonces empleémoslo en lo que es verdaderamente importante para cada uno de nosotros.

El 7 de julio de 2007, en una salida con Blanca, sucedió algo que me tomó por sorpresa totalmente. ¡A Blanca se le ocurrió la brillante idea de casarse conmigo! Me propuso matrimonio de un momento a otro, de improviso. Conociendo su carácter y manera de ser, no debía de sorprenderme sinceramente, ella era así, como un huracán o una fuerza desatada de la naturaleza; se atrevía a decir y hacer cosas como esa y mucho más. Yo dije. "¡Acepto!" Ahora no sé si fue porque ya un par de veces le había pedido vivir juntos y conocernos más, y lo hizo por ayudarme, por solidaridad, no porque sentía amor por mí. ¿Quién sabe los misterios del corazón de una mujer? Así es que yo ya tenía una propuesta de matrimonio formal, algo rarísimo, de comedia, no porque yo no me pudiera casar o no lo quisiera, sino porque ella fue quien me lo propuso. Yo ya se lo había pedido dos veces antes, pero ella no quiso, y como dije en un capítulo anterior, a mí nunca me pasó por la cabeza arreglar mi situación legal casándome, o sea por papeles. Aquella decisión de Blanca y mía también obviamente cambiaría todo radicalmente en el corto plazo, había que comenzar a planear un futuro juntos y decidir dónde viviríamos; una cosa era vivir cada uno en su casa, pero otra muy distinta pensar y decidir vivir juntos. Me acuerdo de que un buen día le dije a Blanca: "De los dos, tú tienes más experiencia que yo, ya te has divorciado dos veces, esta sería tu tercera relación, te pido que me ayudes a poder salir adelante, a triunfar en esta relación, para mí será la primera vez en serio que lo haré, pero no me arrepiento porque te quiero de verdad. Ayúdame a que seamos los dos felices". Solo me besó y estrechándome contra su cuerpo guardó silencio, muchas veces los demonios que tenemos dentro son más fuertes que nosotros. Entonces todo cambió, se alteró, la prioridad ahora era ahorrar al máximo, hacer economía en todo, era lo fundamental. Además Blanca quería comprar una casa y había que apoyarla en ese esfuerzo, ya que nos íbamos a casar y a ser una familia, o a comenzarla en todo caso. No teníamos hijos juntos, pero ella tenía uno de su anterior compromiso, entonces todas las energías se dedicaron a conseguir dinero para comprar una casa, y desde allí comenzar a forjar algo que nunca me había cruzado por la mente, ponerme serio y sentar cabeza, serio lo era a mi manera. Lo que pasa es que yo soy extraño, soy triple acuario, no soy convencional, yo no me guío ni actúo por lo que dice, piensa o decide la gente, soy como soy como dice la canción de Pedro Infante, «Yo soy quien soy y no me parezco a nadie». Blanca quería tener casa propia y una vez que me compartió la idea, nos pusimos a juntar dinero para lograr ese objetivo, y la rapidez con que lo hiciéramos iba a definir el tiempo en que demoraríamos para conseguir la casa y mudarnos a ella. Me da tranquilidad que yo hice y puse todo lo que tuve que poner para lograr materializar ese sueño, y de lo cual no me arrepiento, ya que la relación no funcionó, todo se terminó, con el tiempo, lógico. Muchos dirán por ahí que perdí todo mi dinero, quizás sí o quizás no, pero lo hecho, hecho está y fue por amor, la ayudé porque yo amaba con pasión y con todo mi corazón a Blanca.

No hay nada más qué decir, si no resultó, lástima, qué se va a hacer. Como le dije a Blanca una vez: "Hubiera sido mucho peor no haberlo intentado, cuando uno hace algo, se hace de corazón, con pasión, si no, no se hace nada, se gana o se pierde, como en el fútbol, si no, no te vas a atrever a hacer algo, entonces, ¿para qué estás vivo y para qué respiras?" O como dice un viejo dicho, creo que oriental: "Nadie puede esperar llegar a donde nunca ha caminado", o el que dice: "Si acometes hacia metas grandes, objetivos grandes, tendrás que hacer un gran esfuerzo, porque solo lo grande alcanza lo grande".

Cuando recuerdo y pienso en toda esa parte de mi vida, que estaba convencido al 100 por ciento de lo que yo estaba haciendo, nunca pensé en el fracaso, en que no iba a resultar bien. En mi relación con Blanca y con la astrología, lo mismo, quizás no sabiendo que luego esa ciencia la iba a trabajar atendiendo a la gente, pero sí con la certeza de que eso era lo que me hacía sentir completo, feliz. Tener ese conocimiento milenario me confortaba, le daba paz a mi alma, a mi espíritu, y lógicamente echaba mano de ella más continuamente y con más maestría día a día. Siempre dije desde un primer momento, desde que apareció la idea de comprar la casa con Blanca —idea original fue totalmente de ella, ilusión y sueño de ella— que la casa a mí no me interesaba, porque aunque probablemente ahí íbamos a vivir juntos los dos en un futuro como pareja y tratar de conformar un hogar, que yo la iba apoyar a ella de todas maneras y desinteresadamente. La casa siempre sería de ella y nada de ella sería mío, por más que yo ayudara con dinero. Que ella dijera que la casa también era mía, era algo que ella expresó, pero que yo nunca tomé en serio, no porque no le creyera, sino porque no quería tener ese interés. Yo estaba enamorado de ella y eso era lo que me interesaba, compartir mi vida con la persona que yo amaba. Si ella no sentía lo mismo que yo, no sé, eso no me quitaba el sueño, en todo caso quise creer que así era, lógico, no soy tonto, y sé que ella me iba a dar tremenda idea con ayudarme a conseguir mis papeles a través del matrimonio, y eso yo lo debería agradecer por siempre, pero las cosas no resultaron como yo pensé, así es la vida a veces. Me hace bien manifestar eso, porque así fue como yo lo entendí y lo quise siempre mantener de ese modo, pero dándole preferencia al sentimiento de amor, eso era básico para mí, si no hay amor, no hay nada, ¿para qué casarse entonces? Yo la amaba profundamente, solo quería colaborar con mi amor para hacerla feliz y también ayudarla a tener su casa propia. Al poco tiempo después de darse a la tarea de buscar casa, consiguió una finalmente, se hicieron los trámites con una corredora de casas que era más ambiciosa que un tiburón hambriento del Caribe, pues se notaba la ambición y el apuro por vender una casa. A veces uno se pregunta, ¿qué sería capaz de vender esta persona por dinero? Si, así era la codicia que enseñaba aquella mujer que nos vendió la casa a donde después nos mudaríamos. Después tuvimos que hacerla habitable, pintarla, arreglarla, limpiarla, pulirla, de todo, se hizo de todo. Viviríamos en el sótano y los otros tres pisos se rentarían para que la casa se pagara solo con la propia renta de los demás inquilinos. En teoría todo marchaba bien, después la vida y la experiencia del día a día nos mostrarían que todo iba a ser muy diferente. Una vez que la tuvimos lista y remodelada, nos mudamos a ella. Habían pasado un par de meses desde que se compró, y siempre quedará el recuerdo de la primera noche que pasamos juntos en nuestra nueva casa, ¡el sueño de la casa propia y del sueño americano! En fin, da ilusión así yo diga lo que diga, yo también estaba ahí y era parte de todo este sueño sin duda. Aquel día y quizás por solo aquella noche fuimos un hogar, el hogar que yo no tenía y que había perdido ya hace muchos años atrás al morir mi madre y mi hermano Pablo, y aún más atrás en el tiempo cuando mis padres, siendo yo un adolescente, se divorciaron. Era volver a comenzar a construir algo, algo que yo había perdido, que había muerto en mi pasado, que la vida me había arrebatado y que yo ahora tenía la oportunidad de volver a tener, de volver a conseguir. El tiempo y la vida me mostrarían luego que yo estaba muy equivocado, pero aquella noche siempre vivirá en las palabras de Blanca cuando, abrazados en la cocina de la casa nueva, nuestra casa, me abrazó fuerte de improviso, y mirándome fijamente a los ojos, claramente emocionada, me dijo: "Mil gracias, gracias desde el fondo de mi corazón, Carlos, esto, este sueño no hubiera sido posible sin tu valioso apoyo y colaboración, nunca te podré pagar lo que has hecho por mí". Me rodeó fuertemente con sus brazos y no la dejé continuar hablando, la mandé callar con mis besos. En esos momentos así, el mundo debería detenerse, la vida no debería continuar, ¿acaso faltaba algo más para ser feliz? Es muy distinta vivir la vida cuando uno la vive, o la lucha, si les gusta más esa palabra, cuando es para uno mismo, para uno solo, pero cuando es junto a otra persona y esta es la persona que tú amas, ya todo cambia, ya nada es ni puede ser igual, y si es lejos de tu país, mucho más aún, es confiar al 100 o 200 por ciento en tu pareja, no puede ni debe haber margen de error o, en todo caso, yo lo creía así. Se pueden lograr muchas cosas en una sociedad matrimonial, que al fin y al cabo es eso, una sociedad en común, entre dos seres que se aman, luchar juntos por construir nuestros sueños, hacerlos realidad, cuidarnos mutuamente, velar uno por el otro, que cómo te fue en tu día, que cómo te sientes, qué tal te fue en el trabajo, ¿tienes hambre, sed? Eso es lo ideal o también puede ser que la dura realidad te haga aterrizar de un golpe y te estrelles contra el suelo, estrellarte contra lo que nunca pensaste que pasara, que nunca imaginaste vivir. "Yo no vendo mi alma al diablo, soy pobre, pero con mi conciencia tranquila".

40

DEBUT ASTROLÓGICO

En 2007 empecé a vislumbrar mi capacidad de interpretar las cartas astrológicas natales a otras personas, y una de las primeras fue precisamente la mujer que le vendió la casa a Blanca, que fue ni más ni menos la persona a quien se le ocurrió la genial idea! ¿A quién más se le podía ocurrir algo así? La verdad hasta ahora no sé por qué lo hizo, para lucirse delante de la mujer o para poner a prueba mi conocimiento o dominio acerca de la astrología. He de ser sincero y debo confesar que tampoco yo estaba tan seguro de mi aptitud de hacerlo para otras personas. Inicialmente, aplicar esta ciencia y este entendimiento que aprendí era solo para mí, para utilizarla y ayudarme con ella en mi evolución, en mi día a día, no para compartirlo con los demás, además, ¿por qué debería yo hacerlo? Suponía que la gente también debía hacer su propia búsqueda como yo la había hecho por tanto tiempo, hasta encontrar algo que me llenó y me dio entendimiento de mi energía, de por qué me habían pasado todas las cosas en mi vida, la cual ahora tenía sentido finalmente para mí. Nunca había intentado leer la carta astral a alguien hasta antes de esta cita que Blanca arregló entre mí y la mujer que nos vendió la casa donde vivimos. Esto fue una sorpresa total, una prueba final, una especie de examen, y tenía que saber si yo lo podía pasar, si podía aprobar la prueba que aparecía en mi camino. Ahora sabría realmente si era astrólogo o no, si lo que yo aplicaba y funcionaba en mi vida en el plano personal también podría impactar a otra gente, ayudarla de alguna manera.

Contaré la anécdota de manera completa para que tenga mayor validez. Blanca estaba tratando de acabar los trámites de la compra de la casa con la vendedora, quien al parecer no tenía mucho interés en apurarse a terminar el proceso, además de ponerle muchas trabas y demoras, pero mi leona era sagaz y se las inventó. Un buen día que llegó a nuestra ya recién estrenada casa, me recibió muy cariñosa y atentamente diciéndome:

—¡Hola Papi! ¿Cómo te fue en el trabajo?
—Todo bien, amor y ¿tú?
—Todo normal, sin novedad.
—¿Te sirvo la cena ya o te vas a duchar primero, corazón?
—No, está bien, sírvela si quieres, no me demora nada, es solo un duchazo y ya, quedo listo de una, es solo refrescarme, amor.
—Perfecto, ah, pero ¿sabes?, ¡te tengo una sorpresa!
—Oh, ¿sí, de qué se trata?, tú me dirás, amor.
—¡Te conseguí tu primer cliente!
—Mi... ¿qué?
—Tu primer cliente, papacito, yo creo que ya es hora de que pongas en práctica todo eso que tú sabes y dominas tan bien, ¿no te parece?

Yo primero pensé que era broma, que estaba jugando, cuando de pronto remató diciendo:

—Quedé con la mujer de bienes raíces, o sea la que me vendió la casa, en vernos con ella el sábado al mediodía para almorzar, y de paso le lees su carta astral, ¿te parece bien, papi?
—¿Qué? Óyeme y a quién tú le has preguntado para saber si yo acepto hacer eso, ¿si se puede saber?
—Pero mi amor, cómo vas a decir que no, no ves que es para beneficio nuestro y así esta arpía nos da más rápido los papeles de la casa, ¿no te das cuenta, amor? Es por nuestro bien.
—¿Pero por qué no me preguntas antes? ¡Por qué no me avisas antes, carajo!
—Ay, ¡no te pongas así!
—Y si yo vengo muerto de cansancio del trabajo, ¿o crees que es cualquier cosa leerle la carta astral a una persona? Hay que preparar trabajo. ¿Y sus datos su información? ¡Yo no tengo nada de eso, no sé nada de ella!
—Ah, de eso no te preocupes amor, ¡yo tengo todos sus datos! Aquí están, mira — dijo, alcanzándome un papel.

Solo atiné a mirarla y decir:
—Me voy a duchar, ¡carajo!
—Ay, pero qué carácter, mi amor, por favor.

—Cállate, ¿sí? Déjame ducharme.
—Sí, sí ve nomás papi, ya te sirvo tu cena.

Así fue como arrancó todo, de una imposición femenina, ja, ja, vino todo por parte de mi mujer, de mi pareja, y si no hubiera sido por ella, quizás nunca me hubiera atrevido hacerlo o quizás me hubiera demorado más. Creo que estaba en mi destino practicar la astrología, es natural en mí, está en mi energía, lógico, la estudié, pero es como mi naturaleza, como si la respirara, es parte de mi energía natural. Antes de aquel pedido, yo le había leído su propia carta astral a Blanca, porque ella expresamente me lo había pedido, en una de las muchas salidas que uno tiene cuando está tratando de conquistar a la mujer que nos tiene enamorados; fueron dos veces, la siguiente ya fue cuando vivíamos juntos. Me acuerdo que la primera vez fue después de haber paseado todo el día por Nueva York, y ya de regreso a Jersey City y aún dentro del auto de ella. Antes de que me dejara en mi departamento, ella se parqueó en un lugar tranquilo y me pidió que se la leyera. Yo tenía todo listo en mi mochila, ¡mi inseparable mochila! Y comencé, entré ¡en trance!, como dicen algunos clientes que con el tiempo he atendido en una consulta astrológica. Leí, leí y leí, sin parar, solo concentrado en lo que veía, en lo que se desplegaba ante mis ojos. Ya había pasado un buen rato, calculo yo, como media hora o cuarenta minutos, cuando de pronto escuché un sollozo, era Blanca, volteé la cabeza y la vi llorando en el lugar del chofer, sus ojos estaban inundados en llanto, se secaba ya las lágrimas. Vaya a saber ¡cuánto rato ya venía llorando en silencio!

—¿Qué te pasa, estás bien?
—¡Un día tú vas a ser un gran astrólogo, Carlos! ¡Eres un trome (muy hábil) en eso que tú haces, en eso que tú sabes! Quizás no te lo vuelvo a decir, Wpero tú siempre serás el único hombre que más me ha conocido, quiero que lo sepas. Esa ciencia te da un conocimiento único sobre la gente, y sé que lo utilizarás muy bien, en beneficio de mucha gente, nunca lo olvides, amor.

Dejé de leer, ya había leído demasiado, era tarde aquel domingo de otoño.

—Vamos a descansar, mami, ya es tarde, déjame en mi casa, por favor.

Ella encendió el motor del auto al mismo tiempo que me daba un beso, el beso era un gracias que tenía un sabor salado esta vez, diferente a los besos que ella me había dado antes; este tenía sabor a su alma, a sus secretos más íntimos y que yo, sin querer, le había revelado, me había atrevido a develarlos en parte. Cuando llegué a casa y no pudiendo dormir, me puse a pensar y caí en cuenta del poder y el alcance que puede llegar a tener esta maravillosa ciencia-arte. Hay que ser un artista para interpretar esto, eso no lo hace cualquiera. Esa noche se me hizo más que nunca evidente la famosa frase que una vez leí en un libro del gran Dane Rudhyar, el padre de la astrología moderna: "La astrología debe ser graduada, administrada como si fuera una medicina, dosis acertadas y justas, pueden llegar a curar, pero en dosis equivocadas, pueden llegar a causar daño, a matar". Y sí, creo que él tenía razón completamente, suena quizás dramática esa expresión, pero es la pura verdad. Aquellos sucesos me irían preparando poco a poco para el cambio que vendría después en mi camino, para lo que después sucedería en mi vida, en lo que a la astrología se refiere. La otra experiencia temprana con la consulta astrológica vino cuando interpreté la carta de la mujer que le había vendido la casa a Blanca, esa fue la segunda prueba de fuego, y ahí sí estaba nervioso. A Blanca la conocía, ya había dormido con ella, era mi mujer, pero esta era una persona completamente extraña para mí, no la conocía. ¿Qué le iba yo a decir? ¿Iré a meter la pata? No la vaya yo a embarrar y jodo todo lo que mi mami está queriendo lograr, en fin, ¡pal carajo, todo!, vamos a hacerlo.

Nos encontramos como lo acordado, el sábado al mediodía, para ir a almorzar con ella, y de ahí a leerle su carta astral, bueno, esa era la idea original. De pronto todo cambiaría, esa misma mañana, pasamos por la agencia de venta de casas y salía aquella mujer, quien era del Caribe, no me acuerdo el país, pero sin duda había fuego en ella. Nos propuso ir todos en su auto, entonces Blanca dejó el suyo en aquel lugar y todos nos subimos al carro de la agente de bienes raíces, ellas adelante, y yo atrás. En ese instante tuve ese tipo de inspiraciones que me vienen mucho cuando estoy en la nota astrológica, de una dije, cuando ya el auto estaba en marcha: "No quiero que me vayan a interrumpir, yo voy a comenzar a leer su carta astral señora, y no me diga nada; si tiene alguna pregunta se espera hasta que yo termine y me la hace, ¿le parece?" Fue una sorpresa total, ya que ellas ya querían comenzar, como hace la mayoría de las mujeres, a lorear. Entonces vi que ella me vio por el espejo retrovisor y asintió con la cabeza, cuando yo podía ver su mirada en el reflejo. "¡Gracias!" Ya Blanca me había dado aquella noche que me salió con su sorpresita toda la información que necesitaba de esta mujer. Ella sabía muy bien lo que era necesario para hacer esto, y había reunido toda la información necesaria, todo lo había preparado en aquella noche, que fue una larga noche, como la canción de Chabuca Granda. Le pedí esa noche harto café a Blanca y no me fui a dormir hasta terminar de levantar la carta astral de esa mujer, así se le llama al proceso de elaboración de la carta astrológica de una persona y para lo cual se necesita saber los siguientes datos: la fecha completa de nacimiento, la hora exacta y el lugar de nacimiento (ciudad y país), la hora de nacimiento mientras más exacta es mucho mejor, ya que la información que provea la carta astral así será más puntual y precisa. Blanca lo había arreglado todo para hacerlo al día siguiente, y ese fue mi enojo con ella también; uno muerto de cansancio de llegar del trabajo como un perro y ¡que te salgan con esas sorpresas! Estaba ya cómodamente sentado en el asiento de atrás del auto, y comencé a decir todo lo que sabía y lo que aquel papel delante de mis ojos me permitía ver, me fui de una, no me detuve, no podía, era como estar en trance, sí, entré en trance, y lancé hacia afuera todo lo que tenía que ser dicho para conocimiento de esta mujer caribeña. La carta me la había imprimido mi querida maestra Melva Ortiz, a quien tuve que molestar a última hora, ya que yo no tenía impresora. Yo había hecho todo a mano la noche anterior, pero quería darle una copia a la mujer, ya que queriéndolo o no, era mi primera clienta, y quería yo hacer las cosas muy bien, como deben ser hechas, con la cliente llevándose una copia de su carta y con información de su carta para que la conservara con ella. Pasé muy rápido por la mañana, recogí la copia y le agradecí mucho el favor a Melva.

—Bueno, comencemos entonces. Si gusta ponga música suave o una estación de música clásica.

—Bien, eso haré, Carlos, gracias por la sugerencia.

—Bien señora, hoy día yo le voy a hacer un regalo muy especial, no sé cómo han arreglado con Blanca, ustedes sabrán, pero le voy a decir algo que es muy especial y que espero que usted sepa valorar mucho. Yo sé por Blanca que ya le ha explicado cómo es esto, y además ustedes las mujeres del Caribe han crecido casi siempre escuchando y sabiendo quién es Walter Mercado, el gran astrólogo puertorriqueño. Bueno, yo aprendí de la mujer que le enseñó la astrología a él. Así que ya sabe lo que va ahora a oír, es astrología de la mejor, de calidad, ¡aprecie el regalo por favor! Yo seguí leyendo la carta astral de aquella mujer caribeña. Ella y Blanca se miraban mutuamente, pero no se decían nada, era un poco extraño todo eso, pero yo no me podía desconcentrar, tenía que dar lo mejor de mí, no le podía fallar a esa mujer ni a Blanca, pero sobre todo no me podía fallar a mí. Decir que recuerdo qué dije en aquel viaje camino al restaurant donde luego almorzaríamos sería no solo mentirles, si no también antiético, algo que bajo ningún motivo estoy supuesto a revelar, y mucho menos en un libro. Además, todo lo que recuerdo es que hablé sin parar. Cuando llegamos al lugar donde íbamos a almorzar, la mujer parqueó el auto y sin bajar aún, volteó, miró solamente a Blanca y le dijo:

—Yo lo he dejado hablar, porque como dijo él no quería ser interrumpido, tú sabes Blanca porque yo quería oír esto, pero solo una cosa te voy yo a decir: él es muy impresionante Blanca, Carlos sabe de lo que habla, no sé quién le enseñó, ni cómo aprendió lo que me acaba de decir. Nosotros no nos hemos accidentado de milagro, óyeme bien, porque me ha dicho cada cosa camino a este lugar que, si fuera otra, ya nos hubiéramos estrellado hace un buen rato, atrás en la ruta, ¡qué bárbaro, mujer! Todo lo que me ha dicho en la carretera es exacto, es correcto, acertó en todo, pero sobre todo dijo algo al final, que eso es muy difícil que alguien lo sepa o que él lo sepa en todo caso.

—¿Qué? —dijo al toque Blanca, con esa cara de intrigada que ponía cada vez que escuchaba algo que llamara su atención.

—Él dijo que yo tuviera cuidado con mis piernas, con mis caderas, que tuviera cuidado de no tener un accidente.

—¿Y qué hay con eso?

—¡Qué justamente el año pasado me operaron de las caderas! Yo no pude caminar por un tiempo.

En ese momento Blanca giró la cabeza rápidamente y me miró como cuando un niño hace una travesura o se comporta mal, tenía los ojos bien abiertos. Nunca olvidaré esa expresión facial, era una mirada como diciendo ¿cómo supiste eso? Sé que desde ahí, desde aquella ocasión, Blanca nunca más dudaría de lo que yo sabía y había aprendido de la astrología, y si alguna duda le quedaba, esa duda se disipó en ese momento inolvidable. Desde aquella fecha hasta el final de nuestra relación, a donde quiera que los dos íbamos, Blanca no dejaba de presumir de lo gran astrólogo que era su pareja, con sus compañeras de trabajo, familia y amistades: "Señoras y señores, les presento a Carlos Anaya Mantilla, mi novio y mi astrólogo personal". Sí, ¡cuán orgullosa ella estaba de mí! Gracias por la confianza, por lanzarme al ruedo y, por sobre todo, creer en mí, ¡sabías que no te iba a defraudar, Blanquita!

DEBUT ASTROLÓGICO

Aún queda otra anécdota de aquellos días, y fue la vez en que Blanca quería saber con seguridad qué día le entregarían las llaves de la casa para ya comenzar a mudarnos de a poco. Algo se había movido en la mujer que nos había vendido la casa después de escuchar su lectura astrológica, quedó agradecida, pero aún estaba rompiendo las pelotas al demorarse con algunos trámites finales. Blanca estaba preocupada e insistió tanto para que yo le dijera una fecha en que le entregarían las llaves, y no tuve más remedio que complacerla. Me senté de nuevo en la mesa de la cocina y después de chequear con mi calendario planetario y ver los tránsitos natales astrológicos de mi novia, le dije:

—Será el 12 de diciembre cuando te den las llaves.
—¿En serio?
—Sí, y ya no me molestes más por favor, te lo voy a agradecer mucho.

Ya en verdad la astrología me estaba diciendo que íbamos por buen camino, tanto en lo personal como en el estudio de la ciencia, y no es que sea muy difícil, pero tampoco es fácil predecir eventos y situaciones que se van o deben desarrollar en el futuro inmediato. Uno no es Nostradamus definitivamente, se necesita esfuerzo, mucho estudio y como en mi caso, mucha intuición o lo que otros quizás llamarían psiquismo. El proceso de aprender la astrología creo yo que se me hizo un poco más fácil a mí, sobre todo por los planetas natales que tengo en mi casa 12, mi Sol y mi Luna en Acuario, todos en conjunción al ascendente en el mismo signo zodiacal. Es como decir que de alguna manera vine a ser lo que soy, y que quizá en una vida anterior ya había sido astrólogo, que en esta solo necesité reconectar y lógico estudiar de nuevo, pero todo estaba ahí, las herramientas naturales para aprender, además de la disposición y capacidad para interpretar esta milenaria ciencia. Agradezco a Dios y al gran universo cósmico por este regalo maravilloso, aunque me hubiera gustado que sucediera antes en mi vida y así poder haber evitado tantas sorpresas, pero entiendo que son cosas que debía vivir y aprender por mí mismo. Todo tiene un tiempo perfecto para que suceda, esa es la sincronía de la vida, donde todos somos los músicos de esta gran orquesta que es la vida, todos debemos tocar esta música, pero debe estar muy bien instrumentada, interpretada, entonces la misión de uno es no desesperarse ni angustiarse, y fluir con la energía. Es básicamente estar enfocado en el presente, como un baile, ni muy despacio ni muy rápido, que uno no luzca mal en la danza de la vida.

41

Showtime

Trabajar en Estados Unidos como inmigrante me ha relacionado con un gran número de trabajadores de otras nacionalidades, lo que me ha permitido conocer algunos aspectos de su vida durante las casi tres décadas que he vivido en este país. Uno de ellos fue Román, quien llegó a Estados Unidos procedente de su país a los 20 años, cruzó solo la línea fronteriza, y desde entonces no ha visto a su madre. Él trabajaba duro, pero tenía un problema: consumía drogas. Por lo demás, no le hacía daño a nadie, y se percibía que era una buena persona. A su madre que vivía en su país no le faltaba nada gracias a los envíos de dinero por parte de Román. Ella, como millones de otras madres de inmigrantes, vivía en un país latinoamericano en el que, como es una lamentable costumbre, los presidentes, las autoridades y los ricos se reparten lo que les corresponde a cada país. Ella mantenía a dos hijos más, los hermanos menores de Román, y estaba divorciada. Román era un joven que ni siquiera tenía pinta de pandillero, vamos, de lo que se dice pandillero, solo que estaba enfermo, tenía esa adicción. En lo laboral le gustaba el trabajo de cocina y ahí, cocinando, sacaba todo lo que había en su corazón, ese corazón que viajaba a su país cada noche cuando, escuchando música, hacía sus labores en la cocina. Su ánimo era tranquilo, solo estaba confundido, y era un alma que sufría por el abuso que tuvo con su padre en su niñez. Lo redimía algo: el gran amor por su madre y sus hermanos y, por qué no decirlo, por su lejano país. Como tantos otros, Román anhelaba un día volver a su tierra, pero se conformaba al saber que nada le faltaba a su madre ni a sus hermanos.

El 2007 sería en general un año productivo, lleno de mucho aprendizaje a pasos agigantados, de estabilidad laboral y económica, algo difícil de hallar en este país, y más cuando no se cuenta con un estatus legal. Uno de los lugares en donde siempre me he sentido bien trabajando es en la cocina. Al comienzo quizás no con tanta pasión, pero después ya fue así, cuando comprendí por la misma astrología que esto era parte de mi energía natal planetaria. Mi gusto por este tipo de trabajo me motivaba a llegar temprano a la enorme cocina de Goldman Sachs en donde yo trabajaba en ese tiempo. Comenzaba a surtir a otros empleados con lo que necesitaban, ya sea cortando salami, pavo o jamón y otras carnes frías para quienes hacían desayunos o almuerzos en la parrilla. Parte de mis cortes de carnes eran para la estación de las carnes frías y quesos de todo tipo, y otra para la parrilla. Mis tareas diarias incluían también limpiar la máquina rebanadora, y después cortar los vegetales o verduras necesarias para los almuerzos, como lechugas y tomates. Mientras desempeñaba estos deberes, siempre prestaba atención a lo que me dijo una vez, un gran chef que conocí en una de tantas cocinas:

—No importa para cuántas cosas tengas que usar la máquina de cortar quesos, carnes, vegetales, siempre tómate tu tiempo, no corras. La máquina es máquina, y no piensa, ni espera, hazlo bien y a tu ritmo. La hoja de esta cortadora es peligrosa, ya algunos se han accidentado trabajando en eso.

—Está bien jefe.

—No lo olvides nunca, Carlos, porque el día que lo olvides te puedes accidentar, ya lo sabes.

—Está bien, me cuidaré, jefe.

—Bien, ahora ya lo sabes.

Después de esa primera parte de la preparación de alimentos en la cocina, seguía yo preparando lo del día. Todo tenía que estar fresco, como las ensaladas de pollo, atún, papa y huevo, de todas ellas, la más delicada era la de huevo, ya que tenía que cuidar que no se encontrara pasada, vieja o a más de 40 grados de temperatura, o señalada por parte del supervisor. El huevo, si está pasado, puede llegar a enfermar a algún inocente comensal, y hasta matarlo por intoxicación alimentaria. Esta era la cocina de una compañía grande e importante de negocios, y a nosotros nos inspeccionaba la agencia federal de alimentos para verificar la temperatura. Obviamente, los inspectores nos visitaban de sorpresa una vez al mes, nunca sabíamos cuándo, por tanto, teníamos que estar preparados siempre para que no nos sorprendieran en una mala práctica de seguridad alimentaria. Otras de mis tareas incluían preparar los *paninis*, los sándwiches italianos que estaban de moda por esos días. Todos los días se hacían con diferentes ingredientes como pollo y carne, así como uno vegetariano, pues la gente siempre lo pedía. En el trabajo de cocina sucede que a veces no tienes algo porque ya se ha acabado, entonces no lo preparas porque piensas que nadie lo va a pedir, y ese día justamente toda la gente que llega al negocio te van a ordenar lo que precisamente no tienes. Así es el negocio de la comida, nunca falla eso, es palabra sagrada, parece como si la gente lo supiera, tuviera un sexto sentido o se pasara la voz para pedirnos casualmente lo que no hay o se nos acaba de terminar.

Al escribir esto me sorprendía el darme cuenta que a pesar de haber pasado 10 años o más de haber trabajado en esa cocina, aún recordaba todo con exactitud, es decir todavía no me olvidaba de mi rutina en aquel lugar de trabajo. Eso quiere decir que hubo enfoque en lo que hacía, y eso está muy bien. Para cuando yo me detenía de hacer esas labores, eran algo así como las 11:15 de la mañana, es decir, que tenía 15 minutos para limpiar mi estación, arreglarme y salir a mi estación de venta de comida, que también yo había preparado y organizado a la perfección para que no me faltara nada a la hora de que esta se abría a los clientes. Ahí ya no había tiempo para nada, solo para darle duro a la chamba, y sin parar. Nadie abandona la línea de comida bajo ningún motivo. Antes de salir a escena o de comenzar a atender a la gente en el comedor yo solía soltar siempre mi frase clásica: *Showtime, my friends!* (Comienza el espectáculo mis amigos). Esta expresión se volvió una costumbre diaria antes de salir atender a la clientela, y no sé por qué la decía, solo salió de mí un buen día y ¡se quedó ahí! Es curioso pues tiempo después, esa frase tendría más sentido para mí cuando comencé a participar en obras de teatro en Nueva York. Como que algo en mí ya me avisaba o me lanzaba a expresar esa frase tan teatral en una cocina de Jersey, si no, ¿cómo se explica eso?

En aquel comedor se atendía a la gente sin parar, haciendo de todo: sándwiches, hamburguesas, paninis, lo que fuere, y así, sin detenernos hasta la hora del almuerzo, como a la 1:30 o 2:00 de la tarde, si teníamos suerte y no nos "atacaban" tan fuerte las dos mil personas que siempre venían a almorzar al restaurante. Esta gran cantidad de personas se debía a que casi ningún empleado salía del edificio, la mayoría se quedaba a comer ahí. Esto era una escena similar a un ataque como de película entre apaches y vaqueros, sin cuartel, y había que hacer las veces de ¡John Wayne o Clint Easton de la cocina!

Yo disfrutaba mucho del contacto con la gente, el trabajar delante de la gente nunca me ha impresionado ni me ha impuesto algo, y lo digo sin falsa modestia. Creo que fue porque de muy niño, en mi natal Perú, tuve que lavar carros en la calle para poder conseguir un dinerito para mí, y entonces se me quitó la pena de una. No me podía dar el lujo de sentir vergüenza por lavar carros en la calle, además, eso no debe dar vergüenza; vergüenza da ser ladrón, vender droga, ser un malviviente, un delincuente, trabajar no, trabajar no es un delito. Por eso es por lo que en Estados Unidos me causa tanto asco y repulsa ver a tanta gente pidiendo dinero en la calle, y se ven sanos los muy infelices, más sanos y robustos que uno que se jode trabajando diario, ¡vagos de mierda, es lo que son! El nervio de estar delante de la gente desarrollando una labor lo puedo manejar, no me paraliza, ni me ataranta como a otros, pues hay unos que se atolondran y se ponen torpes. Es solo cuestión de enfoque, si prestas atención a la gente y no a lo que estás haciendo, te va a salir mal lo que haces o te vas a accidentar, una de las dos. Como quiera, en este edificio había lo que se dice mucha gente muy agradable, amistosa y amable, claro, no faltaba por ahí algún comemierda o hijo de puta que amanecía amargado o tenía la vida jodida y se la quería joder a los demás, pero no debemos ni podemos permitírselos, no, ¡que se vayan con su música a otra parte! Había clientes de todas partes y entre todas ellos no podría dejar de mencionar a una muy simpática chica española llamada Verónica, madrileña ella. Era un encanto de mujer, siempre con un "buenos días" y una sonrisa en los labios. La verdad, después uno se pregunta lo lindo que debe ser despertarse al lado de un ser tan agradable. Debe ser una bendición de Dios, eso sin duda. Más adelante relataré una anécdota que merece ser contada, y quién sabe si el destino algún día hará que este humilde libro llegue a las manos de Verónica y ella lea esto que voy a rememorar.

Es curioso porque en nuestra labor no estamos supuestos a conversar mucho con la clientela, pero yo de alguna manera le tomaba algo de ventaja a mi jefe y conversaba un poquito de más con los clientes, era una manera de "enamorarlos" y de que volvieran siempre de nuevo al día siguiente. Naturalmente que también tenía que haber una afinidad, tampoco eso sucede a la fuerza, tiene que ver ante todo una empatía natural, si no, nada funciona en la vida, es decir, si conectas con alguien del modo que sea, no lo dejes ir, desarrolla una amistad, contacta con ella, ¡guarda Christian Cruz! De alguna manera o de forma tácita, uno está supuesto a no hablar demasiado con los clientes, por la sencilla razón que si lo hacíamos deteníamos la fila, y luego toda la gente se aglomeraba y la situación se ponía de los mil demonios. No obstante, cuando se podía hablar, se hablaba, y era además para bien del negocio, ya que le beneficia que sus trabajadores fueran amables y simpáticos con la clientela, así no compraran nada. Yo lo hacía igual, la clave era hacer sentir a la gente cómoda y a gusto, y si después decidían quedarse, pues mejor, ¡enhorabuena! Así era como yo conversaba con muchos de los clientes, y si se podía también intentaba hacerlos reír un poco, reír es buena terapia para alguien que viene a buscar su almuerzo. Luego de haberle sacado una sonrisa, mucho mejor, lo va a disfrutar más y lo va a aprovechar mucho mejor. Si producía una sonrisa entre mis clientes, pues mucho mejor para todos, y si eran felices ellos, pues yo, aun dentro de toda mi ilegalidad, era feliz también. Es más, me olvidaba hasta de que aún seguía siendo un trabajador ilegal. Así era como yo les preparaba de comer a los clientes del restaurante de Goldman Sachs, y así fue como una vez atendiendo la línea de comida, poniendo corazón y sentimiento, como dicen los "paisas", no solo los de Medellín, Colombia, que me he encontrado en todo trabajo de cocina. Así somos nosotros, puro corazón, y así cocinamos nosotros los latinoamericanos, ¡carajo! Aquel comedor tenía estaciones de comida de toda clase: *pizza*, ensaladas, fiambrería, parrilla, sushi, especial del día, sopas, postres, en fin, de todo. La línea de atención era en forma de herradura, un poco más y parecía a una línea de trinchera de la Primera Guerra Mundial, ya que entrabas a la hora de atención al público ¡para combatir, y de ahí no se salía hasta el final! Estaba ahí al pie del cañón, sin tregua ni descansos. En el fondo era divertido, y debe ser así siempre en lo que uno hace, porque si vas a hacer algo sufriendo o de compromiso, mejor no hagas nada. Lo que haces lo haces de corazón, si no, no se hace nada. Pongan el corazón, si no, sigan de largo.

Una vez que atendía la fila que me correspondía en aquel momento en el restaurante, yo tenía la costumbre de hablar siempre con la clientela que, lógico, uno viera que tenían disposición de hablar con uno, hombres y mujeres. Ocurrió entonces que, como siempre lo hacían, un día llegaron dos secretarias hispanas, clientas del negocio regulares, muy bellas las dos, una era cubana y la otra boricua, y como siempre la conversación con ellas era muy amena y agradable, el que sabe cómo es la gente del Caribe va a entender muy bien a lo que me refiero. Entonces, aunque hablaba con ellas, no dejaba de preparar lo que me pedían para almorzar; no iba a atrasar todo por ellas, y dio la casualidad que luego de ellas dos, seguían otras dos secretarias, pero estas ya eran las típicas estadounidenses rubias, ojos azules, piel blanca, al puro estilo de Reese Witherspoon, la bella y talentosa actriz. El punto fue que al yo atender a las dos rubias y estar preparándoles su almuerzo, una de ellas se dirigió a mí diciéndome:

—¿Por qué tú no nos dices lo que les dices a las chicas hispanas? ¿Por qué no nos haces reír como a ellas?

Obvio, me lo dijo en inglés, pero escribo este diálogo en español. Me quedé frío, pero algo sabía, que no me iba a quedar callado por mucho tiempo, eso nunca, ¡carajo!, yo nunca me quedo callado, ¡y menos con una mujer bonita!

—Disculpe señorita, ¿qué quiere decir? —contesté en inglés.

—Sí, ¿por qué tú no nos dices lo que les dices a ellas? Tú siempre las haces reír mucho, nosotras te vemos y siempre lo haces, ¿o no? ¿O es que acaso no te caemos bien nosotras las estadounidenses?

Dije para mí, "¡aquí me jodí!"

—No, no es eso señorita, lo que pasa es que, a ver, cómo le explico, ¡déjeme explicarle!

Ahí salió mi parte chamulladora que creo todo hombre hispano tiene, en alguna parte, pero la tenemos, y que se activa en alguna emergencia. Y ya había que hablarles con confianza, porque ante una mujer que es tan frontal uno no puede ser ni tímido ni nervioso, había que mostrarles el carácter de uno también y hablarles bien, pero sin que se fueran a ofender tampoco; había que hilar muy fino con ellas y más en mi posición en aquel restaurante.

—Lo que yo les digo a esas dos chicas hispanas —comencé a explicar— no es muchas veces como ustedes creen, solo les digo cosas que quizás nadie más les dice en su día a día, o se los dicen muy poco, como "qué bien se ven", "qué linda combinación de ropa se pusieron para el día", "qué bonito es el nuevo peinado que tienen", o algo acerca de sus vestidos, cosas así, o sea, piropos, ¡son solo piropos, chicas!

Qué difícil es explicar esto a gente de otra cultura a la nuestra, me sentía como un marciano o un extraterrestre aterrizando en Times Square ¡y hablando con los humanos por primera vez! O sea una rareza.

—Lo que yo les digo a esas chicas —continué— es lo que ustedes llaman un cumplido a la belleza de ellas, pero con respeto, ¡sin ser fresco! ¿Entienden? Son piropos a la belleza de ellas, a lo bonitas que se ven hoy día, eso es algo muy cultural de nosotros los hispanos. Nuestra cultura es muy afectuosa, tenemos mucha calidez, somos así, y si esto se hace con respeto no tiene por qué ser mal visto, es parte de ser de nosotros los hispanos, los latinos, nosotros somos así.

Además, y es bueno y necesario decirlo, ellas me daban esa confianza, cosa que si yo les decía algun piropo lo hacía de manera halagadora, con respeto y sin propasarme. Y es la verdad, nosotros los hispanos a nuestras mujeres las piropeamos, las enamoramos, les decimos cosas bonitas, pero que sean desde el corazón, bueno, yo lo hago así, y no creo ser el único latino que lo haga, ¿verdad?

—¡Es solo eso, chicas! Es todo, solo les digo cumplidos, con alguna que otra broma, que no es siempre, si no, no estaría aquí sino en la Calle 42, en esos locales de comedia en vivo que abundan en Manhattan, en Nueva York.

Entonces, aquellas dos bellezas rubias se miraron entre ellas y me dijeron sin pensarlo mucho, casi al mismo tiempo:

—Bueno, ahora entonces a nosotras cada vez que volvamos a comprarte algo aquí, a que nos prepares nuestro almuerzo en esta estación, y si tú estás, nos vas a decir piropos, ¿trato? Queremos oír piropos la próxima vez.

Yo solo atiné a sonreír y decirles:

—¡Sí! ¡Será un placer! Es más, ¿por qué no comenzamos ahora mismo? ¡Exacto!

Ahora era mi momento de atacar, era mi turno y no lo iba a desaprovechar.

Bueno, está demás decir todo lo que les dije, de hecho, ni me acuerdo. Ayudó mucho que ya había bajado bastante la fila de la gente, entonces me pude soltar más con los piropos. Es curioso, pero como pude, logré hacer que se rieran y se pusieran todas coloradas con decirles algo tan inocente, tan sano, como, "qué lindo peinado tienes", o "bonita ropa", cosas así, o acerca de su maquillaje, sus vestidos, su porte, el color de sus ojos, todo con sencillez y sin morbo, y estas dos mujerzotas, que parecían modelos de belleza, se derretían delante de mí, ¡coloradas como dos tomates! Era increíble ver eso, y encima, lo que se reían, pero claro, que entendieran y que les gustara. Yo me quería detener y ellas querían que yo siguiera diciéndoles cosas, era algo tremendo, inolvidable. He de pensar que los estadounidenses acá son muy rápidos, directos y que se las llevan a la cama sin más ni más, como que no hay mucho romance previo, digo yo, y no debería ser. Las anglosajonas son lo mismo de bellas que las latinas y que otras mujeres de cualquier rincón del mundo, y merecen que se les hable afectuosamente, la sensibilidad de la mujer siempre necesitara oír eso, no todo es sexo a veces; una abrazo, una caricia, una palabra cariñosa hace milagros muchas veces. Así fue, se hizo entonces siempre costumbre que a aquellas dos bellezas caucásicas les dijera yo lindos piropos. Ahora, yo no era tan estúpido de no darme cuenta de saber cuándo lo hacía, por tanto no lo hacía delante de mis jefes, ni de ningún hombre con cara de celoso o de comemierda, ya que seguro no lo iban a tomar a bien, y al ver las risas de ellas me podrían acusar que les estaba conquistando a sus mujeres. En fin, lo hacía de una manera discreta, y cuando se prestaba la ocasión. Hay que usar la cabeza siempre, como quiera, no era difícil decir aquellos piropos, si aquellas dos mujeres eran unas reinas de belleza, y lo que yo les decía no era más que ¡la pura verdad! ¡Yo no estaba mintiendo!

Esto me confirmó algo que ya yo había apreciado cuando tuve de novia a Sara, mi primera novia caucásica, y era que muchas estadounidenses —sin generalizar— no son frías como dice el estereotipo estúpido, no, para nada, son muy calientes, como toda mujer, y no tienen nada que envidiar a mujeres de otra raza. Son afectuosas y cariñosas, claro, aquí se han olvidado de sacar ese lado de ellas hacia afuera, de mostrarlo más, y por eso ellas dan esa imagen de fuertes, de serias, de guerreras, que lo son, obvio, pero que no debe de estar reñido con su feminidad, que está ahí, solo hay que buscarla, sacársela, para que la expresen, está ahí, siempre ha estado ahí; ellas son tan mujeres y tan afectuosas como las demás.

Puede sorprender a muchos esto que cuento y quizás para otros no tendrá importancia, pero es así, a la mujer, como a cualquier ser humano en este mundo, hay que prestarle atención, como se hace con las plantas, las mascotas y el medio ambiente, con ellas, igual y con mayor motivo, o es ¿qué no son acaso nuestras compañeras? Ellas no son cosas o propiedades, son seres humanos con necesidades físicas y emocionales, igual que nosotros. Lo que pasa es que ellas están más conscientes de su conexión con el universo y no tienen miedo de mirar hacia su parte emotiva y emocional. La mujer, por mucho que sea feminista, deportista o levantadora de pesas, siempre será un ser delicado, no débil, eso es otra cosa, pero a la mujer hay que tratarla bien, con afecto, con aprecio, y nunca, pero nunca, está de más un comentario bonito hacia ellas. Son como plantas, necesitan del agua para vivir y, es más, todos necesitamos ese afecto, ese amor en nuestra vida para poder funcionar bien, para ser más felices. Nadie puede dar lo que no tiene, entonces, sembremos amor y ¡la cosecha nos sorprenderá algún día!

Volviendo a la anécdota astrológica interesante que mencioné antes, una vez, conversando amenamente con esa amiga española que nombré antes, Verónica, y teniendo en cuenta que yo ya le había confiado antes que era estudiante de astrología, establecimos un diálogo acerca de eso, y de pronto, le escuché decir:

—¿Sabes algo? La verdad, ya estoy cansada de trabajar, me gustaría descansar un tiempo aunque sea.

Entonces, no sé por qué se me salió preguntarle:

—Verónica, ¿y tú qué signo eres? Digo, si no es indiscreción.

—Soy Virgo.

Ahí nomás me di cuenta de algo, de inmediato se me desplegó en la cabeza su carta astral y le dije:

—No te preocupes que dentro de poco dejarás de trabajar.

La cara que puso ella fue de película. Claro, pensaría que sería por algo malo como un despido o accidente, pero no, yo había visto de alguna manera intuitiva que sería por otras causa, por motivos familiares.

—No te preocupes, amiga, será para bien, ya verás.

—Eso espero, ¡no me asustes así Carlos!

Tiempo después, cuando ya no trabaja ahí, me enteré de la sorpresa: ¡Verónica había quedado embarazada al poco tiempo que yo le dije aquellas palabras! Como digo siempre, parecemos astrólogos, ¿verdad? Muy simple, lo que yo había realizado al haber obtenido la información completa de Verónica, quien me la había suministrado hacía un tiempo atrás, fue configurar su carta astral con los tránsitos y las progresiones planetarias actuales para ver qué era lo que se estaba desenvolviendo o por desenvolver en su presente inmediato, es decir estaba haciendo astrología predictiva. De esto deduje que la posibilidad de que ella quedará embarazada en el corto plazo era un probabilidad muy grande de suceder, como efectivamente sucedió, y que a la larga la retiró del trabajo como yo se lo había manifestado a ella en mi estación de trabajo de la cocina donde yo laboraba. Aquí se conjugaron dos cosas: mucho estudio astrológico y una gran intuición, dos componentes fundamentales para ser un buen astrólogo.

42

Richard Kimble hispano

El 2008 se aproximaba y con él novedades. Todo volvería a cambiar y a girar una vez más, pero nada que en verdad me sorprendiera en lo personal, en todo caso y después de todo, como buen hijo de Urano, la energía de cambio y renovación siempre ha estado presente a lo largo de toda mi vida. Fue en ese período en que la situación en el trabajo comenzaría a cambiar, a ir modificándose. En la compañía ya existía la intención de mis compañeros trabajadores de la cocina de formar un sindicato, lo que aquí en Estados Unidos se le llama "unión", a fin de agruparnos a los trabajadores de la cocina. El objetivo era la defensa de nuestros intereses profesionales, económicos y laborales. Así fue como se comenzaron a dar los primeros pasos para ver qué sindicato podía agremiarnos, uno que además fuera aceptado por Goldman Sachs. Después vendrían las primeras reuniones y poco a poco el proyecto comenzaría a cuajar. Todos los trabajadores de la cocina ya de por sí nos reuníamos semanalmente en el comedor, junto a la gerencia del restaurante, para dialogar acerca de cómo iba el negocio, qué se podía mejorar, hablar sobre algunas quejas de la clientela y otros asuntos laborales. La mayoría de las veces el diálogo lo dirigía una empleada estadounidense, de raza alemana, Rebeca. Se trataba de una rubia muy bella que por alguna razón siempre me elegía a mí para que yo tradujera a mis compañeros hispanos lo que ella decía en inglés. Esto no me incomodaba para nada, pero no dejaba de sorprenderme, ya que había gente que sabía los dos idiomas e incluso se manejaban mejor con ambos que yo. No obstante, ella quería que fuera su traductor. El caso era que los trabajadores de la cocina se querían organizar, querían el sindicato en el edificio a fin de obtener beneficios médicos, salariales, laborales y de todo tipo. De todos ellos, el único empleado que no quería que eso sucediera era una sola persona, y esa era yo, ya que la sindicalización significaría una nueva verificación de documentos de elegibilidad para el empleo, y los que yo había presentado para entrar a trabajar ahí, con seguridad ¡no me iban a servir para mierda! Es decir, de formarse el sindicato, me iría eventualmente al carajo cuando se descubriera mi situación, y de eso no había vuelta que darle. En ese momento supe entonces que estaba en una carrera contra el reloj, sería cuestión de suerte cuando yo me encontrara de nuevo en la calle y sin trabajo, una vez más, como tantas veces lo había estado durante mi tiempo en este país. ¡Se aproximaba la temida pérdida de empleo para mí! Yo no tenía papeles legales para trabajar, entonces yo sería, si no el único, de los primeros que saldría disparado fuera del edificio. Una vez que se supiera mi situación legal, yo iba a quedar en evidencia como trabajador indocumentado, como ilegal, y entonces todo lo que pasaba por mi cabeza era mi deseo de que el sindicato no prosperara. Desde otro punto de vista, yo no podía ser egoísta, ya que el sindicato sería un beneficio para mis compañeros cocineros, y no podía oponerme a lo mejor para ellos, puesto que era un derecho de todos los trabajadores querer mejorar sus condiciones laborales. Por tanto, si yo tenía que irme —y lo iba hacer de nuevo— a rodar por el mundo como siempre, eso no era ni sería nada nuevo para mí. La vida siempre me ha traído eventos tanto sorprendentes como inesperados en mi vida laboral, y una situación así ya me había ocurrido antes en materia de trabajo, era por así decir una constante en mi vida laboral.

En una ocasión, se me acercó una compañera irlandesa que era lesbiana, y con la que siempre me había llevado mal desde el primer día que entré a trabajar en ese lugar. Obvio que su orientación sexual no tuvo nada que ver con eso, uno se cae bien o mal con la gente de manera natural, y no es que uno tenga que hacer algo especial para eso. La amistad es como el amor, debe de haber química de por medio, si no, no funciona. Ella fue la encargada de entrenarme para ese puesto, y estoy seguro que lo hizo mal a propósito, y además me sobrecargó de trabajo que no me correspondía, algo que no tomé a mal, ya que demostré que podía sacar todo ese trabajo, bien hecho y sin errores. Ese día que esta mujer se aproximó a mí, yo limpiaba la máquina rebanadora, y antes de disponerme a salir a trabajar al área de la venta de comida y de atención al público, me dijo:

—Mi amigo, ¡felicidades! Tú no lo sabes, pero entre todos los compañeros ha habido una elección interna, y todos te han elegido como el que nos represente ante el sindicato, ¡tú serás nuestro delegado! ¡Me ganaste incluso a mí! ¡La gente te votó casi por mayoría!
—¡¿Qué?!
No podía creer lo que me estaba diciendo, claro, se lo entendí de una, pero no lo podía creer. ¿Elecciones? ¿Y a qué hora fue eso? Me había olvidado que yo me iba siempre a las tres de la tarde, pero después se quedaban muchos compañeros más hasta las cinco por lo menos, y yo me iba volando a mi otro trabajo, uno de medio turno empacando productos, que quedaba en Hoboken, Nueva Jersey.
—¿Estás bromeando, verdad?
—¡No, no estoy bromeando, Carlos! Todos te han elegido nuevo delegado nuestro del sindicato ante el restaurante, me ganaste, era tu única contrincante, ¡felicidades cabrón!
Todo me lo dijo con esa cara que nunca se sabía si hablaba en serio o en broma esta ¡cabrona irlandesa! ¡No me pasaba pero a la vez me admiraba la cabrona!
—Todos me encomendaron que te diera la noticia —añadió—. La votación fue ayer a las cuatro de la tarde en el comedor, como tú ya no estabas a esa hora no hubo manera de comunicártelo antes.
Yo solo atiné a mirarla fijamente a mi "correo" humano para acaso poder ver si se estaba tratando de burlar de mí, ya que no era la primera vez que hacía sus bromas pesadas, ella tenía fama de eso y de más cosas, pero no le pude notar un gesto de estar mintiendo, así que debía de estar diciendo la verdad. ¿Entonces ahora qué carajos voy a hacer yo? Tuve que pensar rápido, como siempre desde que he estado viviendo ilegalmente en este país, y le contesté lo siguiente:
—Mira G.E. (sus iniciales), me vas a hacer un favor bien grande, le vas a decir a todos los compañeros que les agradezco y en verdad aprecio su confianza y su apoyo a mi persona, pero yo no puedo aceptar. Yo no podré hacerlo bien, ese cargo necesita tiempo y yo tengo otro trabajo, yo no podré estar disponible para muchas cosas que tengan que hacerse, entonces no es justo que yo asuma si hay otro que esté más capacitado y disponible de tiempo que yo.
Era todo lo que quería oír esa cabrona, y sonriendo me dijo:
—¡Caray¡ Está bien. Qué sorpresa, pero te entiendo, se lo diré a todos y por lo visto seré yo quien asuma tu puesto entonces, no te importa, ¿verdad? Además yo quedé segunda en la votación.
—No, seguro que no.

Por supuesto que yo por dentro le decía: "¡Te regalo la elección, pendeja! ¡Festeja ahora que puedes!" Y era cierto, nosotros dos nunca nos habíamos llevado bien, entonces para qué fingir.

De pronto mi mente, mi cerebro, no pudo evitar pensar y acordarse de todas esas situaciones anteriores —que no sé cuántas son porque ya perdí la cuenta— en que me ha sucedido algo así. De nuevo estaba en un lugar trabajando, destacando por méritos propios, por mi esfuerzo y mi trabajo, cuando de pronto esto se vuelve notorio y me quieren ayudar, o simplemente les gusta lo que hago y cuando menos me lo espero me ofrecen un mejor puesto de trabajo, con aumento salarial incluido. Cuando esto sucede, como ahora por enésima vez, no puedo aceptar estas propuestas. Entonces viene su lógica pregunta de rigor: ¡¿Pero por qué no?! Es decir, cuando estas oportunidades se me han presentado, no he podido —ni puedo— aceptarlas, ni aspirar a otra realidad en mi vida en Estados Unidos por mi falta de papeles. Por mi ilegalidad me veo impedido de surgir en la vida, vez tras vez, es decir, solo puedo llegar hasta donde el sistema me permite avanzar, no más de ahí. Entonces me veo precisado a inventar una excusa o a decir una mentira para negarme a aceptar algo que es muchas veces mejor de lo que tengo. Este dilema siempre me ocurre, me ha ocurrido y esperemos que no me siga ocurriendo por los siglos de los siglos, amén.

Está de más decir lo frustrante que es esta situación. Uno cree que se puede acostumbrar de alguna manera y hasta olvidarse de esto, pero de nuevo algo viene de alguna parte para hacerme recordar cuál es mi limitación o mi prueba, en todo caso. Esto me pegaba muy fuerte durante los primeros años de estar ilegal en este país, pero ahora nada de eso, aunque igual, el malestar está ahí, eso no se va, será también quizás porque nunca me he conformado con lo que el destino me ha impuesto, y de ahí que venga siempre esta insatisfacción de toda la vida. Unos dicen que uno se acostumbra, no, es mentira, uno cree o quiere creer eso, pero la vida, tu espíritu y tu fuerza de voluntad te demuestran todo lo contrario. La frustración es y siempre será enorme. Parece mentira, y algunos dirán, "¿Pero la falta de papeles, de documentos, es así de importante?" Y a eso se puede responder, ¿Entonces no es importante todo lo que hubiera podido llegar a ser o haber hecho? Para esta pregunta, que se la formularé a Dios algún día con toda seguridad, ¡alguien en algún lugar debe de tener la respuesta!

Quizás yo nunca lo sepa ni lo sabré nunca, pero quiero que esto se sepa, que lo lean todos aquellos que están pensando seriamente en venir a este país, en dejar todo lo que tienen y han conseguido hasta ahora en sus lugares de origen. Pongan primero en una balanza todo lo que tienen y lo que pueden perder, y si después de eso están seguros, pero bien seguros de que esto es lo quieren, vengan entonces, pero no hasta antes de que ustedes estén bien seguros. No permitan que les pase lo que me pasó y me sigue pasando, y ahora mucho peor, teniendo que estar pendiente de cada paso y movimiento que doy. Desde el 2017, el gobierno de Donald Trump ha estado persiguiendo de manera incesante e inmisericorde a todos nosotros los inmigrantes sin papeles. Esperemos que este ataque indiscriminado contra los inmigrantes se detenga con futuros cambios en la política nacional, esa siempre es nuestra esperanza para poder continuar viviendo aquí. Para quienes aún están en sus países de origen, mi advertencia en base a mi experiencia es, no vale renunciar a lo poco que tengan por venir a algo que cada vez es más incierto y con esperanzas sombrías. No obstante, también soy consciente de que aun con toda esta situación de cambio y de represión, la gente no dejará de venir a este país, que es un gran imán que atrae a ciudadanos de todos los países del mundo, y contra esta realidad ninguna advertencia sirve.

Volviendo al caso de la selección por mis compañeros para representarlos ante el sindicato, aquello fue de nuevo otra oportunidad pérdida, una más que miré pasar de manera miserable, y ¿todo por no contar con mis papeles en regla? Quizás, no sé. No sé si ese es el término correcto y adecuado para todo lo que experimentamos en esta nación, puede ser. En conclusión, la sensación de impotencia y frustración de todas maneras está presente, y no se nos olvida con nada, así queramos que suceda. Incluso por esto todos los que estamos en este país como indocumentados lo sabemos muy bien y, de hecho, aquí muchos hombres han llorado sentados lo mismo en un rincón de su lugar de labores que en la esquina de alguna cantina. La vida es así, las tentaciones siempre están a la orden del día, y mucha de esta gente han desempeñado en sus países que dejaron atrás trabajos y labores académicas; han sido gerentes de empresas, maestros, profesionales de los servicios de salud y catedráticos, pero al llegar aquí, de golpe y porrazo tienen que empezar de nuevo y de cero, sin dominio del inglés, sin que su experiencia, títulos universitarios y conocimientos técnicos les sirvan de algo, y además sin amistades, familia o pareja. Lo que hayan logrado en su país, lo que fueron allá —y me dirijo a cada uno de ustedes que me leen—, eso quedó atrás, ya es pasado, sus logros quedaron en el ayer. Ahora ni siquiera eso son, no son considerados seres humanos por muchos aquí, antes solo lo pensaban, pero no lo decían, ahora con Trump de presidente muchos se han empoderado y han mostrado, como se dice acá, sus verdaderos colores, es decir, mostrado lo racistas que verdaderamente son. Esto que no los sorprenda en Estados Unidos, a no ser que traten con gente que los consideren un prójimo, ya que aquí ese tipo de bestialidad racista aún se ve, y todavía prevalece en ciertas partes del país. Se tiene que erradicar a esa plaga social, pero no es fácil, requerirá de mucho trabajo, de educar a la gente y reprogramar esos cerebros racistas y discriminadores. Mientras tanto seguiremos viendo a muchos profesionales hispanos que no ha podido ni desarrollar ni su talento ni sus carreras aquí, por no tener sus documentos legales, y lamentándose, en cambio, sentados y alejados en la esquina de algún bar o cantina, llorando disimuladamente y bebiendo un trago de licor para olvidar que viven cada uno su propia pesadilla americana; supieron cómo entraron a ella, pero no tienen ni la mínima puta idea de cómo salir de esta. Es por ese mismo motivo que mucha gente no resiste esta situación y se regresan al poco tiempo a sus respectivos países. De eso nadie menciona nada, ya que ser inmigrante y sobre todo el latinoamericano es, en palabras de Donald Trump, sinónimo de violador, traficante de drogas y criminales; en realidad eso lo dijo directamente contra los mexicanos. Con ese tono empezó su campaña política, con esa clase de energía de tan baja calaña, de mala clase, de calumnia y de vulgaridad. Él lo dijo por ofender a una sola nacionalidad, la mexicana, que se ha dedicado mayormente en este país a trabajar y engrandecer a esta nación, pero Trump aprovechó para ensañarse contra ellos y calumniarlos cobardemente. El presidente de esta nación se vale cobardemente de la intimidación y el acoso, y lo hace en contra de gente que sabe que no le puede responder. Nunca se meterá con alguien que le pueda contestar sus prepotencias y malcriadeces, ¡así de valiente es el presidente de este país! Aunque solo quería ofender a los mexicanos, la verdad es que el insulto y la ofensa nos alcanza a todos los latinoamericanos, habrá algunos cobardes que no lo tomen así, siempre los va a haber. Por eso lo mejor es identificar a estos tipos y saber quiénes son, porque ellos muy probablemente nos van a traicionar en un futuro inmediato, cuando vengan la hora de las grandes definiciones.

En la Unión Americana hay muchos hispanos decentes que a veces hacen un alto en sus labores, entran a cualquier cantina y se dan un trago para agarrar fuerza y luego continuar cargando su cruz

—esta vez la cruz de hace dos mil años no es otra que nuestra propia ilegalidad—, y después se secan las lágrimas y de nuevo afuera, a la lucha, a la brega. No hay tiempo a veces para saborear tu desgracia personal ni tu desventura, ¡tan cabrón está todo! Por eso, cuando decidí escribir este libro, tenía claro que no sería acerca de cómo algunos se hicieron millonarios en este país, eso ya lo han escrito muchos y todos son celebridades ahora. Lo que yo quise escribir, y acaso denunciar con mi obra, son las condiciones de abuso y explotación que sufren mis hermanos, que al igual que yo se encuentran sin documentos legales, escribir la historia de estos seres invisibles para la sociedad, de todos estos fantasmas humanos, esclavos del siglo 21 que somos todos nosotros, rehenes en esta gran nación, Estados Unidos de América. ¿Dónde estará un Abraham Lincoln del nuevo milenio, por cierto, para emanciparnos? ¡Si él nos viera a lo menos quizás se conmoviera de nuestro sufrimiento! Por tanto, este no es un libro para aprender a ser millonario sin tener papeles, o sobre cómo convertirse en estrella de Hollywood sin tener permiso ni residencia para trabajar. Por el contrario, es un libro sobre cómo se sufre por no tener tus papeles en orden y del sacrificio que siempre ha sido luchar. Ahora yo, con más de 50 pirulos, como decía la cantante y actriz argentina Tita Merello, con más de medio siglo de vida, me pregunto: ¿Y mi juventud? ¿A dónde se fue? "Juventud, divino tesoro, ¡ya te vas para no volver!", como reza la estrofa del poema del poeta nicaragüense Rubén Darío. Yo también soy un sobreviviente como tantos otros trabajadores sin vacaciones pagadas, ni días de descanso ni días de enfermedad pagados tampoco, imposibilitado de volver a mi patria, ni aun cuando murió mi querido padre, ni de poder llevar flores a la tumba de mi madre. Debido a mi falta de documentos, no pude volver a Perú cuando mi padre estaba enfermo de gravedad, y ¿a quién le echo la culpa de esto? ¿A mí mismo? ¿A Estados Unidos? ¿A las leyes de inmigración? ¿O a Dios por último? No, nadie tiene la culpa, la vida es como es, no como nos gustaría que fuera, y la mano de las cartas a veces o muchas veces viene mala, ¡qué se le va a hacer!

Este es el relato de la vida que alguien que, como Edmundo Dantés, quedó atrapado en una mazmorra por algo en lo que él no sabía que se estaba metiendo, un hombre que en un período determinado de su vida quedó atrapado entre volver a su país y permanecer aquí, entre el pasado y el presente, en una especie de limbo, en un pasado que ya no existe, que ya se desvaneció, que ya se fue irremediablemente, y que nunca pensó ni siquiera imaginó que un día iba a vivir lo que le tocó vivir o lo que le tocaría vivir, cuando fuera grande y lejos de su tierra, cuando de niño algunas veces junto a otros niños le daba a la pelota de fútbol, en su natal Lima, Perú. Nunca imaginó aquel joven limeño inexperto de que había siempre que pagar los impuestos en Estados Unidos, así no tuviera derecho a nada, ni a reclamar nada, y sin importar que el mismo presidente Trump nunca pagara sus propios impuestos por más de 20 años, no, eso no importa pues él es blanco y rico. Ahora, si eres negro, hispano o asiático, o de cualquier otra procedencia étnica, entonces sí serás sujeto a una auditoría fiscal, investigado, capturado y expulsado del país, entonces te vuelves un delincuente comprobado a ojos cerrados, y eso indica que somos violadores, criminales, y traficantes de droga, claro, de acuerdo con este hombre que nunca ha pagado impuestos, y si no ha pagado desde 1993, entonces estamos a mano. ¿Qué me puede entonces él decir a mí acerca de la evasión de impuestos, ¿verdad? ¿Sabrá Donald Trump, que tanto ha ofendido a los hermanos mexicanos llamándolos criminales y violadores que alguna vez en la historia, en plena Segunda Guerra Mundial, un grupo valeroso de pilotos de aviones de combate mexicanos, llamados el Escuadrón 201, peleó del lado de los Aliados y combatió en el Pacífico contra los japoneses y protegiendo a tropas norteamericanas? ¿Sabrá eso Trump? ¿Y no se le caerá la cara de vergüenza de ser tan desagradecido con un pueblo que, al igual que el pueblo boricua, colaboró con tantos y tantos soldados en esa gran guerra? ¿No sabe acaso que el gran general Douglas MacArthur alabó al Escuadrón 201 por su gran valor desplegado en el frente de guerra, y que entraron junto a él en Tokio al final de la guerra? ¿Sabrá que esos valerosos héroes militares mexicanos han sido condecorados como héroes de guerra por el Congreso de los Estados Unidos? *Shame on you, president Trump!*

Si acaso hay algo rescatable dentro de toda esta tragedia es que al no tener nada, ¿qué me puede quitar esta gente? Solo la vida, digo yo. No le debo nada a esta nación, porque siempre me he mantenido por mí mismo, he trabajado honradamente, sin pedir nada a nadie, ni nadie puede decir que he cometido algún delito o que me ha mantenido económicamente en este país, donde muchos viven de la asistencia social, en otras palabras, viven del gobierno, de chuparle el bolsillo al sistema o al familiar cercano o pareja o amante de turno. Yo creo que elegí al menos ser decente en eso, y no deberle a nadie, y he vivido en este país como si fuera un agente de una potencia extranjera, de un país enemigo y sin serlo, siempre levantando donde trabajé o viví la sospecha de si, "¿Tendrá papeles este tipo o no?" Siempre fue así, hasta que comprendí que era mejor dejarlos con la duda, que toda duda, como en mi caso, era mejor que una certeza, mejor una duda, que fingir y ser un mentiroso. También, por eso mismo, me comparaba con el personaje ficticio de la serie *El fugitivo*, Richard Kimble, ya que por lo mismo nunca quise quedarme mucho tiempo en un solo lugar, para evitar que eventualmente se descubriera mi verdadero estatus legal, entonces a volar y a comenzar de nuevo. Esa ha sido mi vida todos estos años en Estados Unidos, pero no ha sido solo mía, yo soy solo uno de los muchos trabajadores hispanos que viven este dilema, si se puede llamar vivir a esto, y que trabajan indocumentados. Cuando se es un trabajador ilegal, siempre se tiene que estar pendiente por si alguien descubre tu situación. Por tanto, cuando las cosas se complican un poco y alguien comienza a preguntar mucho acerca de nuestro pasado, hay solo dos opciones: o tratar de cambiar el tema lo más elegantemente posible o inventar una excusa y borrarte del mapa. No hay tercera opción, es así, solo hay dos caminos, por eso somos todos, o yo en todo caso, como un Richard Kimble hispano. Nunca hubiera imaginado que esta serie de televisión, que fue mi favorita de niño en mi lejano Perú, sería en muchos sentidos un fiel reflejo de mi vida cuando fuera ya un hombre; juro que nunca se me podía haber ocurrido tal idea. Suena a chiste, parece una cruel ironía del destino, pero es y ha sido así, tener que siempre estar listo ante cualquier eventualidad, casi viviendo a salto de mata, como criminal, pero sin haber matado a nadie, ni cometido delito alguno, listo para escabullirme cuando la ocasión lo requiera y lo demande, y sobre todo, sin nunca voltear la cabeza para mirar atrás, ese es un error fatal y no lo podemos hacer, y después seguir hacia un nuevo hogar, trabajo y barrio, no regresar ni para preguntar, ni para saber nada de nada. Algún par de veces me quisieron parar en la calle para pedirme documentos y cosas así, pero pude sortear las preguntas hablando solo en inglés y sin detenerme, la clave fue contestar en inglés y seguir de largo, no darles motivo ni oportunidad a una réplica. Aquí, si no has cometido un delito, no te pueden detener, y si te quieren detener para preguntarte algo deben pedírtelo primero y tú debes saber que tienes el derecho de no contestar si no quieres y seguir tu camino. Eso fue lo que me salvó un par de veces en estaciones de tren y caminos cuando me preguntaron:

—Disculpe, ¿puedo hablar con usted?
—Lo siento, no puedo, voy tarde a mi trabajo.

Con eso ya te libraste, pero no dudes en decirlo firmemente, de una sola vez o, y en inglés obviamente, si no, ¡te jodiste!

Siempre debes tener una excusa lista si ves actividad policial o de algún tipo de control o de chequeo de documentos, te agarras de esa excusa hasta el final, no puedes dudar, sé firme en eso y así los confundirás un poco hasta que tengas oportunidad de desaparecer, es la única manera de sobrevivir. Si te ves involucrado sin querer en una conversación con tus compañeros de trabajo o amistades, es lo mismo, habla como si tuvieras tus papeles, no es mentir, es que tú solo no te vas a joder por la puta curiosidad de alguno de estos pendejos, ¿o sí? Es mejor que se queden con la duda de que tienes papeles o no, que revelarte ingenuamente ante los demás, ya que aquí hay mucho hijo de puta que se ha valido de esa situación para perjudicar a gente inocente, trabajadora y honrada. Así que ya saben, de la buena gente se aprovechan estos cabrones. Si están en la misma situación que yo, protéjanse y no pequen de ingenuos, sean firmes hasta el final, hasta que todo esté perdido y aun así, sigan diciendo que tienen sus permisos en regla, no le den gusto a los que los quieren joder, si son las autoridades, pues ahí ya es otra cosa si nos toca perder con ellos, ya qué, pero mientras tanto, hagámosle la lucha.

Ahora que escribo esto me imagino que los pocos o muchos amigos que me queden después de leer esto, se alejarán de mí, bueno, ciertamente eso a estas alturas del partido poco me importa. Yo no escribí este libro solo por mí, sino por contar lo que yo he visto sufrir a tanta gente que por no tener documentos, y que tuvieron que ver morir sus sueños y sus ilusiones delante de ellos, delante de sus ojos. Por ellos en gran parte he escrito este libro, que no sé si será denuncia, relato o simplemente memorias de un simple ilegal, común y corriente. No tenía que hacerlo, pero lo he hecho y lo hecho, hecho está, alguien tenía que escribirlo y, para ser sincero, ya varias personas han escrito sobre este tema, algo que tampoco me incomoda ni me preocupa. Antes me preocupaba un poco, pero ya no, comprendí que cada uno tiene que contar su propia historia, su propia vivencia, y que una no será de ninguna manera igual que la otra, todas son diferentes visiones, ángulos de un mismo problema o de una misma situación, como mejor la quiera llamar cada uno de ustedes.

Dije antes que sería fácil para mí quedarme callado al respecto, pero eso significaría traicionarme de alguna manera. Yo comencé a escribir al público desde el año 2006, y comprendí muy bien lo que hacía y a lo que me metía, y también comprendí o vislumbré que algún día llegaría este día, quizás lo presentí, en que tendría que contar mi historia, mi relato personal de lo que yo he vivido en Estados Unidos. Así como me fue dicho cuando se publicó mi primer libro:

—Esperamos que este no sea el primer ni último libro que usted escribe señor Anaya.

—No, seguro que no.

—Claro, usted tiene que seguir contribuyendo a enriquecer los acervos de los latinos, de los inmigrantes en esta nación, gracias por escribir y dejarnos su testimonio, su vivencia.

Estas palabras me las dijo un periodista argentino que me entrevistó a raíz del lanzamiento de mi primer libro, *Mi opinión (Actualidad mundial en los ojos de un inmigrante)*, y fueron premonitorias aquellas palabras ciertamente.

Ya veré si me queda algún amigo cuando este libro vea la luz, después de toda esta revelación de mi vida, pero, la verdad, eso ya poco importa, lo importante fue el aporte a toda esta situación que me tocó vivir en primera persona. Solo he querido dejar oír mi voz, entregar impresa mi palabra, mi punto de vista sobre algo que me tocó vivir de cerca y que ha sido parte de mi vida. De hecho, he sido preso, pero sin estar físicamente en una cárcel, eso es así, negarlo no solo sería un error sino también una mentira.

Cada uno sabe cómo es el otro, y todos aquellos que me han conocido tendrán su particular opinión al respecto, a algunos les chocará y a otros les sorprenderá, y por ahí habrá alguno que quizás se alegrará, pero no me voy a enojar, que la vida es así. Como la letra de la canción ranchera mexicana yo «No soy monedita de oro pa' caerle bien a todos». La gente que me conoció, que me trató, que convivió conmigo, las mujeres con las que me amé saben cómo he sido, cómo fui, eso es todo lo que importa. El juicio de los demás no debe influir en lo que uno hace, lo que uno hace en esta vida debe estar dictado por nuestra conciencia y por nuestro corazón, y si se siente bien, pues entonces está bien, sigamos adelante.

43

El último beso

EL 2008 ME PRESENTABA UN INCIERTO PORVENIR, ASÍ COMO UNA NUEVA REvisión de documentos para trabajar por parte del gigante financiero Goldman Sachs, mi empleador. Había comenzado a trabajar ahí con Mercurio retrógrado, y con el edificio de la empresa bajo supuesta amenaza de ser atacado por la misma organización terrorista que atacó las Torres Gemelas de Nueva York siete años antes, según me enteré por parte de los guardias de seguridad del edificio, había que creerles sin duda, ellos no iban a inventar algo así. No obstante, informes noticiosos de medios como la *Associated Press* y CNN, reportaron en 2007 que investigadores federales tenían en la mira a ex—trabajadores descontentos de Goldman Sachs como posibles sospechosos de enviar por correo decenas de cartas amenazando a la empresa de inversión en junio de ese año. Las cartas, escritas a mano con tinta roja sobre papel rayado y hojas sueltas, aseguraban que "Cientos morirán. Estamos adentro. No pueden detenernos", según un informe de las autoridades. El FBI no otorgó una alta credibilidad a la amenaza según la agencia de noticias. Es posible que esta alerta, falsa o no, continuara en 2008 cuando yo estaba ahí. De cualquier modo, para quienes trabajábamos ahí, había una atmósfera de temor. Todo esto, aunado a la inminente entrada del sindicato que agremiaría a los empleados de la cocina del edificio, hacía cada vez más arriesgada mi estancia en aquel lugar. Ya era solo cuestión de tiempo si yo duraba un mes más o una semana más, ya eso escapaba a mi control, pero ese no era el problema; el problema era decírselo a Blanca. Ella, claro se preocuparía, pero yo no quería arruinar su sueño de su casa propia, y ella confiaba en mí, no le podía fallar, ya vivíamos juntos, y ahora la interrogante era cómo se iba a sobrellevar todo si las cosas laboralmente cambiarían. El expresidente George W. Bush, quien en el libro *The Last Republicans* admitió su adicción al alcohol, y a quien Hugo Chávez —el popular expresidente venezolano— llamó "el diablo" e insinuó que el pódium de las Naciones Unidas donde Bush había hablado el día anterior "todavía huele a azufre", aún gobernaba Estados Unidos en esa época. En ese año, los precios de las casas y las hipotecas de las propiedades eran volátiles, y después, con el correr del tiempo, nos enteraríamos de mucha gente que perdió su dinero por comprar propiedades en este tiempo, y también de todos esos pillos que se beneficiaron con todo ese movimiento de compra y venta de casas. Mucho pícaro se benefició de aquella situación. Todo el mundo financiero se tambaleó, los bancos y Wall Street casi colapsaron como en 1929, pero esta vez llegó el gobierno republicano a salvarles la vida y darles dinero, dinero que tenía tantos ceros como nos podemos imaginar. Una cantidad de ladrones de cuello blanco y corbata de Wall Street y algunos millonarios salvaron el pellejo porque a Bush se le ocurrió tirarles un salvavidas, incluyendo a Donald Trump. Lo único que el salvavidas fue con el dinero del pobre pueblo estadounidense. Lógico, entre ricos siempre se dan la mano y se salvan el trasero, y el pueblo que se joda como siempre.

 Para entonces yo ya vivía bajo el mismo techo con Blanca. ¡Quién lo hubiera pensado! ¡Quién lo hubiera imaginado! Sí, porque antes yo le había pedido que viviéramos juntos, que nos juntáramos y construyéramos un futuro, trabajando los dos, claro, yo desde mi visión amorosa del asunto. Yo la amaba a ella de corazón y se lo había pedido a ella dos veces, pero ella no quería, tenía miedos y dudas, ya que era divorciada dos veces, y me imagino que yo no sería el mejor partido en el aspecto económico. Uno trata de creer que la gente aprecia más el amor o los sentimientos, y en muchos casos, sin generalizar, la gente solo ve su condición económica y su posible beneficio que pueda lograr de una unión con alguien. Como dijo una amiga que me conoció en aquellos tiempos:

—Te faltaron 30 mil dólares para que se quedará contigo Blanca.

Y puede ser, quizás no se equivocó esta amiga en decir aquello.

 Es interesante cómo la vida nos trae sorpresas a nuestra existencia. Cuando pensé que nada ocurriría en mi relación con Blanca, todo cambió de un día para otro, se alteró la vida, por eso nunca hay que decir "de esta agua no he de beber". Yo la amaba a ella pero era también consciente de tantos encuentros y desencuentros entre nosotros. Sin embargo, a veces cuando uno está enamorado uno no ve o quiere ver claro. El amor muchas veces nos enceguece, y mucho. Las cosas no resultaron bien, pero la experiencia en sí resultó muy enriquecedora, ya que se aprende mucho al vivir y compartir con la mujer que tú amas. Amar te exige crecer, ya no puedes seguir siendo tú mismo, y mucho de lo que en ese momento haces involucra a la otra persona, ya no piensas en ti solo como antes, ya todo es diferente, todo cambia. Ya no eras más un lobo solitario, Carlos. No obstante, la realidad nos golpeó fuerte o en todo caso lo hizo conmigo, ya que lo que ambicioné o desee con tanto afán no cuajó, no resultó; el tener o lograr tener una relación de amor bella y duradera no prosperó. Sería para mí fácil quizás escribir todo lo que yo viví al lado de Blanca, pero eso perdería su encanto creo yo, y además es bueno guardarnos algo, ya que aquí ya ventilé mucho de lo mío, y además que también muy probablemente yo no sería del todo imparcial y objetivo en lo que fue la relación de ambos. Lo que pasó entre los dos fue entre los dos, y creo que ella se merece ese respeto, cualquier mujer lo merecería creo yo. Lo cierto es que lo nuestro no funcionó y no fue culpa de nadie, ni de la vida misma, la cosas son así, o funcionan o no. A veces funcionan por un período de tiempo y después se separan las personas, unas duran toda una eternidad y otras, las más, se separan, es la ley de la vida, no nos debemos a nadie, ni nadie debe estar ni amar a alguien por obligación. Siempre he pensado que lo que está para uno, está para uno, y nadie te lo quita. Como le dije a Blanca el día que nos dejamos, la última vez que la vi:

—Hubiera sido mucho peor no haberlo intentado, no haber tratado. Así fue mejor, nos dimos el gusto, ¡por ganas no quedó!

Sucedieron eventos que aceleraron ese desenlace ese mismo año. En lo personal celebré mi cumpleaños número 40, aquel 9 de febrero, y con casa "propia", pero esa alegría no duraría mucho. Por ahí nomás se venía un eclipse de sol a 17 grados de Acuario, a solo tres grados de distancia de mi sol y mi luna natal, es decir, aquel eclipse me cayó exacto para mí. Dicen que son comienzos en algo para uno, pero yo no sabría decir, el mío caía en toda esa casa 12, es una casa enigmática, difícil de interpretar, kármica. En cualquier caso, el comienzo o el fin de algo se aproximaba. Dentro de todos los hechos que pronto se desencadenarían, estuvo el de perder mi trabajo en el restaurante, eso fue un golpe fuerte, aunque ya lo esperaba, igual me golpeó fuerte. Uno dice que se prepara, pero eso es ¡pura mierda! El trancazo te pega igual ¿y qué? Tenía que actuar, lo que menos podía hacer era quedarme quieto, eso era lo menos aconsejable, entonces a moverme de nuevo, carajo, y a buscar soluciones. Aquella salida del restaurante fue algo que sí pudo percibir mi querida maestra de la astrología, Melva Ortiz. Ella, que conoce mi propia carta astral mejor que yo mismo, pudo alcanzar a ver el impacto, y lo principal es que ella nunca se olvidó que había entrado a trabajar ahí con Mercurio retrógrado. Melva tiene un sentido más exacto de mi carta astral, y lo puedo entender, ya que me estima mucho, y yo eso se lo agradezco de verdad, de todo corazón. ¡El cariño es recíproco, mi querida Melva!

Aquel día que sería el último trabajando en la cocina de Goldman Sachs fue como un día común y corriente, y fue gracias a un suceso casual que fui el primero en enterarme antes que todo el mundo que yo ya estaba fuera de este trabajo. Fue un viernes como cerrar semana, una semana cualquiera, hice lo que siempre hacía cada día. Después de comer me iba a caminar por la orilla del río Hudson, como quien hace la digestión ya sea caminando o sentado cerca del río, contemplándolo, y dejando la mente volar a donde ella quisiera ir. Bajé en el elevador desde la cafetería ubicada en el segundo piso, con la intención de contemplar Manhattan. Parece mentira ahora para mí, ya que ahora sí podía apreciar sin tener ninguna aprensión, lo que no me pasaba cuando aún estaban de pie las Torres Gemelas. Extraño, pero recordarán esto porque lo mencioné en un capítulo anterior. Ahora era distinto, era sanador, terapéutico si se quiere, pero de nuevo, como muchas veces, algo en mi vida de pronto cambiaría. Conseguí un lugar, me senté ahí, y no sería yo el único, el lugar era y es el sitio preferido de mucha gente que trabaja en la zona para pasear, conversar o simplemente, como yo, para hacer la digestión. Entonces, cuando me disponía a volver de mi pequeño paseo y descanso de refrigerio, que era de una media hora en la que comía afuera llevando mi almuerzo conmigo, al tratar de entrar de nuevo al edificio usando la tarjeta para pasar por el torniquete de entrada, este no cedió a mi paso. Traté otra vez y una vez más y nada. Mi amigo el guardia de seguridad que estaba a un lado observaba la escena y me dijo:

—Vamos Carlos, ven por aquí, algo malo sucedió con esa mierda, hombre, ¡siempre pasa!

Pero inmediatamente comprendí que no era ningún error de la máquina ni de las computadoras, ¡era el día! Hasta ahí nomás me traía el tren, como decía el Ídolo de México, el gran Pedro Infante: "Agárrense de la brocha que voy a quitar la escalera". Lo cierto era que mi tarjeta de acceso al edificio ya no funcionaba, y yo lo había descubierto en ese momento y no el próximo lunes, que hubiera sido peor, por tanto, tenía como quiera dos días para inventar algo, alguna excusa y poder perderme, y así nadie sospecharía como siempre, cuando ya no me vieran más en ese lugar.

—¡Ve a la oficina y arregla esa mierda, hermano! —me sugirió el velador.

— Lo haré, Joe, no sé qué está pasando —contesté.

Pude entrar al menos gracias a que mi amigo el guardia me lo permitió. No me imagino qué hubiera pasado si él no hubiera visto toda la escena o sí hubiera sido un velador nuevo, de seguro ya no me dejaban entrar. En fin, ya estaba adentro, y a lo menos me iba a poder ir a cambiar de ropa, pero dentro de mí ya sabía ciertamente que algo malo estaba pasando, que mi intuición no me engañaba. Yo estaba fuera de este edificio, algo se había activado dentro del sistema, y como ya se había estado diciendo en los últimos días que iban a comenzar de nuevo a verificar todos los papeles de medio mundo, residencias y ciudadanías incluidas, estaba cierto de lo que estaba pasando. Las cosas no quedaron ahí, ya que todavía tuve el atrevimiento de ir a la oficina de los veladores, y ¡hay que tener pelotas para hacer eso! En ese preciso momento ellos estaban muy ocupados y no me pudieron atender, pero les dije lo que me había ocurrido, me fui rápido como quiera, ya casi era la hora de irme a casa, cerca de las tres de la tarde, pero ya sabía yo que el siguiente lunes ya no iba a estar ahí con total seguridad. Lo que me salvó un poco fue que al no ir la semana siguiente, no perdí mi último cheque de nómina. Ya hacía poco tiempo que la compañía había implementado una cuenta de tarjeta de débito en la que todos los trabajadores podíamos recibir nuestro dinero por esa cuenta, y eso me salvó de no perder mi último pago. Tuve suerte de que al ir a la oficina de seguridad nadie me paró bola, nadie se enfocó en mi caso, lo que sí se me explicó antes de dejar la oficina fue que tenía que volver la próxima vez, pero esta vez con mi pasaporte. Una de las guardias me alcanzó a decir:

—Necesitamos cotejar la información que hay en tu pasaporte con la que tenemos aquí. ¿No tienes contigo tu tarjeta de seguro social o tu residencia para chequearlas de una vez? Y solo quedaría tu pasaporte.

Lo dijo de pasadita, andaban todos muy ocupados, ninguno me insistió un poco. A saber qué hubiera pasado si lo hubieran hecho, esa última pregunta de aquella veladora fue una invitación al suicidio, ya que yo tenía en mi cartera mi identificación falsa. Si me apendejo y se la enseño a saber en dónde estaría en este momento.

—No, se me quedaron en casa —contesté—, siempre los traigo conmigo pero ahora se me quedaron en mi otro pantalón, lo lamento.

—Bueno, ya sabes lo que tienes que hacer y lo que necesitamos.

—Está bien, vuelvo el lunes, nos vemos, muchas gracias, ¡que tengas un buen fin de semana!

Ellos pudieran tener un buen fin de semana, ¡a mí que me lleve la tristeza! Y ya no volví más, y esa debe ser con seguridad la promesa de volver más extensa y larga que le he dicho a alguna mujer en toda mi vida. Le dije que volvería, pero "no le dije cuando", como la canción típica mexicana el *Son de la negra*. ¡Me ha de estar esperando hasta ahora la pobre, no, claro que no! Me fui ese viernes del edificio ya con la certeza de que no iba a pasar ninguna otra revisión ni chequeo de papeles. En aquella época solo me echarían del trabajo, ahora seguro me mandarían preso, pues todo ha cambiado aquí, y en solo un par de años. Me fui y cuando lo hice, no tuve el reparo de sacar todo lo que yo tenía en mi casillero sin que se dieran cuenta mis compañeros; no iba hacer más evidente lo que me había pasado, bastaba con que solo yo lo supiera.

Mi partida del trabajo fue solo una parte del problema, el otro comenzaría cuando se lo tuviera que decir a Blanca. Ella estaba con su ilusión de la casa propia, y yo no le podía fallar, había que moverme rápido y tratar de conseguir un nuevo trabajo lo más pronto posible, eso estaba más claro que el agua. Entre todo ese caos, la astrología me había demostrado en primera persona que era en verdad efectiva, pues yo había entrado a trabajar a este lugar con un Mercurio retrógrado y precisamente ese día, Mercurio volvía a la posición de origen en mi carta. Yo salía del lugar como disparado, como una bala de cañón o un misil. Tenía solo corto tiempo de trabajar en esa cocina, y me hubiera gustado permanecer ahí, pero la vida y los papeles legales tenían otros planes para mí. No había tiempo para llorar sobre la leche derramada, como bien decía el finado entrenador peruano de fútbol Don Marcos Calderón, así que había que moverme y actuar rápido para conseguir nueva chamba, sí o sí. Llamé a Melva de camino a casa, pero ella comprendió incluso antes que yo se lo explicará:

—¿Te acuerdas que yo te dije cuando empezaste a trabajar en ese lugar?

—Sí, claro que me acuerdo, pero también me acuerdo que no tenía opción, tenía que trabajar y tú lo sabes bien, Melva.

—Sí, claro que lo sé, solo te lo mencionaba para que tuvieras conciencia de este tránsito tan fuerte, o en todo caso tan imprevisto para ti, estás viendo y aprendiendo la astrología con tu propia carta astral, Carlos.

—Y sí que lo estoy aprendiendo Melva, ¡no se me olvida más!

Claro, lo que pasó, para resumirlo, fue que Mercurio entrando directo después de haber estado retrógrado, y haciéndolo sobre la posición de mi Mercurio natal, fue como recrear de nuevo las condiciones en que yo llegué a esa cocina, entré como quien dice "cuando no tenía que entrar" a trabajar ahí, pero la vida y las obligaciones financieras no esperan y hay que pagarlas como quiera. Aquella no fue la mejor época para comenzar a trabajar ahí, ahí o en cualquier lugar, pero qué le iba hacer, ya todo estaba hecho y además, consumado. Todo se juntó de momento, casa nueva, mucho trabajo, mucha responsabilidad, poco dinero para mí en la semana y ahora esto que también golpeaba directamente mi bolsillo. Quedarme sin trabajo, y sumado a que mi relación con Blanca ya no era de las mejores, fue un ingrediente más en esta receta de separación sentimental que yo veía venir de alguna manera, pero que yo me resistía a aceptar. En definitiva, todo esto solo vino a empeorar las cosas, de aquí al final de la relación solo era cuestión de tiempo. Le dije la verdad cuando llegué a casa, y la bomba, como dicen, explotó. Ella se puso a reprocharme y a levantar la voz, aunque nunca me insultó y eso se lo agradezco, quién sabe si ella hubiera dicho algo indebido, yo hubiera tenido una reacción estúpida, no lo sé, creo que no, pero uno nunca sabe cómo puede reaccionar alguien bajo mucha presión. Sí, discutimos, pero ambos sabíamos que esta era una posibilidad de que algo así pudiera ocurrir, ¿o acaso no lo pensamos así? Esto que ocurrió era una posibilidad entre tantas y lamentable o afortunadamente sucedió. Las malas noticias tienen dos cosas en común, vuelan y llegan cuando menos se les espera, de eso no hay duda. No hay tiempo para los "hubiera", la vida no funciona así, las cosas pasan porque tienen que pasar, y contra eso no hay nada qué hacer. A Blanca le pasó simplemente lo que era lógico que le pasara: se le alteró de momento su sueño de la casa propia, parecía desmoronársele delante de sus ojos, y yo tenía que ver en ello, yo era de algún modo, el culpable. El nerviosismo y la angustia se apoderaron de Blanca, y yo no pude o no supe hacer algo para que ella se sintiera segura, lo intenté, pero no fue suficiente, no funcionó, y ya de ahí para adelante, todo estaría sentenciado. La relación se comenzó a resquebrajar muy rápidamente, y la angustia y el temor de perder su casa y no tener una entrada de dinero seguro, eso puso lógicamente mal a Blanca, el sueño americano se esfumaba, parecía solo un espejismo.

Mi búsqueda de trabajo comenzó de nuevo, volví a recorrer las calles, a tocar puertas y a hacer llamadas telefónicas, pero ninguna oportunidad de empleo surgió de inmediato. En estos casos siempre me pregunto: qué gané al haber compartido tantas experiencias con tantas personas que supuestamente eran mis amigos, y a la hora de la hora, todo el mundo te saca el cuerpo y te quedas más solo que Jesús en el desierto, enfrentando el sol, al demonio, al demonio personal, de él no escapa uno. Había que confrontar lo que venía a sucederme y con claridad total de mente, no me podía dar el lujo de engañarme. Tenía aún algo de dinero guardado, y entonces también me tocó ir de nuevo a meterme a la boca del lobo, es decir, ir de nuevo al "consulado" de Queens, que siempre está a la mano para resolver nuestros problemas laborales a los que no tenemos con qué trabajar. La gente no entiende que esto lo hacemos porque no tenemos otra opción, es solo para trabajar, ¡carajo! ¡No le hacemos mal a nadie! ¡Por qué no pueden entender eso! ¿Nunca se han puesto en el lugar de un ilegal que tiene que sacrificarse por su familia que está en su país o por sus padres que también están allá solos, y a veces enfermos y sin tener con qué comprar alimentos y medicinas? ¿Es que acaso ustedes no tienen corazón, sentimientos o compasión? Nunca leyeron aunque sea una sola vez la escritura bíblica que dice: "...porque extranjeros fuisteis vosotros en la tierra de Egipto" (Éxodo 22:21). El único pecado de nosotros ha sido venir a un país en donde pensamos que nos iban a tratar y a considerar bien, con respeto, el respeto que se merece todo ser humano, solo por el simple hecho de serlo. Aquí se nos ha señalado, insultado, injuriado y calumniado, ¿y solo por no tener documentos en regla? ¿Creen ustedes que ese es motivo suficiente para tratar a un ser humano de esa manera, de humillarlo y denigrarlo solo por eso? ¿Tiene justificación acaso? ¿Nadie ha pensado jamás que toda esta gente tiene sentimientos y un corazón en el pecho? ¿Piensan ustedes que muchos vienen y se someten a estas condiciones de abuso porque les gusta? No señores, nadie viene aquí porque le gusta que lo traten como mierda, no, no se equivoquen, eso no es así, mucha de la gente que viene aquí viene a sacrificarse por otros, por los que quedaron atrás, es más, muchos no saben todas las cosas y las condiciones que tienen que soportar aquí, pero ¿saben algo? No tienen alternativa, tienen que hacerlo, porque así es el hambre, así es el ser humano, la necesidad empuja a las personas a hacer cosas que jamás imaginarían hacer. Por sobrevivencia, una madre en apuros muchas veces, sin quererlo ni proponérselo, se prostituye porque sus hijos no tienen qué comer, ya que algún desgraciado la embarazó y se olvidó de su responsabilidad como hombre y como marido. ¿Creen que muchas mujeres venden su cuerpo porque les gusta sentir encima de ellas el cuerpo sudoroso de un borracho que no sabe lo que es tener una relación formal, ya sea porque no puede construirla o porque no quiere ni sabe hacerlo? Hay mucha gente con discapacidad, emocionalmente discapacitados, gente traumatizada, abusada desde niños, que no sabe construir relaciones por el motivo que sea, y entonces se ocupa con una prostituta, ¿ven cómo se juntan dos problemas? ¿Dos tragedias? Dos personas que quizás cada una tiene lo que la otra necesita, pero esa es la vida, una experiencia llena de desencuentros, en donde algunos ya perdieron la única oportunidad que el destino les trajo, y entonces ahora, ¿qué hacer? Ese es el dilema del mundo, de la vida, que las cosas no son como deberían ser o en todo caso como quisiéramos que estas fueran, simplemente la vida es como es, así de simple. A nadie le importa un carajo si sufres, si lloras, como dice la letra de un tango conocido, si no tienes qué comer, si se te murió tu padre, tu madre, no, para mucha gente eso no cuenta, no interesa, en este mundo, en este planeta, para los demás seres humanos. ¿Y por qué carajo nos llamamos así entonces? ¿Qué tiene de humanidad que no te importe una mierda el bienestar de otra persona? Cambiémonos el nombre por favor y así seremos más consecuentes con lo que hacemos y con la manera como nos comportamos entre nosotros, pero ¿seres humanos? ¡Por favor! ¿A quién queremos engañar, confundir o tranquilizar? ¿A nuestra conciencia? Y así seguiremos, pues seguro que sí, o es que acaso no ha sido así el comportamiento de la gente desde que el mundo es mundo. Vamos todos a quitarnos la careta que hasta nosotros mismos nos hemos hecho aunque sea una única vez, los pendejos que no tenemos para ayudar a alguien para completar para su almuerzo, su transportación, en fin, así es el mundo, ¿excusa cagona, verdad?

Aquella vez regresar a Queens, Nueva York no era solo por mí, ahora era también por otra persona, Blanca, por su casa, por el sueño de ella que yo le había ayudado a creer y lograr —porque fue así— y que ahora estaba en peligro de esfumarse, tenía que ir, arriesgar el pellejo de nuevo. Quizás esta vez me podría atrapar la policía tratando de comprar papeles falsos, pero ahora igual que antes había buenas razones para hacerlo, formábamos una pareja y teníamos que honrar esta relación. Ahora en los momentos de dificultad había que apoyarnos, porque si no, para qué entonces éramos pareja, ¿solo para tener sexo acaso? Seguro que no, también para apoyarnos en las buenas y en las malas, y salir de toda esta mierda lo mejor que se pudiera, pero juntos. Por tanto, yo estaba dispuesto a hacer ese último esfuerzo, a intentar salvar esto, fuera como fuera. Esta vez el viaje en tren a Queens no era solo por mí, para mantenerme yo, era para que Blanca no perdiera su casa. Cuando uno está solo es distinto, pero ya éramos dos, y lo que afecta a uno, afecta a ambos, y lógico, hay unión, si no, todo colapsará como un edificio, una casa mal construida con malas bases, con mal fundamento, sin solidez en la estructura, será cuestión de tiempo entonces que todo aquello se desmorone. Sin embargo, por más que conseguí mis "papeles" y con ellos un trabajo nuevo —esta vez en la ciudad de Nueva York— ya nada era lo mismo en mi relación con Blanca. Aún tenía aquel trabajo de medio turno en Hoboken que me ayudaba a subsistir de alguna manera para cubrir mis gastos, pero aquella relación no era de las mejores y "no hay peor ciego que el que no quiere ver". Sí, yo estaba ciego y era por el amor que yo le tenía, pero como la canción de José, el amor acaba.

    La difícil situación económica solo sirvió para demostrarme a mí o quizás a Blanca también, que lo que nos unió no era tan fuerte como suponía o como yo creí que era. Era obvio que yo había perdido completamente la objetividad, me había entorpecido de alguna manera, una condición muy propia del enamoramiento. Esto y otras situaciones que volvieron nuestra relación irreconciliable hicieron que yo decidiera acabar ella. Es muy difícil y doloroso acabar algo que uno empezó con tanta ilusión, se derraman lágrimas cuando las cosas no resultan como uno piensa con la mujer que uno ama. No sé los demás, yo sí lo hice y no me da vergüenza admitirlo, vergüenza sentiría de admitir que nunca fui capaz de sentir amor por alguien, por una mujer, mi mujer. Dirán lo que dirán, pero el factor económico siempre será en muchos casos un gran componente fundamental o causal en las separaciones de pareja en esta nación, y no hay que ser solo estadounidense para que te pase eso, le pasa a todo el mundo sin distinción, desde el más rico hasta el más pobre ilegal de Estados Unidos. Así es lo emocional, las penas, desencuentros y desengaños amorosos nos igualan unos a otros tanto como lo hace la muerte, que es lo más democrático que existe en este mundo, esta no hace distinciones de ninguna clase, contra ella no puede hacer nada el rico junto a todo su dinero. Naturalmente me tuve que alejar de la casa que ayudé a comprar, del sueño que contribuí a construir, la vivienda a la que yo le dediqué mi mejor esfuerzo, por eso bien dice el refrán, "nadie sabe para quién trabaja", esa es la verdad más grande que existe o una de las más grandes en este jodido mundo, de eso no tengan duda. Esa casa era cualquier cosa, menos habitable, y le hicimos de todo, pintura, limpieza, remoción de escombros y otros trabajos, y todo en tiempo récord. Esto fue porque había que pasarnos rápido a ella, y si era posible antes de que acabara el año. ¡Qué ironía terminar una casa para saber que no podrás vivir en ella por mucho tiempo!, porque lo que había en su interior era un ambiente hostil, de rechazo, de guerra, y entonces para qué tanto esfuerzo. ¡Qué sorpresas se lleva uno, verdad!

La última discusión entre Blanca y yo llegó cuando tenía que llegar, porque todo tiene su tiempo preciso bajo el sol, fue la última gran pelea. Ya la relación venía mal, y unos días antes ya antes de irme a trabajar y dejar dormida a Blanca, le había dado un beso en la frente y le había dicho muy suavemente: "No merecemos seguir unidos, es más el daño que nos causamos que el amor o el afecto que sentimos el uno por el otro", y me fui a trabajar. Sé que no me oyó, porque casi estoy seguro que aquellas palabras no salieron prácticamente de mi boca, ella dormía, fue mejor así, pero ya fue un anticipo de lo que sucedió días después, el fin era inevitable, ¿para qué prolongar la agonía entonces? La gran pelea fue un miércoles, y yo el sábado ya tenía todo listo para irme a vivir a otro lado, es más, me mudé ese mismo viernes, solo tres días después, y fue lo mejor. Irse cuando uno aún ama a alguien es como hundirse uno mismo un puñal en el corazón, pero llegó el adiós, el rompimiento y la partida definitiva, todo junto, como dicen, el mal trago hay que beberlo rápido, o al mal paso darle prisa. Todo pareció planeado porque conseguí muy rápido donde mudarme, pero cuando todo está para pasar, pasa inevitablemente, de eso no hay ninguna duda.

Cuando uno comienza en una relación amorosa, no sé, pero como que uno piensa que va a durar toda la vida, es lo ideal o lo que nos han enseñado que es, y no es así, la vida no es como nos han contado las telenovelas de Televisa o las películas de Hollywood a través de todos estos años, eso es programación mental. La vida real es diferente, con gente real, que a veces se levanta sin querer tener a nadie alrededor, ni a nadie que los mire, ni les digan nada, gente que amanece y que no se soportan ni ellos mismos, y hay días en que lo primero que quieren hacer contigo es comerte completamente y cocinarte y engreírte, nada que sea extraño, es solo naturaleza humana, locura nuestra, así somos nosotros los seres humanos, difíciles de entender. Las relaciones humanas muchas veces no tienen que durar toda la vida, sino solo un período, puede ser corto o largo, eso escapa a nuestro control, eso en sí no interesa, lo que importa es la huella y el impacto que causará la experiencia en uno, eso es lo valioso y lo productivo de toda esta vivencia, lo que saquemos en limpio, lo que nos sirva para crecer, y eso es lo fundamental.

Aquel viernes que cerré semana, llegué a casa y comencé a preparar todo para irme al día siguiente. Me había encontrado con una buena amiga por esos días, ella siempre me había preguntado si conocía a alguien de confianza para rentar un cuarto. Cuál no sería su sorpresa cuando el día que la encontré en el centro comercial de Jersey City, le pregunté:

—¿Todavía tienes ese cuarto desocupado, del que hablamos la última vez?

—Sí, ¿por qué?

—Porque alguien lo necesita ¡urgente!

—¿Sí? Dile que pase a verlo, si no, que me llame, ¿está bien?

—Nada de eso, ¡si es para mí! ¡Lo necesito para mí!

—*Wow!* ¿Y eso muchacho, no estabas con tu mujer?

—Sí, pero ya se fue todo eso para el carajo, ¿cuándo me puedo mudar?

—¡Cuando tú quieras papi! ¡Me sorprendiste, Dios mío, la verdad!

¡Si supiera que la sorpresa fue toda para mí! Exacto, yo fui el primero que pensé que nunca me pasaría lo que me sucedió, en fin, solo quedaba seguir adelante, no había de otra.

Dentro de tanto movimiento y cataclismo, lo bueno es que tenía trabajo, y eso es siempre un plus importante. Sin trabajo, todo es más difícil, porque si no, ¿cómo generas dinero? Es necesario tanto para eso como para tener ocupada a la mente, para que esta no piense, como digo yo, ¡pendejadas! Ayudó mucho que yo aún tenía muchas de las cajas con mis libros sin desempacar, o sea que no se necesitaban poner en ninguna caja nueva, estaban tal cual las había traído a la casa de Blanca de mi apartamento. Mis libros venían conmigo, esos no se podían quedar en el camino, en ninguna parte, además valían plata, ahí estaba todo lo que me gustaba y que había aprendido de la astrología también. Todos esos libros me habían costado mucho dinero y me había matado trabajando como un burro para comprarlos. Yo solo me quedaba con 20 dólares para toda mi semana en aquellos tiempos en que había que pagar de todo, y así es cuando se juntan dos pobres o personas que no tienen muchos recursos y después se sorprenden de por qué no duró el amor. Llegó el sábado y conseguí un par de paisas que tenían una camioneta, les propuse el negocio de que me ayudaran en mi mudanza a cambio de un dinero, no mucho, pero algo es algo.

—No son muchas cosas, *brother*, ¿cuánto me cobras?

—Que sea 100 por todo, ¿está bien?

En realidad no era tan lejos, pero estaba bien, no era mucho aparentemente, pero, los libros pesan, el papel pesa. Llegué yo a casa con los dos amigos, los paisas que me iban ayudar con la mudanza y sin saber si estaría Blanca ahí, yo ya le había dicho a qué hora me iría, pero con ella nunca se sabía.

—Quédese uno de ustedes aquí, por si acaso, por aquí pasa mucha gente con cara de delincuente, ¡no quiero que les roben la camioneta!

—Está bien, jefe, lo que diga —contestó uno quedándose en el transporte.

Blanca estaba en la cocina, la saludé de lejos y le señalé al amigo de la mudanza el cuarto de donde había que sacar todo para el camión. La respuesta no se hizo esperar, ni la indicación repetir, la operación no duró mucho, todo fue una sola acción. Cuando terminamos, les dije a los muchachos del camión:

—Espérenme aquí, que ya vengo, ¿está bien? Tengo algo que terminar aquí, no me demoro.

—¡Vaya pues! Aquí lo esperamos, Don.

Entré al apartamento, llamé a Blanca y le dije:

—Bueno, eso era todo ya terminamos. Aquí están las llaves de la casa, la de la puerta de entrada y de la reja de afuera, y también tu teléfono.

Yo creo que eso no se lo esperaba ella, porque allí mismo me dijo:

—¿Y eso? No, ¡eso es tu regalo de cumpleaños!

Yo, que sabía más que eso, le dije:

—No, gracias, no lo necesito, yo compraré uno nuevo, solo dile a la compañía que lo desconecte.

—No, pero no, cómo te vas a quedar incomunicado, eso es tuyo, tú lo necesitas, y luego mensualmente me das el pago, si tú no tienes forma de sacarlo.

—No gracias, no lo quiero, yo sacaré otro para mí, gracias... —y se lo dejé sobre la mesa.

Yo me sabía muy bien esa historia del teléfono, siempre nos habíamos desconectado uno con el otro, pero el bendito teléfono siempre nos había llevado a reencontrarnos de nuevo, y yo no quería nada de eso, lo hecho, hecho estaba, y yo sabía que ya no había vuelta que darle a las cosas. Rompiendo de esta manera me aseguraba de que Blanca ya no me iba poder seguir ni encontrar. Si se acaba, se acaba bien, no a la mitad. Muchos seguro dirán que fui insensible, sin corazón, pero aquellos que me conocieron en mi relación saben muy bien lo que yo siempre sentí y le demostré a Blanca. Yo la amaba mucho, y solo Dios sabe lo mucho que me dolió dejarla. Juzgar es fácil, pero muchas veces las cosas ni las personas son lo que parecen, yo aún la amaba y renunciar al amor de alguien por el amor mismo, es fuerte, muy fuerte, pero algo sí sabía en mi interior: que así como yo me alejaba de la vida de la mujer que yo amaba, Dios y la Divina Providencia traerían a la persona correcta para ella, la persona que ella necesitaba y que la haría feliz sin duda, lo feliz que hubiera deseado que lo fuera conmigo. Salí del apartamento con dirección al camión que tenía mis cosas y en donde me esperaban los paisas, esos mismos paisas con quienes tantas veces he compartido un plato de comida, un vaso de agua, una tristeza y una desdicha. De pronto escuché unos pasos correr atrás de mí, volteé y era Blanca, que venía corriendo hacia mí. No dijo nada, solo me abrazó, me apretó contra ella y me besó profundamente en los labios. Esto fue de sorpresa, no supe qué hacer, no esperaba eso de ella. Sí, fue el último beso, como la canción de Marc Anthony, o la que cantaban Los Doltons del Perú allá por los años de la Nueva Ola, los 60s. Aquel último beso que tuvo mucho del primer beso que nos dimos hacía ya mucho tiempo. Se había cerrado el círculo.

Llegué al camión y me subí de una. Los dos paisas nos habían estado mirando largamente en aquella escena de telenovela que nos habíamos mandado Blanca y yo, pero lo que no sabían ellos era que aquella era la escena final, sin vuelta ni regreso. Uno de los paisas se atrevió a decir algo, fue el que manejaba el camión:

—Perdón que me meta en lo que me no me toca, paisa, pero yo nunca vi que a un hombre que se va de su hogar la mujer salga corriendo detrás para detenerlo y besarlo, perdóneme, como digo, pero eso yo no lo entiendo, usted me sabrá disculpar que me meta.

Yo sabía a lo que este amigo se refería, pero era solo eso mi amigo, solo un beso. Cuánto hubiera querido que ella dijera con palabras lo que yo quería oír, pero es así, la vida, la gente a veces no puede articular las palabras que a uno le gustaría oír. Yo hubiera dado lo que no tengo, ni capaz nunca tendré, por escucharla a ella decir que me quedara con ella, que no me fuera, que no la dejara, pero hay gente que no saben decir ¡lo que el corazón quiere escuchar! Esa frase, que quizás es estúpidamente romántica, uno quisiera escucharla en estas situaciones, y nunca se oyen por supuesto: "Quédate, no te vayas" o "Vamos a darnos otra oportunidad mi amor". Pero bueno, esas pendejadas solo pasan en las películas o en las novelas de Televisa, la vida real es muy diferente.

—Ya paisa, prende el motor y ¡vámonos pa' la mierda con todo!
—Usted manda capitán.

Dobló en la esquina a la derecha el pequeño camión, y le indiqué al que conducía, "Sigue derecho, *brother*". Había un silencio particular en el camión, y a pesar de que la distancia no era mucha de donde yo vivía hacia donde yo me mudaba, se hizo como una eternidad llegar, o quizás sería mi percepción distorsionada del tiempo. Cuando suceden este tipo de separaciones sentimentales, siempre hay una de las dos partes que lo siente más, eso es innegable. Llegamos de pronto a la dirección que le había dado al chofer y menos mal que se la di, si no, nos hubiéramos pasado del lugar al que íbamos. La mente se le va a uno un poco con esta clase de experiencias. Así llegué a mi nuevo hogar en donde viviría hasta vaya a saber Dios cuándo, era un edificio de construcción antigua y el apartamento de mi amiga quedaba en el último piso, en el tercero. Yo iba bajando, anteriormente viví en un edificio de cinco pisos, en fin, al mal tiempo, buena cara dice el dicho. No tenía elevador, igual que aquel otro viejo edificio. Como quiera ya estaba fuera de donde me quería salir, y no había vuelta que darle, entonces manos a la obra y a comenzar a subir todas las cosas, no había tiempo que perder, a subir todo de nuevo hasta el último piso. Mientras más cosas tengas mayor incomodidad la que vas a conseguir en cada mudanza que realices dentro de este país (¡y más si tienes libros!). Terminamos rápido como quiera y les cancelé la deuda a los amigos, buena gente y serviciales los amigos mexicanos. Con ellos dentro de Estados Unidos siempre me he llevado bien, ha habido naturalmente excepciones, pero con la mayoría siempre me he llevado bien; raza trabajadora, sencilla, noble y humilde, pero también bien guerrera, la mexicana.

Mi nueva propietaria del apartamento, mi amiga La Chiqui, ya me había estado esperando y estuvo pendiente cuando llegué con todas mis chivas, o sea, mis cosas.

—Bienvenido hombre, ¡tú sí te haces esperar!

—Lo siento Chiqui, no sabía que me ibas a estar esperando, se me olvidó preguntarte.

—No, fui yo quien tuvo la culpa, no te dije nada, pero yo todavía no he sacado copias de las llaves, ni de la de la entrada, ni la del apartamento.

Me convidó del café que llenaba con su aroma el apartamento, y me dijo:

—Ahora que llegaste ya me puedo ir a sacar copia a las llaves, ya regreso loco, ya regreso, ¿está bien?

Se fue corriendo aquella, ya la hora le iba ganando al día, era cosa de mudarse, y de una yo también me dirigí a mi nuevo cuarto, pero antes de que yo comenzara a desempaquetar todo, Chiqui regresó de improviso diciendo:

—Instálate primero, está bien. Y este mes no me tienes que pagar nada, yo ya pagué este mes de renta. Yo sé que no estás bien y no quiero complicarte más la cosas.

—Gracias Chiqui —y la abracé.

—Siento que tu relación no resultara bien, Carlos, pero a veces todo pasa por alguna razón, yo te vi una vez con ella, ¿te acuerdas?

—Sí, sí me acuerdo Chiqui.

—Yo rápido me fijé y me di cuenta de que algo no estaba bien entre tú y ella, lamento haber acertado, no sé explicarlo, era una energía, algo que se siente en el aire, en el ambiente, cuando hay discordia, pelea, en el ambiente, ¿entiendes? Bueno, te dejo, ya hablé, mucho siempre, lo siento, ¡yo a veces me paso de habladora!

—Está bien amiga, cuídate, yo estaré aquí.

Entré de nuevo a mi nuevo cuarto, y me puse manos a la obra, se trataba de hacer todas las cosas rápido para así poder descansar un poco. El desempacar de una vez te ayuda mucho a mantener la cabeza ocupada en algo productivo y no pensando en hacer una mierda, alguna cagada te puede pasar por la mente y no vale la pena, preferible evitar o de una vez tratar de olvidar, poco a poco. Todo iba bien hasta que me tocó ir al cuarto de baño a también acomodar mis cosas, ya que entre los dos lo íbamos a compartir. Al ir colocando las cosas en el baño, al cerrar el botiquín, me di cara a cara con mi reflejo; ya no era yo el mismo, algo en mí había cambiado para siempre, algo en mi había muerto. Ese que me devolvía la imagen del reflejo no era yo, era un hombre acabado, un derrotado, no sabía si para siempre o momentáneamente, pero era yo un derrotado en ese momento. De pronto comencé a sentir tantas emociones a la vez, sin explicación, rabia, impotencia, desesperación, frustración, deseo de revancha y tantas otras que querían salir de mi pecho, pero que yo me resistía a dejarlas salir por algún motivo. Sin que yo lo pudiera evitar y mientras me miraba en el espejo, el llanto comenzó a correr por mis mejillas, y de nada valió que me secara las lágrimas, porque salían más y más, sin parar, era como que se había abierto una especie de compuerta emocional dentro de mí que hacía mucho tiempo que yo no había querido prestarle atención, y mucho menos abrirla de a pocos o totalmente y liberar todo ese océano de emociones. Lloré y lloré, como la canción del cantautor mexicano José Alfredo Jiménez, hasta que el llanto por sí solo se detuvo. No había llorado así por lo menos desde que había perdido a mi madre, mi padre o a mi hermano, ya no quedamos casi nadie de la familia. Lloré y lloré hasta que el llanto secó mis pupilas y lloré como lloran los hombres. Era un llanto diferente este que ahora me conmovía y me embargaba. Antes era por mi gente querida, por mis familiares, ahora no, era por culpa de una mujer, pero incluso, era mucho más que por eso, era por haber perdido o ver cómo se disolvía delante de mis ojos todo lo que yo había imaginado, todo por lo que yo me había embarcado en aquel sueño. Cuando pones tus fichas en solo un número o en una sola ficha y pierdes, duele, y mucho, pues son todas tus ilusiones. Hay rabia y bronca, pero sí puedo decir sinceramente que lo que hice, lo hice por amor y no por interés. Que me crean a mí poco me importa, la gente que me conoce sabe muy bien como soy. Duele, claro que duele, porque uno hace las cosas con la seguridad de que van a resultar, no con la idea de que no van a resultar bien para uno, porque si no se tiene esa fe, esa confianza, ¿entonces para qué hacer algo? El golpe emocional fue fuerte, pero no me mató, hacía falta más que eso para liquidarme.

Para cuando la Chiqui ya había vuelto de hacer las llaves y de haber comprado algo para cenar, ya todo había pasado, toda esa liberación de energía ya se había expresado, pero aún así, mucho de lo que me había ocurrido fue necesario para crecer y también, aunque suene muy extraño, para haber podido crecer como ser humano, porque no es hasta que te sobre-extiendes de tus límites personales para amar a otro ser humano. Hasta ese momento no eres capaz de saber cuánto amor puedes brindar al mundo. Todo lo que se fue, lo que perdí, dinero, tiempo, emociones, como lo quiera calificar la gente, está ya ido, eso no regresa, pero no lamento nada, lo que pasó tenía que pasar por alguna razón, ¡qué carajo! Sí hay que empezar de nuevo, pues se empieza de nuevo, ¡qué mierda! ¿O acaso no podía? Como decía el abuelo: "Acuérdese mi hijo que usted nació con un par de huevos en medio de las piernas, nunca se olvide de eso, ¿estamos?" El amor es así, las relaciones amorosas, son así, y quién sabe, quizás yo fui el único que se enamoró de verdad y no me quise dar cuenta de las cosas, de cómo eran en realidad. Muchas veces es así, solo cuando pasa el tiempo, tú miras hacia atrás y dices, "¿Y qué mierda estaba yo pensando cuando uní mi vida con esta persona?"

44

Manteniéndome a flote

Aquel 2008 fue de cambios y movimientos casi de principio a fin. Después de mi separación con Blanca, había entrado a trabajar usando mis papeles falsos a un restaurante en la ciudad de Nueva York, cerca de Times Square y la Calle 42, pero me despidieron dos meses después. Ese lapso fue suficiente para darme cuenta de que la mayoría de los empleados, que eran gente mayor, de 40 años o más, no querían que me quedara ahí trabajando. Me jodían con lo que fuera, ya sea porque venía de Nueva Jersey, no era de Nueva York, era más joven que ellos y encima hispano. Había más latinos, pero eran unos renegados, como yo los llamo, y algunas mujeres afroamericanas que también no me pasaban y me trataban de hacer el trabajo incómodo y difícil. En cambio, el chef ruso para el que yo trabajé al menos me consideraba y apreciaba mi labor, pero el resto del personal eran unos comemierdas, gente que como dice el dicho, "Ni rajan, ni prestan el hacha". Cuando me avisaron de mi despido, supuestamente porque era verano y tenían que recortar personal, no me molesté, ¿para qué? Solo le pedí al gerente con el que un día conversé en la oficina un día que me pagó mi cheque de nómina que si me podía recomendar en otro restaurante, ya que yo necesitaba trabajar. Él me dijo:

—Está bien José (uno de los tantos nombres que he usado para subsistir), yo te aviso, déjame hacer un par de llamadas. Tú eres un buen trabajador, no te preocupes amigo.

—Gracias jefe.

Me fui de esa cocina en donde entraba a trabajar a las seis de la mañana, aunque casi nunca pude entrar a esa hora, siempre llegaba cinco o 10 minutos más tarde por causa de los benditos trenes de Jersey, que no comenzaban a operar hasta las 5:30, entonces yo nunca podía llegar a tiempo, ¡y vaya que lo intenté! Algo que recuerdo y que me agradaba mucho, era que cada mañana cuando salía del tren que me dejaba en plena Calle 42 en Times Square y caminaba esas cinco cuadras al trabajo, llevaba puestos mis audífonos y escuchaba la canción de la legendaria artista francesa Édith Piaf cantar titulada *La Foule* (*La multitud*). Adoro esta canción, aunque por estar en francés no le entendía un carajo, pero me encantaba. Sé que es un vals o un tango, y yo la cantaba camino al trabajo, como quien le hace la segunda voz al inmortal Gorrión de París. Lo bueno de aquel trabajito que duró tan poco, era que me permitía salir temprano y estar en las calles de Nueva York para las 2:30 de la tarde, y así me distraía bastante, básicamente mirándoles la nalgas y las piernas a tanta mujer bonita que caminaba por las calles de la Gran Manzana. Me encantaba esa rutina de salir y caminar al lado de gente de tantos y tantos países, y de apreciar tanta belleza femenina. Era algo que me encantaba hacer, pues la ciudad tiene una linda energía para el que la sepa reconocer, en todo caso así lo siento yo. Aquel gerente no falló a su palabra y cuando volví por mi último cheque, me dio un papel con una dirección:

—Este es el teléfono de un amigo que es chef aquí en Nueva York. Le hablé de ti, llámalo y ponte de acuerdo con él cuando puedas para que trabajes con él.

—¡Muchas gracias, jefe! ¡Gracias!

—¡Adelante, amigo! ¡Buena suerte!

Fui al casillero, saqué mis últimas cosas y las puse en mi mochila. No me despedí de mucha gente, ¿para qué?, ahí nadie me quería, todos eran y habían sido conmigo unos egoístas de mierda, ¿para qué sirve ese tipo de gente? Ellos me vieron como una amenaza para sus trabajos, y yo lo único que quería era trabajar, serles útil en el trabajo. Tomé el elevador y bajé a la calle y me acordé del papelito, lo abrí y decía: «*Metropolitan Museum of Nueva York, Fifth Avenue and 86 Street*», luego un nombre y un número telefónico. *Wow!*, bien, ¡habrá que ir al museo entonces!

Metí el papelito en mi billetera y me dirigí al tren que iba a la parte alta de la ciudad. "Vamos —pensé— ¡a ver si llego! Si alcanzo a hablar con este chef es mil veces mejor hablar en persona". Llegué a aquel imponente lugar, uno de los lugares más emblemáticos de la ciudad, conversé con el chef a quien me habían recomendado, y entonces me aceptó en su enorme cocina, la cocina del Museo Metropolitano de Nueva York, que por sus grandes dimensiones es una ciudad dentro de otra ciudad. Hay galerías y galerías y, de hecho, parece un socavón minero en su interior, y es tan largo y extenso que tenías que salir a la calle para poder usar tu teléfono celular. Así era cuando yo trabaje ahí, no sé si habrá cambiado desde aquella vez. Me despedí del chef, quien me dijo:

—Empiezas el lunes, ¿está bien amigo?

—Sí, ¡gracias chef!

Había perdido todo, pero estaba tratando de mantenerme a flote, y Dios de alguna manera me estaba dando la mano, no me abandonaba, en cambio yo sí muchas veces me había alejado de Él.

Llegó el lunes y ese mismo día me aventaron a trabajar a la "línea caliente" en donde uno está cerca de las estufas, y el cocinero que se encarga de cocinar, de guisar y de hacer sopas y salsas. La cocina del Museo Metropolitano de Nueva York es una sucursal del Alto Manhattan, y ¡estaba todo Santo Domingo trabajando ahí! Casi el 80 al 85 por ciento de los trabajadores eran dominicanos, y solo un pequeño porcentaje de otros países como Chile, Perú, Venezuela y Honduras, pero no más de ahí. Por ser mayoría, se podría decir que estos dominicanos estaban ahí "jugando de locales", por tanto había que acomodarse al juego de ellos. Una vez ya con mi uniforme y en la cocina trabajando, todas las miradas iban dirigidas a mí, pero eso era inevitable, y nada nuevo para mí, siempre me pasaba y le pasa a todo empleado de cocina cuando llega a un lugar nuevo, es algo normal. Las preguntas tanto silenciosas como obvias se podían adivinar: ¿Y a este quién lo trajo? ¿Y este de dónde viene? ¿Quién lo recomendó? Naturalmente, en una cocina como esa no entra cualquiera así nomás a trabajar, pero aun así se tiene que lidiar con la desconfianza de los compañeros de trabajo que ya están ahí establecidos. Comencé pues en la línea de cocina, y muchas de las veces también trabajé como preparador. Las líneas de cocina no se las dan a alguien así nomás, y hay que tener en cuenta que las cocinas son como pequeñas mafias, en donde cada uno cuida sus intereses y sus fronteras, sus límites y territorios, como en cualquier otro trabajo, en otras palabras, ¡la misma paranoia de mierda, como siempre! Empecé entonces como preparador de cocina y además ayudante, claro, no me la iban dejar fácil estos piratas de la cocina, estos corsarios de la culinaria, estos bucaneros de Washington Heights. Nunca sé cuánto tiempo voy a durar en un empleo nuevo, pero siempre trato de hacer y de dar lo mejor de mí, no solo en Estados Unidos, sino desde pequeño, en Perú, ya que mis padres me criaron así, acostumbrándonos a todos sus hijos a ganarse el pan de manera honrada y con nuestro propio esfuerzo.

El Alto Manhattan había tomado por asalto el Museo Metropolitano de Nueva York, eso era innegable, y aquel que ha trabajado ahí alguna vez no me dejará mentir. Hice amistad dentro de toda aquella segregación laboral con dos hermanas que eran compatriotas, y con Elena, una chilena que se crio en Perú, y que era más peruana que el ceviche y el pisco sour, sin duda alguna. Con ellas de compañeras de almuerzo, en algo sobrellevábamos el hecho de vivir en Nueva Jersey, en el Estado Jardín y trabajar en Nueva York, la Gran Manzana, la capital del mundo. Con Elena desarrollé más amistad el tiempo que estuve trabajando en aquella enorme y legionaria cocina. Ambos nos contábamos nuestras cuitas de amor y nos dábamos ánimos mutuamente. Le conté de mi reciente separación con Blanca y ella me contaba las peleas que tenía con su pareja, un miserable colombiano que le pegaba y la maltrataba verbal y psicológicamente. Ni bien me lo mencionó le indiqué:

—Tú no debes quedarte callada Elena, aquí las leyes protegen a la mujer, ese hijo de puta no debe golpearte ni maltratarte, ¿sabes?

Ella secaba su llanto y mirándome me decía:

—Pero es que yo lo amo, Carlos, ¿qué puedo yo hacer?

En verdad, cuando la mujer es ella misma su verdadera enemiga, es difícil lograr algo en ese aspecto. En esto tiene que ver mucho el grado de autoestima de la mujer, ya que no se puede admitir ni justificar que en nombre del amor traten a un ser humano como una mierda.

Un buen día Elena llegó al trabajo con unas enormes ojeras, cuando la vi le pregunté:

—¿Qué carajo te ha pasado Elena? ¿Has estado llorando toda la noche o qué?

—Carlos, no te enojes, pero sí, estuve llorando toda la noche porque peleamos y él se fue de casa y durmió fuera, ¡mira cómo me tiene el amor, amigo!

—¡Qué amor ni qué carajos! Eso no es amor, Elena, a ver si voy un día contigo, porque de seguro ese hijo de puta abusa porque te ve sola, y como sabe que no tienes a nadie más en este país, pues por eso se siente intocable. ¿Quieres que vaya contigo? Tú eres mi amiga y no me gusta verte así.

—No, Carlos, todo va a estar bien, no te preocupes por mí.

—Mira Elena, tú no puedes seguir más con esa persona, porque mañana o pasado te puede pasar algo peor, y ¿quién te va a ver a ti? Y encima te dice y te grita todo lo que me has contado, no, eso no es así, amiga, no debes permitirlo.

—No, no te preocupes, lo que pasa que él es muy celoso y como su papá le pegaba a su mamá de niño, él se ha quedado con ese trauma.

—Trauma que desquita contigo, ¡no jodas Elena! Así no es, así no son las cosas. El hecho de que su papá tratara como una mierda a su mamá no es justificación para que a ti te trate igual, tú no mereces eso Elena, tú eres buena chica, mereces ser feliz con un hombre que te quiera, te cuide y te respete.

—Sí, gracias Carlos, eres un buen amigo, yo te estimo mucho, gracias —y solo sonrió.

—Bueno, mi amiga, te dejo, tengo que volver a Jersey, a Hoboken, ¡un trabajo de medio turno espera por mí!

Esta situación me hizo recordar una lacra social que también existe en nuestros países y que se ve también en Estados Unidos, en la comunidad hispana y en las otras comunidades también, así no lo quieran admitir o lo pretendan ocultar: el abuso del hombre a la mujer, los conocidos feminicidios, el abuso de todo tipo contra la mujer, físico, verbal, y psicológico. La violencia doméstica campea en toda su extensión, y la verdad no sé por cuánto tiempo más lo hará. A este país muchas mujeres vienen y se mantienen solas, trabajan duro, pero están solas, muchas que tienen sus familiares queridos en sus países de origen, y entonces eso, sumado a la nostalgia, hace o, en todo caso, permite que aparezca cualquier infeliz que les hable bonito y que les pinte pajaritos en el aire. Estas pobres mujeres ya de por sí tienen muy baja autoestima y amor por ellas mismas, entonces permiten y mantienen este abuso. Poco a poco va cambiando toda esta situación, pero aún falta hacer mucho trabajo contra esta terrible plaga social y para erradicar este abuso del hombre contra la mujer, esta cobardía que ha perdurado por siglos en el mundo entero. Yo no duré como quiera mucho tiempo en aquella cocina, pero espero que mi amiga Elena haya podido por fin poner un alto a toda esa violencia que ella, al igual que tantas otras mujeres hispanas, permitía que se recreara en su existencia, en verdad así, lo espero. Sería muy triste saber qué permitió que esa situación se siguiera manteniendo igual. Aquí hay muchos casos que se reportan a la policía y hay también muchos más que no se denuncian ni se conocen por aquello del qué dirán, de qué va a pensar la gente, que a nosotros no nos pasa eso. No mujeres, no permitan eso, hay muchos vividores de todo tipo allá afuera que no solo lo hacen de esta manera, también lo hacen de una manera más sutil y delicada, pero igual de ruin y desgraciada. Solo buscan su bienestar, resolver lo de ellos y los demás que se jodan, ¡tienen que mantenerse atentas mis amigas! El mundo y este país ya tiene muchas, demasiadas "Elenas", por tanto, no permitan el abuso ni el maltrato hacia ustedes, y también sean conscientes que muchas de ustedes mismas son sus principales enemigas, ya que lo justifican, lo perdonan y lo permiten.

Eventualmente volví a Nueva Jersey, aunque hice la lucha de seguir trabajando en la ciudad de Nueva York porque me encantaba, pero no pude, ya que en el Museo Metropolitano redujeron el personal de golpe, y entonces por haber sido uno de los últimos en entrar a trabajar ahí, me tuve que ir, no tuve opción ni tenía nada qué hacer para evitarlo. Perdí el trabajo y también un CD que me encantaba; moraleja: no prestes CDs de música a tu supervisor. No estuve mucho tiempo ahí ya que, como dije antes, la envidia, la mala voluntad y el chisme siempre conspiran contra uno que solo quiere trabajar y ganarse la vida honradamente. Fue un viernes cuando nos despidieron a los tres últimos empleados que entramos a esa cocina, ni siquiera nos dejaron terminar la semana y menos el día, ¡qué hijos de puta!. Yo me fui directo a los casilleros para cambiarme, para qué me iba a despedir de gente a la que siempre le caí mal y que no me quisieron en su lugar de trabajo, aunque claro, ya todos sabían la noticia. Al entrar al vestidor escuché unos pasos correr detrás de mí, era una señora que también cocinaba con nosotros en la cocina y del grupo que ya llevaba tiempo allí; estaba llorando.

—¿Le pasa algo señora, por qué usted llora?

—No es justo señor, usted trabaja bien y es buena persona, por qué lo echan del empleo, no es justo, usted es buena gente.

—No llore señora, yo voy a estar bien, es solo un empleo.

—No, usted no me engaña, yo sé que usted, como todos aquí, necesita su trabajo, por Elena sé que se dejó de su mujer, y no es justo, no es justo que los echen y menos que no los dejen acabar el día, eso no se hace Carlos.

—Bueno, pues, no llore, ya me voy de aquí y ahora hay varios que estarán más tranquilos y felices sin duda.

—Cuando usted llegó me cayó mal, no lo voy a negar, pero el otro día que yo me corté con el cuchillo y usted dejó de trabajar para curar mi herida, eso no lo hace otra gente, eso no lo hace nadie por uno, ¡y yo que había hablado tan mal de usted cuando llegó aquí! ¡Perdóneme!

—Ya señora, no llore y no hay nada que perdonar, usted no me ha hecho ningún mal a mí, simplemente no me conocía, y bueno, ahora como quiera, ya no tendremos tiempo de conocernos, pero ya sabe, no se deje llevar por lo que la gente parece.

Y abrazándola, me despedí de ella y me fui a cambiar, tenía que irme de aquel lugar y comenzar de nuevo, en un trabajo nuevo, no había tiempo que perder, había que luchar por sobrevivir de nuevo. Es interesante cómo aquella mujer fue una de las personas que más seca y fríamente me trataron cuando llegué a esa cocina de la que yo ahora me alejaba, cuando yo solo me dediqué a cocinar. No llegué para hablar mierda de nadie ni a chismosear, ni nada, yo solo fui a hacer lo que siempre he hecho desde que estoy en este país, trabajar, y trabajar en cocina, porque gracias a Dios siempre me he podido mantener de esto, de mi talento o capacidad para poder cocinar. Decía que era interesante que ahora que yo ya me iba, no porque quisiera sino por la reducción de personal, esta señora viniera a despedirse llorando y abrazándose de mí. Quizás al final del camino sí pude hacer más de un amigo en el Museo Metropolitano de Nueva York. Yo nunca he sido chismoso en los trabajos, ni lambiscón, ni chupamedias o como carajo le llamen en todo el continente a los lameculos. Yo soy como soy y quizás por lo mismo no he podido contar con el favor de los jefes, ni he ascendido de puesto más rápido que otros, pero estoy feliz de eso, ser de otra manera me sería indigno. Yo solo he querido y quiero siempre trabajar en paz y que me dejen ganar mi dinero honradamente, y en ese momento solo quería levantarme del suelo en donde me había dejado la separación de Blanca; ahí me había dejado de momento Dios, la vida y las circunstancias. Imagino que si con todas esas lágrimas y abrazos aquella compañera de trabajo del museo pudo derretir toda esa frialdad y desconfianza con la que me trató ni bien llegué, entonces bien derramadas estuvieron, creo yo. A veces, con un poquito de situaciones que nos pasen, nos animamos por fin a sacar el corazón, a mostrarlo. Lo triste es que a veces lo hacemos muy tarde, y ya nadie puede apreciar ni agradecer el gesto. Salimos los tres que estábamos sin trabajo de nuevo, aún era temprano en la mañana, pues nos echaron de la chamba antes de la hora del almuerzo, nos despedimos todos y yo, que estaba en pleno Central Park —ya que ahí está el museo— me dije a mí mismo: "Apreciemos lo que el Padre ha creado para ser contemplado por los ojos de los seres humanos", y me fui caminando hacia dentro del Central Park de Nueva York. Podría no tener trabajo, pero con seguridad Dios no quería que eso entristeciera mi alma y mi corazón, ¡bendito seas, Padre!

En el poco tiempo que trabajé en esa cocina pude recorrer varias de las estaciones que la componían —sin duda es la más grande en donde he trabajado—, entre ellas la de comida caliente, fiambrería, ensaladas, sopas y otras estaciones. Los fines de semana, cuando muchos se iban temprano, me quedaba yo encargado de sacar lo que se iba terminando afuera, en lo que era el área de atención al público. Así, ya casi al final, me iban a mandar a trabajar a los pisos superiores en donde tocan música clásica, pero mi despido temprano lo evitó. Me hubiera gustado llegar a esos pisos, pero en fin, tantas cosas que uno desea en la vida y no las logra. Uno de los detalles que siempre me llamaron la atención de trabajar en la cocina del museo fue ¿cómo mis "papeles" pasaron tanto chequeo y control y no fueron detectados? Inexplicable, la verdad no sé qué fue lo que pasó, eso debió haber sido la mano de Dios, porque no hay otra explicación. Yo me puedo ayudar algo con mi conocimiento de la astrología, pero lo otro, lo milagroso, lo sobrenatural, de eso se encarga siempre Dios, ahí no tengo nada absolutamente qué hacer.

Mi salida de ese trabajo me obligó de nuevo a patear latas con efecto, léase estar desocupado, y nuevamente se me cerraban todas las puertas en mi camino, o eso parecía, ¡una vez más, a comenzar de nuevo, carajo! desde cero esta vez. No tenía dinero, ni ahorros, ¿cómo iba a ahorrar si al ayudarle a Blanca a comprar su casa no tuve nunca tiempo de poder separar dinero para mí, y solo me quedaba con 20 dólares para toda mi semana, cantidad mayormente usada para mi transportación laboral. En ese momento no tenía muchas opciones de nuevo en mi camino, había que pensar de nuevo y muy bien, no podía desequilibrarme, había que desarrollar una estrategia para pasar este nuevo temporal. Así volvieron las largas caminatas y el tocar puertas, actividades tan comunes cuando uno busca trabajo. Cuando uno camina tanto se cansa, y a veces hay que sentarse en alguna banca que se encuentre en el camino para descansar. Al frente de donde me senté a recuperar el aliento y las fuerzas, había un negocio en ese barrio latino donde me encontraba, pero no era un negocio cualquiera, era una botánica —una tienda de hierbas medicinales, amuletos y artículos espirituales— en cuyos anuncios colocados en la puerta ofrecían leer el futuro y el porvenir a la gente. Pensé rápido y me dije: "No tengo mucho dinero y tengo hambre, no me he desayunado y ya pasó la hora del almuerzo, ¿entro y averiguo si mi suerte cambiará dentro de poco o me voy a comer algo? Tengo una pedazo de *pizza* fría en la nevera, ¡veré si cambia mi suerte pronto, entonces!" Entré al lugar y después de conversar un rato con la mujer que lo atendía, acordamos que me hiciera una limpia espiritual, pero primero había que hacer una lectura de cartas para ver bien y apreciar cómo estaba mi suerte. Me leyó las cartas y después me pidió que me quitara parte de mi ropa para limpiarme el aura, quizás no por completo, pero de algún modo que me sirviera de ayuda para "abrir los caminos". La verdad no sabría decir si se abrieron los caminos, pero perdí dinero y recibí un buen sexo oral de parte de esta misteriosa y caribeña mujer. Al terminar, recuerdo sus palabras: "Soy una mujer sola, separada hace tiempo y ni bien entraste al negocio me dieron ganas de tener sexo contigo, tienes algo especial, me gustaste mucho ni bien te vi, y por eso no me pude contener". Es algo difícil de creer, aunque en realidad no. Situaciones como esta pasan con frecuencia, más frecuentemente de lo que mucha gente cree, lo que pasa es que nadie está pendiente de estas cosas. El sexo es así, es algo natural, común y corriente. Lo cierto es que no recibí ninguna luz sobre mi futuro, pero sí una gran satisfacción sexual pasajera e inesperada.

Transcurría la mitad de 2008, y me veía en la necesidad de conseguir de nuevo, por enésima vez, papeles falsos para trabajar. Lo siento, pero no hay otra manera de obtener empleo, aun si uno quiere desempeñar una labor tan simple como trabajar en un McDonald's; sin papeles simplemente no es posible hacerlo. De nuevo Richard Kimble tenía que volver a las andadas, y como mi personaje favorito de la serie de televisión, volver a vivir a salto de mata, no tenía otra alternativa así que, ¡Queens, allá voy! Traté de conseguir trabajo de turno completo pero me tomó entre dos a tres meses lograrlo, pero no estuve sin hacer nada, ya que aún tenía el de medio turno con el que me sostenía medianamente. Se trataba del negocio de un amigo muy especial, que siendo un ciudadano anglosajón, siempre trató con respeto y dignidad a sus trabajadores, la mayoría hispanos. Era dueño de un negocio de comida en donde se vendían productos alimenticios, frutas, y carnes. No tengo el permiso de él para mencionar su nombre, pero sé que si este libro tiene buena recepción y con el favor de Dios, llegará a sus manos, y él sabrá que me refiero a él, a su excelente esposa, que es una gran dama, y a su cuñado, otro buen amigo. Toda esta gente buena a través de su negocio fue la mano amiga que me ayudó cuando no tenía ningún otro lugar para trabajar. Es más, cuando mucho más adelante anunciaron que venderían el negocio, algunos años después, yo comencé a presentir que ya quizás mi final en este país estaba cerca. Solo quedaba entonces darme prisa para terminar de escribir este libro, antes que sucediera algo que pudiera evitar que yo lo publicara. No podía ni debía detenerme ahora, ya había avanzado mucho como para dar marcha atrás. En esta parte del camino, de este viaje por Estados Unidos, debo mencionar que si no hubiera sido por estos amigos, por esta familia estadounidense que me tendió una mano con un pequeño sueldo semanalmente, no sé qué hubiera sucedido. Me ayudaban a mantenerme a flote, claro, me pagaban al contado, no era mucho, pero era suficiente para subsistir, de lo demás me encargaba yo. No los puedo nombrar porque los comprometería, y más aún que en estos tiempos en el poder ejecutivo, en la presidencia de esta nación, lo que tenemos es un gobierno dirigido por un hombre que ha instigado en un sector de la población el racismo, la discriminación y la xenofobia. No podría yo nombrar a estos amigos sin perjudicarlos, pero tenía que mencionarlos igual, son todos ellos gente honrada, de bien y que veían a los hispanos como gente, no como un animal o una cosa, alguien a quien explotar y usar, es decir, como a un animal a quien sacarle el jugo y provecho, y después deshacerse de uno como algo desechable. No, esta gente tenía y tiene corazón, y eso ya es decir mucho en este presente y en este mundo actual. Lo mismo, gracias a mis compañeros de trabajo en aquel lugar, que aunque compartíamos tan solo unas horas a la semana, siempre me brindaron su amistad y su colaboración. Yo no dudo que todos ellos estaban en mi misma situación legal, pero eso a mí no me importa, ya no importa más, porque un ser humano no vale más porque lo diga un maldito pedazo de papel; un ser humano es más que eso, es precisamente eso, un ser humano, ni más ni menos, alguien que merece respeto y dignidad. Por esos queridos amigos que trabajaron conmigo en ese lugar, en mi nombre siempre les estaré agradecidos, confiaron en el trabajo de nosotros los inmigrantes ilegales, ¡gracias de todo corazón, amigos! Mi gratitud eterna a una maravillosa familia que nunca supo hacer distinciones de ningún tipo entre la gente que también trabajó para ellos, ¡Gracias! Esto me lleva a recordar las palabras que Ernesto Che Guevara expresó en Perú en 1952: "Creemos, y después de este viaje más firmemente que antes, que la división de América en nacionalidades inciertas e ilusorias es completamente ficticia. Constituimos una sola raza mestiza que desde México hasta el estrecho de Magallanes presenta notables similitudes etnográficas. Por eso, tratando de quitarme toda carga de provincialismo exiguo, brindo por Perú y por América Unida". No se equivocó aquel joven médico argentino que un buen día salió de su tierra natal en motocicleta a recorrer el continente, y aquel viaje no solo le abriría los ojos, la conciencia, el alma y el corazón, sino que su vida después de aquella experiencia nunca volvería a ser igual. Tenía razón, somos todos una sola raza, aún no somos conscientes de ello, ni explotamos nuestro verdadero poder, y muchísimo menos lo hacemos en Estados Unidos.

Transcurría el otoño de 2008 y llegaba otra celebración del Día de Acción de Gracias, pero yo no tenía nada para cenar, y muy posiblemente la pasaría solo. No había dinero siquiera para movilizarme e ir a algún lado, en fin, más vale estar solo que estar incomodando a la gente, ya nomás se piensan que uno les va a rogar por algo o pedirles algún favor, y no es así. Como quiera, yo no tenía nada de qué estar agradecido ese año, porque la verdad en todo me había ido mal, todo se me había ido a la mierda, y me quedé en el aire, así que suponía que no tenía nada de qué dar gracias, pero ¿cómo de que no? Sí, siempre hay un motivo para agradecer a Dios, porque si por algo nos tiene en este mundo todavía es por un propósito, y es responsabilidad de cada uno de nosotros encontrarlo. Sí, tenía mucho por qué agradecerle a Él, tenía salud, que es lo principal, no tendría trabajo de turno completo, pero algo iba a surgir. Dios nunca me ha abandonado y esa no sería la primera vez que se olvidara de mí, Él me estaba probando para ver si renegaba de Él, quería ver si tenía fe, así que no le podía fallar. Comería un poco de arroz con frijoles, pero sobre todo daría gracias a Dios por la salud y la vida, para seguir sirviendo y ayudando a la gente que me necesitara, amén. Siempre que he estado en situaciones como esta, difíciles laboralmente hablando o en general, recuerdo este verso del poeta español León Felipe: "He dormido en el estiércol de las cuadras, en los bancos municipales, he recostado mi cabeza en la soga de los mendigos y me ha dado limosna —Dios se lo pague— una prostituta callejera".

Como pude me mantuve esos dos o tres meses que duró la lucha por conseguir un nuevo empleo tras conseguir nuevos papeles falsos. Fui a buscar trabajo a un restaurante en Jersey City que recientemente se había incendiado, pero que ya lo habían arreglado y estaba casi listo para su reapertura. Se entrevistaron a muchos solicitantes pero me emplearon a mí, y así de nuevo entré a trabajar a una cocina, lo cual fue una linda experiencia, salvo que siempre uno conoce una cantidad de tipos que tienen unos egos más grandes que la concha de su madre, no hay mejor palabra que esa; se creen omnipotentes y omnipresentes todos estos comemierdas. En junio de 2007 se había estrenado en el cine una película animada acerca de un ratón francés que logró su reconocimiento en Hollywood, *Ratatouille*. En ella se describe muy bien lo comemierda, lo soberbia y altanera que puede ser la gente que labora en una cocina como chef. Esa petulancia está muy bien mostrada en aquella recordada película de dibujos animados, que cuenta la vida de la rata Remy, quien sueña con convertirse en un gran chef. Esa actitud presuntuosa de esas personas es la verdad, naturalmente no en todas las cocinas del mundo, pero sí en muchas de ellas. Sin duda alguna que la persona que se inspiró o escribió el guion de esta película debió haber tenido un amplio conocimiento sobre el ambiente de trabajo en una cocina, eso para mí es innegable. En febrero de 2008, aquella película de dibujos animados —por la que alguna gente me hizo burla por haber ido a verla al cine— ganaría el Oscar a la mejor película de dibujos animados. ¡Sorpresas que tiene la vida!

Finalmente ya estaba trabajando en un empleo de turno completo de nuevo, otro restaurante, y haciéndolo bajo otro nombre, otra identidad, y siempre desconfiando, cuidando cada palabra que se dice y cómo se dice, y en qué lugar se dice, siempre precavido, siempre en guardia. En ese restaurante trabajé como en los otros trabajos que tuve, pero como la clientela aún no se acostumbraba al nuevo lugar —había cambiado un poco su apariencia después del incendio— o no se habían enterado que había reabierto de nuevo, el caso es que no tenía aún muchos clientes, y la situación económica como que no pintaba muy buena. Debido a esto se vino la reducción de personal y ahí tuve, otra vez, la mala fortuna de quedar fuera de la cocina junto con varios compañeros, en el negocio es así. Esto sucedió durante el contexto económico de la tristemente época de la crisis inmobiliaria, en el último año de gobierno del presidente George W. Bush. Este período se conoció como la Gran Recesión, y duró de diciembre 2007 hasta junio 2009. No había mucha plata ni liquidez en la calle, eso apreciaba yo sin ser, desde luego, un experto financiero ni nada por el estilo. Luego me enteraría que un empleado de ese lugar que habló acerca de poder hacer también mi trabajo y el suyo por el mismo sueldo, también fue despedido a las semanas siguientes. Fue muy gracioso porque un día me lo crucé en la calle, intentó decirme algo, pero lo dejé con la palabra en la boca. ¡Conmigo no tienes nada de qué hablar rastrero!, y seguí mi camino. Lo interesante en estos casos es que sin que uno se lo proponga o ande buscando información, siempre uno llega a enterarse de información acerca de lo que le pasa a toda la gente, y también de aquellos que, hablando claro, se dedicaron a jodernos la vida. Esto para mí es casi como una especie de venganza astrológica, una Ley del talión (justicia retributiva) o una cobranza kármica. La vida sola se encarga de que nosotros nos enteremos de cosas que no andamos buscando saber.

En ese tiempo, un suceso del que fui testigo me enseñó un ángulo del drama humano que se puede manifestar en el ambiente del trabajo. Un día llegó un hombre al restaurante donde yo trabajaba en busca de empleo. Después me enteraría que su nombre era Hernán, quien llegó de improviso, buscando trabajo. Era invierno y traía cargando a una niña en un portabebés transportador tipo canguro que tenía sujeto al cuerpo. Él preguntó:

—No necesitan a alguien aquí para trabajar en la cocina o de mesero, ¿por favor?

—Sí, estamos tomando gente, pero ¿y esa niña? No puedes trabajar con ella, ¿dónde la piensas dejar? —le contestó Miriam, la supervisora del restaurante.

—Vea señora, no tengo a nadie, y mi otra hijita que es un poquito más grande se ha quedado esperando en mi apartamento, yo puedo volver mañana si gusta.

—¿Y con quién vas a dejar a la nena?

—La verdad, no sé señora.

—¿Tienes dinero muchacho?

Hernán no contestó, se quedó mirando el piso.

—¿Te hice una pregunta, muchacho?

—No tengo señora, mi mujer me dejó hace poco, me abandonó, se llevó el dinero que teníamos ahorrado y me dejó solo con mis dos hijitas.

—¿Qué edad tienes muchacho?

—Veintisiete años, señora.

—La vida te ha golpeado fuerte, hijo, en país extraño y con dos hijas pequeñas —llevó de un brazo a Hernán a un rincón y le dijo: Toma este dinero muchacho, y encuentra quien te cuide a las niñas y mañana te vienes a trabajar a las tres de la tarde, ¿está bien?

—Pero ¿y esto señora? —dijo Hernán, no sabiendo si recibir o no el dinero que le entregaba Miriam.

—Es un adelanto de tu primera semana. No es un regalo, ¿está bien, muchacho?

—Sí, señora, sí, claro que sí, Dios la bendiga señora y ¡se lo devuelva multiplicado!

—Dios no, hijo, tú me lo vas a devolver, pero no ahora, sino más adelante. No quiero yo contribuir más a tus desdichas y desgracias, que nadie diga que Miriam Saldaña no le dio la mano a alguien que lo necesitaba. Ahora, eso sí muchacho, esto es entre tú y yo, no quiero enterarme de que se lo dijiste a otras personas, esto no es el *Salvation Army*, ¿estamos?

—Sí señora, que diga, claro, que no señora, ¡no se lo diré a nadie!

—Bueno pues, vete y regresa mañana, ¡anda!

—Gracias, señora, muchas gracias, ¡usted tiene un buen corazón!

Se fue Hernán, y yo me le acerqué a Miriam, sin que ella se diera cuenta, y solo le dije:

—Tienes lindo corazón, ¡carajo!, y la gente que no te conoce piensa y habla mierda de ti, ¡negrita!

Volteó y mirándome fijo solo me dijo:

—No sé de qué tú hablas, Carlos. Yo no he hecho nada.

Aún hay gente como Miriam con un corazón de oro y buenos sentimientos en nuestra comunidad, pero por algunos comemierdas que se dedican a joder y a explotar a sus propios paisanos, la gente se olvida que aún existe gente como esta noble mujer caribeña que hizo un favor y lo hizo en silencio, sin presumir, sin pregonarlo, para que nadie se enterara de lo que había hecho. No digan entonces que no hay o no queda gente buena. Nadie vio aquel noble gesto, solo yo y alguien que está allá arriba y que todo lo ve, Dios. Hasta el momento de escribir esto, Hernán seguía trabajando en aquel restaurante, ¡y las niñas sanas y grandes! Con este tipo de anécdotas trato mostrar los casos de otros inmigrantes que son diferentes al mío, y así reconocer los esfuerzos de otros trabajadores en Estados Unidos para que quien lea este libro se entere de ellos y conozca otros aspectos de la inmigración.

45

Desempleo y escritura

ESTE NO ES UN LIBRO CONVENCIONAL, NI SE RIGE POR UN RELATO DEL TODO lineal —no puede, no podría ser así— ni es mucho menos una novela clásica o tradicional, es solamente un modesto y humilde trabajo nacido de una inquietud por expresar todo lo que siente y vive en Estados Unidos un inmigrante indocumentado, o como nos llama Donald Trump, traficantes de droga, criminales y violadores. Fácil es atacar y ofender a quien no está en las mismas condiciones que él, abusar del débil y de quien está en desventaja. Es una acción propia de cobardes, pero eso no me extraña, lo raro sería esperar otro tipo de conducta de gente como Trump, y sin embargo en este país también hay mucha gente buena, servicial y noble. ¿Acaso tuvo que ocurrir el atentado a las Torres Gemelas para darnos cuenta, a lo menos los neoyorquinos, que uno debía cuidar del otro? Porque eso fue lo que pasó aquella vez, fue algo lindo de ver, y no deberíamos dejar que eso muera; el dolor y el sufrimiento nos hermanó durante un tiempo más allá del color de la piel, el país, la procedencia o la religión.

Este libro es un intento de plasmar en el papel y en palabras los hechos más sobresalientes de mi vida en todos estos años "atrapado" dentro de este país, en mi condición de indocumentado, pero siempre será un punto de vista personal, como cuando en 2013 se publicó mi primer libro: *Mi opinión (Actualidad mundial en los ojos de un inmigrante)*, que fue la recopilación de muchos de mis comentarios de contenido social publicados en el periódico. Este es, de alguna manera, la continuación de aquel libro, pero más íntimo y personal, en donde al relatar la experiencias de mi migración desde Perú y viviendo y trabajando en Estados Unidos sin estatus legal por casi tres décadas, expreso comentarios sobre cuestiones sociales de esta nación. Al mismo tiempo, en este comentario social ampliado que es mi libro, trato temas y hechos de los que me he enterado de primera mano o por los medios de comunicación, pero basado únicamente en mis opiniones y desde mi óptica personal. Además, fue escrito con mucho corazón y pasión por contar mi historia, que es similar a la de muchos inmigrantes que han compartido la ilegalidad conmigo. Por tanto, espero que tenga una buena recepción; si es útil y sirve su propósito el tiempo lo dirá. El impacto y la difusión que pueda tener este libro, así como las entrevistas que generará, es algo que escapa de mi control. Ese tipo de factores no me pueden influenciar como autor. Al publicarse mi primer libro contacté a varios medios para que cubrieran la noticia de su lanzamiento, y solo respondieron tres, nadie más, pero fui afortunado pues dijeron que mi libro fue uno de los que mejor recepción ha tenido entre la gente hispana de Nueva York. Todo eso lo tomo con pinzas porque si no, me voy a marear y a creerme lo que no soy. Alguna vez me preguntaron en una presentación de mi primer libro hacia a quién estaba dirigido, para qué público o, de otra forma, ¿quién esperaba que fuera a leerlo, qué tipo de lector? Contesté que al público en general, pero me acuerdo que agregué que me gustaría que los que más lo leyeran fueran los inmigrantes, y en el caso de este segundo libro, digo lo mismo, y ojalá que sean los inmigrantes en general, no solo los indocumentados. Aunque después de ver lo difícil que es ganarse el pan en la actualidad, reconozco que tengo mis dudas.

Una vez una gran amiga mía me preguntó: "¿Tú escribes para que la gente te lea, o no, Carlos?" Y sí, ¡tenía razón esa amiga! Por ahí no faltará quien pregunte: "¿Y quién es este escritor? ¿De dónde salió?" En fin, lo mismo de siempre, se tiene que lidiar con esos egos cojudos que tienen muchos escritores pendejos, nada nuevo en el horizonte literario. No obstante, dado que yo estoy o figuro entre 10.5 millones de ilegales que se estima viven en este país, quizás aunque sea por eso, alguien me pare pelota, amanecerá y veremos, como dice el dicho. En resumen, espero que este libro, que escribí de manera casi heroica, contribuya al discurso social sobre el tema de la inmigración indocumentada. Espero que no resulte un esfuerzo inútil ni aislado.

En este país en donde los pobres seguimos siendo pobres, es muy obvio que hay mendicidad, y en este presente de carencias económicas y viviendo dentro del país más rico y poderoso del planeta, le da a uno un sentimiento encontrado ver que a la salida de una iglesia ortodoxa griega, un desamparado le pida algo al pastor de esta iglesia y solo consiga un gesto de rechazo; ni dinero, ni comida, ni una palabra de aliento siquiera. ¿Eso es iglesia? ¿Ese es un pastor de una iglesia? Pero bien que se atragantan de comida, solo basta ver lo abultado que tienen la panzas estos vagos con sotana; comen bien, beben bien, manejan buenos coches, ¿para qué necesitan más, verdad?, sí siempre va a existir gente que los mantenga. ¡Sigamos vendiendo condominios en el cielo! Y no es solo ellos, los griegos, este tipo de gente ambiciosa y egoísta se escuda en cualquier creencia y religión, no serán todos, pero que existen, de eso no queda duda.

Los períodos de desempleo involuntario que tuve durante el tiempo que escribí este libro, generaron una redirección de mis energías para proseguir hasta terminarlo. Muy probablemente, si no hubiera ocurrido esta circunstancia laboral, no lo hubiera logrado, además de la aparición fortuita de un ángel de San Luis, República Argentina que me dio más ánimos para acometer con más furor esta empresa. He tenido el apoyo y la ayuda de algunas personas, muy pocas en realidad, que son muy especiales para mí. De ellas siempre estaré muy agradecido y, sin embargo, también existe el inevitable desencanto de saber que hay otras que se han quedado ancladas en su pasado, en su propio dolor, con miedo, temiéndole a la muerte o lo que es peor, temiéndole a la vida misma, llenándose de trabajo para aturdirse la mente y no poder pensar, saturando con labores y trabajo lo que solo se llena y se cura con amor, afecto y cariño. Hay un montón de gente allá afuera con el alma herida que solo viven porque respiran, porque amaneció y abrieron los ojos, no hay deseo ni ilusión, y no hablo de otra persona en su vida, porque para eso no viene uno a esta vida. En ellos no hay deseo de vivir, de amar, pero sobre todo de servir, la gran mayoría está viviendo por otro y para otro, como si cuando nacieron hubieran nacido incompletos; son suerte de minusválidos emocionales que necesitan de alguien así para atreverse a hacer cosas y a vivir. Sucumben como todos o la gran mayoría, es más fácil rendirse que seguir peleando, obviamente. En fin, corresponde a cada uno aprender sus lecciones en esto tan efímero que llamamos vida, esto que es tan extrañamente jodido que cuando le comenzamos a agarrar el gusto o a entenderlo ya nos tenemos que ir.

Llegó 2009 y mi situación económica era precaria. Llegar a nivelarse de nuevo económicamente no es fácil, pero hay que intentarlo, eso toma tiempo. Es como una pelea de Rocky Balboa, nuestra oportunidad de lograrlo era mínima, pero existía, había que seguir adelante que aquí nadie llora, ¡carajo! Me vi precisado de nuevo a trabajar en cualquier cosa y cuando surgiera, a veces solo por horas o por un par de días en lo que hubiera, o lo tomaba o lo dejaba, o mejor dicho, lo tomaba o ¡me iba al carajo! Economizaba en la comida todo lo posible, comía rebanadas de *pizza* de un dólar que no tenían queso casi, pero sí salsa de tomate, atún con galletas saladas, bebía solo agua y si quedaba algo de vino era afortunado. Aprovechaba entonces comprando comida china cuando era posible y separaba la mitad cubriéndola bien, para que me durara para la noche o para cuando pudiera comérmela. Esa era la estrategia de supervivencia hasta que las cosas se mejoraran un poco, y también al mismo tiempo buscaba chamba como loco, caminando y tocando puertas. Lo que siempre jode es que uno siempre se encuentra pendejos a los que uno conoce y les pides que te avisen si saben de algo, porque todo el tiempo hablan de trabajo y tanta mierda, y cuando tú necesitas de verdad, en ese preciso momento, no saben de nada, ni de nadie, ahí sí se les secó el cerebro porque se les olvidó todo y se olvidaron de todos, ¡qué casualidad carajo! ¡De que los hay los hay!

Buscar trabajo no es fácil, hay que contar con mucha suerte, afuera es una jungla, una selva en el asfalto, y en la ley de la selva se impone el más fuerte. Esta es la cuna del capitalismo, así que podremos ser muy soñadores, pero despertamos o estos pendejos nos dejan sin nada, nos madrugan, así es la situación. Estoy en el país del libre mercado, en Wall Street —el mayor símbolo de los mercados financieros— en vivo y en directo, y en donde la batalla es todos contra todos. Cuando se pasa por una situación de desempleo, uno llega a preguntarse: "¿No querías vivir el sueño americano? ¡Entonces de qué te quejas!" Alguien dijo alguna vez que estaba correcto, que sí era un sueño americano este país, porque había que estar bien dormido para imaginarlo así solamente. Quizás es lo que somos todos los que estamos y vivimos aquí, unos eternos durmientes, una suerte de zombis modernos tratando de abrirnos paso en un mundo materialista, cada vez más inhumano y cruel, viviendo dentro de esta especie de película *Matrix* hollywoodense, y en una realidad que parece un sueño o un sueño que parece realidad.

Así transcurrieron dos, tres, cuatro meses, ¿quién sabe cuántos, alguien los está contando? Súbitamente, a través de un amigo, llegó la oportunidad de trabajar en una nueva cocina en Jersey City que muchos recuerdos me trajo, ya que una vez trabajé ahí hace mucho tiempo. Todos los trabajadores eran hispanos ahí, pero antes todos eran anglosajones. ¿Tendrán razón entonces el racista de Trump y sus seguidores cuando nos acusan de que los hemos dejado sin trabajo? No, no creo, si a esa gente no le gusta limpiar baños ni menos remover la mierda de otras personas, antes de eso se desmayan. En esa cocina estuve un par de meses, no duré mucho, y solo me sirvió para ver que no es solo el hombre blanco, el asiático o el negro estadounidense el que pretende abusar y maltratar al trabajador hispano, sino también el propio hispano levantado y muerto de hambre que alguna vez vino con una mano adelante y otra atrás, y que ahora quiere y jode a sus propios hermanos de raza. Así es, estos renegados de mierda son peor que la otra gente, porque de los otros uno todavía espera ese comportamiento, ¿pero de estas ratas? ¿Quién se lo podía imaginar? Pero esa es la triste realidad, los cipayos, traidores y arrastrados están en todas las razas y también entre nuestra propia gente, no nos engañemos, muchas veces el peor enemigo de un hispano es otro hispano que se olvidó cómo fue que llegó a este país. Este tipo de individuo es más racista con sus paisanos que los propios racistas oriundos de esta nación. Un hispano que se convirtió en ciudadano estadounidense es muchas veces la peor mierda que uno puede encontrar aquí, porque ya se olvidó de su gente y de que fue un comemierda alguna vez, y eso no lo puede olvidar. Hay honrosas excepciones, pero pongámonos de acuerdo que son los menos, a todos se les sube la mierda a la cabeza, tarde que temprano, ¡triste realidad! Presenciar eso de verdad que te revuelve el estómago, el hígado y ¡qué sé yo! Que este trato venga de un racista blanco no es aceptable tampoco, se puede entender de cierto modo, total, es su país, pero que el abuso y la prepotencia vengan de alguien de tu raza, eso es realmente indignante. Muchos de estos miserables, al ascender de posición laboral y tener un puesto más alto que el resto de sus compañeros, se olvidan de sus orígenes, de dónde vinieron y quiénes eran, y ahora le quieren hacer la vida difícil a los que recién están llegando. Lógico, no les van a dar todo en bandeja de plata, pero a lo menos que no sean tan hijos de puta. Sin embargo así son de cobardes, abusivos y explotadores muchos que ahora que ya subieron un poquito en la escala social se atreven a maltratar a sus hermanos de raza en Estados Unidos.

Arranqué de nuevo a otra aventura laboral en esta nueva cocina y fue inevitable que la nostalgia no me asaltara acerca de lo que había pensado cuando llegué a este país, de lo que creía que iba a hallar y de tantas y tantas memorias. ¿Qué fue de mis sueños e ideales de juventud? ¿Se evaporaron, se diluyeron? ¿Qué se hicieron? Sí, parece que se desvanecieron como castillos de arena en la playa o castillos de naipes. Uno puede estar meditando en eso, ensimismado en el recuerdo, cuando de pronto te devuelve a la realidad una nueva orden de comida: "¡Un hamburguesa con queso y papas fritas y unas alitas de pollo picantes!", o frases como, "¡A darle cabrón, no pienses mucho, que cocineros filósofos no hay muchos y menos aquí!" Trabajaba más de 50 horas a la semana, incluyendo sábados y domingos y hasta cerrar, ¡eso era una explotación de hijo de puta! ¿O no lo es acaso? No tenía muchas opciones de momento para poder cambiar esa situación, solo quedaba buscar otro trabajo cuando tuviera la ocasión perfecta y cuando este se presentará y entonces aprovecharla. Para cambiar tu vida, tu presente y tu realidad, tienes primero que comenzar a cambiar tú, pero desde adentro, no solo superficialmente, desde lo más profundo de ti, pero esto toma tiempo y preparación, y no todos lo logran. Primero es a nivel de tu alma en donde tienes que comenzar a cambiar para que luego, no tú, sino la gente a tu alrededor comience a apreciar el cambio que se va dando en ti, tú no lo verás, lo verán los demás. Es allí donde después de bucear en tu propia alma vas a tener la posibilidad de cambiar tu microchip, solo tendrás una oportunidad, y sí eres muy afortunado, ¡dos! Pero no la debes desaprovechar, porque en ese bucear y bucear en las profundidades de tu alma, muchas veces las aguas no se verán, no parecerán tan claras, darán muchas veces la impresión de ser muy turbias, todo depende de tu vida, de cómo la viviste, de tu experiencia personal y familiar, pero si puedes y logras arrancar esa pieza obsoleta de tu computadora personal, de tu ordenador mental, de tu alma, y poner la pieza nueva, el nuevo microchip, entonces de a pocos una nueva conciencia nacerá y una nueva realidad comenzará a manifestarse en tu vida, en tu presente, que es lo único que cuenta y que tenemos, no hay nada más. Anímate, vale la pena intentar ese cambio, haz el esfuerzo, es ahí a nivel del alma en donde todo comienza y entonces harás cosas diferentes, distintas a todas las que habías hecho antes. Asimismo, comenzarás a cambiar esa monotonía que era tu vida, pero tienes que atreverte hacer lo que nunca te has atrevido hacer antes, solo así podrás generar el cambio que tu alma ansía llevar a cabo y que deseas en tu vida. Nadie dijo que sería fácil, pero nada en la vida lo es, nada de valor ciertamente, lo que te cuesta ganar se disfruta más, se valora más, se saborea mejor, tiene un sabor muy especial, distinto.

Trabajar mucho no es bueno, ni para el cuerpo, la mente y el espíritu, por qué agobiarnos con tanto esfuerzo y sin darnos un gusto o un placer de vez en cuando. ¿Es que acaso nos llevaremos algo al otro mundo si es que este existe? Pues entonces aligeremos la carga, el esfuerzo y el sacrificio, ya muchos han dejado la vida, y mucho más en este país tan frío, para seguir trabajando así de esa manera, o sea viviendo a lo pendejo, y muriéndonos igual, ¿vale la pena, eso acaso? Entonces vamos a quitar el pie del acelerador y disfrutemos lo que tenemos, que parecerá poco, pero otros no tienen nada. Piensen siempre en eso cuando se les ocurra pensar que la vida de cada uno de ustedes ha sido un desastre, porque no lo ha sido, ¿entienden? Se ha hecho lo que cada uno mejor ha podido hacer, eso es todo, unos lo hacen mejor que otros, nada más, ni nada menos. Trabajamos desde que llegamos como si fuéramos animales de carga, muchas veces al comienzo cuando nos sobran y abundan las fuerzas en todo lo que aparezca, pero si te lesionas la cadera o la cintura, o la espalda —Dios no lo quiera— ya nada es igual, todo se acaba y se gasta en esta vida, no se olviden de esto. Todos aquí somos reemplazables, nadie es indispensable, todos tienen sustituto, así que no nos engañemos, trabajar para vivir es necesario, pero que eso no se vuelva el fin de nuestra vida, que esa siempre ha sido mi filosofía de vida y ahora más que nunca: "Trabaja para vivir, no vivas para trabajar". Entendamos esa idea, si no, estaremos viviendo mal y solo a la mitad, de manera incompleta, rebelémonos ante la sociedad que nos quiere decir que no podemos convertir nuestros sueños o placeres personales en algo real en nuestra existencia. Tú decides cuándo y en dónde trabajas, cómo, cuándo y cuánto cobras igual, tú tienes el control de tu vida y del precio de tu trabajo, no ningún pendejo. El timón de tu barco lo llevas tú, y con esa mentalidad y pensamiento, caí en cuenta que después de dos o tres meses de trabajo en aquel lugar había que irme de ahí, ya estaba bueno de explotación. Pero a lo menos algo me sirvió para capitalizar, ¡demos gracias a Dios y al estadounidense que nos contrató! Tomé lo que había de momento porque eso era lo único que había. Me fui de ahí, no había de nuevo ni mucho de donde escoger, pero ya uno se cansa de que lo exploten en un lugar, y era tiempo de moverme, y entonces había que hacerlo. De nuevo la misma historia, el mismo tango, pero esta vez, en Hoboken, Nueva Jersey, no es París y menos con Brando.

Mandé al diablo ese trabajo y seguimos adelante, porque no solo no me satisfacía y además era una explotación del carajo, además tampoco el ambiente era bueno y cuando la atmósfera es así, sobre todo en cocina, o en cualquier entorno laboral, pero más en cocina, entonces no vale la pena permanecer, porque hasta lo que cocines ni sabor bueno va a tener. Ya saben, no lo olviden, cuando uno trabaja en un lugar en donde todo es desconfianza, y todos están contra todos, entonces lo mejor es irse, total, este país tiene 50 estados, es bien grande, así que a movernos, ahora último con más cuidado, pero igual a movernos. No nos quedemos donde incomodamos o no seamos bienvenidos, sigamos buscando donde se encuentre nuestra felicidad, ese es un derecho humano básico individual y nadie nos lo va a negar. Lo peor es cuando toda esta inestabilidad en el trabajo la generamos nosotros mismos, es decir, entre nosotros los hispanos. Por eso se burlan y quieren abusar de nosotros las demás comunidades que residen en estas tierras, porque nos saben desunidos y traicionándonos los unos a los otros, vendiendo al compañero por unos centavos más de dinero; es una vergüenza eso, pero es la triste y pura realidad. El que está legal traiciona o amenaza al que está ilegal en este país, así de hijo de puta son, no todos pero sí muchísimos, no lo nieguen, que es la pura verdad. Unidad es una palabra que no existe dentro del diccionario de la comunidad inmigrante latinoamericana que reside en Estados Unidos. Si existiera, entonces la situación sería muy diferente, seríamos un frente unido de trabajadores y una comunidad que se haría respetar a nivel nacional, constituiríamos un bloque, un frente sólido, con voz y representación política, pero qué podemos esperar si solo hay uno que otro líder hispano, mayormente representantes puertorriqueños y mexicoamericanos que apenas tratan de hacer algo y de representarnos. De los que son cubanos, a esos ni los nombro, que esos no son latinoamericanos, y siempre han sido no solo republicanos, sino también traidores a todo lo que es unidad latinoamericana en esta nación. Esa gente nunca se ha reconocido como integrantes de nuestra comunidad, y que no vengan con cuentos chinos ahora que nadie se los va a creer, ellos solo tienen interés cuando hay dinero de por medio y se impulsa la agenda política o social de ellos. Es decir, en otra época si hablabas pestes de Fidel Castro, entonces sí eras su amigo, y si no lo hacías, pues eras un enemigo de ellos, y con seguridad, un izquierdista o un comunista infiltrado. Así funcionan y así piensan ellos. Cero solidaridad con sus hermanos latinoamericanos, y aún así ¡los recibimos en Perú en el Mariel en 1980!

Así fue como estuve capeando el temporal lo mejor que pude en aquel tiempo, atravesé la tormenta de la incertidumbre, sin saber a qué atenerme, como siempre a la buena de Dios, a lo que salga, a lo que resulte, administrando al máximo lo que podía ahorrar, al límite con mis recursos —aquí nadie vive del aire—, cuidando el poco dinero que podía conseguir, perseverando en el estudio de la ciencia astrológica y cada vez más a fondo, así como colaborando con más frecuencia con mis columnas periodísticas para *El Diario/La Prensa*, y sin cobrar un solo dólar, pero con la satisfacción de ver publicado lo que salía de mi mente. No soy pendejo, sé que a esa gente le resolví muchas veces el problema de cómo llenar su página de Opinión, pero yo también me permití sacar provecho de eso, no por algo es el diario en español más antiguo en Estados Unidos que aún se publica. Un favor con otro, y lo digo por la fama o reputación que el salir publicado era para mí, eso nadie me lo iba a quitar, y así, cada vez lograba más espacio con mis columnas y mayor receptividad con lo que escribía. Y pensar que lo que enviaba lo hacía de manera manuscrita, es decir en el sentido más antiguo de la palabra, por cartas escritas a mano y enviadas por correo regular desde Nueva Jersey a Nueva York, en pleno siglo XXI. Como diría Ripley: "¡Aunque usted no lo crea!"

Mi gratitud de siempre es para Érica González, la persona encargada de recibir mis cartas en *El Diario/La Prensa*. Ella era la editora encargada de la sección de Opinión del periódico. Debía de tener una paciencia especial para entender mi letra manuscrita, pero lo que le enviaba no era tan malo después de todo, ya que me paraban bola a todo lo que yo enviaba, y aquello iba generando en mí poco a poco cada vez más confianza en mi escritura. Siempre le estaré agradecido a ella y al personal del periódico, pues siempre le dieron buena acogida a mis escritos y, si debo decir la verdad, me editaban muy poco, ya que salían publicados íntegramente. Ese recuerdo siempre será algo muy especial para mí, ver por primera vez mi nombre completo en el papel impreso de un periódico de Estados Unidos. Esa sensación es algo muy especial e inolvidable, si yo nunca estudié redacción ¡y mucho menos periodismo!, pero ahí estaba mi nombre, el de un inmigrante ilegal ocupando la columna de opinión del diario en español más antiguo que aún se publica en este país. Al comienzo fueron pequeñas columnas tituladas "El pueblo opina" o "La carta del pueblo", y ocupaban solo un pequeño espacio de unas cuantas líneas. Luego sería "Pido la palabra", que ocupaba un poco más de espacio, y posteriormente pasé a ser "Columnista invitado". Incluso, en un par de veces, la página completa de Opinión fue para mí únicamente, algo que consideré un lujo y un gusto que me di y un honor que siempre llevaré conmigo, un placer que nadie me lo va a quitar mientras yo viva. Para alguien como yo que solo era y sigo siendo un humilde y modesto trabajador inmigrante ilegal, el ver mi nombre impreso en el periódico al final de cada artículo, era algo que me llenaba de orgullo, felicidad y alegría, pero yo no tenía a nadie que celebrara conmigo mi emoción. Mis padres y mi hermano Pablo ya habían muerto hacía tiempo, y tampoco había tenido la fortuna ni la bendición de haber podido formar un hogar. No se puede tener todo junto en la vida, ¿verdad? Eran muchas emociones y sentimientos mixtos dentro de mi corazón y no podía compartírselas a nadie en este frío país, aunque a veces uno piensa así y está muchas veces equivocado. Siempre hay alguien, y para mí ese alguien era mi querida maestra de la ciencia astrológica Melva Ortiz, además mi amiga, mi consejera, la mejor persona que yo he conocido en este frío e indiferente país, y una de las pocas razones por las que valió la pena venir a Estados Unidos. A ella yo la importunaba con mis llamadas telefónicas de mañana, cada vez que yo, yendo rumbo al trabajo, veía publicado mi más reciente artículo en el periódico. Yo compraba todas las mañanas *El Diario/La Prensa* sin falta, y así además me enteraba de muchos eventos artísticos que se presentaban en Nueva York. Melva, tuvo la paciencia necesaria no solo para soportarme, entenderme y, lo más importante, impulsarme más a seguir hacia adelante, a seguir escribiendo sin parar ni rendirme, algo que siempre le agradeceré y que nunca olvidaré.

    Yo fui un inmigrante indocumentado más que solamente tuvo la inquietud de compartir su sentir, sus vivencias, sus emociones y sus opiniones en diferentes temas que yo consideraba de interés nacional o mundial en la página de este diario neoyorkino. El descubrir ese talento y capacidad de poder escribir y redactar con coherencia y consistencia no es fácil. Una vez que me di cuenta que poseía ese don, me decidí con más fuerza a compartirlo con el gran público, y las primeras veces siempre son una emoción muy grande. Ver que me leían los residentes latinos del área Tri-estatal —Nueva York, Nueva Jersey y Connecticut—, el área de distribución de *El Diario/La Prensa*, era muy gratificante. Después descubriría con aún mayor sorpresa que no solo me leían en esta zona del país, sino también en otras ciudades de Estados Unidos y en periódicos como *La Opinión* (Los

Ángeles), *La Raza* (Chicago), *La Prensa* (Florida) y *Rumbo* (Texas), ya que mis artículos de opinión a veces aparecían simultáneamente en todos ellos, pues tanto *El Diario/La Prensa* como los otros periódicos que mencioné, formaban parte de un gran conglomerado editorial llamado ImpreMedia (*US Hispanic Media, Inc.* desde 2012). Esto se debía a que mis artículos eran compartidos para su redifusión en los otros medios de esta cadena editorial.

Hay que mencionar que de todo este tiempo en que yo escribí de manera voluntaria y sin percibir honorarios de parte de *El Diario/ La Prensa*, nunca tuve una fecha límite, una exigencia o un condicionamiento editorial para escribir sobre tal o cual tema. Yo escribía según mi propio criterio y elección de tema o tópico de interés general. Siempre escribí sin presiones, ni sugerencias, ni plagios, ni copiando a nadie, y de la manera más original y espontánea posible. Influencias hay y existen, y son muchas, pero eso es común, todos somos de una u otra manera influenciados por lo que leemos u oímos sin duda alguna, y yo he leído bastante, y eso de seguro en alguna forma se ve reflejado en mi manera de comunicar y de escribir. Por eso estoy convencido de que si pude escribir de esta manera y con esa fluidez, fue porque yo no estaba bajo un contrato laboral en el que se me exigiera presentar o terminar un artículo de manera constante y puntual, y el no estar en la planilla en definitiva jugó a mi favor. No tenía la presión de tener un jefe encima de mí que me estuviera diciendo: "Anaya, ¿para cuándo la columna que le pedí?" Esto es característico de este tipo de columnas en los periódicos, ya que expresan la opinión de un autor que generalmente no está afiliado al consejo editorial de la publicación, y por tanto no tiene que seguir la línea editorial de la misma, y regularmente no son renumeradas pero permiten a quien las escribe expresar su punto de vista, aunque este sea opuesto a la postura de la publicación.

El escribir sin urgencias ni prisas fue fundamental para mí. La única urgencia que yo tenía era cuando recibía una noticia o tema por inspiración, es decir, que se me venía a la mente de manera totalmente inesperada, ya que esta te llega de improviso y no hay manera de detenerla ni posponerla, y tienes que ponerte a escribir, ¡manos a la obra! Por eso siempre es tan necesario cargar un lapicero y un pedazo de papel o un cuaderno pequeño para hacer anotaciones cada y cuando se pueda. Quién sabe si yo hubiera tenido que escribir una columna diaria o semanalmente y de determinada extensión, quizás no lo hubiera hecho tan bien, pero eso es imposible de saberlo. Recuerdo muy bien y con mucha claridad que cada vez que escribía por inspiración, había que darle de una vez y esperar y tratar de memorizar lo que iba llegando a mi mente, un proceso similar a una olla de cocina en donde se está rebalsando lo que se cocina: hay que destaparla, ¡pero ya! Nunca me creí "la voz del pueblo" ni vocero de nadie; escribía porque era —y es— una necesidad interna y le hace bien a mi alma y mi espíritu. En mi caso personal, el escribir nació de una gran indignación, y siempre lo he tratado de hacer desde una posición honesta, verdadera e íntegra, además de cotejar datos, cruzar información, fechas, informes, ir a las fuentes, verificarlas e incluir declaraciones de ambas partes. Aunque sea mi opinión, busco que sea una opinión informada. Se debe tener la certeza y la seguridad de que lo que se publica es cierto y real cien por ciento. Tengamos en cuenta algo y estemos muy claros de que actualmente, los grandes medios de comunicación están dominados y controlados por unos cuantos grandes intereses económicos y empresas enormes, entonces ya desde ahí existe un conflicto de intereses muy grande, por tanto, no hay una verdadera independencia periodística. El viejo adagio afirma que un medio "vive de la publicidad", y si esta no se genera o nadie paga, ¿cómo se sobrevive? La línea editorial del periódico es la línea de los dueños del diario, así que no nos engañemos y creamos en cuentos chinos. Desde que la información pasó a ser un negocio, el contenido pasó a ser secundario. El periodismo investigativo o de denuncia ya casi ni existe, porque no se quiere incomodar ni molestar a los poderosos y a los corruptos. Y cuando alguien lo lleva a cabo se enfrenta a amenazas, acoso, violencia física y la muerte. No obstante, en la actualidad el mundo de la información está controlado, todo se filtra, todo se edita; en vez de ocultar la información se le tergiversa, que es peor aún. Incluso los medios que se crean como prensa independiente también están manejados por intereses muy poco claros y que responden a una agenda en particular. El control ahora es masivo, general y globalizado. Solo quedan actualmente ciertos espacios y sitios para que la gente siga manifestándose, pero a saber hasta cuándo durará todo eso. Lo que sucede al otro lado del mundo ya nosotros lo sabemos en cuestión de segundos, por esa parte la información está bien, muy bien, porque todavía tiene un recurso que no lo pueden evitar, ni censurar, la inmediatez. No necesitas ni ser espía, ni agente secreto para enterarte qué pasa en China y en convertirte tú mismo en reportero de tu propia noticia. Esperemos pues que nunca muera el periodismo, el verdadero periodismo, ya que la verdad oficial siempre necesitará ser cuestionada, se necesita la crítica siempre. El periodista no puede ni debe ser servil, ni estar al servicio de ningún interés, como decía una vez el gran periodista peruano Don César Hildebrandt, "El periodista que no tiene enemigos, es un periodista sospechoso".

46

ZIZOU, EL MEJOR CHEF FRANCÉS

El 2009 avanzaba entre lecturas de literatura, el estudio de astrología, el cine y la música, mientras yo trataba de trabajar en lugares en donde no me jodieran tanto con el requisito de los papeles, un tema no muy fácil de abordar. Apareció del cielo una oportunidad de empleo, ya que un buen amigo mexicano, Antonio, con quien había trabajado en otra cocina, me avisó acerca de un puesto disponible en un nuevo restaurante, así que tenía que darme prisa. Al día siguiente fui bien temprano y para mi sorpresa no había llegado nadie aún, por tanto, tuve que esperar, pero no llegaba nadie. Solo a unos metros de distancia esperaba también un tipo con aire de europeo, flaco, muy parecido a aquel personaje del comediante mexicano Héctor Suárez, El Flanagan, cuya frase "¡Queremos rock!" lo hizo muy popular en la televisión. Aquel pinche metalero se convertiría en uno de mis mejores amigos por los próximos años, ¡curiosa manera tiene el destino de traerte y mostrarte los hermanos que vas a tener en esta vida! ¡Amén! Había mucha desconfianza en aquel chef europeo mezcla de rockero y punkero, era un afiche andante de un concierto rock, ciertamente. Se llamaba Stephen, pero para mí siempre será Zizou, como el gran astro del fútbol galo, el mismo país de este nuevo amigo. Aquel primer día fue raro, porque el encargado nunca llegó, entonces Zizou se fue. El otro encargado llegó tarde, en fin, fue un relajo total. Yo ya me iba a ir y comenzaba a caminar para tomar el tren de regreso a casa, cuando de pronto alguien abrió la puerta del negocio y me dijo: "¡Vamos, entra!" ¡Esa fue la señal de que iba a comenzar a trabajar ese día! ¡Gracias Dios, no te olvidas de tus hijos!

Aquella cocina se convirtió en mi hogar por prácticamente cinco años, lo que me daría la estabilidad laboral que casi nunca he tenido en este país, un lugar en donde vería pasar una infinidad de trabajadores entre gerentes, camareros de bar, cocineros, meseros y mozos, entre otros. La lista era enorme e interminable, ¡qué cantidad de empleados pasó por ahí! Aquel fue un lugar en donde desde el primer día que llegué me sentí como en mi casa, eso nunca me pasó antes ni me ha vuelto a pasar después. Para los que gustan de la astrología y que de seguro se estarán preguntando a qué tránsito se debía esto, les diré que tenía al planeta Júpiter en tránsito en conjunción exacta a mi Ascendente, y a los mismos grados de este, ¡en el signo de Acuario! Este tránsito hablaba de la llegada de la prosperidad a mi vida de alguna manera y sin ninguna duda; se acababa, al menos por ahora, la época de las vacas flacas. Aquí yo recuperaría energías y me comenzaría a estabilizar de alguna manera. Luego de un rato llegó el chef principal, un chino de nombre Dany, también receloso conmigo, así, de entrada, y con quien también llegaría a tener una buena amistad. Mi suerte sin duda empezaba a cambiar. En aquel acogedor restaurante bar me ganaría la vida y también vería dos mundiales de fútbol, Sudáfrica 2010 y Brasil 2014. Así fue como todo empezó en 2009, por entregarme y enfocarme en el trabajo, ya que no tenía a nadie, ni mujer, ni hijos, así que no sería difícil, después de todo, dedicarme a trabajar. ¿Qué podía perder si no tenía nada?

Yo no seré quizás un gran chef, pero hago lo que hago con bastante respeto y reverencia, y como me enseñó alguna vez un chef cuando estaba recién llegado a Estados Unidos:

—Estas tienen energía —me dijo mostrándome sus manos extendidas.

Yo solo le miré y lo dejé hablar, a los locos no se les lleva la contraria.

—¿No me crees, verdad?

—Sí, sí le creo chef.

—Te voy a explicar. Todo lo que sale a través de nuestras manos sale cargado con nuestra energía, y ya que nosotros trabajamos con alimentos, con la comida de la gente, pues tenemos que ser muy cuidadosos con esto, no solo con la limpieza, sino con la otra limpieza, la que no se ve, la que nadie imagina: la limpieza energética, la limpieza emocional.

Yo solo contemplaba su explicación.

—Si nosotros venimos de la calle, de nuestros hogares después de haber peleado con alguien, con nuestra pareja, con nuestros hijos, en fin, esa pelea física o verbal, como fuera que haya sido, ya nos puso encima un desbalance energético y emocional, y si encima de eso, acá mismo, en esta cocina estás refunfuñando y renegando cada cinco minutos por todo, ¿imagínate lo que puede salir a través de tus manos? Eso si es enojo e ira, ¿y si es tristeza? Igual, lo mismo, no hay un balance de energía, no hay un equilibrio. Tú eres un cocinero, pero no solo eso, eres alguien que va a nutrir a otros, eres un transmisor de energía, vas a alimentar a otros, vas a llevar a cabo una delicada tarea de alimentar el cuerpo físico de la gente, que son tus clientes. Entonces, no puedes permitirte tener esos pensamientos, emociones y sensaciones de ese tipo, porque no solo son dañinos para ti, sino también para el cuerpo de los clientes. Uno debe aprender a tener mucha conciencia de eso, si no prestamos atención a esto entonces el cliente sufrirá de acidez estomacal, agruras, diarrea, algún tipo de cólico o indigestión.

Está de más decir que nunca olvidé las palabras de aquel chef, dichas hace mucho tiempo atrás, y sinceramente no creo que él supiera mucho de metafísica, ni de la Nueva Era, pero estaba hablando prácticamente de lo mismo.

La vida me llevó, como dice la canción con una pequeña ayuda de mis amigos (Lennon-McCartney), hacia esta nueva cocina y este nuevo hogar. No había mucha gente trabajando en ese restaurante, así que por lo mismo había que ser bueno de verdad, y así fui, poco a poco tomándole la mano a esta nueva cocina. No fue fácil antes de obtener ese empleo, fueron casi dos años de pura turbulencia, sin poder asentarme en ningún lugar, y para levantarme de nuevo. Me había pegado fuerte la separación de Blanca, pero ¡qué carajo! No me iba a rendir, ¡seguro que no, no le íbamos a dar gusto al diablo! Todo había ido desde hacía un buen tiempo cuesta abajo, como el tango de Gardel, pero ahora por fin ya la situación comenzaba a mejorar y a cambiar. Dicen que hasta que uno no impacte con el fondo no se detiene y de ahí coge impulso, y esta vez va hacia arriba, ya que más abajo no se puede ir. Como pelota de jebe, ¡ahora iba de nuevo en ascenso!, y que esta vez el rebote llegara bien, pero bien alto, ¡más alto que la última vez en todo caso! ¡Vamos entonces a rebotar de una vez!

No fue fácil agarrarle la mano a la nueva cocina, pero le eché ganas, como dicen los paisas mexicanos. En casi todas las cocinas comerciales la mayoría de los utensilios y los menús son casi lo mismo, lo único es aprender dónde está puesto todo lo básico para cocinar como ollas, sartenes y cacerolas, así como los ingredientes, los vegetales y las carnes, entre otros. Conocer dónde están las cosas es fundamental, y ya después te apegas a cómo es que se hace el menú en una cocina en particular. No se domina en un día, pero con paciencia, dedicación y entrega se puede lograr sin duda. El segundo punto en el que uno debe tener suerte en una cocina, o en cualquier trabajo, es en quiénes te van a rodear, tanto jefes como compañeros. Nunca las cosas serán perfectas, pero uno debe darse cuenta de eso, y en ese renglón, uno puede tropezarse con casos de racismo, discriminación y prejuicio contra tu raza, tu religión o color de piel, y hasta por tu orientación sexual. El hispano por lo general tiene que trabajar el doble para demostrarle a los blancos de una cocina que es un buen cocinero de verdad, es decir, no solamente basta con ser productivo y capaz, sino que se debe trabajar el doble que cualquier otro cocinero, y si uno es hispano más aún, para demostrarle a esta gente, en especial a los blancos estadounidenses, que uno sí sabe. Así es y siempre será así en cocina en este país. Esto no sucede solo con el hispano, muchas veces se observa de parte de los estadounidenses con el europeo. Todo esto es bueno tener en cuenta para poder exigir buen dinero por tu labor.

Yo no soy jefe de cocina (chef), ni asistente del jefe de cocina (sous chef), tampoco tomé clases en una escuela de cocina, pero sí tengo mucha noción de lo que es cocinar. Mi conocimiento lo adquirí en la práctica, observando, abriendo bien los ojos y los oídos. Mi experiencia en numerosas cocinas siempre me ha permitido trabajar en todas las áreas de la cocina, desde cocinero de línea, preparador, ayudante de cocina, encargado de la fiambrería, de la preparación de *pizzas* y todo tipo de ensaladas, estar frente a la parrilla, e incluso trabajar como lavaplatos si la ocasión lo ameritaba, y en todas estas facetas creo que lo he hecho bien. En esta nueva cocina yo apenas comenzaba, lo que representaba un reto más y un caos total, pero ¿qué cocina está exenta de caos? Cada cocina nos obliga a adaptarnos, no queda de otra. Cocinar en sí, trabajar en una cocina, es como la ley de la selva, en donde se impone el más fuerte. Tienes que marcar tu territorio desde el comienzo, para que así nadie después se trate de aprovechar o de sacar ventaja de tu labor, porque si lo permites, otros tratarán de recargarte su trabajo y no harán nada, y el jodido siempre serás tú. Muchos compañeros de trabajo siempre se querrán pasar de listos, pero tu obligación y trabajo será meter en línea a estos tipos que se quieran pasar de vivos. Solo depende de ti mismo cómo te tratarán en un futuro tus compañeros de una nueva cocina, pues si te dejas pisotear de entrada te jodiste. Por tanto, debes estar atento desde el principio y salir con todo, como un defensa central recio, como Carles Puyol o Sergio Ramos, por nombrar a dos futbolistas españoles a quienes nunca les importó jugarse el físico en los partidos. En una cocina, como en la vida misma, solo los más aptos sobreviven, a causa de que trabajar en este tipo de empleo te exige poseer un temperamento muy especial y un carácter fuerte. Es un hecho comprobado que la cocina no es un trabajo para todo el mundo, ya que en ese entorno laboral se va a insultar, gritar, quemar, cortar, tropezar y tantas situaciones ásperas que, si eres de carácter sensible o delicado, no vas a sobrevivir. Otros aspectos característicos de esta desafiante ocupación son el calor del verano sumado al de la cocina —que no todo el mundo tolera—, los accidentes y otros gajes del oficio. Esta es una atmósfera de trabajo en donde siempre todos están gritando, maldiciendo, corriendo, un ambiente que naturalmente genera mucho estrés, y en el que, si quieres permanecer, te debes imponer y vencer. Mi experiencia de muchos años en esta gigantesca industria —en Estados Unidos hay un millón de restaurantes que emplean a 15.3 millones de trabajadores— me ha permitido ver a mucha gente capaz y diestra en la cocina que ha tirado la toalla y renunciar, dar media vuelta y si te vi, no me acuerdo. Hablo de tremendos cocineros, pero esto es muy común, y es por eso también que muchos que trabajan en cocina beben como vikingos. Esto es algo natural o normal, ya que muchos no conciben otra manera de eliminar la tensión nerviosa que genera trabajar en una cocina. La presión y la competencia son y siempre serán fuertes, así que si no te nace o no puedes ser empleado en una cocina, no insistas y busca otra labor o trabajo. Además, la cocina es un trabajo en donde no se está permitido fallar, porque una falla cualquiera no se puede disimular; en otro trabajo es distinto, pero aquí no puedes ni debes fallar. Si te pasaste en la cantidad apropiada de la sal, la pimienta o el ajo, ya fallaste, y ahí no hay arreglo, con suerte se podrá ocultar un poco, pero casi siempre será obvio.

Bajo esa premisa comencé mi labor, y gracias a Dios pude hacerlo bien, además el lugar ayudaba mucho, la energía que se sentía era muy buena, y lo dice alguien que tiene muy buenas intuiciones y buenos presentimientos. De entrada fui muy directo con Dany, le dije casi el primer o el segundo día que yo quería recibir mi pago en dinero en efectivo, no con un cheque de nómina, si era posible, es decir, sin ser parte de la plantilla de empleados.

—Tengo que hablar con el dueño, a ver qué dice él.

—Sí, está bien, yo entiendo —le comenté.

Yo buscaba que me pagaran con dinero en efectivo debido a que estaba cansado y harto de toda esta mierda y toda esa situación de tener que ir a cada rato a jugarme la suerte comprando papeles falsos en el llamado "consulado" de Queens. Yo ya no quería hacer eso, lo tenía decidido en mi mente, y no quería seguir con eso sinceramente, estaba harto de mentir, de usar otro nombre, que la gente me llamara con un nombre que no era el mío, y de proporcionar a mi empleador otros datos y otra fecha de nacimiento. No, yo ya no quería vivir en una mentira por más tiempo, suficiente tenía ya con no poder salir del país ni tomarme unas vacaciones, y además, yo quería que la gente me llamara por mi nombre, al menos si era posible, lo demás como quiera ya vería como lo iría solucionando.

El ambiente laboral en ese negocio había reunido sin planearlo a un amalgama étnica muy diversa e interesante: un francés, un chino y un latinoamericano trabajando juntos en una cocina, lo cual puede resultar en el escenario más estresante o simpático de este mundo, palabra que sí. Tres culturas diferentes, tres mundos diferentes, tres lenguajes diferentes, tres caracteres y tres personalidades completamente distintas; la calma oriental contrastada con el rock francés y la pasión latinoamericana, en otras palabras, ¡la locura total! Gritos, maldiciones en francés, en chino, mandarín o cantonés —¡o qué carajos!— y en español. Este ambiente es uno de gritos y estruendo de ollas contra el piso y sonidos así, nada nuevo. ¡Y es, cocina! ¡Es el trabajo! Si no aguantas la presión, mejor busca otro tipo de empleo entonces, no pierdas tu tiempo. Ahora, yo poseía una herramienta que nadie sabía ni conocía: la astrología. Esa era mi arma secreta, y siempre la iba a utilizar en mi provecho, claro, sin perjudicar a nadie, pero con la cual yo me iba a ayudar mucho, muchísimo diría mejor. Por supuesto, eso no sucedió de inmediato, pero yo sabía que de una u otra manera la iba a poner en práctica. Siempre a alguien se le escapa decir que estaba celebrando su cumpleaños o es que llegó tarde porque en la casa le estaban festejando su cumple, en fin, de eso me servía yo para fabricar una especie de horóscopo laboral, y así saber cómo los tránsitos planetarios actuales estaban afectando a todos los que trabajaban conmigo en la cocina. Es una gran herramienta sin duda saber y utilizar la astrología. No se puede usar siempre, pero cuando se tiene la oportunidad, hay que usarla, sin dudar, eso proporciona una completa y clara visión de todo lo que se está desenvolviendo en tu medio laboral, y podrás identificar qué es lo que causa esa discordancia que todos sienten y algunos están expresando más que otros. De momento seguía interactuando con mis nuevos compañeros, mi nueva "familia".

Después de un comienzo un poco difícil, le comencé a buscar el modo al chino Dany, había que hacerlo, no quedaba de otra. En un principio este hombre era callado, parco y hosco en el trato, ¡como todo chef! Entonces todo lo que yo tenía que hacer era enfocarme en mi labor y no fallar, eso sobre todo, no fallar, cero fallas, ¡carajo! y así lo hacía yo al igual que Zizou. Los rumores y los chismes que nunca faltan en toda cocina y todo sitio laboral habían llegado a mis oídos, de que el chino esto, que el chino lo otro, como siempre se pinta al chef, como el malo de la película, pero el tiempo demostraría que el león no era tan fiero como lo pintaban.

Transcurrieron seis meses desde mi comienzo en esa cocina cuando llegó el fin de 2009, un año más se iba, el tiempo vuela en este jodido país. Un mes antes, en noviembre, habíamos celebrado el Día de Acción de Gracias con una comida especial. Cada último jueves de noviembre, y de hecho durante toda esa última semana de este mes, casi todo el mundo viaja a lo largo y ancho del país para reunirse con sus familiares y comer juntos, agradecer a Dios por todas las bendiciones recibidas en ese año y para reencontrarse con la familia en general. Esta cocina, como muchas otras, guardaba esa tradición de servir comida gratis para todo aquel que llegara ese día en el comedor, que se acondicionaba especialmente para esa ocasión. Era una buena acción por parte del dueño, que podría tener una cara de malo y tener fama de ser un cabrón, pero que en el fondo tenía buen corazón, como dicen por ahí, las apariencias engañan. Con él nunca tuve problemas, pero sabía cómo se había comportado con otra gente, ¡era una fichita mi nuevo jefe! Después pasaron las fiestas de fin de año y a los menos podía estar contento de tener estabilidad laboral, y eso para alguien en mi situación legal ya era bastante bueno, y razón suficiente para estar agradecido a Dios y a mi empleador, que me daba la oportunidad de trabajar en su cocina.

47

La noche de *Ollantay*

Legó finalmente el 2010 y a lo menos tenía esta nueva chamba como una tabla de salvación, como el personaje de Leonardo DiCaprio en la película *Titanic*, aferrado a ese madero que era un resto de un barco ¿insumergible? Recé para agradecer a Dios que me tenía con vida, sano y tratando de mejorar siempre como ser humano, de evolucionar aunque sea un poquito para no irnos igual de este mundo como vinimos. La situación actual no podía ser peor de lo que me había ido en los últimos dos años. Ahora todo tenía que cambiar, pero para bien, con la gracia de Dios, amén.

El nuevo año trajo novedades, dispuesto de nuevo a cambiarme la vida, aun así yo no lo quisiera y qué se le iba a hacer, uno es como una hoja al viento, al menos tratemos de ver e influir en donde llegaremos a caer, a depositarnos en el suelo. Lo cierto es que nada volvería a ser igual para mí después del 2010. También llegaba el frío invernal, la siempre esperada y temida nieve, pero tenía la tranquilidad y el consuelo de tener un techo y un trabajo, que ya era mucho para otros hermanos indocumentados que no cuentan con nada y más durante las fiestas de fin de año. Tenía suerte también con el transporte, ya que la parada quedaba cerca tanto a la casa, como al trabajo, o sea, no tenía que caminar mucho para llegar al trabajo.

Así la fui pasando, entre nuestra aplicación y enfoque en el nuevo trabajo, el estudio de la astrología y la lectura de libros clásicos de literatura. Mi biblioteca personal se seguía ampliando, al igual que mi colección de música, y en el estudio de la astrología seguía profundizando y sobre todo, practicando, consultando a la gente que me contactaba, no mucha pero era algo. Todas esas cosas me mantenían ocupado, y cuando tenía tiempo libre me lanzaba a la ciudad de Nueva York, pues aprovechaba la experiencia y la oportunidad para ver alguna obra de teatro o asistir alguna actividad literaria que saliera anunciada en *El Diario/La Prensa*. Ya tenía mucha idea sobre a qué lugares asistir gracias a Melva, quien me había aleccionado bien sobre donde se encontraban los mejores sitios para disfrutar de la cultura, la música, la literatura y el arte en general en la Gran Manzana. Muchos de estos eventos eran gratis, lo que mucha gente a veces desconoce, así que era solo cuestión de programarse y aprovechar la ocasión. Tener la suerte de poder vivir tan cerca de un centro mundial de las artes, y a donde llega gente de diferentes culturas, razas, países y religiones del mundo es algo único. Como dije al comenzar este libro, es muy triste saber que aquí vino gente que se fue y nunca pudo conocer esta ciudad, no digo a fondo, pero al menos poder decir que estuvieron en tal o cual sitio y llevarse ese recuerdo imborrable en la memoria. Es una bendición amanecer y salir rumbo al trabajo y poder ver que al otro lado de donde tú vives o te movilizas en tu diario vivir, se levantan los rascacielos de la ciudad de Nueva York. Eso es algo valioso y que uno debe siempre tener la oportunidad de agradecer a Dios, poder presenciar la ciudad a la que le cantó Frank Sinatra, con su inmortal tema musical de *New York, New York*, aunque la versión de Liza Minelli no tiene comparación: «*Start spreadin' the news...*» Siempre me gustó vivir en Jersey City, ya que se sitúa solo al otro lado de la orilla del río Hudson, lo cual me daba la posibilidad de llegar a la ciudad de Nueva York muy rápidamente. Mucha gente que me ha conocido piensa que vivo dentro de Nueva Jersey, en el interior del estado, pero no, yo vivo muy cerca a Nueva York, y esa ha sido una gran suerte. He vivido en varias áreas, pero tarde o temprano siempre he vuelto a Jersey City, mi casa. Si vives cerca de un gran centro cultural como lo es esta gran metrópoli, entonces sí tienes esa suerte, no seas tonto y sácale provecho. Es como si vivieras en la antigua Roma, la de los Césares, el ombligo del mundo.

Fue así como en ese tiempo llegaría una amistad muy especial a mi vida, alguien a quien le dije una vez: "Mi amiga, tú tienes la energía de la bomba atómica, tú tienes el poder de cambiar a la gente, la vida de la gente. Todo aquel que se acerque a ti, que lo aprovechen de buena manera, que lo sepan utilizar, beneficiarse de una manera recíproca, y también que lo agradezcan, eso es importante y fundamental". Sucedió en la víspera de mi cumpleaños, el 8 de febrero, con alerta de tormenta de nieve y una temperatura muy fría. Era un sábado como cualquier otro, pero con la luna transitando el signo astrológico de Sagitario. Para estas fechas, y desde ya hacía buen tiempo, no acostumbraba a hacer planes, ya que la cruda experiencia de vivir aquí tanto tiempo me había enseñado muy bien que no tenía mucho sentido hacer planes por adelantado para celebrar mi cumpleaños. En los primeros años tenía la ilusión de que los trataría de celebrar de buen modo, de manera alegre, con alguna salida o fiesta, pero la realidad del duro invierno de este país rápidamente me quitó esa idea de la mente, y bueno, creo que fue mejor así, en vez de vivir una fantasía o sueño. Saber cuándo volvería a festejar mi cumpleaños, en verano o en otra estación, era algo que yo no pensaba, ni mantenía más en mi mente. En ciertas circunstancias en donde no se tiene el control es mejor no pensar en ellas, ni dejar que te estresen o te atormenten, así es mejor pues la preocupación mata más que la misma enfermedad. Sabía que tenía una luna viajando por Sagitario aquel día y entonces eso ¿qué puede ser? Me puse a pensar y a tratar de sacar conclusiones, y lo que más se me ocurrió pensar fue que quizás me podría levantar una mujer, pero extranjera, no de mi país definitivamente, levantar o simplemente conocerla, es decir que llegara una nueva amistad a sorprenderme con su singular energía. Yo me encontraba en Jackson Heights, Queens, visitando a una amiga en su negocio, esperando que acabara de trabajar para salir con ella a pasear o para lo que a ella se le ocurriera. Estaba todo de lo más entretenido con ella cuando de momento me paré de la mesa y me fui, salí casi como poseído por una fuerza desconocida, y de golpe me acordé del aviso, no, ni siquiera fue aviso, sino un pequeño reportaje acerca de una obra teatral de netas raíces peruanas que se había estrenado en Manhattan, y ya eran los últimos días de la puesta en escena. Aquel pequeño recuadro que tenía la noticia de alguna manera se me apareció de un momento a otro en mi conciencia. "¿A dónde vas, papi? Espérame, ya voy a salir, ya mismo acabo mi turno", dijo mi amiga. No seguí escuchando más, es más, nunca supe, ni volví a ver aquella chica por la que yo había ido a Queens aquella fría noche, según para poder celebrar mi cumpleaños. Me acordé de la obra teatral peruana que estaba en sus últimos días, y si no la iba a ver esa noche, no la volvería a ver más. Salí rápidamente de donde me encontraba, miré mi reloj, y pensé, "Sí, sí alcanzo, sí me doy prisa llego a tiempo para ver la obra". Tomé el Tren F que era el que me llevaba más cerca de mi destino, ya que el teatro quedaba en el Lado Este Bajo (*Low East*

Side) de la ciudad. La obra se titulaba *Ollantay*, la que históricamente es considerada la primera representación teatral hecha en el Nuevo Mundo. La noticia la había yo visto en *El Diario/La Prensa* un día entre semana, pero prácticamente me había olvidado, de momento me acordé, y me puse en marcha. Recordaba que ya la primera semana de estreno había finalizado, y entonces solo me quedaba esta, no la podía perder. Ya una vez había visto en el mismo lugar una obra de José María Arguedas, el célebre escritor peruano, y autor de *Todas las sangres* y de *Los ríos profundos*, pero por otra compañía teatral. Esta compañía era nueva, nunca la había oído mencionar, pero eso también me motivaba a llegar, quería conocer su elenco y sobre todo apoyarlo, como debemos hacer siempre que podamos todos los latinoamericanos con nuestros hermanos de raza. Llegué al viejo, pero imponente edificio ubicado, y ahora venía lo bueno, ver en qué piso era la función, la obra. Este caserón parecía que en otra época había sido alguna escuela o sitio de enseñanza, ahora parecía el castillo de Drácula, pero abandonado. En realidad alberga al Centro Cultural y Educativo Clemente Soto Vélez, una institución cultural puertorriqueña (y actualmente remodelada). El teatro se llamaba LATEA, un lugar en donde talentosos artistas desarrollaban sus propuestas artísticas para el disfrute de la comunidad latinoamericana, pero abierta a todo el público en general. Quién diría que esa noche tendría lugar un encuentro especial entre varias personas, qué sincronía del destino para juntarnos a todos en un mismo lugar y a una misma hora en particular, ¡y por un motivo especial y artístico! Tiempo después levantaría la carta astral de aquella noche, es decir la disposición de los planetas para aquel día en particular, y me quedé sorprendido, con lo especial que el destino y Dios influyen en la vida de los hombres, ¡pura sabiduría divina en acción! Todo está ahí listo para que uno también haga su parte, porque, por ejemplo, qué hubiera pasado si yo me hubiera quedado aquella noche en Queens con aquella bella chica con la que me iba a ir a festejar mi cumpleaños. Yo sabía que le gustaba, además ella estaba preciosa, ya camino a verla me imaginaba el encuentro sexual que íbamos a tener luego que finalizara su trabajo y yendo a festejar mi día especial. Iba a ser una Nochebuena en Febrero, Navidad adelantada o atrasada, ¡debería yo decir mejor!, pero la vida tiene estos componentes desconocidos. ¿Destino? ¿Casualidad? Quién sabe, lo único que sé es que seguí mi presentimiento, el impulso que me sacó de aquel lugar, esa fuerza extraña que ya otras varias veces ya me había visitado. Uno tiene que jalar el gatillo si no, nada se dispara por cuenta propia. La obra era en el segundo piso y yo tenía algo de tiempo. Era aún temprano y no había mucha gente, probablemente porque se había pronosticado la tormenta de nieve, e incluso cabía la posibilidad remota de que se cancelara la obra si el clima se ponía muy feo, en fin, ya estaba ahí, solo quedaba esperar, el tiempo haría lo demás. Compré mi boleto y ya solo restaba esperar, y como yo llevaba conmigo un libro decidí que sería buena ocasión para darle una ojeada y avanzar con la lectura, para lo que encontré unas sillas en el pasillo del segundo piso y ahí me acomodé. Ya se encontraba otra persona que también hacía tiempo aparentemente, hispano igual que yo y con cara de intelectual.

—¿Viene por la obra teatral también usted? —le pregunté.

—No, estoy esperando a alguien, pero ¿qué obra es, de qué se trata?

—Se llama *Ollantay* y es de mi país. Me acordé recién hace un rato y casi me la iba a perder, yo estaba ya en Queens y de momento me acordé y me vine como una flecha.

—¿Ollantay? —repitió el sujeto, como diciendo, ¿y eso qué es, cómo se come? ¿Qué idioma es eso?

Me hallaba en la tarea de explicarle cuando de pronto fui interrumpido por unos alaridos que alguien estaba dando en alguna parte, uno sonidos muy particulares sin duda, una mezcla de Tarzán y de cantante de ópera: "¡Aaaeeeiiiooouuu!", y así se repetían una y otra vez, mientras mi interlocutor y yo nos observamos mutuamente y quedamos en silencio.

—¿Y eso qué fue?

—No sé qué fue eso, ni idea.

De nuevo se oyeron los gritos de Tarzán, o debería decir mejor, ¿de Jane?, pues nunca se sabe, podrían ser de una mujer: "¡Aaaeeeiiiooouuu!" Ahora ya era mucho más fuerte el sonido casi gutural que provenía del lado del pasillo en donde estábamos sentados.

—Viene de ahí, ¿verdad? —le pregunté al intelectual con quien esperaba sentado.

—Eso es el cuarto de baño, son dos, esas dos puertas —me contestó, demostrándome de esta manera que a lo menos él también estaba familiarizado con el edificio.

—Está bien.

Los alaridos continuaron un par de veces más, difícil saber qué era o qué significaba, lo que sí habíamos identificado plenamente era que provenían del cuarto de baño, de eso no quedaba duda alguna.

La verdad, yo comencé a sentir una urgencia por usar el inodoro, ya que yo había alcanzado a beber unas copas de vino con aquella amiga que fui a visitar a Queens, y a la que dejé esperándome. Me puse de pie y comencé a caminar mientras la urgencia comenzaba a hacerse más fuerte e imparable. Pensé, "Quien quiera que esté ahí ojalá que salga pronto, ¡si no, exploto!" De pronto se abrió una de las puertas y antes de que pudiera entrar yo, entró el hombre de los anteojos estilo John Lennon, y entonces de nuevo, me quedé en banda, ¡voy a explotar, carajo! Bueno, me jodí aquí yo, este tipo me ganó, ya entró, está descargando la bomba y yo aquí, que si me voy afuera quizás no alcance a llegar ni a mear en la calle. Solo quedaba cruzar los dedos. No sé cuánto pasó de tiempo y de pronto, también de sorpresa, se abrió la segunda puerta: *"Hiiiiiii!"*, me dijo una sonriente mujer alta, vestida con una rara indumentaria y descalza. Salió del cuarto de baño y se secaba el cabello con la toalla que llevaba en las manos. Su mirada se posó fijamente en mí, pero no dejó de caminar ni de sacarse el cabello. Fue curioso porque no dejaba de mirarme, como si supiera cómo era el camino y no necesitara mirar por donde iba sin temor a tropezarse. La vejiga me iba a explotar de un momento a otro, pero eso no impidió que yo viera que era una bella mujer y de muy lindo cuerpo. No le contesté, no podía, solo le clavé la mirada como diciendo, "¿Y qué hacías gritando allá adentro?" Tenía unos ojos enigmáticos y una mirada profunda aquella bella mujer, ahora ya sabía a ciencia cierta de dónde y de quién provenían esos sonidos onomatopéyicos al mejor estilo de Tarzán de los monos. Como dije, no llegué a contestarle el saludo que me dijo ni bien salió del cuarto de baño, no pude, no podía pues la vejiga me explotaba, solo le dirigí una mirada, que sacó chispas al encontrarse con esos ojos vivaces. La mujer también tenía un lindo andar, pero no podía posar mis ojos más tiempo sobre ella, ¡tenía que mear! Entré, cerré la puerta, me fui directo al inodoro, saqué el muñeco y por fin, ¡Dios, qué alivio! No sé si le devolví el saludo a aquella mujer, hasta ahora no lo sé, no me puedo acordar, la urgencia física puede más que el recuerdo, pero no ha habido oportunidad en que ella no me haya hecho acordar que no le contesté, solo le dirigí una mirada de escopeta, eso es según ella según me enteraría después, con todo y municiones. No contesté ni una palabra, ni un gesto, solo le pasé por el lado y cerré velozmente la puerta del baño. *"Very handsome but such a jerk!"* (¡Muy guapo pero un idiota!), me confiaría con el tiempo aquella mujer lo que había pensado de mí al no contestar su inicial *"Hiiiiiii!"* Quién diría que ese era el encuentro que iba a determinar mi futuro en muchos sentidos en los años por venir en este país. Por eso fue por lo que yo tenía que dejar botada a esa flaca en Queens, ¡ahora ya comenzaba a entender las señales, por fin!

La función iba a comenzar de un momento a otro y me ubiqué en algún lugar del pequeño teatro para poder disfrutar de esta obra, no había mucha gente, y seguía leyendo un poco el libro *Pedro Páramo*, del escritor mexicano Juan Rulfo. Esta había sido la obra teatral que me había sacado de Queens, y de mi celebración de cumpleaños, pero la energía que se sentía en el teatro me estaba dando a entender que había valido la pena el esfuerzo. Llegué pensando que solo era para ver una obra de teatro, pero el tiempo me enseñó que esta cita con mi destino tenía más tela por donde cortar, sacaría en mucho sentido muchos aspectos de mi personalidad que yo aún no había explorado, y que yo ni tenía idea de que los poseía. Este contacto con todo lo que sucedió en un solo par de horas de una fría noche de invierno neoyorkino tendría secuelas positivas en mi vida sin duda, ya lo creo que sí, tanto así que lo próxima vez que se puso en escena *Ollantay* en un teatro de Nueva York, ¡yo ya era Ollantay! ¡Me había transformado en actor! Yo sería el siguiente actor que protagonizaría este personaje en su reposición teatral, increíble, ¿verdad? Esta obra teatral que estaba a punto de presenciar, y de la cual me acordaba mucho ya que la conocía de memoria desde mi época de escuela primaria y secundaria, no era una obra cualquiera, no podía serlo. Era mucha la coincidencia esta obra teatral en esta primera etapa, es decir solo presenciarla, significó de todas maneras un punto de partida para todo lo que vendría después en mi vida. Marcó un antes y después para Carlos Anaya Mantilla, y ese sería en verdad el verdadero regalo de cumpleaños que me tenía deparado el destino. Me senté sobre el lado derecho del escenario para tener una buena vista, como quiera asistió poca gente, quizás no como se esperaba, pero había excusa por la advertencia de tormenta invernal, y a los que conocemos esta ciudad ya sabemos lo que eso significa. No tenía a nadie sentado a mi lado, se podía apreciar a todo el elenco y al trabajo actoral sin interrupciones, y sin que alguien se sentara y pusiera de pie delante mío a cada rato, nada ni nadie me distraía y de pronto las luces se apagaron. Había llegado el momento de la verdad, la función iba a comenzar, como digo yo, *Showtime!* Comenzaron a sonar las zampoñas y otros instrumentos autóctonos de Latinoamérica, ¡ajá!, esa era la música de fondo, entonces, y pensé, "Muy bien, me gusta ese detalle". De repente, delante de mis ojos comenzó a desenvolverse la historia, la obra en sí, y los personajes comenzaron a aparecer en escena. Las mujeres tenían el vestuario de aquella mujer de mirada intensa que hacía en el baño competencia en los gritos con alguna cantante de ópera, pero era solo la ropa; esta que salía ahora, la primera actriz, era pequeña, muy baja de estatura, la siguiente tampoco lo era, esta era muy flaca y más alta, pero de pronto surgió la mujer a quien yo había visto saliendo del cuarto de baño, sí, esa era ella. El bello piquichaki que le hablaba zalameramente a Ollantay, Guerrero Inca: "No serás capaz de hacerle daño a este bello sirviente, verdad, Ollantay?" Ja, ja, ja, me reí para mis adentros. ¡A qué mujer! ¡Era actriz! ¡Había sido una actriz, y yo pensando que era Jane! ¡Era un piquichaki ni más ni menos! Sí, de las tres mujeres de la obra teatral, ella fue la última en aparecer en escena, pero era inconfundible, su figura, su andar, era ella sin duda, por más que ahora llevara un chullo en la cabeza. Aquella no sería la única vez en que yo vería esa obra, ¡la vi en total cinco veces! Y como dije antes, el destino también me llevaría a interpretarla en escena, a mí, que ni siquiera era actor de profesión, de carrera, una sorpresa total. Se los había dicho al principio de este capítulo, cambios totales llegarían a mi vida. La función se llevaría a cabo con absoluta normalidad y nosotros, el público ahí presente, aquella noche, disfrutamos de una gran obra. Me encantaron las actuaciones de todos, también la dirección teatral sin duda. *Ollantay* es una pieza teatral histórica, una historia de amor clásica, una bella narración. Llegó el final y se apagaron de nuevo totalmente las luces, pero esta vez anunciando el final de la obra, y los aplausos del público no se hicieron esperar, merecidos ciertamente. Preparé mi mochila para irme, coloqué dentro de ella el volante de la obra para llevármelo de recuerdo, claro que sí, había vuelto a mi Perú por un par de horas, ¡y eso no había forma de cómo pagarlo! ¡Gracias amigos actores! ¿Cuándo será el día que pueda volver a mi Perú? Me puse de pie y me dirigía a la salida de la sala cuando una simpática mujer me detuvo y me preguntó cortésmente:

—¿Ya se va? ¿No le gustaría conocer a los actores? Ya mismo salen y puede interactuar, conversar con ellos, si usted gusta, claro está, ya verá no se va a arrepentir.

Iba a responder algo, cuando de pronto, comenzaron a aparecer los artistas de la obra, uno a uno. Saludé a todos, pero de todos con quien más hice conversación fue con la actriz a quien había cruzado en el cuarto de baño ¿Destino? Quién sabe, lo cierto es que conectamos inmediatamente, hasta las primeras palabras que intercambiamos fueron especiales:

—Hola, felicitaciones, fue un gran trabajo el que todos ustedes hicieron —le dije al tiempo que le extendía mi mano a "Jane de la selva"—. Mi nombre es Carlos Anaya y disfruté mucho de la obra, ¡en verdad!

—Gracias, tú también eres artista, ¿verdad? —me contestó Jane, piquichaki o Marisol, como supe después que era su nombre real al presentarse completamente.

Aquello fue lo primero que me dijo, las primeras palabras que me dirigió. ¿Por qué lo haría? ¿Por qué dijo precisamente eso? No lo sé, ¿cómo alguien puede saber lo que tú eres? ¿Incluso antes que tú mismo? ¿O cómo alguien puede saber o identificar a tu alma, sin conocerte siquiera? ¿Qué ella vio en mí, qué pudo apreciar aquel día? ¿Quién es esta persona que parece que de alguna manera ya me conoce, y si tuviera que ser sincero también a mí ella me parece conocida? ¿De dónde viene? Y una pregunta más profunda se impone sola, ¿quién la pone en mi camino? ¿Y por qué? ¿Para qué? Hay cosas en la vida que nunca tendrán explicación lógica, y esta es una de ellas. Una cosa es que yo se las cuente y otra que ustedes hubieran presenciado todo lo que aconteció aquella mágica noche, ¡era una obra de teatro dentro de otra obra de teatro!, sin duda alguna. ¿Por qué dejé de hacer lo que estaba haciendo, estando yo tan lejos en Queens, aquella noche? ¿Y por qué esta obra en particular y no otra? En fin, será como dicen por ahí, que uno no puede escapar a su destino. Solo hablé unos minutos con aquel piquichaki y en lo que también bebía mi copa de vino que amablemente me había servido aquella mujer que me detuvo de irme. Después me enteraría que era la encargada de las luces en la obra, que era poeta, salvadoreña y que se llamaba Karla, el instrumento que utilizó el destino para conocer finalmente a todos estos artistas geniales. Solo fueron segundos, minutos, porque incluso un contacto así, de improviso y tan rápido, no te asegura nada. Hay veces, muchas veces, en que si no hay un lapicero a mano, aunque ahora están los celulares, obvio, pero mi cerebro aún funciona a la antigua, sin duda, soy un anacronismo, un fantasma del pasado, de otro tiempo que aún vaga en este presente incierto. La verdad, no sé si tenía conmigo mi celular o es que estaba ya sin batería, lo cierto es que intercambiamos teléfonos, y ahí de nuevo surgió otra coincidencia o suceso extraño. Yo no tenía en donde apuntarle mi número, y sus compañeros de arte ya la apuraban para irse, así que solo atiné a sacar una tarjeta de mi billetera, que era astrológica, no, no era mía, en aquel tiempo yo todavía no tenía tarjeta personales, era la tarjeta de mi maestra de astrología, Melva Ortiz, y entonces como pude le escribí mi información detrás de la misma. Yo le di la tarjeta de mi maestra, y ella me dio una con su información también escrita detrás de una que era de yoga y en donde decía la frase: «Sigue a tu corazón, sigue a tu intuición». ¿Se necesita acaso un mensaje más claro que ese? Hasta en eso se manifestaba un tipo especial de conexión, este sin duda era un encuentro significativo, lo era para mí en todo caso. Nos despedimos y saliendo del teatro me dirigí a Jersey. ¡Qué frío hacía, carajo! ¡A casa! Definitivamente algo sucedió aquella noche víspera de mi cumpleaños.

No pasaría mucho tiempo para contactar de nuevo con Marisol, fue exactamente al día siguiente, ya que tal como le había comentado a ella yo tenía clase de astrología al otro día en Brooklyn. Sucedió que como casi a diario yo había comprado un ejemplar de *El Diario/La Prensa*, y en esa edición dominical había salido en las páginas centrales, es decir, a doble página, una noticia cultural comentando la obra que yo había visto la noche anterior, es decir era un reportaje sobre *Ollantay*. "Wow", me dije, "¡esto de seguro le va a interesar a esta mi nueva amiga actriz!" Llamé al número de celular que ella me había apuntado en aquella tarjeta de yoga, pero nadie contestó, solo se fue directo al buzón de mensajes, por un momento pensé, ¿quizás este no es su número? Bueno, suele ocurrir, ella no me conoce y muchas veces se da un número que no es el verdadero, eso pasa mucho y es entendible. En todo caso, me animé a dejarle mensaje, total, si es ella le servirá y podrá comprar el periódico antes de que se agote, creo que será una bonita sorpresa para ella. Todavía pasarían varios días antes de que me comunicara de nuevo con Marisol, y sí, aquel había sido su número de celular y si, había escuchado mi mensaje y había podido conseguir el periódico, para ver el reportaje que les habían hecho a todo el elenco por la obra teatral.

Aquel 2010 había comenzado bastante movido, con muchas sorpresas, y novedades muy interesantes. Comencé a participar más activamente en todo lo teatral y todo lo literario, ya lo venía haciendo de por sí, pero ahora sería con más fuerza, con más enfoque y más interés. Había aparecido alguien que de alguna manera venía a alinearme con mi destino, como que allá arriba o en la eternidad me vieron muy perdido o desorientado y mandaron ayuda inmediata. ¡Que no se nos pierda ese muchacho, por amor de Dios! Pero aunque parezca raro o suene extraño, yo ya estaba preparado de alguna manera, era como si mi alma estaba atenta a la llegada de un tsunami espiritual, un despertar de conciencia llegaría de manera inevitable, la conexión con el arte se haría más fuerte e inseparable, había solamente que armonizar todo, tiempos, lugares y momentos, eso era todo, sincronizarnos con la transformación, y esta tomaría lugar sin detenerse, ya todo está predestinado, entonces para qué demorarnos o detenernos, no hay razón, ¿verdad?

En la escena sociopolítica de Estados Unidos, en diciembre de 2010, el presidente era el afroamericano Barack Obama. Su elección el 4 de noviembre de 2008 había significado un logro histórico, y algo que no pudieron ver ni el Reverendo Martín Luther King, Jr. ni Malcolm X, pero por fin había llegado el día que ambos habían vislumbrado más de cuatro décadas atrás, pero aún faltaba por recorrer mucho camino y mucho racismo por desterrar de esta gran nación. Un ejemplo claro de lo que menciono es que en ese mes, la Cámara de Representantes de Estados Unidos aprobó el proyecto de ley DREAM el 8 de diciembre de 2010, pero el proyecto de ley no alcanzó la cantidad de 60 votos necesario para avanzar al Senado. Esto puso fin por votación a los sueños de los jóvenes que buscaban beneficiarse del DREAM Act (Ley de fomento para el progreso, alivio y educación para menores extranjeros). Estos jóvenes que llegaron a este país traídos en la niñez por sus padres indocumentados no podrían regularizar su situación migratoria bajo el amparo de esta ley. Todos ellos ahora quedaron en el aire y condenados a vivir en las sombras en el único país que conocen y que consideran como su nación, en donde tienen a sus amigos, sus padres y sus amores. Ellos que pensaban que aquí en esta nación todos los sueños se podían hacer realidad con solo desearlo, se dieron cuenta con una amarga sorpresa, de que ya no podrían arreglar su situación legal, se les condenó al no aprobarse la ley siendo inocentes a vivir como fantasmas también. Muchos de ellos desean retribuir en algo todo lo que este país les ha dado, pero no podrían hacerlo. ¡Tremendo regalo navideño se quedaron esperando de Santa Claus! ¡Que Dios los ampare soñadores, y no renuncien a sus sueños nunca! Y como dijo hace muchos años el gran escritor peruano Don Manuel González Prada, "¡Los viejos a la tumba, los jóvenes a la obra!"

48

El caso de la periodista peruana Vicky Peláez

Antes de proseguir con el orden cronológico de este relato de mi vida en Estados Unidos, adelanto el registro al 20 de noviembre del 2015, fecha en que comenzaba un nuevo capítulo en mi vida, uno en el que iban quedando atrás las sombras de la desocupación laboral que venía padeciendo desde el 20 de agosto. Fueron exactamente tres meses de desempleo, tiempo en el cual retomé la redacción de este libro que por alguna razón especial se resistía a morirse en el olvido, pero siempre volvía con fuerza a mi conciencia para que lo continuara escribiendo hasta su conclusión. Sabía que debía terminarlo, si no, no me lo perdonaría a mí mismo ni tendría paz. Dios y el universo tuvieron maneras muy especiales de manifestarse, tanto como para hacerme retomar la escritura de este libro de memorias, como el hecho de hacerme retornar a una de las primeras cocinas en donde comenzó mi aventura laboral en este país. En materia de mi libro, obviamente este se llegó a concretar, y sin duda fue toda una labor titánica y heroica, y contra viento y marea.

Regresar a aquella cocina fue definitivamente una ¡extraña coincidencia, un extraño movimiento del destino! Fue como si tuviera que vivir todo de nuevo, desde el comienzo, como si me hubiera saltado alguna parte importante y la debiera vivir de nuevo. Fue algo así, algo que aún no concebía entender qué era, algo que quedó inconcluso entonces. Recorría las calles de Jersey City, mi ciudad, y claro que es mi ciudad, sino lo fuera después de casi tres décadas, ¡entonces no sé a cuál pertenezco! Caminaba y de pronto me encontré con un viejo amigo irlandés, él fue el intermediario para volver a la cocina en donde comenzó prácticamente todo para mí en materia laboral en esta nación. ¿Qué razón había detrás de todo esto, de este regreso en el tiempo, al mismo lugar, después de tantos años? ¿Déjà vu? Quién sabe lo que sea, lo que sí estaba claro era que iba volver a trabajar de nuevo en una cocina en donde viví muchas cosas buenas y experiencias intensas. Por alguna razón había vuelto y ya me contestaría la vida y el tiempo el motivo por el que esto ocurrió. Una vez que me estabilizara tendría que pagar alguna pequeña deuda kármica y de las otras, las mundanas, las económicas, y ahorrar todo lo que pudiera.

Así que volví a esta cocina y fue como que nunca me hubiera ido. Miraba a cada rincón y esquina del lugar, y parecía que iba a aparecer alguien de mi pasado para saludarme o darme la bienvenida, o solo para decirme "¿Y qué carajos haces aquí de nuevo?" El ambiente era bueno en este conocido lugar, mucha broma, se sentía bien. Como siempre di gracias a Dios, a San Miguel Arcángel y al universo cósmico por llevarme a donde debía estar. Volvía a empezar, como la canción del cantante Frankie Ruiz en su último hit musical: «Vuelvo a nacer, cuando nadie creía, cuando ya no existía, ni esperanza ni fe, ¡vuelvo a nacer!» ¡Cachimba!

Regreso a abril de 2010 para relatar un evento que tuvo lugar en Manhattan y al que asistí, un homenaje a un gran escritor indigenista de mi país, Manuel Scorza, quien había fallecido en un accidente aéreo en 1983. Fue en este evento cultural y literario que yo tendría la oportunidad de conocer a mi compatriota, la periodista peruana Vicky Peláez, quien por aquellos años era una de las plumas más reconocidas dentro del periodismo hispano de la ciudad de Nueva York. Ella laboraba en *El Diario/La Prensa*, y como relaté en otro capítulo, junto con Don Luis Ortega, era mi columnista preferida. Yo me enteré del evento por una nota de prensa que fue publicada en ese diario neoyorquino. Aquella fue una noche de lluvia torrencial que habían pronosticado los meteorólogos, por lo que pensé que nadie asistiría, pero me equivoqué, y de hecho cuando iba llegando, aún de lejos, ya podía apreciar un grupo de gente importante en número, y gente entrando al local a toda carrera para resguardarse de la lluvia. Ya en el interior del recinto cultural busqué un buen lugar para poder apreciar el evento, veía caras conocidas, ahora, que me hubiera alguien dicho quiénes eran tales personas, era otra cosa. De vista uno conoce a mucha gente, pero ¿quién lo presenta a uno?

Vicky Peláez fue una de las primeras personas en hablar, subió al estrado y de ahí realizó su brillante intervención, ilustrándonos acerca de la vida y la obra literaria del autor de la novela *Redoble por Rancas*. Peláez se transformaba en el escenario, es decir, hablándole a la gente, ya una vez hacía tiempo la había oído hablar en público, y antes de subir a la tarima, se veía como alguien muy accesible y agradable. Quizás haya gente que discrepe de lo que yo manifiesto aquí, pero esa fue la percepción que tuve de ella cuando la conocí. Sí puedo decir que se transformaba de alguna manera cuando tenía que comunicar su palabra al público, su comunicación llevaba mucha fuerza y pasión, como los artículos que ella escribía en *El Diario/La Prensa*. Estando ella haciendo uso de la palabra, llegamos hacer contacto visual un par de veces, no sé si fue por eso por lo que al final de su participación, y una vez que ella había descendido del estrado en donde se había dirigido a todos nosotros ahí reunidos —mi asiento era justo el primero contiguo a la salida lateral de los primeros asientos— al pasar junto a donde yo me encontraba y detenerse y dirigirse a mí, no me sorprendió mucho cuando me dijo:

—¿Le gustó lo que hablé?

—Felicitaciones, señora Peláez, soy un lector suyo, y la verdad es todo un honor conocerla. Aunque no coincidamos en algunos temas, respeto su inteligencia y su gran capacidad periodística, siempre que puedo leo su columna de los martes.

Ella me miró fijamente y con esa franqueza y sinceridad que la caracterizaba me preguntó a la vez que me contestaba y agradecía el saludo.

—Muchas gracias, ¿tú también eres peruano?

—Sí, señora.

—¿De qué parte?

—Yo nací en la capital, pero mis padres son provincianos, mi padre era ancashino y mi madre trujillana.

—¡Muy bien, muy bien! Y ya sabes que se acerca en junio la fiesta del Inti Raymi que todos los años realizamos aquí en Nueva York.

Ella se refería a la representación teatral que acostumbraba a realizar desde 2007, más o menos, la organización cultural Abya Yala (Arte y Cultura), y de la cual la señora Peláez formaba parte. Se realizó varios años en el mismo lugar, la histórica Iglesia Saint Mark's, en la Calle 10 y la Segunda Avenida en Manhattan. Esta actividad cultural era una representación artística que se hacía en la ciudad de Nueva York y que recreaba la celebración original que se realiza en el Cuzco, Perú todos los 24 de junio. El Inti Raymi marcaba el inicio del año agrícola incaico y comenzó a llevarse a cabo con el Inca Pachacutec.

Sin esperar que yo le respondiera y sabiendo a qué se refería —la Fiesta del Sol, el comienzo del año agrícola en la época del Imperio Incaico— me lanzó la pregunta:

—¿Qué te gustaría ser? ¿Qué quieres ser?

Yo la miré con cara de sorpresa, no sabía qué contestar ni a qué se refería exactamente.

—Sí, seguro, que sí vas a querer formar parte del Inti Raymi, ¿verdad?, del ejército del Inca. ¿Qué quieres ser tú? Ah, ya sé, soldado, no, no, tú no serás soldado, mejor *Willac Uma* (Sumo Sacerdote). No, mejor general, sí, ¡serás general del Imperio Incaico! ¡Qué tal te parece la idea!

La gente que la rodeaba y la acompañaba miraba la escena con cara de incredulidad, nadie sabía quién yo era, nunca me habían visto por ahí. "¿Y quién será este a quien Vicky invita y trata con tanta familiaridad?", parecían decir.

—Sí, seguro, señora Peláez, la verdad, me encantaría poder colaborar en algo así, tan peruano y cultural, difundir nuestras costumbres y tradiciones en esta gran ciudad, ¡muchas gracias por su gentil invitación! Es usted muy amable.

Todos me seguían mirando, escudriñando, analizando. ¿Quién era yo que acaparaba la atención de una de las plumas más brillantes e influyentes del periodismo latinoamericano en Nueva York? Luego de charlar por algunos minutos nos despedimos y de nuevo le agradecí por su gentil invitación a participar en el Inti Raymi. Coincidiría con ella en un evento más, pero aquel primer encuentro con ella sería crucial para todo lo que vendría después en mi desenvolvimiento artístico. Ya una vez la había visto de lejos en un homenaje que se le hizo a nuestro gran poeta César Vallejo en un café del Bajo Manhattan, pero solo la había visto de lejos, y además yo me había ido del lugar casi inmediatamente después de terminada la presentación, esta vez fue distinto pues hablamos los dos.

Paralelamente a esos eventos seguía desarrollando mi amistad con mi histriónica amiga Marisol, quien se convertiría en una gran consejera y crítica de arte en toda obra teatral a la que íbamos, tanto de cine, teatro y televisión latinoamericana, de Estados Unidos o mundial. Su innata capacidad para el análisis artístico era algo que yo agradecía y disfrutaba sin duda, era como tener una instructora de arte a tu lado, una impagable experiencia. Uno de los aspectos que hacía la amistad muy llevadera y especial, era la libertad y el respeto que había siempre al expresar nuestros conceptos en cualquier campo, eso era como tener un margen muy grande de poder ser tú completamente, sin temor al rechazo, a la crítica o al comentario mordaz y sarcástico.

De igual manera por aquel tiempo seguía con mi aprendizaje astrológico, asistiendo a cuanto seminario, taller o clase posible. Mi conocimiento ya en esta milenaria ciencia se iba expandiendo, pero aún no me creía, ni me creo nada, ya que se sigue estudiando siempre, nunca se deja de aprender, y menos en la astrología. Ya para ese entonces había comenzado a consultar a la gente que me ubicaba como astrólogo; interpretando y enseñando se aprende mucho más.

Llegaría el mes de junio de 2010 y con él recordatorio de lo que le había prometido a Vicky Peláez, es decir, mi participación en el Inti Raymi en la ciudad de Nueva York. Busqué entre los papeles de mi billetera su tarjeta de presentación y la encontré. Era la tarjeta del periódico, pero a un lado ella había escrito con un lapicero un número. "Este es mi celular personal, con este me consigues donde sea, llámame para lo del Inti Raymi, está bien?", me había dicho el día que nos conocimos. Llamé aquel número telefónico pero nadie contestó, solo sonaba y sonaba, pero nadie contestaba la llamada, y de pronto escuché la grabación del buzón de voz: «Deje su mensaje por favor después del tono...» A continuación grabé mi propio mensaje: "Señora Peláez, mi nombre es Carlos Anaya Mantilla, ¿cómo está? No sé si se acuerda de mí, la llamaba con relación a la invitación que me hizo aquella vez que nos conocimos en el evento de Manuel Scorza, en Manhattan. Hágame un favor, avíseme si siempre necesitan gente para la representación, ¿está bien? Este es mi número ¡Muchas gracias y tenga un buen día!" Muy probablemente este fue un mensaje que fue también oído por los servicios secretos de este país, que para ese momento ya habían arrestado a Peláez, situación que yo para ese momento desconocía totalmente. En fin, en ese mensaje como aquí lo menciono, no había nada por lo que yo tuviera que temer, como dice el viejo y conocido dicho: "El que nada debe, nada teme". Fue al despertarme al día siguiente en donde todo de golpe tuvo sentido y una explicación para mí.

Yo tenía por costumbre siempre sintonizar por las mañanas a la radio de WPAT-FM 93.1 Amor, que transmitía desde Nueva York. En esta estación, entre otros locutores, estaba Hugo "El Gordo" Cadelago, un gran presentador argentino, de Mendoza, comunicador de gran sensibilidad social, y ganador de varios premios. Él moriría en 2014, yo lo supe de forma casual. Era buena onda el Gordo Cadelago, un tipo que llevaba envases de plástico con agua y los dejaba cerca de la frontera México-Estados Unidos para que los migrantes que se animaban a cruzar la frontera a pie no se murieran de sed. Ese era el Gordo Cadelago, hacía ese tipo de cosas. Descansa en paz, amigo.

Volviendo a la situación que se desarrolló con Vicky Peláez, en aquel programa radial me enteré de su arresto. El locutor cubano Renato Morfi fue el encargado de dar la noticia al aire, y yo me atrevería a decir que lo hizo con cierto placer insano, en todo caso, hizo poco para ocultar su satisfacción por aquel lamentable suceso. La vieja historia se repetía siempre, el antiguo deporte que disfruta tanto la humanidad. ¡Vamos a hacer leña del árbol caído! Esa debe ser una de las pocas veces en que yo, aún soñoliento y comenzado mi día, derramé lágrimas por alguien a quien yo conocía y que era mi compatriota además. Yo solo la vi tres veces, y nadie conoce a una persona con sola verla. Hablamos muy poco y, como digo, acerca solamente de teatro, del Inti Raymi, que para cualquier peruano es un tema de orgullo nacional. No fuimos amigos, solo conocidos, pero eso sí, siempre admiré su valioso trabajo periodístico de investigación, fui su asiduo lector, como también de Don Luis Ortega, ambos lo mejor que tuvo *El Diario/La Prensa* de Nueva York en mi modesta y humilde opinión en aquellos años.

La noticia era esta: «El día de ayer, en un operativo del FBI de este país, fue desbaratada una red de espías rusos que se encontraban en actividad ilegal dentro de los Estados Unidos. Entre ellos figura una mujer hispana, al parecer periodista y que labora en *El Diario/La Prensa* de Nueva York». Despertarse y oír esta noticia, aún entre sueños, era como estar soñando o peor aún, en una pesadilla, un mal sueño, pero no, era real. Cuando luego aquel mismo locutor pronunció el nombre de ella al aire y su nacionalidad, ya no quedaba ninguna duda. Algunas lágrimas surcaron mis mejillas, lloré por alguien que yo admiraba y respetaba, porque aunque no compartía toda su manera de pensar o sus pensamientos políticos, apreciaba su inteligencia y su gran capacidad periodística, su labor investigativa. Ella siempre te remitía a sus fuentes para que también tuvieras acceso a esa información de primera mano, y muchos de los libros que ella mencionaba en sus artículos los llegué a ordenar en la desaparecida librería Barnes & Nobles de Hoboken. Se demoraban siempre entre 10 días a dos semanas en conseguirlos, pero siempre los recibí, libros como por ejemplo *Without Sanctuary: Lynching Photography in America* (*Sin refugio: La fotografía de linchamientos en Estados Unidos*), por James Allen, autor y editor, publicado en 2000. La obra documenta esta forma de violencia social, crímenes que ocurrieron con total impunidad dentro de este país desde fines del siglo XIX y hasta la primera mitad del siglo XX, con la horrorosa cifra de más de cinco mil personas de raza negra asesinadas de esta cruel e inhumana manera. El prólogo fue escrito por el congresista estadounidense John Lewis, el famoso activista negro por los Derechos Civiles quien marchó lado a lado con Martín Luther King, Jr. en los años 60. El libro permite apreciar cómo era, y creo dada las condiciones sociales y políticas actuales en esta nación, la mentalidad de muchos habitantes de la Unión Americana. Muchas de esas fotos que forman parte de este libro nos muestran a gente mayoritariamente blanca disfrutando de estas ejecuciones, como si se trataran de un día de campo, o de carne a la parrilla, y los fotógrafos, felices de la vida, ya que vendían las fotos como suvenires, increíble, pero cierto. Otro de los libros que compré fue *The COINTELPRO Papers: Documents from the FBI's Secret Wars Against Dissent in the United States* (*Los documentos de COINTELPRO: documentos de las guerras secretas del FBI contra la disidencia en Estados Unidos*), por Ward Churchill y Jim Vander Wall, cuya segunda edición fue publicada en 2001 por South End Press. En él se rebela cómo esa agencia federal eliminó sistemáticamente a muchos individuos inocentes con la excusa de la seguridad nacional, asesinatos como el perpetrado en la ciudad de Chicago en 1969 contra el líder negro, Fred Hampton, miembro del Partido Pantera Negra (*Black Panther Party*), por mencionar uno solo. Libros como estos que pude conocer por la notable labor periodística de investigación de la valiente Vicky Peláez, nos ponen a pensar sin duda. Este tipo de periodismo, este dar a conocer estos terribles hechos históricos documentados en estos libros son, pienso yo, una manera muy específica de ser estadounidense. Yo no veo nada de malo en esto que ella hacía, de este trabajo en particular, al contrario, el dar a conocer a las nuevas generaciones este tipo de información creo que fue sumamente importante para no volver a cometer los mismo errores del pasado como nación. Eso creo yo es ser un verdadero periodista, un acto muy valiente de parte Peláez, que indudablemente no dudo que le generó innumerables antipatías y oídos hacia su trabajo y persona.

Aquel triste día, no solo Renato Morfi se regodeó de la desgracia de Vicky Peláez, también lo hicieron otros periodistas, como Juan González, que en aquel entonces escribía en el *Daily News* de Nueva York, que también tiró su veneno para afuera. Es interesante ver cómo aparecen los rastreros o de los que nunca oyes, hasta que alguien cae en desgracia y entonces recién sacan la cabeza para, como buitres, tratar de comer de la carroña, ni más ni menos. Algunos le dicen a eso, naturaleza humana. Mucha gente atacó sin piedad a Vicky Peláez aquella vez y con ensañamiento, no solo era cubrir la noticia, se diría que era también una manera de dar una lección a alguien más que se atreviera a hacer el tipo de periodismo que ella hacía. No seamos ingenuos y caigamos en cuenta que la situación del espionaje también, de alguna manera e indirectamente, sirvió para silenciar su tipo de periodismo crítico e investigativo, negar eso creo yo que sería un absurdo. Todos le dieron la espalda, hasta su propio medio donde ella trabajaba, el inefable *El Diario/La Prensa*, la dejó sola, a su suerte, la abandonó, ni abogado le asignó. De nada valieron los 20 años que trabajó para ellos, así fue, tremenda volteada de espalda. Se podrá o podrán alegar lo que ellos quieran, pero esa fue la realidad, abandonaron a una de sus columnistas estrellas a su suerte, y ese baldón nunca se lo podrán quitar de encima. La falta de solidaridad, de compromiso con uno de los suyos es un hecho irrefutable. No obstante, según Gerson Borrero —ex director de *El Diario/La Prensa*— la periodista nunca "fue suspendida, despedida ni mucho menos", afirmando que ella permanecería en su trabajo hasta que la justicia decidiera lo contrario. Solo recuerdo dos personas que fueron las únicas que publicaron algo defendiendo a Peláez, sacando la cara por ella, porque aquí como en toda parte, uno es inocente hasta que en un juicio justo se te pruebe tu culpabilidad, esa es la justicia, o lo que se considera como tal. Uno de ellos que publicó algo defendiendo a la periodista peruana fue Gerson Borrero —valiente e irreverente periodista puertorriqueño—, quien llamó a las acusaciones contra Peláez "una patraña" del Gobierno, y el otro fui yo, ya que yo siendo consciente de la buena acogida que tenían entre el personal del periódico mis artículos de opinión, me la jugué y me atreví a escribir y enviarles algo referente a este delicado tema, había que hacerlo, alguien tenía que hacerlo. Borrero lo hizo escribiendo en *El Diario/La Prensa*, y también en su espacio de Radio Wado 1280 AM en las mañanas. Por mi parte, en mi artículo resalté "sus conocimientos, su capacidad y calidad periodística". No se podía creer que existiera tanta cobardía junta, todavía no se probaba nada y ella ya había sido juzgada y declarada culpable por todo el mundo. Entonces, ¿en dónde está el sentido de presunción de culpabilidad o de inocencia debería decir mejor?

También debo ser sincero y honrar a la verdad. Cuando escribí el artículo, visité a una gran amiga mexicana, que por esas cosas del destino y de las leyes de inmigración de este país después también se tuvo que devolver a su México lindo y querido, cansada de esperar por una amnistía migratoria que nunca llegó. Uno o dos días después de visitar a Margarita, así se llamaba ella, me dijo ella sentada en la mesa de almorzar y al lado de Manuel, su esposo: "Charly —así me llamaba ella—, tú ya escribiste ese artículo defendiéndola a ella (yo ya lo había escrito la noche anterior, pero aún no lo había enviado), y también tú la conociste a ella en persona, te nació hacer ese artículo. Nadie la defiende, absolutamente nadie, tú tienes toda la intención de dar a conocer tu opinión de lo que ha pasado con ella, entonces debes hacerlo hermanito lindo, ¡no te detengas ahora! ¡Eso ya salió de ti, de tu corazón! Si no lo haces tú, te sentirás mal contigo mismo, porque le fallaste a ella, pero sobre todo porque te fallaste a ti mismo, porque traicionaste tu verdadera esencia, traicionaste a tu corazón, y tú no eres así, Charly, ¡yo te conozco bien!" Su esposo, que también estaba sentado en la mesa con nosotros y había escuchado toda la conversación, solo atinó a decir: "Ten cuidado Charly, yo vi en mi México que este tipo de gente no se detiene ante nada, y si te metes con ellos, te les atraviesas en el camino, o abres la boca para incomodarlos, ellos te limpian sin pensarlo dos veces, así son estos personajes". Después supe por otras pláticas que tuve con Manuel que él se refería a toda la gente de la dirigencia estudiantil de la UNAM de México, quien básicamente era eliminada sistemáticamente por el gobierno del PRI a finales de los años 60s, en la hermana nación azteca. Es decir, fueron neutralizados, asesinados y desaparecidos impunemente por el gobierno mexicano. "No Manuel —dijo Margarita—, él ya escribió acerca de eso y tiene que seguir adelante, con lo que su corazón y su mente le dicen que es lo correcto, si no, el malestar de no haberlo hecho le perseguirá siempre a Charly, yo le conozco bien". Acabó aquella reunión de amigos que yo siempre que podía tenía con ellos en su acogedor apartamento de Astoria, en Queens, Nueva York. Me regresaba esa noche en el tren, tratando de sopesar todo los riesgos y consecuencias que mi eventual acción mediante el artículo en el periódico pudiera tener. Durante todo el viaje de regreso a Nueva Jersey leí de nuevo mi texto que cargaba en mi cuaderno, y que llevaba conmigo en mi inseparable mochila. Leía y leía una y otra vez el artículo, y no le encontraba nada extraño, ni fuera de lugar, ni nada que el gobierno pudiera considerar antiestadounidense, que era por último de lo que me podrían acusar, de defender a alguien que espiaba para una potencia extranjera. También debía pensar en mi situación legal, pero eso, en fin, no me iba a paralizar, de eso yo estaba seguro. Sin duda las palabras que me dijo aquella noche mi querida amiga mexicana me acabaron de decidir a seguir adelante. Como quiera que sea, si me pasaba algo, ya ellos sabrían que fue por lo que yo había escrito, y eso me tranquilizaba. "A lo menos a alguien le comenté lo que yo iba hacer", pensé para mí, "¡por si me pasa algo!"

Al amanecer del día siguiente me dirigí como siempre lo hacía al correo de Jersey City que quedaba cerca de mi trabajo a depositar la carta con el artículo referente a la señora Peláez, ese era, como dije antes, el método que yo utilizaba para enviar mi material, por correo regular, una antigualla, ¿verdad? ¡Y en pleno siglo 21! Nunca necesité que alguien me dijera lo que yo tenía o tengo que hacer, pero sin duda las palabras de Margarita me infundieron más ánimo, el artículo se titulaba: "El dolor más grande de Vicky Peláez". Debo aclarar que el artículo se publicó ocho meses después del arresto de Peláez, el 25 de febrero de 2011, con motivo del regreso de la periodista a Perú desde Rusia, a donde había sido deportada desde Estados Unidos, después de que ella se declarara culpable el 8 de julio de 2010 por trabajar para Rusia como agente extranjera no registrada en Estados Unidos. Mi artículo fue reproducido en mi primer libro, *Mi opinión (Actualidad mundial en los ojos de un inmigrante)*.

Aquel artículo batió todos mis récords de tiempo de publicación anteriores, suponiendo que mi carta siempre tomaba un día o dos en llegar a la redacción del periódico, y luego las correcciones que le hicieran, es decir, mínimo iba a tomar un par de días para publicarse. Este no, este fue publicado a menos de 48 horas de enviado, toda una sorpresa y todo un récord para mí, sin duda. Como dije, sobre el caso de Vicky Peláez, solo dos nos atrevimos a escribir de la tragedia personal de esta gran periodista, los demás, los que la atacaron, esos abundaron por todos lados. La lapidación pública siempre nos traerá recuerdos del circo romano, que muchas veces sigue vivo y nos resistimos a que se muera; solo dos plumas, Gerson Borrero y yo, alguien tenía que hacerlo, ¿verdad? ¡No se podía creer tanta cobardía! Aquel artículo que expresaba mi opinión fue escrito de una manera muy equilibrada.

En términos legales, muy probablemente la fiscalía en el caso hubiera demostrado su culpabilidad si ella hubiera aceptado ir a juicio, ya que se decía que contaban con abundante material incriminatorio de sus actividades tanto de ella, su esposo, y de otros ocho individuos como espías trabajando para Rusia. Sin duda, hubiera sido muy interesante haber podido apreciar un juicio justo hacia ella. Antes de su declaración de culpabilidad, Peláez fue puesta en libertad bajo una fianza de 250 mil dólares y confinada a arresto domiciliario con una pulsera electrónica en el tobillo, ya que el juez del caso, Ronald Ellis, consideró que de todos los implicados, ella no se cambió su nombre y utilizaba su nombre verdadero, y no como la mayoría de implicados que usaban nombres falsos. Los 10 acusados, entre ellos Vicky Peláez, admitieron haber comunicado información a los agentes rusos. Como parte de un acuerdo entre el gobierno de Estados Unidos y la Federación de Rusia, el juez encargado de dictar la sentencia, Kimba Wood, los sentenció inmediatamente a poco más de una semana en la cárcel, tiempo que el magistrado determinó ya habían cumplido, y porque que serían expulsados de inmediato de Estados Unidos. Un abogado de Vicky Peláez, dirigiéndose al juez, informó que Rusia le prometió a la periodista un estipendio mensual de dos mil dólares de por vida como pensión, vivienda sin costo, visas para que sus hijos pudieran visitarla y permiso para viajar a Perú, algo que la misma Peláez confirmaría posteriormente al diario ruso *The Moscow Times* en febrero de 2011. Los pormenores del caso en el tribunal fueron reportados de primera instancia por el periodista Ron Scherer, de la publicación *The Christian Science Monitor*, uno de los pocos reporteros del número limitado permitido en la sala del tribunal. Peláez tuvo que renunciar a su ciudadanía estadounidense, obtenida por naturalización, así como aceptar que nunca fuera admitida en el país. Sus dos hijos pudieron permanecer, aunque después el gobierno confiscaría la casa de Yonkers, Nueva York, en donde vivían y que pertenecía a Peláez y su esposo. También debería agregar que conocí a sus hijos, ya que coincidimos en eventos culturales realizados por artistas de nuestra comunidad peruana radicada en este país y en esta área. El hijo menor, Juan Lázaro, Jr., es un verdadero genio musical y un gran pianista.

En conclusión, el veredicto histórico para la periodista Vicky Peláez queda a criterio de cada lector con base a la información que él o ella quiera investigar sobre su carrera periodística, así como acerca de este complicado y controversial caso. Quienes busquen formar una opinión equilibrada y bien informada, deberán evitar hacer una evaluación apresurada o basada en información limitada o gustos y preferencias personales, procurando en cambio obtener la mayor cantidad o mejor calidad de información disponible.

49

Don Agustín, el espiritista, y reflexiones astrológicas

Una anécdota muy especial que sucedió por aquellos días del arresto de mi compatriota, la periodista Vicky Peláez, me encontraba yo en el barrio hispano de Jackson Heights en Queens, Nueva York, y caminaba por la céntrica Avenida Roosevelt. Esta avenida era la misma que caminé recién llegado a Estados Unidos y cuando trabajaba en mi primer restaurante. En aquella ocasión iba con mis compañeros de labores buscando putas y diversión para unos inmigrantes recién llegados. Ahora no, bueno al menos por el momento, esta vez era diferente, solo venía como muchas otras veces lo hice para distraerme un poco y sentirme rodeado de mi gente, es una manera de recargar mis baterías emocionales, si lo quieren llamar así. Por aquellos días posteriores al arresto de la periodista, me distraía un poco de la locura de este país, cuando de pronto recordé que ya no tenía velas pequeñas para mi altar, un altar pequeño que acostumbro a tener en casa, nada en especial, pero en el cual siempre hago mis meditaciones y rezo. Al ver un negocio de botánica entré en ella para comprar unas velas pues en esta ciudad son mucho más baratas que en Jersey City. Escogí las que necesitaba, me fui al mostrador y no pude evitar escuchar la conversación que se desarrollaba entre la persona que atendía el negocio y la chica que hacía las compras delante de mí.

—Sí, él es espiritista, es el mejor, anda muchacha, no tienes nada que perder, ya verás, no te vas a arrepentir, luego vas a venir y me vas a contar, ¡yo lo sé! —decía este hombre con ese tono inconfundible de voz que tienen los cubanos.

Aquello llamó poderosamente mi atención, ya que yo vengo de un país de una cultura milenaria, muy místico, espiritual y esotérico. Yo ya había apreciado desde muy niño, y en casi toda mi vida, no solo la existencia sino también el poder de lo paranormal y lo sobrenatural. Que nadie me crea no me interesa, yo sé que existe y eso es suficiente para mí, solo basta con decir que mi abuela materna, a quien apenas conocí, fue una chaman. Mis pocos recuerdos de ella son los de una mujer de rasgos muy indígenas, vestida de negro, alta, con pelo negro y una gran trenza que le caía por su espalda. Yo vi el poder de ella en acción, en algún libro que quizás escribiré después acerca de mis vivencias en mi Perú las contaré con seguridad. De vuelta en la botánica de Queens, la chica delante mío pagó lo suyo y se retiró, seguía yo, que aún estaba extrañado y confundido con lo que había oído solo minutos antes me preguntaba, "¿Será verdad lo que oí, un espiritista aquí? ¿O es solo una persona que tira las cartas, o sea un cartomántico, un tarotista? ¡Un curandero como la abuela!" Los recuerdos de aquella lejana y enigmática mujer de quien yo solo tenía una lejana memoria no me permitieron quedarme tranquilo, pague rápido lo mío y salí del negocio con la intención de alcanzar a la chica que minutos antes había estado delante de mí, quien con seguridad se dirigiría a ver a aquel espiritista que le mencionó el dependiente de la botánica. Miré para un lado, miré para el otro y la distinguí a lo lejos, apuré el paso, sin saber si me iba a contestar lo que yo le preguntara y no me tomara por algún atrevido de esos que abundan en las calles, y más en un barrio hispano. La alcancé y al igualarla en mi andar, le pregunté sin importarme nada:

—Señorita, ¿la puedo acompañar? Sabe usted, yo también estaba en la botánica detrás de usted pagando lo mío, y no pude evitar escuchar lo que le dijo el empleado de la botánica. ¿Sería mucha molestia si voy con usted a ver a ese señor espiritista? Me urge saber algo de una persona que conozco y que está en graves problemas.

—Cómo no, señor, venga conmigo— contestó, dejándome un poco sorprendido, no lo puedo negar, pero entendiendo de que ella pudo apreciar la sinceridad de mis palabras en mi voz, en mi manera de expresarme.

—Muchas gracias señorita, ¿estamos muy lejos del lugar? —pregunté.

—No, para nada, es aquí a la vuelta, solo tenemos que caminar un par de cuadras más y ya, eso es todo.

—Qué bien, no hay que tomar tren ni nada de eso.

Conversamos un poco más y pronto llegamos al lugar, ella tenía la dirección y el número del apartamento apuntados en un papelito, el cual abrió cuidadosamente, apretó unos de los botones del tablero con los nombres de los residentes del lugar, y de pronto el timbre del intercomunicador sonó permitiéndonos el ingreso. Nadie habló, al parecer ya era común que llegaran clientes a toda hora, entramos y a unos pocos pasos había un elevador, el cual tomamos hasta el tercer piso, tocamos la puerta, que cedió mientras lo hacíamos y apareció ante nosotros la figura de un hombre mayor, era Don Agustín, el espiritista.

—Adelante, pasen y siéntense que estoy atendiendo a otras personas antes que a ustedes.

Hice mi turno tranquilamente hasta que de pronto se escuchó la voz de Don Agustín decir:

—¡Siguiente!

Entré al pequeño cuarto que sin duda era el de la cocina también.

—Siéntate y dame tu nombre.

—No es para mí señor, digo, Don Agustín.

—Sí, ya sé, dame el nombre de la persona.

—¿Y cómo lo sabe usted?

—Soy espiritista hijo, a esto me dedico, es mi trabajo si lo quieres llamar así.

Y claro que lo era, y uno de los mejores si no, el mejor que conocí en mi vida, y eso que conocí muchos muy buenos en mi Perú natal.

—¿Qué quieres tú saber de esta persona? ¿Qué te tiene tan triste?

—Don Agustín, esta persona está detenida en este país, hace poco tuvo un gran problema, un gran escándalo, yo la conocí un par de veces, pero yo la he admirado siempre por su gran trabajo. Ahora cayó en desgracia y todo el mundo se burla y se ríe de su desgracia.

Cuando decía esto tenía yo la certeza por alguna razón de que este señor no sabía a quién yo me refería, no veía yo que tuviera periódicos en algún lugar, y supuse que tendría poco tiempo para ver las noticias del día en la televisión que estaba en una esquina de su vivienda.

—Como digo, Don Agustín, ella ya lleva detenida como una semana y no se sabe nada de si la llevan a juicio o que, no dan noticias de ella, la tienen incomunicada, nadie puede verla, yo quiero saber qué va a pasar con ella, ella tiene sus hijos aquí, ¿saldrá libre, le pondrán una condena larga?

—¿No es por droga su arresto, verdad?

—No señor, no es eso— y justo cuando le iba a mencionar quién era y cuál era el motivo, me contestó algo que nunca en mi vida olvidaré; no fue solo lo que dijo, sino la manera en que lo dijo, la convicción de sus palabras.

—No te preocupes muchacho, ella va a salir libre antes de 24 horas, vete tranquilo y ya no estés triste, ¡ella saldrá en libertad!

¿Qué?, me dije yo para mis adentros, ¿en libertad? ¿En menos de 24 horas? Pero cómo, cómo va a ser eso posible, no puede ser, pero este señor ¿estará bien de la mente? Mejor le digo de quien estoy hablando, quizás así caiga en cuenta de lo que me ha dicho y se rectifique. No obstante, por alguna extraña razón, no le alegué, no le contradije, no dije nada, me levanté de la silla, abrí mi cartera y le pregunté.

—¿Cuánto es, Don Agustín?

Hasta eso me volvió a sorprender.

—Tu voluntad, muchacho, lo que tú bien puedas.

Le pagué y me retiré.

—Muchas gracias Don Agustín —me despedí y salí del apartamento para tomar el elevador.

Mientras caminaba rumbo a la estación del tren para regresar a Nueva Jersey, iba pensando en cada palabra que aquel extraño y nuevo espiritista había pronunciado. "No, no podía ser, cómo iba a ser posible, si ella está detenida por el gobierno, por los federales, ¡se trataba de Vicky Peláez! No era cualquier persona, se habrá confundido el señor, sí, claro tanta gente, tanto trabajo, seguro, es eso, el cansancio, bueno no he perdido casi nada de dinero, le pagué algo que aunque no era poco tampoco era mucho". Don Agustín era una persona de edad avanzada y quizás era eso, podía equivocarse, fallar, total, nadie es infalible.

Así fue aquel primer encuentro con alguien que me volvió a conectar con mi pasado, un pasado que yo creía ya inexistente, irreal, porque no había podido apreciar a nadie que lo hubiera podido recrear de nuevo, pero era todo cuestión de tiempo. Don Agustín era como un chamán, era un espiritista de verdad. Aquel encuentro no tuvo nada de extraordinario, no me tiró las cartas, no leyó mi mano, ni puso los ojos en blanco, como hacen ciertos payasos estafadores que se aprovechan de la gente. Solo había una gran copa de agua en su pequeña mesa, se diría que era una suerte de Nostradamus en medio de la gran ciudad, de esta Babel de hierro, solo una copa de agua y su cigarro cubano en su mano, que más que para adivinación se diría que era para su placer personal, ya que ni lo miraba y ni siquiera pretendía leer la ceniza. Aun con todo eso, aquel fue un encuentro memorable, se diría entre el maestro y su alumno, así lo pude presentir, hay gente que uno debe conocer, que están destinada a cruzarse en nuestro camino y aquel encuentro es imposible de evitarlo. Aquel encuentro con Don Agustín me trajo a mi memoria otro encuentro con alguien de mi pasado, Don Carlos, que después, pensándolo, yo podría decir que era la reencarnación de aquel, la misma edad, el mismo tipo y hasta la misma estatura. Don Carlos fue un conocido espiritista norteño que yo conocí en el norte del Perú. Estos dos personajes son dos seres que con su presencia y sabiduría siempre se quedaron grabados en mi conciencia, uno era la réplica del otro. Tomé el Tren 7 para Nueva York, Manhattan y de ahí para Nueva Jersey, y aún cuando me acomodaba en mi asiento del tren la pregunta seguía dándome vueltas en la cabeza, ¿24 horas?

Sí, así fue, en 24 horas, y en uno de los eventos más espectaculares desde el fin de la Guerra Fría entre rusos y estadounidenses, se produjo uno de los canjes de espías más grandes que se recuerde en la historia del espionaje internacional. Todos los espías rusos arrestados junto con Vicky Peláez y ella misma fueron liberados en aquel extraordinario canje entre ambos gobiernos. Ella tuvo como condición además renunciar a su ciudadanía estadounidense, aunque ella también se aseguró que ninguno de sus dos hijos tuviera problemas de permanecer en este país. Pero la pregunta que me sorprendió cuando escuché la noticia por los medios por primera vez fue: ¿Cómo lo pudo saber Don Agustín? Y con tanta certeza, ¿cómo pudo saberlo?

Así quedó truncada de esta manera imprevista y triste mi esperada participación artística y debut actoral, por decirlo de algún modo, en el Inti Raymi que se realizaba todos los años en la ciudad de Nueva York. Me propuse no quedarme con las ganas y marqué en mi calendario la fecha para tenerla presente el próximo año, y así poder hacer realidad mi sueño de actuar y participar en esta actividad tan peruana, tan nuestra, una tradición incaica en Nueva York. ¿A quién no le gustaría participar en algo así? Y más si yo no podía volver a mi tierra por tiempo indefinido.

Yo seguía de todos modos haciendo lo que me gustaba, cocinando, estudiando astrología, asistiendo al teatro siempre que podía, y sobre todo si eran obras en español, ¡hay que apoyar a nuestra gente! ¡Qué pasó raza! Además volví a ver *Ollantay*, la obra en la que poco tiempo después yo sería uno de los protagonistas sobre un escenario de Nueva York, esa experiencia fue algo totalmente nuevo y sorprendente para mí. Sin embargo, lo que más atrapaba mi atención y enfoque era profundizar en mis estudios de astrología, para lo que asistía a seminarios, talleres, clases, leía todo lo que caía en mis manos referente a esta milenaria ciencia, es más, siempre la tenía incorporada a mi vida, la hice parte de mi vida y aunque no soy un fanático ni dogmático, echo mano de este conocimiento siempre que puedo para ayudarme a navegar por estas aguas que es la vida misma.

Mi amistad con mi nueva amiga Piquichaki, Marisol, se hizo más cercana, y así pude conocer mucho del arte teatral no solo en la Gran Manzana, sino también en conocimientos generales. Se puede aprender mucho cuando la gente correcta llega a tu vida, y sobre todo si tú tienes la voluntad y la disposición de aprender. Cuando se podía y coincidía con ella íbamos a obras de teatro y entonces no solo yo disfrutaba de la obra, sino también de un excelente análisis artístico de la misma, tener esa suerte es una bendición de Dios. El conocerla a ella me permitió también de alguna forma darme cuenta de que yo no estaba interrelacionándome con mucha gente, es decir, no que era un ermitaño, pero que no estaba aprovechando la posibilidad de conocer a más gente interesante como ella, y no tenían que ser todos necesariamente artistas, por si acaso. Sí, Piquichaki fue un grato despertar de conciencia para mí, y su llegada me motivaría a explorar nuevos territorios, compartir con gente extraña, excéntrica y genial, todo era atreverse. Definitivamente un nuevo mundo se iba abriendo delante de mis ojos, el arte hispano en Nueva York y el teatro en particular.

Por lo demás, seguía siempre escribiendo y enviando por correo y en manuscrito mis artículos de opinión a *El Diario/La Prensa* de Nueva York, y como siempre mi primera lectora y jueza de todo lo que yo escribía y salía publicado, era mi querida maestra de la astrología, Melva Ortiz. Ella siempre fue y ha sido una gran influencia en mi vida, por tanto, estas dos mujeres fueron definiendo y de alguna forma moldeando al Carlos Anaya Mantilla que después la gente conocería, ya sea por mi libro, programa de radio o actuaciones teatrales. Tanto Melva como Marisol son energías fundamentales de cambio en mi vida, gracias a ellas y a Dios por eso.

En la cocina en donde yo aterricé, y está bien dicho porque les caí del cielo, llegué justo a tiempo, justo antes de que se disputara la Copa Mundial de Fútbol 2010 en Sudáfrica, que dio inicio el 11 de junio, y en la que se coronaría campeón la selección española, que no era otra cosa que el FC Barcelona de Xavi, Iniesta, Busquets, Puyol y Piqué, entre otros, y junto a ellos al que se considera el más grande futbolista de los tiempos modernos, el argentino Leonel Messi. El club catalán ha sido una de las mejores exhibiciones de fútbol que el mundo ha contemplado. Llegué bien de tiempo y ahí nomás arrancó la fiebre futbolera en toda la cocina, que luego devendría en un artículo acerca de fútbol que salió publicado en *El Diario/La Prensa*, y que incluí después en mi primer libro. Me tocó ver parte de los juegos las veces que podía en las televisiones del bar de aquella cocina, cada que se podía me asomaba a ver los resultados o un poco de los encuentros que se disputaban. No había otra manera, el trabajo es el trabajo y se respeta siempre, uno puede reír y pasarla bien en una cocina, como cualquier otro sitio laboral, pero el trabajo, la labor hay que desempeñarla bien. Todo tiene su momento como dice la Biblia en Eclesiastés: tiempo para reír, tiempo para llorar, tiempo para amar, y tiempo para morir.

Trabajar en una cocina es demandante, absorbente y hasta se podría decir esclavizante, pero ¿qué trabajo de cierta manera no lo es? El empleado de una cocina es similar a esos médicos que están de guardia o los policías que nunca dejan de investigar un caso no resuelto, no hay descanso ni vacaciones, hay que seguir adelante. En la industria culinaria es igual, y más si da la casualidad de que estés a cargo de una cocina, si es así, prepárate, porque al primer error la que va a rodar será tu cabeza, ya lo sabes, así que luego no preguntes por qué te echaron. Tienes que cocinar en días festivos como Navidad, el Día de Acción de Gracias, Año Nuevo y otras fechas especiales, la lista es larga. Además, si surgen fiestas de improviso, hay que hacerlas nomás, no hay alternativa, por eso es por lo que siempre he dicho que este trabajo hay que amarlo en verdad, porque si no, será un padecimiento en vez que una alegría, en eso hay que estar claros.

En estos días reflexionaba con un amigo centroamericano acerca de lo rápido que el tiempo pasa en Estados Unidos, y es la verdad, aquí el tiempo vuela, la locura de la vida nos deja atrás, así que si no hacemos o perseguimos lo que de verdad queremos lograr o realizar, estamos jodidos. En otros países o lugares del mundo se podrá uno detener más, pero aquí eso es impensable, inimaginable, es como una carrera de caballos, aquí uno viene a dejar la vida y después se nos desecha como desperdicio, esa es la triste verdad. En nuestros países la gente disfruta de la vida, el ritmo de esta es más despacio, tienes la opción de visitar y compartir de amistades y conocidos, pero en este país, todo eso es más complicado, quizás lo puedas hacer una vez o un par de veces en el año, pero no siempre. Esto es por los horarios de cada uno para trabajar, todos tienen distintos horarios de labores, y por consecuencia de descanso, y entonces no hay una línea de cómo poder guiarte al respecto; coincidir en eso es muy difícil, no imposible, pero sí muy difícil. Por eso, como ya mencioné antes, a Estados Unidos no todo el mundo se puede adaptar o acostumbrar, así como llega la gente también se va. No nos dejemos engañar ni confundir por quienes se encargan de cubrir las noticias, ya que muchas veces lo hacen de manera intencionada, se desinforma mucho, a saber con qué fin. Ahora mismo, gracias a la magia del internet, podemos ver cómo le va a la gente inmigrante legal e ilegal en Europa, la gente nuestra que llega a Francia o Alemania, y podemos ver en videos cómo los tratan por allá, cuánto les cuesta la vivienda, la comida y los servicios públicos. Los que salimos de nuestra tierra renunciamos a muchas cosas, y eso siempre se debe poner en una balanza antes de pensar seriamente en emigrar. Dije al comenzar este libro, que no seré yo quien le diga a la gente que no emigre, pero sí les puedo decir que piensen bien en los pros y los contras para que luego no haya lamentaciones. A mí personalmente me hubiera gustado leer un libro como este antes de haber salido hace muchos años de mi amado Perú. Si te toca trabajar en un lugar como una cocina, debes saber que muchas celebraciones y festejos no los podrás pasar con tu familia, porque entonces ¿quién trabajará por ti? La vida en Estados Unidos, como la de cualquier inmigrante en cualquier lugar del mundo, no es fácil, y eso hay que tenerlo siempre presente. Ahora, si tienes una fuerte determinación y no ves otra salida o consideras que solo emigrando podrás hacer realidad tus sueños, pues entonces adelante, pero no dudes y ve hasta el final del camino. Yo tuve que aprender a querer la cocina, me ayudó mucho que ya tenía en mi genética, creo yo, mucho del talento de cocinar por mi recordada y ya fallecida madre, doña Fabiola, quien me preparó bien para lo que después iba a venir o yo iba a encontrar en esta vida. Además, lógico, no podemos olvidar lo que ya venía por la astrología, tener al planeta Júpiter en la casa seis, la del trabajo, y en el signo de Cáncer, en donde además de estar exaltado, es decir, muy cómodo, está regido por la Luna, y esta tiene que ver con el estómago, ya que la Luna rige al signo de Cáncer, entonces por solo esa simple relación puedo caer en cuenta, la facilidad o, en todo caso, la bendición que iba a tener de poder aprender los secretos de la cocina si de verdad me enfocaba en ellos, la responsabilidad era solo mía.

Los años 2009 y 2010 fueron en muchos sentidos muy placenteros por todo lo bueno y la estabilidad que comenzó a llegar a mi vida, como dicen, después del temporal viene la calma y esta vez no fue la excepción. Volví a cocinar y a demostrarle a otros, pero sobre todo a mí mismo, que yo podía cocinar, que yo tenía esa capacidad, y también les demostré a los muchachos de los otros turnos que cocinaban en el lugar, que se podía cocinar con un francés y un chino y ¡sobrevivir en el intento! Ja, ja, ¡es la verdad! Sí se podía, era cuestión de mentalizarse fuertemente y darle con todo, no había de otra, si no, vamos a correr a la primera clarinada de estrés o de tensión laboral, y entonces no servimos para esto, aquí hay que tener bien puestas las bolas. Trabajar en cocina es como todo en la vida y con los compañeros igual, hay que buscarles la vuelta, ese es el chiste. A mí me ha ayudado mucho en esta adaptación mi conocimiento de la astrología, y lo voy a tratar de explicar aquí de una manera simple y de modo tal que mucha gente me pueda entender. La astrología tiene que ver mucho con los aspectos geométricos que hacen entre sí la distribución de tus planetas en tu propia carta natal, vamos a decir, por ejemplo, que si yo soy Acuario de signo solar, mi opuesto es alguien de Leo, que junto con personas de Tauro y Escorpión, dos signos que hacen ángulos de 90 grados con mi sol, de alguna manera son un reto, un prueba poder lidiar con ellos, ya que hay un cierta fricción entre los soles natales. Lo otro sería que, igual, como yo soy Acuario, me puedo llevar de alguna manera bien con personas de mí mismo elemento de aire y con los que mi sol natal hace un aspecto armónico de 120 grados, lo que en astrología se llama un trino o trígono, y entonces esos signos serían los de Géminis y Libra, y también me puedo llevar muy bien con los signos de Aries y de Sagitario, ya que estos dos signos están a 60 grados de mi signo solar, es decir, lo que en astrología se conoce como sextil, 60 grados de distancia entre dos planetas. Entonces, como pueden ver, tener toda esa información en mi cabeza —y hay más información astrológica además de eso solamente—, pues eso me permite poder apreciar ciertas tendencias o actitudes que se pueden llegar a manifestar en mi día a día en la interacción con la demás gente. Para decirlo de una manera más práctica, es como si yo tuviera hecho un horóscopo todos los días ya listo en mi cabeza, horóscopo que va a variar cada día de acuerdo con el disparador de eventos más rápido que tenemos en una carta astral, la Luna, el satélite de la tierra, es la que muchas veces desencadena una serie de eventos para que sucedan muchas cosas que de otra manera no serían fáciles de observar. La luna cambia de signo zodiacal cada dos días en promedio, entonces eso te va moviendo las predicciones y las tendencias que se pueden desenvolver en tu experiencia.

Decía yo que la astrología demostraba su utilidad y su efectividad, ya que muchas veces sin proponérselo, uno se entera o escucha en un trabajo que fulano o zutano están cumpliendo años el día de hoy, o fue ayer o será mañana, y así, casi sin querer, sin buscarlo, ya te enteraste de qué signo solar y a cuántos grados en ese mismo signo zodiacal está el sol natal de esa persona. Esta valiosa información te permitirá saber cómo lidiar en muchos casos con esa persona en particular y saber en qué casos, como cuando la Luna en sus tránsitos regulares le hagan algún aspecto difícil a ese Sol en particular. Es como llevar un registro mental, un calendario que te permitirá, como si fuera el capitán de un barco, ir por las aguas a veces o muchas turbulentas de nuestra experiencia terrenal. El simple hecho de prestar atención a estos simples detalles te permitirá saber qué es lo que aflige desde material, física y psicológicamente a tus compañeros de labores. Con ese poder, porque es un poder ese conocimiento, tú puedes no solo llevar la fiesta en paz con tus conocidos, sino también ayudarlos a ellos en muchos casos.

Debemos trabajar y expresar bien las armonías y transformar y transmutar las energías de confrontación, no reprimiéndolas, pero sí dándoles un enfoque completamente diferente y positivo al asunto. Como, por ejemplo, uno puede deducir cuando el planeta Marte está en tránsito haciéndole una cuadratura (90 grados) a tu Marte natal, eso sin duda te estará indicando que lo mejor que puedes hacer es liberar esa tremenda energía física de una manera activa y vigorosa. No puede limitarse solo al plano mental o racional, tiene que haber despliegue físico, sudor, acción, si no, la energía marciana buscará expresarse de otra manera, y muy seguramente será de confrontación, agresión, o de pelea de algún tipo. Es esta ventaja que nos brinda la astrología la que nos va a permitir funcionar mejor entre la demás gente de tal manera que lo que nos afecte no tenga poder sobre nosotros, ni nos desequilibre, ni nos quite de balance, ni de nuestro propio centro.

50

Los olvidados de Dios

Por esta época fue que mi querida amiga Margarita, una más de los tantos y tantos inmigrantes que venimos a esta gran nación, y que ya tenía muchos años viviendo en este país, tomó la decisión de regresar a su México lindo y querido. Me dolió mucho su partida, ya que la quería como si fuera una hermana, la hermana que la vida nunca me regaló. Ella estaba casada con Manuel, un buen amigo. Marga, como yo la llamaba, se cansó de esperar la tan mentada reforma migratoria que nunca llegó, y solo Dios sabe si algún día llegará. Después de pensarlo mucho se decidió por el regreso ,y como decía el gran Don Pedro Vargas, el Tenor de las Américas, cuando cantaba *Canción mixteca*, hermosa composición de un oaxaqueño —al igual que Marga— el maestro Don José López Alavés: «Qué lejos estoy del cielo donde he nacido, inmensa nostalgia invade mi pensamiento, al verme tan solo y triste, cual hoja el viento, quisiera volar, quisiera morir de sentimiento». Hay que ser muy macho y valiente para que si esta bella melodía te pega en un momento de tristeza y nostalgia en una patria lejana a la tuya, ¡no te haga derramar una lágrima!

Alguna vez compré en un barrio mexicano la película *Espaldas mojadas*, filmada en 1955, que es como llamaban y aún llaman despectivamente en Estados Unidos a los mexicanos, y a todos los latinoamericanos, ya que los muy brutos no saben distinguir entre las diferentes nacionalidades, y para ellos todos somos mexicanos. Esto es parecido a como algunos latinoamericanos le llaman "chino" a cualquier asiático o persona con rasgos físicos orientales, sin distinguir o saber si en realidad una persona es de China, o de algún otro país de ese continente. Aquella película la protagonizaba el recordado actor mexicano David Silva, el protagonista de la popular cinta *Campeón sin corona*, y uno de los mejores actores de la Época de Oro del cine mexicano. *Espaldas mojadas*, dirigida por Don Alejandro Galindo, es un clásico del cine, y un deber y obligación de ver no solo para todos los inmigrantes legales o ilegales, sino para todo latinoamericano. Así verían cómo se le trata al inmigrante latinoamericano en estas tierras y todas las peripecias que pasamos los que vivimos aquí en condiciones de ilegalidad. Han pasado más de 65 años y esta película sigue siendo tan real y de denuncia social como cuando fue estrenada por primera vez. ¡Qué cosa tan increíble! ¡Uno diría que no ha pasado el tiempo!

Mencionaba yo que Marga se quería ir de Estados Unidos, ya lo había estado pensando hacía buen tiempo y en uno de esos días se lo comentó a Manuel, su esposo, pero fue triste la realidad, como frecuentes veces nos pasa a muchos de nosotros. Su intención no resultó como ella hubiera querido o como ella la venía pensando, ya que aunque ella sí se quería ir, Manuel no. Él era algunos años más joven que mi querida amiga, y le pasó lo que muchas veces pasa cuando una pareja no se llega a poner de acuerdo: vino la separación. Ella lloró mucho, pero ya tenía su decisión tomada y no había vuelta con eso. Me sentí triste por los dos, pero más por ella; se me iba mi hermana, la única que pude conocer en estas frías tierras, y no había nada que yo pudiera hacer para detenerla. ¿Qué le podría ofrecer o decir para que ella se quedara? Sí, ya sabemos que en este país, la culpa de todos los males se la echan a quienes no se pueden defender, a los inmigrantes indocumentados, que somos el chivo expiatorio preferido de Estados Unidos. La pregunta es, ¿hasta cuándo durará eso? Así, con el corazón roto y triste, y sin encontrar el apoyo que hubiera querido, Marga un día cualquiera levantó vuelo a México. Mi querida amiga no me avisó cuando partió, no se despidió de mí. Después me contaría Melva que Marga había ido a despedirse de ella a Brooklyn, y que le había pedido de favor que se despidiera de mí, que ella misma no era capaz de despedirse de mí, que aquello era muy triste para su corazón. Naturalmente, aquello me dolió mucho, pero puedo entender a la gente, y como expliqué antes, la astrología para esto sirve, para darte entendimiento. Marga se fue porque ya no se sentía como antes, su salud fue una de las razones que apuraron su partida, ya que el físico no le respondía igual aunque ella no era tan mayor, pero como muchos de nosotros había trabajado toda su vida, y casi nunca sabía lo que era tomar vacaciones. Ella trabajó de ama de casa de muchas familias anglosajonas, haciendo de nana de muchos niños y niñas estadounidenses blancos, hizo una muy buena labor. Tenía fotos en su sala de su departamento de toda la niñez que ella había hecho crecer, que ella había criado. Marga no tuvo hijos, pero a todos estos niños blancos ella les dio todo el amor que ella tenía en su corazón, sin condiciones, a manos llenas, y ese cariño me consta que fue retribuido por muchos de estos niños que hoy día ya deben ser hombres y mujeres grandes, gente de bien, de provecho a la sociedad, esa era Marga. Alguien que se sentía orgullosa de su labor, humilde quizás para muchos e insignificante, pero no poca cosa para todos esos padres y niños que ella contactó mediante su gran labor. Yo solo conocí a esta Marga pero me pregunto, cuántas "Margas", cuántas como ella no habrá habido y hay dentro de Estados Unidos, y aún así y todo, se les sigue persiguiendo y acosando como si fueran viles delincuentes. ¡Qué injusticia, carajo!

Mientras escribía esto, volví a leer un artículo periodístico acerca de las víctimas del 9/11, que es como se les conoce en este país a las personas que fallecieron o tuvieron algún daño o consecuencia a raíz del atentado a las Torres Gemelas de Nueva York en 2001. El artículo fue publicado porque se conmemoró otro aniversario de aquel trágico acto criminal ocurrido en esa gran metrópoli, pero tan criminal como ese hecho, es el hecho de que a muchas de las personas que se presentaron tras los ataques terroristas a colaborar con las labores de limpieza se les maltrata y se les trata como si fueran ciudadanos de segunda clase. Fueron personas que se presentaron a ayudar a remover los restos de aquellas dos moles de acero. Ahora como que ellos le fastidian o incomodan al sistema, claro, de eso no va a decir nada el presidente Trump, no conviene, ¿verdad? A estos voluntarios se les dan los servicios del gobierno de mala forma, no se les apoya, pero como bien dijo una de estas víctimas, que está sufriendo de un cáncer terminal, ahora que necesitaban tratamiento por su condición médica, se la regatean, prácticamente tienen que rogarla, pero cuando los necesitaron ahí, ¡ni papeles les pidieron! Leer noticias así a cualquiera le tiene que calentar la sangre por tanta injusticia, a cualquiera que tenga dignidad, integridad y amor propio. Yo, gracias a Dios, aunque presencié aquella matanza —porque eso fue— lo hice desde el otro lado del río Hudson, que es el que divide a Nueva York de Nueva Jersey. De momento se cerraron los puentes y los túneles y entonces nadie podía llegar desde este lado a la gran ciudad, a no ser solo por los taxis colectivos acuáticos, o *ferrys*, es decir, los pequeños barcos o barcazas que cruzan y llevan a diario mucha gente de un lado a otro. Tuve suerte porque si hubiera estado del otro lado, muy probablemente hubiera ido a hacer esos trabajos de limpieza, ya que me enteré que mucha gente conocida lo hizo. La paga era buena, por hora, pero el estar al otro lado del río me salvó, y también, para ser sincero, yo ya tenía una idea de lo que me podía ocurrir si hacia ese tipo de trabajo, puesto que ya había trabajado antes de aquel trágico incidente en demolición de edificios, y sabia la contaminación que se desprende al trabajar con asbestos. Por eso no me sorprendió, pero lamenté la gran cantidad de gente que con el paso del tiempo comenzó a morir o a reportarse enferma después de trabajar en la llamada zona cero, y para más pruebas solo citaré un dato final acerca de eso, tomado de un artículo escrito por el periodista Pablo Ayerra y publicado el 10 de Septiembre 2018: "Se estima que 400 toneladas de asbesto, las fibras microscópicas que causan problemas pulmonares graves, se usaron en la construcción del *World Trade Center*. Y toda esa cantidad quedó suspendida en el aire cuando los edificios fueron pulverizados. Aproximadamente 10,000 personas inscritas en el 'Programa de Salud World Trade Center' tienen algún tipo de cáncer relacionado con la catástrofe". Dicho programa de salud proporciona monitoreo y tratamiento médico para el personal de emergencia y de trabajo en general que laboró en los sitios relacionados a los atentados terroristas del 9/11 en la ciudad de Nueva York, el Pentágono y Shanksville, Pensilvania, así como a los sobrevivientes que se encontraban en el área de desastre de la ciudad de Nueva York. Por otra parte, el número real de hispanos que formaron parte de los equipos de limpieza de la zona cero se desconoce, pero se sabe representaron un gran porcentaje. Según un reporte de CBS News publicado el 16 de enero de 2012, muchos de estos trabajadores se encontraban en Estados Unidos sin estatus legal, y los contratistas normalmente no les pedían documentos de inmigración, pagándoles bajos salarios, y en efectivo.

Esto reafirma lo que ya antes mencioné en este libro, la administradora de la Agencia de Protección Ambiental (y exgobernadora de Nueva Jersey), Christine Todd Whitman, mintió descaradamente al pueblo norteamericano, ya que para esa fecha y sirviendo al gobierno del presidente George W. Bush, declaró a la prensa lo siguiente: "Dada la magnitud de la tragedia de la semana pasada, yo estoy satisfecha de asegurar a la gente de Nueva York y Washington D.C. que el aire es seguro de respirar y el agua es segura para beber". Alguien que hizo tal declaración, ¿cómo es posible que esté libre y no en prisión? ¿Y toda la gente muerta, los que murieron a consecuencia de esta mentira que ella dijo y que se encargó de propagar? Ah, se me olvidaba, la mayoría son hispanos sin papeles, sus vidas no cuentan, no son gente.

Volviendo al relato acerca de mi amiga Marga, recuerdo las palabras que me dijo antes de regresar a México:

—Tú quédate Charly, alguien tiene que contar nuestra historia, la de los olvidados de Dios, la de los olvidados en este país.

Al oír estas palabras no pude evitar pensar en el cineasta Luis Buñuel y en su película clásica, *Los olvidados*. Sí, somos desechables para muchos, ahora no sé para cuántos, porque por lo visto y las demostraciones de racismo a raíz del ascenso de Donald Trump a la presidencia de esta nación, muchos se han quitado la careta y ahora salen a gritar consignas sin vergüenza ni reparo, tales como "Estados Unidos para los estadounidenses" (*America for Americans*) y otras frases así por el estilo, esto es racismo, discriminación y xenofobia al rojo vivo. O quizás siempre estuvieron presentes, pero fuimos muy pendejos que no fuimos capaces de darnos cuenta que eso estaba y siempre estuvo presente, que existía. Qué tontos e ilusos que fuimos.

Marga me reiteraba una y otra vez su recomendación:

—Tú no, tú no te vayas Charly, no aún en todo caso, tú aún eres joven, yo ya no, ¿entiendes? Mis fuerzas ya no son como antes, mi cuerpo no me responde igual, pero tú no, tú aún puedes hacer muchas cosas y tienes algo que yo no tengo, tú puedes escribir, tienes talento para eso. La gente, como has visto cuando escribes para ese periódico, te lee y eso es importante, de algún modo te siguen, ya más adelante sacarás un libro o quizás dos, y eso es muy valioso. Un libro es un arma, más potente que muchas armas que existen, que golpea más fuerte que muchas otras cosas, porque golpea en donde duele o se siente más, en nuestra conciencia, tú solo hazlo, y no te preocupes por el resultado, que la vida te sorprenda con el resultado de tu libro, con las consecuencias de tu obra, ya verás y ese día te acordarás de tu Marga. Tú quédate Charly, tú sigue adelante, yo ya no puedo, mi salud está muy deteriorada y no quiero que esto se agrave más y yo acá, viviendo en un limbo legal como bien sabes hermanito. Tú quédate ya que aún te falta que te tropieces con ¡una buena chamacona!, que yo no quiero que sigas por más tiempo solo, necesitas tu compañera mi Charly, pero no cualquiera, sino una que sea buena mujer, una que te comprenda y te quiera bien.

—Está bien, te prometo que yo seguiré aquí, en las dos cosas, escribir en un libro nuestras historias y en tratar de tropezarme con alguna chamacona, eso sí, que esté bien guapa la condenada, ja, ja, ja —reímos juntos, y como dice el dicho quién nos quitará lo bailado, ¡nadie!

Ya que menciono a Marga, también quiero mencionar a Manolo, su pareja. Ellos dos se conocieron en México, y la suya fue una historia de amor muy especial, Marga le llevaba algunos años a Manolo, y ya no se hacía muchas ilusiones por casarse, y no es que Marga fuera fea ni nada de eso, sino que ya se sabe cómo son nuestras sociedades, muy tradicionales y formales, que si no te casas en tal o cual edad, ya te quedaste para vestir santos, esa jodida frase siempre me hace reír. Marga pensó que no se casaría, pero llegó el amor en la persona de Manolo, se enamoraron y se casaron, y ahí debería terminar todo, pero este libro es de la vida real y no de fantasías. Aunque yo hubiera deseado que ellos se hubieran quedado por siempre juntos, la vida tenía otros planes, pero sigamos con la historia de cuando se conocieron. Marga se casó con Manolo ¡ya de 40 años!, y con su vestido blanco, por si acaso. Recuerdo haber visto la foto y ¡la felicidad de ella! ¡De ellos dos! Ahí debería detenerse el tiempo para siempre, pero no, hay que hacer camino como decía el poeta sevillano Antonio Machado, autor de *Campos de Castilla*.

De Manolo podría contar varias anécdotas, era una persona noble, humilde, de gran corazón, pero cuya niñez y juventud no fueron nada fácil: Luna conjunción Neptuno en Escorpión natalmente, y los que saben algo de astrología, saben que esa no es una configuración planetaria para nada fácil, para nadie, es más. A través de Manolo yo llegaría a conocer mucho de la sociedad mexicana y de la idiosincrasia del mexicano. Ellos dos eran de extracción muy humilde, pero ambos se habían cultivado mutuamente y por su lado cada uno, leyendo mucho, igual que yo, de manera autodidacta. Incluso, en su modesto departamento, pero bien ubicado en Astoria, Queens, Nueva York, tenían muchos libros que ellos dos leían. Había uno en particular que me impresionó mucho ver que Marga devoraba apasionadamente, era la biografía de Gandhi, el líder y padre espiritual de la India, ya se pueden entonces hacer una idea de lo que leía mi querida Marga. Ella había estudiado en su juventud, o mucho de su formación estuvo ligada a la Iglesia Católica. Es de suponer que a ella no se le podía contar muchos cuentos o chistes acerca de la religión, y eso no significaba que ella era dogmática o fanática con sus creencias, sino que guardaba un verdadero aprecio por la gente que verdaderamente sentían su fe y su creencia católica, lo cual para mí está muy bien. Manolo había desempeñado una cantidad de diferentes de oficios para poder subsistir y ganarse la vida honradamente, desde albañil, obrero, pintor, carpintero, y otros, pero lo que Manolo era en realidad, y muy pocos lo sabían, es que él era un chamán. Él no era cualquier persona, y eso para los que tenemos algún conocimiento de intuición, psiquismo y parapsicológica desarrollada, sabemos qué es. En muchos casos, es algo que se hereda, como él alguna vez me lo contó; se nace con eso, no se pide ser así, simplemente lo tienes o no lo tienes, no es a voluntad, simplemente naces así, con ese don. De este conocimiento él había tratado de trabajar en este país, o debería decir mejor que se habían tratado de aprovechar cierta gente que lo conoció en Nueva York. La gente que no entiende mucho de ese conocimiento ancestral que tenemos de nuestras culturas milenarias, de todas maneras se quiere apropiar de él, a como dé lugar, agregaría yo. Mucha de esta gente interesada y engatusadora se encuentran, y uno los haya, en los sitios llamados centros holísticos y de la Nueva Era en Nueva York. No son todos lógicamente, porque haríamos mal en generalizar, pero esa es la triste verdad, hay mucha gente que quizás tenga buenas intenciones, que no sean malas realmente, pero muchos son viciosos sin tratamiento, es decir, gente enferma que necesita tratamiento y se escuda malamente y equivocadamente detrás de una mal llamada espiritualidad, que no es otra cosa que encontrar algo que los permita seguir volando, literalmente, fuera de sí, completamente alejados de su realidad, del mundo real en el que por alguna razón y motivo aún permanecemos. Estos individuos tratan de mantenerse en un estado de limbo mental, en una falsa creencia de que se están elevando espiritualmente, y lo que hacen en realidad es alterarse los sentidos utilizando ya no las drogas comerciales conocidas mayormente por todo Occidente, sino las hierbas sagradas que utilizaban los hombres sabios y sacerdotes de nuestras culturas antiguas en nuestro continente, llámense aztecas, mayas o incas, el hecho es ese. Estas personas no buscan espiritualizarse, ni evolucionar, solo meterse un buen viaje de droga y sin riesgo, y eso, como bien decía Manolo, se debe evitar a toda costa. "Yo no prostituyo mi conocimiento, Charly", alguna vez me comentó. Y yo lo admiraba y respetaba aún más por eso a este amigo, esposo de una muy querida amiga, por manejarse en un país con tantas tentaciones materiales de esta manera íntegra y decente, honrando nuestra sabiduría milenaria. Y de vuelta esto me trae a algo que yo siempre le he repetido a mucha gente que conozco y a la que le he consultado alguna vez su carta astral; lo que yo hago es solo interpretar una escritura, el lenguaje de los planetas que estaba escrito el día del nacimiento de cada uno de ustedes, no es otra cosa, es eso básicamente. Que haya gente que se aproveche de esto y traten de hacer creer a la gente que son especiales, con súper poderes o superdotados, eso ya es otra cosa. Reitero algo que ya he mencionado: todos, absolutamente todos los que practican estas disciplinas espirituales, también son como la mayoría de la gente, con sus mismas virtudes, pero también con sus mismos defectos, vicios y debilidades, unos más que otros, unos de un tipo y otros de otro modo, pero son humanos, y por lo mismo no son perfectos, así que no endiosen a nadie, ni lo glorifiquen, ni mucho menos lo pongan en un pedestal. Háganme caso y así no se llevarán grandes desengaños.

Decía yo que esta gente que está a la pesca de individuos con los conocimientos que posee o heredan personas como Manolo, siempre están atentos a ver qué o quiénes aparecen divulgando o difundiendo estas enseñanzas para rápidamente llevarlos de alguna manera a su redil, a su corral, por decirlo de alguna manera. Ellos van a tratar siempre de aprender un conocimiento que ni ellos mismos entienden ni conocen, pero al cual pretenden echar mano y adueñarse, apropiarse de eso, para su propio beneficio y lucro personal, así que no crean que tampoco lo hacen por ayudar a los demás desinteresadamente, que al fin uno pudiera decir o pensar que hay algún tipo de justificación, pero no, es apropiarse de nuestros conocimientos milenarios. Quieren abarcar todo, controlarlo todo y eso no lo podemos permitir, por eso hay que resistir a esos piratas de la fe y de la espiritualidad. Manolo, no se vayan a pensar que se rindió muy pronto, no, él le hizo la lucha también a Nueva York, como otro inmigrante más, pero no pudo lograr su sueño. De hecho rentó un pequeño espacio en Manhattan para poder atender a las personas, pero sin el conocimiento adecuado de la mercadotecnia, es decir, saber promocionarse, saber venderse, nada se puede hacer, o en todo caso no se puede llegar muy lejos. Alguna gente lo llegó a conocer como un chamán de México, pero él no supo cómo promover su trabajo, sí tuvo su clientela, pero no pudo salir adelante. Lo que sí sucedió muchas veces fue que siguieron tratando de llevarlo a estos centros holísticos de gente blanca mayormente, en donde hay personas de todas las razas, nacionalidades y religiones. Manolo perseveró pero no le resultó. En un momento me quiso ceder su espacio en la ciudad, pero la verdad, no me acabé de animar en aquel tiempo, quizás aún no era el momento ideal. Además me muevo o me dejo llevar mucho por mis corazonadas, por mi intuición para ser más exacto, y sentí que aún no era el tiempo oportuno. Le agradecí mucho el gesto, pero aún no quería meterme en algo que me resultara en deudas y que no pudiera resolver por mí mismo. "Todo llegará a su tiempo", pensé para mí. Parece que venderse o tratar de darse a conocer como chamán en Nueva York no es muy rentable, y sin embargo en las zonas de alta concentración de nuestra gente, es decir de habitantes que provienen de Latinoamérica, estos lugares no solo abundan, sino que también cobran cantidades enormes de dinero, que la gente ansiosa, estresada y en necesidad paga sin dudar y sin pensarlo dos veces, es así, esa es la verdad, como yo muchas veces he dicho: a la gente le gusta que le cuenten un cuento, que le mientan, bueno, no a todos, pero sí a una gran mayoría, triste, pero cierto. Y creo yo que eso se podría fácilmente aplicar a muchos campos de la vida cotidiana, comenzando por los políticos por decir, ¿o no? Manolo era bueno en lo que hacía, pero la suerte no lo acompañó. "Charly, algunos somos curanderos para gente rica y otros curanderos para gente pobre, yo soy para la gente pobre", decía Manolo con un dejo de tristeza en la voz. Es jodido ver hablar a alguien que uno sabe que posee un conocimiento ancestral y que no lo puede desarrollar, que no puede vivir dignamente, mantenerse de eso, uno se llega a preguntar: "¿Y entonces para qué sirve saber todo esto? ¿Tener todo este conocimiento para vivir del aire?"

Cuando Marga se regresó a México, a causa de su salud deteriorada, y cansada de esperar una reforma de inmigración que nunca parece que llegará, Manolo se quedó, optó por permanecer en Estados Unidos, y aunque ella no se lo recriminó, se fue herida en su corazón. Yo lo sabía, lo vi, y me dolió mucho también, ella no se merecía eso, pero la vida tiene este tipo de cosas ingratas e injustas.

—¿Quieres que hable con él? —le pregunté a Marga.

—No, Charly, tú no te metas, es cosa de nosotros dos, y esto queda así, entre marido y mujer. Por ahí van a pelear y va a ser peor la cosa, no le digas nada.

—Está bien, Marga.

Manolo la quería, a su manera, pero él tenía algo claro en su cabeza: no iba a volver bajo ningún motivo de regreso a México, no, él no lo iba hacer, de eso estaba muy seguro. Él era 10 años menor que

Marga, y aunque eso nunca fue un obstáculo entre ellos, yo sabía que él no quería aún renunciar a su sueño americano, o quizás simplemente no quería volver al igual que yo. Él ya se había, como digo yo, amañado a esta nación y quizás el volver ya no era una opción válida para nosotros, sí a mí me pasaba o sentía así, es válido pensar que él también podía sentir lo mismo. Muchos de nosotros, o mejor dicho, nadie quiere volver a su patria y menos con esa sensación de derrota, de que no pudiste lograr muchos de tus sueños, conquistar Estados Unidos. ¿Qué carajo significará eso, verdad?, pero es así, por algo cultural o de costumbre, pensamos así, por lo que dirán los amigos, la sociedad. En fin, Manolo decidió quedarse, seguir peleando hasta el fin y quizás con la esperanza que si algún día esos lejanos papeles salían, él podría volver a traer a Marga, pero esta vez por todas las de la ley. ¿Quién le puede robar la esperanza a ese hombre? De todos modos, yo fui testigo de esa separación de un matrimonio de dos amigos a quienes yo quise y siempre querré mucho, pero la vida, el destino es así, y te trae estos sinsabores. Una unión de amor que duró 17 años llegaba a su fin, y ver eso duele mucho, se reabren viejas heridas, la mía con Blanca, y la de mis recordados viejos, era innegable no recordar el pasado, que como película sin fin parece repetirse. Aquella unión de la cual Marga siempre me decía que los primeros 10 años fueron de dicha infinita y que luego no que el amor muere, pero que la rutina trata por todos los medios de meterse de invitada indeseable en el hogar.

—Es así, Charly, ya lo verás tú, aunque yo deseo de corazón que eso nunca te pase a ti con tu chamacona, ya que yo te quiero mucho hermano— me dijo abrazándome una de las últimas veces que compartimos un café, cuando la dejé yéndome a la estación del tren para volver a casa, no pude menos que mencionar una frase en caliente, de pura bronca: "¡País de mierda! Gente que les deja la vida y que no tienen derecho a nada, y encima ustedes los persiguen como delincuentes, ¿para cuándo la jodida ley de inmigración?"

Melva me contaría luego como se despidió de Marga en uno de esos días finales que la visitó en Brooklyn: "Adiós Melva, muchísimas gracias por todo, por tus valiosas enseñanzas, mil gracias por siempre, me regreso a mi México, pero recuerde siempre que usted y Charly tienen su casa allá". Y antes de que Melva pudiera decir algo, añadió: "Yo no me puedo despedir de Charly, no, no podría Melva, yo lo quiero mucho y no resistiría verlo triste por mi culpa". Y así se fue. Cuando Melva me lo contó, me enojé mucho, me dio mucha bronca contra Marga, enorme, muy grande. ¿No éramos acaso hermanos? Si yo la quería tanto, ¿no se podía despedir de mí? Luego se me pasó el enojo, demoró un poco, pero se me pasó, porque después entendí por qué lo hizo y le pude perdonar que se fuera así. Es duro, muy duro, pero cuando alguien como yo que no tiene a nadie, a ninguno de sus seres queridos de su familia vivos, se encariña con la gente que uno permite que entren en nuestro corazón, no lo hacemos con todo el mundo, por eso duele mucho que te hagan algo así. Cuando tú consideras y quieres mucho a alguien, este tipo de cosas te pegan duro, no les encuentras sentido ni lógica, pero luego comprendí. Cuando uno quiere también de verdad hacer un esfuerzo por comprender, por entender a la otra persona, por ponerse en su lugar, y eso solo se hace cuando hay cariño y afecto de verdad.

51

El inmigrante y la superación personal

E L CAMBIANTE Y REVOLUCIONARIO 2010 SEGUÍA SU CURSO, UN AÑO EN el que todo cambió espectacularmente en mi vida. El teatro comenzó a hacerse cada vez más presente en mi vida, mientras mis columnas periodísticas para *El Diario/La Prensa* se seguían sucediendo regularmente y con buena acogida por parte de la redacción y los lectores. La tradicional celebración anual del Inti Raymi en Nueva York no se realizó ese año por todo lo que pasó con la señora Vicky Peláez, pero ya se empezaba a vislumbrar un cambio en mi vida después de tantos años, algo estaba pasando y yo quería estar atento y con los ojos bien abiertos para no perderme de nada. Antes de 2010, nada se había movido en mi vida en mucho tiempo, pero ahora era todo tan nuevo, tan diferente y a la vez tan emocionante, ya era capaz de hacer cosas que jamás se me hubieran ocurrido hacer, como teatro y otras facetas que vendrían después, pero mucho después, como hablar en público, hacer cine y hablar en televisión. Todo era nuevo, nada viejo, todo muy acorde con el planeta Urano, que es el planeta regente de mi signo astrológico solar, y que tiene como algunas de sus características más saltantes lo nuevo, lo inesperado y el futuro; todo esto se hacía más evidente que nunca. Ahora sí estaba sintiendo y viviendo como quería mi planeta regente, y se sentía muy bien, por supuesto. Llegaría la Navidad y esta ya no sería como las anteriores, había nuevos amigos en mi vida, amigos artistas y creadores. Al parecer el universo me decía que el que mi padre hubiera sido músico no había sido por casualidad, el arte es como un lazo de sangre con los que sienten y piensan igual que uno, o en todo caso, con los que tienen esa misma sensibilidad. No eran muchos amigos tampoco, pero eran de calidad, y así sí vale la pena tenerlos.

Comencé el 2011 en otra sintonía, pero la creatividad e inspiración para escribir no se detenía para nada, así que seguía entonces adelante como el elefante, solo tenía que canalizar todo lo que llegara a mi vida, pero bien, de la mejor manera, y pasarla siempre por un colador, para que no se filtrara por ahí alguna garrapata indeseable, aunque también a veces llegan para traernos algún aprendizaje. La semilla del cambio en mi vida comenzaba a germinar, y se hizo evidente primero en mi trabajo, en donde todo iba muy bien, me comenzaba a ganar la confianza y el aprecio de mis jefes, sin ser un empleado lambiscón, porque eso nunca me ha gustado, simplemente por hacer mi labor. Lo mismo ocurría con el resto de mis compañeros de labores en aquella cocina, una de las tantas en las que he trabajado desde que estoy en este país, y así lo seguiré haciendo hasta que Dios lo permita y me dé salud, que es lo más importante en esta vida, la verdadera riqueza, sin eso, no tenemos nada, amén.

Mantener las amistades es siempre importante en la vida del ser humano, pero tampoco se puede, como en el amor, rogarle a nadie, ya que si alguien ya no quiere, por el motivo que sea, seguir siendo tu amigo, es mejor dejarlo ir. La amistad no se ruega ni se le suplica a nadie, ya llegarán otros amigos entonces, pero no amigos del trago y de la fiesta, que para eso no necesitan ser amigos de verdad, sino solo borrachones y bebedores compulsivos. Los verdaderos amigos que elegimos son los hermanos y hermanas que no nos dio la vida, y que nosotros mismos nos encargamos de escoger en esta experiencia terrenal corta y excitante. Por muy pocos que tengamos, esos pocos amigos hay que cuidarlos y valorarlos, y si por alguna casualidad del destino no tenemos alguno, vayamos a donde haya gente con nuestros mismos intereses, pueden ser musicales, culturales o literarios, como ir a las bibliotecas, por ejemplo, y si no conocemos a alguien interesante ahí, al menos hallaremos un buen libro que siempre será un buen y fiel amigo.

El 2011 se desenvolvía a toda prisa y con esa misma presteza llegaba mi cumpleaños para recordarme que ya era un hombre de cuatro décadas. Como era usual, no hacía planes ya que la nieve y el frío siempre me han jodido las celebraciones; no hay que hacer planes por favor, vivamos el momento y vivámoslo bien. Por esta fecha recibí una sorpresa proveniente de *El Diario/La Prensa* con un tremendo artículo mío, publicado la víspera de mi día especial. Fue una sorpresa total y uno de los momentos más especiales y satisfactorios que me han ocurrido en este país y que más he agradecido a Dios. Se trataba de una página completa, es más, era el editorial de ese día en particular y firmada con mi nombre. ¡Qué regalo de Dios, carajo! ¡Mejor, ni mandado a pedir! Ellos no tenían por qué saberlo, pero me hicieron tremendo presente de cumpleaños, muchas gracias a *El Diario/La Prensa*.

Aquel 8 de febrero de 2011 fue también una fecha inolvidable, ya que en víspera de esa sorpresa tuve un sueño muy especial y revelador, un sueño que después solo se lo contaría a dos personas muy especiales en mi vida y de mi entera confianza. Aquel sueño fue como todos esos contactos anteriores que yo había tenido antes en mi vida y de ese mismo carácter, es decir, cosas así muy paranormales o extrasensoriales. Como ya he explicado en capítulos anteriores, esa Casa 12 astrológica mía, está muy cargada de energía, de planetas personales que me ponen en contacto con el inconsciente colectivo y con esa parte tan especial que son los sueños, porque la Casa 12 zodiacal es la casa de los sueños. Aquel sueño de momento me dejó muy intrigado porque no sabía cómo relacionarlo o integrarlo a mi presente, a mi realidad, pero aun con toda esa incertidumbre y enigma, pude asociar que aquel mensaje tenía que ver con mi escritura, con mi manera de escribir, con mis publicaciones, con mi desarrollo como comunicador en general. El sueño fue como sigue: yo me encontraba en algún lugar que algunos individuos muy religiosos relacionarían con el cielo, caminando en una dirección hacia un horizonte imaginario, pero sin distinguir el piso por donde andaba, pero que estaba cubierto por nubes. De pronto, moviéndome hacia ese horizonte imaginario, empecé a divisar también a varias otras personas que se dirigían rumbo a esa misma dirección, es decir, yo solo veía las siluetas de aquellos seres que iban al igual que yo caminando hacia el frente. Serían en total como unos 12, pero todos separados unos de otros por cierta distancia, pero lo interesante fue que de esas figuras humanas que se desplazaban delante de mí —de aquellas siluetas recortadas por esa misma luz que nos venía del aquel horizonte imaginario— yo no podía distinguir a nadie, solo veía las siluetas caminando en dirección de la luz de aquel lejano horizonte, similar al de las películas sobre experiencias después de la muerte, como siempre describen aquellas personas que han vuelto a la vida después de pasar aquella experiencia. De momento aquellas figuras comenzaron de alguna manera a agruparse, a hacerse más compactas como grupo y sin dejar de moverse hacia adelante. Súbitamente, de todas ellas se desprendió alguien de uno de sus lados, de uno de sus extremos de aquella singular formación. Aquella sombra o silueta humana se separó del grupo y se dirigió hacia mí y donde yo me encontraba. Al caminar hacia mí tampoco pude distinguir su cara, no tenía rostro, sin embargo, era algo que se aproximaba a mí. Una vez que estuvo a mi lado, puso su brazo sobre mi hombro y me lanzó esta pregunta: «¿Estás listo para unirte a nosotros? ¿Lo estás?» No tuve tiempo de responder o no pude hacerlo, pero sí pude asentir con la cabeza, dándole a entender que sí lo estaba. «Muy bien», y se alejó de nuevo para unirse al grupo que iba más adelante, y del cual se había separado.

En 2011 también colaboraba con mi querida y angelical amiga Marisol, y lo de angelical es en serio, porque algunas personas son eso en nuestras vidas. Ese año mi estimada y talentosa amiga quiso cristalizar su sueño de realizar una película corta, también para relatar, al igual que yo en este libro, la historia no de su vida, pero sí de su niñez, de su adaptación como niña a la realidad de las escuelas en Nueva York, de narrar en su cortometraje experiencias como comer en los baños escondida de otras niñas para evitar el acoso escolar del que fue víctima. Mari exorcizó esos demonios de su pasado a través del arte y los llevó al cine en un cortometraje muy especial llamado *I Am Julia* (Yo soy Julia). Esta película le significó un gran esfuerzo en todos los sentidos a ella, fue una labor titánica, pero pudo llevarla a buen fin y terminarla. Aquella cinta fue un reflejo de sus experiencias y traumas con los que tuvo que lidiar en un extraño y nuevo país para ella, ya que sus padres la trajeron siendo pequeña, junto a sus hermanas, de Medellín, Colombia, a Nueva York. ¡Qué tal cambio, verdad!, como me pasó a mí, pero no como a ella, que se dio a tan corta edad. El sueño de un futuro diferente y mejor para la familia fue la razón principal de sus padres para emigrar a Estados Unidos. Marisol movió cielo y tierra y pudo hacer realidad su sueño de ver realizada su película, que es también de cierta manera su legado a las siguientes generaciones. Ojalá algún día la pueda extender y hacerla un largometraje, espero que lo pueda hacer, se lo merece, Marisol, la del bello y generoso corazón. Como dije antes, cuando nos conocimos le ayudé un poquito en lo que modestamente pude y dentro de mis posibilidades, ya sea a atender a la gente que hacía pruebas de actuación para los papeles en su cortometraje, todos ellos adolescentes, y con otras tareas así, nada extraordinario, y además, claro, con toda la asesoría astrológica que yo pudiera brindarle para que le fuera lo mejor posible.

Mientras ella se dedicaba a producir su película, yo me dedicaba a cocinar, cocinar y cocinar, se cansa uno, ¿qué creen? El cansancio no es un suplicio ni nada por el estilo, pero aunque no seamos como el Chef Pepín, lo poco o mucho que aprendí, al menos lo aprendí bien creo yo. El hecho de estudiar y conocer a través de la astrología mis energías natales, es decir, mis potenciales y mis puntos débiles, me hizo saber entonces que el trabajo de cocina podía ser una opción para poder mantenerme y subsistir de él, y de poder hacerlo bien, como siempre dije desde que vi ese Júpiter natal en Cáncer en Casa 6, la casa del trabajo, exaltado en ese signo regido por La Luna, y en aspecto de trígono con mi Medio Cielo en Escorpión junto a Neptuno, y por el otro vértice con Saturno en Piscis desde la Casa 2, la casa de cómo uno se gana el dinero. Es posible entonces ver la conexión entre Júpiter, Saturno y Neptuno en mi carta, todos en signo de agua, un gran trígono de agua como se le conoce en la astrología, y que también se puede relacionar con la astrología, como el maestro espiritual por Neptuno en lo más alto de la carta. La relativa seguridad, y digo relativa, porque con la Luna que es tan cambiante rigiendo mi casa del trabajo, cualquier cosa puede pasar, sumado a mi situación legal, no puedo hacerme muchas ilusiones al respecto. Esta relativa seguridad que en ese año me acompañaba laboralmente me permitió en gran medida enfocarme con bastante determinación en explorar mi lado artístico, por si tenía uno, en esto nuevo que se desplegaba delante de mí, el teatro, un nuevo reto, y como todo reto excitante y novedoso.

La cocina siempre ha sido no solo una manera de ganarme la vida sino también de conocer gente de tan diversas y variadas culturas, compañeros de trabajo como por ejemplo José Carlos, un amigo centroamericano, y como dije al comenzar el libro, las nacionalidades de muchos aquí mencionados las he cambiado para que ellos mantengan su privacidad y no tengan ningún problema en sus trabajos. Me acojo a la indulgencia del lector, que asumo sabrá comprenderme. José Carlos comenzó a trabajar en cocina desde muy abajo, como casi toda la mayoría de gente hispana que llegamos a una cocina en esta nación, de lavaplatos. Es un gran trabajador, gran cocinero, pero con un problema con la bebida, y eso es algo que nos juega a muchos de nosotros en contra en este país. Por ese detalle, mucha gente se agarra de eso para criticarnos y atacarnos, disimulando detrás de eso su racismo y discriminación. El alcohol, como a muchos, lo transforma a él, y eso con seguridad le ha traído muchos problemas con su pareja, que en parte por amor y otro tanto por costumbre, no se anima a dejarlo. La novia de José Carlos trabaja como cantinera en un bar hispano, y ese es otro estereotipo que existe en Estados Unidos. Si tu mujer trabaja en esos sitios o la conociste haciendo esa labor, tu mujer entonces es una puta o algo peor. Aquí entre nosotros los hispanos existe ese concepto muy generalizado y que trae abajo muchas relaciones afectivas, que de otra manera pudieran sobresalir y seguir adelante. Vas a tener que lidiar con esa situación si te gusta o conoces a tu mujer trabajando en esos lugares, ya saben, guerra avisada. Es un preconcepto, un prejuicio el que existe con ese tema, y yo en lo personal lo considero injusto, porque uno no puede generalizar por el hecho que en realidad sí haya chicas que se dediquen a desplumar el dinero a gente que acude a esos lugares a divertirse o a despejar la mente. Para eso hay que aplicar el buen juicio y fijarse bien en dónde pone uno sus sentimientos, si no, se lleva uno unas decepciones sentimentales muy grandes, y lo mismo aplica para hombres como para mujeres, lo justo es lo justo. También, lógico, existen muchos vividores de mujeres que no parecen, y son peor que cualquier caficho o proxeneta de barrio de nuestros países. Aquí lo que pasa es lo siguiente, y quiero explicarlo bien y ponerlo en contexto para que se entienda: cuando una mujer llega a este país y no tiene muchos contactos ni quizás tampoco papeles legales para trabajar, se ven inclinadas a optar por este tipo de trabajo, ya que su juventud y belleza, de alguna o muchas maneras, le abren las puertas, y pueden comenzar a trabajar de manera rápida sin mucha demora, cobrando sus propinas. Si no tienen principios morales ni buena educación, es decir, si no hubo una buena formación en el hogar, les gustará limpiarles la cartera a sus clientes y también, en muchos casos, intercambiar dinero por sexo, una necesidad por otra, No todas proceden así, pero está muy extendida esa creencia, esa idea dentro de mucha gente de la comunidad latinoamericana que vive en este país. Muchas de estas chicas continúan en esta clase de oficio y se quedan ahí, esperando el tan mentado "príncipe azul", y así las encuentran los años, hasta que un día cualquiera, contemplándose en el espejo, ellas notan una arruga en la piel o un rollito de grasa en la cintura. La edad y el tiempo pasan para todos, no solo para algunos. Algunas de estas mujeres inmigrantes tienen suerte, las menos diría yo, y si de verdad aparece algún galán que las saque de trabajar y se enamoran de verdad de ellas y las quieren para madre de sus hijos, entonces su situación cambiará para bien. Sin embargo, no existe una estadística exacta de esto, y también, para ser justos, existen muchas de estas chicas que se esfuerzan por cambiar su situación por ellas mismas, trabajando y estudiando para graduarse de alguna carrera que les ayude a cambiar su realidad actual y poder forjarse un futuro diferente al que tienen, y sin deberle nada a ningún hombre. Uno no debe admirarse de nada ni criticar, solo comentar sobre un hecho que es real. Y qué se puede esperar si sabemos que de alguna manera, el único modo en que mucha de la fuerza laboral hispana inmigrante entra en contacto con mujeres es en los salones de baile y los bares, no hay muchas opciones, a no ser que tú de verdad te quieras dar el trabajo de buscar otro tipo de persona, quizás con otro nivel educativo, cultural y cambiar así tu realidad.

En los varones, en la industria de las cocinas como en otros oficios y trabajos, muchos son autodidactas, aprenden por cuenta propia, y comienzan desde abajo y a base de su puro esfuerzo llegan a destacar. Otro aspecto que sin duda no puede ni debe evitar mencionarse es lo importante que es saber comunicarse en inglés, conocer y dominar este idioma. Eso cuando vienes a ver es lo más básico que hay aquí, sin eso no puedes desde ni cobrar tu dinero ni dar a entender qué sucede en tu labor en caso de cualquier eventualidad o emergencia. El idioma es básico y fundamental, así es que si están en sus países y quieren venir a Estados Unidos, por favor aprendan todo lo que puedan de inglés, así evitarán pasar por muchas peripecias tristes y desventuras, háganme caso, no me hagan decir, "yo se los dije". Conocer el idioma para mí también fue una herramienta importante, quizás no lo domine a la perfección, pero creo que una conversación aceptable la puedo desarrollar sin ningún problema, eso es lo mínimo que se les pide paisas, así que lean y aprendan un poquito de inglés, que eso no sea ninguna barrera. Es lo menos que podemos hacer ya que tenemos la determinación y la idea fija de llegar y vivir en esta nación, y así los racistas de aquí a lo menos dirán que nos preocupamos de conocer y dominar el idioma de ellos, y de alguna manera les taparemos la boca. En lo personal lo muy básico que sé fue porque cuando llegué traje dentro de mi maleta el mismo libro con el que mi recordado viejo había aprendido el inglés cuando vino a Estados Unidos. También tomé una que otra clase gratuita de inglés como segundo idioma en alguna biblioteca de Nueva York o Nueva Jersey. No hay excusas para no aprenderlo. Incluso los televisores modernos se pueden programar para que aparezcan en la pantalla los subtítulos de las películas o programas en inglés, y así tu oído y tus ojos se entrenan y se educan auditiva y visualmente, oyendo y leyendo los programas o noticieros en inglés. Debemos hacerlo nosotros los hispanos, nos falta esa decisión, esa determinación por querer aprender el inglés, y a través de ello poder superarnos, por eso me incomoda mucho, que gente que viene a este país desde lugares tan remotos y lejanos del planeta al poco tiempo se pueden comunicar a través del inglés con sus patrones y jefes. ¿Qué es eso entonces? ¿Qué significa? ¿Qué solo ellos tienen cerebro y nosotros los hispanos no? Dejemos de una vez la flojera y eduquémonos un poco más, todo es cuestión de decisión, ¡carajo! Hay que exceptuar desde luego a quienes vienen de otros países de Europa, o para no ir tan lejos, de Puerto Rico, donde desde la educación básica aprenden su lengua nacional y el inglés simultáneamente. Como ejemplo se podría citar a Dinamarca, en donde el gobierno enseña a los estudiantes desde la primaria el idioma danés y el inglés. Es por eso por lo que nosotros, los latinoamericanos, todos juntos como comunidad, debemos de hacer un esfuerzo por poder educarnos y aprender como mínimo el idioma, ya que de no hacerlo, significa para mucha gente que está en este país, ya sean naturales o extranjeros, que somos entonces una comunidad de gente floja y dejada, personas que no queremos superarnos. Es necesario que progresemos en todo lo que podamos, en la medida de nuestras posibilidades, sé que es un esfuerzo y mucha gente deja la vida trabajando, pero debemos no solo intentarlo, sino hacerlo realidad, nada es fácil en esta vida, así que pongámosle garra a la vida. Demostremos a mucha gente que nos critica y nos detesta por estar dentro de su país que están equivocados y que también podemos servir para progreso de esta sociedad, que ya está cambiando de rostro así muchos no lo quieran aceptar ni asumir como una verdad. El ciudadano promedio de estas tierras ya no es más el hombre blanco, caucásico de ojos azules y de pelo rubio, eso ya es parte del pasado, ya no pertenece al presente y menos al futuro. El nuevo ciudadano de esta gran nación es mestizo, de todas las razas, de todos los colores, de todas las religiones y de todas las orientaciones sexuales. Estados Unidos tiene que honrar la idea con la que fue concebida como tierra de libertad y democracia.

Uno de los males que tenemos que combatir como comunidad es el hecho de mucha de nuestra gente, de nuestra juventud e inmigrantes en general, caen frecuentemente en las adicciones, ya sean del alcohol o en muchos otros casos las drogas, y eso debemos evitarlo y de ser necesario conseguir ayuda profesional para poder superarlos. No somos los únicos que lo sufrimos, pero de eso se agarran muchos racistas para atacarnos y querer expulsarnos, no nos olvidemos de que somos el chivo expiatorio de todos los males de Estados Unidos. Mucha gente que llega aquí se descarrila como tren a toda velocidad, y es en muchos casos porque nunca han ganado dinero en dólares, y a veces en buenas cantidades. Por eso que a veces se hace necesario, así esté mal en decirlo, que se peguen unas buenas estrelladas contra la pared, por decirlo de alguna manera, no hay otro modo, los golpes de la vida son más efectivos que las palabras o los consejos en muchos casos, lamentablemente nadie aprende en cabeza ajena.

52

Dios se lo pague

Este libro se escribió entre temporadas de escaso trabajo, la poca chamba que aparecía había que aprovecharla, sin duda, pues yo nunca he dependido del programa de Bienestar Social del gobierno. Me prometí llevar este proyecto literario hasta su final y en la medida de mis posibilidades, pues no fue escrito solamente con un fin personal, por fama o renombre, porque nadie puede prever su éxito o fracaso, y si esa fuera la motivación no tendría sentido todo esto. Uno escribe por una necesidad interna, del alma, del espíritu, y hay que honrar esa energía que nos hace tener esta inquietud. Escribir mis vivencias como inmigrante sin estatus legal por casi 30 años Estados Unidos también refleja la vida de toda esa gente pobre, humilde, sencilla y anónima que está aquí, viviendo y trabajando en las sombras de la ilegalidad que comparto con ellos, así como por los otros muchos que ya se regresaron a sus lugares de origen, cansados, desengañados de seguir en esta nación y de dejar la vida y la salud sin poder conseguir algún tipo de seguridad social que los pueda proteger en su vejez. Ese fue indudablemente el caso de mi amiga Marga, a quien me referí anteriormente. Y qué podemos decir de los otros tantos miles que han perdido la vida tratando de llegar, muriendo en el intento, seres humanos de quienes ni siquiera se conoce una tumba en donde sus seres queridos puedan saber que están enterrados y llevarles flores. ¿De ellos quién se acuerda? Por tanto, este libro intenta de algún modo recordar esas vidas perdidas por perseguir un sueño, porque eso es lo que es al fin y al cabo, tratar de llegar y vivir en este país para conseguir una mejor vida para uno y nuestros seres queridos.

Uno de tantos casos de inmigrantes que he conocido es el de José, originario de El Salvador, un hombre que ha trabajado duro desde hace casi dos décadas en una cocina, que nunca ha sabido lo que es tener vacaciones, así como tampoco ha podido volver a su país de visita por no tener papeles. Llegó a los 21 años y luego trajo a su esposa y a su pequeña hija, aunque no viajaron juntos, ya que el trayecto ya de por sí es muy peligroso. Para traerlas tuvo que pagarle mucho dinero a los "coyotes", o traficantes de indocumentados, para cruzarlas por la línea fronteriza entre México y Estados Unidos y luego embarcarlas para la Costa Este del país. Según José, por hacer esta peligrosa travesía le cobraron más de diez mil dólares para traer a las dos. El resto de la familia, los amigos, los seres queridos quedaron en El Salvador, ahora tocaba arrancar una nueva vida, en otra tierra, otra gente, otro idioma, como una planta desarraigada de su suelo natal. Así es para los que vivimos esa sensación de dejar el terruño donde crecimos. José estará aquí hasta no sabe cuándo, sabe y sabía muy bien cuando vino que no iba a haber retorno, por tanto, no hay regreso para él, por lo menos hasta que cambie la situación y como está, va para largo la espera. José ya se hizo a la idea de quedarse, aquí está bien, puede sostenerse y sostener a su familia, darle una vida aceptable, algo que la triste realidad de su país, como muchos otros países de la región, no puede darle. Nada les falta a su mujer y a su niña, pero hay que aclarar que nadie le ha regalado nada, todo se lo ha ganado a pulso, con su propio esfuerzo, nadie le ha dado una mano en este país, al contrario, lo han asaltado, le han robado su dinero, ya sea porque lo asaltaron los hijos de puta que saben y reconocen a uno como indocumentado en la calle —y para eso son buenos los rateros, muchos de ellos juveniles—, y también están los otros ladrones, los que le han robado al aprovecharse de su situación legal y no pagarle el dinero que le deben por su labor ya realizada. A José lo han golpeado en la calle para quitarle el sustento que llevaba a su hogar, pero se ha defendido, respondido golpe con golpe, no se ha rendido, no ha dejado que le quiten fácilmente lo que a él le ha costado tanto esfuerzo conseguir, no si él puede evitarlo. Aun con todo eso, no cambia su determinación de seguir aquí.

—¿Y dónde le daría un lugar mejor para que se pueda educar mi hija, Don Carlos? —me pregunta José, y es verdad, quién le puede decir lo contrario.

—Tienes razón mi amigo —le contesto a este compañero de labores centroamericano.

—Aquí es mi lugar, aquí es mi tierra, mi país, porque aquí está la gente que yo amo Don Carlos, ¿no dicen acaso que uno es de donde está su corazón? Pues mi corazón está aquí, en Estados Unidos, aquí están mi mujer y mi niña, junto a ellas.

¿Quién podría contradecir a José? Las políticas económicas, la inseguridad ciudadana, la delincuencia, la desocupación y tantas otras cosas que atrasan a nuestros países, es lo que nos empuja a todos nosotros a buscar cambiar esas realidades para nosotros y los seres que queremos. Miles y miles de personas son impulsadas diariamente a irse al norte con la esperanza de poder cambiar su realidad actual y tratar de mejorar sus condiciones de vida. Hace algunos años a José le mataron a un primo en El Salvador, de su misma edad y con el que creció en su país.

—Le robaron para quitarle su dinerito que consiguió por la venta de una cosecha, Don Carlos —me contó José, peleando por no dejar salir una lágrima que quería rodar por su mejilla, la lágrima como quiera rodó por su piel curtida por tanto tiempo de trabajar en una cocina que nunca le ha dado una tregua.— Tanto tiempo sin vacaciones y en situaciones como esta ni siquiera poder volver a mi tierra para poder enterrar a mi familiar, ni poder confortar a mis tíos —se lamentó José.

Yo lo escuchaba con mucha atención, yo sabía lo que se siente, yo también alguna vez al perder a mi padre, mi querido viejo, tampoco pude volver.

—Te entiendo bien José, vamos a cerrar la cocina, vámonos ya, ya no viene gente a comer acá, ya es tarde, vamos ¡te invito una cerveza, mano!

—Vamos pues, Don Carlos.

A veces consolarnos con el alcohol es lo único que nos sirve de consuelo para nuestras penas lejos de la tierra que nos vio nacer, a la cual no podemos volver, así mucho lo deseemos en el corazón.

—Salud, José —le dije sin saber a ciencia cierta quién consolaba las penas de quién.

—¡Salud, Don Carlos!

No pasó mucho tiempo y le volvieron asesinar a otro familiar a José, uno más entre tantos primos y demás familiares que han caído abatidos por las balas asesinas de la violencia criminal que azota su país, tan castigado en el pasado por una sangrienta guerra civil en los años 80s, la cual generó un éxodo masivo de sus compatriotas a Estados Unidos en esa década. Sí, toda esta situación es muy triste y nuestros gobiernos nada hacen al respecto, solo seguir robándole al pueblo. ¿Qué se le puede decir a alguien a quien le matan un familiar y te pregunta si sería bueno volver, regresar, para vengarse de los asesinos de su familiar? ¿Qué se contesta en esos casos? ¿A alguien a quien le van liquidando de a pocos la poca de por sí familia que le queda en su país? ¿Qué hace esta persona de la que ya sabemos que no puede volver a su país de origen, que no puede viajar por no tener documentos legales? ¿Qué se le dice? ¿Vuelve y mata a esos hijos de puta que te causaron este dolor? Y vuelta al poco tiempo se repite la misma situación que parece no tener fin, ¿cobrar sangre con sangre?

La justicia en nuestros países ya sabemos que poco o nada hace al respecto, la Mara Salvatrucha o MS-13, en este caso en particular, tiene casi tomado por asalto El Salvador, gracias a la inacción del gobierno y autoridades salvadoreñas. A ellos no les interesa acabar con toda esta situación, todos ellos se hacen los locos, giran la cabeza para otro lado y casi con seguridad se podría decir que no hacen nada, porque seguro que reciben un tipo de beneficio económico de parte de ese grupo de pandilleros asesinos. Por tanto, nadie se involucra para arreglar esa cuestión, solo algunos casos, y aislados; nadie mete las manos en este asunto, es mejor mirar hacia otro lado y fingir que todo está bien y que no pasa nada malo. Es la política del avestruz, bajar la cabeza y esconderla en el agujero para no ver lo que no se quiere ver y es tan obvio en el mundo. A eso se dedican las malditas maras con el permiso, la venia y la inacción del gobierno salvadoreño, y esa es una constante que se repite en toda Centroamérica, en todo el continente deberíamos decir mejor. Las maras, o pandillas criminales, son organizaciones delictivas que dedican su acción, su objetivo a extorsionar, secuestrar y robar a gente del pueblo, gente sencilla, humilde y trabajadora, gente que solo trata de ganarse la vida honradamente y salir adelante de manera decente, con el fruto de su arduo trabajo. Ah, pero también hay algo que no podemos obviar, ni olvidar de mencionar, estos miserables asesinos integrantes de estas pandillas delictivas, en muchos casos, por no decir en la mayoría de las veces, reclutan a sus nuevos miembros de entre los muchachos jóvenes de sus respectivos países, que no tienen ni la mínima intención, ni interés en ser parte de estas asociaciones criminales, pero que son secuestrados y amenazados de que si no se unen a la mara, se les hará daño a sus familiares, y entonces no tienen ninguna opción que solo aceptar lo que estos asesinos desean. Es así como estas maras consiguen incrementar su membresía, en muchos casos bajo amenazas de hacerle daño a los familiares de uno, ¿entonces cómo se opone uno a estos miserables? ¿De qué manera se pueden evitar esas amenazas si las autoridades a veces parecen que están de acuerdo con los criminales? Se han dado casos de que las autoridades entran a los hogares de gente humilde, trabajadora y decente, les requisan sus armas so pretexto de exigir control de armas y de licencias. Lo que hacen en realidad es desarmarlos y dejarlos a merced de sus asesinos, e incluso, cuando entran a las casas van directamente a donde se encuentran estas armas de fuego, ¿cómo lo saben? Porque seguro y muy probablemente hay algún tipo de interceptación telefónica que hacen las autoridades, que claro, se aplica solo contra la población civil, pero no contra estas bandas de criminales armadas, ¿interesante, verdad? Así pues que no nos sorprenda por qué no se puede acabar de una vez y por todos con la infame Mara Salvatrucha. Hay que reconocer que la MS-13 no es un problema local de El Salvador, ya que esta temible organización es una pandilla criminal internacional que surgió en Los Ángeles, California durante los años setenta y ochenta. De hecho, la Mara Salvatrucha fue creada para proteger a los inmigrantes salvadoreños de otras pandillas en el área de Los Ángeles. Con el tiempo, el alcance de la MS-13 se extendió a El Salvador cuando muchos de sus miembros fueron deportados a este país tras la Guerra Civil salvadoreña en 1992. En la actualidad, la MS-13 tiene miembros en muchas partes de Estados Unidos como Nueva York, Washington, D.C. y Texas, por mencionar solo algunos, así como México, Canadá y, desde luego, en Centroamérica. Es interesante señalar que en mayo de 2018, la Casa Blanca reiteró la descripción del presidente Donald Trump acerca de los miembros de la MS-13 como «animales violentos».

En otra ocasión, otro amigo cocinero salvadoreño me comentó:

—Don Carlos, si de nuevo volviera la guerrilla de los 80s y todo el mundo tuviera armas de fuego de largo alcance y potencia, ¡ya vería usted cómo le iría a estos hijos de puta de la mara! Los aniquilamos de una a estos maricones, porque eso es lo que son estos malditos cobardes que muchas veces matan a la gente con todas la ventajas de parte de ellos.

Uno puede condenar y con razón a toda esta juventud gansteril descarriada de Latinoamérica, pero también hay que ser honesto y decir la verdad, ya que mucha de esta situación es producto de una constante que se repite en nuestras naciones, como la discriminación, el olvido, la explotación de las clases sociales más necesitadas y menos favorecidas en la sociedad. Nada justifica que haya pandillas, pero mucha de esta juventud equivoca el camino, no solo por la inmadurez propia de sus años, pero más que todo porque los que tienen que generar opciones de trabajo, de estudio, de un futuro mejor dentro de nuestros países, no hacen nada de eso, y solo se dedican al enriquecimiento ilícito con los recursos del estado.

Este libro en verdad tuvo que ser escrito por alguna razón especial. Por supuesto que no soy el único que ha escrito acerca de este tema de la inmigración ilegal, pero sé que solo soy uno más de los mensajeros que escriben sobre los acontecimientos que pasan en la actualidad, un heraldo que comenta las noticias, que deja constancia de estos testimonios, de este presente muy convulsionado para todos aquellos que llegaron a Estados Unidos y están en la misma condición de ilegalidad que yo. Así que alguien debe escribir sobre este tema, la tarea debe ser cumplida por mí y por algunos más. Mientras escribía este libro un suceso personal pudo haberlo interrumpido indefinidamente, ya que el 17 de febrero de 2016, alrededor de las 10 de la noche, pude haber muerto, a esa hora exacta me atraganté con un pedazo de carne en mi garganta, y por un segundo me sentí cerca de la sensación de poder irme de este plano terrenal, pensé que iba a pasar lo peor, pero ¿por qué digo eso? ¿No será acaso lo mejor? Sentí una serenidad muy especial, producto de algo muy particular que pude sentir a raíz de ese momento, nunca lo había experimentado y con seguridad nunca lo olvidaré. Gracias a Dios nada más pasó, pude superar el percance y con ayuda de un compañero de cocina quien me golpeó en la espalda y me ayudó a acabar de tragar eso que yo tenía atragantado en la garganta, ya que no podía expulsarlo por la boca. Tras este incidente comprendí una vez más lo efímero que somos todos, que todo esto que tenemos, las cosas materiales, la vida misma, este cuerpo físico, se puede ir todo al carajo y de golpe nosotros desaparecer de esta dimensión para pasar a otra menos densa con toda seguridad. Ante esto uno se vuelve más consciente de que en cualquier rato nos podemos ir de aquí y sin tiempo para despedirnos de nuestra gente, de nuestros seres queridos, y entonces comprendí que debía apurarme a acabar este libro, que no es otra cosa que un testimonio de todo lo que han vivido mis hermanos indocumentados latinoamericanos, algo que me enorgullece y agradezco al universo por hacerme partícipe de esto tan maravilloso.

Pauso brevemente mi crónica personal para comentar que la medianoche del 20 de septiembre del 2018 regresaba a mi casa del Madison Square Garden, la arena más prestigiosa del planeta, como dice siempre la promoción de ese mítico lugar. Había asistido a oír cantar el gran Paul Simon. En 2017 vi a otro gigante de la música contemporánea, Paul McCartney, la invitación para asistir vino de parte de dos grandes amigos, un matrimonio muy especial para mí, dos personas para quienes trabajé tiempo atrás. Se dice que en la vida hay personas que son ángeles para uno, y estos dos grandes seres humanos han sido los míos en gran medida. Gracias a ellos y a Dios porque con estos dos conciertos de música a los que asistí a lo menos pudieron mi corazón y mi alma hallar momentos de distracción y de esparcimiento durante períodos de tiempos difíciles, tratando de vivir de una manera normal y sin la zozobra que han provocado las persecuciones ordenadas por el gobierno republicano del presidente Donald Trump en contra de todos nosotros los inmigrantes indocumentados, y entre toda la comunidad inmigrante en general. Por tanto deseo expresar mi gratitud maravillosa a este matrimonio amigo que Dios desde su infinita bondad mandó desde el cielo para reconfortar mi espíritu, a través de la amistad de ellos que tanto valoro y por esa maravillosa música que hemos disfrutado juntos, gracias Dios y gracias a ellos dos. En el concierto de Simon fue reconfortante para el alma y el espíritu escuchar la maravillosa letra de la canción *Bridge over troubled waters* (Puente sobre aguas turbulentas) escrita por este genio de la música: «Cuando haya lágrimas en tus ojos, yo las secaré todas. Estoy a tu lado. Cuando las circunstancias sean adversas, y simplemente no encuentres amigos, como un puente sobre aguas turbulentas, yo me extenderé...»

Retomo el orden cronológico de mi relato para compartir un acontecimiento que ocurrió un día cualquiera. Me encontraba parado en una esquina junto a un grupo de inmigrantes en espera de un posible trabajo, de alguien que viniera a buscar trabajadores para realizar alguna labor. Yo me había enterado tiempo atrás que esta era la manera en que muchos inmigrantes conseguían trabajo, aunque sea por un solo día. Mediante este tipo de trabajo esporádico y ocasional a lo menos caía algo de dinero para comer. En grupos como estos algunos están juntos y otros separados, pero todos tratan de resolver la necesidad del día a día, ganar algo para cubrir gastos como la comida, la renta o el celular. Así llegaba la hora del almuerzo y a veces algunos no teníamos nada para comer, entonces, entre todos, nos uníamos para colaborar y comprar comida, agua, soda, panes, tortillas, galletas, vasos y cubiertos descartables o lo que eligiéramos para lo que se alcanzara a comprar con el dinero que se podía reunir y así calmar un poco el hambre. Así es como en ocasiones comemos los que a veces no tenemos qué comer. En otra ocasión me puse en la fila de personas en alguna iglesia en Nueva York en donde sirven comida gratuita a la gente, y esta y otras son todas experiencias que un inmigrante pasa en este país. El hambre no nos separa, al contrario, nos une, en estas circunstancias no hay divisiones de países, de razas, de color de piel, no, en la necesidad todos somos iguales, todos inmigrantes sin papeles, pero inmigrantes al fin y al cabo. Me acuerdo que por esos días hacía amistad con varios hombres con quienes pasaba tiempo durante aquellas esperas por conseguir chamba. En aquel grupo la mayoría eran centroamericanos, gente humilde que había pasado las mismas penurias económicas que yo. Un día me quedé conversando con José, uno de estos amigos, mientras ambos estábamos sentados en el suelo afuera de la estación del tren de aquel pueblo de Nueva Jersey, y ya para regresar a casa sin haber conseguido trabajo, de pronto divisamos a una joven señora con su hija pequeña en su cochecito, una bebé de meses de nacida. Ella trataba de comprar un boleto del tren en la máquina expendedora, cuando de pronto algo fuera de lo común sucedió: la señora comenzó a llorar, entonces José y yo al toque nos pusimos de pie.

—¿Qué le pasa señora, le sucede algo? ¿Está usted bien?

Ella, secándose las lágrimas, levantó la mirada hacia nosotros y dijo:

—Yo solo tenía ese billete de 20 dólares y se lo puse a la máquina ¡y se lo ha tragado y no me ha devuelto nada, señor! Ni el boleto ni mi cambio, yo no trabajo, señor, porque cuido a mi niña pequeña, y ya iba de regreso a casa de hacer algunas compras, mi esposo no tiene trabajo, está buscando y yo ahora, los últimos 20 dólares que me quedaban los puse para comprar mi boleto y la máquina, la máquina… —y la mujer no pudo seguir hablando y comenzó a llorar de nuevo.

José y yo nos miramos y tratamos de conseguir información de aquella estación de tren, pero como en muchas estaciones alejadas, al llamar al número solo te contesta una grabación, que una y otra vez te indica a dónde enviar tu queja, y lógico, todas las instrucciones son en inglés. En estas estaciones del interior de Nueva Jersey todo es alejado y calmado, es más, parecen pueblos fantasmas según la hora del día. El precio del boleto no es alto, pero para alguien que no tiene dinero ni trabaja es siempre algo, y José y yo solo teníamos para el boleto de regreso en tren, pero rápidamente decidimos lo que teníamos que hacer en esta situación.

—Vamos a comprarle su boleto de tren y la enviamos a su destino, ¿está bien?

—Seguro, es lo mejor.

Cuando nos acercamos y le dimos su boleto de tren la señora se nos quedó mirando asombrada y lloró más fuerte.

—¿Qué le pasa señora, y ahora por qué está llorando? Ya tiene cómo volver a casa. ¿qué le pasa? ¿Qué tiene?

—Gracias, mil gracias, yo no sé el idioma, he llegado recién a este país, tengo poco tiempo aquí y se me hace todo tan raro, no conozco a nadie, no tengo amigos —nos decía mientras lloraba de nuevo.

No era solo el boleto lo que provocaba esas lágrimas, eran lágrimas de un adiós no deseado y que yo conocía bien, lágrimas de haber dejado tu tierra y de no poder volver.

—Yo solo salí a hacer las compras, no tenemos tarjeta de crédito ni nada de esas cosas, nosotros somos pobres señor, no tenemos papeles.

—No llore señora, nosotros estamos igual, ya no llore, nos va a hacer llorar también, tome —y le alcancé el boleto que le compramos con nuestros últimos centavos.

—¡Dios les bendiga, señor!

José me hizo una seña llamándome a acercarme a hablar con él:

—Sabes que ya no tenemos dinero, ¿verdad? ¿Y ahora cómo volvemos?

—¡Caminando, huevón, y cómo más! No hay de otra, qué vamos a hacer.

—¡Puta madre, que es lejos amigo!

—Y más lejos nos va a parecer si no comenzamos a caminar desde ahorita mi amigo. Tranquilo José, total, mientras tengamos piernas bien fuertes como Dios nos las dio podremos caminar, y vámonos ya antes que la señora se dé cuenta que nos gastamos nuestros últimos billetes en ayudarla.

—Adiós señora ¡buen viaje! Y ya no llore, recuerde siempre cargar monedas en su monedero, de ahora en adelante, no vuelva nunca más a poner billetes grandes en estas máquinas, ya ve lo que le pasó ahora, no lo olvide, siempre trate de poner el cambio exacto, así se evitará sorpresas en el futuro, ¡no se confíe en este país ni de las máquinas! ¡Ja, ja!

—Gracias señores, ¡Dios se los pague!

José también se despidió de ella en silencio, solo levantando su brazo, le hizo un saludo de despedida, un ademán. De pronto la señora sin alejarse siquiera volteó y nos preguntó:

—¿Pero ustedes no se iban a ir en el tren también?

Yo volteé y le respondí primero:

—No, bueno sí, lo que pasa es que tenemos hambre y vamos a ir a comer algo por aquí primero, ya luego seguimos nuestro camino.

—Ah claro, yo les entiendo, gracias de nuevo —y se alejó al ver venir su tren rápidamente.

—Bueno Carlos, caminemos mi amigo.

—Dale José, vamos, ¡en marcha!

Entonces José me dijo:

—Te he contado, mi amigo, de mi juventud allá en El Salvador en la época de la guerra civil...

La historia era larga y venía bien con la caminata, igual de larga, dura y difícil, de hecho fueron varias horas caminando desde aquel pueblo para llegar a la Penn Station de la ciudad de Newark y de allí pasar los torniquetes del PATH Train no sería problema, solo cuestión del tiempo oportuno. La historia que relató José fue harto interesante, aunque no la repetiré, quizás en otro libro, pero en ese trayecto sirvió a su misión de distraernos y no pensar en todo lo que anduvimos, kilómetros y kilómetros descontados a pie, caminando como judío errante en el desierto, menos mal que esta vez no fue durante 40 años.

Otro ejemplo de inmigrantes que he conocido en Estados Unidos es el de Efraín, de Oaxaca, México. Él cruzó nadando el río Grande ¿o debería llamarlo río Bravo? y llegó a California. De allí la raza lo ayudó a contactarse con gente que lo traería a Nueva York, a la zona Tri-estatal, que es a donde quería llegar él. Nos conocimos en un negocio de venta de comida orgánica en donde trabajábamos, era un mercado en donde se hacía de todo, comestibles, venta de flores, limpieza de pollo y pescado, poner el pan y las frutas en buen estado y en orden, empaquetar vegetales y otras labores como estas que desempeñábamos en aquella dinámica laboral que silenciosamente nos va quitando la vida en esta tierra extraña y lejana. Efraín siempre extrañaba su tierra, y cuando se aventaba sus cervecitas la noche anterior llegaba al otro día al trabajo y siempre me repetía lo mismo:

—Paisa, cualquier rato lo voy a dejar solo, cualquier rato me voy de esta tierra, extraño a mi familia, a los míos, mi mamá, mi papá, mis hermanos.— Él mencionaba justo lo que yo ya no tenía, salvo mi único hermano, Pepe. —Yo trabajo aquí, pero yo acá no tengo a nadie, solo trabaje y trabaje, como animal, esto no es vida. ¿Qué va a ser vida? Los pocos ratos libres que uno tiene aquí, se puede uno dar unas cervezas, eso es todo, ¡así no se vive paisa! ¡Esto no es vida! ¡Yo me voy a mi México!

Yo lo dejaba hablar, para qué más, si era la pura la verdad. Lo que Efraín decía parecía la voz de mi conciencia hablando en voz alta. ¿Cuántas veces yo no había oído hablar antes la misma queja? ¿Cuántas veces yo mismo no pensaba lo mismo, a diferencia que yo no tenía a nadie que esperara a mi vuelta a mi país? ¿Entonces para qué volver? ¿Para ir derecho al cementerio? Todos en su gran mayoría de mi familia eran ya fallecidos o vivían en estas tierras.

—Tranquilo, Efraín —le decía yo.— Mira mano, tú eres joven, si quieres regrésate, hazlo, aún estás a tiempo, pero haz lo que te haga feliz, mano, lo que más desee tu corazón.

Pasaron los días y las semanas, y un lunes llegué temprano al negocio y James, el encargado del negocio, me fue a buscar a mi área de trabajo.

—Vamos a trabajar juntos hoy día.

—¿Y eso? ¿Está enfermo Efraín? —pregunté.

"¡Seguro se empedó este güey!", pensé para mí.

—No, se fue a México, se fue de emergencia, alguien lo llamó de allá.

"Emergencia, ¡sí, ahora le llaman emergencia!", pensé. "Cabrón, ¡lo hiciste!" No se aguantó más y se fue, eso fue lo que pasó, emergencia, ja, ja.

Así que nos tocó repartirnos de momento la chamba entre todos, ya era más trabajo para todos. Así pasaron los meses, como solo saben volar en este país, con una velocidad ¡del hijo de puta! Sería como al año y medio cuando, metido como siempre en la monotonía de la chamba, y sobre todo de este país, llegué y comencé con el trabajo, cuando súbitamente escuché una voz conocida que dijo:

—¡Qué hubo, Carlos!

Al voltear vi a Efraín acompañado por una joven mujer. ¡Este cabrón!

—¡Qué hubo, mano! ¿Cuándo llegaste? ¿Y ese milagro, cómo te dejaron pasar estos pinches gringos?

—Ja, ja, ja, ya pareces mexicano, mano.

—Y qué, no me vas a presentar, ah cómo serás, no se te va a quitar nunca lo corriente, ¡cabrón!

—Oh, sí claro, ¡perdona mano! Ella es Mirna.

—Y eso, ¿te casaste?

—No, todavía no, nos conocimos cruzando la línea, tú sabes, yo te conté cómo vine la primera vez, así que yo no necesitaba coyote esta vez, tú sabes, mente fotográfica como tú, ¡cabrón! Pues yo que vengo cruzando y encontré a Mirna perdida en el desierto, a ella y otros los había perseguido la migra, y tú sabes cómo son los coyotes, el muy cabrón los dejó a todos los que venían con ella botados por el desierto. Ella tuvo suerte de que yo la encontrara y la ayudara cruzar, ella también es mexicana, cerca de donde yo soy, tuvimos suerte, nos alcanzó el agua que yo llevaba en mi mochila, y el poquito de comida nos lo repartimos entre los dos.

—O sea que como quien dice, ¿le salvaste la vida a la chava?

—Eso mismo mi Carlos, pues ahí nos vinimos haciéndonos compañía y contándonos nuestras penas y peripecias, y en una de esas agarré valor y le dije: "Yo no sé tú, pero yo no tengo a nadie, soy yo solo, no sé si tú serás sola, ¿pero te gustaría ser mi novia? Tú me gustas, ¿qué dices?"

—¿Y entonces? —le pregunté.

—¿Pues no ves? ¡Dijo que sí! Ja, ja, ja, ¡ah sí serás güey!

—Ja, ja, ja.

Mirna estaba a su lado, pero no hablaba para nada, solo miraba a Efraín con mucha atención, se diría que no se perdía ni una palabra de lo que él decía, lo miraba como con calidez y sonriendo.

—Bueno, mano, ¡no me queda más que felicitarlos a los dos! ¡Seguro que sí! ¡Que sean muy felices ambos! —les dije.

—Gracias manito, sabía que te ibas a poner contento, tú eres bien chido, ¡la neta que sí! ¡A toda madre, como decimos en mi tierra! Regresamos luego para celebrar el reencuentro, ¿a qué hora cierran?

—¿Ya te olvidaste? ¡A la misma hora, güey! Ja, ja, ja.

—¡Ora mano! —y se alejaron los dos tomados de la mano y sonriendo.

Bueno, a volver a la chamba, al menos un amigo encontró el amor en estas jodidas tierras, así sea en la frontera, pero ya era de este lado. ¡Tengo aún esperanzas entonces!

—¡Carlos! —era James, que quien con su inglés deficiente y de mala pronunciación, ya que tenía el mérito de haberlo aprendido por cuenta propia para poder comunicarse con los muchachos en el trabajo, me dijo— Llegar el camión del *delivery*, tú venir a descargar la mercadería, *please*, amigo.

—Ni modo, ¡a chingarse ahora! ¡Ahí voy cabrón! —lo mexicano también se pega, ¿a poco no?

53

La obra Inti Raymi y mi debut en la actuación

Corría el año 2010, y de verdad corría, ¡no es broma! Aquel año me traería amigos fantásticos y marcaría un cambio completo en mi vida y mi destino, como bien dicen por ahí, los caminos de Dios son inescrutables y misteriosos. Ya mencioné el encuentro con una extraordinaria actriz, y de verdad lo es y lo sigue siendo, ahora faltaba entablar contacto con otro grupo maravilloso de gente, varios de ellos compatriotas míos. También ya había conocido a la periodista Vicky Peláez, y ahora era el turno de conocer a los integrantes de Abya Yala, un grupo compuesto por amigos artistas, a través de quienes llegarían a mi vida otro tipo de satisfacciones, esta vez de carácter artístico y muy personal. Ana, Ben, Jorge, Patty, Teresita, Milagros, Millery y varios otros amigos que se integraron después, aun teniendo sus propias ocupaciones se dedicaban a la noble e importante tarea de hacer arte, en varias de sus facetas: pintura, música, manualidades, teatro, en fin, eran unos espíritus libres, unos artistas de corazón. Algunas veces ya los había contemplado de lejos en otras actividades culturales que se habían llevado antes en la ciudad de Nueva York, pero este ya era el tiempo de verdaderamente entrar en contacto, de conocerlos y sobre todo y principalmente, de hacer arte junto con ellos. Aquel encuentro literario en donde hablé y conocí por primera vez a la señora Peláez fue la oportunidad de dejarles mi teléfono y mi correo electrónico, aunque ya antes los había visto, pero con este evento vino el contacto que me haría conocerlos más a fondo, ya que al año siguiente fui al encuentro de ellos sabiendo de que iban a volver a representar el Inti Raymi en Nueva York, como siempre lo habían sabido hacer ellos, claro, esta vez sin la presencia de Vicky Peláez.

La celebración de este evento me lleva al año 2011, y en el año anterior ya había yo batido mi propio récord de asistencia a una misma obra de teatro, ¡cinco veces! Fue la obra teatral *Ollantay*, dirigida por mi compatriota y amigo, el director Walter Ventosilla, quien también sería alguien fundamentalmente importante más adelante a la hora de publicar mi primer libro. Llegué un día cualquiera del mes de mayo, un mes antes de la fecha en que se celebraría el Inti Raymi de 2011, que por lo general se realiza alrededor del 24 de junio, fecha en que en la capital del antiguo imperio Inca, en la ciudad imperial del Cuzco, Perú, se realiza anualmente la celebración verdadera, en recuerdo de la original. Vale mencionar que esta tradicional costumbre peruana también no solo se realiza en Estados Unidos, hay compatriotas que la celebran en España, Alemania, Italia y otros lugares del extranjero, lo cual nos llena de orgullo a todos los peruanos. Esta celebración recuerda el evento creado por el Inca Pachacutec para celebrar un nuevo año agrícola, que a la vez tenía ceremonias para poder apreciar el futuro del imperio a través de los numerosos actos solemnes y rituales que se practicaban con ese fin, tales como métodos de adivinación, el consultar a los dioses Incas, a los Apus, las montañas y otras fuerzas de la naturaleza, sobre lo que estas le iban a traer a la nación incaica.

Una ceremonia similar del Inti Raymi se acostumbraba a realizar en la ciudad de Nueva York City, organizada por un grupo de compatriotas por lo menos desde 2006 o 2007, y a partir de ahí inicia toda esta idea artística y tradicional de la mano de la agrupación Abya Yala, que en sus comienzos fue muy rudimentaria según me contó mucha de la gente que la vio en sus inicios. Con el paso de los años se volvió en un evento más desarrollado y muy esperado, en lo personal para mí lo era, ya que estando tanto tiempo solo en este país, esta celebración me permitía contactar con mi Perú, con el pasado milenario de mi patria, con sus tradiciones y con mi cultura nativa, así como hacer nuevos amigos. A través de esta celebración anual yo podía viajar de algún modo a Perú —ya que no podía hacerlo físicamente por no tener papeles—, y a través de la magia del teatro y la fuerza de mi pensamiento. Dios me bendijo al permitirme poder participar en esta tradición peruana, y por eso donde yo vaya siempre tendré palabras de agradecimiento para todos mis amigos de Abya Yala, cómo no estarlo, si me dieron la posibilidad de volver a mi patria a través del arte, y en el proceso descubrir el artista, el actor que existía en mí. Lo que todos ellos hicieron por mí es algo que yo nunca podré pagar ni agradecer lo suficiente. Y antes de proseguir quiero hacerle un pequeño homenaje en este libro a alguien que también conocí en aquella oportunidad, es más, fue la primera persona que me dio la bienvenida formalmente en Abya Yala, la señora Teresita Castro, la madre de mi querida amiga Patricia Aranibar, y ambas obviamente integrantes de Abya Yala. Llegué al lugar donde se escenificaría el Inti Raymi de Nueva York, en la Avenida Segunda entre las calles 12 y 11, según decía el pequeño recuadro aparecido en *El Diario/La Prensa*, era en la conocida Iglesia Saint Mark's, y así iba a cumplir la promesa que le hice a alguien que yo había conocido y que nunca olvidaré, Vicky Peláez. Cuando entré a la iglesia ahí estaba la querida Teresita Castro detrás de una mesa llena de uniformes y vestimentas incaicas. Me acerqué un poco con recelo, sin saber a quién hablarle o dirigirme ya que no conocía a ninguno de ellos, pero al fin, como muchas veces en mi vida me atreví a hacer las cosas.

—¡Buenos días señora! ¿Es aquí donde se buscan actores, gente para colaborar con la representación del Inti Raymi?

—Sí, ¿qué tal? ¿Cuál es tu nombre? —me contestó muy amablemente.

—Carlos Anaya Mantilla, señora, y también, como usted, soy peruano.

—Yo soy Teresa Castro, gracias por venir a colaborar con nosotros Carlos, mucho gusto de conocerte.

—No, al contrario, gracias a ustedes por dejarme participar en nuestras tradiciones y por poder cumplir la palabra que le di a Vicky Peláez, ella me invitó el año pasado a participar, pero bueno, usted ya sabe todo lo que pasó.

Teresita me miró fijamente cuando mencioné aquel nombre, ella apreciaba mucho a la valiente periodista cuzqueña, y fue de las pocas que cuando estalló la noticia, el escándalo, siempre estuvo al pie del cañón, como se dice, apoyando y no dejando desamparados a los hijos de Vicky cuando ella cayó en desgracia, Teresita sonrió y me dijo:

—¡Bienvenido entonces Carlos! ¿Qué quieres ser entonces: general inca, soldado, Willac Uma?

—Yo soy solo un soldado más del imperio de los incas, señora, al contrario, muchas gracias por darme la posibilidad de poder representar las tradiciones de nuestro país estando uno tan lejos, es un privilegio, ¡gracias!

Me extendió un uniforme que parecía el de un soldado inca.

—Por allá te puedes cambiar, ve, póntelo y regresas para decirte donde están ensayando.

—Muchas gracias señora Teresa.

Y así fue como fui recibido por tan singular dama, una señora que ha vivido tanta historia, que desde la primera vez que la vi pude apreciar en sus ojos un fuego sagrado, un brillo especial que no he visto en nadie más, independientemente que sea hombre o mujer, no es solo la edad, eso es lo de menos, pero es algo inexplicable, diferente, con razón dicen que lo que envejece es el cuerpo, pero no el espíritu. Teresita ha sido una activista que ha siempre peleado y levantado su voz de protesta por alguna injusticia que ella haya atestiguado o en alguna causa social en que se necesite su concurso, ahí sin duda alguna estará como siempre, al pie del cañón, combativa como siempre. Ella es y siempre será para mí, como una vez lo manifesté y se lo dije alguna vez en persona, ¡el corazón de Abya Yala!

Aquellos ensayos fueron dirigidos por un talentoso director de teatro, compatriota y amigo, Walter Ventosilla, y estos se realizaban cada domingo rumbo a la fecha central que en lo posible debía de coincidir con la fecha original que se realiza en el Cuzco, Perú, es decir alrededor del 24 de junio. Fueron dos las veces en que participé, en 2011 y 2012, y nunca más se volvería a realizar, pero siempre vivirá en mi corazón. Aún ahora extraño y espero que llegue un domingo en que desde Nueva Jersey me tenía que levantar temprano para ir a ensayar mi papel en mi Inti Raymi, sí, porque era mío, ya era parte de mí. Creo que no fui el único que deseaba que llegara siempre esta fiesta tan especial para nosotros los peruanos, en fin, como dice el dicho, lo bueno no dura para siempre, pero de todas maneras no puedo dejar de agradecer a todos los amigos y amigas que yo conocí en aquella primera experiencia de actuación, gente humilde y trabajadora que luego de una semana pesada de trabajo se daban tiempo para recrear algo tan especial, para hacer arte, alimentar el espíritu, y eso no tiene uno cómo pagarlo o agradecerlo. ¡Gracias a todos amigos, todos ustedes siempre vivirán en mi corazón!

Se acercaba el día central, el día de debutar y finalmente llegó. Todos llegamos temprano, los que debían levantar el estrado que simularía el altar inca habían ya hecho su parte el día anterior, dejando todo casi listo para la actuación del día siguiente. Había que preparar todo, dar un mano en lo que hiciera falta, poner los parlantes, chequear el sonido y colocar las sillas para el público que llegaría a vernos, todo esto era una labor tan bonita y realizada con tanto amor, amor a la propia tierra que es el amor a la madre que nos dio la vida misma, por eso es todo esto imborrable. La hora se acercó, se hizo un repaso final todos juntos con el director y ahora sí, a cambiarse de ropa, se aproximaba la hora de salir a escena. Lo primero que se apreciaba, o uno podía percibir, desde donde nos encontrábamos, eran las palabras de bienvenida de parte de la organización Abya Yala al público asistente, la música de fondo era interpretada en vivo por músicos amigos, y algún acto que abriría la presentación, y de pronto, el llamado, todos listos, ¡vamos! ¡A escena!

Algo debo mencionar, por si le interesa a alguien saberlo, es que cuando yo me disponía a salir a actuar tuve una experiencia muy particular, algo que no se volvió a repetir más en ninguna otra actuación que yo haya tenido, y no que en las otras no conectará con la obra, esto a lo que me voy a referir era otra cosa. Fue justo en el momento exacto de comenzar yo a realizar mi parte en la función de aquel primer Inti Raymi en que participé, sentí una opresión muy grande en el pecho, pero no era nada cardíaco, no, no era eso, aunque pudiera parecerlo. Era como una opresión que me quería detener, quitándome el aire, pero yo la tenía que romper utilizando todas mis fuerzas, tenía que sacar coraje, valor, imponerme a esta extraña sensación, era como una fuerza que me quería dar a entender que siguiera o me detuviera ahí mismo, es decir, romper algo y pasar una especie de umbral imaginario, o me arrepentía y echaba a correr, como decíamos en Perú, me "chupaba", me acobardaba o seguía adelante, vamos pues, ¡carajo, adelante!, vamos a ver de qué estamos hechos como decía el abuelo: "Hijo, ¡acuérdate que naciste con un par de huevos entre las piernas!" Vamos a actuar, ¡carajo! Fue solo eso, hice el esfuerzo, el empuje, los huevos que le metí, y se rompió aquello, lo que fuera que fuera se deshizo, se disipó, se desvaneció, así como vino se fue aquella sensación, y ya de pronto y de golpe, nació, apareció el actor en mí. Había nacido alguien a quien yo nunca antes había conocido, el Carlos actor, ese Carlos que podía actuar, bailar y hablar en público, increíble, ¿yo hacer eso? ¿No se habrán equivocado de Carlos? ¡No, eras tú, canijo! Sí, lo hiciste, lo pudiste hacer, lo puedes hacer. Claro, está en mi carta astral, pero una cosa es que uno lo vea ahí y otra diferente que se pudiera recrear en la vida real, y sí se podía, yo lo podía hacer, luego lo gente dirá si lo hacía bien o no, pero de que podía hacerlo ¡no cabía ninguna duda!

En esa primera edición en que participé yo estaba supuesto a ser solo un simple soldado, pero después por falta de actores y por azar del destino, tuve un fugaz y meteórico ascenso, ¡pasé de soldado a general inca! ¡Y era mi primer Inti Raymi! Sí, llegué a interpretar a uno de los generales de los cuatro suyos. El imperio incaico estuvo dividido en cuatro zonas conocidas con el nombre de *suyos*: Collasuyo al sureste, Chinchaysuyo al noroeste, Antisuyo al noreste, y Contisuyo al oeste, todas con relación al Cuzco, la capital del imperio incaico. Al conjunto de los cuatro suyos se le conoció con el nombre de Tawantinsuyo: Tawa = cuatro; Suyo = región. Ya en mi papel de general pude decir algunas líneas, tenía diálogo, ¡nada mal para un actor debutante! Pude participar en la escena de la captura de la llama, que recrearía la escena del sacrificio de aquel animal tan noble que era parte fundamental en la cultura inca. Los pasos de aquella primera coreografía me fueron enseñados por una gran maestra de danzas peruanas que radicaba de muchos años en Estados Unidos, la señora Rosita Carhuallanqui, querida amiga y compatriota. Aquello que me enseñó a mí y a todos mis compañeros de aquel Inti Raymi, yo le agregué lo que alguna vez le vi bailar a Kevin Costner en su ya clásica película *Danza con lobos*, la parte de su danza alrededor del fuego, fue una inspiración y un agregado ciertamente que yo introduje sin que nadie se diera cuenta ¡y salió muy bien!

Al año siguiente ya llegué a subir al estrado y fui el Willac Uma, es decir el supremo sacerdote del imperio incaico, aquel que predecía el futuro, lo que iba a acontecer en el porvenir, el consejero del inca. Ya para entonces tenía una obra teatral en mi haber, había protagonizado *Ollantay, Guerrero Inca,* en su segunda versión en Nueva York. Aquella primera participación en el Inti Raymi en la Iglesia Saint Mark's de Manhattan, Nueva York me abrió las puertas para que fuera invitado a formar parte de esa nueva versión de *Ollantay*. Vale decir que *Ollantay* es la primera obra teatral prehispánica, muchos la llaman como la historia de Romeo y Julieta incaicos.

En esta segunda presencia actoral en el Inti Raymi de 2012 llegué estar en el estrado como dije antes, y la función fue todo un éxito gracias a Dios y a todo el público que asistió, la cual me dejó lindos recuerdos y nuevas amistades. Ese fue el último Inti Raymi que se realizó. Por ahí las hojas de coca en la ceremonia de adivinación me auguraban una próxima participación, esta vez como Inca, pero eso no se pudo materializar, eso quedará así, pendiente, en las cosas por hacer alguna vez. De todas maneras fue un gran placer y un inmenso honor el compartir con todos mis amigos algo tan mágico y especial, la milenaria y mística festividad al sol, el Inti Raymi.

54

Historias de inmigrantes en Estados Unidos

En las historias de tantos matrimonios de inmigrantes que llegan, se conocen y se enamoran en esta nación, hay una gran variedad de casos, y todo es una caja de sorpresas. Existen muchas parejas y relaciones, algunas funcionan, otras no, y muchas son solo son de apariencia, para guardar el buen nombre, para ser aceptados por los demás, por el círculo en donde muchos se desenvuelven, para vivir en un mundo de fantasía, del qué dirán, de la hipocresía, donde todos les sonríen a todos, enseñando solo los dientes, pero nunca el corazón.

Dentro de tantas de esas historias, unas cortas y otras más largas, se encuentra esta que relataré ahora, en donde la protagonista, así como en las novelas, se llama Rosa. Ella está casada con Willy, un egipcio machista, abusivo y de yapa, mujeriego, o sea, ¡una fichita! Rosa quería superarse, estudiar, perseguir sus sueños, viajar, recorrer el mundo, pero en su situación todo era un poco difícil, por no decir imposible. Por tanto, de momento a Rosa le tocaba aguantar y soportar al abusivo de su marido, ya que gracias a él y a su relación de amor, esto es, mediante su matrimonio con él, ella podía arreglar su situación legal migratoria, así que era solo cuestión de tiempo, de soportar el tiempo que le tocara y ya después ella vería qué hacer. Durante un tiempo le tocaba bajar la cabeza y obedecer a su marido, pero lo que nunca esperó saber Rosa fue la sorpresa que se llevó un día al volver a casa del trabajo. Ella le estaba muy agradecida a Willy y aunque aún no tenían familia, sabía que aquello llegaría con el tiempo, a su ritmo natural, como pasan muchas de las cosas en esta vida, lo que nunca se imaginó fue que aquella noche de invierno al regresar a casa no escuchó ni vio en la sala a Willy, como era costumbre, y aun teniendo un ligero presentimiento, el hecho siempre la sorprendió.

—¿Willy, Willy, dónde estás?

El silencio solo le contestaba a Rosa y al llegar ella al dormitorio y abrir la puerta, exclamó un grito inevitable:

—¡Willy!

No, no era que él estuviera dormido, era algo más, Willy lucía mal, tenía un color raro en sus facciones. Ella se lanzó sobre él, lo tocó, estaba frío, y ese frío le trajo recuerdos de otra frialdad ya antes conocida a Rosa, pero en su natal Ecuador.

—¿Está muerto? ¡Willy!

Sí, Rosa estaba correcta, su esposo era ya un cadáver. Al moverlo ella recién pudo ver lo que nunca había visto antes, una jeringa con un líquido que se le había desprendido del brazo a Willy ni bien Rosa lo había sacudido tratando de reanimarlo; era una jeringa con la que se había inyectado heroína. Así es, nadie se lo había dicho, ni ella mismo se había dado cuenta en todo ese tiempo de matrimonio en el que estuvo casada con Willy, pero su esposo era un adicto, un enfermo, porque la adicción es una enfermedad, como ella mismo me lo mencionó: "Tú duermes con alguien, pero en realidad no sabes quién es esa persona con la que duermes". Demoró mucho en volver a darle otra oportunidad al amor Rosa, pero gracias a Dios finalmente lo hizo, aunque su novio vivía en su casa y Rosa en la de ella, hay cosas que nunca se superan completamente, hay heridas que nunca se curan, nunca cicatrizan para algunos.

Otro caso que quiero relatar es el de Jorge, un hombre que llegó a Estados Unidos de pequeño desde Centroamérica estudió toda su secundaria aquí, habla el inglés perfecto y todo su mundo, su madre, sus hermanos, sus amigos y su novia están en este país. Tiene todo para salir adelante, pero hay un problema: Jorge creció sin su padre, sin una figura paterna. Jorge no lo conoció, pero le heredó algo a su desconocido padre, el gusto por beber, eso y su baja autoestima es lo que le juega en contra a Jorge, por lo demás lo tiene todo, pero por qué no se supera, por qué no surge y echa pa' delante, he ahí la pregunta: ¿qué se hace en estos casos? Además es buen cocinero, pero quién lo puede ayudar si Jorge es su peor enemigo, pues él no puede controlarse, el vicio de la bebida hasta ahora lo ha vencido, ¿ganará algún día? Su novia es bonita, tiene un buen trabajo y encima estudia, va a la universidad y entonces muchos preguntarán: ¿qué hace ella con un tipo así?, pero como dicen por ahí, el amor es ciego, y también, agregaría yo, es sordo y mudo, porque entonces no hay otra forma de entenderlo. Ella lo apoya siempre, pero el reto es de Jorge. ¿Podrá él algún día vencer sus demonios, demonios que quizás son herencia de un padre que faltó, cuando no tenía que haber faltado? Ojalá los pueda derrotar, las oportunidades en la vida no abundan, y una novia que te apoye de corazón, mucho menos, ¡fuerza, Jorge!

Ahora que lo menciono, el amor es a veces así, sin lógica, si no, cómo se entiende esta otra historia que voy a contar y que presencié cuando recién tenía uno o dos años en este país. Resulta que en aquella época yo trabajaba en aquel restaurante que mencioné al iniciar mi relato en este libro, y por lo general cuando yo, que era uno de los encargados de las mesas, o sea un simple mesero, entablé amistad con una linda secretaria puertorriqueña, Ivette, era su nombre. Ella siempre llegaba, se sentaba tranquilamente a comer en un rincón, sola, como si fuera un gatito, lejos de la vista de todos, y conversaba conmigo y con algunos de los muchachos de la cocina, que cuando tomaban su descanso de almuerzo se podían sentar en las mesas del comedor. Ivette era sencilla, humilde y noble, ella no hacía distinciones hacia quién dirigía una sonrisa o una palabra. Los empleados estábamos encantados siempre de verla llegar y así, poco a poco, ella se fue abriendo como una rosa en capullo a los rayos del sol, y cada vez sonreía y hablaba más con nosotros. Todos nosotros sabíamos dentro de cada uno que no podíamos ni debíamos de cruzar la línea que separa del trabajador al cliente, es decir, no podía tirarle o tratar de conquistarla, porque eso no solo sería una falta de respeto a ella sino también al trabajo, y eso era algo que ninguno de nosotros podía hacer, no estaba permitido hacerlo, no era lo correcto.

Ivette siempre me contaba de su madre, que era una mujer delicada de salud, tenía una seria condición médica y conmigo ella se desahogaba un poco más de su situación y sus problemas. La chica era contadora de una compañía de aquella zona de edificios que es como el Wall Street de Nueva Jersey, se llama Exchange Place, en el centro de Jersey City, y siempre llegaba estresada y llena de trabajo.

—Esta gente cada vez me deja una montaña más grande de papeles, Carlos, ya no sé qué hacer, ¡es demasiado para mí! Y encima lo de mi mami, ¡ya no sé qué hacer!

—No llores, Ivette, todo tiene solución en esta vida, ya mejorarán las cosas, no desesperes, como es que dicen, Dios aprieta, pero no ahorca.

—Pero a mí hace rato que me la tiene puesta en el cuello y no la afloja para nada, mi amigo, ni tira de ella ni la afloja.

Ambos nos miramos, en silencio y luego explotamos de la risa.

—Ríete mejor, mujer, que uno pasa y el trabajo queda, uno se muere y el trabajo se queda, va a venir otro y lo va a hacer igual, si no nos reímos, pues ahí sí que estamos, ¿cómo es que dicen los boricuas, esa palabrita?

Ivette era mitad boricua y mitad dominicana.

—Oye cuidado con los boricuas, ja, ja, ja.

Esa fue una de las últimas veces que vi a Ivette, la vida gira, y aquel reverendísimo hijo de la gran flauta que era el gerente de aquel restaurante me echó un buen día, o debería decir mal día, ¿verdad? ¿Cómo carajo va a ser bueno si te están botando a la calle? Decía que me despidió del empleo, entonces me fui a otro lugar a seguir ganándome la vida, en la cocina, como siempre lo he hecho en Estados Unidos, honradamente. Me fui de ahí y como es lógico suponer perdí todo contacto con Ivette, ya no supe nada de ella. Pasó el tiempo y como siempre había dejado amigos en aquel lugar, como en todos los que alguna vez trabajé. Un día que fui a visitar a mis antiguos camaradas la encontré ya de novia con uno de los meseros de aquel restaurante, y es curiosa la vida, aquel mesero era el que tomó a cargo la sección que yo acostumbraba a hacer, es decir, donde sabía llegar y comer Ivette. Extrañas coincidencias tiene la vida. ¿Destino? ¿Quién sabe? Solo Dios, y ¿por qué no se dio el amor conmigo? ¿Por qué con él sí y conmigo no? Así es el mundo y la vida también, no hay vuelta que darle, así pasan las cosas, tú no encuentras el amor, el amor te encuentra a ti, y es de sorpresa, muchas veces, y llega sin avisar. Aquello me sorprendió pero me alegré por ella, porque uno se debe siempre de alegrar por la felicidad de los otros, y más si uno los conoce y los aprecia mucho, así creo yo, en todo caso que debe ser, así lo pienso. Yo nunca tuve ni he tenido suerte en el amor y es así, la vida es como es, no como nos gustaría que fuera, pero eso no era obstáculo para que yo no estuviera contento de ver que a una buena chica, tan simpática y agradable, le sonriera el amor, la gente es más linda en ese estado. Una vez más la volví a ver ya de un poco más de lejos yendo de la mano con su novio después de haberlo ido a recoger al restaurante y sí, se veía feliz, y yo sonriendo me alejé sin importunarlos. Era lindo ver que aún en toda esta época de interés y materialismo, aún había una chica que se pudiera enamorar de alguien humilde, de un muchacho mesero o cocinero, ¡eso era como sacarse la lotería sin jugarla siquiera! Bueno, como dicen, cuando a uno le toca, le toca, parecía historia de amor de telenovela venezolana o mejor aún, mexicana, para el caso las dos son igual de buenas, es decir, ¡súper románticas!

Pasó el tiempo y un día, visitando a otros amigos de un restaurante, vi que uno de ellos que tenía malas mañas pidió —estando ya en el auto de uno de ellos cuando nos disponíamos a dar una vuelta— ir a un lugar conocido por todos como punto de venta de drogas. Yo solo lo quedé mirando.

—Yo no quiero problemas, mejor me quedo por aquí, vayan ustedes —les dije.

—Qué te pasa Perú, no tengas miedo, el hombre que viene del país de la coca, ¡mírenlo!

—¿Y qué, pendejo? Déjenme aquí y vayan ustedes.

—Está bien, se quedan en el carro a una cuadra de distancia y así no pasa nada, y si pasa pues ustedes están lejos, ¿está bien?

—Bueno, pues qué carajo, vamos— dije yo, que tenía unas ganas de darme unos tragos desde temprano y no quería dejar eso para el día siguiente. —Tengo sed, ¡vamos carajo!

La cuadra de distancia no fue una cuadra, no sé quién mintió a quién, pero lo que vino fue aún peor. El amigo que había bajado a comprar su yerba para darse su "pasesito" salió de aquellos edificios con alguien que lo acompañaba, y ¡sorpresa! El acompañante ¡era el novio de Ivette! Se despidieron los dos y mi amigo entró al auto.

—Puta madre, ¡mentiroso de mierda! Dijiste una cuadra de distancia, si estaba aquí la policía cerca ahorita nos cagaban a todos por tu culpa, ¡fumón de mierda!

—Cálmate, ¡carajo, Perú! —ya después que nos separaron y estando dentro del auto, le pregunté:

—Y ese tipo, ¿quién es? ¿Él que te vende la merca siempre?

—Si fueras otra persona diría que eres un informante, Perú, pero sí, es mi pana, un amigo, él me la vende.

—¿Desde siempre?

—Ya, ¿qué traes carajo? ¿Qué te pasa con él? ¿Lo conoces? ¿Algún problema con él?

—Ya cálmense los dos, mierda— gritó Daniel, el caña (chófer).

—Vámonos de aquí que ya solo falta que venga la chotería y nos jodimos, mueve el carro, ¡coño!

Yo me quedé pensando: "¡Puta madre! Cómo es la vida, una chica tan decente, tan noble y se junta con una mierda, con una basura,

¿Por qué pasa esto, carajo? ¡Qué suerte de mierda! Pobre Ivette, no se merece que le pase esto".

—¿Quieres un poco, Perú?

—No gracias, yo no me meto huevadas en el cuerpo, sin ofender.

—Ahora ya te volviste gringo, ¡por la puta madre!

Pasaría luego de eso mucho más el tiempo y de nuevo volví a ver a Ivette, pero esta vez fue de sorpresa y sin pensarlo ni esperarlo siquiera. Iba yo en un bus y de pronto, por una de esas casualidades del destino, el conductor tomó un atajo, estaban arreglando la pista y entró por otra calle, una que no era habitual en su ruta. Se detuvo en una parada, y en ese momento es cuando vi a Ivette, recostada contra un pequeño muro, afuera de una escuela primaria. No podía creer lo que veía. ¡Ivette! Súbitamente salió un niño, como de seis, siete u ocho años, y la abrazó fuerte, era su hijo de seguro, Ivette, era madre, claro, el tiempo pasa volando. Uno es el último que se da cuenta de eso, pensé en bajar de golpe, pero iba tarde y con el desvío que tomó el conductor iba más tarde aún, pero era ella, Ivette. Después vi algo en lo que no había reparado, el niño le trajo un par de muletas a Ivette, ¡ella no podía caminar! De golpe me acordé de una lejana conversación que tuve con ella hacía ya mucho tiempo acerca de unos análisis que le estaban haciendo. Ella me había contado acerca de una enfermedad degenerativa que quita la movilidad en las piernas, y que era lo que estaba padeciendo su madre en aquel tiempo. Al volverla a ver y en ese estado, me acordé inmediatamente de aquella conversación que tuvimos, era evidente que ahora ella tenía esa enfermedad también. Solo fueron segundos o quizás minutos, Ivette estaba sola con su niño, nadie más, solo otras madres. Después se movió el bus de nuevo, pero yo seguí mirando a través de la ventana hasta que los dos se perdieron de mi vista. Seguí sentado, y triste. ¿Y su esposo?, porque creo que se habrá casado con él. ¿O Quizás no? ¿Estará preso, libre? Y de nuevo la cabeza me comenzó a dar tantas vueltas, del porqué de esto, de lo otro, bueno, Dios sabe por qué pasa lo que pasa y con quién y cuándo, solo Él, nadie más que Él. Ahora, eso sí, la tristeza me acompañó todavía un buen rato, es lo que dije antes, ¿es eso el destino entonces, lo que permite o no permite que sucedan las cosas?

Pasó aún un poco más de tiempo y volví a enterarme de lo que había pasado con Ivette a través de un amigo que la había encontrado una vez y que conversó con ella. A su novio, con quien ella siempre se llegó a casar, la policía lo metió preso por tráfico de drogas cuando ella estaba embarazada, y entonces todo en mi cabeza comenzó a tener más sentido. Dios permitió que todo esto pasara, que aquellos dos jóvenes se conocieran, que un humilde mesero y una secretaria de contabilidad se enamoraran, brotara el amor y que de aquel amor naciera ese niño que yo vi, fruto de esa unión. Él sería quien más tarde al crecer se hiciera cargo de su madre y sería una ayuda para ella, él trabajaría por ella, él velaría por ella. Dios envió al muchacho que fue el padre de ese niño para una misión, quizás solo para engendrar ese hijo y luego pasará a otro plano de existencia o lo alejará de la vida de ellos, él hizo su parte y se fue, como todos, todos tenemos una misión que puede ser grande o pequeña, pero misión al fin, y hay que llevarla cabo por sobre todas las cosas, no se me ocurre pensar de otra manera.

Otro caso que recuerdo es el de Belén, una mujer que vino de su natal Colombia con su esposo y con un niño pequeño. Era una mujer muy guapa, muy bella físicamente, pero ya aquí las cosas no fueron como ella pensaba. Le fue mal con su matrimonio, su esposo abusaba con la bebida y salía con otras mujeres, derrochaba lo poco que conseguía en el trabajo, así que acabaron dejándose. Ella, en el apuro de conseguir dinero, ya que no sabía hacer nada, entró a trabajar en una factoría en donde ganaba muy poco dinero, por lo que después consiguió trabajo en otra factoría para tratar de ganar más dinero para ella y sus dos hijos, porque entre toda esa crisis matrimonial, Belén había quedado embarazada por segunda vez. ¿Y quién cuidaba de los niños? Una prima lejana que vivía cerca de ella, era su vecina, pero nada es gratis aquí, como una vez también me dijeron a mí, y así también ella lo sabría pronto, le tocó dar de lo poquito que ganaba, ya que no ganaba casi nada de plata la pobre mujer. Al ser muy bella físicamente muchos hombres en la factoría la deseaban, compañeros de trabajo y supervisores, pero ella no era pendeja, sabía que solo la pretendían para gozarla en la cama y no para algo serio. Ella tenía necesidades, pero en el fondo ella era muy orgullosa e independiente, no le gustaba depender de ningún hombre, ni mucho menos meterse con alguien solo por su plata, no, ella no era de esas mujeres interesadas, por tanto, así como pudo se sostuvo un tiempo, pero el dinero no rendía. Entonces un buen día, una amiga ecuatoriana de nombre Verónika con la que trabajaba y salía a almorzar, le dijo:

—No seas tonta Belén, tú eres muy bella físicamente, ¿no ves cómo te miran las nalgas y todo el cuerpo los hombres en este lugar?

Todos, pero de seguro todos se deben masturbar pensando en ti, amiga, ¿no te ves en un espejo? Mira esa cintura, esa cara bella, ese pelo, esas nalgas. Deberías aceptar la propuesta que te hace mi prima y te vas a trabajar con ella, y solo hay que bailar con los clientes y beber de vez en cuando.

La prima de Verónika tenía un negocio que era una especie de salón de baile y bar juntos, pero en realidad era un prostíbulo.

—Claro, mi amiga, es solo eso, tú solo harás eso, nadie te va a obligar a hacer lo que tú no quieras —insistió Verónika.

—¿Pero es tarde y se acaba pasando la medianoche? —preguntó Belén.

—Sí, pero trátalo, ya verás, ¡te va a gustar!

—No sé, déjame pensarlo, ¿ya?

—Bueno, está bien amiga, pero anímate, mira que la suerte no es para todos.

No pasaría mucho tiempo y Belén aceptaría la oferta de trabajo de la prima de Verónika. Fue esa misma noche que comenzó que se dio cuenta que era para vender su cuerpo que la querían a ella en ese lugar. Verónika no se había equivocado, Belén causó sensación desde esa primera noche, todos los hombres del lugar estaban locos por poseerla, y cuando el tipo con el que ella estaba bailando le habló de ir a una habitación del lugar para tener sexo, ella se sorprendió.

—A mí nadie me ha dicho de hacer esto, yo solo estoy para acompañar y bailar y eso es todo.

Se formó un relajo, vino la prima de Verónika y le habló a Belén:

—Mira amiga, esto es lo que hay, lo tomas o lo dejas, y si tú no quieres, otra persona sí va a querer, sí va a aceptar, así que decide rápido.

Belén quería llorar de la impotencia, pero ya ese día había renunciado a sus dos trabajos confiada en el dinero que según Verónika se hacía a la semana en aquel lugar.

—Y bueno, ¿vas a pensar para siempre? —y tomándola del brazo y llevándola a un rincón aquella mujer ya cuarentona le dijo a Belén: Mira niña, no sé si te has dado cuenta, pero si aceptas, hoy mismo te haces más de dos mil dólares aquí y solo para ti, fuera de lo que yo voy a hacer por ti. Todos los hombres están locos por cogerte y zingarte, no te das cuenta, pero a ti no te va a coger cualquiera, tú eres nueva y buena hembra, pagarán bastante por estar contigo, ya verás lo que llevarás a casa al final de la noche, ¿te animas? Piensa en tus niños —Verónika se lo había mencionado a su prima. —¿Entonces?

—Está bien —contestó Belén, no tenía otra opción. —Pero escoge tú a la gente, no con cualquiera.

—Así será hija, descuida, ya verás cómo te va a ir esta noche.

Fueron varios hombres los que galoparon con Belén en la cama aquella noche, ella no pensaba en ellos, ni le importaba sus nombres, ni los números de teléfono que le alcanzaban, ella solo quería terminar esa noche con todos los hombres que la montaban en una noche que parecía no tener fin. Llegó el final de aquella lujuriosa noche para muchos buitres y entonces, cuando le tocó el turno a Belén de sentarse junto con la prima de Verónika y sacar cuentas, la mujer le entregó un fajo de billetes.

—Esto es lo tuyo, hijita.

Belén tomó el fajo de billetes y lo contó, eran dos mil 500 dólares.

—Te lo dije, ¡ibas a ser una sensación esta noche aquí! Todos solo querían culear contigo, eres bellísima, tú no te diste cuenta, pero todas las otras chicas estaban celosas de ti, no te dije nada para que no te pusieras más nerviosa de lo que ya estabas, por eso subí tu precio y solo los que tenían buen dinero estuvieron contigo esta noche. Te tengo que cuidar, ¡no eres comida para todos, mi hijita!

—Gracias Señora —fue todo lo que contestó Belén— ¿cuándo regreso?

Ese fue el comienzo de Belén. De aquella mujer que trató primero de poder sacar adelante a sus hijos honradamente no quedó nada o quizás sí, solo algo muy dentro de ella, allí donde nadie la puede penetrar, muy dentro de ella, en su alma. Trabajó en "el oficio más viejo del mundo" e hizo buen dinero, pronto pudo enviar a su país y ayudar a sus hermanas y madre ya muy mayor y enferma, hasta compró propiedades en su país, y aquí también dio el pago inicial para una propiedad. De momento todo cambió para Belén, de no tener nada, comenzó a tener mucho, carro nuevo, ropa de marca y lujosa y lo mejor para sus dos pequeños hijos. El tiempo, como todo, se pasó volando y cada vez le fue más difícil esconder y disimular a sus hijos a lo que se dedicaba; los niños crecen rápido, eran dos, hombre y mujer. Todo se adelantó un día que sin querer, su niña, ya preadolescente, al estar moviendo entre sus cosas y el maletín de mano que siempre llevaba Belén en sus viajes de trabajo, encontró un traje de lentejuelas, ropa interior de mujer de cuero y fotos de ella teniendo sexo con un cliente que ella se había olvidado de desechar, ya que esa era una fantasía de aquel cliente, y ella cobraba muy bien por hacerle realidad la fantasía a muchos tíos. Llegaba el final de una mentira, ella no trabajaba en lo que decía, había llegado la hora de decir la verdad.

—Ya no tiene sentido ocultarles lo que ya Julia a descubierto, no quiero que me juzguen, pues soy su madre, solo les voy a decir que lo que hice, lo hice por ustedes, su padre nos abandonó y yo tenía que mantenerlos, perdónenme si no supe hacerlo de otra manera.

Se acercaron Julia y Neil, su hermano, abrazaron a Belén y todos abrazados en aquella sala, lloraron juntos.

—No tenemos nada qué perdonarte mamá, lo hiciste por nosotros.

Un caso más que quiero relatar es el de Jocelyn, a quien le encanta la astrología. Ella estudia por su cuenta, fue traída por sus padres de pequeña a este país desde Ecuador, pero todo lo demás lo ha conseguido por sí misma. Ella nunca ha olvidado sus raíces, se ha sacrificado mucho, sin amigos, sin familia, soportando el acoso escolar, el no saber el inglés y tantas y tantas cosas, pero ella siempre lo tuvo claro en su cabeza: dejó atrás a su país natal para forjarse un futuro mejor para ella y así luego poder ayudar a sus abuelos, padres y hermanos. Sabe que nació en un hogar disfuncional, como muchos, pero por la misma razón quiere aprender astrología para entender y comprender todo lo que se ha desenvuelto en su vida. Las carencias familiares de su niñez en su país de origen de algún modo se entienden y se pueden superar, pero las carencias afectivas de dos padres que no pueden apoyarla ni darle amor, ¿cómo se superan? Siempre supo que a través, y solo a través del estudio, ella podría cambiar sus condiciones de vida por algo mejor, y por eso se graduó en cuanta cosa pudo y tuvo oportunidad de estudiar. Llegó a la astrología por un desamor y ahora ese mismo sentimiento la aleja de todo eso, de todo el conocimiento que aprendió, ¿quizás vuelva algún día? Quizás. Una niña que cuando de pequeña de solo un par de años, en su Ecuador natal, le preguntaron:

—Niña, ¿qué es Dios para usted?

—Dios es energía, señor.

Alguien que responde así no es alguien común y corriente, y menos si es una niña de solo cuatro años. No, Jocelyn nació para ser astróloga, eso que ni qué, es un alma ya evolucionada, si sigue desarrollando ese talento o no, eso es solo decisión de ella, de nadie más. Es más, con seguridad será una de las astrólogas hispanas más reconocidas del siglo XXI en Estados Unidos.

Concluye esta serie de historias breves de inmigrantes que he conocido en Estados Unidos con el caso de Juan Carlos, que fue detenido por la policía después de un accidente de tránsito. Él iba manejando y de pronto se estrelló contra la pared de una casa, el que lo acompañaba se fue corriendo, quizás tampoco tenía papeles, y tuvo miedo porque estuvieron bebiendo. Juan Carlos dice que no fue así, que solo fue un accidente, lo cierto es que fue arrestado. "Yo no he matado a nadie Don Carlos, pero esta gente me ha tratado como si yo fuera un criminal", diría este nuevo compañero de cocina después, quejándose de su situación conmigo. Juan Carlos estaba casi recién llegado al país, pero si algo sabía era que quien comete un accidente es mucho mejor que se quede en el lugar de los hechos, y así lo hizo. No imaginó lo que le pasaría después, ya que una vez que llegaron las patrullas de policía lo metieron en una de ellas, y ahí comenzó su calvario. Según Juan Carlos, dentro de la patrulla lo golpearon y lo insultaron, lo cual continuó en la estación de policía a donde lo llevaron, ahí lo encerraron en un cuarto apartado y uno a uno entraban a golpearlo. Lo colgaron con los brazos hacia atrás estando esposado, lo golpearon así, luego lo soltaron y en el suelo lo golpearon de nuevo, se paraban encima de él, le lastimaron la espalda, las costillas y el tórax mientras lo insultaban con frases como: *"Fucking Mexican, now you will see what the law is!! What America is!! We are going to teach you a good lesson!"* ("¡Maldito mexicano, ahora verás cuál es la ley! ¡Lo que es Estados Unidos! ¡Te vamos a enseñar una buena lección!") Solo que aquel "maldito mexicano", como llamaron a este humilde inmigrante, era cinturón negro de karate en su país. Un hermano que tenía en su país lo había puesto en una escuela de ese arte marcial desde pequeño, y Juan Carlos aprendió rápido y muy bien. De acuerdo con el relato de este inmigrante, una vez que se cansaron de golpearlo y en un cuarto en donde ellos se aseguraron de que no había cámaras para que quedara prueba de sus abusos, le aflojaron un poco las esposas que le apretaban las muñecas, ya que él se quejaba de fuerte dolor y enseñaba las muñecas. Los oficiales cayeron en el cuento y ahí vino el desquite, ante todo se aseguró que ya lo habían movido a otro ambiente y en donde sí había cámaras, fue entonces que sabiendo y sintiendo que podía pasar sus brazos hacia adelante, lo hizo rápidamente en un descuido de los policías y de pronto lanzó la primera patada de karate, que aventó sobre un mostrador al policía que tenía más cerca, se le lanzó otro a quien también neutralizó con otra patada de combate, y lo mismo hizo con el tercero que lo quiso sujetar por los brazos, y lo dejó fuera de acción. Cuando apareció un cuarto oficial con su arma de reglamento apuntándole y listo para dispararle, Juan Carlos, solo atinó a detenerse y volteándose miró hacia la esquina alta de aquel cuarto en donde él había visto que estaba la cámara filmando todo y solo dijo: "Ellos me golpearon primero, yo solo me defendí" —y se dejó caer de rodillas con las manos detrás de su cabeza.

55

EL ENCUENTRO DE MI DESTINO

LEGÓ EL 2012 DE LLENO Y CON EL NUEVO AÑO TUVE LA OPORTUNIDAD DE conocer más a fondo al director de aquella obra de teatro que protagonizó mi nueva amiga actriz y que yo fui a ver ¡varias veces! Walter Ventosilla, el director de *Ollantay*, me contactó días después de mi participación en el Inti Raymi del año anterior una noche mientras yo practicaba la astrología en casa y estaba ensimismado en mi computadora. La llamada de aquel director, compatriota y amigo era una invitación para participar en una obra de teatro: "Te vimos en tu actuación del Inti Raymi pasado y queremos que participes en este proyecto, ¿qué dices?" Me sorprendí y pensé, "¿No se habrá equivocado?" Al tener mi computadora abierta, todo lo que hice fue abrir otra pestaña en internet y acceder el sitio web Astrodienst para ver mis tránsitos planetarios para aquel día, mientras él seguía hablando conmigo, pero con toda seguridad no se imaginaba que estaba analizando mis tránsitos y hablando con él al mismo tiempo. "Aceptó", fue lo que le dije una vez que en cuestión de segundos había examinado mi carta astral y pude ver el tremendo potencial para mí si solo me decidiera a intentarlo. Ante esto, una pregunta surgía también por sí sola: ¿Quién se vuelve actor de cuarenta años? ¡Debe haber alguien más, no creo que yo sea el único!

Una buena amiga durante uno de los primeros ensayos de esta obra me había mencionado que este nuevo director amigo era también editor de libros, que tenía una editorial en Manhattan, Nueva York, modesta, pero editorial al fin. Yo había continuado escribiendo mis artículos de opinión y colaborando con *El Diario/La Prensa* de

Nueva York, algo que, en la opinión de otra amiga, me daba otro ángulo de mis colaboraciones a este periódico: "Les estás facilitando el trabajo a ellos, les estás llenando el trabajo y ellos bien, ni las gracias te dan de seguro". Eso en realidad no me importaba ya que yo solo quería seguir escribiendo, o como el título de mi primer libro, dar a conocer al mundo mi opinión. Para ese entonces ya había pasado aquella primera impresión e impacto de ver mi nombre escrito en las páginas de un periódico, algo creo yo que a todos nos pasa, que nos impresionamos al saber que otra gente no solo lea lo que escribimos, pero que al pie del artículo aparezca el nombre de uno completo. ¡Coño, qué orgullosos se hubieran sentido de ver esto mi viejo y mi vieja, mis queridos padres al ver que su hijo menor llegaría a publicar un libro aquí en Estados Unidos! ¡No saben cuánto los extraño!

En relación con mis artículos, Ventosilla me hizo la siguiente pregunta:

—¿Por qué no te fijas cuántos artículos son los que has escrito para ese periódico, y después vemos si es posible y suficiente para publicarlos en un libro?

—Está bien, maestro, se lo dejo saber esta noche a más tardar, ¡mil gracias!

Yo pensaba que eran solo unos cuantos artículos, 25 o 30 o quizás 45, pero en realidad en total sumaban cerca de 90, lo cual comuniqué a mi amigo.

—Son noventa, maestro, noventa artículos.

—Eso es un libro entonces, Carlos, hagamos un libro, si te decides lo publicamos cuando gustes.

—Está bien, muchas gracias, se lo haré saber.

Aquí vale mencionar que el proyecto de publicar un libro estaba en la conexión astrológica de mi carta, el planeta regente de la forma en que yo escribo y comunico, es Marte, él rige mi Casa 3 de mi carta astral, pero da la casualidad de que Marte se encuentra ubicado en mi Casa 9, la casa de las publicaciones y del extranjero, entre otras cosas. Esa misma casa que está regida por el planeta Venus (Libra), planeta que ya le hacía desde buen tiempo atrás conjunción a mi Mercurio natal, ubicado en la primera casa de mi carta astral (tengo a Mercurio y a Venus en mi primera casa). Obviamente existía una fuerte predisposición para poder publicar algo y de mi propia creatividad. La influencia planetaria, de los astros en mi carta astrológica, era innegable, estaba siendo influenciada por el tránsito del planeta Neptuno, o sea que de momento había mucha inspiración a la hora de escribir, mejor que eso no lo podría explicar. Lo que vino después sería un tremendo trabajo de recopilación, de reescribir artículo por artículo, casi completo, uno por uno, pero como originalmente los había enviado a la redacción del diario neoyorkino, de otra manera no tendría caso publicar algo que ya había leído la gente. Yo quería que saliera publicado el texto original de lo que yo enviaba a la redacción del periódico, que fueran publicados tal como fueron concebidos, sin filtros, sin edición, es decir, cien por ciento originales, quería algo que fuera completo; suerte que siempre guardaba los originales de todo lo que yo enviaba al periódico. Mi deseo era publicar algo que reflejara mi manera de pensar y mi filosofía acerca de temas de interés actual, eso era lo más básico y fundamental para mí. Así fue como me puse de nuevo manos a la obra y a escribir, pero esta vez no para rellenar espacio ni resolverle el problema a la redacción de un periódico, ahora lo haría para mí mismo, solo debía asegurarme de tener dos cosas: la pasión por escribir y la dedicación para llevar esta colosal empresa hasta las últimas etapas y terminarlo, porque como solía decir Facundo Cabral: "Solo lo grande alcanza lo grande", sabias palabras sin duda. Otro conocido escritor dominicano del área de Nueva York lo diría de esta manera en una feria del libro en la Ciudad de Nueva York: "Hay que tener buenas nalgas para estar preparado y sentarse por tanto tiempo y poder producir un buen libro". Son horas interminables de escribir y escribir, y eso no lo hace todo el mundo.

Como compartí anteriormente, en 2010 contacté con gente que cambiaría mi vida para siempre, de una manera radical, ya que entré en conexión con esa parte artística que todos de alguna manera tenemos. El arte, en algunas de sus manifestaciones, saca lo mejor de cada persona, porque la preparación académica, estudiar, una profesión, una carrera, no es que esté mal —y no quiero que se malinterprete, son necesarias en el desarrollo del individuo— pero el alma también necesita alimento, y eso solo puede suceder a través del arte, eso eleva el espíritu y puede, como dijo alguien una vez, convertir lo sucio, miserable y despreciable en algo sublime. El arte no solo es una terapia para cada uno de los que lo practican, sino también algo que te eleva, que te hace evolucionar como ser humano y te pone en contacto con tus emociones y sentimientos, con esa parte de uno a la que tristemente mucha gente solo se dedica en esta vida a hacer dinero y le dan importancia solo a lo material, nunca dejan que aparezca y se manifieste. Puesto que este libro tiene también su parte astrológica, he de mencionar que cuando el planeta Plutón —el de las grandes transformaciones— tocó la puerta de mi Casa 11 de mi propia carta astral (la 11 es la casa de los ideales, los sueños y las esperanzas, pero también de los amigos), fue ahí en donde fue más visible y evidente su impacto. Casi todos los amigos que, así esté mal en decirlo, que no contribuían a mi evolución como ser humano, fueron de una u otra manera eliminados de mi vida, lo mismo sucedió con las chicas, aquellas que eran amigas sexuales, prostitutas, mujeres de bares eróticos, toda esa energía fue eliminada de mi vida como por arte de magia. Esto fue algo tan sorprendente que cuando me di cuenta, ya había sucedido, fue una sensación como de algo muy neptuniano también, ya que yo no pude apreciar cuando todo esto se fue desenvolviendo, quizás yo estaba distraído o prestando atención a otras cosas. Fue una eliminación total de hombres y mujeres con los que de alguna manera no servían para que continuara con lo que de ahora en adelante yo debería de estar haciendo o dedicarme, algo que para algunos solo será una curiosidad, una coincidencia. No se confundan, ese es el poder de la astrología, si uno presta atención a estos eventos entonces nos sirven de provecho, si no, simplemente se perderá la enseñanza que viene con esa transformación que implica un tránsito como en este caso del planeta Plutón. El que sea el planeta Plutón también es muy significativo ya que, sin yo proponérmelo ni presentirlo, iniciaría a partir de esos años, casi de manera imperceptible, la vida espiritual, de completa abstinencia sexual hasta la fecha, es raro ya que no es que yo sea una máquina sexual, pero siempre había disfrutado del sexo con libertad, y ahora de pronto todo eso cambiaba. Fue como comenzar un nuevo hábito, un nuevo régimen, como entrar en una dieta o algo así, sé que es algo difícil de creer para muchos, pero es así, ¿qué ganaría yo mintiendo sobre eso? El que me quiera creer, bien, y el que no, es su problema, su decisión en todo caso, yo solo cuento mis experiencias y como yo las viví y experimenté, y no escribo este detalle para impresionar a nadie, todo esto se dio como digo de manera casual. Ahora, para complementar ese tránsito de Plutón, también es justo y necesario mencionar que por otra parte de mi carta astral, el planeta Neptuno, el de la elevación espiritual o del escapismo, como uno quiera recrear la energía es un asunto personal, ¡transitando por el signo de Acuario!, sí, mi propio signo, pero ya entrando eventualmente a darle de lleno a mi Sol y Luna que los tengo en conjunción natalmente en Acuario. Con ese dato espero tenga más sentido lo que acabo de mencionar con ese desarrollo espiritual, es impresionante, ¿no? Esos tránsitos para los valientes que siguieron leyendo este libro se interpreta de la siguiente forma: si ya sabemos que el principio o uno de los principios de Plutón es matar todo lo que encuentra o, en todo caso, matarlo para transformarlo en algo nuevo, y si a eso le sumamos lo de Neptuno, que en su esencia, ¿qué es? Fe, religión o espiritualidad mejor dicho para algunos, sublimación de uno, iluminación, fundirse con el colectivo, con tu comunidad, con los olvidados, con los marginados, con los excluidos de la sociedad, y alinearse con ellos de alguna manera en sus luchas, en sus expresiones del tipo que estas sean, será a criterio de uno cómo y de qué manera las expresa. Es interesante, aquí viene a mi mente aquel recordado personaje que primero vi en una vieja película de Hollywood y de la que tiempo después leería el libro original. Su nombre es Larry Darrell, y es el personaje central de la novela de W. Somerset Maugham, *The Razor's Edge* (*Al filo de la navaja*), la cual alguna vez vi de pequeño en mi natal Perú a través de la televisión, y quien dejó un recuerdo especial en mí, una huella diría. Esa búsqueda de sí mismo, lidiar con el mundo exterior y su propia insatisfacción personal, el significado de la vida y la muerte, la naturaleza humana, pero sobre todo su búsqueda incesante por paz consigo mismo, por paz espiritual, por entender por qué y para qué vinimos a este mundo, y algunos nos vamos más rápido que otros. Aquel niño que vio eso por primera vez en la pantalla de un televisor a la edad de cuatro años, nunca se olvidó de aquel personaje y lo hizo de algún modo su héroe personal, su ideal de lo que algún día querría llegar a convertirse; no Superman, no Batman, sino Larry Darrell. De aquel famoso libro, quizás el más renombrado de aquel escritor inglés, se hicieron dos versiones cinematográficas, la primera en 1946 —mi favorita— con el actor Tyrone Power como el personaje central, y la segunda en 1984, que nunca me animé a ver, con ver la primera me bastó. Años después leería también el libro y ya ahí pude conocer más a fondo al personaje Mr. Darrell.

Así como Larry Darrell yo encontré sin querer mi camino, mi rumbo en esta vida, él lo hizo en el Tíbet, yo lo hice en Nueva York, que para muchos no tiene nada de espiritual y quizás no se equivocan en ello. Fue aquí en aquellos años entonces en que encontré mi destino o mi misión, o si se quiere de otra manera, mi servicio hacia los demás, ayudar a otros a través de mi conocimiento en la astrología. Mentiría si dijera que se puede vivir de esto, yo en todo caso, hasta ahora no lo consigo, y quién sabe si eso en un futuro influya para que yo lo deje algún día, pero por ahora continúo, el mañana no lo sabemos, no nos pertenece, solo le pertenece a Dios. Vivir de la astrología es difícil pues vivimos en un mundo material en donde el ser humano le presta poca o nada de atención a su desarrollo espiritual, así que, ¿qué podemos esperar? Todos andan detrás del éxito, la fama y la fortuna y si son inmediatos mucho mejor, escritores de libros *best sellers* hechos en horno de microondas, rápidos, veloces, todo a prisa, para ayer. Por tanto, nadie o muy pocos son quienes se dan a esa tarea de tratar de encontrarle un sentido a su existencia, a encontrarse a ellos mismos, a estar, en una palabra, en paz, con ellos y con los demás.

Así fue como esta suerte de Richard Kimble inmigrante ilegal, aprendiz de Larry Darrell, llegó y pasó el nuevo milenio e hizo explosión en su evolución y transformación espiritual a fines de la primera década para comenzar a darse a conocer al mundo exterior. Ya estaba listo, como bien se lo dije en mi sueño a aquellas figuras que me preguntaron si ya estaba listo en aquella víspera de cumpleaños del año 2011, para lo que se iba a venir en mi vida. Ahora puedo entender lo que significaba, en aquel tiempo no lo entendía, ya que lo que aprendí en la astrología era solo para mí, no tenía aún una conciencia definida para saber que sería útil para ayudar a otra gente con este conocimiento milenario. Durante un tiempo aún seguí funcionando con un sentido egoísta y me resistí un poco a abrirme y compartir esto que de alguna manera era mi regalo divino. No quería aplicarlo a otra gente, ¿por qué tendría que hacerlo si nadie nunca se ha preocupado por mí? ¿Por qué tendría yo que hacerlo por otros? No, pensaba, que ellos también aprendan por su cuenta si en realidad les interesa, pero no, ese no era yo, esa no era ni nunca fue la esencia de Carlos Anaya Mantilla. Todo eso cambió, ese antiguo recelo por todo ese mundo exterior que siempre me había parecido tan violento y malo en esencia cambió, poco a poco, pero comenzó a cambiar. El cambio debía venir de dentro de mí, porque como bien dice el maestro Deepak Chopra, el primer y principal cambio debe comenzar de dentro de uno, a nivel de alma, y luego se irá gradualmente mostrando al exterior, pero no esperes cambios si sigues haciendo lo mismo que haces todos los días, debes de salir de tu zona de confort, atreverte es la palabra, y luego confía en el universo y Dios no te fallará.

A través de compartir todo lo poco o mucho que he aprendido en la astrología y luego de haber ayudado a mucha gente en un transcurso de unos 15 años, siento mucha alegría y satisfacción. A muchos de ellos ni siquiera conozco en persona, pero a través del internet me pudieron contactar y ser beneficiados con lo que buenamente les pude dar como una guía, como una luz en la oscuridad, un faro de un puerto en medio de una marea nublada. A todos ellos les digo que a quien deben de agradecer en primer lugar es a Dios, porque Él ha permitido y permite que todas las cosas sucedan por alguna razón, Él hace que lo inexplicable suceda y que los milagros se realicen. Yo solo soy el transmisor de un conocimiento, el intérprete del lenguaje de los cielos, del firmamento, nada más que eso, transmito lo que está escrito en los planetas para mejor aprovechamiento de cada individuo. Aun con todo eso, no sé en realidad nada, solo trato de poder servir a otros a través de la interpretación de una carta astral que no es otra cosa que una hoja de ruta para poder navegar de una mejor manera por este mundo.

El conocer a aquella talentosa amiga actriz siempre diré que fue una gran bendición del cielo, hay gente que personifica la divinidad para unos y ella lo fue para mí, la gente llega y también se va de nuestra vida por un motivo, por una razón, nada es casual, ni en vano. Gracias a Dios pude identificar esas energías que se desplegaron en aquel momento, usarlas para mi desarrollo espiritual y en todo sentido. Cuando las energías se comienzan a manifestar en nuestra vida y tenemos conciencia de los tránsitos que se están desenvolviendo, debemos también ayudarnos y entrar en esa especie de danza energética, pero ¡ojo! de no perder el paso, pero tampoco no adelantarse, ese es el chiste, ir al mismo ritmo en que se está desenvolviendo la música que vendría a ser tu vida, tu experiencia terrenal. Tenemos que hacer nuestra parte, en mi caso nunca dejé de estudiar, de leer y de asistir en lo posible a cuanto evento cultural de todo tipo y género se presentará en la Gran Manzana, muchos de ellos eran gratis en Nueva York, solo que la gente lo desconoce, eso es todo, hay que darse a la tarea de buscar y como se dice: ¡Busca y encontrarás! ¡Kausachun Inti Raymi!

En el entretiempo había llegado el segundo año en que interpreté esta gran tradición incaica, y con este alguien especial también, todo pasa por una razón, todo tiene un tiempo perfecto bajo el sol. No, no era esta vez un piquichaki, aunque de primera impresión lo pareciera por el tamaño. Algo destacado de aquellos festivales de Inti Raymi era la participación de hermanos de otros países latinoamericanos, y considerando que el imperio incaico abarcó varias naciones del continente, es significativo ese detalle. Participé en el segundo Inti Raymi y hasta ahí llegó todo, aunque se hicieron algunas cosas más también igual de importantes con la agrupación Abya Yala, que ya luego contaré.

Ya que mencionó estos años y mi encuentro con el arte como un gran bálsamo para seguir adelante en este país, debo también mencionar la aparición de alguien en el fútbol mundial, quien ya 2006 estaba dando bastante de qué hablar en ese ambiente deportivo internacional. El fútbol sin duda alguna fue también una gran ayuda y distracción para olvidarme de tantos problemas y estrés de la vida cotidiana. Este jugador es de Rosario, Argentina y juega en el FC Barcelona de España, en su Barcelona de toda la vida, fiel a los catalanes por siempre, como prueba de agradecimiento al único club de fútbol que no solo creyó en él, sino que también le dio la mano cuando él y su familia más lo necesitaba. Su nombre es Lionel Messi, Leo, Lio, o solo Messi, como lo conoce el universo del fútbol mundial, y como bien dijo acerca de él el ya desaparecido escritor uruguayo Eduardo Galeano: "Ver jugar a Messi da placer". Nada más cierto, maestro, ¿qué más se puede agregar a una definición tan perfecta? Ya he relatado que siempre he sido seguidor en la hinchada futbolística de mi país a mi querido equipo Sporting Cristal, el club de mis amores, de toda la vida, el mismo club de mi recordado viejo, Don Esquilino Anaya León. Fue en una lejana noche en el estadio El Nacional de Lima cuando esperando que salieran los equipos de fútbol al campo de juego y siendo yo un niño de tres o cuatro años levanté mi brazo y señalé a ese club que vestía camiseta azul marino. Mi padre no tuvo tiempo de decir nada, yo había elegido a su equipo y por elección propia, mi buen viejo, solo sonrió. En el fútbol extranjero soy partidario del FC Barcelona en donde no solo han jugado —en mi opinión— los mejores jugadores del mundo, sino también alguien que es leyenda para el fútbol peruano y mundial, el inolvidable Hugo "El Cholo" Sotil, un embajador y un mago de este deporte que nació en ese Perú milenario. El fútbol ha sido de alguna manera no solo un esparcimiento para poder distraerme de este presente incierto y poder seguir adelante, y creo que no solo para mí sino para muchos más, para un número indeterminado de gente. En 2007 mi Sporting Cristal casi se va a la baja, pero para tristeza y envidia de muchos adversarios y contrarios, supo seguir adelante y sacar la casta, por algo, como dice la FIFA, al Cristal se le conoce en el Perú como el club que nació campeón. Nos salvamos de la baja ganándole a la U, al Alianza

Lima, Sport Boys y Cienciano, no pudieron hacernos descender, es que Dios siempre está con los justos y los buenos, no se olviden de eso. Es interesante cómo en la vida se entrelazan los eventos, en 2007 mi club de fútbol andaba medio jodido y yo andaba metiendo la pata, cometiendo errores y en vísperas de aprender una buena lección en el aspecto sentimental. Al poco tiempo llegó la ruptura, la separación con Blanca, pasó todo el temporal y volví a reconectar con mi querido club ya de lleno y de ahí, nunca más a separarme, como una vez oí decir a un gran actor argentino tan seguidor de fútbol como yo: "Aún hoy a la edad que tengo me sigue afectando cuando pierde Racing, che, ¿puedes creer?" ¡Somos dos, Franchella! ¡A mí me pasa igual con mi Sporting Cristal de toda la vida!

En abril de 2016 mientras escribía este capítulo murió el gran Prince, un genio de la música, de una música que va cambiando rápidamente y que no sé si les gustará a las nuevas generaciones. En junio de 2009 también había muerto el Rey del Pop, Michael Jackson, el mismo día en que también murió la actriz y modelo Farrah Fawcett, uno de los *Ángeles de Charly*, la serie de televisión que enamoró a toda una generación de jóvenes en el mundo entero a mediados de los años 70s. Cuando sucedió lo de Michael Jackson fue curioso porque yo volvía del trabajo y daba una larga caminata para llegar a casa, porque para mi sorpresa, mi economía personal, no estaba tan buena que digamos de nuevo, y de pronto pasé por afuera de una escuela en Jersey City y noté que la bandera de Estados Unidos estaba a media asta. Lo primero que recordé fue que en este país han asesinado a cuatro de sus presidentes a lo largo de la historia, y a mentes tan brillantes como el Dr. Martin Luther King, Jr., por no citar más personas célebres. Tuve un mal pensamiento como nos sucede muchas veces, que prejuzgamos antes de saber. Ver la bandera estadounidense a media asta significa que alguien realmente grande para el país había muerto, en este caso un rey, el Rey del Pop, Michael Jackson, pero yo me dije, "¡Hijos de puta, mataron al presidente!", y me refería al presidente Barack Obama, el primer mandatario de raza negra que ha tenido Estados Unidos, elegido en 2008. Aquello también había sido todo un acontecimiento, ver aquel suceso histórico, que un hombre negro ganará la presidencia, y a su atractiva esposa Michelle, igualmente de raza negra, junto a sus dos hijas, fue algo muy especial, a lo menos para los afroamericanos. Esto era una suerte de reivindicación por tanto maltrato, crimen y explotación contra ellos, desde que este país nació como un estado libre, pero en donde no todos sus ciudadanos eran iguales, ni aun después de ocurrida la Guerra de Secesión o Guerra Civil, entre el norte y el sur de la Unión Americana. Ver a la entrevistadora de televisión y actriz Oprah Winfrey y al activista por los derechos civiles Jesse Jackson —ambos afroamericanos— llorar de la emoción por este hecho histórico, y a tantos y tantos otros líderes negros, siempre será un recuerdo conmovedor y sin igual.

Y ahora que mencioné a Prince, sería bueno que la gente repare en lo que este genial músico opinaba de la alimentación, de esa industria en particular dentro de esta nación. Es muy interesante oír sus reflexiones al respecto, hay varios videos en internet en donde se puede oír su palabra, que aun él no siendo netamente un activista nos dejó mucha información, haciendo un llamado de conciencia a muchos de nosotros para que prestemos atención a lo que comemos, a lo que ponemos dentro de nuestro cuerpo, ¡grande Prince!

En 2016 también se fueron de este mundo, David Bowie y Glenn Frey, el de la agrupación *The Eagles*. Nos estamos quedando sin músicos, pero músicos de verdad, ¡carajo!

En el campo de la industria editorial, en 2016 se publicó el libro *Entre las sombras del Sueño Americano: Mi historia real de cómo siendo una inmigrante indocumentada llegué a ser una ejecutiva de Wall Street*, escrito por Julissa Arce, la inmigrante indocumentada mexicana que llegó a este país de niña, traída por sus padres que buscaban un mejor porvenir. Ella estudió aquí y luego con el tiempo llegó a trabajar para la empresa Goldman Sachs, en donde llegó a escalar posiciones muy altas dentro de esa compañía, puestos que nunca nadie imaginó que pudiera llegar a desempeñar una persona, en este caso, una mujer hispana, y sobre todo sin tener sus documentos legales en regla. Julissa llegó a ser una joven latina muy destacada dentro de esta firma, y después su experiencia personal la volcaría escribiendo un libro. Ella ya de alguna manera tomó su buen recaudo, se casó con su novio que es un ciudadano americano, y eso a lo menos por ahora le asegura que no la van a echar de este país, más adelante quién sabe. He leído muchos de los comentarios que le dejan en su página web personal mucha gente racista y xenófoba que la insulta y la ofende gratuitamente. El problema para toda esa gente que la ha atacado es que, según ellos, le quitó un puesto a alguno de ellos, pero un puesto que no era cualquier cosa, sino un puesto en donde ella ganaba muchísimo dinero, eso es todo. Si Julissa fuera cocinera u obrera de construcción, de ella nadie se ocuparía, esa es toda la pura verdad en su caso. Ella llegó a ser una alta ejecutiva en ese banco multinacional estadounidense de inversión y compañía de servicios financieros que es Goldman Sachs, y eso mucha gente no lo perdona. Para ellos ella es solo una vulgar criminal hispana, alguien que les quitó trabajo y en el camino violó las leyes del país. No hay pretexto ni justificación que valga, para sus críticos ella es solo una ilegal que hizo trampa para lograr todo lo que consiguió, así es como piensa esta gente que, también en 2016, eligió de presidente a Donald Trump. Espero que a mí no me ataquen tanto por este libro, pero ¿quién va a envidiar la suerte de alguien que solo ha sido en gran parte de su vida, un, como dicen acá, un *limpiecero*, o sea, un hombre encargado de la limpieza, un portero, un simple conserje, así, de manera despectiva, que suena a neologismo, a una palabra nueva, un trabajador humilde de cocina? En fin, no creo que un ciudadano blanco se llegue a quejar de que yo le quité su trabajo de 100 mil dólares anuales, de mí no se tienen que preocupar.

Aunque eso en realidad no les importa, aquí lo que ha habido a raíz de la elección presidencial de Donald Trump, y durante todo el tiempo de su gobierno, es un descaro de mucha gente que antes no se atrevían a mostrar abiertamente su racismo, su homofobia y su xenofobia, esa es la pura verdad. Muchos han tirado la careta de la hipocresía a un lado ya que se saben respaldados por las políticas de un presidente racista que solo ha servido para atizar más los ánimos y la división entre los propios ciudadanos. En la astrología, ese es Plutón en la carta astral de Estados Unidos. Hace muchos años cuando ese mismo planeta se aplicaba por conjunción sobre el sol de este país, es decir, cuando estaba en el signo de Cáncer, en los años 30s del siglo XX, la tierra, por ejemplo, en la Unión Americana se secó, se puso árida, la Bolsa de valores de Wall Street se desplomó, y sucedieron un montón de eventos que fueron muy plutonianos en su esencia. Mientras escribía este capítulo, Plutón estaba en el signo opuesto del Sol de la Unión Americana, es decir atravesando, el signo de Capricornio, vemos que tiene que ver mucho con la Casa 8, que es por donde lo tenía transitando este país. El simple hecho de que este presidente haya asumido el poder con el planeta Plutón en tránsito por la casa y el signo de Capricornio, es por demás significativo. Él mismo, Donald Trump, es el Plutón de esta nación, llegó al poder y fue a través de su energía tan transformadora que cambiaría Estados Unidos, pero desde el corazón de las cosas, desde su propio centro. Este presidente habrá podido tener cualquier cualidad, pero líder no es y mandatario mucho menos, es solo un hombre de negocios, pero con muy buena fortuna, muy buena estrella, no en balde nació con su Ascendente a 29 grados de Leo, es decir, la misma posición de la estrella Regulus, la estrella real del antiguo Imperio Persa. La persona de Trump vino para que Estados Unidos mire cara a cara a su propio demonio y lo exorcice para siempre de una vez por todas. Toda su grosería, maltrato y malos modales de este hombre han sido un reflejo de todo lo que necesita ser desterrado de esta gran nación. Él, como quiera, es el reflejo de mucha de la gente que aún persiste con esa mentalidad arcaica.

Ahora que mencionó esto, me gustaría también volver a referirme a un grupo dentro nuestra colectividad hispana en este país que se me hace muy especial, pero que para mí también son inmigrantes. Tendrán ellos ciudadanía pero para mí son inmigrantes igual que nosotros, me refiero a la gran comunidad puertorriqueña, que cuentan con los beneficios de un ciudadano estadounidense. Creo que es de justicia mencionar que ellos en la costa este, como los mexicoamericanos del Suroeste, incluyendo la parte sur de la costa oeste de esta gran nación, fueron los pioneros, los que se encargarían de abrir el camino para todas las demás inmigraciones de Latinoamérica que vendrían detrás de ellos. Todos ellos tuvieron que enfrentarse al rechazo y hasta la violencia física en su contra por parte de las demás inmigraciones que ya habían llegado, como los italianos, irlandeses, polacos y alemanes. Son muchas y muy tristes las historias que uno ha oído de cómo los primeros latinos que llegaron a vivir a este país fueron insultados, atacados y hasta asesinados en la calle, apaleados como si fueran perros, ratas o algún tipo de animal despreciable. Eso siempre se debe rememorar, no con ánimo revanchista sino para no permitir que eso quede en el olvido y que alguna vez se pretenda regresar entre nosotros semejante lacra social, así, mucha gente estaría atenta a esto e impediría su retorno. ¡Cero tolerancia al racismo, la discriminación y la xenofobia! Solo basta darse a la tarea de investigar y se darán de cuenta de muchos de estos eventos acontecidos en los primeros años de estas inmigraciones, y tiempo después también, crímenes que nunca fueron reportados y menos denunciados a las autoridades, que nunca hacían caso ni atendían este tipo de denuncia. A manera de homenaje quisiera a través de estas palabras reconocer a toda la gente puertorriqueña, pueblo noble y alegre, que como en cualquier otra comunidad tienen sus manzanas podridas, pero que la gran mayoría son gente de bien, buen ánimo y espíritu optimista. Nombres de puertorriqueños que me vienen a la mente, lógico, mi querida maestra Melva Ortiz, Anita Vélez Mitchell (la misma de la cinta musical *West Side Story*, a quien conocí por intermedio de mi maestra), Sandra Rivera, la actriz Miriam Colón, Doña Carmen, Peter Block, quien aun habiendo nacido en Alemania era más puertorriqueño que el coquí —la rana emblemática de Puerto Rico—, en fin, tanta gente boricua que supieron ser buenos amigos e identificarse con la lucha de sus hermanos latinoamericanos.

56

Debut teatral

Retrocedo este relato a finales del siglo XX para rescatar una anécdota mientras me encontraba en la ciudad de Nueva York. Corría el año de 1998 o 1999, y como cada fin de semana esperaba abordar el transporte público. Buscaba distraerme y tener un poco de actividad física, no tenía pareja ni a nadie a quién rendir cuentas. Muchos de los eventos de entretenimiento a los que asistía eran gratuitos, ya que en la Urbe del Hierro hay muchos sitios donde uno puede distraerse sin pagar, y además vivir tan cerca de la ciudad de Superman y El Hombre Araña y no ir a visitarla ¡sería un pecado!

Ahí me encontraba cuando a lo lejos se aproximaba una pareja anglosajona, hombre y mujer (¡ahora hay que especificar!), y de pronto comencé a escuchar los gritos de ella y el resto de la conversación que tenían en inglés:

—Cállate, debería darte vergüenza, no trabajas, no haces nada y ahora por tu culpa vamos a llegar tarde— le increpaba la mujer a su pareja.

—¿De qué hablas si aún tenemos suficiente tiempo para llegar? Y además no hables, que yo ya estoy buscando trabajo desde hace un par de días, ten cuidado con lo que dices, que te pueden entender.

—Me agradaría que lo hicieran, así te avergonzarías un poco y conseguirías trabajo, ¡grandísimo vago! Yo ya no te creo nada, esas son mentiras que tú siempre dices para quedar bien conmigo, borracho irresponsable, no sé la verdad qué hago yo contigo.

—Oye, ya te dije, cuidado con lo que dices, cuidado con cómo me hablas— le dijo señalando hacia mí con un movimiento de cabeza.

Aquella mujer volteó la cabeza y me miró, mientras le contestaba a su pareja:

—Con él no temas, además yo no estoy hablando de él, y no creo que nos entienda, ¿pero sabes qué? Él es un buen ejemplo de lo que yo te digo, ¡gran vago!

—¿Ejemplo de qué?

—¿Es que no te has dado cuenta aún, grandísimo borrachón? No te has visto en un espejo? ¡Mírate! Claro, el alcohol no te deja pensar bien, ¿verdad? ¿No lo ves? Él es hispano, pero es guapo, se arregla, mira cómo se viste, muy bien, ¿y tú pedazo de vago? ¡Mírate!

El tipo estaba en silencio, no decía nada, de pronto bajó la cabeza y miraba solo el piso, yo de reojo lo veía, como contemplando que no se me viniera arrancar como toro en las corridas de mi tierra.

—Sí, hasta daría gusto ser su novia. Ese es un hombre que se preocupaba de su apariencia física, de cómo se ve, de cómo luce, ¿eso tú no puedes hacer? No por mí, lo digo por ti, gran vago.

El tipo ya estaba más rojo que un tomate o un camarón hervido, el ataque sería cuestión de tiempo, suponía yo. Pensé rápido en moverme de parada de bus, pero me acordé de que los fines de semana, y en especial los domingos, los transportes públicos corren muy espaciados de tiempo, o sea, se demoran más de lo usual, así que no hubo opción más que permanecer ahí. La mujer no paraba de hablar e insultar a su pareja, y la verdad llegó un punto en que no sabía si reírme o abochornarme por el comportamiento de estos dos seres, de estos especímenes de la raza humana. La pareja de uno tendrá derecho a decirnos o a recriminarnos algo que les parezca errado, algo que nosotros hagamos mal, pero hay maneras y modos de hacerlo, esto ya era por demás humillante, demasiada violencia verbal, ¿cómo serían en casa? Todo tiene un límite, no se puede permitir que nos ofenda algo tanto en nombre de un mal llamado amor. A lo lejos vi que se aproximaba mi bus, pero antes de irme me acerqué y le pregunté a la mujer: "¿Sabes a qué hora corre el último autobús, porque es domingo, lo sabes?" Está de más imaginar la cara que puso al comprender que yo le había entendido todas sus vulgaridades y groserías, era lo menos que podía hacer por alguien de mi mismo género. ¡Qué momento!, como decía alguien que conozco.

Otra anécdota especial dentro de toda esta monotonía del vivir en la sociedad estadounidense sucedió en una ocasión en la que, como siempre y regularmente, compraba mis velas pequeñas para el pequeño altar que tengo en mi departamento, algo que ya he mencionado en otros capítulos. En lo particular necesito luz, y cuando rezo invoco por conseguirla, por tener claridad de mente, iluminación y que Dios guíe mis pasos y pueda si acaso ayudar a otra gente, por tanto no puede faltar la buena luz en mi altar. No seré un católico practicante, un religioso a ultranza ni un dogmático, pero tengo mi propia fe en un Dios, que es una sola conciencia cósmica. Hay cosas con las que no comulgo dentro de la religión, como por ejemplo su condena a la gente que tiene una orientación sexual distinta a la mayoría, como si a Dios le preocupara eso o eso tuviera que ver con la clase de persona que eres, tú calidad como ser humano o lo que hay en tu corazón. En mi concepto, el que reza siempre será escuchado porque está invocando por gracia, por gracia divina y no hay una sola persona que invoca gracia divina y no sea oído, amén. El caso es que una joven de no más de 20 años entró al negocio en donde yo estaba, y tratando de que nadie la oyera, como quiera no había gente además de mí, le preguntó a la señora encargada de la botánica, que es donde por lo general se compran las velas y cosas así aquí en Estados Unidos.

—Buenos días, señora, quizás usted me pueda ayudar.

—Hola mi hija, en qué te puedo servir— contestó la mujer con un claro acento caribeño en el modo de hablar.

—¿Usted vende algo para el aborto, para abortar?

La cara de la mujer que atendía el negocio y que a la vez era la dueña del local cambió de golpe, algo que pude notar desde donde estaba. Ella contestó:

—Mira mi niña, yo no hago ese tipo de cosas, yo soy católica— aquello me ganó mucho el respeto de aquella mujer a la que quizás yo juzgaba de manera equivocada, ya que yo sabía que también se ganaba su dinerito adivinando la suerte, el porvenir de la gente, y de alguna manera pensé que ella se aprovechaba de toda esa situación. Su respuesta fue de alguna manera una reivindicación ante mis ojos y también una gran lección para mí para siempre, detenerme un poco y tener conciencia de que muchas veces la gente no es lo que parece.

—Dios me la bendiga— fueron las últimas palabras que aquella mujer caribeña le dirigió a la muchacha que tenía esa angustia casi mortal que se le apreciaba en la mirada. La vida no es fácil y menos para una mujer, como dice Jackie, una muy querida amiga personal, una chica con un gran corazón de oro y alguien que vino de su natal Colombia y pudo hacer realidad su sueño americano a base de esfuerzo, trabajo y sacrificio. Uno aquí podría ser muy severo y decir tantas cosas, como mucha gente hipócrita que critica, pero que no ven la viga en sus propios ojos. Podría uno decir que ahora buscan ayuda estas muchachas calenturientas, ahora sí ¿verdad?, o después del gusto viene el disgusto y cosas así, que ya son parte del folklore popular latinoamericano, de nuestro espíritu y cultura chismosa, en fin, mil y una ideas e hipótesis.

—A mí no me van a coger de pendeja así nomás, Carlos.

—¿A qué te refieres Diana? —ese era el nombre de la dependienta del negocio.

—A que hay mucha gente, gente rival de otros negocios, gente que por maldad me quieren joder y mandan gente así como esta chica para ver si yo vendo ilegalmente ese tipo de cosas que me preguntó la muchacha. ¿Quién te dice que esa muchacha no fue enviada por alguien a perjudicarme, no crees?

—¿Tú crees que haya gente así tan desgraciada? Bueno, sí, tienes razón —dándome cuenta recién de lo que había contestado.

—Claro que sí, de eso y más, no seas ingenuo Carlos, el mundo y la vida son crueles y a veces no tienen ni misericordia.

Aquello no dejó de impresionarme porque si el embarazo era real, por lo que pasaba aquella chica, su drama personal no sería nada fácil para ella, pero así como ella hay tantas y tantas chicas menores de edad y, sobre todo hispanas, después de las jóvenes indias americanas o nativas de Alaska, que dejan de estudiar porque ya recién comenzando a vivir, ya de golpe y porrazo, se convierten en madres. Se podría decir que pasan de la preadolescencia a la madurez de forma directa, bueno, es un decir porque hay mucha gente que no maduran ni con ese tipo de impacto tan dramático. Esto es menos común entre la juventud blanca, contrario al caso de las jóvenes de grupos minoritarios. Se diría que es hasta a propósito para que no levanten como comunidad y siempre sigan en inferioridad de opciones laborales y en otras áreas de la vida, y si fuera así, ¿quién diseña una estrategia tan desgraciada como esa? ¿El estatus quo? ¿Los ricos? ¿Los republicanos? ¿La Asociación Nacional del Rifle? ¿O como la opción que dan en los exámenes de estudios, todas las respuestas anteriores? Entonces desde ahí ya partimos en desventaja como comunidad frente a otras que ya residen mucho más tiempo que nosotros en este país. Si uno profundiza en este tema tan delicado del aborto, uno se da cuenta que aunque la mujer es la que puede con toda razón disponer de lo que hace con su cuerpo, sin embargo, pero siempre he caído en un hecho que es innegable, que no habido ninguna mujer que yo haya conocido y que se haya practicado un aborto que después no lleve un cargo de conciencia de algún tipo. Eso es cierto, las mujeres que he conocido que se lo han practicado quedan como con un sentimiento de culpa muy grande, y eso es algo que cada una de ellas debe trabajar luego a nivel energético y espiritual, para establecer de nuevo un balance con su energía natural y poder seguir adelante, no hay otra manera, si no, seguirán en la vida pero arrastrando una mochila muy pesada, una carga muchas veces muy difícil de superar.

Ahora en modo avance rápido, mi relato me lleva a 2018. En ese año la situación era difícil ya que las leyes migratorias se habían reforzado para hacerlas cumplir al máximo, con lo que a quienes no tenemos estatus legal solo nos dejan menos opciones, pero no nos podemos rendir, tenemos que seguir adelante, todo lo que se pueda y hasta donde más podamos. De ser necesario debemos trabajar sin estar registrados en la nómina de pago o en empleos en donde nos paguen en efectivo, no tenemos otra opción, En aquel tiempo, un amigo que tenía un matrimonio de ciudadanos norteamericanos que lo ayudaban a cambiar sus cheques ya no lo pudo seguir haciendo, porque ya les requerían la información de la otra persona, o sea de mi amigo, el nombre a quien iba dirigido el cheque. ¿Qué iba a hacer entonces este pobre e indocumentado amigo si ya no le dejaban más opciones de ganarse la vida de manera honrada? En ese mismo año, en cuanto a mi salud personal tuve algunas sorpresas, no muy buenas, pero tenía que continuar avanzando, tratando de comer y beber lo más sano posible, mucha agua, nada de alcohol, nada irritante. Lo único que tenía y me quedaba era la salud y tenía que cuidarla a como diera lugar.

El hecho de hacer el primer Inti Raymi en la ciudad de Nueva York, como mencioné en el capítulo anterior, me abrió la posibilidad de hacer teatro, primero en el Inti Raymi para toda la comunidad y a través de Abya Yala (Arte y Cultura), y luego lo que sería el debut teatral formal con *Ollantay, Guerrero Inca*, y eso era algo muy especial. Si me remito a lo astrológico, esto se debió en mucho al hecho de que el planeta Neptuno estaba sobre mi Ascendente y comenzando a darle su energía a todos los planetas que tengo en el signo de Piscis, no olvidemos que Neptuno rige ese signo y eso es innegable. El efecto se notó rapidísimo, ya que formar parte de un elenco en donde había grandes compañeros artistas era para mí un gran honor, algo de lo que siempre estaré agradecido a mi compatriota, el director de teatro Walter Ventosilla, de quien aprendí mucho acerca de la actuación teatral. Otra buena parte de ser actor la aprendí de mi gran amiga Marisol, la misma actriz que me crucé esperando utilizar el baño en un teatro de Nueva York, sin saber lo que la vida me traería después. Ella, con sus consejos y críticas sobre actuación teatral, fue alguien muy fundamental en mi formación como actor. Lo otro lo puse yo de mi parte en leer, ver material audiovisual, ver otras actuaciones teatrales y, como siempre ha sido en mi vida, una constante, de manera autodidacta, yo solo contra todo el mundo y los elementos.

Comenzaron los ensayos de *Ollantay, Guerrero Inca*, y era algo especial, ¡a mi edad y yo estaba debutando en teatro y en Estados Unidos! En el colegio, en Perú, había hecho algo, pero nada serio, si acaso una que otra tontería, pero ahora esto era de verdad, y a mí me imponía mucho compartir escenario con gente que ya tenía un recorrido y una gran y vasta experiencia como Marisol, que de nuevo iba a ser parte de ese nuevo Ollantay. Los ensayos siguieron uno detrás de otro por varios meses, hasta que ya teníamos la obra lista, pero en especial recuerdo un ensayo en que habiendo faltado algunos compañeros, el director se dedicó a trabajar mi voz, mientras que Marisol, sentada a un lado de donde yo recibía esa especie de entrenamiento especial, logró oír mis cambios de voz y de pronto los dos dijeron al unísono: "Ya lo tienes, no lo pierdas, no lo dejes ir". Ambos se referían a las varias voces que había conseguido lograr para interpretar los diferentes papeles que requería la obra teatral. Aquello fue un ensayo para no olvidar, forcé tanto mi garganta que algo pasó con ella, no sé qué fue pero lo que sí sé, es que a partir de ahí pude hacer varias voces sin problema alguno.

Leí mucho acerca de actuación, dentro de las limitaciones de tiempo que yo tenía, vi muchos videos en YouTube de todo tipo de teatro, de teatro japonés, es decir el famoso teatro Kabuki, y varios más, ya que no quería defraudar, ni hacer algo mal hecho, tenía que ser lo mejor que pudiera dar de mí, y sobre todo darlo desde mi corazón. Hasta ahora no sé bien cómo hice para tener el tiempo de hacer todo aquello, tenía dos trabajos, los ensayos, la astrología y tantas otras cosas, pero yo estaba decidido a hacerlo y no había nada que me iba a hacer cambiar de opinión. A veces en los pequeños descansos de la cocina donde trabajaba, ensayaba al mismo tiempo, trabajaba mi cuerpo, lo entrenaba en función de lo que yo debería hacer en la obra de teatro. Por ejemplo, si tenía que cargar algo, algún peso, lo adaptaba a lo que yo tenía que hacer en la obra teatral, gestos, líneas, coreografía; nada podía dejarse al azar, todo debería ser perfecto.

Llegó el día del estreno en Queens, Nueva York, en un pequeño lugar que se improvisó para la presentación, no era el lugar pensado originalmente. Había que salir a hacerlo y hacerlo bien, nada de pendejadas, y una de las cosas que más recuerdo es que yo daba la señal para comenzar la obra, es decir, mi línea marcaba el inicio y eso era algo que me encantaba, nunca lo dije, pero fue así. Eso me daba como cierto poder, cierto control sobre todo, no sobre mis compañeros sino sobre todo lo que se iba a desenvolver, era como una especie de director más, pero dentro de la obra, y vaya que me había aprendido bien todo el libro. Cuando al comienzo de la obra teatral golpeaba el suelo con lo que representa el estandarte inca de Pachacutec, esa era la señal para que todo comenzara a girar en torno a esa señal, no en torno a mí, y eso era muy significativo. Ya había sentido esa energía cuando lo ensayábamos, y cuando llegó la hora salió igual, no, miento, ¡salió mejor! Fueron solo dos funciones de un domingo de diciembre, pero siempre vivirán en mi corazón, lo pude hacer, lo pudimos hacer, lógico, mis compañeros me sobrepasaban en experiencia, yo trataba de compensarlo con esfuerzo, trabajo, dedicación, disciplina y con amor y reverencia a este arte que me permitía expresar algo que yo tenía muy dentro de mí y que podía compartir con los demás.

Acabó la segunda función y ya yo estaba cansado, no diré exhausto, pero sí muy sudoroso, con una tremenda transpiración, pero feliz, lo había podido hacer. En aquella interacción con el público al final de la segunda presentación sucedió algo que me impresionó mucho. Un señor esperaba en el pasillo, al igual que otra gente que querían conocer a los actores, y estaba acompañado de su pequeño hijo de ocho o nueve años quizás. El hombre se acercó tomando de los hombros a su pequeño, que se encontraba delante de él, y me dijo:

—Felicitaciones a todos ustedes, qué buena obra, sabe que yo lloré en esa escena en que usted, como Pachacutec, corre de su presencia a Ollantay, de esa forma tan brutal, pero solo con la palabra hablada. ¿Y sabe por qué lloré? Porque me hizo recordar a mi padre ya fallecido y quien una vez me trató de esa misma manera, como usted lo hizo. Hoy día volví en el tiempo, viéndolo a usted actuar, a través del teatro, volví a sentir ese mismo sentimiento de rechazo, de desdén de mi padre hacia mí, por un error que yo cometí en mi vida, ¿qué le vamos a hacer, verdad? Así era mi padre, como lo eran la mayoría en nuestro país, muy severo, pero de nuevo gracias, y pues, si no es mucha molestia, mi niño quiere tomarse una foto con usted, ¿lo permite, no es molestia?

—No, claro que no, encantado de hacerlo.

Fue lo mismo me había pasado en la actuación del Inti Raymi en la iglesia Saint Marks de Manhattan, en donde el vestuario era más llamativo, más real y atraía más a los niños, que me imagino que lo veían a uno como algún tipo de superhéroe, digo yo, en mi caso personal. Por muy cansado que yo estuviera siempre supe que me debía al público y esas son cosas que yo siempre oí decir o leer en entrevistas de gente tan célebre en el mundo del espectáculo como Jorge Negrete, Pedro Infante, Fernando Soler o Anthony Quinn. Si esa gente que habían sido unos monstruos de la actuación podían compartir con su gente, con su público sin incomodarse, entonces, cómo no íbamos a poder nosotros por muy cansados que estuviéramos corresponder con una foto, una atención al público que muy gentilmente nos apoyó con su presencia y su aporte económico, ¡faltaba más!

Estaba ensayando teatro y de pronto llegó el amor, así de golpe y sin avisar. Ya ni ensayando teatro se está seguro, ¡carajo!, pero es que esos ojos, esos ojos, ¡qué linda es esta mujer! ¿Quién la envió?

57

ÉXITO Y DESPEDIDA DEL TEATRO

EN 2011, ENTRE DEBUT HISTRIÓNICO Y ESCRIBIR ESTE LIBRO, TAMBIÉN estrené un blog, que al principio no fue sobre temas astrológicos como se volvería después, y lo hice con la idea de seguir escribiendo y darle continuidad a mi primer libro. Después, un gran porcentaje de los artículos lo convertiría en un blog astrológico, lo cual no me incomoda para nada. Gracias a mi amiga, a quien llamo la Pitufina Azul, ya que la realización de mi blog personal fue obra de ella por completo, lo hizo ella sola.

Después de la obra *Ollantay* vino una genialidad que se le ocurrió a mi amiga Anita, directora de Abya Yala, que fue hacer en la ciudad de Nueva York una representación de un Mercadito del Pueblo Peruano, pero en Manhattan, lo que me pareció muy buena idea y nos pusimos manos a la obra, de nuevo todo como siempre con la agrupación Abya Yala, un trabajo comunitario, de todos y para todos, y así siempre, fue cada uno aportando su granito de arena para lograr el producto final. Así se hizo el famoso Mercadito del Pueblo y en donde volvió a la vida el inolvidable personaje de la televisión peruana, el Guachimán Pacheco, yo no soy así, pero de eso se trata, de ser quien uno no es cuando se actúa. Está de más decir cómo salió todo, fue un éxito rotundo, todos, absolutamente todos cumplieron e hicieron muy bien sus papeles, y todo fue tan informal como espontáneo. Tenía razón Teresita, nosotros ¡tenemos muchos actores no descubiertos entre nosotros! Solo esperando el momento oportuno para salir.

De Perú continuaba sin saber nada, de hecho no había contacto con nadie de mi pasado, mis padres son fallecidos y mucha de mi familia está en Estados Unidos, pero eso nunca ha hecho que yo me olvide de dónde vengo y de quién soy, por tanto, nunca dejaré de ser peruano, lo seré hasta el día en que me muera. La desconexión como quiera ha sido grande, aunque esta situación cambiaría más adelante con la llegada de la tecnología digital, que traería consigo el reencuentro en línea con tanta gente del pasado, unos familiares, otros de la época de estudiantes o de trabajos anteriores. Uno se va de Perú, pero el país nunca se va de uno, de eso no me queda ninguna duda. Desde acá así he podido ayudar muy pocas veces cuando se ha necesitado, siento mucho el no haber podido hacer más por ayudar a mi gente, a mis familiares que quizás han estado esperando alguna ayuda, el corazón quiere hacerlo, pero la realidad de la vida misma no nos lo permite muchas veces. Si debo ser reflexivo en algún momento de este libro, lo seré ahora, en este momento, que no se crea por si acaso que nunca he tenido por ahí un mal pensamiento, un mal deseo o una mala intención, que aunque reñida con mi forma de ser, nunca he permitido que se expresara. El mal puede querer empozarse en nosotros, en nuestra alma, pero somos nosotros los que le permitimos si así lo queremos, verlo progresar, crecer, la maldad está muy presente en la vida, en todas partes, pero debemos oponernos a dejarnos vencer porque ese veneno espiritual, si lo dejamos, se asienta en el alma y el corazón.

    En este punto de mi vida y con una Luna transitando por el signo de Capricornio, o sea por mi Casa 12, me pasan tantas cosas por mi cabeza. Aparecieron varias mujeres en mi vida, y yo ¿qué les podía decir? No porque no me gustaran, sino porque yo no tengo nada que ofrecer, si ni papeles tengo. Lógico, no es que yo viva una mentira, pero se entiende que uno vive de esta manera porque no hay otro modo, y me imagino que cuando muchas de ellas lean y vean este libro y de lo que se trata, no solo ellas, sino otras muchas personas se alejarán de mí sin pensarlo dos veces. No gano nada pensando en eso, lo que hago, escribir el libro, es algo que debía ser escrito y eso es así, es algo que va más allá de uno, es una obligación moral conmigo mismo hacerlo. A veces, más que todo en el tiempo pasado, me ha embargado en este país ese gran sentimiento de soledad y vacío, de que nada tiene sentido, pero aun así, es cierto. En una ocasión alguien en el trabajo me dijo cuando entre todos nos echábamos bromas:

—Pero tú no tienes de qué preocuparte *brother*, tú no tienes a nadie, nadie te va a extrañar, ¡nadie te va a llorar cuando ya no estés más!

"¿Y para qué carajos quiero yo que me lloren, pendejo, si el jodido mundo ya se encarga de eso, o no", pensé para mí. Me quedo con esa broma, con ese chiste, que es la puta realidad, solo Dios sabe, sigamos adelante entonces, hasta donde Dios nos preste vida. Solo contesté:

—Ahí sí, para que veas que no te puedo decir nada, tienes toda la razón mi querido, mi querido, mi querido (recordando al gran comediante peruano Melcochita), ¡cejas de coyote!

No me iba a quedar callado, si soy de la tierra de Augusto Ferrando y el gran Sofocleto, dos reyes del arte de ¡poner "chapas" (apodos) en el Perú!

—¡Vete pa'l carajo, Carlos! —contestó, mientras toda la cocina estallaba de risa por el apodo tan insolente que acababa de soltar yo.

—Lo siento, no lo pude evitar, ¿qué quieres? Si me mataste con lo otro, ja, ja, ja, no me iba a quedar callado, ¿verdad?

A veces me pregunté por qué escribía todo esto, o quién me manda hacerlo o cuál era la motivación principal, porque una motivación debía haber, y pienso que solo debe ser Dios, porque si no fuera por Él yo no lo hubiera hecho. Vine a este país en las condiciones que vine, sin papeles, sin nada de nada, con esa energía que hay en mi propia carta astral, que es una energía de esclavo, o de una gran restricción personal en todo caso, viniendo de nuevo al mundo a través de una Casa 12, para salir finalmente de esta "prisión" en esta reencarnación. Entonces yo debía comprometerme de alguna manera a tratar de terminar con todo este abuso y explotación social que de alguna manera se vive en Estados Unidos. Un mínimo aporte era requerido y yo he hecho mi parte, ser un Espartaco que, a través de un libro que quizás nadie lea ni le importe, dijera lo que otros no pueden decir por falta de tiempo y otras razones, esa es mi misión, mi servicio hacia los demás que están en las mismas condiciones de desventaja ante la sociedad. Debía contar al mundo mis experiencias y las de algunos otros que nos mantenemos en las sombras de la ilegalidad. Pienso así, si no, cómo explicar que haya sobrevivido lo que he sobrevivido en mi país y aquí mismo, de hecho, si fuera por accidentes ya no debería de estar en este mundo. Desde hace mucho tiempo me di cuenta de que nada es casual, todo tiene un propósito, una razón de ser, que no la entendamos es otra cosa. Si yo no hubiera venido a Estados Unidos en la forma que vine y en las condiciones que llegué y que sigo, no hubiera escrito este libro, de eso yo creo estar seguro. Mi propia carta astral me lo mostró, pero no, llegué aquí y sin documentos por algo, hay una razón para que esto fuera así. Es curioso pero no tener lo que otros sí tienen, lo que a mí me hace falta, me impulsó, me dio ánimo y me lanzó a escribir. Soy, en la opinión de un amigo, no solo un cronista del siglo XXI, sino también un comentarista del tema de la ilegalidad en este país, de mi realidad que es similar a la de millones de hermanos que están en la misma situación. Sé que no soy ni seré el único que escriba un libro sobre el tema, pero a todos los que nos compete esto debemos hacer nuestra parte, y habrá otros que sean más brillantes y aptos intelectualmente que yo, pero eso no me preocupa, yo tuve que hacer lo que tuve que hacer.

Paso ahora a compartir el caso de Yulia, una mujer que conozco y reside en Nueva York, una madre divorciada cuya hija ya se casó o en todo caso tiene su novio y vive con él. Yulia vive con su mamá, le heredó la belleza física a su vieja ya que tiene un cuerpo precioso con sabor al Caribe. A Yulia le gusta escribir de todo, ensayos y poesías, también garabatea cosas, pinta y hace cerámicas, no es tan joven ni vieja, ni le atormenta la edad como a tantas de su generación. Para ella atrás ya quedaron los días del alcohol, la degeneración, el desenfreno sexual, los novios —casi todos traficantes de droga o vagos—, las noches de juerga, según ella, llegaron a su fin. Yulia cuando puede viaja y recorre el mundo, mejor sola que mal acompañada: "Mejor lo hago así porque si espero que alguien rico me lleve, me quedo con las ganas", le había confiado a una de sus amigas. Estudia, viaja cuando puede, tiene sexo cuando le gusta un tipo ¡y ya!, vamos a la cama, está bien, es su vida y además, ¿quién le va a decir lo que ella tiene que hacer? Atrás quedaron las dudas, las inseguridades, los miedos, los traumas del pasado, los esqueletos del ayer, que siempre nos quieren perseguir a todos, y entonces ella, como al menos está tan pendiente de esto, los exorciza de cuando en cuando, y así los mantiene a raya. Ya no hay más lágrimas por algún idiota que no se las merezca, por ningún hijo de puta que juegue con su amor, ya no llora más por lo que no pudo ser y que ya se fue de su vida, no más de soportarle mierda a la gente, no más de subir a pesarse e importarle si subió una libra o más, ¿a quién carajos le importa eso, a mí no? Ella, claro, ¡es una anglosajona más! Ella ahora es solo como es, como la imagen que le devuelve el espejo y que ella ahora acepta de manera jocosa y sin sentirse mal consigo misma, nada más de complejos de culpa y de pensar en complacer a ningún hombre, o a los pocos hombres que nomás encuentra, es la verdad, ¿o no? No abundan.

En una ocasión entré a una pequeña tienda de comestibles de un barrio pobre en Nueva Jersey, una zona en donde conviven hispanos, negros, filipinos e hindúes y uno que otro blanco que se perdió su tajada del pastel del sueño americano y que, como dicen los mexicanos, "no la hizo", o sea, no triunfó. Algunos compran café, cigarrillos, otros solo están jugando sus últimos billetes a ver si aciertan algún premio de lotería, de esos famosos "raspaditos", en eso se ha convertido la vida para muchos, ¡en una raspadera ni más ni menos! Ya no hay esperanzas de nada, ni fuerza ni ánimo para trabajar, solo para ir a la tienda, jugar lotería y rascar los "raspaditos". En aquel tiempo, un amigo se fue a su país de origen por vacaciones, pero se negó terminantemente a decir en qué fecha volvería, algo por lo que con frecuencia muchos se ofenden, se indignan, pero la realidad es otra y muy diferente, no es arrogancia. Lo que pasa es que desde hace tiempo mucha gente de mierda, gente metida en el mundo de las drogas, intercepta las comunicaciones telefónicas en los países de uno, con el aval de las autoridades obviamente, y eso pasa en muchos de nuestros países de Latinoamérica, y se averiguan quiénes son quienes han ido allá de visita y se aprestan a volver a sus países de residencia. Cuando regresan a Estados Unidos, mucha gente no sabe la fecha y sí la saben no lo mencionan, ya que algunos de estos delincuentes que escuchan las conversaciones, se enteran por adelantado quiénes vuelven y a qué ciudades, y entonces los muy hijos de puta les siembran paquetes de droga en el equipaje, para de esa manera meter su mercancía en los países que pretenden inundar con su ilegal negocio. Se ha sabido de casos de gente inocente, no toda obviamente, que ha caído detenida, pero no son responsables pues alguien les ha hecho una maldad, se han aprovechado de su ingenuidad, y después ¿quién prueba la inocencia de ellos? Y así, mucha gente inocente, que no tenía nada que ver en el mundo del narcotráfico, queda presa sin deberla ni temerla, por eso dicen por ahí que la justicia humana es imperfecta, porque se equivoca y mucho, bueno, ¿no dicen que además es ciega?, no se equivocaron entonces.

Por este tiempo estuve trabajando en un restaurante nuevo que abrieron, pero como ya no quería trabajar con otro nombre ni con papeles chuecos (léase falsos), entonces tomaba la opción de jugármela con los empleadores, es decir, mencionarles la verdad de mi situación legal. Si son buena gente, me aceptan para trabajar sin ponerme en la nómina de pago, o sea pagándome con dinero en efectivo. Cuando se negaban a aceptarme así, seguía mi camino tocando más puertas. El riesgo, que ahora es más obvio y visible que antes, es que si te aceptan sin papeles, a la larga o a la corta, no va a faltar algún hijo de puta que te quiera explotar y amenazarte con descubrirte a las autoridades si no les trabajas prácticamente gratis o por lo que ellos quieran pagarte, además de pagarte cuando a ellos les dé la gana. Eso, lógico, que es un abuso de parte de estos sinvergüenzas, el saberse conocedores de un secreto tuyo que tiene que ver con tu estatus legal, y hace que buena cantidad de empleadores se aprovechen y pretendan tomar ventaja del trabajo de uno, e incluso cuando llega el momento de pagar te lloran mucho, te dicen miles de cuentos, te lloran mares para pagarte, se quejan siempre, o siempre te dicen que en la cocina todo está mal. Salen con excusas como que nosotros nunca cocinamos bien, solo "regular", así hay mucho hijo de puta que nos vende con esa fama. Por supuesto que no les conviene darte crédito por tu trabajo pues piensan que ya mismo uno les va a pedir un aumento de sueldo, en fin, creen que venimos aquí a que se burlen y nos exploten impunemente. En realidad nosotros valemos lo mismo que cualquier trabajador, no existe una regla en donde se midan a todos iguales, por eso se perpetúa el abuso y la explotación, y lo que es peor, cuando esta misma situación viene de parte de alguien que vino aquí igual que uno, es decir, indocumentado. Esa es la peor gente dentro de la comunidad inmigrante hispana, los traidores y vendepatrias, en una palabra, los arrastrados, que ahora por circunstancias del destino ya tiene un buen trabajo y alguien les ayudó a conseguir papeles. Entonces estos hijos de puta ya se creen estadounidenses, se sienten superiores a sus hermanos de raza, así piensan y sienten estos miserables, ya no se acuerdan, se han olvidado de lo que fueron un día, pero la vida da muchas vueltas, nunca olviden eso, arrieros somos y en el camino andamos.

Otro caso que quiero compartir es el de Ramiro y Mónica, una pareja que conocí en uno de los tantos restaurantes en que trabajé en Nueva York. Ramiro estaba solo en este país. Después conoció en una cocina a Mónica, una mujer casada, pero cuando hay amor el matrimonio, es solo un inconveniente, ejemplos hay varios. Ella tenía papeles, Ramiro no, va ganando uno a cero, la legalidad sobre el amor. Al comienzo ella no le correspondía, pero después, como los gatos, se fue acercando de a pocos, pasito a pasito como el vals peruano. A cada piropo o palabra galante que él dirigiera, ella contestaba:

—Cállate estúpido, te he dicho que soy una mujer casada, ¿no escuchas o qué? No te pases de fresco conmigo. ¿Qué miras ahora, baboso?

—Yo solo contemplo tu belleza y con eso no hago nada malo, no te ofendo, ¿o sí?

—Ya te he dicho mequetrefe, que de esta agua ¡no has de beber!

—¡Eres muy linda!

—Ni en mis peores pesadillas se me ocurriría fijarme en ti, ¡pobre pelagatos! ¡Tengo malos ratos, pero no malos gustos!

—Tú me gustas, desde que te vi la primera vez.

—¡No insistas rastrero! ¡Gorgojo, alimaña, insecto, crustáceo, animal rastrero!

Resumen de esta historia y de tanto insulto, al cabo de algún tiempo, por fin Ramiro pudo trabajar, tanto y tanto que al fin pudo lograr su licencia, sí, ahora ya él podía manejar un auto, ahora sí podía ir por donde él quisiera. Ah, me olvidaba, sí, ¡Ramiro y Mónica se casaron! Parece mentira, y sobre todo después de oír ese tipo de diálogo —hay que llamar de alguna manera a tanto insulto que ellos dos solo podían sostener—, como dice el dicho: "Dios los cría y ellos se juntan". Así es la vida, tiene sorpresas. Se casaron y la verdad no sé si fueron felices finalmente, pero algo es seguro, aquello que los unió debió de ser una cosa muy fuerte e intensa. Por un lado varios hechos desencadenaron el cambio de mentalidad, por ejemplo Mónica descubrió que su esposo le era infiel, y eso ciertamente abrió una puerta grande por donde tuvo oportunidad Ramiro de ingresar. Sí, el marido de Mónica le sacaba la vuelta, o sea, le ponía los cuernos, y al parecer con su misma hermana o prima de ella, es decir todo quedaba en familia. El escándalo fue grande y entonces a Mónica no le quedó otra opción que divorciarse, y como de improviso aquel "perro, rastrero, inservible, pobretón e inútil" de Ramiro, está bien, ¡no lo voy a defender más!, pasó a ser de ahora en adelante y como por arte de magia su nuevo príncipe azul, sí, aquel que era solo un pobre y simple cocinero para ella alguna vez. Parece que tuvo efecto lo que una vez Ramiro le dedicó en una tarjeta de Navidad a Mónica, en esas actividades que suelen tener lugar cuando se acercan las fiestas de fin de año, fueron solo unas líneas, pero el tiempo era propicio: «Para cuando te des cuenta de que yo te amo de verdad, sin condiciones y que siempre te estaré esperando». Sí, funcionó con efecto retardado, pero funcionó al final.

Hablando de nuevo al tema de mi paso por el teatro, luego de hacer el Mercadito, en 2014 volvió a surgir una posibilidad más de hacer una obra teatral con mis queridos amigos de Abya Yala, sería a la postre mi última participación artística con ellos y la que nos llevaría sin pensar a todo el grupo hasta Washington D.C., la capital de esta nación. Aquella obra fue inolvidable, tuvo por nombre *Todavía somos*, y se basaba en un poema del gran escritor peruano Don José María Arguedas, el mejor de todos en mi modesta opinión, o como escuché decir alguna vez a César Hildebrandt refiriéndose a él: "No se puede conocer el Perú sin leer a José María Arguedas", mejor descripción que esa, ¡imposible! Se comenzaron los preparativos, la fecha elegida era noviembre del 2014 en un lugar céntrico de la ciudad de Nueva York, fueron un par de meses de ensayos fuertes y sobre todo de acoplamiento con la parte musical, gran trabajo de mi hermano Benji Rosen, un boricua pero más peruano que el ceviche y el pisco sour, pero todos, en general, todos en Abya Yala dieron los mejor de sí, como siempre, porque si algo no alcanza en la actuación, se lo suple con el corazón, la pasión y el amor por el arte. Se acercaba el día y también, como generalmente pasa en la vida, el destino me tenía preparada una sorpresa extra. Ya un tiempo antes en aquel mismo año, yo había tenido la posibilidad de compartir con mi querida tía Bernabita, la única hermana de mi madre que yo conocí, ya que ella ya vivía acá hacía un buen par de años. Menciono esto porque antes que se diera el debut de *Todavía somos* en la ciudad, me tocó ver a mi tía en una reunión familiar, una de las pocas que nos permitía el tiempo, el trabajo, la distancia y también la plata, ¿por qué no decirlo si es la verdad? Fui a aquella reunión familiar, mi tía estaba muy decaída físicamente, es doloroso cómo el tiempo nos quita todo, nuestra salud y nuestras facultades, y nos hace irreconocibles para la gente que nos amó siempre. Para mí fue muy duro, muy doloroso ver que ella ya prácticamente no me reconocía, y no solo a mí, a toda la familia, de vez en cuando a mi prima, pero en fin, no debo profundizar en cosas que puedan herir a mi familia. Haber visto a mi tía, aun en esas condiciones, fue de alguna manera una despedida con ella, ya que la víspera del debut de nosotros con la obra teatral *Todavía somos*, mi querida tía Bernabita falleció. Fue todo, como lo es la propia muerte, un golpe, una conmoción, que quizás uno puede decir que se espera, pero nunca quiere que llegue. No dormí nada aquella noche, había trabajado regularmente, ensayando mi parte individualmente, y luego al saber la noticia, ir al encuentro de mis queridas primas y demás familiares, había que ir a despedir, a dar el último adiós, a la querida tía. Solo avisé por teléfono a mis amigos de Abya Yala, y de nuevo fui solo al apartamento a bañarme y cambiarme, y de ahí tomar mi vestuario para la obra teatral y salir directo al teatro en Nueva York. Llegué al área y me acordé de que aún no había comido, crucé la calle donde hay un comedor que permanece abierto las 24 horas del día. Pedí bastante café y luego una hamburguesa, con eso podía sostenerme un par de horas y mientras repasar el texto de la obra. Llegó la hora para el ensayo general y yo estaba al frente del local, pagué y me fui. Salía cuando de pronto una fuerza enorme me atrajo para darme un fraternal abrazo, era Jorge: "Lo siento mucho Celeste (por mi equipo el Sporting Cristal), ¡fuerza, hermano!" Jorge era el esposo de Patricia, otra integrante como él de Abya Yala, quien había ido al lugar a tomar un café. Nunca olvidaré ese gesto de aquel gran amigo, aquello me dio ánimo, yo lo que menos quería era hacer era teatro y en esas condiciones, pero no podía tirarme para atrás, fallarle a mis amigos compañeros de actuación, a la obra, al público, a Arguedas, no, el *show* debe continuar como bien dice la legendaria frase teatral, que en esta ocasión yo probé en carne propia y que fue muy cierta. Hay que salir al escenario como el payaso, riendo por fuera, así el llanto nos inunde por dentro, así es este gran guiñol llamado vida. La obra debía seguir su curso, yo la debería hacer y se la dedicaría a mi querida tía Bernabita. "Voy a imaginarme que ella y mi madre estarán en primera fila disfrutando la función y entonces, esto que yo haga esta noche será para ellas dos, sí, ahora sí puedo, así sí", decía mi cabeza por dentro, aquietando mi corazón. Entré al lugar y todos me saludaron, todos mis compañeros de actuación, eso fue algo extra de energía, pero se los agradecí, se siente cuando cada uno te da lo que tiene de su corazón, y cuando algunos no tienen nada qué dar también se siente sin duda. ¡Gracias a mis queridos amigos! Cambio de vestuario y todos listos para salir a escena.

—Allá afuera hay nueve Mantillas— me dijo la directora de la obra teatral, y yo solo la miré, pensé que debía haber un error, no hay tantos Mantillas en Estados Unidos, en todo caso no de mi familia.

—Solo lo decía para que no te sorprendieras al salir a escena —reiteró.

—Gracias Anita—, y me dije, si vinieron mis muertos esta noche al teatro, entonces, sí con seguridad son muchos, ¡más que nueve!

Íbamos a salir a escena y alguien exclamó, "¿Para qué me pongo a hacer este tipo de cosas?" Alguien más dijo, "¡Eso se piensa antes, muévete!"

Salí a escena y no miré a nadie, así actuó yo, soy solo yo con mis pensamientos, mis emociones, mi ser, corrección, no soy yo, los de mi personaje, que yo ya he creado con anticipación como si fuera un orfebre, o artesano, no soy yo, es una obra propia, con vida y energía propia. Siempre he actuado así, soy autodidacta por naturaleza y aquí no fue la excepción, me guio mucho por mis instintos, no dejo que la gente me desconcentre porque en primer lugar yo no me enfoco en ellos, ellos de alguna manera no existen en mi radar mental, sensorial, están pero a la vez no están. Las que sí estaban eran las dos personas que mi imaginación traía de nuevo a la vida y con butacas privilegiadas: mi madre Fabiola y mi tía Bernabita, las dos sentadas en primera fila, sí, miré de reojo, ellas dos estaban sentadas ahí.

Culminó la obra y se cerró todo con una gran fiesta popular en donde participó el público espectador. Fue lindo ver tantos rostros de tantas buenas amistades, fue algo tan especial actuar, pero esta vez con un componente extra: actuar también esta vez de alguna manera sin proponérmelo desde el dolor, desde la experiencia de la muerte, de la partida de un ser amado que fue parte de mis más queridos recuerdos, de un pedazo de tu vida. Eso fue algo que nunca había experimentado, pero sí las sensaciones que recorren tu cuerpo, tu espíritu, tu alma, al hacerlo son únicas, y no se pueden explicar con palabras, sin duda, y que nunca olvidaré mientras viva. De entre el público, como en toda obra, había gente de toda procedencia y de diferentes lugares, y esta vez con la obra *Todavía somos*, no fue la excepción. Entre las personas que vinieron aquella noche a ver la obra basada en el poema de Arguedas estaba gente del Museo Smithsonian, que le propusieron a la directora de la obra y fundadora de Abya Yala, Anita Noriega, participar en el evento del próximo año en Washington, D.C, el cual iba a ser dedicado al Perú. Ella nos compartió la noticia a todo el elenco en una reunión posterior, en donde todos celebramos la buena nueva. Es interesante, pero todo pasa por algo, esto fue muy fortuito, ya que por lo general lo que siempre se había hecho, o yo en todo caso siempre había hecho con Abya Yala, era solo para una sola presentación, así que esto rompió todo lo anteriormente hecho antes, ya que incluso luego de presentarnos en la capital de este país, volveríamos lógicamente a Nueva York, pero para rematar con broche de oro la misma obra en el Museo de Queens, en Flushing Meadowlands—Corona Plaza, el sitio de un popular parque público. Sí, esta obra tenía magia, mística, algo especial, ¡no es casualidad que la hicimos tres veces!, más de lo que acostumbrábamos a hacer en el grupo ¡y en qué lugares! No se podía pedir nada mejor, y también para mí en lo personal, ¡qué despedida de la actuación! Despedida que nunca busqué y que se dio como mi entrada al mundo del teatro, de manera casual, aunque como yo digo, siempre todo cambia de un minuto al otro, y quién sabe, quizás algún día vuelva a la actuación teatral. Actuar es algo que uno tiene dentro y que nunca nos abandona, nunca muere. El arte hace mejor a las personas, es terapéutico, cura el alma y el espíritu, sirve a muchos para vencer su timidez natural, el miedo a hablar en público, para darnos soltura y hasta para conseguir novia, ¡seguro que sí! ¡La de actrices guapas que abundaban por ahí! Aquella obra teatral marcó sin querer mi vida, yo que soy un inmigrante sin papeles que pudo tener la posibilidad de poder viajar a la capital de Estados Unidos y ver, aunque sea de lejos, la Casa Blanca, donde estaba el presidente de la nación más poderosa del planeta. Estuve más cerca del monumento de Washington, caminé y caminé mucho por esos lugares con una Pitufina Azul que me encontré ahí, y que se le había escapado a Gargamel; ¡Gargamel aparecería después! Gracias a Dios, a mis queridos amigos de Abya Yala, a todos mis compañeros del arte con quienes compartí inolvidables momentos al presentarnos en Manhattan, el Museo Smithsonian y el Museo de Queens. Fue demasiado honor para este humilde y modesto ilegal que solo quiso ver qué podía ser capaz de hacer sobre un escenario cuando un día le propusieron actuar, espero sinceramente haberlo hecho bien. Siempre traté de ser buen compañero, de dar lo mejor de mi hace muchos años cuando acabé de hacer uno de los Inti Raymi al inicio de mi experiencia actoral. Alguien que también participó con un pequeño papel se acercó y me dijo:

—Lo felicito mi amigo, usted puede actuar, disculpe si antes quizás lo miré mal, pero cuando vi que a usted lo escogieron para hacer ese papel, me incomodé, un poco; pensé para mí, pero si yo soy cuzqueño, por qué no me lo ofrecen a mí. Pero usted me ha demostrado con su actuación de hoy, que usted merecía hacerlo, lo hizo mucho mejor de lo que yo hubiera podido, ¡lo felicito en verdad!

—No hay de qué, amigo— le dije dándole la mano.

Así también me pasó con *Ollantay*, después de aquellas presentaciones dobles, alguien me dijo palabras muy parecidas, no hay nada qué disculpar, me alegro de que en aquel entonces los convencí con mi trabajo actoral y demostrar que lo que hice lo hice de corazón y de la mejor manera. Gracias porque confiaron en este servidor, creo no haberlos defraudado.

Algo que yo quiero mencionar y de lo que me gustaría dejar constancia, es que la gente —y aquí me refiero a de mis hermanos indocumentados e inmigrantes en general— debería darse una oportunidad de conocer si les gusta algún arte y si pueden desarrollarlo, sé que no es fácil, soy el primero en reconocerlo, pero ¿saben algo? Bien vale la pena hacer el esfuerzo, en verdad se los digo, lo que hace involucrarse en el arte no tiene cómo pagarse, te cambia la vida, te nutre el alma y el espíritu, una vez que lo pruebas, que lo experimentas nunca más quieres dejarlo, te hará conocerte como nunca nadie lo ha hecho y sobre todo podrás expresar tu sentir, tus emociones, tus sentimientos, tus miedos, tus fobias, todo lo podrás volcar hacia fuera de ti, transformarás lo feo de tu vida en algo lindo, serás un alquimista, pero de verdad, no de libro. Una vez dijo el gran Christopher Reeve, el recordado actor de la cinta *Superman* en la pantalla gigante cuando el gobierno intentó recortar fondos dedicados a las artes. Él se expresó, habló y habló muy bien: "El arte no es un lujo, señores, es una necesidad para el ser humano, no es un lujo o algo para una élite, le hace bien al hombre y a su espíritu". ¿Y quién podría contradecir al Hombre de Acero?

58

Si he pasado las que he pasado...

Anteriormente me referí a la publicación de mi primer libro pero aún no he compartido en más detalle su publicación en la ciudad de Nueva York. Este, mi segundo libro, en realidad lo comencé a escribir una semana después de la publicación del primero, en octubre del 2013. Fue una época en la que simultáneamente ensayaba teatro, escribía este libro y trabajaba, así que si me preguntan cómo se puede hacer todo esto al mismo tiempo, la verdad no sé, solo es seguir adelante, como pedalear en bicicleta, si te detienes te caes, de eso no tengas duda, ¡así que sigue pedaleando! Eso es todo, no hay receta o fórmula mágica, solo se requiere trabajo, disciplina y constancia, pues si seguimos haciendo siempre lo mismo y esperamos resultados diferentes tal vez estemos locos. Todo en la vida cuesta un precio, nada es gratis, y para ser sinceros no hay nada que se compare al sabor que se siente por obtener algo por lo que se ha trabajado fuerte, esa sensación no se compara con nada, tiene una satisfacción muy particular.

El lanzamiento de mi libro *Mi opinión (Actualidad mundial en los ojos de un inmigrante)*, editado por Urpi Editores, se realizó en el otoño de 2013, y la presentación fue a comienzos de octubre en La Feria del Libro Hispana/Latina de Nueva York que la organiza el Centro Cultural Hispano/Latino de Nueva York, evento del que está a cargo el amigo Juan Tineo, una figura conocida en el ambiente literario de la Gran Manzana. Esta feria se ha brindado al público desde 2006, y representa una ventana para que todo aquel nuevo escritor pueda presentar sus materiales y darse a conocer en la comunidad.

Aquella primera semana de octubre del 2013 en realidad no tenía ni la más remota idea de lo que debía decir una vez estuviera en el estrado compartiendo lugar con otros escritores en aquella feria neoyorquina, con gente que tenía obviamente más experiencia que yo, pero ya había hecho teatro y esa experiencia me daba mucha desenvoltura y conchudez, nos hace sinvergüenzas en el buen sentido de la palabra. Desconocía la dinámica de estar entre escritores y poetas, y en verdad que es un círculo muy especial, algo que percibí tiempo después cuando, al presentarme en otro lugar para hablar de mi libro al público, alguien a quien siempre le gusta poner la etiqueta de escritor a todo aquel publica un libro, a mí solamente me presentó como "el peruano Carlos Anaya Mantilla". Me parece bien, mejor el gentilicio, que ya dirá la gente cuando me lea si soy o no soy escritor.

Llegó el día de la presentación en la Feria del Libro Hispana/Latina de la Ciudad de Nueva York, y tuve que hacer algo que no me agrada mucho: relaciones sociales. Sin embargo, valgan verdades, hay gente muy agradable, y siempre la vida y la realidad nos enseñan cosas interesantes. Es buena la interacción entre los humanos, no somos hongos. Me tocó hablar entre dos expertos en pontificar sobre lo que es correcto o no, y bueno, qué se le va a hacer, ahí estaba yo rodeado de Júpiter y de Neptuno, por solo citar dos deidades muy acordes a mis acompañantes. Llegó el turno de subir a la tarima a presentar mi libro, mi editor me acompañaba, aunque él no subió, lo único que le dije fue al preguntarme si yo me sentía bien. "Sí, me siento bien, en realidad me siento como en *Ollantay*, pero sin los piquichakis", y fui a la tarima. Comencé a hablar desde el corazón, no había preparado nada, ni discurso ni nada por el estilo, como quiera no era la presentación del Premio Nobel, ni yo había ganado el Nobel como Gabriel García Márquez o Mario Vargas Llosa, así que solo dejé que todo fluyera desde dentro de mí hacia afuera. Había que ser como siempre he sido, lo más natural posible, claro, honesto y sincero, que la gente sabe cómo es uno, no se le puede engañar, sabe quién es quién. Hablé de la experiencia de cómo nació mi libro, de una indignación, de que nunca pensé originalmente en hacer un libro, de cómo tuve que reescribir todo de nuevo y que el material publicado era tal y cual lo había enviado al editor de *El Diario/La Prensa*, es decir, mi pensamiento sin filtros ni purificación ninguna. Hay que recordar que mi primer libro es una recopilación de mis columnas de opinión que enviaba yo de forma voluntaria a ese periódico, y luego surgió la idea de editarlos como libro para una mayor difusión. En un momento de la presentación en donde sí fui muy consecuente conmigo mismo, en realidad lo soy siempre, no sé ser de otra manera, fue cuando tomé el libro con una de mis manos y mostrándoselo a la gente dije, "Este libro también es por y para todos esos muertos que ya no están aquí, para todos mis seres queridos que me quisieron bien y que ya no están más en este mundo, pero que es mentira, porque yo sé que sí están ahí, entre ustedes, sentados ahí, en primera fila". Yo me había propuesto decir algo así, era necesario o a lo menos yo lo sentía así, era algo de justicia, justicia para ellos, porque este libro es para aquellos que me ayudaron a que esto fuera posible de una u otra forma, un homenaje a los muertos, a mis muertos. Algunas personas quizás me miraron raro, la verdad no recuerdo, no me importa, nunca me ha importado la opinión de la gente, y si alguna vez lo hice no me acuerdo. Debe de haber sido hace mucho tiempo, eso no me compete, como decía Don Luis Ortega, la pluma maravillosa de Cuba: "No me interesan los halagos, no me preocupan los insultos". Cuando acabé de hablar y me bajé de la tarima se acercó alguien a quien la misma feria había homenajeado tiempo atrás, se acercó y al darme la mano, me felicitó:

—Felicitaciones, muy bien hablado y buen libro, Carlos.

—Muchas gracias, es un honor escuchar eso de usted señor, mil gracias.

Bajé de la tarima y me acomodé en mi sitio respectivo y ¡a tratar de vender libros se ha dicho! El primero que vendí fue para mi amiga Rina Soldevilla, una escritora y compatriota, un ser humano muy especial, a quien le agradezco haber ¡apadrinado ese primer libro mío! Era mi compañera de mesa y así pasó el tiempo, en una entretenida charla.

Otra presentación del libro se celebró el 23 de octubre, y para mí fue estelar y tan especial para mí que hasta vestí de traje, había que arreglarse, ir bien vestido, tan así fui que hasta el editor me preguntó: "¿Vas a lanzar un libro o te vas a casar?" Si, la ocasión era seria, uno no lanza un libro todos los días, ¿verdad? Otros amigos me dijeron: "Tú solo preocúpate de hablar de tus libros, de divertirte, de disfrutar el evento y el momento; nosotros nos vamos a hacer cargo de todo lo demás, de la venta de tus libros, de recibir a la gente, de servir lo que hay para que piquen y beban, así que tú tranquilo, relajado, solo enfócate en lo tuyo". Así es Anita Noriega, así es toda Abya Yala, ¡puro corazón! Doy mil gracias a mis amigos, nunca podré agradecer lo suficiente lo que hicieron todos ellos por mí. Aquella noche especial, tuve a la gente que más quería en mi corazón, no estaba mi hermano, no me acuerdo si lo invité o no pudo ir, o si no nos habíamos vuelto hablar gracias a mi querida cuñada, lo cual es una estupidez, porque uno nunca debe permitir que otra persona se interponga en el cariño entre dos hermanos. Mi querida sobrina Eileen tampoco estuvo, ella quería estar, pero su pequeño niño estaba recién nacido y yo le prohibí que viniera: "Ya habrá otra oportunidad en donde podrás acompañarme, ahora está frío y el niño es pequeño y se te puede enfermar, no te preocupes, Eileen". Esto fue algo parecido a mi primera vez actuando en el Inti Raymi, ya que no había nadie de mi familia, y para colmo se perdieron Sandra y Melva, mi maestra de astrología, la gente que yo quería, nadie de mis afectos me vio debutar en teatro, estuve triste, pero nadie lo notó. De ahí en adelante eso no me afectó más, ya sabía que eso no podía afectar mi estado de ánimo, no podía permitir que lo que otros hicieran o dejaran de hacer me influenciara. Así fue a grandes rasgos la presentación de mi primer libro.

En 2014 tuve la posibilidad, gracias a mi querida amiga, actriz y productora de cine, Marisol, de poder hacer un pequeño papel en una película de dos hermanos muy talentosos, los hermanos López de Colombia, la película se llamó, *The Inquisition of Camilo Sanz* (La Inquisición de Camilo Sanz). ¡La historia hasta me caía al pelo! No se podía pedir al universo nada más, ya que era la historia, un inmigrante indocumentado que un día cualquiera le cambió toda la vida, al tener que demostrar si tenía papeles para permanecer en este país. Marisol me recomendó y los hermanos López me brindaron la oportunidad. Fue lo que se conoce como un papel pequeño, y así me inmortalizó la pantalla gigante. Aquel día de filmar mi parte fui a un *diner* (restaurante en Queens), que se preparó para filmar escenas de la película. El personaje tenía una novia que trabajaba de mesera, y yo sería "Chepe", el mejor amigo de ella (en la película), y al menos tuve un diálogo ¡con la estrella! Se filmó de madrugada cuando ya no había mucha gente. Cuando llegué todavía alcancé a ver a los paisas que trabajaban en la cocina, solo les dije al saludarles:

—Paisas, voy a interpretarlos a ustedes, pero va a ser con mucho respeto y dignidad. Seré uno más de ustedes en esta película, es más, ¡yo soy cocinero como ustedes!

—Ora, no manches, ¿de verdad? —me dijo un amigo mexicano que era uno de los que trabajaban en ese lugar.

—Sí, así es amigo, yo soy cocinero igual que ustedes.

—¿Y actor además, paisa?

—Pues sí, ja, ja— me causó gracia decirlo en ese momento.

—O sea como quien dice actuando, actuando como que al cien por ciento no va a ser entonces, ¿verdad? Se va usted mismo a interpretar en la pantalla, será usted mismo, ¿sí o no?

—Es verdad, mi amigo, lo puedes decir así, tienes toda la razón.

Hicimos no sé cuántas veces las mismas escenas, las mismas tomas, uno ya sueña días después con esa dichosa palabrita: *"Cut!"* (¡corte!). Nunca había hecho cine, pero sin duda estaba agradecido con Mari y con los hermanos López. Es irónica la vida, cómo me pudo permitir hacer el papel de un cocinero ilegal en la pantalla, y de verdad lo soy en la vida real, parecería una burla del destino, pero no lo es, como dicen por ahí, la vida supera a la ficción de lejos. Lo que hice lo hice bien, era solo interpretarme a mí mismo, no se puede decir actuación, pero igual de todas maneras, no dejé nunca de entrar en personaje, como debe ser, siempre siendo responsable con todo lo que brindamos a los demás.

Luego, tiempo después, llegaría el día de la premier y la vi en Queens, fue gracioso, me la perdí, por tonto y por poner mi cabeza en cosas que de verdad, no tenían ningún futuro para mí, pero de todo se aprende. Entré ya casi al final, o a más de la mitad de comenzada la película, eso sí, fui de los primeros en salir; mi parte había sido en los primeros veinte minutos, luego me enteré. Lo chistoso fue que al salir y estar parado en la salida, la gente que iba saliendo me pasaba por el lado saludándome, palmeándome el hombro y diciéndome cosas como: "Buen trabajo... Muy bien amigo... Buena actuación... Hasta alguien que siempre fue muy mezquino con lo que yo hacía siempre en la actuación, y que vio el estreno, se acercó y me dijo: "Pero, mi amigo, usted es un actor, tú puedes actuar, no se necesitan muchos minutos para dejar tu huella en una película y ¡tú lo has demostrado! ¡Te felicito sinceramente!", y me estrechó la mano. Me dije, "¡Carajo, parece que lo hice bien después de todo! Si este, que siempre me criticó a mis espaldas, lo dice, puede que sea cierto".

Un caso que me sucedió tuvo que ver con una mujer de más de 70 años, que de sorpresa me quería ayudar a conseguir trabajo; ahora quería darme una mano, pero ¿cómo le voy a creer si antes me había amenazado con enviar la inmigración a donde yo vivía? Bueno, en todo caso en donde ella creía que yo vivía, y quería enviar a las autoridades también a mi trabajo, ¿Se puede confiar en gente así? ¿Ustedes lo harían? Siempre fue así, no me sorprende; lo que me sorprende, es que la gente pueda vivir la vida de esa manera, solo para tratar de hacer daño a otro ser humano, viviendo la vida de ese modo, siempre tratando de manipular, de controlar a otros a través del miedo, del susto ¡Qué cobardía más grande! ¡Qué miserable debe ser el alma de una gente así! La verdad que solo le inspiran compasión a uno, porque pudiendo hacer mucho, no por uno, sino por el prójimo, se pasan la vida de esa manera lanzando su veneno a otra gente. En verdad hay gente que desperdicia la vida que Dios le ha dado, y lo más triste es que son hispanos igual que uno y sus malas acciones las cometen contra otros hermanos inmigrantes que no se pueden defender. Esa ruindad de espíritu, de alma, solo la puede entender y perdonar Dios, creo yo. ¡Qué lástima! Pero así existe gente también entre nosotros. "No hay mal que dure cien años, ni cuerpo que lo resista".

El invierno de 2016 transcurría ante la expectativa de la toma de posesión del presidente electo Donald Trump, quien había ganado las elecciones presidenciales. Para mí el trabajo estaba flojo, quizás debido a lo que piensa Trump, quien culpa al inmigrante de la falta de trabajo en Estados Unidos, además de que según él, por nosotros es que existe el crimen, el robo y la delincuencia, y todos los hispanos somos violadores y traficantes de droga. Pero él sí puede —como él mismo lo admitió— tocarle sin permiso a una mujer sus partes íntimas, y no pasa nada. ¡Ah, es el presidente electo de los Estados Unidos, cómo me pude olvidar! El problema no es tanto que lo diga Trump, es que esa gran mentira la repita y se la crea un sector de la población de este país, principalmente los blancos de zonas rurales, así como los supremacistas blancos que existen, pero igual, eso nos demuestra la gran cantidad de racistas que aún hay en este país, que según dicen abolió la esclavitud, pero parece que solo fuera en papel. En la dura y cruda realidad de un inmigrante ilegal en este país no pareciera así, porque eso es lo que somos aquí nosotros, esclavos modernos de un nuevo orden social, así nos quieren y así les servimos mejor a estos que controlan el mundo moderno.

Este relato de mi experiencia viviendo durante casi 30 décadas como inmigrante indocumentado en Estados Unidos casi llega a su fin. Las memorias de este ciudadano peruano parecen terminar como comenzó todo en 1993: trabajando en un restaurante, en una modesta cocina. Este libro se está publicando en 2022, han sido 29 años que se fueron volando. ¿Estoy peor que antes? ¡Quién sabe! Para muchos seguro que sí estoy peor que cuando llegué, pero yo no lo creo así. He vivido, amado, he sido traicionado, he ayudado, he cocinado, me han despedido de algunos trabajos, me han dado la mano, he peleado por mi vida, me han asaltado y golpeado, he reído y llorado, he bailado, he publicado dos libros, he firmado autógrafos, he sido admirado y envidiado, he actuado, me han aplaudido, me han discriminado, me han mentido, en fin, todo es según el color del cristal con que se mira, nada es verdad, nada es mentira.

Así que aquí he plasmado mi experiencia personal, única, lo que yo solo viví, aunque no soy ejemplo de nada ni de nadie. Aquí han leído muchas cosas que yo vi en esta gran nación, quizás pude hacer más quizás pude hacer menos, no lo sé. Lo cierto que este es mi relato personal el cual espero pueda servir a aquellos que quieren venir a probar fortuna a Estados Unidos y tratar de cambiar sus condiciones de vida, su porvenir y el de los suyos. Piénsenlo, valoren y sopesen bien lo que van a dejar por venir acá, sigan a su corazón, ese no se equivoca. Reitero lo que he dicho a través de este libro: este país no es para todo el mundo, pero si se deciden a venir y no ven otra opción, pues adelante, a darle duro al trabajo y, sobre todo, aprendan el idioma y estudien, eso es básico y fundamental. Cuando salgan de su tierra serán como piedras lanzadas al viento y a rodar se habrá dicho, ¡suerte entonces! Y a los que lleguen aquí con bien, ya sea con papeles o sin ellos, no dejen de estudiar, así se estén cayendo de sueño, sigan, no se detengan, si el cambio no lo hacen cada uno de ustedes, nadie más lo hará; prepárense, edúquense para su futuro, acorde a los nuevos tiempos y desafíos. Aprendan la nueva tecnología, saquen provecho de esta para progresar, para surgir y salir de la pobreza y darle lo mejor a sus familias, pero honradamente. Todo lo que aprendan les servirá en el futuro porque hay algo que nunca la gente que está en posiciones de poder podrá quitarles y eso es su cultura, la educación que adquieran. Y si quieren y pueden hagan realidad su propio sueño americano, pero el de cada uno, no de esos cuentos que nos venden.

Todos aquellos de ustedes inmigrantes latinoamericanos que sientan fuerte el llamado del arte en sus venas, en su alma y corazón, tienen una gran responsabilidad: la de combatir ese tan denigrante estereotipo que tienen en este país de nosotros, ya que aquí la mayoría de estadounidenses, gracias a Hollywood y demás aliados en esta sociedad, nos catalogan de gente mala, de escoria, de viciosos, ladrones, borrachos, vagos y narcotraficantes, mientras que a nuestras mujeres las tachan de putas y sirvientas. No dejen que nos encasillen como siempre lo han hecho disimuladamente, y ahora más que nunca de manera descarada, discriminándonos y etiquetándonos como lo peor, ¡porque no lo somos, carajo! Quienes están en el arte, en sus diferentes facetas, está el no permitir ni aceptar papeles en donde a nosotros los latinoamericanos nos traten como escoria, como mierda en este país, no lo permitan, rebélense, tengan amor propio, tengan dignidad, defiendan a su gente, defiendan a sus hermanos de raza.

De la gente de este país quizás yo no espere que cambien la visión que tienen de nosotros con tanto bombardeo y prejuicio contra nuestra comunidad, pero hagamos el cambio por nuestra gente, por nuestros niños, por nuestros jóvenes, porque ellos se merecen un futuro mejor con igualdad de oportunidades en todos aspectos. Los anglosajones quizás no cambien su forma de vernos o quién sabe si lo hagan, pero eso tomará tiempo, pero lo principal es que el cambio se dé entre nosotros mismos como colectivo. No nos dejemos maltratar, pisotear ni humillar más de lo que ya lo han hecho y durante el gobierno de Donald Trump mucho más. Un gran número de sus seguidores nos creen y nos ven solo como una lumpen social, pero nosotros no somos eso, pertenecemos a una raza humilde, noble, guerrera, luchadora y trabajadora, somos herencia de civilizaciones tan magníficas en el mundo como la Azteca, la Maya o la Inca. Tenemos raíces, pasado, historia y tradición milenaria, y si Estados Unidos nos deja asimilarnos y adaptarnos, podremos contribuir con nuestro valioso aporte a la grandeza de esta nación, pero que nos acepten con respeto y con dignidad porque ese es el derecho de todo hombre libre, de todo ser humano.

Corresponde a los que vienen detrás y a todas las nuevas generaciones de hispanos dentro de Estados Unidos luchar porque un día uno de nosotros pueda llegar a ser presidente del país, no solo por el mero hecho de serlo, sino para que haya alguien que le demuestre a toda la gente de esta nación las mejores cualidades de nuestra raza y, sobre todo, que les enseñe lo que es tener un corazón grande en el pecho y sangre en las venas, que haga realidad los valores con los que fue fundada, de libertad e igualdad, y que ser felices y lograr la dicha que todo ser humano anhela es posible.

Termino este penúltimo capítulo con un fragmento de la canción del gran cantautor argentino Atahualpa Yupanqui, titulada *Coplas del Payador Perseguido*:

«Si he pasado las que he que pasado

Quiero servir de advertencia,

El rodar no será ciencia

Pero tampoco es pecado».

59

La pandemia del COVID-19 y "Todas las vidas importan"

PARA QUIENES ME HAN ACOMPAÑADO EN ESTA AVENTURA LITERARIA HASTA este momento, he llegado a capítulo final de este extenso libro. Viene a mi mente una frase del gran periodista argentino Rodolfo Walsh, asesinado en 1977 por una de las más feroces dictaduras que tuvo Latinoamérica, sobre la cual él escribió en su famoso libro *Operación Masacre* (1957): "Escribo este libro para que actúe..." Pero, ¿de qué forma, de qué manera? Eso no lo sé yo, de eso se encargarán ustedes los lectores. Las consecuencias o conclusiones que se desprendan de la publicación de este libro, depende única y exclusivamente del público lector; yo ya cumplí con mi parte que fue sentarme y tratar de poner todo en orden para dejar constancia de lo que ha sido vivir en Estados Unidos sin estatus legal migratorio durante casi 30 años.

Merece comentar que el 15 de noviembre del 2017, la selección peruana de fútbol dejó atrás 36 años de frustraciones deportivas, y pudo finalmente volver a competir en la élite mundial del fútbol al ganar el último cupo disputado a la selección de Nueva Zelanda, ganando Perú en el Estadio Nacional de Lima por dos goles a cero. Como decía el recordado periodista deportivo Daniel Peredo, que narró toda la campaña y siguió a la selección en toda la eliminatoria: "No hay mal que dure cien años, ni fútbol peruano que lo resista". Y como siempre, la ironía de la vida se hizo presente; Peredo solo pudo dejar el recuerdo de su imagen e inolvidable voz en sus relatos de los partidos de fútbol durante la etapa de clasificación, ya que la muerte lo sorprendería tempranamente antes de debutar Perú en Copa Mundial de Fútbol de 2018, celebrada en Rusia. ¡Gloria en las alturas, Daniel Peredo, sigue gritando los goles de Perú desde el cielo! ¡Descansa en paz!

En mi siempre apurada rutina laboral, algunas veces escribía textos cortos en pedazos de papel cuando tenía un minuto de descanso en la cocina donde trabajaba, como en una ocasión que sonaba en la estación de radio que sintonizaban los compañeros de esta cocina —"la raza"— la canción del grupo regional mexicano *Calibre 50*, titulada *El corrido de Juanito*:

> «No han sentido miedo
>
> Aquel que no ha visto
>
> Una camioneta de migración
>
> O una deportación,
>
> O una deportación.»

Esta linda y triste canción apareció en 2017, y ha sido muy frecuente escucharla en muchas cocinas de Nueva York y Nueva Jersey. Muchos paisas la cantan, otros la tararean y muchos otros solo la oyen en silencio, pero todos, absolutamente todos, son tocados de una otra manera por la letra sentimental de este conmovedor corrido mexicano, aunque no se necesita ser mexicano para sentirse identificado con su letra. Al escucharla sonar te sientes y eres como dice la letra de la canción: ¡Mexicano hasta el tope!

En el 2017 también surgió la posibilidad de hacer radio en la ciudad de Nueva York, pero no simplemente para hablar por hablar, sino a fin de comunicar mi conocimiento en la ciencia astrológica a través de las ondas radiales. En realidad era radio por internet. Una buena amiga y compatriota, la poeta y escritora Linda Morales Caballero, confiando en mi conocimiento de la astrología —que ella misma ya había presenciado en acción— me recomendó ante el dueño de "La Voz de New York Online Radio", el señor Zahur Klemath Zapata, un visionario y alguien que creyó en lo que yo hacía, y que pensó que a través de este conocimiento milenario podíamos ayudar a mucha gente a través de su emisora. Comencé en marzo de 2017, y llegaría a producir más de 120 programas al aire. Por lo general era emitido todos los viernes de ocho a nueve de la noche. Aquello fue una nueva y grata experiencia y, de nuevo, la astrología se manifestaba una vez más en mi vida. El planeta Urano, mi regente natural al ser yo un acuariano, realizaba por aquella temporada de inicio radial una conjunción con la cúspide de mi casa 3 (la casa de la comunicación, entre otros significados). Es decir, si ya había podido apreciar que yo podía actuar al tener un gran trino de agua, Saturno en Piscis en casa 2, Júpiter en Cáncer en casa 6 y Neptuno en Escorpión en el propio Medio Cielo, la parte más elevada de mi carta astral (capacidad para escribir libros), Marte regente de mi casa 3 (la manera en que escribo) se encontraba en la casa 9, en otras palabras, yo podía escribir lo que redactaba en una publicación impresa (libro, casa 9) pero además en el extranjero, de vuelta casa 9 (extranjero, en otro de sus significados).

En ese momento, Urano en conjunción a esa cúspide de mi casa 3, me traía la posibilidad de comunicar, pero a través de algo moderno y con tecnología, (la radio y el internet encajaban muy bien en esa descripción), así que se trataba entonces de solo darle estructura y seguir la corriente, darle forma a lo que el universo esperaba que yo hiciese. Con el programa de radio en mi mente, me encargué de escoger la música que serviría de cortina musical —la primera que se usó fue el tema de la película *2001, Odisea en el Espacio*—, así como también de diseñar y producir el programa, y aunque no contó con auspiciadores, lo que me obligaba de cierta manera a ¡hablar de astrología sin parar casi por una hora!, de todos modos hice un gran trabajo y sobre todo ayudé a un número grande de personas. Gracias a la magia de las redes sociales, básicamente Facebook, y el internet (la emisora transmitía *online*), los radioescuchas me pudieron seguir desde muchos lugares alrededor del mundo. A través de esto, gente maravillosa llegaría a mi presente, y la verdad esto me cambió en gran parte mi vida. Debo admitir que al comienzo tenía ciertas dudas, ya que pensaba para mí: "Bueno, yo puedo interpretar una carta astral, pero si tengo enfrente a la persona, aquí en Nueva York, en Nueva Jersey, pero así, de lejos, a la distancia, ¡no sé si podré! ¿Podré hacerlo igual?" Y sí, ¡sí pude! ¡Claro que pude! Cuando comencé a recibir la retroalimentación, esa respuesta de la gente, de cómo les impactaba lo que yo podía apreciar e interpretar de sus cartas natales, ¡fue fantástico! Es decir, ya no había dudas de que lo que yo podía hacer: lo podía hacer de cerca, en persona, y también de lejos y con la misma precisión y asertividad que teniendo a la persona a distancia. Siempre estaré agradecido a Dios por esta posibilidad de haber hecho radio en Estados Unidos, y —como acostumbraba a decir en mi programa radial "Astrología Analítica"— desde la Capital del Mundo, la Gran Manzana, ¡la ciudad de Nueva York! Fue un honor hacerlo, y un lujo que me concedió la gran conciencia cósmica, ya que no es fácil hacer esto en Nueva York, durar tanto y dejar una pequeña, pero indeleble huella de nuestro paso en la radio en esta gran urbe, y hablando de mi pasión y de lo que es para mí una filosofía y modo de vida, la astrología.

En 2018, la problemática de la inmigración a Estados Unidos continuó siendo un tema de tendencia. En ese año presenciamos un momento histórico y especial en este país, y más al tener que ver con los inmigrantes indocumentados. A mediados de noviembre de ese año comenzó a llegar a la frontera México-Estados Unidos una caravana de migrantes que había partido el 13 de octubre desde San Pedro Sula, Honduras, con dirección a Estados Unidos. Al inicio del recorrido solo eran unos pocos centenares de gente pero al recorrer México, la multitud creció a cerca de 10 mil migrantes que buscaban entrar, a como diera lugar, a esta nación. El presidente de Estados Unidos, Donald Trump, ordenó detener su entrada y amenazó que las tropas de este país dispararían de ser atacadas con piedras por los inmigrantes. Trump también evaluó cerrar la frontera, y estaba su derecho como presidente, pero matar gente inocente y desarmada, por mucho que la legalidad le asista, hubiera representado un crimen, y de eso se tendría que responsabilizársele. La gente de la caravana se determinó a no detenerse ni regresar a sus países, afirmando que preferirían morir en la misma frontera que regresar a sus ciudades de origen. Para ellos, regresar significaría una terrible y triste realidad en donde no se les ofrece más que un futuro sombrío, sin esperanzas ni ilusiones. Los gobernantes de nuestros países, pero no solo ellos, sino también los políticos, los empresarios, los congresistas de cada uno de nuestros naciones latinoamericanas, son en gran parte responsables de todo este éxodo perenne y masivo que se da siempre, año tras año, y sin importar el destino. Lo que la gente solo quiere es irse de sus países a donde haya la posibilidad de vivir y trabajar con dignidad, simplemente eso, dignidad, tan corta, pero tan olvidada. A toda esa gente que nombré que tienen cargos de autoridad y poder en casi la totalidad del continente americano, no les interesa el bienestar del pueblo, ni ayudarlo. No hablo de programas sociales que mantengan vagos, que esos ya tiene muchísimos el continente, sino de que los gobiernos generen fuentes de trabajo para sus pueblos pero con salarios dignos. Todo lo que les interesa a la clase dirigente o dominante de nuestros países es asegurar su pellejo y el de los suyos, robando todo lo que pueden cuando están en las alturas del poder: "Primero yo, segundo yo y tercero yo, y el resto que se jodan", así piensan estos granujas que depredan las riquezas de sus respectivos países. Esa es la triste realidad del continente americano, y de la humanidad también en gran parte, valdría decir. ¿Cuándo se darán cuenta nuestros gobiernos que seguir las recetas económicas del Fondo Monetario Internacional y del Banco Mundial es sinónimo de sangre, muerte y lágrimas para nuestros pueblos? Lo único que quieren nuestros sufridos pobladores de nuestra olvidada y marginada América Latina es tener la posibilidad de acceder a casa, comida, educación y sanidad, y eso, como dije antes, conseguido con un sueldo digno y decente. Como decía el General Juan Domingo Perón, en una de las 20 Verdades del Peronismo: "…es justo que cada uno produzca por lo menos lo que consume". Lo demás que consiga el hombre correrá de su propia cuenta y de su capacidad de superación, disciplina y esfuerzo.

A fin de cuentas, esta caravana y otras posteriores que partieron de Centroamérica, como se podía deducir, no pudieron ingresar a Estados Unidos. El presidente Trump envió tropas de la Guardia Nacional a la frontera para contenerlas, y aunque los migrantes hicieron el intento de ingresar al país, fueron duramente reprimidos y tuvieron que replegarse a México. Algunos se volverían con el tiempo a sus países y otros esperarían mejores oportunidades en la frontera para intentar ingresar de nuevo. Es necesario mencionar que en esta dura acción de detener a la caravana, las fuerzas estadounidenses lanzaron gases lacrimógenos a mujeres y niños sin medir las consecuencias. Se cometieron varios excesos entre estos como separar a muchos niños de sus padres, y en donde aún hay casos en que no se han vuelto a unir esas familias. Para completar esta triste y dura represión contra toda esta gente humilde en la frontera, a muchos de estos niños se les detuvo y se les aisló como en jaulas que asemejaban a las que se utilizan para los perros en los albergues de animales. Esas imágenes de niños inmigrantes ilegales dentro de jaulas para perros dieron la vuelta al mundo, y enviaron un mensaje al planeta de cómo era la respuesta estadounidense a esta difícil situación de la inmigración ilegal. Estados Unidos podrá decir que les asistía la razón y la legalidad para actuar así, pero el maltrato y el abuso a toda esta humilde gente fue más que evidente, la respuesta fue excesiva y violenta.

Incluso en plena recta final de las campañas electorales para las Elecciones Generales del 3 de noviembre de 2020, se dio a conocer la noticia de que aún no se habían podido encontrar a los padres de 545 niños que fueron separados en la frontera de Estados Unidos con México a principios de la administración Trump. Los niños fueron separados entre el 1 de julio de 2017 y el 26 de junio de 2018, cuando un juez federal ordenó que su custodia fuera tomada por el gobierno.

Esta situación de alguna manera me recuerda un fragmento de la letra del tango *Tormenta*, de Enrique Santos Discépolo:

«Yo siento que mi fe se tambalea,

que la gente mala vive,

¡Dios!, mejor que yo...

Si la vida es el infierno

y el *honrao* vive entre lágrimas,

¿cuál es el bien...»

Así transcurrió aquella vorágine desde 2017 hasta 2020 mientras yo seguía tratando de sobrevivir dentro del contexto de la dureza de las nuevas normativas en lo referente a la inmigración durante el gobierno de Donald Trump. No había de dónde escoger, se requería de mucha suerte para todavía poder mantenerme activo laboralmente, y también seguir confiando en Dios, que nunca abandona a sus buenos hijos, aunque a veces no lo creamos así muchos de nosotros.

Llegó 2019 y uno de los sucesos sobresalientes en Estados Unidos ocurrió el 6 de julio, con el arresto del multimillonario Jeffrey Epstein bajo los cargos de tráfico de menores, tráfico sexual, abuso sexual infantil y prostitución infantil. Epstein fue encontrado muerto en su celda del Centro Correccional Metropolitano de Nueva York, casi un mes después, el 10 de agosto. Se presume un supuesto suicidio por ahorcamiento, pero con sus antecedentes, y sobre todo con el círculo de gente tan importante e influyente que conocía y frecuentaba, cualquier cosa puede ser posible acerca de las circunstancias de su extraña muerte. Solo basta mencionar que entre las personas implicadas como "clientela" por los servicios que proveía se encontraba gente como el príncipe Andrés de Inglaterra, y en Estados Unidos casi la gran mayoría de gente importante e influyente en negocios y política lo conocían y lo trataban, individuos que obviamente ahora prefieren evitar toda mención de ese contacto con él. Epstein era alguien que proveía ese tipo de "servicios", y sobre todo a personajes de las altas esferas del poder estadounidense y de la vida pública europea. Ya se sabe que grababa los encuentros sexuales de muchos de sus clientes con las menores de edad que él ofrecía, por tanto, difícilmente podemos creer que se suicidó, por más que se diga que tuvo un antecedente de atentar contra su propia vida una vez detenido. Un dato muy sospechoso es que los guardias que debían custodiarlo cada cierto tiempo en su celda para confirmar que se encontraba bien no lo hicieron en el tiempo convenido, y más aún cuando su compañero de celda fue transferido, dejando a Epstein solo y con un antecedente de suicidio. ¿A nadie le importó? ¿O quisieron o dejaron que se "suicidará" tranquilamente el detenido? ¿Cómo igual y tranquilamente se quedaron dormidos los guardias que tenían que vigilarlo cada media hora, pero recién lo hicieron tres horas después de la muerte de Epstein? Si me preguntan, y uno no tiene que razonar como Sherlock Holmes para deducir lo obvio, a Jeffrey Epstein lo mataron para que no delatara ni señalara directamente a toda esa gente prominente en política y negocios, tanto en Europa como en Estados Unidos, que eran sus clientes. Es decir, tenemos sueltos por ahí un montón de depredadores sexuales de menores, de alto vuelo, libres por ahí para vean que en la riqueza como en la pobreza, también están presentes la perversión, la podredumbre y la degeneración humana.

En 2019 me trataba de poner en contacto en el área Tri-estatal con amigos del mundo de la literatura para ver si podía encontrar alguna nueva editorial para publicar este libro, pero ya habían cambiado las cosas y la economía ya no era la misma para estas editoriales pequeñas que se atrevían a publicar a autores nuevos y desconocidos. La editorial en donde publiqué mi primer libro en 2013 ya no existía más, así que tuve que tratar de ubicar otras nuevas, pero me tropecé, como muchas veces nos sucede en la vida, con la poca ayuda y colaboración de la gente, desde las personas que te prometen que te van a ayudar, pasando por las que se sorprenden de saber que ya tienes un libro terminado y buscando solo editorial para publicarlo. Es curioso, pero nunca me deja de sorprender la falta de apoyo y solidaridad de nuestros compatriotas y hermanos de raza, gente de Latinoamérica, lógico. No vamos a generalizar, pero es la verdad, es así tristemente, es como si recelaran de que uno va a sacar un libro que sea un tremendo éxito o el próximo ganador del Premio Pulitzer. A veces no hace falta que lo digan, la envidia es tan evidente que se les nota en la cara sin el más mínimo esfuerzo. Yo nunca he funcionado así, será por eso por lo que no entiendo cómo otra gente puede comportarse así, en fin. Yo en lo personal lo aplico en mi vida y a través de la práctica de la astrología, hago como dice aquel viejo dicho: "Haz el bien y no mires a quién", o el otro que dice: "Que lo que haga tu mano derecha no se entere la izquierda".

Traté de conseguir quién me pudiera publicar en esta área de Nueva York, pero me aburrieron las largas y las excusas de gente que no quieren o no tienen el interés de ayudarte y menos de publicarte, y está bien, están en su derecho. Además, como dice otro dicho: "Lo que está para ti, nadie te lo quita". Así que no me hago mala sangre y al seguir buscando, de pronto se hizo presente la causalidad y la providencia divina. Yo ya estaba cansado de tanta actitud negativa de las escasas editoriales en el área de Nueva York, así que me puse un buen día en internet a buscar libros publicados dentro de Estados Unidos hablando en específico de la inmigración ilegal. No encontré muchos, eran pocos, pero de inmediato, tomé nota de los nombres de las pocas casas editoriales que me aparecían en el internet. Luego de hacer mi búsqueda en Google la pregunta se caía por sí sola: ¿A cuál de todas me comunico? Debo ser sincero, como siempre lo he tratado de ser desde que comencé a escribir este libro: algo en claro saqué de toda esa búsqueda en Google, y era que no sabía a qué editorial contactar, pero como dije antes, si ya usé la astrología para otras cosas en mi vida así de importantes, entonces volvería a usarla en mi actualidad, y más específicamente para ayudarme a no confundirme ni equivocarme en la decisión de elegir correctamente. Luego de una corta búsqueda pude hallar la editorial que publicó este libro.

Los tiempos y los tránsitos astrológicos vaticinaban una época de cambios fuertes e inminentes para el año 2020, sobre todo porque desde el signo de Capricornio, los planetas Plutón, Saturno y Júpiter le hacían un aspecto favorable de trígono a mis planetas natales: Urano (mi regente natural al ser yo un acuariano), y a mi Plutón natal, ambos en el signo de Virgo, es decir, tenía yo que trabajar fuerte y a fondo para lograr cristalizar este nuevo reto de publicar mi segundo libro, pero con buenas perspectivas de que todo fuera positivo y favorable para mí en lo personal.

Poco antes, en noviembre de 2019 comenzaría toda esta locura colectiva y mundial en la localidad de Wuhan, República de China, con la aparición de lo que más tarde se convirtió en una nueva pandemia, una más de las que ha conocido la historia de la humanidad. Se trataba de la pandemia del COVID-19, o mejor conocida por la mayoría como Coronavirus, una nueva afección gripal viral, mutación de otra gripe. Así que una nueva plaga azota esta vez al mundo, algo que no se había visto desde la mal llamada Gripe Española en 1918, mal llamada ya que no apareció en España, sino en Estados Unidos y en los campos de combate de la Primera Guerra Mundial, y fueron precisamente los medios de prensa españoles los que la dieron a conocer al mundo. Se ve que tal indiscreción les costó que de castigo se nombrara ese nuevo flagelo a la salud mundial con ese gentilicio.

Al parecer el primer caso de coronavirus en Estados Unidos se registró en febrero de 2020, y desde que se dio a conocer al mundo esta nueva pandemia, la primera víctima mortal en la ciudad de Nueva York se identificó el 29 de febrero de 2020, y en Nueva Jersey llegó entre esa última semana de febrero y la primera de marzo. Se presume que la gente que trajo el contagio hacia Estados Unidos no vino desde China o algún país de oriente como se pudiera esperar, sino que vino de viajeros que regresaron de estar en esos lugares, pero que llegaron a estas costas desde Europa. Nueva York se convirtió en el cuarto estado del país con más casos de COVID-19, mientras que Nueva Jersey en el octavo. Así que, sin proponérmelo, me encontré en el centro de la noticia mundial una vez más, como lo estuve 19 años antes cuando se perpetró el ataque a las Torres Gemelas de Nueva York en 2001, que para muchos marcó el verdadero cambio de milenio, sin duda alguna.

¿Qué podemos esperar de toda esta nueva pandemia? Difícil saberlo. Nadie que no tenga más de 100 años ha vivido una experiencia similar. Solo en 38 días, es decir desde el 29 de febrero al 6 de abril, ya habían muerto 10 mil personas por este mortífero nuevo virus dentro de esta nación. Uno a veces no sabe ciertamente si es una suerte o no estar vivo para presenciar todo esto, las escenas que observamos día a día, son fuertes. Por ahí alguien dijo que esto iba a sacar lo mejor del ser humano, su mejor faceta, pero hasta ahora es todo lo contrario, ha habido y he podido presenciarlo, mucho miedo expresado en ira, en rabia ante otras personas y en todas partes. Se diría que el ser humano se ha animalizado o bestializado en gran parte, imperando lo que uno podría llamar como la ley de la selva o la del más fuerte para poder sobrevivir ante esta nueva contingencia de salud. De lo que sí no hay ninguna duda es de que estamos presenciando un evento, que si lo superamos, será recordado por mucho tiempo por aquellos que tuvimos el infortunio de atestiguarlo. El mundo ha tenido eventos históricos como la caída del Imperio romano, la llegada de los españoles al continente americano, la peste negra del siglo XIV, las dos guerras mundiales, las bombas atómicas detonadas en Nagasaki e Hiroshima y la crisis de los misiles en 1963, que puso a la humanidad al borde de una última y definitiva guerra mundial, y que gracias al presidente John F. Kennedy no sucedió. Él tuvo la claridad mental, el temple y el coraje para saber lidiar con esa situación y salir airoso. Lamentable que solo se le recuerde por sus amoríos extramaritales, como si aquí todos fueran dechado de virtudes, otra hipocresía más de la sociedad norteamericana que de puritana no tiene nada. Kennedy debería ser redimido o en todo caso valorado en mayor medida por lo que evitó, una conflagración mundial que de seguro hubiera puesto punto final a este río de lágrimas que es la vida. Si de esta experiencia del coronavirus el mundo sobrevive y no cambia, y viéndolo bien, parece que así será, de nada habrá valido este clamor del planeta y de la propia naturaleza que de alguna manera también se ha manifestado pidiendo más respeto a la ecología, al medio ambiente. Veremos si la humanidad se detiene un poco en su alocada carrera y oye lo que la tierra está expresando.

Explicar lo que ha sucedido acerca de esta pandemia de manera astrológica no es nada fácil, vista una carta astral levantada con los datos del día en que la Organización Mundial de la Salud la anunció, es decir el 31 de diciembre del 2019 en Wuhan, República de China y al mediodía. Nos da una información no muy fácil de interpretar: el regente de la carta que es el planeta Marte, ya que el Ascendente de la carta astral del coronavirus es cinco grados del signo de Aries con 13 minutos, se encuentra en la casa 8, la casa de la muerte, y en el signo del Escorpión, se enfatiza el hogar al hallarse el Nodo Norte de la Luna de la carta en la casa 4, la casa referente al hogar, es decir el mejor lugar para estar es de alguna manera estar confinado en la casa. Ahora, lo realmente llamativo es esa gran concentración de planetas en la casa 10 de la carta astral de este mortal virus y en el signo de Capricornio, es algo que involucra al mundo, pero que decididamente tiene que ver con los gobiernos del planeta, y no sabría decir hasta cuánto están estos implicados en una aparición "forzada" por la mano del hombre de este nuevo virus. El hecho de que estén en esta misma carta astral y en la casa 12 el planeta Neptuno (que tiene que ver con las infecciones), la Luna en Piscis (regida por Neptuno y de nuevo nos lleva a la casa 12) y por último encontrarse el asteroide Quirón sobre el propio Ascendente de la carta a un grado del signo de Aries, pero en casa 12, nos habla de algo kármico para la humanidad, una herida que debe de sufrirse para poder elevarnos como colectivo, pero de una manera espiritual y con un sentido de compasión. Esta es una era nueva, una época que demanda que la humanidad se espiritualice o quizás perezcamos todos en un futuro cercano como civilización. Demás está decir que cualquier hipótesis es admisible acerca de la aparición de este nuevo flagelo mundial y muy probablemente solo lo sabremos en años posteriores, como muchos otros eventos de la historia mundial.

Durante el tiempo de esta pandemia lo único que nos queda es rezar y tener esperanza en que Dios vuelva a tener compasión de la humanidad y nos dé otra oportunidad para volvernos más sensibles al dolor y las necesidades de los demás. Una de las cosas que he podido apreciar en estos días de aislamiento al salir solamente a hacer las compras de alimentos en el supermercado, es el miedo en la cara de la gente, en sus ojos, en las miradas, es como si recién por primera vez las personas le tuvieran miedo a algo, como si de veras se dieran cuenta que somos todos mortales y efímeros, de que un día todos nos vamos a morir, algo tan obvio, pero que creo que ahora se aprecia de otra manera, ya que no hay persona que no tenga un familiar, amigo o conocido que no haya muerto o no se haya contagiado con este nuevo virus. La gente en los supermercados se esquivan unos a otros y arrasan literalmente con todo lo que pueden llevar, la mayoría llevan más de lo que necesitan, se diría que dio inicio una guerra nuclear o algo por el estilo. Existe y se puede apreciar una falta total de empatía por los demás, por las necesidades de los otros, es todo yo, resolver mis necesidades, yo, y los demás que se jodan, en simple y puro castellano. Triste y deprimente observar cómo la gente saca hacia fuera la parte más fea de su alma y solo enseña su parte más negativa, solo demuestra egoísmo e indiferencia, por ningún lado encuentras solidaridad o compasión, salvo excepciones, algo que se puede entender por el hecho que nadie se quiere contagiar ni enfermar, pero yo diría que eso es solamente una excusa para un mundo y una sociedad en donde muchos de los valores y principios de comportamiento y conducta son solo visto en la actualidad como algo pasado de moda, una antigüedad. La buena educación, los valores, la integridad y los principios son ahora reliquias del pasado.

No es ilógico pensar que una vez que pase este nuevo flagelo de la humanidad, con el favor de Dios, el ser humano volverá a ser lo que era antes y no debería ser así, se debería cambiar como colectivo, como comunidad mundial que mora en este planeta llamado tierra. Vivimos algo que quizás no volvamos a experimentar los que sobrevivamos a esto, por tanto, debemos aprender de esta gran enseñanza, y si debemos ser justos los que han dado el mejor ejemplo y en muchos de los casos con el sacrificio de sus propias vidas han sido los policías, todas la fuerzas del orden en general y los trabajadores de la salud desde doctores, paramédicos, asistentes, enfermeras y gente que ha seguido laborando en servicios esenciales, es decir, la gente que se encarga de la alimentación de la población, desde suplir los alimentos y otros en prepararlos y cocinarlos, los laboratoristas y farmacéuticos que siguen tratando de encontrar una cura, y ahora que menciono una posible cura o vacuna, ya existe mucha gente con enorme desconfianza a probarla cuando se la encuentre. El ser humano está muy desconfiado en estos tiempos actuales y razón no les falta, se han visto tantas cosas que con el tiempo han visto la luz, que todos recelan de inocularse algo que no saben a ciencia cierta si será benigno o perjudicial para la salud. Así estamos como humanidad.

El viernes 10 de abril de 2020, me encontraba en el día 18 de este encierro voluntario y de precaución que impuso la contingencia de salud mundial que vivimos, y tratando de hacer mi parte de la mejor manera, manteniendo la distancia social, lavándome bien las manos y con frecuencia, y solo saliendo a la calle para lo básico y necesario. Por nuestro propio bien y el de los demás, debemos y tenemos que ser responsables de nuestras acciones y no poner en peligro a nadie por nuestra culpa o descuido. Está demás decir que dejé de trabajar y por ese momento. Aquí en Nueva Jersey, el coronavirus nos llegó desde nuestra vecina Nueva York, como era de esperarse, y de la Gran Manzana ya nos han llegado las noticias que mucha gente se ha ido a la Florida u otros estados tratando de escapar de esta plaga. Un suceso muy curioso ocurrió durante el amanecer, la noche y en la madrugada del viernes 10 de abril, que fue Viernes Santo: se desató una tormenta nocturna, sin rayos, pero con un sonido muy fuerte y particular del viento que unido con la lluvia me despertaron, algo difícil de lograr, ya que yo siempre he tenido un sueño muy pesado. El sonido era constante, continuado, como el de una película de misterio, no sé si podría asegurar que algo se desarrolló en la noche a nivel energético y espiritual en el ambiente, pero sospecho que eso fue lo que pasó de algún modo. Al día siguiente me levanté temprano y fui a comprar algo para el desayuno, ya que no había hecho muchas compras en la semana y me di con la sorpresa de que había en el ambiente un olor muy fétido, nauseabundo, un olor como de muerte, y eso que llevaba conmigo puesto mi cubrebocas. Era un olor que me hizo recordar los días posteriores al ataque a las Torres Gemelas y cómo el viento traía hacia Nueva Jersey, y hacia Hoboken en específico, un olor a carne podrida, a la carne en descomposición. Eso fue lo que sentí ese día después de la tormenta de la noche anterior. Sea lo que fuere, alguna situación energética se desarrolló durante la noche, de limpieza o lo que sea, pero algo sucedió.

Este evento de la pandemia ha disparado mucho las ideas de la gente, y hay quienes hablan de manipulación en las cifras de muertos y de infectados con el coronavirus. Hay miedo, pero también desconfianza porque la gente duda de las cifras exactas, ya que no se explican cómo se puede saber a ciencia cierta y con precisión, quién o quiénes murieron de esto y no de lo otro. Lo dicho, el mundo ya ha visto en el pasado tanta desinformación y falsificación de noticias que casi nadie cree en los medios de comunicación, y menos que nunca en estos tiempos lo que ahora reina como medios de noticia confiable para muchos son las redes sociales como Instagram, Twitter, Facebook y WhatsApp, que con su rapidez en propagar los sucesos en cualquier parte del mundo mantienen informado (o desinformados si vamos al caso) al planeta.

Después de más de 20 días desde que comenzó esta pandemia y de reclusión social, durante la madrugada y en la soledad de mi cuarto escuchaba a lo lejos el sonido de las sirenas de las ambulancias yendo a socorrer a alguien, tratando quizás de salvar una vida. Las sirenas han sonado bastante en estos últimos días y a todas horas, espero en Dios que no nos acostumbremos a escucharlas y que podamos superar este nuevo reto que tiene enfrente la humanidad. Para mediados de abril no habían cesado las muertes atribuidas al coronavirus en el país, Estados Unidos se convirtió en el epicentro de este virus en todo el planeta y Nueva York en el foco principal de contagio. No es de sorprender, ya que esta gran metrópoli recibe a millones de personas a diario, y además solamente en ella residen más de nueve millones de personas, a las cuales con toda seguridad les ha de ser muy difícil mantener la distancia entre ellas. Una noticia que se difundió en la prensa por esos días, es que los cadáveres de los fallecidos en Nueva York por este nuevo virus se estaban colocando en contenedores afuera de los hospitales, ya que no se dan abasto los frigoríficos de sus respectivas morgues. En Nueva Jersey se encontraron 17 cadáveres de personas de la tercera edad en un asilo de ancianos, estaban hacinados en lugares que superaban su capacidad para tenerlos hasta que los familiares se hicieran cargo de ellos.

En toda esta locura y bombardeo de información y en donde tu dispositivo móvil no deja de mostrarte la cifra de muertos a cada hora de manera automática, algo que debería considerarse ciertamente como terrorismo psicológico contra la población. Uno puede y quizás deba esperar ser informado de lo que ocurre en el mundo, pero que en tu propio teléfono celular recibas cada hora notificaciones de cantidades de muertos e infectados, yo creo que sinceramente eso es una manipulación burda y miserable de mantener en tensión a la población civil. Yo no creo que eso esté bien ni sea necesario, la gente tiene derecho a la información, a saber la verdad, pero no a que se le mantenga enferma de los nervios como ha ocurrido en muchos lugares. Esto ha generado que los hospitales y centros de salud estén a punto de colapsar al ver superadas sus capacidades de atención al público. Sumándole a esto habría que mencionar que entre este aluvión de noticias se ha filtrado la de que este mortal virus ha afectado más a grupos minoritarios dentro de la población de Estados Unidos, llámese afroamericanos o hispanos, no sé con qué fin se ha difundido esta noticia ni si es veraz, pero como digo, hay mucha desinformación y manipulación de lo que realmente está ocurriendo. Un ejemplo conciso de esto es que la propia Organización Mundial de la Salud primero dijo que este virus no era transmitido por vía aérea, y después resultó que todo el mundo debía usar cubrebocas (mascarillas quirúrgicas), pero la información ya le llegó tarde a mucha gente que se confió con el primer reporte de que no eran necesario usarlas.

Otro sector de la población que ya se podía imaginar que iba a ser golpeado por este nuevo flagelo de salud, fue el de los trabajadores indocumentados de este país, los jornaleros, la gente que depende de su trabajo diario y que no se pueden dar el lujo de descansar, parar o tomar vacaciones. A toda esta gente no se le puede pedir que no salga a trabajar porque si no, ¿de qué viven? ¿De qué van a comer, ellos y sus familias? Imagínense si eso se ve aquí en la nación más poderosa del planeta lo que debe de pasar en el resto del mundo y en especial en nuestra Latinoamérica y en mi querido Perú. Ver las noticias y enterarme de lo que está pasando allá, la verdad es que me partía el alma cómo la gente estaba sufriendo y muriendo diariamente a consecuencia del COVID-19.

Hay buena cantidad de gente que no pudo ceñirse a las regulaciones de las autoridades y desafiaron las ordenanzas del gobierno, aquí y en cualquier lugar del mundo, y salieron a trabajar, a tratarse de ganarse el sustento diario y eso definitivamente generó un gran riesgo de contagio para ellos y para los demás. No hay muchas opciones para la gente pobre en Estados Unidos y en el mundo entero: O te mata el virus o te mueres de hambre. Así de cruda y real es la actualidad para muchos. A este sector de la población tampoco se le incluyó para recibir la ayuda financiera de alivio que otorgó el gobierno federal a toda persona con tarjeta del Seguro Social y que han hecho sus declaraciones de impuestos. Gracias a Dios, el gobernador del estado de Nueva York, Andrew Cuomo, anunció una ayuda financiera para los indocumentados del área.

A mediados de abril del mortífero e inolvidable año 2020, traté de hacerme la prueba de detección del COVID-19 en un lugar muy conocido de Jersey City, cerca del centro de la ciudad, pero la policía y los paramédicos del lugar no me dejaron pasar los controles para realizarlo. Me mencionaron que las tiendas de campaña que yo veía y en donde se realizaban las pruebas del coronavirus eran solo por cita llamando a unos números telefónicos, y solamente si tenías los síntomas de la enfermedad, uno de los cuales es tener una fiebre altísima, es decir, en una palabra, te tenías que estar muriendo literalmente en Jersey City para que te hicieran la prueba del coronavirus, como decía Ripley: ¡Aunque usted no lo crea! Esto fue corroborado por mí, ya que este nuevo virus le dio a un vecino mío, y el pobre fue por sus propios medios al hospital, ya que además nadie quiere ir ni acompañar a nadie a uno, ya que hay un miedo espantoso a contagiarse. Al llegar mi vecino al hospital inmediatamente lo atendieron y le inyectaron una cantidad indeterminada de jeringas, mientras él solamente se preguntaba qué serían todas ellas: "¿Serán antibióticos? ¿Estarán probando alguna vacuna en mí? ¿Quién sabe?" Lo cierto es que esta persona solo pensó para sí: "Si esto no me mata, con seguridad me cura".

Una de las noches de la reclusión en casa por el coronavirus soñé a mi recordada madre Fabiola, algo raro y poco frecuente, ya que casi nunca la sueño así nomás, pero era camino a la escuela que me llevaba. Asumo que debió ser como que quería que me diera prisa de terminar este libro por cualquier eventualidad que pudiera pasar. Por lo general, si se me revela en mis sueños mi querida Fabiola, es porque me trata de enviar algún tipo de mensaje o señal.

Durante la cuarta semana de abril me avisaron del trabajo que en cualquier momento reabriríamos, ya que trabajando en la industria de la comida, es decir, cocinando, la gente necesita que se le suministre buena alimentación. A esas alturas del partido pude apreciar que en la calle y a todas horas, y más evidentemente que nunca, los desamparados, vagos, borrachones, drogadictos, es decir, todos los marginales de esta sociedad o al menos los de esta parte del país, se dejan ver. Esta escena parecía sacada de algún tipo de película futurista de la que aún nadie conoce el final. Deambulaban todos ellos como fantasmas en esta metrópoli que sufre el flagelo de esta mortífera pandemia, que sin duda será recordada por muchas generaciones por venir y por los más jóvenes que la han vivido, sufrido y sobrevivieron a ella. Esperemos que este no sea el punto final de la especie humana, será lo que ha de ser y se hará la voluntad de Dios, Él es quien está en control de todo en la vida. Amén.

En 2020, un año de por sí tan convulsionado por esta letal pandemia del coronavirus, en el que toda la población estuvo en un estado de nervios y de ansiedad indescriptible y constante, fuimos testigos dentro de Estados Unidos de un nuevo episodio de brutalidad policiaca en la ciudad de Minneapolis, estado de Minnesota. La muerte del afroamericano George Floyd provocada por asfixia por un miembro del Departamento de Policía de Minneapolis disparó una serie de hechos, desde protestas pacíficas que rápidamente se convirtieron en violentas, con expresiones de saqueo, vandalismo, asaltos e incendios básicamente desarrolladas dentro del país, aunque las protestas tuvieron réplica en varias ciudades del mundo. La muerte de George Floyd es una más de una larga lista de abusos policiales que siempre se han vivido contra la población afroamericana, y que es tan vieja como el propio nacimiento del país como tal, la propia Guerra de Secesión estadounidense (1861-1865) entre los Estados del Norte y los del Sur, bajo la presidencia de Abraham Lincoln, tuvo entre sus razones o motivaciones. El hecho es que el sur estadounidense era esclavista y necesitaba la mano de obra gratis de los esclavos negros traídos de África —a su vez secuestrados por los traficantes de esclavos en el siglo XVIII— y los estados del Norte, que veían la esclavitud como una práctica detestable e inmoral. Aquel triunfo del norte sobre el sur, y del propio presidente Lincoln, que luego se vio empañado por su vil asesinato, no sirvió para cambiar toda esta situación de desigualdad social, aun así el presidente fallecido liberará a los esclavos en una proclama presidencial que dio un giro radical al desenlace de la Guerra Civil poco antes de su finalización. Una vez concluida, la situación no cambió mucho en los estados sureños de Estados Unidos, ya que estos se aseguraron de que los nuevos hombres "libres", los recientemente emancipados ciudadanos de este país, no pudieran ejercer sus derechos civiles plenamente como tales. A través de una serie de disposiciones legales y estatales se mantuvo por aún cien años más prácticamente en la esclavitud a la gente de raza negra dentro de este país. Tuvo que llegar el suceso de Rosa Parks y su negativa a ceder su asiento a un hombre blanco en un bus en Montgomery, Alabama en el año de 1955, para que hiciera su aparición un personaje, que luego alcanzaría dimensiones mundiales, el gran e inolvidable pastor bautista Martín Luther King Jr., quien con su lucha por los derechos civiles en los años 60s del pasado siglo XX hiciera realidad el derecho al voto de los afroamericanos y se comenzara a avanzar realmente en conquistas sociales para su grupo étnico dentro de esta gran nación. Fue un largo y sufrido camino que le costó la propia vida al Doctor King, pero que sin embargo, como ya mencioné, aún persisten estas situaciones de abuso y violencia racial contra los afroamericanos.

Hay un hecho que debe mencionarse y que no es justificativo de la manera en que fue reprimido George Floyd, y es que poseía antecedentes policiales y que en el momento de su detención los policías contestaron a una llamada de alguien que señalaba a Floyd como una persona tratando de realizar una compra con un billete falsificado, eso es de por sí un delito, y que obviamente no recibió la cobertura mediática que sí desencadenó la muerte de Floyd. Como digo, nada justifica una muerte, pero esos fueron los hechos que causaron una tragedia que alcanzaría grandes dimensiones, volviéndose completamente violenta por las dos partes, tanto de la gente que protestaba como por la propia policía. Se cometieron todo tipo de excesos en las protestas desde saqueos, asaltos e incendios que fueron aprovechados por muchos malvivientes para robar impunemente, y del otro lado la represión policial que dejó como consecuencia varios muertos e innumerables heridos. Lejos quedaron todas las lecciones de Luther King Jr., toda su lucha pacífica y su memorable llamado a la no-violencia. Nadie, pero nadie, en medio de todo este conflicto social, comenzando por los propios afroamericanos, lo han mencionado, y esto también nos mostró una situación actual y muy real. Si nosotros los hispanos no tenemos un liderazgo visible en todo Estados Unidos, los afroamericanos menos lo tienen. Ver a un envejecido Reverendo Al Sharpton hacer uso de la palabra y con un mensaje más beligerante que otra cosa, nos hace pensar que quizás Luther King, su vida sacrificada y su gran legado, fueron solo por gusto, es decir, en vano. Triste decirlo, pero esa parece ser la realidad. Un detalle que también es significativo es el lema que usan los afroamericanos, y que es el nombre de una organización de ellos: *"Black Lives Matter"* (que se debe entender como "las vidas de los negros importan"), un lema que ha sido muy atinadamente respondido por una parte importante de la población con otro lema igual de popular, pero más inclusivo y acorde con estos tiempos modernos: *"All Lives Matter"* (las vidas de todos importan), y que definitivamente involucra a todos los sectores de la sociedad, ya que una injusticia que toca a unos afecta indirectamente a todos, como bien decía Luther King.

Valdría también mencionar un detalle, y es que los afroamericanos han sido apoyados en esta situación actual por casi todos los sectores de la sociedad, y como yo comentaba, con mucha gente del área Tri-estatal. Mi pregunta es: ¿Si ellos han sido apoyados en sus reclamos y protestas por la gente hispana inmigrante, por qué ellos no hacen lo mismo con nosotros? No hablemos ni esperemos que marchen con nosotros por una reforma migratoria integral, que ya sería pedir mucho ciertamente, pero ni siquiera ellos nos apoyan con los jóvenes indocumentados traídos a Estados Unidos en su infancia, conocidos como *dreamers*, ni con nada que tenga que ver con el programa DACA para evitar que los deporten. Es decir, ellos no mueven ni un dedo por otro grupo minoritario, pero si esperan solidaridad de nosotros, eso es algo injusto y no se debe permitir ni consentir. Aquí en este país necesitamos unidad para superar todas las divisiones y todas las crisis sociales que aparezcan, pero no solo lo que conviene o sirve a cierto grupo étnico. Es muy difícil, por ejemplo, esperar que a inmigrantes hispanos legales o ilegales que han sido golpeados y asaltados por gente afroamericana dentro de este país, rumbo al trabajo, en la calle, temprano o tarde en la noche, se sientan identificados por la lucha social de estos. Cómo puede alguien apoyar a gente de una comunidad que tiene entre sus integrantes a mucha gente, no toda obviamente, que no solo te asalta, te roba y te golpea, sino que además menciona insultos raciales como: *"Go back to your country, fucking inmigrant!"* o, *"Go back to your country, fuck-*

ing Mexican!", ya que para muchos de estos desadaptados sociales toda la gente de Latinoamérica es de México. Por tanto no es muy difícil imaginar que este grupo minoritario como lo son, al igual que nosotros, los afroamericanos no cuenten con muchas simpatías entre los hispanos indocumentados, y sin embargo la juventud, o debería decir mejor los *millennials*, es decir, los que nacieron aproximadamente durante las últimas dos décadas del siglo XX, están cambiando de alguna manera todo esto, estos sentimientos, y me parece bien que así sea. No obstante, se necesita más que eso. La desconfianza y el recelo de muchos hermanos de raza hacia la gente afroamericana es en muchos casos plenamente justificada, y como mencioné antes, todo esto se empeora porque los dos grupos minoritarios, hispanos y afroamericanos, no tienen un liderazgo nacional visible. ¿Cuánto durará esta situación de orfandad representativa? Y ¿cuánto durará esta situación de desconfianza y recelo entre los afroamericanos e hispanos dentro de Estados Unidos? Eso solo Dios lo sabe.

Muertes como la de Joaquín Luna, un *dreamer* de 18 años, que se suicidó en 2011 en Texas, porque creía que ya no tenía esperanza de poder seguir quedándose en el país que siempre había querido, y al que consideraba su hogar, o la de Mario Madrigal Jr., de 15 años, que fue baleado por la policía de Mesa, Arizona en 2003 en un caso de brutalidad policial que nunca debe volver a repetirse. Si algo vale rescatar dentro de toda esta violencia irracional, de este estallido social dentro de Estados Unidos en plena pandemia del coronavirus, y que se atizó a raíz de la muerte de George Floyd, fue el hecho que en muchos lugares del planeta y no solo dentro de esta nación se removieron las estatuas de varios personajes que fueron en el pasado fieles representantes de la práctica de la esclavitud humana. Eso es muy bueno y demuestra que el mundo, dentro de todo, está cambiando y evolucionando a nivel de conciencia. A raíz de toda esta violencia irracional que hemos vivido en estos últimos tiempos dentro del país, vienen a mi mente la palabras que pronunció hace mucho tiempo un gran estadounidense, las publiqué recientemente, en su momento, en mi página de Facebook, pero nadie les paró bola, como se dice coloquialmente, nadie les hizo caso y eso pasa porque el mundo está muy jodido, sin esperanza y por falta de fe. "En este día difícil, en estos tiempos difíciles para Estados Unidos...es bueno que quizás nosotros nos preguntemos qué tipo de nación somos y hacia qué dirección nos queremos dirigir...podemos optar por el odio y la venganza o podemos hacer un esfuerzo como lo hizo el Doctor

Martín Luther King Jr. y tratar de entender, de comprender y reemplazar la violencia que ha manchado de sangre este país o hacer un esfuerzo por tratar de entender con compasión y amor...yo también tuve un miembro de mi familia asesinado...pero nosotros tenemos que hacer un esfuerzo por entender...ver más allá de estos tiempos difíciles...mi poeta favorito era Esquilo y él una vez escribió: 'Incluso en nuestros sueños hay dolores que no se pueden olvidar, caen gota a gota sobre el corazón, hasta que, en nuestra propia desesperación, en contra de nuestra voluntad, viene la sabiduría por la terrible gracia de Dios. Lo que necesitamos en Estados Unidos no es la división, lo que necesitamos en Estados Unidos no es el odio, lo que necesitamos en Estados Unidos no es violencia ni anarquía, sino el amor, la sabiduría y la compasión unos con otros, y un sentimiento de justicia hacia aquellos que aún sufren dentro de nuestra nación...podemos hacerlo bien en este país. Tendremos tiempos difíciles. Hemos tenido tiempos difíciles en el pasado. Y tendremos tiempos difíciles en el futuro. Esto no es el fin de la violencia, no es el fin de la anarquía y esto no es el fin del desorden...pero la vasta mayoría de personas blancas y negras de este país quieren vivir juntos, quieren mejorar la calidad de nuestras vidas, y quieren justicia para todos los seres humanos que abriga nuestra tierra... dediquémonos a lo que los griegos escribieron hace tantos años: A dominar el salvajismo del hombre y hacer apacible la vida de este mundo. Hagamos eso y oremos por nuestro país y por nuestro pueblo, Muchas gracias". Estas palabras son parte del discurso pronunciado por Robert Kennedy, el 4 de abril de 1968, al conocer el trágico asesinato del Luther King Jr. ante una multitud en Indianápolis, donde él se hallaba buscando la nominación demócrata a la presidencia.

Como he mencionado en algunos de mis últimos programas de radio "Astrología Analítica", y que por suerte y previsión del destino están grabados y se pueden ver en mi canal en la plataforma de YouTube, toda esta convulsión mundial, pero básicamente estadounidense, se debe a todos esos planetas en el signo de Capricornio haciéndole oposición a ese sol Canceriano de Estados Unidos, pero opuestos a ese Venus, Mercurio y Júpiter en Cáncer también, sumado a esto, el próximo retorno del planeta Plutón a su posición natal en la carta de Estados Unidos, lo cual ocurrirá pronto, pero de por sí, estos tres años que nos quedan antes de que Plutón cambie de signo y entre en el signo zodiacal siguiente de Acuario serán fundamentales para definir la dirección de Estados Unidos en relación con su futuro y con su influencia a nivel mundial. La energía tremendamente potente y transformadora de Plutón volviendo al lugar exacto en donde estuvo cuando este país nació, será sin duda alguna importantísima. Es una energía de renacimiento, pero sobre todo de transmutación, de transformación, es ahora cuando se exorcizan esos demonios del racismo, la xenofobia y la discriminación o esas mismas lacras sociales causarán la caída de esta nación desde su posición de prominencia mundial.

He llegado al final del camino en este extenso libro, he tratado de cubrir muchas de las historias y sucesos que me tocaron presenciar desde esta parte de Estados Unidos (básicamente desde Nueva York y Nueva Jersey), conjugándolos con mis vivencias de inmigrante y además de astrólogo. Ha sido un largo camino, pero llegó al final con una satisfacción grande de haberlo podido realizar, y como mencioné al comenzar esta obra, fue el libro que me hubiera gustado leer antes de venir a este país, y que también fue escrito como un homenaje a todos aquellos hermanos de raza que yo conocí cuando atravesé mi experiencia de vida dentro de Estados Unidos. Siempre sentí que debí de honrar el recuerdo y la memoria de muchos de ellos, sobre todo de los que ya no están más en este plano terrenal, va para todos ellos también, éste, mi mejor esfuerzo, que como dijo hace tiempo el gran líder espiritual de la India y que le dio la libertad a su enorme país de más de 400 millones de personas del yugo británico, el gran Mahatma Gandhi: "Más allá del resultado, lo que vale es el esfuerzo. Un esfuerzo total es ya de por sí una gran victoria".

Es mi mejor deseo de que este país tan enorme, tan vasto y rico, y que uno aprendió a amar, a querer como la propia tierra de uno, pueda seguir construyendo su futuro en libertad, democracia, con igualdad de oportunidades para todos, como siempre lo ha sido mayormente en su historia, pero de ahora en adelante excluyendo y desterrando para siempre y por siempre una de las peores lacras sociales: el racismo.

«It's been a long, a long time coming

But I know a change gon' come, oh yes it will

It's been too hard living, but I'm afraid to die

'Cause I don't know what's up there beyond the sky.»

[Traducción:

«Ha pasado mucho, mucho tiempo,

pero sé que un cambio vendrá, oh sí, vendrá

Ha sido muy difícil vivir, pero tengo miedo de morir,

porque no sé qué hay más allá del cielo.»]

Fragmento de la canción de Sam Cooke titulada
A Change is Gonna Come (1963).

Muchas cosas con seguridad quedarán en el tintero en este libro, porque hay tanto que escribir acerca de todos nosotros los inmigrantes legales o ilegales dentro de Estados Unidos, y aunque sea sin profundizar en ellos los mencionaré, ya que por obvias razones de falta de espacio y tiempo, no podré desarrollarlos, pero por ejemplo, mencionaré algunos puntos importantes.

A aquellos hermanos de raza que traigan o vengan con sus hijos pequeños, sean estrictos y conscientes de cómo alimentan a sus hijos, no solo les den de comer por solo comer, aquí existe mucha obesidad infantil y eso a futuro traerá complicaciones de salud. Mencionar a mis hermanas de raza, las mujeres latinoamericanas y mujeres del mundo, que todavía tienen que seguir batallando por demostrar su valía, inteligencia y capacidad laboral, además del maltrato, abuso y acoso que sufren muchas de ellas. Aquí en este país muchos de nosotros, a los varones me refiero, nos reeducamos y cambiamos ese microchip que muchas veces nos inculca la sociedad machista de nuestros países, pero está en uno mismo cambiar y reformular todo este pensamiento equivocado y cambiar nuestra conciencia, y ver de otra manera a nuestras compañeras. El primer paso sería comenzar a verlas con el respeto que todas y cada una de ellas se merecen, ya que la mujer es tan capaz como el hombre y debe ganar el dinero justo que se merece al desempeñar de la misma manera la labor que realizamos los hombres. Debo mencionar a los gays y las lesbianas de nuestra comunidad, seres humanos que también merecen ser respetados y disponer de las mismas condiciones para poder conseguir y desempeñar un trabajo decente que les permita vivir dignamente y que sea bien remunerado según sus propias capacidades.

Ahora sí me despido. He cumplido mi misión.

www.ingramcontent.com/pod-product-compliance
Lightning Source LLC
Chambersburg PA
CBHW030143100526
44592CB00009B/96